Sibylle Schneider

Der familiale und institutionelle Beitrag zur Reproduktion von Bildungsungleichheit am Übergang von der Grundschule in die Sekundarstufe I

Sibylle Schneider

# Der familiale und institutionelle Beitrag zur Reproduktion von Bildungsungleichheit am Übergang von der Grundschule in die Sekundarstufe I

BELTZ JUVENTA

Die Autorin
Sibylle Schneider, Jg. 1969, Dipl.-Soz. Dipl.-Psych., ist wissenschaftliche Mitarbeiterin im FB Soziologie/empirische Sozialforschung der Universität Augsburg.

Diese Arbeit wurde im Mai 2016 an der Universität Augsburg in der Philosophisch-Sozialwissenschaftlichen Fakultät als Dissertation angenommen (Tag der Disputation am 16. Februar 2017).

Der Anhang zur Studie ist als Online-Material verfügbar.



MIX
Papier aus verantwortungsvollen Quellen
FSC® C089473

Dieses Buch ist erhältlich als:
ISBN 978-3-7799-3821-7 Print
ISBN 978-3-7799-4908-4 E-Book (PDF)

1. Auflage 2019


in der Verlagsgruppe Beltz · Weinheim Basel
Werderstraße 10, 69469 Weinheim


Herstellung: Ulrike Poppel
Satz: Helmut Rohde, Euskirchen
Druck und Bindung: Beltz Grafische Betriebe, Bad Langensalza
Printed in Germany

Weitere Informationen zu unseren Autor_innen und Titeln finden Sie unter: www.beltz.de

# Inhalt

# 1. Einleitung

Bildungsungleichheiten stellen heute ein vielfach untersuchtes Forschungsfeld dar, was nicht zuletzt auf die Ergebnisse neuerer international vergleichender Schulleistungsstudien wie beispielsweise PISA zurückzuführen ist. Dieses Thema ist allerdings schon in den 1960er und 1970er Jahren in der Forschung populär gewesen, in den 1980er Jahren jedoch ein wenig in Vergessenheit geraten und Mitte der 1990er Jahre vor dem Hintergrund der Befunde einiger wichtiger makrosoziologischer Untersuchungen wieder aufgegriffen und bedeutsam geworden (vgl. dazu Kristen, 1999). Bildungsungleichheiten sind schlechthin das zentrale Forschungsthema der Bildungssoziologie, dem sich neuerdings auch andere Disziplinen im sozialwissenschaftlichen Kanon wie die Erziehungswissenschaft bzw. Pädagogik, die Psychologie oder auch die Politikwissenschaft (Bildungspolitik und politische Handlungsfelder im Bildungssystem) und Volkswirtschaftslehre (Bildungsrenditen) und daneben ebenso die Neurowissenschaft im Hinblick auf lernrelevante Grundlagen, jeweils aus dem Blickwinkel der einzelnen Fachdisziplinen und ihrer Forschungsfragen mit unterschiedlichen Zugängen, angeschlossen haben. Das Forschungsfeld der Bildung ist daher ein interdisziplinäres. Das vielfältige Interesse an dieser Thematik verdeutlicht, welche wichtige Ressource Bildung heute sowohl für die gesellschaftliche als auch für die wirtschaftliche Entwicklung eines Landes darstellt, vor allem hinsichtlich des demographischen Wandels, der Migrationsbewegungen und Umweltproblematik sowie des strukturellen, wirtschaftlichen und technologischen Wandels, wie er sich in den vergangenen zwanzig Jahren vollzogen hat und sich gegenwärtig noch vollzieht. Diese Erkenntnis ist sicherlich auch PISA zu verdanken, deren wiederkehrende aktualisierte Ergebnisse medienwirksam alle zwei Jahre veröffentlicht werden und der Evaluation und Entwicklung unseres Bildungssystems im internationalen Vergleich als Gradmesser dienen. Damit verbunden ist auch die Erkenntnis, dass Kinder und Jugendliche unser wichtigstes Gut sind, auf dem unsere Zukunft baut, und die es entsprechend ihrer Voraussetzungen zu fördern gilt. Zwischenzeitlich hat sich sogar eine eigene wissenschaftliche Disziplin, die empirische Bildungsforschung, etabliert, die all die Fragen rund um das Thema Bildung im Lebensverlauf aufgreift und erforscht. Bildungsungleichheiten beziehen sich auf eine Reihe sozialstruktureller Merkmale, die zu einer ungleichen Verteilung von Bildung führen können. Dazu gehören Merkmale wie die soziale Herkunft, der soziale Hintergrund oder sozioökonomische Status, Gender oder das Geschlecht sowie die kulturelle Herkunft im Zusammenhang mit Migrationshintergrund oder ethnischer Zugehörigkeit und Sprache. Im Zentrum dieser Forschungsarbeit befindet sich die soziale Bildungsungleichheit, die durch den sozioökonomischen Hintergrund der Herkunftsfamilie eines Kindes oder Jugendlichen bedingt ist bzw. u. a. dadurch verursacht wird.

Häufig ist die Rede davon, dass Arbeiterkindern oder Kindern aus unteren sozialen und bildungsfernen Schichten im Vergleich zu denjenigen aus Familien höherer sozialer und bildungsnaher Schichten der Einstieg in ein Gymnasium oder in eine andere weiterführende Schulform wie der Realschule bzw. in entsprechende Laufbahnen in Schulen mit verschiedenen Bildungsgängen nach der Grundschule trotz vergleichbarer Leistungen um ein Vielfaches schwerer fällt. Damit wird die in Deutschland im internationalen Vergleich relativ hohe Bedeutung der sozialen Herkunft für die Bildungslaufbahnen der Kinder und Jugendlichen angesprochen und damit auch die Frage nach der Bildungsgerechtigkeit und der Förderung der Schüler(innen) je nach Voraussetzungen und Herkunft in unserem Schulsystem. Obgleich weitreichende politische Reformbemühungen (Bildungsexpansion in den 1960er Jahren und darüber hinaus) stattgefunden haben und angesichts der Tatsache, dass die Bildungschancen heute größtenteils nicht mehr von ökonomischen Ressourcen abhängen, ist für Deutschland eine anhaltende Persistenz sozialer Bildungsungleichheit zu konstatieren. Trotz aller Differenzen zwischen den jeweiligen theoretischen Traditionen und den einzelnen Fachdisziplinen, die sich mit Bildungsungleichheiten befassen, „existiert ein gemeinsamer Bezugsrahmen, der für viele theoretische wie empirische Positionen den fundamentalen Bezugspunkt für die Erklärung von Bildungsungleichheiten liefert: Die Familie (Krais, 2004, S. 116 f.). Ob als Keimzelle der Klassenreproduktion, als Sozialisationsinstanz, als gemeinsamer Ort kultureller Praktiken oder als Ausgangspunkt individueller Bildungsprozesse: Die Familie bleibt das zentrale Erklärungsmoment für die theoretische und empirische Konzeptionalisierung von Bildungsungleichheiten" (Bittlingmayer & Bauer, 2007, S. 162). Die Familie ist aber nur *eine Seite der Medaille*; institutionelle Einflüsse kommen hinzu, denn die Schule nimmt bei Schülerinnen und Schülern aus Familien bildungsferner Schichten *Sozialisationsdefizite* wahr (Krais, 2004, S. 116–117): Lange Zeit dominierte in der Sozialisationsforschung der Blick auf die Familie als soziale Ungleichheit verursachende Instanz und die Schule galt mehr als *Rad* denn als *Stellgröße* in der Reproduktion sozialer Ungleichheit, deren *Wurzeln* in der *Funktionsweise moderner Gesellschaft* zu ergründen sind. Die Familie prägt einen an die gesellschaftlichen Erfordernisse angepassten Habitus, der *von Generation zu Generation vererbt* und in die Schule hineingetragen wird. Diese Sichtweise hatte zur Folge, dass die Schule als *neutrale* bzw. *gesellschaftsfreie* oder *zumindest gesellschaftsferne Institution* mit *Eigenlogiken* betrachtet und ihr Beitrag zur Reproduktion sozialer Ungleichheit nicht hinterfragt wurde, obwohl längst bekannt ist, dass die Schule durchaus soziale Unterschiede vergrößern, verkleinern oder sie bewahren kann. Es bleibt festzuhalten: Über die inneren Mechanismen und Prozesse in beiden Instanzen, Familie und Schule, die soziale Ungleichheit produzieren und reproduzieren, weiß man noch relativ wenig oder zumindest noch nicht alles.

Auch wenn der Übergang von der Grundschule in die Hauptschule oder in weiterführende Schulen oder Schullaufbahnen der Sekundarstufe I heute ein mittlerweile vielfach untersuchtes Forschungsthema ist, so wird es dennoch hier aufgrund seiner besonderen Relevanz für die gesamte Bildungslaufbahn und letztendlich auch für die spätere gesellschaftliche Platzierung aufgegriffen und untersucht. Denn gerade bis zu diesem Übergang sind in unserem Bildungssystem die Wirkeffekte familialer Hintergrundmerkmale und ebenso auch diejenigen institutioneller Faktoren am stärksten, so die eigene These, insbesondere im Hinblick darauf, dass die fortgeschrittene schulische Laufbahn auf früheren Leistungen mit kumulativen Effekten und früher Erreichtem basiert, auch wenn die schulische Entwicklung auf der Sekundarstufe I und II und darüber hinaus die Ausbildung im tertiären Sektor ihre Eigendynamiken entfalten und es Möglichkeiten in der mittleren und späten Bildungskarriere gibt, über Umwege oder alternative Bildungspfade früher verloren Gegangenes nach- oder aufzuholen, Rückstände aufgrund individueller Verzögerungen auszugleichen oder frühere Entscheidungen zu korrigieren. Wie die Erfahrung jedoch zeigt, sind zweite und dritte Bildungswege stets auch mit Differenzen und Rückständen in der beruflichen Entwicklung und im Lebenslauf verbunden, die durchschnittlich betrachtet, anhaltend sind oder sich zumindest über einen längeren Zeitraum erstrecken und sich nur selten aufholen lassen, um ein Niveau erreichen zu können, das demjenigen von Personen mit einem traditionellen schulischen Verlauf und passgenauen Werdegang entspricht. Je älter Schüler(innen) werden, desto unabhängiger werden sie von ihrem Elternhaus, tragen aber das familiale und soziale Erbe und auch ihre eigene Vergangenheit stets mit sich oder in sich. Die unmittelbare Wirksamkeit familialer Einflussgrößen auf die individuelle Entwicklung der Kinder in der Schule und deren Schulerfolg ist deshalb während der Elementar- und Primarbildung am stärksten prägend. Institutionelle Einflüsse, d. h. diejenigen der Schule, sind dahingehend zu beurteilen, inwieweit die Schule ermöglicht und es ihr gelingt, Defizite in den individuellen Lernvoraussetzungen auszugleichen oder ein ungünstiges familiales Erbe zu kompensieren. All diese Fragestellungen und Problemlagen werden in den nachfolgenden Ausführungen behandelt und diskutiert.

Vor diesem Hintergrund wird in einer Vielzahl an Studien die Entscheidung bzw. Schulwahl am Übergang von der Grundschule in die Sekundarstufe I mit unterschiedlichen theoretischen und empirischen Zugängen untersucht, die maßgeblich zur Erklärung sozialer Bildungsungleichheit beitragen soll. Häufig wird angenommen, dass es sich dabei um eine rationale familiale Entscheidung handelt, die fortwährende schichtspezifische oder herkunftsbedingte Disparitäten in der Bildungsbeteiligung erklären kann. Dementsprechend sind theoretische Entscheidungsmodelle in der Tradition der rationalen Wahl mit unterschiedlichen Facetten unter Berücksichtigung subjektiver Komponenten entwickelt und geprüft worden. Inwieweit diese Ansätze als theoretische Modelle die Lebenswirklichkeit widerspiegeln, sei dahingestellt. Ebenso wird der fehlende Bezug zur Dynamik verschiedener anderer Entscheidungsfaktoren und -akteure wie z. B. institutionelle am Übergang von der Grundschule in die Sekundarstufe I sowie zu Prozessaspekten der sozialen Vererbung und zum intergenerationalen Verhältnis kritisiert.

Aus diesen genannten Gründen wird für diese Forschungsarbeit, neben der rationalen Entscheidungstheorie als einer zentralen theoretischen Säule, ein weiterer theoretischer und empirischer Bezugsrahmen gewählt, der vergleichsweise eher selten das theoretische Fundament von Studien zu der hier behandelten Thematik bildet, insbesondere in der nationalen Forschungslandschaft, nämlich die konflikttheoretisch inspirierte Reproduktionstheorie (Rössel & Beckert-Zieglschmid, 2002, S. 497), obwohl in zahlreichen theoretischen Abhandlungen und empirischen Untersuchungen häufig davon die Rede ist und kulturelles Kapital, das Schlüsselkonzept in diesem Ansatz, zum Standardrepertoire der in Untersuchungsinstrumenten verwendeten Indikatoren gehört. Auch Solga und Becker (2012, S. 22) heben hervor, dass konflikttheoretischen Ansätzen in der empirischen Bildungsforschung bisher eher kaum Beachtung geschenkt wird, insbesondere in quantitativen Studien. Forschungsarbeiten, die sich ausschließlich der Funktionsweise kulturellen Kapitals zur Reproduktion sozialer Bildungsungleichheit widmen, sind rar, weshalb Studien mit tieferen Einblicken in die Zusammenhänge dieser Kapitalsorte mit Bildungsprozessen und -karrieren bislang noch fehlen und die Hintergründe dahingehend, vor allem hierzulande am Übergang von der Grundschule in die Sekundarstufe I, bisher nur unzureichend beleuchtet worden sind. Dies ist u. a. im Wesentlichen die Zielrichtung dieser Forschungsarbeit. Der theoretische Schwerpunkt liegt deshalb weniger in der Beschreibung und Auslegung der theoretischen Grundlagen bei Pierre Bourdieu, dem Begründer und Hauptvertreter des Reproduktionsansatzes, und seiner Schriften als vielmehr in der Analyse des internationalen empirischen Forschungsstandes und der daraus ableitbaren theoretischen Implikationen, und nicht zuletzt auch deswegen, weil es an adäquaten Studien dazu in der nationalen Forschungslandschaft mangelt. Gleichermaßen werden auch die Grundlagen der ökonomischen theoretischen Forschungsansätze in diesem Forschungsfeld, d. h. die Entscheidungstheorien in der Tradition der Rational-Choice-Theorie, und ihre Hauptvertreter, insbesondere Raymond Boudon, besprochen und ebenso der empirische Forschungsstand dazu. Neben diesen beiden Paradigmen in der Bildungssoziologie stellen des Weiteren die personalen Merkmale, familialen und institutionellen Sozialisationsbedingungen von Kindern im Grundschulalter als mehr proximale, lebensweltliche und alltagsnahe Faktoren des Schulerfolgs und Übergangs von der Grundschule in die Sekundarstufe I desgleichen zentrale Themen in der Theorie und Empirie dieser Forschungsarbeit dar, denen ein umfangreiches Kapitel in der Darstellung des theoretischen und empirischen Forschungsstandes im Folgenden gewidmet ist.

# 2. Theoretisches Kapitel

## 2.1. Bildungsungleichheit und Bildungsübergänge im deutschen Schulsystem

Bildungszertifikate stellen wichtige Weichen für schulische und berufliche Karrieren dar und bestimmen die gesellschaftliche Platzierung von Individuen. Insofern ist die Frage der Chancengleichheit und -gerechtigkeit eng verknüpft mit der Funktionalität und Programmatik von Bildungssystemen in Gesellschaften. Als Fazit aus verschiedenen Studien wie Blossfeld (1993, vgl. auch Blossfeld & Shavit, 1993), Müller und Haun (1994), Henz und Maas (1995), Schimpl-Neimanns (2000) und Breen, Luijkx, Müller und Pollak (2012) ist rückblickend festzuhalten, dass zum Teil Uneinigkeit über das Ausmaß des Abbaus von Bildungsungleichheiten in Deutschland besteht. Unbestritten ist dagegen, dass die Bildungsexpansion seit den 1960er Jahren nicht zu einer Nivellierung von Bildungsungleichheiten, sondern lediglich zu höheren Beteiligungsquoten und einer Verschiebung von Selektionsprozessen geführt hat. Dies unterstreicht auch der Befund von Müller und Haun (1994), wonach ein Abbau von Bildungsungleichheiten bereits schon vor der Bildungsexpansion stattgefunden hat (S. 16, 19, 21, 28, 31 und 35). Soziale Ungleichheit beschreibt im Allgemeinen die ungleiche Verfügbarkeit über gesellschaftlich relevante und wertvolle Ressourcen, somit die ungleiche Teilhabe in der Gesellschaft und ungleiche Verteilung von Lebenschancen, weshalb dieses Konzept eine Mehrdimensionalität und Relativität, d. h. keine für ewig festgesetzte Konstanz, auszeichnen (vgl. Burzan, 2011, S. 7 in Anlehnung an eine Definition von Krause, 2007, S. 686 im Lexikon zur Soziologie von Fuchs-Heinritz, Lautmann, Rammstedt & Wienold, 2007). Bildung ist eben eine Dimension sozialer Ungleichheit (vgl. die Einführungsliteratur in die Bildungssoziologie und Bildungsungleichheit von Becker, 2011; Becker & Lauterbach, 2010; Kopp, 2009; Kupfer, 2011; Löw, 2006).

Seit etwa Mitte der 1990er Jahre erlebt die Bildungs- und Ungleichheitsforschung eine Renaissance, was vor allem auf die Ergebnisse neuerer international vergleichender Schulleistungsstudien zurückzuführen ist. Ein differenzierter Blick auf die Bildungsbeteiligung nach sozialer Herkunft in der PISA-Stichprobe bestätigt die genannten Befunde insoweit, als ein Rückgang von Bildungsungleichheit vor allem im mittleren Bildungssektor stattgefunden hat (vgl. Baumert, Cortina & Leschinsky, 2003, S. 123). Von der Expansion des mittleren Schulwesens haben insbesondere Kinder aus unteren Sozialschichten profitiert. Disparitäten im Gymnasialbesuch sind hingegen weitgehend stabil geblieben. Im Kontrast von Gymnasium und Realschule deuten sich sogar zunehmend mehr soziale Ungleichheiten an (vgl. Baumert, Watermann & Schümer, 2003, in Anlehnung an Baumert & Schümer, 2001). Im Hinblick auf den Erwerb höherer Bildung (Gymnasialbesuch und Hochschulreife) zeichnen sich in jüngster Vergangenheit geschlechtsspezifisch unterschiedliche Entwicklungen ab: Bei Frauen ist eine zunehmende Entkoppelung zwischen ihrer Beteiligung an höherer Bildung und ihrem sozialen Hintergrund festzustellen, wenngleich, insgesamt betrachtet, ein Trend dahingehend in den vergangenen Jahrzehnten bei beiden Geschlechtern zu beobachten ist (vgl. Klein, Schindler, Pollak & Müller, 2009).

Soziale Ungleichheiten oder Differenzen in Bildungssystemen sind im Allgemeinen sowohl in Bezug auf die Bildungsbeteiligung als auch in Bezug auf den Kompetenzerwerb sowie die erreichten Bildungsabschlüsse zu konstatieren und manifestieren sich in vier verschiedenen Bereichen (vgl. Maaz, Baumert & Trautwein, 2009): Das sind *erstens* Bildungsübergange aufgrund von sozial selektivem Beratungs- und Empfehlungsverhalten des Lehrpersonals oder eines von der sozialen Herkunft geprägten Entscheidungsverhaltens von Eltern und Jugendlichen[1]; *zweitens* entsteht soziale Ungleichheit auch innerhalb von Bildungssystemen infolge der Wechselwirkung zwischen Statusmerkmalen und dem Angebot und der effektiven Nutzung schulischer Lernopportunitäten (Erklärung mit dem Habitus der Schüler(innen); *drittens* nimmt soziale Ungleichheit in Bildungssystemen durch die frühe Verteilung der Schüler(innen) auf unterschiedliche Schulformen nach der Grundschule (Bildungspfade oder Schullaufbahnen) und der damit verbundenen institutionellen Ausdifferenzierung von Bildungsprogrammen in unterschiedliche Curricula zu (Unterscheidung zwischen einem impliziten curricularen *tracking* innerhalb von Schulen (fachbezogen (*setting*) oder fachübergreifend (*streaming*)) und einem expliziten *tracking* durch die Differenzierung z. B. zwischen allgemein- und berufsbilden-

1 Die Forschung zu Bildungsübergängen in Deutschland ist durch drei Phasen gekennzeichnet (vgl. Maaz, Baumert & Trautwein, 2009): *Erstens*, die explorative Phase (Fokus auf die (familialen) Ursachen der geringen Bildungsbeteiligung von Kindern aus unteren Sozialschichten); *zweitens*, die Formalisierungsphase (Formalisierung und Vervollständigung des Übergangsmodells und des Modells der Bildungsentscheidung in der Tradition der rationalen Wahl); *drittens*, die Vertiefungsphase (als Reaktion auf die Ergebnisse der internationalen Schulleistungsstudien: Niedrige Kompetenzniveaus in Deutschland sowie starke soziale Disparitäten in den Kompetenzen und Ungleichheit in der Bildungsbeteiligung). Darüber hinaus sind die Folgen institutioneller Veränderungen (z. B. Einführung der sechsstufigen Grundschule, Leistungstests und Elternberatung als Kriterien der Laufbahnempfehlungen etc.), von denen erwartet wird, dass sie soziale Disparitäten verringern, noch ungeklärt. Außerdem empfehlen die Autoren, dass zukünftige Studien vermehrt auch soziale Fähigkeiten oder motivationale Orientierungen der Schüler(innen) neben Leistungsaspekten im Hinblick auf die Ermittlung sekundärer Herkunftseffekte berücksichtigen sollten.

den Schulen oder *implicit between-school tracking*); *viertens* liegen Ursachen von Bildungsungleichheit auch außerhalb des Bildungssystems, die Prozesse in Bildungsinstitutionen, die zu sozialer Ungleichheit führen, oftmals verstärken (z. B. in den Familien: Soziale Disparitäten in den Startbedingungen am Schulbeginn, *Sommerlocheffekt* nach Alexander & Entwisle, 1996, als Beleg der disparitätsreduzierenden Wirkung schulischer Prozesse: Rückfall ins soziale Milieu während der Sommerferien und damit verbunden eine Verschlechterung der sprachlichen Kompetenzen; in der Region oder Nachbarschaft: Sozialökologische Struktur- und Kompositionsmerkmale von Schulen und Schulklassen).

Von all diesen möglichen Ursachen kommt Bildungsübergängen im Allgemeinen, insbesondere dem Übergang von der Grundschule in die Sekundarstufe I, ein herausragender Stellenwert für die Entstehung und Persistenz von Bildungsungleichheiten zu (vgl. Mare, 1980 (Analyse sukzessiver Bildungsübergänge); Maaz, Baumert & Trautwein, 2009). Bildungsübergänge stellen wichtige *Gelenkstellen* für Bildungskarrieren dar (vgl. Baumert, Watermann & Schümer, 2003, S. 49), an denen soziale Selektionen und infolge davon Reproduktionsprozesse stattfinden, die aufgrund der Tatsache an Bedeutung hinzugewinnen, dass im deutschen Schulwesen eine relativ hohe Übereinstimmung zwischen besuchter Schulform und erzieltem Abschluss besteht, Schulformen unterschiedliche Lernumgebungen und Entwicklungsmilieus bieten und damit unterschiedliche Lernverläufe und schulische Verläufe ermöglichen (vgl. Ditton, 2010; oder die Übersicht von Milek, Lüdtke, Trautwein, Maaz & Stubbe, 2009, S. 283). Jedoch ist in jüngster Zeit in den Bildungssystemen einiger Bundesländer eine *Öffnung* dahingehend zu erkennen, dass am Ende der Sekundarstufe I verschiedene Schulabschlüsse, unabhängig von der besuchten Schulform, erworben werden können (vgl. Schuchart & Maaz, 2007). „Diese sogenannten ‚Entkoppelungsoptionen' werden weitaus häufiger genutzt als der Schulartwechsel und könnten somit bedeutsamer als dieser zur Korrektur bisheriger suboptimaler Bildungsentscheidungen beitragen" (vgl. Schuchart & Maaz, 2007, S. 640). In ihren Analysen auf der Grundlage der Daten von PISA 2000-E zeigen Schuchart und Maaz (2007), dass die Aspiration der Eltern von Hauptschülerinnen und -schülern für den Realschulabschluss am Ende der Schulpflicht erheblich von ihrem sozialen und auch ethnischen Hintergrund determiniert ist, wobei die institutionellen Vorgaben, d. h. die Offenheit des Schulsystems im Gegensatz zu restriktiven Vorgaben, vor allem den Zusammenhang zwischen sozialer Herkunft und dem Interesse an einer Weiterqualifizierung moderieren (signifikante Interaktion). Dementsprechend ziehen Eltern mit einem eher niedrigen sozialen Status in offenen Systemen häufiger eine Höherqualifizierung ihrer Kinder in Erwägung als in mehr geschlossenen. Dieses Ergebnis besitzt eine besondere bildungspolitische Relevanz. Maaz, Nagy, Trautwein, Watermann und Köller (2007) berichten über ähnliche Befunde in ihrer Untersuchung: Die institutionelle Öffnung und Ausweitung des dreigliedrigen Bildungssystems in Deutschland im Zuge von Reform- und Modernisierungsbemühungen in einigen Bundesländern (hier in Baden-Württemberg) und die damit verbundene Chance, bestimmte Schulabschlüsse (hier das Abitur) nicht nur in traditionellen Schulformen (allgemeinbildendes Gymnasium), sondern auch in alternativen (berufliches Gymnasium) erwerben zu können, haben zum Teil zu einem Abbau sozialer Disparitäten in der Bildungsbeteiligung, in Bezug auf die gymnasiale Oberstufe in dieser Studie, geführt. Ebenso ließen sich dadurch soziale Unterschiede in den Kompetenzniveaus am Ende der Sekundarstufe II (Englisch und Mathematik) reduzieren. Auch wenn die Bildungsaspirationen der Schüler(innen) allgemeinbildender Gymnasien geringfügig höher liegen als diejenigen der Schüler(innen) aus beruflichen, so ist dennoch die soziale Mobilität bei letzteren wesentlich höher als bei ersteren, was sicherlich darauf zurückzuführen ist, dass durch die Einführung neuer Bildungspfade für den Erwerb höherer Bildung Personen aus sozial niedrigen und bildungsfernen Schichten dafür gewonnen werden können.[2]

Zahlreiche Studien belegen, dass Bildungsübergange, insbesondere der Übergang von der Grundschule in die Sekundarstufe I (erster Bildungsübergang), bedeutend mit der sozialen Herkunft der Schüler(innen) verknüpft sind (vgl. Baumert, Cortina & Leschinsky, 2003, S. 118–134). Für die dreigliedrige Sekundarstufe der Schulsysteme in Deutschland bedeutet dies, dass die Chance dafür, eine weiterführende Schule besuchen zu können, in vielerlei Hinsicht von der sozialen Herkunft der Kinder und Jugendlichen abhängt (vgl. Ditton, 2010).

Zur Beschreibung des Zusammenspiels von Einflussfaktoren am ersten Bildungsübergang sind verschiedene Prozessmodelle vorgeschlagen worden, die im Wesentlichen die Determinanten Schulleistungen, Noten, Übergangsempfehlungen, Bildungsentscheidung der Eltern sowie den tatsächlichen Übertritt, d. h. die Schulanmeldung, beinhalten. In Anbetracht der recht hohen sozialen Selektivität des deutschen Bildungssystems und der damit verbundenen Frage nach der Bildungsgerechtigkeit von Schule sind diese Determinanten häufig Gegenstand empirischer Forschung, um den Ursachen sozialer Selektivität und sozialer Ungleichheit im Ergebnis auf den Grund zu gehen und daraus Handlungsbedarf abzuleiten.

Selten werden in diesem Zusammenhang die Schulwünsche oder Bildungsambitionen von Kindern in Studien berücksichtigt. Ausnahmen im Hinblick darauf stellen die Analysen von Büchner und Koch (2001, 2002) sowie Schau-

2 Die Analysen von Maaz, Nagy, Trautwein, Watermann und Köller (2007) beruhen auf den Daten des Projekts TOSCA (*Transformation des Sekundarschulsystems und akademische Karrieren*, N=4730) in der Oberstufe allgemeinbildender und beruflicher Gymnasien in Baden-Württemberg.

enberg (2007)[3] zu den Schulwünschen von Kindern am Ende ihrer Grundschulzeit im Rahmen ihrer Studien zum ersten Bildungsübergang dar. Im Resümee verdeutlichen die Ergebnisse von Schauenberg (2007), dass die Schulwünsche der Kinder den Grundschulempfehlungen und dem Elternwillen untergeordnet sind, jedoch von ihnen eine motivierende Wirkung für die Kinder ausgeht. Büchner und Koch (2001, 2002)[4] weisen mit ihren Befunden auf die Bedeutung informeller Lernprozesse und lernrelevanter Merkmale jenseits von Leistungsaspekten und Fachkompetenzen für einen gelingenden Übergang hin. Damit sind für Bildungsungleichheit auch andere Prozesse und Faktoren als ausschließlich schulbezogene und leistungsrelevante Merkmale und Ergebnisse mitverantwortlich.

Auch Wohlkinger und Ditton (vgl. 2012, S. 46) betonen, dass in der empirischen Forschung zur Schulformwahl am ersten Übergang den Aspirationen der Kinder bisher kaum Beachtung geschenkt wird, und sind darüber angesichts der schon lange bestehenden internationalen Forschung in der Tradition der *Wisconsin-Studie* zum *Status-Attainment*-Prozess erstaunt. Im Hinblick darauf referieren sie den zum Teil älteren U.S.-amerikanischen Forschungsstand im Rahmen der *Wisconsin-Studie* zu den Einflussgrößen auf die schulischen Leistungen und Aspirationen Jugendlicher und deren Effekte auf die Bildungs- und Berufslaufbahn (z. B. Sewell, Haller & Portes, 1969; Sewell, Haller & Ohlendorf,

3 Diese Analysen von Schauenberg (2007) zur sozialstrukturellen Determinierung und zum Zusammenspiel der Schulwünsche der Kinder mit schulischen Ergebnissen (Noten und Testleistungen) in der Grundschule, Grundschulempfehlungen und Elternentscheidungen und -aspirationen am ersten Bildungsübergang basieren auf den Daten des KOALA-S-Projekts von Ditton und Mitarbeiterinnen und Mitarbeitern (*Ko*mpetenz*a*ufbau und *La*ufbahnen im *S*chulsystem, vgl. Schauenberg, 2007, S. 9; vgl. Krüsken, 2007, zum Design und zur Stichprobe dieser Grundschul-Längsschnittstudie von der dritten bis zur vierten Jahrgangsstufe, d. h. bis zur Anmeldung der Kinder in einer Schulform auf der Sekundarstufe I), einer Studie mit einem umfassenden und erweiterten Forschungsrahmen. Darin sind nicht nur Indikatoren erfasst worden, mit denen sich die Annahmen der RC-Theorie prüfen lassen, sondern auch leistungsrelevante Aspekte (Noten und Testleistungen), familiale Lebensbedingungen (primäre Herkunftseffekte), die Bildungsaspirationen der Eltern sowie die Grundschulempfehlungen. Im Mittelpunkt der Analysen von Stahl (2009) auf der Grundlage dieser Daten befindet sich der institutionelle Beitrag zur Entstehung primärer und sekundärer Herkunftseffekte in Bezug auf soziale Leistungsdisparitäten der Schüler(innen), soziale Selektivität der Übertrittsempfehlungen und subjektive Überzeugungen von Lehrkräften.

4 Büchner und Koch (2001) gehen von einem erweiterten Bezugsrahmen aus: Das subjektive Erleben des Übergangsprozesses aus Eltern- und Kindersicht ist untersucht worden, wozu neben sozio-kulturellen Rahmenbedingungen auch schulische Einflussfaktoren außerhalb des Unterrichts und jenseits von Leistungsaspekten sowie außerschulische und familiale Orientierungen und Lern- und Lebenserfahrungen für einen gelingenden Übergang mit Blick auf Bildungsstrategien, die bisherigen Erfahrungen mit der abgebenden Schule und die Erwartungen an die aufnehmende Schule miteinbezogen worden sind.

1970; Alexander & Cook, 1979; Sewell & Hauser, 1980; zusätzlich in Wohlkinger & Ditton, 2012: Haller & Portes, 1973; Alexander, Eckland & Griffin, 1975; Saltiel, 1988; Hauser, 2005). Dem sind das Forschungsprogramm und die Befunde von Marjoribanks (1991, 1994, 1998 (1997), 1999, 2003, 2005) zur Formation und zu den Wirkeffekten der Aspirationen im Jugendalter in den 1990er und 2000er Jahren aus erziehungswissenschaftlicher Perspektive hinzuzufügen, wozu Marjoribanks eine Längsschnittstudie in Australien (Familien in Adelaide, Australien) durchgeführt und den australischen Jugendsurvey (*Longitudinal Survey of Australian Youth* (*LSAY*)) ausgewertet hat. In theoretischer Hinsicht bezieht sich der Autor (vgl. Marjoribanks, 1998, S. 178) sowohl auf den sozialökologischen Ansatz nach Bronfenbrenner (1981) als auch auf den Reproduktionsansatz nach Bourdieu (vgl. jeweils an späteren Orten), wonach die sozialstrukturelle Einbettung proximaler Faktoren oder Kapitalien für Aspirationen entscheidend ist (vgl. zur Bedeutung des sozialökologischen Ansatzes von Bronfenbrenner für die Sozialwissenschaften Moen, 2006; Silbereisen, 2006; und Ditton, 2006). Morgan (1998) kommt auf der Grundlage seiner Untersuchungsergebnisse zu den Bildungsaspirationen Jugendlicher, Schulabsolventinnen und -absolventen, und den Erträgen von Bildungsinvestitionen auf dem Arbeitsmarkt jeweils unter Konstanthaltung des sozialen Hintergrundes zu der Schlussfolgerung, dass Aspirationen als Intentionen keine statische Größe darstellen, auf einer rationalen Kalkulation von Kosten und Erträgen von Schulbildung beruhen und in Anbetracht neuer Informationen auch immer revidiert werden. Falls Bildungsaspirationen zu optimistisch sind und nicht auf einer rationalen Kosten-Nutzen-Kalkulation basieren, sind sie als rationale „Fantasien“ zu betrachten.

Fragen zu den Effekten und zur Einflussnahme kindlicher Aspirationen lassen sich nur vor dem Hintergrund der Struktur nationaler Bildungssysteme beantworten, denn es ist davon auszugehen, dass die Wünsche von Kindern je nach Altersgruppe und des damit verbundenen Entwicklungsniveaus sowie je nach Zeitpunkt eines Übergangs in der Bildungsbiographie unterschiedlich wirksam werden bzw. Resonanz finden. Das bedeutet, dass sie in Abhängigkeit von diesen Faktoren unterschiedlich berücksichtigt werden. Wohlkinger und Ditton (2012) gehen in ihrer eigenen Untersuchung der Frage nach, inwieweit die Aspirationen von Kindern am ersten Bildungsübergang deren Anmeldung an einem Gymnasium beeinflussen können. Dazu betrachten sie zuerst die Dynamik zwischen den Aspirationen der Eltern und Kinder sowie den Grundschulempfehlungen vor dem Übertritt in die Sekundarstufe I, bevor sie im Anschluss daran die Determinierung der Gymnasialanmeldung erklären. Diese Fragestellungen haben sie mit den Daten der KOALA-S-Studie geprüft: Mit Ergebnissen aus bivariaten Korrelationsanalysen belegen die beiden Autoren die Dynamik und Angleichung zwischen Gymnasialanmeldungen der Eltern und Gymnasialempfehlungen der Grundschule sowie Wünschen der Kinder und Aspirationen der Eltern für das Gymnasium, wobei Eltern und Kinder darin stärker korrespondieren als Kinder und Schule. Global gesehen, weisen die Empfehlungen der Grundschule die höchste Stabilität im zeitlichen Verlauf auf, die geringste die Schulwünsche der Kinder. Eltern korrigieren ihre Aspirationen mit der Zeit nach oben, Kinder ihre Wünsche dagegen nach unten. Die beiden Autoren vermuten dahinterliegende Aushandlungsprozesse (2012, S. 55). Hinsichtlich der Realisierung der Anmeldung des Kindes in einem Gymnasium oder einer anderen Schulform stellen sie fest, dass die Lehrkräfte dafür ausschlaggebend sind, sich aber auch Eltern gegenüber ihren Kindern durchsetzen, sofern sie voneinander abweichen, oder Eltern ihr Kind gegebenenfalls in einer niedrigeren Schulform anmelden, falls sie sich nicht einigen können. Die Befunde aus schrittweisen multiplen logistischen Regressionsanalysen zeigen außerdem, dass der Gymnasialwunsch des Kindes (nur vom Kind gewünscht) einen eigenständigen, signifikant positiven und stabilen Einfluss auf die Anmeldung in einem Gymnasium besitzt, der ein fast ähnlich hohes Niveau wie der Effekt des Gymnasialwunsches der Eltern (nur von den Eltern gewünscht) erreicht unter Kontrolle verschiedener Kovariaten[5]. Als stärkster Prädiktor erweist sich jedoch der gemeinsame Gymnasialwunsch von Eltern und Kindern, ebenso besitzt die Durchschnittsnote in den Hauptfächern für die Gymnasialanmeldung eine hohe Relevanz. Des Weiteren ist auch das soziale Netz des Kindes von Bedeutung. Wenn zahlreiche Freunde des Kindes ein Gymnasium besuchen, wird die Anmeldung an einem Gymnasium wahrscheinlich. Der zu Beginn erhebliche Effekt der alleinigen Gymnasialaspiration der Eltern wird zum Teil, aber deutlich stärker als die alleinige Gymnasialaspiration des Kindes, durch die Gymnasialempfehlung der Grundschule und die Durchschnittsnote erklärt, der signifikante Effekt der Empfehlungen dagegen komplett durch den Notendurchschnitt.

Analysen zu Übergängen im deutschen Bildungssystem sollten stets die Spezifik der Schulsysteme der Länder der BRD ins Auge fassen, wozu vor dem Hintergrund der Kulturhoheit der Länder unterschiedliche gesetzliche Regelungen wirksam sind. Dies betrifft insbesondere den Übertritt von der Grundschule in weiterführende Schulen der Sekundarstufe I, denn an dieser Gelenkstelle unterscheiden sich die Länder hinsichtlich der Bindekraft der Übergangsempfehlung der Grundschule oder des Elternrechts (vgl. Gresch, Baumert & Maaz, 2009).[6] In einigen Ländern besitzt die Schullaufbahnempfehlung einen

5 Darunter fallen folgende Aspekte: Sozialer Hintergrund, Leistungsmerkmale der Kinder (Durchschnittsnote und allgemeines Fähigkeitsniveau), Gymnasialempfehlung der Lehrkräfte, lernrelevante Schülermerkmale (schulisches Selbstkonzept, schulische Hilflosigkeit, Lesefreude, Mathematikinteresse oder die von den Freunden besuchte Schulform).

6 In Deutschland liegt die Kulturhoheit bei den Ländern. Das bedeutet, dass der Kulturbereich, wozu Schule und Hochschule zählen, im Zuge der Etablierung föderaler Strukturen

reinen Vorschlagscharakter, weshalb in diesen Fällen Eltern ihre Kinder unabhängig von der Grundschulempfehlung und ohne Einschränkungen in einer höheren Schule anmelden können. In anderen Ländern müssen Kinder zusätzliche Leistungsnachweise erbringen, sofern Eltern ihre Kinder in einer höheren Schulform als der empfohlenen anmelden möchten (vgl. Gresch, Baumert & Maaz, 2009). In wenigen Ländern ist die Schullaufbahnempfehlung der Grundschule ausschlaggebend. Letzterem wird aufgrund dessen eine herausragende Bedeutung beigemessen, sofern damit eine prognostische Aussage für den Schulerfolg auf der Sekundarstufe assoziiert wird (vgl. Baeriswyl, Trautwein, Wandeler & Lüdtke, 2009). Vor diesem Hintergrund wird die Funktion der Grundschulempfehlung im Vergleich zu anderen Zuweisungs- und Selektionsverfahren (z. B. Testleistungen)[7] auch immer wieder kritisch hinterfragt (ebd.).[8] Eine weitere Kritik an Laufbahnempfehlungen der Grundschule richtet sich darauf, dass sie häufig einen negativen Referenzgruppeneffekt implizieren, der besagt, dass das Klassenniveau in schulischen Leistungen in einem umgekehrten Verhältnis zu den Empfehlungen steht (vgl. Milek, Lüdtke, Trautwein, Maaz & Stubbe, 2009).[9] Einen solchen negativen Referenzgruppeneffekt auf

---

in der Bundesrepublik Deutschland dem Zuständigkeitsbereich der Länder zugeordnet worden ist, so dass es 16 verschiedene Schulsysteme in Deutschland gibt, die größtenteils ähnliche Strukturen besitzen, sich aber doch auch in einigen Details unterscheiden. Die Sekundarstufe ist in den meisten Ländern dreigegliedert (Hauptschule, Realschule und Gymnasium). In einigen, meist den *neuen*, Bundesländern wurden Real- und Hauptschule zu einem neuen Schultyp zusammengelegt (z. B. Sekundar- oder Mittelschule wie auch derzeit in Bayern). Trotz dieser Zusammenlegungen bestehen innerhalb dieser neuen Schulformen Real- und Hauptschulzweige weiterhin, worauf im empirischen Kapitel noch gesondert eingegangen wird.

7 Im Hinblick auf die Diskussion über Prozess- oder Statusdiagnostik werden auch Testleistungen als Selektionskriterien kritisch bewertet (Baeriswyl, Trautwein, Wandeler & Lüdtke, 2009).

8 Beispielsweise stellen Baeriswyl, Trautwein, Wandeler und Lüdtke (2009) in ihrer Studie in der Schweiz zur prognostischen Validität subjektiver Lehrerempfehlungen und schulischer Testleistungen für die Deutsch- und Mathematiknote am Ende der Schulpflichtzeit fest, dass die Ergebnisse standardisierter Leistungstests, aber auch die Schulnoten am Ende der Grundschulzeit die Schulleistungen am Ende der Sekundarstufe I am besten prognostizieren können. Auch die Beurteilungen der Lehrkräfte der kognitiven Leistungsfähigkeit und teils auch der Motivation der Kinder wie auch ihre Schullaufbahnempfehlung erweisen sich dafür als relevant. In einer weiteren Studie in der Schweiz haben Baeriswyl, Wandeler, Trautwein und Oswald (2006) die Frage untersucht, ob das Deutschfreiburger Übergangsmodell mit den Elementen Leistungstests, Offenheit von Bildungsgängen und Elternberatung die Herkunftseffekte bei Übergangsentscheidungen reduzieren kann. Die Autorin und Autoren können diese Frage positiv beantworten.

9 Der negative Referenzgruppeneffekt wird in dieser Studie über die Schulnoten vermittelt, im Rahmen derer eine Teilstichprobe von IGLU analysiert wurde.

Klassenebene konnten beispielsweise Wagner, Helmke und Schrader (2009) in ihrer Untersuchung nachweisen.[10]

Die Übergangsempfehlungen von Grundschullehrkräften sind weit weniger sozial selektiv als die Bildungsaspirationen von Eltern (vgl. Ditton, Krüsken & Schauenberg, 2005)[11], denn ihre Beurteilungen und Empfehlungen basieren vor allem auf Schulnoten, d. h. auf Leistungsmerkmalen der Kinder (vgl. Ditton, Krüsken & Schauenberg, 2005; Ditton & Krüsken, 2006a; Ditton, 2007; Ditton & Krüsken, 2009a). Insofern ist vor dem Hintergrund der Forschungsergebnisse dieser Arbeitsgruppe eine Leistungsgerechtigkeit eher bei den Grundschulempfehlungen als bei den Elternentscheidungen zu erwarten, wenngleich diese ebenso ein *soziales Bias* auszeichnet. Bei zweifelhaften Leistungsentwicklungen oder Schulnoten im *Cut-Off*-Bereich, d. h. im unteren Grenzbereich des gesetzlich vorgeschriebenen minimalen Notendurchschnitts für den Übertritt in die jeweilige weiterführende Schule, stellen Lehrkräfte in ihren Empfehlungen ebenso wie Eltern leistungsferne Kriterien wie die soziale Herkunft der Kinder in Rechnung (vgl. Ditton & Krüsken, 2006a; Ditton & Krüsken, 2009a). Analysen des Verlaufs des Übertrittsprozesses, d. h. der Abweichungen zwischen den elterlichen Bildungsaspirationen und Schulanmeldungen einerseits sowie zwischen den Grundschulempfehlungen und Anmeldungen in weiterführenden Schulen am Ende der Grundschulzeit andererseits, verdeutlichen, dass *Abweichungen nach unten*, d. h. eine Anmeldung in einer Schulform, die weder gewünscht noch empfohlen wurde, vor allem Statusgruppen am unteren Rand der sozialen Hierarchie betreffen, *Abweichungen nach oben*, d. h. Schulanmeldungen in höheren Schulformen als den empfohlenen, vor allem in Statusgruppen der höheren Ränge der sozialen Hierarchie vorliegen (vgl. Ditton, 2007, S. 86). Die Schulanmeldungen sind, insgesamt betrachtet, bedeutend sozial stratifiziert, was ein stärkeres Gewicht primärer Herkunftseffekte ver-

---

10 In der Untersuchung von Wagner, Helmke und Schrader (2009) in Rheinland-Pfalz mit einer Mehrebenenstruktur (51 Grundschulklassen der vierten Jahrgangsstufe) erreicht der negative Referenzgruppeneffekt der Testleistung auf Klassenebene bei der Gymnasialempfehlung (vs. Realschulempfehlung) eine etwa um ein Drittel geringere Effektstärke als bei der Realschulempfehlung (vs. Hauptschulempfehlung). Außerdem kommt dieser Effekt auch bei den Übertrittsentscheidungen an sich zum Vorschein, insbesondere für die Realschule im Vergleich zum Gymnasium, und wird bei Berücksichtigung weiterer Indikatoren auf Aggregatsniveau nicht durchgängig signifikant.

11 Als weitere zentrale Ergebnisse aus dieser Untersuchung nennen Ditton, Krüsken und Schauenberg (2005) erhebliche Diskrepanzen zwischen den Aspirationen der Eltern und den Empfehlungen der Grundschullehrkräfte im Hinblick auf den Besuch von weiterführenden Schulen nach der Grundschule, wobei die Empfehlungen oftmals ein geringeres Niveau als die Aspirationen der Eltern erreichen. Prinzipiell gilt, dass sowohl die Grundschulempfehlungen als auch die Aspirationen der Eltern und die Schulleistungen der Kinder soziale Disparitäten aufweisen.

muten lässt als sekundärer (vgl. Ditton & Krüsken, 2006a und 2006b). Die dargelegten Forschungsergebnisse der Arbeitsgruppe der KOALA-S-Studie sind vor dem Hintergrund zu interpretieren, dass ihre Untersuchungen auf Daten einer Grundschulstudie in Bayern beruhen, wobei das bayerische Schulsystem einen bestimmten Notendurchschnitt für den Übertritt in weiterführende Schulen voraussetzt und somit zur Ländergruppe mit den strengsten Übertrittsregelungen gehört (vgl. dazu die Ausführungen zu den gesetzlichen Bestimmungen der Länder zum Übertritt in weiterführende Schulen an späterer Stelle). Befürworter der Verbindlichkeit von Grundschulempfehlungen argumentieren (in diesem Sinne), dass sich damit soziale Disparitäten im Besuch von weiterführenden Schulen auf der Sekundarstufe I reduzieren lassen. Sichere empirische Belege für diese Hypothese gibt es jedoch nicht, wie es Roth und Siegert (2015) für die Daten des Mikrozensus verdeutlichen: Sie vergleichen in ihrer Untersuchung das Ausmaß sozialer Ungleichheit in der Bildungsbeteiligung zwischen Ländern der BRD mit verbindlicher und unverbindlicher Grundschulempfehlung und Ländern mit einem Wechsel von unverbindlicher zu verbindlicher Empfehlung und umgekehrt.

Dravenau und Groh-Samberg (2013) verdeutlichen in diesem Zusammenhang, dass Lehrkräfte oftmals überfordert sind und keine bewusste und willentliche kulturelle Diskriminierung ausüben, wenn sie Empfehlungen aussprechen. Vielmehr unterliegen sie „(...) institutionellen festgeschriebenen Selektionszwängen auferlegt wie frühe Selektion, frühe Benotung, Klassenwiederholung, nicht-integratives System mit vielen Sonderschulen und später Einschulung" (S. 111), weshalb Schulen und auch Lehrkräften eine Eigenlogik in ihrer Entscheidungspraxis verfolgen, die an kulturellen und sozialen Kriterien orientiert ist.

Am Übergang von der Grundschule in die Sekundarstufe I manifestiert sich häufig das *Phänomen des Underachievements* (vgl. Uhlig, 2012, S. 29); d. h. an dieser Gelenkstelle entscheidet sich vielfach, wer zum Underachiever wird.[12] Uhlig (2012, S. 30) bemängelt an der psychologischen Forschung in diesem Themenfeld, dass in der Regel Schulnoten und weniger Schulabschlüsse als Kriterien eingesetzt werden und soziologisch relevante Merkmale wie der soziale Hintergrund der Familie meist außer Acht gelassen werden. Außerdem sollten Schulformunterschiede berücksichtigt werden. Der Autor prüft in seiner Untersuchung auf der Grundlage des sozioökonomischen Panels (SOEP) die Annahme, dass das Underachievement-Risiko sozial ungleich verteilt ist, sowie

12 *Underachievement* bedeutet im Allgemeinen, dass die Schulleistungen von Kindern hinter ihren kognitiven Fähigkeiten zurückbleiben, oder in anderen Worten eine Diskrepanz zwischen dem Intelligenzquotienten und den schulischen Leistungen einer Schülerin oder eines Schülers besteht (vgl. Uhlig, Solga & Schupp, 2009, S. 420).

implizit, inwieweit individuelle Lernpotenziale von Lehrkräften und Eltern bei der Übergangsentscheidung berücksichtigt und richtig beurteilt werden. Die Konzepte Underachievement und Meritokratie stehen deshalb, aus eigener Perspektive, in einem engen Zusammenhang. In struktureller Hinsicht kommt Underachievement bei der Entscheidung am ersten Bildungsübergang zum Tragen, wenn Schüler(innen) mit einem niedrigen sozialen Hintergrund häufiger eine Hauptschul- anstatt einer Realschul- oder Gymnasialempfehlung erhalten als diejenigen mit einem höheren sozialen Hintergrund bei ähnlichem kognitiven Lernpotenzial, oder wenn die Entscheidung der Eltern aus unteren sozialen bildungsfernen Schichten häufiger hinter der Empfehlung der Lehrkräfte verbleibt oder häufiger davon nach unten abweicht als die Entscheidung der Eltern mit einem höheren sozialen Hintergrund oder Bildungshintergrund (Unterschreitung). Dies verdeutlicht wiederum, dass Kinder aus unteren bildungsfernen Schichten einer Mehrfachbelastung ausgesetzt sind (z. B. soziales *Bias* bei der Notenvergabe, soziale Selektivität der Grundschulempfehlung, geringe Aspirationen der Eltern etc.) und eine wesentlich höhere Leistung erbringen müssen, wollen sie eine Gymnasialempfehlung erhalten (vgl. Uhlig, 2012, S. 34). Der Autor ermittelt in seinen Analysen[13], dass die Wahrscheinlichkeit einer Gymnasialempfehlung bei Kindern aus bildungsnahen Familien fünfmal höher liegt als bei Kindern aus bildungsfernen, sofern ihre soziale Herkunft, ihr kognitives Leistungspotenzial und Geschlecht kontrolliert werden.[14] Bildungsaffine Eltern weichen in ihrer Übertrittsentscheidung weit häufiger von der Grundschulempfehlung nach oben ab als bildungsferne Eltern und umgehen damit die Grundschulempfehlung; das gegenteilige Muster gilt für

---

13 Im sozioökonomischen Panel sind bei einer Zufallsstichprobe der 17-jährigen Erstteilnehmer(innen) und der 18- bis 19-Jährigen kognitive Leistungstests zur Messung verbaler, numerischer und figuraler Fähigkeiten (Intelligenz-Struktur-Tests) in den Jahren 2006 bis 2009 durchgeführt worden (vgl. Uhlig, 2012, S. 34–36). In die Analyse von Uhlig sind nur Fälle eingegangen, bei denen der besuchte Schultyp auf der Sekundarstufe I eindeutig feststellbar gewesen ist. Dies sind in der Erstanalyse 1.249 Fälle gewesen. Je nach Berechnung und ausgewählter Merkmale hat sich diese Grundgesamtheit um mehr als die Hälfte reduziert. Das Underachievement-Risiko wird als binäre Variable (AV) abgebildet: Als Underachiever gelten Hauptschüler(innen) mit einem Leistungsvermögen, das mindestens dem typischen Niveau (Median) an der Realschule entspricht, ebenso Realschüler(innen) mit einem kognitiven Niveau von Gymnasiastinnen und Gymnasiasten. Familien werden in bildungsnah, mindestens ein Elternteil mit Abitur, und bildungsfern, kein Elternteil mit Abitur, klassifiziert. Weitere Prädiktoren sind in der Modellrechnung die Grundschulempfehlung (Selbstauskunft des Jugendlichen) und die besuchte Schulform auf der Sekundarstufe I (Auskunft der Mütter).

14 Gemessen an der Varianzaufklärung ist der Einfluss des Bildungsniveaus der Eltern im Vergleich zum individuellen Leistungsvermögen der Schüler(innen) in bildungsnahen Familien wesentlich größer als in bildungsfernen. Das Gegenteil trifft auf letztere zu.

Abweichungen nach unten.[15] In Bezug auf den Zusammenhang von Grundschulempfehlung und Elternentscheidung bei Underachievement kommt der Autor zu der Einschätzung, dass zunächst das Risiko dafür mit dem sozialen Hintergrund kovariiert, d. h. es ist höher für Kinder aus bildungsfernen Elternhäusern, wobei eine Gymnasialempfehlung das Underachievement-Risiko, bezogen auf die soziale Herkunft, bedeutend reduziert, die Elternentscheidung unterhalb der Gymnasialentscheidung dieses Risiko dagegen erhöht, jedoch nicht mit einem so durchschlagenden Effekt wie die Grundschulempfehlung, die ohnehin schon mit der sozialen Herkunft assoziiert ist. Der Autor schließt aus seinen Befunden, dass in seiner Untersuchung – im Gegensatz beispielsweise zur regionalen Studie von Ditton, Krüsken und Schauenberg (2005)[16] – der institutionelle Beitrag zur Reproduktion von Bildungsungleichheit wesentlich größer ausfällt als der familiale. Diese Einschätzung belegt auch die Feststellung, dass ein Großteil der Eltern die Grundschulempfehlung umsetzt.[17]

Dazu ist aus eigener Sicht anzumerken, dass aufgrund der zum Teil unterschiedlichen Bildungssysteme der Länder der BRD regionale Aspekte am ersten Bildungsübergang in derartigen Untersuchungen stärker Berücksichtigung finden müssten, um die Frage nach der Bedeutung von Schule und Familie für Bildungsungleichheit eindeutig beantworten zu können.

In einer früheren Untersuchung haben Uhlig, Solga und Schupp (2009) eingeschätzt, inwieweit das sozial ungleich verteilte Underachievement-Risiko, insbesondere für Kinder aus bildungsfernen Schichten, durch die Persönlichkeits-

---

15 Insgesamt betrachtet, sind in den Daten mehr Abweichungen nach unten, d. h. keine Umsetzung der Realschul- oder Gymnasialempfehlung, als nach oben festzustellen. Länderunterschiede sind hier nicht von Relevanz, denn Abweichungen nach unten unterliegen keiner rechtlichen Bestimmung (vgl. Uhlig, 2012, S. 38). Der Autor nennt hierzu korrigierte Anteile, weil Abweichungen bei einer Hauptschulempfehlung nach unten oder Abweichungen nach oben bei einer Gymnasialempfehlung nicht möglich sind und die Grundschulempfehlung ohnehin mit dem sozialen Hintergrund variiert.

16 In dieser Publikation von Ditton und Kollegen zur KOALA-S-Studie werden die Aspirationen und voraussichtlichen Empfehlungen der Lehrkräfte und nicht die tatsächlichen Kriterien des Übergangs in den Blick genommen, wie die Autorin und Autoren selbst bemerken.

17 In einer weiteren Analyse untersucht Uhlig (2012, S. 38/39) das Underachievement-Risiko unter der Annahme einer sozial ungleichen Verteilung dessen am ersten Bildungsübergang und nicht das tatsächliche Underachievement, denn für letzteres wären ein komplexeres theoretisches Erklärungsmodell als das vorgestellte und eine Reihe weiterer Indikatoren in längsschnittlichen Analysen (z. B. Noten, Schulfreude, Förderung etc.) erforderlich gewesen. Die Ergebnisse aus seinen binär logistischen Regressionsanalysen belegen seine Annahme zur Relevanz von Lehrerempfehlungen und Elternentscheidungen für das Underachievement-Risiko am ersten Bildungsübergang: Erstere sind durch die soziale Herkunft der Schüler(innen) bedeutend determiniert, letztere verbleiben bei einem niedrigeren Sozialstatus häufig unterhalb der Lehrerempfehlungen, so dass insgesamt dadurch das sozial ungleiche Underachievement-Risiko steigt.

struktur des Kindes, gemessen mit den Big-Five(s) wie Offenheit für neue Erfahrungen, Extraversion, Gewissenhaftigkeit, Verträglichkeit, Neurotizismus, Risikobereitschaft, vermittelt wird und kommen, insgesamt betrachtet, zu dem Ergebnis, dass die Persönlichkeitsstruktur dafür keinen wesentlichen Erklärungsfaktor darstellt. Dennoch ermitteln sie auch in ihren Analysen, dass die Offenheit für neue Erfahrungen dieses Risiko sowohl bei Schülerinnen und Schülern aus bildungsnahen Elternhäusern als auch bei denjenigen aus bildungsfernen Familien beeinflusst. Dieser Effekt ist allerdings bei ersteren deutlich stärker ausgeprägt als bei letztere. Gleiches gilt ebenso für die Gewissenhaftigkeit, aber nur für Schüler(innen) aus Akademiker-Familien. Dieser stärkere Einfluss beider Persönlichkeitsmerkmale auf das Underachievement-Risiko von Kindern aus Akademiker-Haushalten ist indessen einem anderen Selektionsmechanismus geschuldet, wonach diese Kinder erst bei sehr ungünstigen Ausprägungen bestimmter Persönlichkeitsmerkmale Schullaufbahnen einschlagen, deren Anforderungen im Niveau unterhalb ihrer kognitiven Fähigkeiten und Potenziale liegen und sie damit einem Underachievement-Risiko ausgesetzt sind (vgl. Uhlig, Solga & Schupp, 2009, S. 435/436). Außerdem resümieren die Autorin und Autoren aus ihren Befunden, dass nicht Leistungsunterschiede das Risiko des Underachievements von Kindern aus bildungsfernen Elternhäusern erhöhen, sondern sozial bedingte Ungleichheiten bei Bildungsentscheidungen.

Soziale Bildungsungleichheit wird mit verschiedenen theoretischen Ansätzen erklärt (vgl. Hopf, 2010). Dazu zählen einerseits ältere schichtspezifische Ansätze, andererseits auch Theorien zur Bildungsentscheidung, meist in der Tradition der soziologisch orientierten Rational-Choice-Theorie oder der psychologisch orientierten Wert-Erwartungs-Theorie (z. B. die *Theory of Reasoned Action* nach Fishbein & Ajzen, 1975; oder die *Theory of Planned Behavior* nach Ajzen, 1991; sowie die Weiterentwicklung davon von Eccles, 1983; vgl. Maaz, Hausen, McElvany & Baumert, 2006), und *last, but not least* der konflikttheoretisch inspirierte Reproduktionsansatz. Nachfolgend werden theoretische Modelle zur Bildungsentscheidung vorgestellt, die auf den Annahmen der Rational-Choice-Theorie beruhen und häufig rezipiert und diskutiert werden. Außerdem wird der aktuelle empirische Forschungsstand dazu dargelegt. In dem sich daran anschließenden Kapitel steht der Reproduktionsansatz, die soziale Reproduktion durch kulturelle Reproduktion, u. a. theoretischer Kern dieser Forschungsarbeit, im Mittelpunkt des Theoriekapitels.

Bildungsungleichheit stellt aus der Perspektive der theoretischen Modelle zur Bildungsentscheidung eine aggregierte Folge individueller Entscheidungen dar (vgl. Kristen, 1999). Diese Erklärung sozialer Bildungsungleichheit besitzt aus Sicht von Kristen nur wenige Gemeinsamkeiten mit der zeitlich früheren bildungssoziologischen schichtspezifischen Ungleichheitsforschung. Bildungslaufbahnen stellen Individuen an verschiedenen Verzweigungspunkten vor Entscheidungen, wobei sich die einzelnen Übergänge in den Alternativen, die zur Wahl stehen, unterscheiden: So wird am ersten Übergang zwischen Hauptschule und weiterführenden Schulen (Realschule oder Gymnasium) entschieden. An den nachfolgenden Übergängen geht es im Wesentlichen um den Verbleib im Schulsystem oder das Verlassen des Schulsystems mit der Option des Eintritts in eine berufliche Ausbildung oder in den Arbeitsmarkt durch Aufnahme einer Berufstätigkeit bzw. eines Beschäftigungsverhältnisses.

Folgende Merkmale zeichnen Bildungsentscheidungen nach Kristen (1999) aus:

- Seltenheit, hohe Bedeutung für den Lebenslauf und Zukunftsorientierung
- Keine Beliebigkeit, weil institutionell festgelegt
- Hohes Risiko hinsichtlich der Langfristigkeit von Zielen und Folgen
- Hohe Unsicherheit je nach Informationsmangel bzgl. Kosten, Erträge und Erfolgswahrscheinlichkeiten[18]
- Vielzahl an Größen, die entweder unbekannt sind oder nur ungefähr eingeschätzt werden können
- Familienentscheidung und keine individuelle Entscheidung, insbesondere am ersten Übergang[19]
- Mitwirkung der Schule in Form von Empfehlungen und Leistungsbeurteilungen

## 2.2. Klassische Erklärungsansätze der Bildungsentscheidung: Theorien rationaler Wahl

### 2.2.1. Die Humankapitaltheorie

Die Humankapitaltheorie versteht sich als eine Theorie von Bildungsnachfrage und -angebot. Sie geht von der Perspektive des Bildungsnachfragers aus, der an bestimmten Punkten im Verlauf seiner Bildungskarriere wichtige Entscheidun-

18 Die Revision von Entscheidungen entweder für einen zu hohen oder zu niedrigen Bildungsgang sind mit einem teils erheblichen Kostenaufwand (erneute Investitionen, kein Kostenausgleich, fehlende Erträge, ausbleibender Verdienst, verlängerte Schulzeit, Herabstufung der Schullaufbahn etc.) verbunden. Kosten umfassen neben finanziellen Ressourcen auch Anpassungsleistungen aufgrund veränderter Anforderungen.

19 An diesem Übergang entscheiden in der Regel noch die Eltern infolge ihrer Kontrolle über Ressourcen; an späteren Übergängen wird die Partizipation des Kindes an der Entscheidung mit zunehmendem Lebensalter immer größer. Eltern werden daher immer unwichtiger.

gen treffen muss, und betrachtet ihn als rational handelnden Akteur (vgl. die Übersicht bei Helberger & Palamidis, 1989). Unter Bildungsnachfrage fallen die individuellen Bildungswünsche, die jedoch nicht immer der tatsächlichen Bildungsbeteiligung entsprechen. Bildung wird als ein Investitionsgut, die Bildungsnachfrage als eine Investition in Bezug auf zukünftige Erträge aufgefasst. Bei Bildungsinvestitionen fallen Kosten an (entgangene Einkommen für die Dauer der Ausbildung (Opportunitätskosten[20]) und direkte Kosten der Bildungsteilnahme), aber es sind auch zukünftige Erträge zu erwarten (Zusatzeinkommen durch die Bildungsaktivität). Bei beiden Größen handelt es sich um zu erwartende Einschätzungen, ergänzt um eine subjektiv festgelegte Diskontrate und dadurch vergleichbar im zeitlichen Verlauf. Bildung wird immer dann nachgefragt, wenn sie sich unter Berücksichtigung ihrer Kosten lohnt.

Investitionen in Humankapital verändern Qualifikationen, Fähigkeiten und Fertigkeiten und erhöhen damit die Produktivität, wobei sich die Entlohnung nach der Höhe der Produktivität richtet (vgl. Becker, 1993). Unterschiede in der Bildungsnachfrage und den Bildungsinvestitionen verschiedener Bevölkerungsgruppen werden mit der Verteilung und dem Verlauf von Angebot (Grenzkosten) und Nachfrage (Grenzertrag der Investition) erklärt. Beide Parameter verhalten sich gegenläufig zueinander. Die Bildungsinvestition erreicht zunächst dann einen optimalen Nutzenwert, wenn beide Parameter sich die Waage halten, d. h. ein Gleichgewicht bilden. Das bedeutet, dass nach Bildung solange nachgefragt wird, bis die Kosten den Erträgen entsprechen. Unterschiede in den Bildungsinvestitionen und in deren Nutzen ergeben sich aus der Verteilung von Angebot (Kosten) und Nachfrage (Erträge): Je geringer die Kosten bei konstanter Nachfrage und je höher die Nachfrage bei konstanten Kosten, desto mehr wird in Bildung investiert, auch wenn im ersten Fall davon der Nutzen geringer ausfällt als im zweiten. Veränderungen in der Verteilung von Angebot und Nachfrage beruhen auf je nach Bevölkerungsgruppe unterschiedlichen Verteilungen von Opportunitäten und schulischen Fähigkeitslevels. Je mehr Opportunitäten verfügbar sind bzw. je niedriger die Kosten(-belastung), desto niedrigschwelliger die Angebotskurve; je besser die schulischen Leistungen sind und je wahrscheinlicher schulischer Erfolg, desto höher fällt die Nachfrage aus. Familieneinkommen und Erfolgsaussichten in der Schule fungieren somit als Moderator-Variablen. Das bedeutet, dass die gleiche Bildungsinvestition in benachteiligten Familien mit einem höheren Risiko verbunden ist, da die Erträge unsicher sind. Die Bildungskosten, insbesondere das entgangene Einkommen, wiegen in solchen Familien stärker als in bevorteilten. Ebenso wird die Erfolgswahrscheinlichkeit geringer eingeschätzt, so dass insgesamt betrach-

20 Opportunitätskosten ergeben sich aus dem Zinssatz des Kredits der Vorfinanzierung (vgl. Becker, 1993).

tet weniger Bildung nachgefragt wird (vgl. dazu auch Übersicht von Kristen, 1999).

Die Humankapitaltheorie geht von einer individuellen Nutzenmaximierung im Hinblick auf das zu erwartende Erwerbseinkommen aus, hält dies jedoch in der reinen Form für unrealistisch (vgl. Helberger & Palamidis, 1989). Sie ergänzt die individuelle Nutzenfunktion um weitere Lebensbereiche (z. B. Freizeitnutzen, Sicherheit, Arbeitsqualität, soziale Anerkennung, Arbeiten von zu Hause aus etc.), die, sofern sie sich in Geldeinheiten ausdrücken lassen, in die Bildungsentscheidung einfließen (vgl. Übersicht zwei im Anhang zu weiteren Implikationen der Humankapitaltheorie).

### 2.2.2. Raymond Boudon: Primäre und sekundäre Herkunftseffekte

Ausgehend von der *Werttheorie* nach Hyman (1953, in Boudon 1974; 1966), der *Social Position Theory* in Anlehnung an Keller und Zavalloni (1962, 1964; in Boudon 1974) und der *Kulturtheorie* hat Boudon (1974) die Unterscheidung zwischen primären und sekundären Herkunftseffekten geprägt, von denen in der Literatur und in zahlreichen empirischen Studien zu Bildungsungleichheit vielfach die Rede ist und von denen angenommen wird, dass sie Bildungsungleichheit erklären. Boudons Thesen stellen eine Erweiterung der Annahmen von Keller und Zavalloni (1962, 1964 in Boudon 1974) in Form einer zweistufigen Nutzenfunktion zwischen Erträgen und Kosten von Bildung dar, die er anhand einer Simulationsstudie überprüft hat. In seiner ersten These geht Boudon davon aus, dass die Position im sozialen Schichtungssystem eine Vielzahl an Unterschieden zwischen Personen generiert und beschreibt. Je niedriger der soziale Status und je *ärmer* der kulturelle Hintergrund sind, desto schlechter die Schulleistungen (*primärer Effekt sozialer Schichtung*). Die *Erklärung des sekundären Herkunftseffekts* veranschaulicht Boudon in seinen weiteren Thesen anhand eines zweidimensionalen Koordinatensystems, zunächst veranschlagt in Bezug auf den primären Effekt: Eine Achse davon repräsentiert die Leistungen in der Grundschule (niedrig bis hoch), die andere das Alter der Kinder (älter bis jünger), mit dem sie in die Sekundarstufe eintreten. Der primäre Effekt ist unter idealtypischen Bedingungen in diesem Koordinatensystem daran zu erkennen, dass Kinder mit einem niedrigen sozialen, bildungsfernen Hintergrund am unteren linken Rand (d. h. schlechte Schulleistungen und relativ hohes Alter beim Übertritt), Kinder mit einer höheren sozialen Herkunft dagegen am oberen rechten Rand (d. h. sehr gute Schulleistungen und relativ niedriges Alter beim Übertritt) jeweils ein Cluster bilden.

Angenommen, zwei Kinder, wovon eines mit einem relativ niedrigen, das andere mit einem gehobenen sozialen Hintergrund, seien am gleichen Punkt im Koordinatensystem positioniert. Das bedeutet, dass bei ihnen kein Unterschied bezüglich des primären Effekts vorliegt. Nun steht bei beiden Kindern eine Bildungsentscheidung dahingehend an, entweder im Schulsystem zu verbleiben oder es zu verlassen und in eine Berufsausbildung einzutreten. Der soziale Hintergrund bestimmt aus Sicht von Boudon an diesem Punkt die Entscheidung, beeinflusst von den Erwartungen und Bewertungen der Erträge (Verlust oder Erhalt von Freundschaften in Abhängigkeit von der sozialen Herkunft und des Sozialprestiges[21]) und den Kosten (monetärer und sozialer Art[22]). Die Kinder bzw. die gesamte Familie sollen hier nun zwischen den beiden Alternativen a (höhere soziale Position) und b (niedrigere soziale Position) wählen. Der Ertrag von a ist demnach eine Funktion des sozialen Status einer Familie, denn je höher der Status, desto höher werden die antizipierten Erträge bewertet. Das Gegenteil trifft für die Kosten zu: Die antizipierten Kosten von a sind generell dann umso höher, je niedriger der soziale Status ist, d. h., dass die Wahl von a statt b eine abnehmende Funktion des familialen Status ist. Im Gesamten betrachtet ist der Nutzen der Wahl von a statt b dann größer, je geringer die Kosten und je höher die Erträge sind. Das bedingt, dass der Nutzen von a eher als von b eine zunehmende Funktion des familialen Status ist. Die beiden, hier modellhaft beschriebenen, Fälle unterscheiden sich zwar nicht in ihrer Position im Koordinatensystem (primärer Effekt sozialer Schichtung), dennoch resultieren unterschiedliche Bildungsentscheidungen in Abhängigkeit von dem mit dem sozialen Status verbundenen Nutzenkalkül zwischen Erträgen und Kosten (sekundärer Effekt sozialer Schichtung). Mit seinem Simulationsmodell belegt Boudon, dass die sekundären Effekte bedeutender sind als die primären, d. h. die kulturellen.

### 2.2.3. Robert Erikson und Jan O. Jonsson: Die Bildungsentscheidung

Ausgangspunkt der theoretischen Überlegungen von Erikson und Jonsson (1996) für ein Modell der Bildungsentscheidung ist der Fall Schweden mit einem relativ geringen sozialen Gefälle in verschiedenen Bereichen des gesellschaftlichen Lebens im internationalen Vergleich. In Anlehnung an Boudon gehen auch diese beiden Autoren von zwei Prozessmechanismen aus, die zu Ungleichheit von Bildungsopportunitäten führen (vgl. Zwei-Stufenprozess bei

21 Für Kinder mit einer gehobenen sozialen Herkunft würde die Aufnahme einer Berufsausbildung eine soziale Degradierung bedeuten; Kinder mit einem niedrigen sozialen Hintergrund würden in diesem Fall eher Unterstützung erfahren. Bildungsentscheidungen werden in der Regel im Familienverband getroffen.

22 Die Wahl einer weniger prestigeträchtigen Bildungslaufbahn wäre für ein Kind mit einem gehobenen sozialen Hintergrund mit hohen Kosten verbunden, wenn seine Freunde sich für eine prestigeträchtige Bildungslaufbahn entscheiden (Statusverlust), nicht dagegen für ein Kind aus unteren sozialen Schichten.

Boudon): Erstens gibt es schicht- bzw. klassenspezifische Unterschiede in den akademischen Fähigkeiten und Schulleistungen (*primärer Herkunftseffekt*). Zweitens sind die Bildungsentscheidungen (oder Übergangsneigungen) an die soziale Schicht oder Klasse gebunden (*sekundärer Herkunftseffekt*). Je größer der Unterschied im Fähigkeitsniveau ist, desto bedeutender werden schichtspezifische Leistungsdisparitäten und Bildungsentscheidungen wahrgenommen. Im Gegensatz zu Boudon unterscheiden sich diese beiden Prozessmechanismen bei Erikson und Jonsson nicht in ihrer Stärke in Bezug auf Bildungsungleichheit. Außerdem veranschlagen sie noch einen dritten Erklärungsfaktor, die *Kapazitäten von Bildungsinstitutionen* (Studienplatzkapazitäten oder Schulstärken).

Erikson und Jonsson nennen *fünf* Möglichkeiten, womit die schicht- bzw. klassenspezifischen Unterschiede im Fähigkeitsniveau und in den Schulleistungen erklärt werden könnten: *Genetische Faktoren, häusliche Umwelten, kulturelles Bias von Schulen, gesundheitliche Unterschiede* und *Unterschiede in der Betreuung, Kinderanzahl im Haushalt.* Unterschiede in all diesen Faktoren sind in der Gesamtbevölkerung heute nicht mehr so bedeutend ausgeprägt, um damit entsprechende Bildungsungleichheiten und Länderunterschiede dahingehend erklären zu können.

Im Gegensatz zu Schulleistungen und Kompetenzen im Allgemeinen, die auf langfristigen Investitionen, kontinuierlichen Sozialisationsbedingungen und kultureller Praxis während der Kindheit und frühen Adoleszenz beruhen, sind Bildungsentscheidungen auf die Zukunft gerichtet und kommen an wenigen fokalen Stellen in einer Bildungsbiographie zum Tragen. Generell gilt, je besser der Notendurchschnitt, desto höher ist die Wahrscheinlichkeit dafür, dass ein anspruchsvoller Bildungsgang gewählt wird (Noten als wichtiger Prädiktor von Übergangsraten bedeutender als der soziale Hintergrund, weshalb Akteure rationale Beurteiler ihrer Erfolgschancen). Dennoch variieren Übergangswahrscheinlichkeiten auf allen Leistungslevels je nach sozialer Lage, wobei an den beiden Endpunkten auf der Notenskala die schichtspezifischen Einflüsse auf die Übergangsraten am geringsten sind.

*Das Modell der Bildungsentscheidung*: Erikson und Jonsson gehen von der Annahme aus, dass Individuen die Kosten und Nutzen, die mit einer bestimmten Bildungsentscheidung verbunden sind, rational kalkulieren, wobei eine Entscheidung innerhalb eines Sets an Alternativen, abzüglich der Zwänge, sowie auf der Basis früherer Schulleistungen getroffen wird. Eine weitere Randbedingung ist, dass Überlegungen zu lebenslangen Verdienstmöglichkeiten (Erträge) weniger effektiv, wenn nicht sogar unmöglich sind, so dass nur ungefähre Einschätzungen der Einkommen und Arbeitsmarktbedingungen, die mit einem bestimmten Schulabschluss in Verbindung gebracht werden, erfolgen.

Im Weiteren nehmen die beiden Autoren an, dass einem Akteur der Nutzen (oder der Ertrag) eines erfolgreichen Schulabschlusses sowie der Nutzen der

Alternative (Berufsausbildung) und des Scheiterns im Schulsystem bekannt sind (Wert dieser Nutzenterme ist *B*). Die Kosten eines Bildungsganges werden *C* genannt. Die Wahrscheinlichkeit des erfolgreichen Abschließens eines Bildungsganges wird mit *P* veranschlagt. Kosten und Nutzen werden mit denselben Einheiten gemessen, die nicht nur monetärer, sondern auch psychologischer Art sein können. Bei Misserfolg ist kein Nutzen zu erwarten, weshalb die Erträge in diesem Fall Null betragen würden. Dagegen bleiben die Kosten C bei einem Misserfolg erhalten. Aus diesen Parametern ergibt sich folgende Gleichung für den Gesamtnutzen *U*:

$$U = (B-C)P-C(1-P) \text{ oder vereinfacht } U = PB-C \quad \text{(i)}$$

Diese Kalkulation wird auf alle möglichen Alternativen angewandt, muss zwar nicht immer exakt sein, bringt aber die Alternativen in ein Ranking (Erwartungswerte). Die Alternative, die den höchsten Nutzen verspricht, wird letztendlich gewählt.[23]

Schichtspezifisch unterschiedliche Bildungsentscheidungen führen Erikson und Jonsson auf schichtspezifische Variationen der Parameter B, C und P zurück, d. h. auf Interaktionen zwischen der sozialen Lage der Familie und diesen Parametern. Ökonomische, kulturelle bzw. bildungsrelevante und auch soziale Ressourcen sind je nach sozialer Lage ungleich verteilt und beeinflussen die genannten Parameter. Familien aus den unteren sozialen Schichten sind damit meist schlechter ausgestattet. Entsprechend determinieren ökonomische Ressourcen primär die tatsächlichen oder wahrgenommenen Bildungskosten und die damit verbundenen Belastungen, die kulturellen bzw. bildungsrelevanten Ressourcen von Familien dagegen die Erfolgswahrscheinlichkeiten in der Schule (infolge des Wissens über die Schule oder qualifizierter Unterstützung etc. in Abhängigkeit von dem Bildungsniveau der Eltern) und die sozialen Ressourcen schließlich die antizipierten beruflichen Erträge (durch Ambitionen, Unterstützung oder Informationen etc. des sozialen Netzes). Erikson und Jonsson diskutieren jeweils Einflussgrößen auf die wahrgenommenen und tatsächlichen Ressourcen, die zu schichtspezifisch unterschiedlich bewerteten Nutzen von Bildungsentscheidungen führen. Institutionelle Faktoren sind ursächlich für die Konvertierung familialer Ressourcen in Bildungszertifikate verantwortlich und geben die Anreizstruktur für Bildungsinvestitionen vor. Sie definieren den Rahmen und gehen damit als Randbedingungen in die individuelle Ent-

23 Erikson und Jonsson kritisieren selbst an ihrem Modell, dass darin ein Faktor, die relative Risikoaversion, nicht berücksichtigt wird, obwohl dieser Faktor schichtspezifische Unterschiede in der Bildungswahl direkt erklären könnte (Unterscheidung zwischen wahrgenommenen und tatsächlichen Erträgen, Kosten und Erfolgswahrscheinlichkeiten).

scheidung ein. Ausbildungsdauer, Barrieren und Opportunitäten, Systemkapazitäten, Übergangsregelungen, elitäre Einrichtungen und Gebührenordnungen werden unter dieser Kategorie zusammengefasst.

### 2.2.4. Richard Breen und John H. Goldthorpe: Das Statuserhaltsmotiv

Ausgangspunkt der theoretischen Überlegungen von Breen und Goldthorpe (1997) für ein Modell der Bildungsentscheidung sind die höheren Bildungsbeteiligungsquoten seit der Bildungsexpansion in den 1960er Jahren in den westlichen Industriestaaten im Vergleich zurzeit davor, insbesondere in den weiterführenden Bildungsgängen. Trotz dieser Entwicklung hat sich an den klassenspezifischen Chancen in der Bildungsbeteiligung jedoch nur wenig getan.

Das Erklärungsmodell von Breen und Goldthorpe basiert auf dem Modell der rationalen Wahl: Akteure kalkulieren die *Erträge*, *Kosten* und *Erfolgs- bzw. Misserfolgswahrscheinlichkeiten* für jede der ihnen verfügbaren Alternativen im Hinblick auf die beiden Zielrichtungen: Der Verbleib im Bildungssystem mit dem Ziel einer akademischen Laufbahn oder das Verlassen des Bildungssystems und Beginn einer Berufsausbildung. Ähnlich wie Erikson und Jonsson (1996) beziehen sie sich ebenso auf die primären und sekundären Herkunftseffekte nach Boudon (1974), messen aber im Gegensatz zu den beiden letzteren Autoren den sekundären ein stärkeres Gewicht in Bildungsentscheidungen und -ergebnissen bei als den primären.

Die Bewertungen oder Kalkulationen der Akteure ergeben sich aus den *Zwängen*, *Opportunitäten* und *Ressourcen*, die schichtspezifisch unterschiedlich verteilt sind. Systematische Einflüsse sozial ungleicher subkultureller Werte, Normen oder Überzeugungen werden im Modell von Breen und Goldthorpe nicht berücksichtigt. *Last, but not least* müssen zwei weitere Annahmen in Bezug auf den strukturellen Kontext, d. h. den Referenzrahmen von Handlungen, in einem allgemeinen Erklärungsmodell als *Voraussetzungen* veranschlagt werden: *Erstens*, Akteure kennen in einem bestimmten Maße die Schichtstruktur einer Gesellschaft, d. h. die sozialen Lagen in Relation zu ihren Positionen auf den Arbeitsmärkten. Außerdem wissen sie, dass Schichten je nach verfügbaren Ressourcen hierarchisch geordnet und sozial unterschiedlich erwünscht sind. *Zweitens*, Bildungssysteme bieten ein Set verschiedener Bildungsoptionen an den sukzessiven Übergängen in der Bildungsbiographie an. Bildungssysteme zeichnet eine diversifizierte Struktur aus; das bedeutet, dass sie Bildungsgänge unterschiedlicher Qualität anbieten, die über ein Mehr oder Weniger an Bildungsjahren hinausgehen, was für die einzelnen Akteure zur Folge hat, Entscheidungen an bestimmten *verästelten* Punkten zu treffen, die bei einer späteren Revision nur schwer oder zumindest nicht kostenfrei ausgeglichen werden können.

Das Modell der Bildungsentscheidung (vgl. Abbildung 1): Eltern und Kinder wägen bei ihrer Entscheidung, Verbleib im Bildungssystem oder Abgang, zwischen drei Faktoren ab: Die *Kosten* des Verbleibs (direkte Kosten der Bildung (> 0) und indirekte durch entgangene Verdienstmöglichkeiten (= 0)), die *Erfolgswahrscheinlichkeiten* (subjektive Einschätzung der Erfolgs- ($\pi$) und Misserfolgswahrscheinlichkeit ($1-\pi$) bzgl. eines Abschlusses auf der nächsten Bildungsstufe), *Werte oder Nutzen der drei möglichen Bildungsausgänge* (P(ayoff Verbleib), F(ailure Verbleib und Misserfolg), L(eave Abgang und Eintritt in den Arbeitsmarkt)) im Hinblick auf die Eintrittschance in die Dienstklasse (S(ervice)*), Arbeiterklasse (W(orker)*) oder Unterklasse (U(nderclass)*) mit hierarchischem Ranking bezogen auf die Erwünschtheit dieser sozialen Positionen. Die Mitgliedschaft in der Dienstklasse ist am meisten erwünscht, diejenige in der Unterklasse (Unterschicht) dagegen am wenigsten, denn letztere impliziert eine prekäre gesellschaftliche Platzierung.

Breen und Goldthorpe stellen Bildungsentscheidungen als einen mehrstufigen sequentiellen Prozess mit einer hierarchischen Struktur zwischen verschiedenen Ausgängen dar (*Entscheidungsbaum*): Je nach den drei möglichen Bildungsausgängen (P, F, L) werden subjektive Zugangswahrscheinlichkeiten den drei Zielklassen zugeordnet. Bei Verbleib im Schulsystem (P) wird diese Wahrscheinlichkeit in Bezug auf den Eintritt in die Dienstklasse mit $\alpha$, in die Arbeiterklasse mit $1-\alpha$ angegeben. In diesem Fall ist der Abstieg in die Unterklasse (Unterschicht) faktisch ausgeschlossen. Bei den beiden anderen Ereignissen, F und L, ist hingegen der Eintritt in alle drei Zielklassen möglich. So wird bei Verbleib in der Schule, gekoppelt mit Misserfolg (F), die Zugangswahrscheinlichkeit zur Dienstklasse mit $\beta_1$, zur Arbeiterklasse mit $\beta_2$ und zur Unterklasse mit $1-\beta_1-\beta_2$ veranschlagt, für den Ausgang L (Abgang) korrespondierend mit $\gamma$-Parametern.

Abbildung 1: Entscheidungsbaum nach Breen und Goldthorpe (1997)

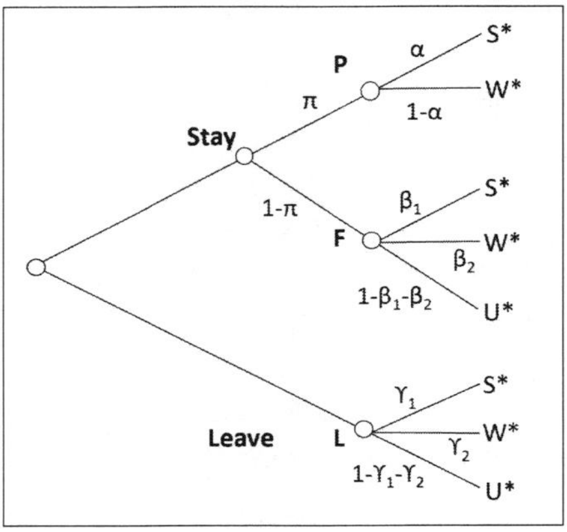


Quelle: Breen und Goldthorpe (1997), S. 280, eigene Darstellung

Im Weiteren gehen Breen und Goldthorpe zunächst davon aus, dass sich das durchschnittliche Fähigkeitsniveau der Kinder aus den beiden Klassen, Dienst- und Arbeiterklasse, unterscheidet (primärer Effekt); ebenso sind Unterschiede in der monetären Ressourcenausstattung der Familien aus den beiden Klassen existent. Das bedeutet, dass die Ausgangslage in höheren Schichten in beiden Aspekten günstiger ausfällt als in niedrigeren (bessere schulische Leistungen und mehr finanzielle Ressourcen). Insofern liegen sozial ungleiche Voraussetzungen für Bildungsentscheidungen vor.

*Klassen- bzw. Schichtunterschiede in Bildungsentscheidungen* beruhen darüber hinaus im Wesentlichen auf drei Mechanismen (sekundäre Effekte): Die *relative Risikoaversion* (Motiv des Statuserhalts bzw. Vermeidung einer Abwärtsmobilität als Aspiration[24]) in der Familie in Abhängigkeit von dem sozioökonomischen Status oder der sozialen Klassenposition (wichtigster Effekt im Hinblick auf Bildungsentscheidungen in benachteiligten Schichten)[25], *Unterschiede im Fähigkeitsniveau der Kinder ($a_i$)*[26] *und in der Erfolgserwartung ($\pi_i$)*[27]

---

24 Eltern der Dienstklasse verfolgen deshalb Strategien, die die Chancen dafür maximieren, dass ihre Kinder den gleichen sozialen Status wie den eigenen erreichen werden (prS* wird maximiert). Arbeiterfamilien bemühen sich darum, ihre Kinder entweder in der Arbeiter- oder Dienstklasse zu platzieren, um den Status zu erhalten (S* oder W* wird maximiert); dies entspricht der Strategie, die Wahrscheinlichkeit der Abwärtsmobilität in die Unterschicht zu minimieren (prU*). Die Fortsetzung der Bildungskarriere wird mit dem Wert $p_i$ ($_i$ indiziert die/den ite(n) Schüler(in)) veranschlagt.

25 Breen und Goldthorpe berechnen die Verbleib- oder Abgangswahrscheinlichkeit für die Kinder aus beiden Gruppen folgendermaßen: Sie gehen davon aus, dass mit dem Verbleib im Bildungssystem zunächst keine Kosten anfallen und die Parameter $\alpha$, $\beta$ und $\gamma$ für alle Personen denselben Wert besitzen; lediglich $\pi$ variiert zwischen den einzelnen Kindern. Wird die Wahrscheinlichkeit des Statuserhalts infolge des Verbleibs im Bildungssystem geteilt durch die Wahrscheinlichkeit des Statuserhalts unabhängig von der Bildungsentscheidung, so ergibt sich für die/den Schüler(in) i aus der Dienstklasse der Wert $p_{is}$ und für die-/denjenigen aus der Arbeiterklasse der Wert $p_{iw}$: $p_{is} = \pi_i \alpha + (1- \pi_i)\beta_1 / \pi_i \alpha + (1- \pi_i)\beta_1 + \gamma_1$, $p_{iw} = \pi_i + (1- \pi_i)(\beta_1+\beta_2) / \pi_i + (1- \pi_i)(\beta_1+\beta_2) + (\gamma_1+\gamma_2)$. Der Verbleib im Bildungssystem wird dem Abgang immer dann vorgezogen, wenn $p > 0{,}5$ beträgt. Das bedeutet, dass der Statuserhalt mit dem Verbleib des Kindes im Bildungssystem gesichert wird. Selbst dann noch, wenn sich die subjektiven Erfolgserwartungen beider Gruppen nicht unterscheiden, gilt es, dass $p_{is}$ bei jedem Wert von $\pi$ ($>=0$ und $<= 1$) größer wird als $p_{iw}$, weshalb es für die Eltern der Dienstklasse günstiger erscheint als für diejenigen der Arbeiterklasse, wenn das Kind im Bildungssystem zum Statuserhalt verbleibt.

26 Fähigkeitsniveau der Kinder: Schwelle (k), wobei gelten soll $a_i > k$.

27 Somit ist $\pi$ eine Funktion von a (ability) ($\pi_i = g(a_i)$). Mit $\pi_s$* und $\pi_w$* wird das Minimum an subjektiver Wahrscheinlichkeit für den Verbleib bezeichnet (d. h. der geringste Wert von $\pi_i$, bei dem $p_i > 0{,}5$ eintritt). Die Verbleibwahrscheinlichkeit errechnet sich dann nach der Formel: $pr(\pi_i > \pi^*)$. Das bedeutet, dass die subjektive Erfolgsaussicht immer größer als das erforderliche Minimum ausfallen muss.

sowie *Unterschiede in den familialen Ressourcen*[28] (beide letzteren Unterschiede mit einem verstärkenden Effekt). Diese drei Mechanismen erklären Breen und Goldthorpe anhand der Bildungsentscheidungen in Familien der Dienstklasse und Arbeiterklasse, die sich in folgenden Aspekten unterscheiden: Erstens, im Fähigkeitsniveau der Kinder[29] und zweitens, in den familialen Ressourcen (r) zum Ausgleich von C[30].

Als *Resümee* bleibt festzuhalten, dass die relative Risikoaversion (erster Mechanismus) zwar in allen Klassen zum Tragen kommt, aber zu höheren Präferenzen für Verbleib im Bildungssystem in der Dienstklasse als in der Arbeiterklasse führt. Der zweite Mechanismus bezieht sich auf Klassenunterschiede im durchschnittlichen Fähigkeitslevel und damit auf Erfolgserwartungen.[31] Der dritte Mechanismus erklärt die Kosten des Verbleibs im Bildungssystem. Klassenunterschiede entstehen in diesem Fall infolge von Unterschieden in den verfügbaren Ressourcen. Familien, die sich Bildung leisten können, sind im Vorteil. Damit lässt sich Bildungsungleichheit mit diesen drei Mechanismen erklären, die sich im Bildungsverlauf als sequentielle Folge von Bildungsentscheidungen manifestieren.

### 2.2.5. Hartmut Esser: Das Statusverlustmotiv, die Bildungsmotivation und das Investitionsrisiko

Ein weiteres Modell der Bildungsentscheidung in der Tradition der rationalen Wahl stammt von Esser (1999) und lässt sich im Wesentlichen in die Reihe der bisher genannten Modelle der Rational-Choice-Theorie mit einigen Ergänzungen und Modifikationen integrieren. Ausgangspunkt ist ein Grundmodell mit zwei Alternativen, nämlich die Entscheidung für eine weiterführende Bildungsstufe ($A_b$) oder die gegensätzliche Entscheidung davon (Zurückhaltung, $A_n$). Esser erklärt seine Annahmen am Beispiel des Übergangs von der Grundschule in eine Hauptschule oder weiterführende Schule. Die Entscheidungssituation beinhaltet folgende drei Parameter mit entsprechenden Bewertungen: Ertragswert (U), Kosten (C, z. B. durch entgangenes Einkommen) und Verlust oder

28 Ein Verbleib im Bildungssystem ist nur möglich bei $r_i > c$ ($r_i$ als Ressourcenlevel der iten Familie).

29 Hierbei handelt es sich um primäre Effekte. Fähigkeiten sind innerhalb jeder sozialen Klasse normalverteilt mit den Durchschnittswerten $a_s > a_w$ und der Varianz $\sigma^2_a$.

30 Bildungskosten stellen eine logistische Funktion in beiden sozialen Klassen dar mit den Mittelwerten $r_s > r_w$ und einem gemeinsamen Verteilungsparameter $\sigma^2_r$.

31 Dieser Effekt betrifft Klassenunterschiede in den Werten von $\pi$ (Erfolgswahrscheinlichkeit), was darüber hinaus zu Klassenunterschieden im Wert von p und damit zum Verbleib als Präferenz führt.

Beibehaltung des Status (-SV, denn die Entscheidung gegen einen weiterführenden Bildungsgang bedingt nicht nur einen Gewinnverzicht, sondern einen sicheren Verlust z. B. Konsequenzen für die soziale Wertschätzung und das Selbstbild). Außerdem kommt in diesem Modell zwei Erwartungstermen eine wichtige Funktion zu: der Erfolgs- bzw. Ertragserwartung bei der Entscheidung für eine weiterführende Bildung (p) und die Erwartung eines Statusverlustes bei Verzicht darauf (c). Daraus ergeben sich für die beiden Alternativen $A_b$ und $A_n$ folgende Gleichungen:

1. $EU(A_n) = c(-SV)$: Bei einer Entscheidung gegen eine weiterführende Bildung steht der Statusverlust, sofern es etwas zu verlieren gibt, multipliziert mit der Wahrscheinlichkeit dafür im Vordergrund. Die Komplementärerwartung (1-c, d. h. kein Statusverlust bei Verzicht) kann vernachlässigt werden, da in diesem Fall -SV Null ergäbe und somit auch der gesamte Term Null betragen würde. Es entstehen keine Bildungskosten, da auf die Weiterbildung verzichtet wird.
2. $EU(A_b) = pU + (1-p)c(-SV) - C$: Bei einer Entscheidung für eine weiterführende Bildung befindet sich ausschließlich ihr Wert multipliziert mit der Wahrscheinlichkeit dafür im Mittelpunkt. Die entstandenen Bildungskosten werden von diesem Produkt abgezogen. Im Gegensatz dazu wird ein Produktterm aus Misserfolgserwartung und Statusverlust jeweils multipliziert mit der Wahrscheinlichkeit dafür hinzugezählt.

Unterschiede in den Bildungsentscheidungen nach unterschiedlichen gesellschaftlichen Segmenten, untere und mittlere Schichten, erklärt der Autor anhand von spezifischen Brückenhypothesen: Der Nutzen von Bildung ist in beiden Segmenten gleich hoch, ebenso die Bildungskosten. Unterschiedlich sind dagegen die Erfolgswahrscheinlichkeiten oder -erwartungen gelagert, die in den unteren Schichten geringer ausgeprägt sind als in den mittleren, denn im Falle der letzteren ist es Eltern möglich, ihren Kindern Unterstützungsleistungen anzubieten. Ein Statusverlust mit einer Wahrscheinlichkeit von eins ist in mittleren Schichten bei Misserfolg so gut wie sicher. Vor diesem Hintergrund stellt sich Esser die Frage, warum untere Schichten bei der Entscheidung für weiterführende Bildung zögerlich sind. In den unterschiedlichen Größenordnungen und der Erfolgswahrscheinlichkeit p vermutet er die Ursachen.

Es gilt die Entscheidungsregel, dass die Alternative gewählt wird, die den höchsten Nutzen verspricht ($EU(A_b) > EU(A_n)$). Werden die beiden Terme der Ungleichung $EU(A_b) > EU(A_n)$ durch $c(-SV)$ bzw. $pU + (1-p)c(-SV) - C$ ersetzt, so ergibt sich nach Umformungen folgende vereinfachte Ungleichung: $U + cSV > C/p$, wobei die linke Hälfte vom Autor als *Bildungsmotivation* und die rechte als *Investitionsrisiko* bezeichnet wird.

Demnach entsteht Bildungsmotivation aus dem Wert von Bildung sowie aus dem drohenden und sicheren Statusverlust ohne Bildung, ein Investitionsrisiko bei einer Entscheidung für weiterführende Bildung aus den Kosten dividiert durch die Erfolgsaussichten. Ein niedriger sozialer Status reduziert die Bildungsmotivation, die sich in diesem Falle nur aus dem Wert von Bildung ergibt. Ein höherer Status bewirkt dagegen eine höhere Bildungsmotivation, denn es kommt der Statuserhalt hinzu, sofern Bildung eine wichtige Voraussetzung dafür ist. Das Investitionsrisiko ist umso höher, je niedriger bei gleichen Kosten die Erfolgsaussichten sind. Daraus schließt der Autor, dass sich die familiale Entscheidung immer dann ändert zugunsten weiterführender Bildung, wenn die Bildungsmotivation größer ausfällt als das Investitionsrisiko. Bildungsungleichheit bleibt aufgrund dessen erhalten, weil die Bildungsmotivation schon sehr groß sein muss, um eine geringe Erfolgsaussicht auszugleichen und die kritische Schwelle (C/p) des Investitionsrisikos zu überwinden. Beide Parameter, Bildungsmotivation und Investitionsrisiko, sind entscheidend, und verhalten sich zwischen den unteren und mittleren Schichten in genau entgegengesetzter Richtung zueinander.

### 2.2.6. Rolf Becker: Institutionelle Einbettung rationaler Bildungsentscheidungen

Becker (2000) kritisiert an den bisher beschriebenen Modellen rationaler Wahl, dass darin die institutionelle Perspektive fehlt. Institutionelle Vorgaben und Angebote an die Eltern werden darin nicht berücksichtigt. Sie spielen lediglich eine Rolle im Rahmen des Kalküls zwischen Kosten, Erträgen und Erfolgswahrscheinlichkeiten in der elterlichen Bildungsentscheidung. Jedoch passen in der Realität Eltern ihre Entscheidungen an die institutionellen Selektionsvorgaben an, so dass oftmals eine Diskrepanz zwischen der Bildungsplanung und der tatsächlichen Realisierung einer Bildungsentscheidung entsteht. Eine Passung zwischen den sozial ungleichen elterlichen Bildungsentscheidungen und den tatsächlich vollzogenen Übergängen ist damit nicht immer in einem perfekten Sinne gegeben, weshalb Bildungsungleichheit auf der gesamtgesellschaftlichen Ebene keine aggregierte Folge individueller Entscheidungen mehr sein kann. Die elterliche Bildungsentscheidung ist damit für die Erklärung von Bildungsungleichheit notwendig, aber nicht hinreichend (S. 456–457). Vor diesem Hintergrund schlägt der Autor im Kern einen *zweistufigen Prozess* vor. Becker geht davon aus, dass Eltern zunächst den Besuch einer weiterführenden Schule noch vor der Grundschulempfehlung planen (Bildungsabsicht), wobei das Gymnasium in Anbetracht der geringen Attraktivität der Hauptschule im Vergleich zur Realschule die erste Wahl ist (*erster Schritt*). Die institutionellen Regelungen und Selektionen sowie die Verhandlungen mit der Schule spielen im Anschluss daran eine Rolle. Die Umsetzung des Plans der Eltern gelingt unmittelbar aber in den meisten Fällen nur Eltern mit einem höheren sozialen Status (*zweiter Schritt* des Bildungsübergangs). Infolge ist die Diskrepanz zwischen Planung und Realisierung in höheren Schichten geringer als in niedrigeren, denn erstere verfügen über mehr Ressourcen für einen Ausgleich als letztere und kennen die institutionellen Mechanismen besser.

Das Ergebnis, der tatsächliche Bildungsübergang, wird mit nachfolgender Formel ausgedrückt, wobei *BI* für die elterliche Bildungsintention, *S* für die institutionelle Selektion und der Produktterm am Ende für den Entscheidungsspielraum (*Interaktion*) zwischen beiden Faktoren steht und schließlich *i* bzw. *j* die unterschiedlichen Schulformen darstellen:

$$P(B_{ij}) = f(BI_i + S_j + (Bi*S)ij).$$

Der Entscheidungsspielraum umfasst die Anpassung der Eltern an die Schule, aber auch ihre Hoffnung, dass noch ein höherer Bildungsgang realisiert werden kann, wenn auch zu einem späteren Zeitpunkt (Kontrollüberzeugungen), sowie die Durchsetzungskraft der Eltern (Kompetenzen).

Becker (2000, S. 462) hat sein erweitertes Modell zur Erklärung der Übergangsentscheidung als dreistufigen Prozess konzipiert. Ausgangspunkt ist die Klassenlage der Familie. Daraus ergeben sich unterschiedliche Bildungsnutzen, Motive des Statuserhalts, Erwartungen bzgl. eines Statusverlustes, Erfolgserwartungen und erwartete Kosten (erster Schritt). Auf der Grundlage der (klassen- oder schichtspezifischen) Einschätzungen dieser Parameter werden Bildungsintentionen geformt (zweiter Schritt). Bis dahin geht Becker mit den aktuellen Modellen der Bildungsentscheidung in der Tradition der RC-Theorie konform. Im dritten Schritt wird der eigentliche Bildungsübergang vollzogen, der durch die Bildungsintention der Eltern, der Bildungsempfehlung der Grundschule sowie durch das Bildungsniveau der Eltern determiniert ist. Zwischen der Klassenlage der Familie und dem Bildungsniveau der Eltern besteht ein wechselseitiger, zwischen Klassenlage und der Bildungsempfehlung dagegen ein gerichteter Zusammenhang von ersterer zu letzterer. Auf der Grundlage der Paneldaten der Konstanzer Studie *Bildungsverläufe in Arbeiterfamilien* von Fauser (vgl. dazu Becker, 2000, S. 458/459) prüft Becker simultan die Modelle von Erikson und Jonsson (1996) und Esser (1999) sowie seine Erweiterung. Im Großen und Ganzen haben sich alle drei Modellannahmen in diesen Analysen bestätigt, wobei die Determination des Übergangs auf das Gymnasium oder die Realschule im erweiterten Modell unter Berücksichtigung des Bildungsniveaus der Eltern, der Grundschulempfehlung sowie der Bildungsintention in Anschluss an Erikson und Jonsson und Esser am besten ausfällt. Die Operationalisierung der Parameter des RC-Modells mit Proxy-Indikatoren kann in Sekundäranalysen jedoch niemals perfekt sein, wie der Autor selbst anmerkt (S. 460).

### 2.2.7. Diego Gambetta: Push- und Pull-Faktoren, Präferenzen und Lebensplanung

Ausgangspunkt der theoretischen Überlegungen von Gambetta (1996) ist die Frage, in welchem Maße das Bildungsverhalten individueller Akteure ein Produkt intentionaler Wahl oder von Restriktionen ist. Dazu bezieht er sich auf drei Perspektiven über individuelle Akteure, wobei die ersten beiden davon (*strukturalistisch* und *push-from-behind-view*) eine essentielle Abhängigkeit oder Inaktivität von Akteuren aufgrund eines Mangels an relevanten Alternativen oder kausalen Faktoren, die dem Bewusstsein der Akteure nicht zugänglich sind, annehmen (*pushing*). Die dritte Perspektive (*pulled-from-the-front-view*) geht im Gegensatz davon aus, dass Akteure über Alternativen verfügen, diese im Hinblick auf ihre Erträge gewichten und so zu zielgerichtetem Verhalten fähig sind (*pulling*). Damit liegt den beiden ersteren Perspektiven das Modell der Kausalität, der letzteren das der Intentionalität zugrunde.

Bildungsentscheidungen bzw. die Wahl von Schullaufbahnen sind bei Gambetta im Wesentlichen das Ergebnis von drei Prozessen, die sowohl auf Kausalität als auch auf Intentionalität beruhen. Das Bildungsverhalten resultiert demnach aus der bewussten Bewertung bzw. der Intensität *institutioneller* (Set möglicher Optionen, *Constraints* inbegriffen), *ökonomischer* (*erster Filter*: Schichtspezifische Bewertungen und klassenspezifische Präferenzen wirksam) und *kultureller Restriktionen* (*zweiter Filter*: Kulturelle, nicht individuell bedingte Unterschiede), der *Zwänge* (*Push-Faktoren*) und der Antizipation zukünftiger Erfolgsaussichten (*Pull-Faktoren*: *Bisheriger Schulerfolg*, schichtspezifische Erwartungsstruktur; *Arbeitsmarktchancen* in Form zukünftiger Erträge, instabile und ungenaue Einschätzung nur möglich). Wenn Zwänge verschiedene Optionen zulassen, dann wählen Akteure Optionen ihren Präferenzen entsprechend. Bei konstanten Präferenzen bestimmen die Zwänge, welche Option gewählt wird, wenn auch nur die präferierte Option, die die Zwänge nicht zulässt.

*Bildungs-* oder *Lebenspläne* (zielgerichtetes Verhalten oder Präferenzen höherer Ordnung) werden in die Bildungsentscheidung miteinbezogen, die von ökonomischen Präferenzen (*Pull*-Faktoren) oder sozialen, *hinter dem Rücken* liegenden und Präferenzen formenden Bedingungen (*Push*-Faktoren) unabhängig fungieren. Das heißt, dass individuelle, auf Zeitdimensionen und Ambitionen beruhende, nicht von der Herkunft geprägte oder aus anderen ungleich verteilten Merkmalen resultierende Präferenzen Bildungsentscheidungen ebenso mitbestimmen.

Der Spielraum möglicher Handlungen, der mit einer Präferenz assoziiert wird, ändert sich je nach den verfügbaren Opportunitäten: ambitionierte Personen einer jeden Klasse oder Schicht entscheiden sich stets für höhere Bildungsgänge, jedoch variieren je nach sozialer Herkunft gleiche Präferenzen in ihrer Intensität und im Ergebnis, d. h. in der Richtung. In anderen Worten: Es sind wiederum die Zwänge, die im Hintergrund arbeiten. Aufgrund dessen integriert Gambetta alle drei Größen (*Constraints*, Erfolgsaussichten und Lebenspläne) in ein Modell, die im Grad der Intentionalität von Akteuren voneinander abweichen. Restriktionen bzw. Zwänge wirken nun nicht mehr rein mechanisch (*pushing*), sondern werden ebenso bewertet.

Ausgangspunkt des integrierten Modells sind die Lebenspläne und Präferenzen, die verschiedene Entscheidungsfaktoren einschließen (Zeitperspektiven, Erwartungen bzgl. Intensität und Qualität der Berufskarriere, kulturelle und ökonomische Ursachen etc.). Diese sind in der Bevölkerung normalverteilt (Glockenkurve; vgl. Abbildung 2) mit folgenden Extrempunkten an den beiden Enden (Polen) der Kurve: Absoluter Verzicht auf Bildung vs. uneingeschränkter Verbleib im Bildungssystem, jeweils unabhängig von den Kosten. Ein Großteil der Bevölkerung befindet sich zwischen diesen beiden Polen, wobei die Kurve einen rechtssteilen Verlauf zugunsten einer hohen Bildungsbeteiligung zeigt, denn die meisten Menschen haben prinzipiell ein hohes Interesse an Bildung, so dass es nur wenige Fälle gibt, die Bildung vollkommen ablehnen. Aber selbst ein hohes Bildungsinteresse ist stets auch von Unsicherheiten begleitet.

Abbildung 2: Verteilung von Bildungspräferenzen nach Gambetta (1987)

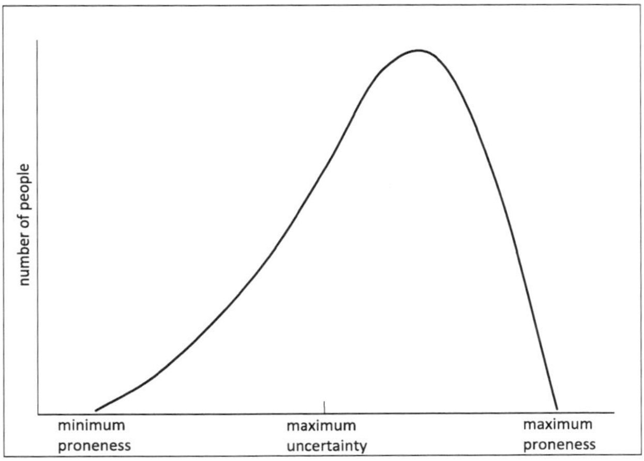


Quelle: Gambetta 1987, S. 178, eigene Darstellung

Im Weiteren geht Gambetta davon aus, dass die Lebenspläne oder Präferenzen durch die Zwänge gefiltert werden, die unabhängig von den Präferenzen bestimmte Optionen unmöglich machen (*erster Filter*). Abgesehen von Extrempositionen, ein Leben ohne Bildung faktisch nicht möglich, aber Opferbereitschaft bei unzureichenden finanziellen Ressourcen, sind Zwänge nicht bindend, aber sie sind besser präsentiert als die Kosten. Denn je stärker Zwänge sind, desto höher fallen die Kosten für die Wahl bestimmter Optionen aus, wobei die Kostenlevels von der Position der Akteure auf der Verteilung der Präferenzen abhängen: Je höher der Anreiz für eine Berufstätigkeit ist, desto höher die Wahrscheinlichkeit, dass die Vorbedingungen eingelöst werden. Das Endergebnis basiert somit auf einem *zweiten Filter* (*Pull-Faktoren*): Erfolgswahrscheinlichkeiten bestimmter Bildungslaufbahnen werden in Abhängigkeit von den bisherigen eigenen wahrgenommenen Fähigkeitslevels und den Perspektiven auf dem Arbeitsmarkt bewertet. Je höher diese Faktoren eingestuft werden, desto attraktiver sind die kulturellen und ökonomischen Erträge, die mit einer Bildungslaufbahn verbunden werden.

Aus den oben genannten Annahmen ist zu schließen: Je näher Akteure an den Extrempunkten auf der Kurve platziert sind (Basisdetermination), desto geringer ist der Einfluss von Zwängen und Erfolgswahrscheinlichkeiten und umso größer der Einfluss der Präferenz für eine extrem hohe oder geringe Bildungsbeteiligung auf die Entscheidung. Je näher sie sich am Mittelpunkt befinden, wo die Unsicherheit am größten ist, desto größer ist der Einfluss solcher Faktoren (*Push-* und *Pull*-Faktoren), die Belohnungen mit Bildung verbinden (Zwänge und Erfolgswahrscheinlichkeiten mit additiven Bezügen). Je geringer das Gewicht der Kosten und je größer die Erfolgsaussichten sind, desto größer fällt die Wahrscheinlichkeit dafür aus, dass ein anspruchsvoller Bildungsgang gewählt wird. Abgesehen von diesen Modellannahmen sind Residualeffekte der sozialen Herkunft in den Bildungsentscheidungen zu erkennen, insbesondere in den unteren und oberen Schichten unter Berücksichtigung ökonomischer und kultureller Zwänge. In jeder Klasse oder Schicht existieren sogenannte *Trägheitseffekte*, die nicht adaptives Verhalten in Bezug auf die Erträge der jeweiligen Alternativen und ihren Erfolgsaussichten, sondern überangepasstes Verhalten einschließen. Im Hinblick darauf tendieren Akteure dazu, entweder zu viel oder zu wenig von dem zu tun, was unter Berücksichtigung von Zwängen oder Erfolgswahrscheinlichkeiten ratsam wäre (vgl. Abbildung 3).

Abbildung 3: Klassenspezifische Verteilung von Bildungspräferenzen nach Gambetta (1987)

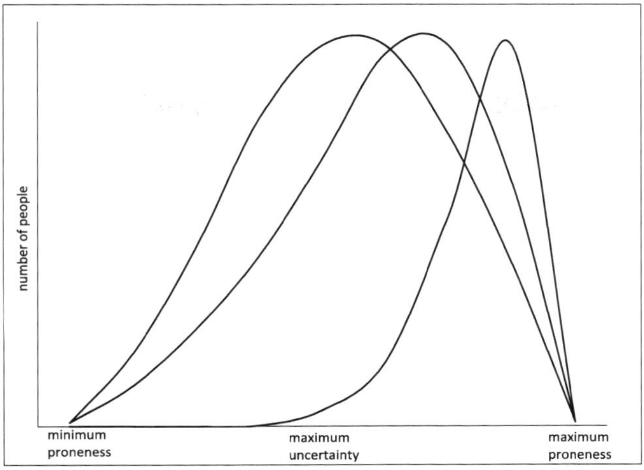


Quelle: Gambetta 1987, S. 184, eigene Darstellung

### 2.2.8. Bildungsentscheidung und RC-Theorie: Kritik und empirischer Forschungsstand

Als Resümee und Gesamtbewertung nach eigenem Ermessen ist festzuhalten, dass trotz hoher Plausibilität die Rational-Choice-Theorie eine konservative Schätzung der Erklärung von Bildungsentscheidungen und -ungleichheit liefert. Begründet wird diese Einschätzung mit folgenden Aspekten, die in (fast) allen Modellen meist außer Acht gelassen werden: Familienentscheidungen und -prozesse, soziale Reproduktion in der Familie und in den Institutionen, primäre Herkunftseffekte (ohne explizite Funktion), Mobilitätsprozesse, keine vollständige Erklärung der Herkunftseffekte (Stocké, 2010a, S. 91: Vernachlässigung entscheidender herkunftsspezifischer Determinanten im Bildungserwerb, Bezugsgruppeneffekt als subjektive Norm), Zeitdimension und Komplexität und Dynamik der Entscheidung (vgl. Ditton & Krüsken, 2009a; Wohlkinder & Ditton, 2012, S. 46), Passungsverhältnisse instabiler Aspirationen von Eltern je nach sozialstrukturellem Hintergrund (Kleine, Paulus & Blossfeld, 2009). In den Modellen von Esser (1999) sowie Breen und Goldthorpe (1997: Sequentieller Prozess, Unterschiede in den Erfolgswahrscheinlichkeiten und Kosten als verstärkender Effekt) wird im Gegensatz zu Erikson und Jonsson (1996: Schwerpunkt auf kulturellem Kapital) dem Motiv des Statuserhalts bzw. der relativen Risikoaversion ein bedeutendes Gewicht beigemessen (Maaz, Baumert & Trautwein, 2009; Kristen, 1999). Bei Becker (2000) wird der gesamte Übergangsprozess betrachtet. Die institutionelle Perspektive mit der Übergangsempfehlung und dem Verhältnis von Familie und Schule kommt hinzu. In Anbetracht dessen halten verschiedene Autorinnen und Autoren beide theoretischen Ansätze, die RC-Theorie und den sozio-kulturellen Ansatz, für die Erklärung von Entscheidungsprozessen am ersten Übergang für gültig und angemessen (vgl. Paulus & Blossfeld, 2007: Analysen[32] zu realistischen Aspirationen von Eltern; Stocké, 2010a: Anpassung und Konformität von Eltern mit einem niedrigeren sozialen Status wahrscheinlicher, d. h. sie sind empfänglicher für sozial selektive Einflussgrößen, im Vergleich zu Eltern mit einem höheren sozialen Status). Dementsprechend kommen Bittlingmayer und Bauer (2007) in ihrer in der Sozialisationsforschung verorteten Studie zu dem Ergebnis, dass nicht die Selbstselektion bildungsferner Gruppen für soziale Bildungsungleichheiten ausschlaggebend ist wie auch sozialisatorische familiale Praktiken, sondern die Wissensformen über die Funktionsweise schulischer Institutionen (Bildungsnähe), die Institutionsgläubigkeit im Sinne einer unkritischen Übernahme von Bildungsideologien und die daraus resultierenden Handlungsstrategien, folglich milieuspezifische Differenzen dahingehend.[33] Gambetta (1987) hält die Theorie von Boudon (1974) für unvollständig, weil Präferenzen und schichtspezifische Werte darin nicht ausdrücklich berücksichtigt werden. In ähnlicher Richtung kritisiert Barone (2006) an der Rational-Choice-Theorie, dass darin der Fokus überwiegend auf die sekundären Herkunftseffekte gerichtet ist, die primären werden in den jeweiligen Modellen weitgehend ausgeblendet.

Wilson (2001) liefert mit ihren Forschungsergebnissen Belege, die die Annahmen der Humankapitaltheorie, insbesondere im Hinblick auf die Arbeitsmarktrenditen für den Erwerb eines graduierten High-School-Abschlusses im weitesten Sinne stützen.[34] Beattie (2002) zeigt in ihren Analysen der U.S.-ameri-

---

32 Datengrundlage dieser Untersuchung stellt die erste Welle des BiKS-8-12-Panels dar *(Bildungsprozesse, Kompetenzentwicklung und Selektionsentscheidungen im Vorschul- und Schulalter).*

33 Grundmann, Bittlingmayer, Dravenau und Groh-Samberg (2004) schlussfolgern aufgrund ihrer Befunde aus Analysen der Daten einer Längsschnittuntersuchung im isländischen Schulsystem, dass es trotz der Besonderheiten des Bildungssystems auf Island, einer relativ egalitären und homogenen wie geschlossenen Bildungslandschaft dort, zu Ausdifferenzierungs- und Schließungsprozessen differenzieller Bildungsmilieus aufgrund von Widersprüchen zwischen bildungsrelevanten Einstellungen und Aspirationen einerseits und die bildungsrelevante Alltagspraxis andererseits in Bezug auf die Schulleistung (Notendurchschnitt) und Verhaltensauffälligkeiten (Konzentrationsprobleme und Kontrollüberzeugungen), infolge der Milieuzugehörigkeit kommt (S. 134–140). Im Hinblick darauf resümieren Grundmann und Hoffmeister (2007) in ihrer theoretischen Abhandlung zum Zusammenspiel von Sozialisation im familialen und Selektion im schulischen Kontext, dass ersteres von letzterem überformt wird.

34 Die Autorin verwendet drei verschiedene Datensätze: Die *Michigan Panel-Studie zur Einkommensdynamik (PSID)*, den *U.S.-Zensus* von 1970 und 1980 und eine Statistik des *U.S.*

kanischen *High-School and Beyond*-Studie, dass die Effekte der Einkommenserträge einer universitären beruflichen Ausbildung auf den Besuch eines zwei- oder vierjährigen Colleges systematisch mit der ethnischen Herkunft, der sozialen Klassenlage, dem kognitiven Fähigkeitsniveau sowie mit Gender zusammenhängen. Neben strukturellen Aspekten können Humankapitalinvestitionen auch mit psychologischen Merkmalen auf personaler Ebene variieren. Coleman und DeLeire (2003) belegen solche Einflüsse für internale Kontrollüberzeugungen (*locus of control*) im Hinblick auf Schulerfolg (graduierter High-School-Abschluss), Studierabsichten (College-Besuch), die Einkommenserträge und den beruflichen Erfolg jeweils im Alter von 30 Jahren in den Daten der *National Educational Longitudinal Study* (NELS:88).

In zahlreichen empirischen Studien (z. B. Becker, 2000 (vgl. an früherem Ort); Becker, 2003[35]; Stocké, 2007b; Becker & Hecken, 2009) werden Bildungsentscheidungen auf der Grundlage der referierten Modelle rationaler Wahl (kurz RC-Modelle oder -theorien) an verschiedenen Entscheidungspunkten oder Gelenkstellen der Bildungslaufbahnen in Deutschland, häufig am Übergang von der Grundschule auf die Sekundarstufe, untersucht. Becker und Hecken (2009) haben sich in dieser theoretischen Perspektive in ihrer Studie mit der Entscheidung für ein Studium oder eine Berufsausbildung beschäftigt (Investitionsrisiko, wahrgenommene Leistungsfähigkeit und Statuserhalt relevant für ein Studium). Ein zentrales Schlüsselkonzept in der RC-Theorie stellt die relative Risikoaversion (kurz RRA: Vermeiden einer Abwärtsmobilität) dar, die im Wesentlichen auf Boudon (1974) gründet und von Breen und Goldthorpe (1997) im Rahmen ihres formalen Modells der Bildungsentscheidung ausgearbeitet worden ist. In einer Reihe an empirischen Untersuchungen in verschiedenen europäischen Kontexten ist die Relevanz dieses Konzepts bei Bildungsentscheidungen an unterschiedlichen Gelenkstellen in den jeweiligen Bildungssystemen meist isoliert, d. h. ohne Hinzunahme weiterer Parameter der RC-Theorie, mit strukturellen Indikatoren des sozialen Hintergrunds (sozialer Status und Bildungsniveau der Eltern) in unterschiedlichen Kombinationen geprüft worden (z. B. Need & De Jong, 2001: Übergang in die berufliche Ausbildung (Tertiärsektor) in den Niederlanden; Mastekaasa, 2006: Eintritt in ein PhD-Programm in Norwegen; Stocké, 2007c: Erster Bildungsübergang in

*Department of Education's National Center for Education Statistics* zum Haushalt öffentlicher Schulen und Schuldistrikte sowie staatlicher Institutionen (*agencies*) im Bildungssektor (*Common Core of Data, CCD*). Die Autorin schlussfolgert, dass sich die Einschätzung der zukünftigen Einkommenserträge in der Regel als schwierig erweist und nur einen vorläufigen und vagen Charakter haben kann.

35 Becker (2003) kommt zu dem Ergebnis gestiegener Bildungsbeteiligung aufgrund höherer Bildungsmotivation im Kohortenvergleich trotz soziokultureller Trägheitseffekte.

Deutschland; Jakob & Tieben, 2010: Schulformwechsel auf- oder abwärts auf der Sekundarstufe in Deutschland (vgl. an späterem Ort); Tieben, 2011: Schulformwechsel auf- oder abwärts auf der Sekundarstufe in den Niederlanden; Jæger & Holm, 2012: Erster und zweiter Bildungsübergang in Großbritannien). Nahezu alle dieser Studien können einen positiven Effekt der RRA auf Bildungsübergänge nachweisen.

Auf die Unterscheidung zwischen primären und sekundären Herkunftseffekten nach Boudon (1974) wird in einer Vielzahl an Untersuchungen Bezug genommen. Die jeweiligen Forscher(innen) sind dabei stets darum bemüht, die relativen Stärken dieser Effekte auf verschiedene Bildungsergebnisse (Kompetenzen, Noten oder Schullaufbahnen) zu quantifizieren. Verschiedene Autoren kommen in ihren Analysen zu dem Ergebnis, dass den primären Herkunftseffekten eine höhere Bedeutung dafür beizumessen ist als den sekundären (z. B. Nash, 2003: Für PISA 2000; Stocké, 2007a: Noten neben Testleistungen und elterlichen Überzeugungen am stärksten durch die soziale Herkunft determiniert und selbst wiederum beste Prädiktoren des Übergangs von der Grundschule in die Sekundarstufe I; Jackson, Erikson, Goldthorpe & Yaish, 2005: Sekundäre Herkunftseffekte als Verstärker primärer je nach Kriterium des primären Effekts (IQ oder Noten)). Andere Forscher(innen) hingegen halten den sekundären Herkunftseffekt für Schulerfolg für ausschlaggebender (z. B. Neugebauer, 2010: Sekundäre Herkunftseffekte durchschlagend, vor allem im mittleren Notenbereich und bei Freigabe des Elternwillens in Bezug auf den Übergang in eine weiterführende Schule). In Übereinstimmung damit stellen Baumert, Watermann und Schümer (2003) fest: „Diese sekundären sozialen Disparitäten verdienen besondere Aufmerksamkeit, da sie Auskunft über die Bildungsgerechtigkeit eines Schulsystems im engeren Sinne ergeben" (S. 49).[36] Wiederum an-

36 Baumert und Schümer (2001; vgl. auch Baumert, Watermann & Schümer, 2003) prüfen sekundäre Herkunftseffekte in der PISA-Stichprobe (PISA 2000-E, nationale Erweiterung) und vergleichen dafür die Bildungsbeteiligungschancen der Schüler(innen) nach der sozialen Klassenlage der Eltern. Erwartungsgemäß sind die Chancen eines Gymnasialbesuchs für Kinder aus der oberen Dienstklasse weit besser als für diejenigen von Facharbeitern. Die PISA-Daten bieten darüber hinaus die Möglichkeit, verschiedene primäre Bedingungen der Bildungsbeteiligung, wie kognitive Grundfähigkeiten und Lesekompetenzen, annähernd zu kontrollieren, um die in unterschiedlichen Schulformen erworbenen Kompetenzen konstant halten und den Netto-Effekt sekundärer Faktoren auf die Bildungsbeteiligung ermitteln zu können. Die Autorin und der Autor kommen zu dem Ergebnis, dass Übergangsentscheidungen in Deutschland erheblich von Merkmalen der sozialen Herkunft der Schüler(innen) abhängen und nicht nur von ihren schulischen Leistungen, wobei sich die Herkunftseffekte bei Kontrolle primärer Bedingungen reduzieren. Das bedeutet, dass es Kindern aus höheren sozialen Schichten meist besser gelingt, ihre schwachen schulischen Leistungen zu kompensieren, als Kindern aus unteren und bildungsfernen Schichten, ihre Herkunftseffekte trotz guter schulischer Leistungen auszugleichen.

dere Autoren zeigen in ihren Analysen, dass beide Herkunftseffekte annähernd gleichwertig sind (z. B. Müller-Benedict, 2007: Simulationsanalyse der Daten von PISA 2000). Um im Hinblick auf diese divergierende Befundlage Klarheit zu verschaffen, schätzten Maaz und Nagy (2009) die relativen Gewichte der primären und sekundären Herkunftseffekte am Übergang von der Grundschule in weiterführende Schulen des Sekundarschulsystems. Sie fügen, dem theoretischen Modell von Boudon folgend, Noten und Übergangsempfehlungen hinzu, um für alle drei Aspekte des Übergangs (Übertritt, Empfehlung und Noten) die relativen Gewichte beider Herkunftseffekte zu ermitteln. Die Autoren stellen jeweils direkte und indirekte Einflüsse fest: Primäre Herkunftseffekte wirken ausschließlich indirekt, sekundäre dagegen sowohl direkt als auch indirekt. Beide Herkunftseffekte sind grundsätzlich für alle drei Aspekte des Übergangs von Relevanz, wobei die primären sich vor allem in den Noten niederschlagen, die sekundären dagegen am realisierten Übergang im Vordergrund stehen. Beide Effekte beeinflussen gleichermaßen die Übergangsempfehlungen.[37]

Schauenberg (2007) prüft die Annahmen der RC-Theorie für die Bildungsentscheidung am ersten Bildungsübergang in direkter, unmittelbarer und kausaler Art und Weise anhand von den Daten der KOALA-S-Studie, einer Längsschnittuntersuchung in Grundschulklassen in Bayern (vgl. an früherem Ort: Anfang dritte bis Ende vierte Jahrgangsstufe), mit Variablen der Parameter des RC-Modells auf Einstellungsebene: Subjektiv empfundene Kosten weiterführender Bildung, erwarteter Bildungsnutzen (Wichtigkeit von Bildung), erwartete Erfolgswahrscheinlichkeit an der Realschule oder an einem Gymnasium, antizipierte Statusveränderung der Familie bei Erreichen eines Hauptschul- oder Realschulabschlusses bzw. eines Abiturs. Von besonderer Relevanz ist diese Studie gerade auch deshalb, weil darin nicht nur sekundäre Herkunftseffekte, sondern auch primäre in Betracht gezogen werden, denn die Prüfung der Bildungsentscheidung am ersten Übergang setzt eine komplexe Rahmung voraus, weshalb nicht nur die Übertritte, d. h. die tatsächlich vollzogenen Bildungsentscheidungen, sondern auch die elterlichen Bildungsaspirationen und Grundschulempfehlungen jeweils für sich und im Zusammenspiel mit wechselseitigen Anpassungen untersucht worden sind.

Global betrachtet, zeigen die Ergebnisse: Je höher der soziale Status einer Familie, desto höher die Bildungsaspirationen der Eltern oder Grundschulempfehlungen und umso wahrscheinlicher eine weiterführende Schullaufbahn, selbst dann noch bei gleichen Noten und Testleistungen der Kinder (*soziales*

37 Diese Studie basiert auf den Daten einer Primärdatenerhebung. Bildungsungleichheit erschließt sich nach Maaz und Nagy (2009) aus dem Zusammenspiel von sozialer Herkunft, objektiven und bewerteten Schulleistungen (tatsächliche Schulleistung und Noten), der Schullaufbahnempfehlung und dem tatsächlichen Übertritt bzw. dem Übergangsverhalten.

*Bias*). Diese sozialen Unterschiede werden auf unterschiedliche Kosten-Nutzen-Kalkulationen zurückgeführt, d. h. auf unterschiedliche Gewichtungen der Indikatoren des RC-Modells je nach sozialem Hintergrund, jedoch damit nicht vollständig erklärt. Die elterlichen Bildungsaspirationen lassen sich mit den Variablen des RC-Modells besser erklären als die tatsächlichen Übertrittsentscheidungen, sofern die Grundschulempfehlungen in der Analyse berücksichtigt werden.[38] Die Effekte familialer Lebensbedingungen (direkte primäre Herkunftseffekte) auf Aspirationen, Empfehlungen und Schulanmeldungen fallen sehr gering aus.

In einer abschließenden Analyse führt die Autorin die Indikatoren des RC-Modells mit den familialen Lebensbedingungen, Noten und Herkunftsvariablen in einem Modell zusammen und kommt in ihrer Analyse davon zu dem zentralen Ergebnis, dass die Verknüpfung zwischen Herkunft und familialen Lebensbedingungen die elterlichen Bildungswünsche in Familien mit einem niedrigen oder mittleren sozialen Status besser erklärt als die Variablen des RC-Modells. Die Autorin schließt daraus, dass sich Eltern dieser Statusgruppen im Hinblick auf ihre Aspirationen mehr von ihrer individuellen Lebenssituation leiten lassen als Eltern aus den oberen Statusgruppen, letztere dagegen mehr von Aspekten rationaler Wahl. Das bedeutet jedoch auch, dass die Berücksichtigung der Lebensbedingungen durchaus rational sein kann.[39]

Die von Schauenberg ermittelten Befunde geben trotz der Relativierung der Autorin zugunsten der RC-Annahmen einen klaren Hinweis darauf, dass die Entscheidungssituation in den oberen Statusgruppen von einem gesellschaftlichen Konflikt und rationalen Abwägungen gekennzeichnet ist, dagegen in den unteren Statusgruppen Ressourcen jeglicher Art und Größenordnung dafür ausschlaggebend sind. Die mittleren Statusgruppen befinden sich zwischen beiden Positionen, zumal bei ihnen sowohl Verluste als auch Gewinne möglich sind. Kritik an der Untersuchung von Schauenberg richtet sich darauf, dass die elterliche Bildungsentscheidung im engeren Sinne nicht separat geprüft und hier, wie auch in anderen Untersuchungen, dem Übertritt in eine Schulform der Sekundarstufe I, d. h. der Schulanmeldung, in den jeweiligen Analysen

38 Schulanmeldungen und Lehrerempfehlungen stimmen in einem hohen Maße überein. Abweichungen zwischen elterlichen Aspirationen und faktischen Übertritten werden von Drittvariablen wie Noten, Empfehlungen und sozialem Hintergrund moderiert, wobei es Eltern der oberen Statusgruppen besser gelingt, ihren Willen gegenüber der Schule durchzusetzen, als Eltern der unteren.

39 Im Unterschied dazu sind die Anmeldungen in weiterführenden Schulen im erweiterten Modell auch mit den Lehrerempfehlungen in allen Statusgruppen eng assoziiert ist. Desgleichen hängen damit auch die Bildungsaspirationen der Eltern in den mittleren und oberen Statusgruppen zusammen bei Berücksichtigung weiterer bildungsrelevanter Drittvariablen.

gleichgesetzt wird, obwohl in Anschluss an das Modell von Becker (2000) zwischen Aspirationen, Entscheidungen, Intentionen, Empfehlungen und Übertritten unterschieden werden sollte, insbesondere im Hinblick auf die zeitliche Struktur der Bedeutung dieser Übergangskriterien.

Mit den theoretischen Annahmen und Variablen des RC-Modells werden nicht nur die sozial stratifizierten Bildungsentscheidungen der Eltern am ersten Bildungsübergang, sondern auch die tatsächlich vollzogenen Übergänge der Kinder in Schulformen der Sekundarstufe I untersucht und erklärt, so auch in den retrospektiven Kohortenanalysen von Schneider (2004) auf der Basis des Sozioökonomischen Panels (SOEP: Bildungshintergrund der Eltern als Indikator für die Erfolgsaussichten und Berufsprestige der Eltern als Indikator für Statusverlust als zentrale Einflussgrößen).

Darüber hinaus werden auch Schulformwechsel nach diesem Übergang auf die Sekundarstufe I und II, oder auch Abweichungen der Elternentscheidung von der Grundschulempfehlung untersucht und erklärt (vgl. Jacob & Tieben, 2010, Auf- und Abstiege vor oder Höherqualifizierung nach dem ersten allgemeinbildenden Schulabschluss im Vergleich zum Bildungsniveau der Eltern auf der Grundlage der Westdeutschen Lebensverlaufsstudie; Stubbe, 2009, Abgang vom Gymnasium in den ersten beiden Jahrgangsstufen auf der Sekundarstufe I in Hamburg auf Basis der Daten der KESS-Studie). In den drei zuletzt genannten Studien (Schneider, 2004; Jacob & Tieben, 2010; Stubbe, 2009) werden die Parameter des RC-Modells, insbesondere das Motiv des Statuserhalts bzw. Statusverlustes, jeweils mit objektiven sozialstrukturellen Indikatoren oder dem Verhältnis unter diesen Indikatoren abgebildet, was mit den Voraussetzungen der RC-Theorie, die in ihren Modellen subjektive Parameter zugrunde legt, nicht vereinbar ist.

Grundschulempfehlungen sind je nach Schulsystem der Länder mehr oder weniger bindend (vgl. an früherem Ort) und können von den Eltern akzeptiert oder auch abgelehnt werden. Letzteres, d. h. die Akzeptanz oder Ablehnung der Grundschulempfehlung, wird in der Literatur als spezifischer sekundärer Herkunftseffekt bezeichnet (vgl. die Untersuchung von Lohmann & Groh-Samberg, 2010, S. 470[40]). Abweichungen der Elternentscheidung von der Grundschulempfehlung am Ende der vierten Klasse sind Gegenstand der Untersuchung von Harazd (2007), d. h. die Frage, inwieweit Eltern mit den Lehrerempfehlungen übereinstimmen oder nicht und damit konforme oder nonkonforme Entscheidungen treffen. Die Autorin prüft diese Fragestellung anhand von Daten

40 Lohmann und Groh-Samberg (2010) kommen für den Gymnasialbesuch auf Basis des sozioökonomischen Panels (SOEP) zu dem Ergebnis, dass Abweichungen nach oben oder unten eng mit dem sozioökonomischen Hintergrund der Familie kovariieren.

einer schriftlichen Befragung einer Eltern-Stichprobe in Nordrhein-Westfalen (Primärdatenerhebung). Vor dem Hintergrund der Fallzahlen und substantieller Analysemöglichkeiten zieht sie dabei nur die Abweichung der Eltern nach oben in Betracht, d. h. die Anmeldung der Eltern ihrer Kinder an einer höheren Schulform als der empfohlenen. Die Autorin legt sowohl der Akzeptanz als auch der Ablehnung der Grundschulempfehlung ein Kosten-/Nutzen-Kalkül zwischen materiellen und immateriellen Faktoren zugrunde, die auf Einstellungsebene erhoben wurden. Die Befunde bestätigen die Annahme in der Richtung, dass von nonkonformen Eltern der materielle Nutzen eines weiterführenden Bildungsganges (z. B. Chancen auf dem Arbeitsmarkt) höher, die immateriellen Kosten (z. B. Auswirkungen auf das Kind bei nicht genügend Leistung) dagegen niedriger bewertet werden. Das Gegenteil jeweils, ein immaterieller Nutzen oder materielle Kosten, leistet hingegen keinen Beitrag zur Differenzierung zwischen konformen und nonkonformen Eltern. Im Rahmen einer Frage mit offenem Antwortformat haben die Eltern die Möglichkeit gehabt, Kosten- und Nutzenaspekte hinzuzufügen. Im Wesentlichen sind dabei die Aspekte Wohlfühlen des Kindes und seine Mitwirkung an der Entscheidung hervorgehoben worden.

Diese Befunde von Harazd (2007) verdeutlichen, wie auch diejenigen von Schauenberg (2007), dass die Variablen des RC-Modells allein den Übergang von der Grundschule in weiterführende Schulen oder die Abweichung der Elternentscheidung von der Grundschulempfehlung nicht adäquat und ausreichend erklären können. Für beide Studien ist hervorzuheben, dass die Variablen des RC-Modells aus subjektiver Sicht erfasst worden sind.

Studien, die die relative Bedeutung der RC-Theorie und des Reproduktionsansatzes für die Erklärung von Bildungsungleichheit abschätzen, kommen zu differenzierten Ergebnissen. Dementsprechend ermittelt Mahr-George (1999) in seiner in Rheinland-Pfalz durchgeführten Studie zu den Determinanten der Schulwahl am Übergang in die Sekundarstufe I Belege, die beide theoretische Ansätze stützen. Kulturelles Kapital ist mit den schulischen Leistungen, aber auch unabhängig davon mit den elterlichen Bildungsaspirationen, den Lehrerempfehlungen, Schulwahlkriterien und der Realisierung der Schulwahl positiv verknüpft. Die Kosten-Nutzen-Kalkulation ist hier indirekt mit verschiedenen Aspekten erfasst worden, zwischen denen Eltern in Abhängigkeit von ihrer sozialen Herkunft und in Bezug auf verschiedene Alternativen (Schulen) abwägen.[41] Sie wählen letztendlich die Alternative mit dem höchsten Nutzen. Die

41 Darunter werden Aspekte wie die Verwertbarkeit von Bildungsabschlüssen, Leistungsanforderungen, Unterstützung, Dauer der Schulbildung, subjektive Informiertheit der Eltern, Durchlässigkeit des Schulsystems oder den Rechtfertigungsdruck verstanden.

Ergebnisse von Mahr-George sprechen auch für diesen Ansatz. Ein Kritikpunkt an dieser Studie betrifft die Tatsache, dass kulturelles Kapital mit dem Bildungsniveau der Eltern und ihrer beruflichen Tätigkeit operationalisiert worden ist, d. h. mit strukturellen Indikatoren, von denen angenommen wird, dass darin kulturelle Kompetenzen implizit zum Ausdruck kommen. Die Indikatoren des RC-Modells beinhalten dagegen subjektive Einschätzungen in Abhängigkeit von der sozialen Position, was mit den theoretischen Annahmen des RC-Modells konform geht.

Kulturelles Kapital ist aber nicht nur für die schulischen Leistungen im Sinne des primären Herkunftseffekts von Bedeutung, sondern auch für die Übertrittschancen auf weiterführende Schulen, insbesondere auf das Gymnasium oder die Realschule. Letzteres stellt Schneider (2004) in seiner bereits erwähnten Studie fest: Die Wahrscheinlichkeit des Gymnasialbesuchs ist bei Kindern von Müttern, die mindestens einmal im Monat hochkulturelle Veranstaltungen (Oper, Theater, Ballett etc.) besuchen, um das Zweifache höher als bei Kindern, deren Mütter solche Aktivitäten nur gelegentlich unternehmen. Dieser kulturelle Einfluss kommt zusätzlich zu den Effekten klassischer struktureller Indikatoren wie Einkommen, Bildung und berufliches Prestige hinzu. Das bedeutet, dass dieser Einfluss einen eigenständigen Erklärungsanteil an den Übergangschancen mit einem positiven Saldo auf sich verbuchen kann. Der Effekt des kulturellen Kapitals der Eltern ist zwar nur halb so groß wie derjenige ihres Bildungsniveaus, jedoch durchgängig positiv je nach Häufigkeit kultureller Aktivitäten, und weist damit auf Mobilitätsprozesse unabhängig von der sozialen Herkunft hin. Kulturelle Aktivitäten sind bedeutender für die Übergangschancen als das Einkommen. Allerdings kommt der kulturelle Effekt in dieser Analyse nur im Vergleich zwischen Gymnasium und Hauptschule zum Vorschein.

Zum Abschluss dieses Kapitels und als Ausblick auf das nächste wird eine niederländische Studie von van de Werfhorst und Hofstede (2007) vorgestellt, in der die *relativen Effekte des kulturellen Kapitals* und *der relativen Risikoaversion (RAA)*, dem Schlüsselkonzept in der RC-Theorie (Vermeiden einer Abwärtsmobilität) im Hinblick auf Schulerfolg (Leistungsergebnisse und Übergänge), kurzfristige Bildungsziele (schulische Pläne im Anschluss an die Sekundarstufe) und langfristige Ambitionen (erwünschtes Bildungsniveau im Alter von 30 Jahren im tertiären Bildungssektor) vergleichend eingeschätzt werden.[42]

42 Im Rahmen dieser Studie von van de Werfhorst und Hofstede (2007) wurden 621 Schüler(innen) aus Amsterdamer Schulen im dritten Schuljahr auf der Sekundarstufe schriftlich befragt. Die Sekundarstufe in den Niederlanden umfasst fünf Schuljahre. Vier verschiedene Schullaufbahnen sind möglich. In einer früheren Studie analysierten van de Werfhorst, Sullivan und Cheung (2003) die Effekte des Fähigkeitsniveaus der Schüler(innen) in schulischen Unterrichtsfächern auf der Primar- und Sekundarstufe auf die Fächerwahl in der

Van de Werfhorst und Hofstede betonen, dass die Erklärung von Schulerfolg durch das Zusammenspiel von primären und sekundären Herkunftseffekten, dem Motiv der RRA und kulturellem Kapital, ein Kausalitätsproblem aufwirft, insbesondere dann, wenn in Untersuchungen nur ein Messzeitpunkt veranschlagt wird, denn Schulleistungen können keine direkte Folge des Nachsinnens über Mobilität sein in dem Sinne: Je größer die persönliche Betroffenheit, desto besser die Schulleistungen. Vielmehr ist davon auszugehen, dass die Sorge um die soziale Mobilität ein Ergebnis schlechter schulischer Leistungen ist. Dies würde einen negativen Zusammenhang zwischen Schulleistungen und RRA erwarten lassen, was wiederum bedeutet, dass kein kausaler Zusammenhang zwischen RAA und Schulleistungen bestehen würde.[43] Dem sekundären Herkunftseffekt entsprechend wirken die Effekte der RAA auf Aspirationen und Ambitionen additiv in Relation zum sozialen Hintergrund. Solange aber Personen aller sozialen Lagen sich um ihre Mobilität Gedanken machen, können soziale Unterschiede in Ambitionen damit nicht erklärt werden.

Die Effekte des kulturellen Kapitals auf Schulleistungen sind unbestritten, fraglich ist hingegen der Effekt dieser Kapitalsorte auf Ambitionen. Schüler(innen) aus Familien mit hohem kulturellem Kapital entscheiden sich für höhere Schullaufbahnen nicht deshalb, weil sie ihre Ambitionen gegenüber Lehrkräften zum Ausdruck bringen, so van de Werfhorst und Hofstede (S. 397), sondern weil die Wahl einer weiterführenden Bildungslaufbahn an sie herangetragen wird und zwar *im Verborgenen*. Dementsprechend zeigen die Autoren in ihren Analysen, dass kulturelles Kapital in Familien mit der Höhe des Bildungsniveaus und der sozialen Position der Eltern zunimmt, nicht dagegen die RRA und die Dienstklasse am meisten über kulturelles Kapital verfügt.[44] Neben dem Bildungsniveau der Eltern determiniert vor allem diese Kapitalsorte

---

tertiären Ausbildung in der britischen Längsschnittstudie *The 1958 British birth cohort* vor dem Hintergrund des Konzepts des *comparative advantage* (*relativer Vorteil: Annahme einer höheren Erfolgswahrscheinlichkeit in einem Fach in Relation zu früheren Leistungen*) und der beiden Theorien, der rationalen Wahl und sozialen Reproduktion durch kulturelles Kapital. Sowohl relative als auch absolute Fähigkeitslevels erweisen sich in dieser Studie als ausschlaggebend für die Studienfachwahl inklusive eines *Bias* zugunsten eines höheren sozialen Status und prestigeträchtiger Fächer wie Medizin und Jura. Für beide Untersuchungen von van de Werfhorst und Kollegen ist hervorzuheben, dass darin beide Theorieansätze zur Erklärung von Bildungsungleichheit, die soziale Reproduktion durch kulturelles Kapital und die Rational-Choice-Theorie, integrativ und nicht als gegensätzlich behandelt werden.

43 Ein kausaler Effekt in diesem Zusammenhang würde bedeuten, dass sich die Schulleistungen immer dann verschlechtern, wenn man sich um die Abwärtsmobilität sorgt.

44 In den Analyseergebnissen sind mehr signifikante Mittelwertunterschiede nach der Höhe des Bildungsniveaus und sozioökonomischen Status der Eltern in Bezug auf kulturelles Kapital im Vergleich zur relativen Risikoaversion zu finden. Die absoluten Unterschiede dahingehend sind jedoch jeweils nicht erheblich ausgeprägt.

die Schulleistungen am Ende der Grundschule, ebenso auch die besuchte Schulform auf der Sekundarstufe. Im Gegensatz dazu kann die RAA die kurz- und langfristigen Bildungspläne der Schüler(innen) signifikant positiv erklären. Dieses Ergebnis gewinnt vor dem Hintergrund an Bedeutung, dass die RRA mit der sozialen Herkunft nicht verknüpft ist. Kulturelles Kapital beeinflusst die Bildungspläne nicht, die besuchte Schulform auf der Sekundarstufe hingegen schon. Selbst die Testleistungen am Ende der Grundschule zeigen noch einen geringen signifikant positiven Effekt auf die Erwartung eines Universitätsabschlusses.

Zu den Ausführungen dieser beiden Autoren ist anzumerken, dass insbesondere bei frühen Bildungsentscheidungen das Gewicht der Eltern am größten ist, d. h. das Nachsinnen der Schüler(innen) über ihre Statusmobilität noch keine entscheidende Rolle bei der Schulwahl spielt, wenngleich dies auch nicht auszuschließen ist und vor allem auf der Sekundarstufe relevant wird, sofern die Entscheidung über die berufliche Ausbildung naht. Die Befunde verdeutlichen außerdem, dass die RAA mit Bildungsambitionen und -erwartungen, d. h. mit zukünftigen Investitionen, assoziiert ist, nicht dagegen mit aktuellen schulischen Ergebnissen.

### 2.2.9. Reflexionen zu Bildungsentscheidungen und erweiterte Perspektiven

Zu Beginn dieses Kapitals war häufig die Rede von Bildungsexpansion und Bildungsungleichheit. Im Vordergrund steht dabei stets die Frage, ob sich seit und wegen der Bildungsexpansion und infolge der politischen Bemühungen soziale Ungleichheiten durch den expansiven Ausbau des Bildungssektors abgebaut haben. Im weitesten Sinne fußt das gesamte Forschungsprogramm zu Bildungsungleichheiten in den vergangenen Jahrzehnten auf dieser Fragestellung. Was jedoch in den meisten Fällen der Studien in diesem Rahmen nicht zur Sprache kommt, insbesondere dann, wenn die Effektivität der Bildungsexpansion in Bezug auf dieses Problem geprüft wird, sind die intergenerationale Perspektive und, damit verbunden, Fragen zu familialen Prozessen und zur Statusvererbung. Denn die vielfache Zitierung des sozialen Herkunftseffekts auf die Bildungsbeteiligung und Chancengerechtigkeit gibt nämlich keine tiefgreifende Antwort auf das Kausalitätsproblem in diesem Forschungsfeld und die Ambivalenz zwischen Institutionen und Familie. Überspitzt ausgedrückt: Die Rolle und Funktionalität der Familie werden dabei weitgehend ausgeblendet.

Eine der wenigen Studien, die diese Problematik aufgegriffen haben, stellen die quantitative Untersuchung von Fuchs und Sixt (2007) auf der Basis einer

Kohortenanalyse des Sozioökonomischen Panels (SOEP)[45] sowie die qualitative, teils längsschnittlich angelegte Studie von Büchner und Brake (vgl. Büchner & Wahl, 2005; Büchner & Brake, 2006; Büchner & Brake, 2007)[46] dar.

Primärer Forschungsgegenstand der Studie von Fuchs und Sixt (2007) ist die Nachhaltigkeit der Bildungsexpansion, die zu einer Höherqualifizierung der Bevölkerung geführt hat (*Upgrading*). Im Spezifischen beschäftigen sich beide mit der Frage, ob es den infolge der Bildungsexpansion aufgestiegenen Personen gelingt, ihre Höherqualifizierung an ihre Kinder weiterzugeben im Vergleich zu Traditionalisten, d. h. Personen mit einer seit zwei oder mehreren Generationen bestehenden Höherqualifizierung auf vergleichbarem Niveau. Wenn dem so ist, wäre dies ein Beleg für den Erfolg der Bildungsexpansion sowie dafür, dass sich die Bildungsniveaus von Aufsteigern und Traditionalisten nachhaltig angeglichen haben. In anderen Worten: Ist bei den Bildungsaufsteigern eine *Blockade* festzustellen, die die Nachhaltigkeit und Reproduktion ihrer Aufstiege konterkariert und die intergenerationale Persistenz ungleicher Bildungschancen fortführt? Die Nachhaltigkeit oder Vererbung sozialer Verhältnisse erklären Fuchs und Sixt mit dem Kapitalienansatz von Bourdieu. Sie vermuten im Hinblick auf eine nicht vollständige Angleichung der Bildungschancen von Aufsteigern in der nächsten Generation an diejenigen von Etablierten oder Traditionalisten Unterschiede in der Akkumulation, Weitergabe und Transformation ökonomischer, kultureller und sozialer Kapitalien, denn das infolge der Bildungsexpansion angereicherte Bildungsniveau in der Elterngeneration reicht dafür allein nicht aus.

Die Autorin und der Autor kommen zu dem Ergebnis, dass die Hochschulreife in der Enkelgeneration mit derjenigen der Eltern, teils auch mit derjenigen der Großeltern kovariiert (*positiver Großelterneffekt*, insbesondere bei Absteigern bemerkbar) und ebenso mit der Anzahl der zurückgelegten Bildungsstufen, wobei Aufstiege diese Wahrscheinlichkeit verringern, Abstiege dagegen vergrößern hinsichtlich tradierter Kapitalien. Von zentraler Bedeutung ist jedoch das Ergebnis, dass die Quote der Enkel mit Hochschulzugangsberechtigung bei den Aufsteigern hinter derjenigen bei den Etablierten im Durchschnitt zurückbleibt, dennoch haben sich die Bildungschancen der Kinder von Aufsteigern gegenüber denjenigen der Kinder von Eltern, die auf demselben Bildungs-

---

45 Kohorten vor und nach der Bildungsexpansion sind gleichermaßen in der SOEP-Stichprobe repräsentiert.

46 Großeltern, Eltern und Enkel von 20 Dreigenerationenfamilien aus unterschiedlichen Milieus und mit unterschiedlichen Familienkulturen wurden zu Prozessen und Strategien der familialen Transmission und des Erwerbs von Bildung und Kultur interviewt (multimethodisches (Leitfadeninterviews, fotobasierte intergenerationale Familiengespräche oder intragenerationale leitfadengestützte Gespräche) und mehrzyklisches Design (mit Methoden- und Auswertungsverschränkungen auf der Grundlage der *grounded theory*)).

niveau wie ihre (Groß)eltern verharren, in absoluter Hinsicht verbessert. In älteren Kohorten sind diese Unterschiede zwischen Aufsteigern und Etablierten geringer ausgeprägt als in jüngeren. Damit belegen diese Befunde, dass die Bildungsaufstiege eine geringere Nachhaltigkeit als vermutet besitzen und die Bildungschancen der Kinder der Aufsteiger sich an diejenigen der Kinder der Etablierten nicht vollständig angeglichen haben, sofern diese auf den sozialen Hintergrund zurückgeführt werden.

Bei Hinzunahme des Geschlechts und Geburtsjahres der befragten Personen werden diese Zusammenhänge in der multiplen logistischen Analyse sogar noch verstärkt.[47] Die Effekte der Auf- und Abstiege in der Elterngeneration auf die Hochschulzugangsberechtigung in der Kinder- bzw. Enkelgeneration werden im Wesentlichen durch zwei Mechanismen erklärt und erreichen bei Berücksichtigung beider Faktoren in der multiplen Analyse nicht mehr ein signifikantes Niveau: Kulturelle und ökonomische Kapitalien[48] zusammen mit dem relativem Bildungsniveau der Ehepartnerin bzw. des Ehepartners und dem relativen Prestige der ersten beruflichen Position, jeweils der befragten Person.[49]

Vor dem Hintergrund der Befunde dieser Studie ist zu konstatieren, dass die Bildungsexpansion nur zum Teil ihr Ziel einer nachhaltigen Weitergabe von Bildungsaufstiegen erreicht hat. Abschließend bemerken Fuchs und Sixt, dass dieser Zusammenhang auch dadurch verstärkt wird, dass die sozialisierende Wirkung von Schulen heute ausbleibt, weil die einen Habitus prägenden Einflüsse zum Teil fehlen, so dass sich derjenige des Herkunftsmilieus fortsetzt. Hinzu kommt, dass Kinder von Aufsteigern aufgrund von Exklusionsprozessen einen ambivalenten Habitus gegenüber Bildung entwickeln, weil sie Bildung nicht immer als Mittel für sozialen Aufstieg wahrnehmen (S. 24; Fuchs und Sixt beziehen sich hierbei auf den Begriff des gespaltenen Habitus bei Bourdieu (2001)), denn soziale Aufstiege durch Bildung sind damit nicht immer garantiert. Der Autor und die Autorin plädieren in diesem Sinne für eine Mehrgenerationenperspektive in bildungssoziologischen und ungleichheitsinspirierten Fragestellungen.

---

47 Frauen mit besseren Chancen der Weitergabe ihres Bildungsniveaus an ihre Kinder im Vergleich zu Männern im Hinblick auf Aufwärtsmobilität durch Heirat. Außerdem ist zu konstatieren, je älter die befragte Person, desto geringer die Chance einer Hochschulreife bei den Kindern.

48 Dieses Kapital ist mit dem bedarfsgewichteten Haushaltseinkommen operationalisiert. Kulturelles und soziales Kapital sind mit den kontinuierlichen Indikatoren dieser Kapitalsorten im SOEP erfasst worden.

49 Das relative Bildungsniveau der Ehepartnerin bzw. des Ehepartners ergibt sich aus der Anzahl der Bildungsstufen unter- oder oberhalb der/des „Durchschnittspartnerin bzw. -partners" zum Zeitpunkt der Bildungsentscheidung für das Kind, desgleichen das Prestige der ersten beruflichen Position der/des Befragten im Verhältnis zum Durchschnitt darunter oder darüber mit der Magnitude-Prestige-Skala.

Bildungsforschung ist Familien- und Generationenforschung. Zu dieser einfachen Formel und Schlussfolgerung kommen Brake und Büchner (2003) in ihrer Abhandlung zu Familie als Bildungsort. Aus der Perspektive der Reproduktionstheorie beruhen die Bildungsleistungen oder -aufgaben von Familien auf der Akkumulation kulturellen und sozialen Kapitals (Wechselwirkung), um sowohl eine kulturelle Teilhabe als auch eine soziale Anschlussfähigkeit aller Familienmitglieder zu ermöglichen und sicherzustellen (Brake & Büchner, 2003, S. 627–636), wofür Zeit in der Familie als Opportunität für den Erwerb kulturellen Kapitals erforderlich ist. Dabei geht es nicht so sehr um die Frage des *was*, sondern vielmehr um die Frage des *wie*.[50]

Büchner und Brake (2007, S. 199–200; vgl. auch 2006) haben es sich in ihrem Projekt *Familiale Bildungsstrategien als Mehrgenerationenprojekt* zum Ziel gesetzt, die familienspezifischen Formen und Strategien der Weitergabe und Aneignung von Bildung und Kultur (Transmission) unter Berücksichtigung vorhandener Ressourcen und intergenerationaler Strukturen im Hinblick auf eine anschlussfähige soziale und kulturelle Teilhabe in der Gesellschaft zu erforschen. Ihre Befunde lassen im Wesentlichen erkennen, dass familiale Transmissionsprozesse eine Mehrdimensionalität mit folgenden übergeordneten Aspekten kennzeichnet: Habitualisiertes Tun in Alltagsroutinen, familiale Bildungsleistungen mit augenfälligen und weniger augenfälligen Anteilen, Streben nach sozialer Anerkennung und Umgang mit Generationendifferenz, praktischer Sinn von Bildungsstrategien, Komplexität der gelebten Generationenbeziehung, Mehrgenerationenperspektive.

Alle diese Aspekte verdeutlichen, dass ein erweiterter Blick, Bezugsrahmen und Forschungsansatz erforderlich sind, möchte man die Bildungsbedeutsamkeit der Familie und damit die kulturelle und soziale Reproduktion oder Vererbung durch intergenerationale Transmissionsprozesse erforschen. In Einver-

---

50 Brake und Bücher (2003) haben ein Modell des Bildungsortes Familie entwickelt, in dem, ausgehend von familialen Ressourcenausstattungen, in intergenerationalen, bildungs- und kulturbezogenen Austauschprozessen kulturelle und soziale Kapitalien erworben werden im Hinblick auf eine soziale Regelhaftigkeit oder familienspezifische habituelle Disposition für Differenzierungs- und Distanzierungsleistungen, was an die Lebensführungs- und kulturelle Gestaltungskompetenz gebunden ist mit folgenden Aspekten: *Kulturelle Dekodierfähigkeit, sprachliche Ausdrucksfähigkeit, kognitive Aneignungsfähigkeit* und die *Fähigkeit zur ästhetischen Stilisierung des Alltagslebens*. Soziales Kapital wird in Form der Vermittlung sozialer Kompetenzen, von Konfliktfähigkeit, Verantwortungsbewusstsein oder Geduld weitergegeben auf der Grundlage der Art und Qualität der intergenerationalen Austauschbeziehungen. Außerdem werden in letzteren Beziehungen soziale Fähigkeiten angeeignet wie *Selbstbestimmungsfähigkeit* (individuelle Gestaltungsfreiheit), *Mitbestimmungsfähigkeit* (Mitgestaltung und Verantwortung) und *Solidaritätsfähigkeit* (Verpflichtung und Zusammenschluss) (vgl. Klafki, 1995). Das familiale Klima als auch das soziale Kapital fungieren dafür als *Transmissionsriemen*.

nehmen damit machen Büchner und Brake (2007) wiederholt darauf aufmerksam, dass es wenig Sinn macht, Familienmitglieder direkt nach ihrer Bildung und Bildungsvererbung zu fragen. Dies erfordert vielmehr Einfallsreichtum und Kreativität im empirischen methodischen Forschungszugang (vgl. Brake & Büchner, 2003, S. 626–627).

Die Ausführungen in den letzten Abschnitten geben entscheidende Hinweise darauf, dass zur Bestimmung und Erklärung sozialer Ungleichheit oder Bildungsungleichheit mehr erforderlich ist als die schlichte Quantifizierung des Zusammenhangs zwischen sozialer Herkunft und Schulerfolg, unabhängig von Feinheiten auf der operationalen Ebene dieser Begriffe. Vielmehr sollte in einem erweiterten Bezugsrahmen sowohl das Zusammenspiel zwischen Sozialisation, Selektion und sozialer Ungleichheit oder Bildungsungleichheit als auch das Zusammenwirken zwischen familialen und institutionellen Prozessen in den Blick genommen werden, um die Genese und Reproduktion sozialer Ungleichheit und Bildungsungleichheit verstehen und erklären zu können. Im Hinblick darauf konstatieren Bauer und Grundmann (2007, S. 123), dass die Ungleichheits- und Bildungsforschung vor allem auf die Selektionsthematik rekurriert und einen eher vagen Sozialisationsbegriff verwendet sowie davon ausgeht, dass Sozialisationsprozesse Selektionsmechanismen in ungleichheitstheoretischer Hinsicht im Sinne der Bewertung von Erfolgschancen und Verwertbarkeit von Ressourcen untergeordnet sind. Demnach entscheiden Selektionsprozesse über Sinn und Unsinn von Sozialisationspraktiken. Im Gegensatz zu dieser Vorstellung plädieren Bauer und Grundmann für Sozialisation als übergeordnetes Konzept, in dem Selektionsmechanismen ein entsprechendes Element darstellen.

Intergenerationale Beziehungen, Statusvererbung und die Funktion kulturellen Kapitals in diesem Zusammenhang spielen auch in einer früheren Längsschnittuntersuchung von Merkens, Wessel, Dohle und Classen (1997) zur Schulwahl der Eltern am ersten Bildungsübergang in Brandenburg und Berlin in den 1990er Jahren eine gewisse Rolle, wenngleich auch nur eine tangierende. Das Ziel dieser Studie war es, Veränderungen im Schulwahlverhalten der Eltern und die damit verbundenen Strategien der sozialen Vererbung nach einem gesellschaftlichen Transformationsprozess, wie der *Wende*, zu erforschen und aufzuzeigen. Die Autorinnen und der Autor gehen dabei von der zentralen Annahme aus, dass Eltern in den neuen Bundesländern Einbußen in der gesellschaftlichen Positionierung infolge der Wiedervereinigung durch hohe Bildungsaspirationen ausgleichen oder zumindest ihren sozialen Rang an die nächste Generation vererben möchten (Kompensation). Sie ermitteln in ihren Analysen zwei Elterngruppen, zum einen eine Gruppe mit intergenerationaler Statusvererbung, die sich an die Grundschulempfehlung anpasst, zum anderen eine andere Gruppe mit hohen und langfristigen Aspirationen und direkten

Effekten des sozialen Status der Großeltern darauf, die die Grundschulempfehlung ablehnt. Für beide Gruppen gilt, dass der soziale Status der Eltern durch das Zusammenspiel zwischen demjenigen der Großeltern und dem kulturellen Kapital der Eltern bestimmt ist. Diese Befunde verdeutlichen die intergenerationale Perspektive für die Erklärung von Bildungsungleichheit und Schulerfolg durch soziale Vererbung, die durch die Transmission kulturellen Kapitals erfolgt.

Neben dem Fehlen des intergenerationalen Bezugs wird das RC-Paradigma auch hinsichtlich seiner Anwendbarkeit im Alltag von Akteuren kritisiert. Georg (2011, S. 394–395) bezieht sich in seiner Bewertung rationaler Modelle der Bildungsentscheidung, die aus seiner Sicht mehr idealtypische Modelle zweckrationalen Handelns und Konstruktionen von Wissenschaftlern darstellen und in der Alltagswirklichkeit in ihrer Reinform fast nie auftreten, auf das Lebenswerk von Max Weber (1972) und Pierre Bourdieu (1993); letzterer stellt die Anwendbarkeit der Modelle zweckrationalen Handelns in der Lebenswirklichkeit in Frage. Wissenschaftler entwerfen mathematische Modelle, in die das Handeln der Akteure passen soll. Georg (2011) leugnet damit zwar nicht, dass Bildungsentscheidungen gewisse Ähnlichkeiten zur rationalen Entscheidung aufweisen und ihre Parameter schichtspezifisch unterschiedlich geprägt sind, dennoch ist es unklar, ob derartige Entscheidungen in realen Situationen einer rationalen Logik oder einem habituellen Handeln folgen.

## 2.3. Die Reproduktionstheorie

### 2.3.1. Kulturelle und soziale Reproduktion bei Pierre Bourdieu

Der Reproduktionstheorie von Pierre Bourdieu zufolge vererben Eltern in modernen Gesellschaften ihren sozialen Status an ihre Kinder weiter, indem sie ihr kulturelles Kapital an ihre Kinder weitergeben. Dieser Prozess wird als intergenerationale Transmission kulturellen Kapitals bezeichnet und trägt maßgeblich zur sozialen Reproduktion bei, denn finanzielle Ressourcen sind heute für den Bildungserfolg nicht mehr in dem Maße ausschlaggebend wie früher, sondern der Besitz kulturellen Kapitals, das im schulischen Kontext belohnt wird und dem Erwerb wichtiger Bildungszertifikate und darüber hinaus der sozialen Platzierung im Allgemeinen dient. Schule ist nach Bourdieu (1973a) keine neutrale Institution (vgl. auch Bourdieu 1973b, 1976, 1977; Bourdieu & Passeron, 1964; Bourdieu & Passeron, 1973 & 1990, zur Rolle und Funktionalität pädagogischer Autorität und pädagogischen Handelns; die kritische Replik von Giroux, 1983, zur Reproduktionstheorie aus erziehungswissenschaftlicher Perspektive; oder die Zusammenfassung bei Georg, 2011, S. 395; Swartz, 1997,

Kapitel 8; Mills, 2008). Im Gegenteil: Die Schule reproduziert die soziale Verteilung einer Gesellschaft, indem sie kulturelles Kapital oder einen bildungsrelevanten Habitus für ihre Prozesse voraussetzt. Beides ist gewöhnlich in Besitz oberer sozialer Schichten. Insofern repräsentiert kulturelles Kapital eine symbolische Gewalt, die jedoch stets verschleiert wird. Das bedeutet, dass die soziale Reproduktion nicht mehr durch den direkten Transfer von Besitz, sondern über die Weitergabe und den Erwerb kulturellen Kapitals und dessen Nutzung im schulischen System vonstattengeht, unter der Voraussetzung, dass kulturelles Kapital höherer sozialer Schichten oder von Eliten als legitim betrachtet wird. Dadurch, dass es von ihnen aufgrund ihrer dominanten gesellschaftlichen Position bestimmt und kontrolliert wird, besitzt es eine gewisse Willkürlichkeit oder einen *arbiträren* Charakter und setzt einen breiten gesellschaftlichen Konsens voraus.

Unter handlungstheoretischen Gesichtspunkten dient *kulturelles Kapital* als *Appropriationsmittel* in Form von Kompetenzen und Fähigkeiten seitens der Kinder, inbegriffen ihrer Beherrschung kultureller Codes, Vorlieben und Praktiken oder der angemessenen Unterstützung des Schulerfolgs und der Begleitung der kulturellen Entwicklung der Kinder durch die Eltern vor dem Hintergrund ihres Bildungsniveaus und ihres Lebensstils, als *Anlage-Sinn* in Form der Wahrnehmung und Bewertung der eigenen Bildungs- und Erwerbschancen und derjenigen der Kinder oder als *Interaktionsressource* in Begegnungen mit Lehrkräften oder anderen *Gatekeepern* oder *Brokern* (vgl. Gebesmair, 2004).

### 2.3.2. Die Kapitalsorten bei Pierre Bourdieu: Ökonomisches, kulturelles und soziales Kapital

Kulturelles Kapital kommt in drei verschiedenen Formen zum Vorschein: Es ist entweder körpergebunden (inkorporiert als Disposition), objektiviert (kultureller Besitz und Geschmack) oder institutionalisiert (akademische oder schulische Titel) (vgl. Bourdieu, 1983; Georg, 2011, S. 396). Die Symbolkraft kulturellen Kapitals liegt in seiner Übertragung verborgen, die am besten verschleiert ist. Soziales Kapital beinhaltet die Zugehörigkeit zu einer Gruppe und die daraus sich ergebenden Austauschbeziehungen und Institutionalisierungsakte, wofür sowohl ökonomisches als auch kulturelles Kapital vorausgesetzt werden. Soziales Kapital ist am wenigsten ersetzbar und auch greifbar. Coleman (1988) erweitert das Konzept des sozialen Kapitals bei Bourdieu (1983) und nennt drei weitere Formen davon (Verpflichtungen und Erwartungen, Informationen und Normen), worin soziales Kapital zum Ausdruck kommt. Eltern stellen *in persona* ein soziales Kapital für den Schulerfolg ihrer Kinder durch bildungsrelevante Unterstützungsleistungen (*schoolbased* und *homebased parental involvement*, vgl. Schneider, 2011) oder durch eine hohe Qualität der Beziehung zu ihren Kindern dar (vgl. Stecher, 2001, auf Basis des Siegener Kindersurveys mit drei Erhebungswellen in 1993, 1994, 1995). Coleman (1990) konnte seine Annahmen in seinen Analysen auf Basis der Daten der *High School and Beyond*-Studie im Großen und Ganzen bestätigen, wenngleich sie nur erste Befunde zu den Wirkeffekten dieser Kapitalsorte zum Vorschein gebracht haben.[51] Im Weiteren zeigt die empirische Befundlage, dass kulturelles Kapital für Schulerfolg in der Tendenz effektiver ist als soziales (vgl. Lee & Bowen, 2006), letzteres jedoch andere Kapitalsorten vermittelt oder moderiert und somit von ihm eine kompensatorische Wirkung ausgeht (vgl. Teachman, Paasch & Carver, 1997, auf der Grundlage des NELS:88-Panels). Soziales Kapital setzt eine breite Operationalisierung voraus und sollte sich nicht nur auf die Kontakthäufigkeit beschränken, um seine Wirkeffekte valide einschätzen zu können.[52] Das Humankapital der Eltern stellt hingegen ein Alleinstellungsmerkmal dar. Lehrkräfte beziehen vor allem dann soziales Kapital u. ä. als Urteilsheuristiken in ihre Leistungsbewertungen mit ein, wenn sie sich unsicher oder überfordert fühlen. Obwohl der Einfluss sozialen Kapitals auf den Schulerfolg in verschiedenen Studien nicht besonders groß ausfällt (vgl. Stocké, 2010b[53]), konnte dennoch ein beachtlicher Effekt der Sozialstruktur des Beziehungsnetzes von Eltern (Prestige der Berufe) als eine Form des außerfamilialen Sozialkapitals auf ihre Bildungsaspirationen von Roth, Salikutluk und Kogan (2010) in ihrer Studie nachgewiesen werden (Anzahl akademischer Berufe im sozialen Netz, Panel-Studie: *Kinder und Jugendliche im deutschen und israelischen Bildungssystem*).

Hinsichtlich der **wechselseitigen Transformation** der von Bourdieu (1983) beschriebenen Kapitalien nimmt der Autor an, dass diese sich wechselseitig

---

51 Weitere Untersuchungen zum sozialen Kapital mit positiven Wirkeffekten auf Schulerfolg auf Grundlage der Daten der NELS:88-Stichprobe: McNeal Jr., 1999 & 2001: Effekte verschiedener Facetten des schulbezogenen elterlichen Engagements (Diskussionen zwischen Eltern und Kindern über schulbezogene Themen zu Hause, Mitwirkung der Eltern in schulischen Gremien, Monitoring, Bildungsunterstützungsstrategien) auf den Schulerfolg in der High-School (Schulleistungen, Schulschwänzen, Schulabbruch) ohne Berücksichtigung sozialstruktureller Faktoren; Perna & Titus, 2005: Effekte des sozialen Kapitals der Schüler(innen) von High-Schools im Verhältnis zwischen Eltern-Schülern, Eltern-Eltern und Eltern-Schule auf die Wahrscheinlichkeit der Immatrikulation an einem College unter Berücksichtigung interethnischer Aspekte, des Kultur- und Humankapitals der Schüler(innen) sowie sozial-struktureller Merkmale der Familien in einem Mehrebenenmodell.

52 Dementsprechend kommen Morgan und Sørensen (1999) auf Basis der NELS:88-Stichprobe zu dem Ergebnis, dass der Leistungszuwachs in Mathematik mit dem sozialen Netz der Eltern negativ, mit den Freundschaftsbeziehungen der Schüler(innen) dagegen positiv assoziiert ist.

53 Dabei handelt es sich um eine Untersuchung von Stocké (2010b) mit ausschließlich typischen Indikatoren des *schoolbased parental involvement* auf Grundlage des Mannheimer Bildungspanels: Der Effekt des Besuchs des Elternabends auf die Deutsch- und Mathematiknote im Halbjahreszeugnis in der vierten Klasse.

umwandeln, d. h. transformieren lassen, sich im Prozess der sozialen Reproduktion zum Teil gegenseitig voraussetzen oder aufeinander aufbauen, um dieses Ziel zu erreichen. Unterschiede ergeben sich im Hinblick auf ihre Übertragbarkeit.[54]

Von entscheidender Bedeutung für die **Sozialisation in der Kindheit und Jugend** sind die Transferbeziehungen zwischen Eltern und Kindern. Moderne Kindheit und Jugend kennzeichnen heute ein kulturelles Moratorium oder Bildungsmoratorium, worin die gesellschaftliche Platzierung im Erwachsenenalter vorbereitet wird. Kinder und Jugendliche setzen die von ihren Eltern initiierten Transferbeziehungen und Moratoriumsstrukturen von sich aus fort (*Selbstsozialisation nach Zinnecker*, vgl. Stecher, 2001) und entwickeln einen Habitus infolge zirkulärer Feedbackschleifen zwischen strukturellen Ausgangsbedingungen und der Persönlichkeit eines Kindes oder Jugendlichen. Beides stellt eine wichtige Vorbedingung der Funktionalität kulturellen Kapitals für Schulerfolg dar.

### 2.3.3. Kulturelles Kapital und Schulerfolg als Forschungsschwerpunkt

Vor dem Hintergrund der theoretischen Annahmen von Bourdieu ist zusammenfassend zu konstatieren, dass kulturelles Kapital mit Schulerfolg und infolgedessen mit sozialer (und auch kultureller) Reproduktion eng verwoben ist und eine zentrale *Transmissionskategorie* des familialen Hintergrunds darstellt (vgl. Georg, 2011, S. 398; Lange & Xyländer, 2011, S. 46–56).

Die Funktionalität kulturellen Kapitals in Bildungssystemen ist heute von einem Spannungsverhältnis zwischen einerseits den Auswirkungen der Bildungsexpansion und der damit verbundenen Bildungsinflation, andererseits der stetigen Nachfrage nach Bildung und kulturellem Kapital gekennzeichnet, das sich vor allem in den Mittelschichten manifestiert (vgl. Brown, 1995). Die theoretischen Annahmen, die Konzeption kulturellen Kapitals und die kausalen Schlussfolgerungen von Bourdieu sowie seine empirische Prüfung davon sind kritisiert worden. Dies betrifft insbesondere die von Bourdieu angenommene Verknüpfung zwischen kulturellem Kapital, seinen Vermittlungsmechanismen und dem sozioökonomischen Hintergrund, was die Frage nach Statusmobilität oder -immobilität im Bildungssystem aufwirft (vgl. De Graaf, 1986). Kein Autor leugnet indes, dass kulturelles Kapital in irgendeiner Form Einfluss auf den Schulerfolg ausübt, jedoch wird bezweifelt, ob soziale Schichten eine klare kohärente kulturelle Identität besitzen (vgl. Barone, 2006).

---

54 Nicht zu vergessen ist das ökonomische Kapital in Form finanzieller Ressourcen von Familien (vgl. Bourdieu, 1983).

### 2.3.4. Reflexionen zum Konzept des kulturellen Kapitals und zur Theorie der kulturellen Reproduktion sozialer Ungleichheit von Bourdieu

Von zentraler Bedeutung für die Prüfung der Annahmen von Bourdieu ist der empirische Nachweis des Vererbungsmechanismus, d. h. die Weitergabe oder Transmission kulturellen Kapitals von den Eltern an die Kinder, wobei in diesem Zusammenhang auch andere Konzepte wie der familiale Anregungsgehalt vorstellbar wären, die Bildungsprivilegien sichern könnten (vgl. Sullivan, 2001 & 2002). Unklar ist auch der Einfluss kulturellen Kapitals über den Bildungserfolg (schulisch und beruflich) hinaus, d. h. auf die spätere sozioökonomische Platzierung, die zunächst mit Schulerfolg korreliert. Zirkuläre Erklärungen in der Form, dass Bildungserfolg mit Bildungserfolg erklärt wird, sind dabei zu vermeiden. Fragwürdig ist ebenso, ob Mittelschichten ihren Status ausschließlich mit hochkulturellen Aktivitäten vermitteln oder auch andere Formen kulturellen Kapitals dafür in Erwägung zu ziehen sind. Aus eigener Perspektive ist die Reichweite kultureller Aktivitäten immer in Assoziation mit ihrer sozialstrukturellen Einbettung zu sehen. Dementsprechend reduzieren einige Autoren die Funktionalität kulturellen Kapitals ausschließlich auf den primären Herkunftseffekt, was Konfundierungen je nach Wahl von Indikatoren mit anderen Konzepten entstehen lässt, insbesondere dann, wenn Kompetenzen als Kriterien in Betracht gezogen werden. Die Wirkweise kulturellen Kapitals in Zusammenhang mit dem sekundären Herkunftseffekt wird dabei häufig übersehen. Vor diesem Hintergrund betrifft eine zentrale Fragestellung die Abgrenzung kulturellen Kapitals gegenüber ähnlichen Konzepten sowie die Funktionalität dieser Kapitalsorte, die, so wird vermutet, vor allem auch in Entscheidungssituationen zur Geltung kommt, und dies betrifft auch Umgangsformen im institutionellen Handeln und Kontext (vgl. Barone, 2006).

Kritik an den Annahmen von Bourdieu richtet sich auch darauf, dass kulturelles Kapital nicht nur im familialen Kontext, sondern ebenso außerhalb der Familie und vor allem auch in der Schule (kompensatorischer Einfluss) erworben wird (vgl. Goldthorpe, 2007a & 2007b)[55]. Außerdem wird darauf verwiesen, dass in einigen Ländern nach der Bildungsexpansion der Anteil der Arbeiterkinder in weiterführenden Bildungsgängen zugenommen hat, obwohl infolge der Bildungsinflation für die Realisierung der Erträge von Schulbildung soziales und ökonomisches Kapital erforderlich sind. Insofern wird eine Loslösung des Konzepts des kulturellen Kapitals von sozialer Reproduktion gefordert. Außerdem soll die Vorstellung, dass schichtspezifische Sozialisationsprozesse mit

55 Goldthorpe bezieht sich in seinen Ausführungen u. a. auf Savage und Bennett (2005), Savage, Warde und Devine (2005) und Halsey, Heath und Ridge (1980).

dauerhaften Unterschieden im Habitus verbunden sind, aufgegeben werden. In diesem Zusammenhang werden ebenso die Bedeutung der intergenerationalen Transmission kulturellen Kapitals, das Habitus-Konzept als Schlüsselfaktor im Prozess der sozialen Reproduktion, der arbiträre Charakter kulturellen Kapitals und die pädagogische Arbeit als Form symbolischer Gewalt in Frage gestellt. Kausale Schlussfolgerungen zur Funktionalität kulturellen Kapitals in Bezug auf soziale Privilegien und Schulerfolg sind nur dann möglich, wenn schulische Prozesse (Lehrer-Schüler-Interaktionen, Ressourcen, Persönlichkeit und kulturelles Kapital von Lehrkräften etc.), familiale Prozesse (elterliche Erziehungsstile etc.) oder individuelle Merkmale der Kinder (Persönlichkeit, Fähigkeitsniveau, Schulleistungen etc.) in den jeweiligen Untersuchungen miteinbezogen werden (vgl. Kingston, 2001).

#### 2.3.4.1. *Annäherungen an das Konzept des kulturellen Kapitals*

Heute zählt es in der Bildungs-, Ungleichheits- oder Sozialisationsforschung zum Standard, in quantitativen oder qualitativen empirischen Studien zumindest einen Indikator oder ein Konstrukt für kulturelles Kapital in das Untersuchungsinstrumentarium aufzunehmen und dieses Kapital in den entsprechenden statistischen Analysen oder qualitativen Auswertungsschritten zu berücksichtigen. So ist dies auch in den klassischen internationalen Schulleistungsstudien wie PISA (*Programme for International Student Assessment*; Deutsches PISA-Konsortium, 2001, erste PISA-Untersuchung mit Schwerpunkt Lesen und Beteiligung der BRD im Jahr 2000) oder IGLU (*Internationale Grundschul-Lese-Untersuchung*; Bos, Lankes, Prenzel, Schwippert, Walther & Valtin, 2003, erste IGLU-Untersuchung mit Schwerpunkt Lesen und Beteiligung der BRD im Jahr 2001), aber auch in vielen verschiedenen regionalen Studien mit spezifischen Fragestellungen zu den genannten Forschungsparadigmen und Thematiken der Fall (z. B. die LAU-Studie in Hamburg: *Aspekte der Lernausgangslage und der Lernentwicklung*; Lehmann, Peek & Gänsfuß, 1997 (LAU 5 und weitere Nachfolgeuntersuchungen); die KESS-Studie in Hamburg: *Kompetenzen und Einstellungen von Schülerinnen und Schülern am Ende der Jahrgangsstufe 4 in Hamburger Grundschulen*; Bos & Pietsch, 2006 (KESS 4 und weitere Nachfolgeuntersuchungen); die ELEMENT-Studie in Berlin: *Erhebung zum Lese- und Mathematikverständnis, Entwicklungen in den Jahrgangsstufen 4 bis 6 in Berlin*; Lehmann & Lenkeit, 2008). Damit erfährt der Reproduktionsansatz, wenn auch häufig nicht intendiert und im Vordergrund des Forschungsinteresses, eine Würdigung. Meist ähneln sich die in den jeweiligen Untersuchungen verwendeten Indikatoren kulturellen Kapitals oder Konstrukte auf der Basis von Itembatterien dafür (z. B. die vielfach zitierte Bücherfrage oder der Museumsbesuch). Ein wesentlicher Kritikpunkt an den am meisten vorliegenden Definitionen und Operationalisierungen dieses Kapitals richtet sich darauf, und so viel sei schon vorweggenommen, dass Unterschiede oder Varianzen in Bezug darauf häufig nicht erfasst und abgebildet werden (Lareau & Weininger, 2003).

Die Zusammenschau der in zahlreichen Studien verwendeten unterschiedlichen Konzeptionen kulturellen Kapitals hat im Wesentlichen vier essentielle Themen hervorgebracht, womit sich kulturelles Kapital auslegen lässt (vgl. u. a. Dumais, 2002[56]):

1. Hochkulturelle, intellektuelle, elitäre oder prestigeträchtige Aktivitäten, Interessen oder Geschmacksrichtungen und Stile in den Bereichen Kunst, Musik, Theater, Literatur, d. h. in anderen Worten *beaux arts* oder die schönen Künste, inklusive linguistischer Stile und Interaktionsstile.
2. Kulturelle Kompetenzen im Alltag (Verhaltensweisen, Gewohnheiten (Habits), Einstellungen, Sprachgebrauch, Wissen); Lesegewohnheiten und sprachliche Kompetenzen (Literalität).
3. Familiale und institutionelle Sozialisationsprozesse.
4. Signalfunktion in institutionellen Kontexten, soziale und kulturelle Exklusion.

Letzteres Thema steht u. a. in der eigenen empirischen Untersuchung im Vordergrund und zielt auf Selektionsprozesse ab, die in Form der Selbstelimination, Überselektion, Relegation oder direkten Selektion zum Ausdruck kommen (vgl. Lamont & Lareau, 1988). Es wird vermutet, dass die Funktionalität kulturellen Kapitals vor allem bei der Relegation im Sinne institutioneller Entscheidungen unter Zwangsbedingungen zur Geltung kommt und zu sozialer Exklusion führt. Die Frage, welche Dimensionen kulturelles Kapital am besten repräsentieren, kann jedoch nur empirisch in Bezug auf die Zielkriterien (Explananda) oder Erträge beantwortet werden (vgl. Sullivan, 2001, 2002 & 2007[57]).[58]

56 *Hochkulturelle Aktivitäten* mit Signalwirkung, *Förderung der Kompetenzen und Fähigkeiten* als *Mozart-Effekt* (vgl. zur Debatte und zu Befunden zum Mozart-Effekt aus neuropsychologischer Perspektive Steele, Dalla Bella, Peretz, Dunlop, Dawe, Humphrey, Shannon, Kirby & Olmstead (1999) oder aus kognitionspsychologischer und neurowissenschaftlicher Perspektive Jäncke (2008); vgl. zu den Effekten der Kunsterziehung auf die Leistungsentwicklung (keine Evidenz für eine kausale Beziehung) die Metaanalyse von Winner und Cooper (2000) sowie zu den Wirkeffekten der Musikerziehung Bastian und Kormann (2002); vgl. zu „Kinder werden intelligenter, wenn sie kulturell aktiv sind, auch ohne Sonderbehandlung" Shaw (1999 nach Dumais, 2002)), *Messungen assoziiert mit dem sozioökonomischen Status* (z. B. ein eigener Arbeitsplatz im häuslichen Kontext).

57 Empfehlung einer möglichst umfassenden und breiten Operationalisierung aufgrund der Vielschichtigkeit des Konzepts des kulturellen Kapitals.

58 Vgl. die Untersuchung von De Vries und De Graaf (2008) zum Problem des retrospektiv erfassten kulturellen Kapitals.

Konzeptionen und Operationalisierungen sind nicht immer exakt voneinander abzugrenzen und gehen oftmals *Hand in Hand* ineinander über oder einher. Uneins ist sich die Forschung darin, ob eine möglichst breite oder enge Operationalisierung kulturellen Kapitals gewählt werden sollte, um die erwarteten Effekte erzielen zu können. Sicherlich ist dieses Problem in einen gesamtgesellschaftlichen Rahmen einzubetten (vgl. Georg, 2011: Pluralisierung der Lebensstile[59]), sofern soziale Reproduktion durch kulturelles Kapital vermittelt werden soll und nicht nur Eliten in Augenschein genommen werden. Gegen eine allzu beliebige und für eine gezielte Operationalisierung kulturellen Kapitals im Sinne von Bildungsinvestitionen sprechen sich Aschaffenburg und Maas (1997) aus. In dieser Forschungsarbeit wird jedoch die Ansicht vertreten, dass eine Durchmischung verschiedener Dimensionen kulturellen Kapitals in einem Konstrukt weniger sinnvoll ist, da differentielle Effekte je nach Dimension in Abhängigkeit davon, ob primäre oder sekundäre Herkunftseffekte fokussiert werden, zu erwarten sind, und auch die Prozessebene, d. h. Verhaltensweisen und Gewohnheiten (Habits), stärker in den Vordergrund von Konzeptionen als bisher gerückt werden sollte: Der Buchbesitz allein wird zu keiner Weiterentwicklung von Kompetenzen beitragen können, solange nicht aktiv gelesen wird, wenngleich sich damit Werte oder Aspirationen durchaus vermitteln lassen und zum Ausdruck gebracht werden können (vgl. Zimdars, Sullivan & Heath, 2009). Ein angemessenes Konzept dafür scheint die Vertrautheit mit Kultur zu sein, was dem Habitus-Konzept ähnelt.

Die Operationalisierung kulturellen Kapitals mit hochkulturellen Aktivitäten wird häufig in Frage gestellt, denn damit wird eigentlich nur der Sinn für Kultur erfasst und nichts Weiteres mehr (vgl. De Graaf, De Graaf & Kraaykamp, 2000). Außerdem bleiben damit Fragen zu Prozessaspekten, insbesondere im institutionellen Setting, ungeklärt. So gehen die genannten Autoren wie auch andere davon aus, dass kulturell versierten Kindern die Kommunikation mit Lehrkräften leichter fällt, worin kulturelles Kapital vermittelt wird. Aufgrund dessen haben sie eine bessere Startposition in der Schule als Kinder mit wenig Sinn für Hochkultur. Darüber hinaus ist zu berücksichtigen, dass die Dimensionen kulturellen Kapitals verschiedene Funktionen ausüben können, die in den betreffenden Analysen zu separieren sind (z. B. Leseaktivitäten von Eltern geben Normen vor, vermitteln Werte, fördern die kognitiven Fähigkei-

59 De Graaf & De Graaf, 2002 und 2006: Anspruchsvoller Fernsehkonsum oder das Lesen populärer Literatur mit positiven Effekten auf schulische Leistungen je nach sozialem Hintergrund. In eine ähnliche Richtung argumentieren DiMaggio und Mukhtar (2004) vor dem Hintergrund des gesellschaftlichen, technologischen und medialen Wandels und als Folge des Wandels von Freizeitstilen: Analysen zur Frage, ob Kunst heute noch eine tragende Rolle als kulturelles Kapital spielt, anhand der Daten des U.S.-amerikanischen Surveys *Public Participation in the Arts* aus den Jahren 1982, 1992 und 2002.

ten ihrer Kinder etc.). Das Habitus-Konzept als *Transmissionsriemen* kulturellen Kapitals wurde insbesondere in quantitativen Studien bisher wenig beachtet (vgl. Dumais, 2002)[60], in qualitativen war es hingegen häufig Untersuchungsgegenstand (vgl. u. a. Habituskonfigurationen nach Helsper, Kramer, Thiersch & Ziems, 2009; oder Kramer, Helsper, Thiersch, Ziems, 2013). Kulturelles Kapital mit hochkulturellen Aktivitäten abzubilden, wirft kausale Fragen auf (vgl. Sullivan, 2001). Sofern das Argument zutrifft, dass Lehrkräfte Schüler(innen) mit einer gewissen Vertrautheit mit Hochkultur in ihren Beurteilungen begünstigen und dies der Wirkmechanismus hochkulturellen Kapitals für Schulerfolg sei sowie dieser Zusammenhang letztlich zur sozialen Reproduktion beiträgt, so stimmt dies sicherlich für Noten, aber weniger für einheitliche standardisierte schriftliche Abschlussprüfungen in nationalen Bildungssystemen. Somit gilt dieses Argument nur in Abhängigkeit von der Struktur und Organisation nationaler Bildungssysteme. Ein anderes Argument zur Funktionalität hochkulturellen Kapitals für Schulerfolg wäre, dass dieses Kapital Gegenstand von Lehrplänen ist. Diese Konzeption konterkariert aber einerseits die Effekte familialer kultureller Transmissionen, solange davon ausgegangen wird, dass kulturelles Wissen auch von Lehrkräften unterrichtet wird, andererseits leistet das im familialen Kontext erworbene kulturelle Kapital einen Beitrag für Schulerfolg, solange es von der Schule vorausgesetzt wird, zumindest die Vertrautheit damit. Eine weitere Erklärungsmöglichkeit der Wirkzusammenhänge kulturellen Kapitals bezieht sich darauf, dass hochkulturelle Aktivitäten Wissen vermehren sowie Fähigkeiten und Kompetenzen und damit Schulerfolg fördern. Eine Klärung dieser Verknüpfungen würde die Berücksichtigung entsprechender Konstrukte und Indikatoren in den Analysen voraussetzen.

#### *2.3.4.2. Erweiterungen des Konzepts des kulturellen Kapitals und seiner Operationalisierung auf der Basis qualitativer Untersuchungen*

Das Konzept des kulturellen Kapitals sollte auch Systemwissen oder soziale Dynamiken, d. h. soziales Handeln, in institutionellen Settings einschließen, worauf eine Reihe qualitativer Studien hinweist, d. h. die Frage und Problemstellung, ab wann Ressourcen zu Kapital werden und wie ein Bezugsrahmen für eine Bildungsentscheidung vorbereitet wird (vgl. Vryonides, 2007; Symeou, 2007; Studien nach Lareau & Weininger, 2003: Smrekar, 1996; McDonough, 1997; Reay, 1998; Lareau & McNamara Horvat, 1999; Blackledge, 2001; Carter; 2003; darüber hinaus: Gorman, 1998; Monkman, Ronald & Délimon Théra-

60 Vgl. die Untersuchung von Gaddis (2013): Habitus in Form des schulischen Selbstkonzepts der Schüler(innen) und deren Überzeugungen über die Wertigkeit von Schulbildung vermitteln die Effekte des kulturellen Kapitals auf den Schulerfolg.

mène, 2005).[61] Diese Perspektive impliziert, wenngleich mehr indirekt, auch die Definition kulturellen Kapitals nach Lamont und Lareau (1988) bzw. Lareau und Weininger (2003) und rekurriert auf Vermittlungsmechanismen auf der Prozessebene, d. h. die Beziehungsstruktur zwischen Eltern und Schule. Vor dem Hintergrund familialer Sozialisationsbedingungen kommt Lareau (2000, 2002, 2003) in ihrer qualitativen Studie zu dem Ergebnis, dass Kinder je nach sozialer Herkunft einen typischen Habitus in Institutionen entwickeln: Kinder aus gehobenen sozialen Schichten einen *Anspruchssinn*, Kinder aus unteren sozialen Schichten einen *Beschränkungssinn*.

#### 2.3.4.3. *Exkurs: Humankapital und Kulturkapital – zwei Seiten einer Medaille?*

Eine zentrale konzeptionelle Unterscheidung betrifft die zwischen Humankapital und kulturellem Kapital (vgl. Farkas, 1996). Humankapital umfasst alle Investitionen in eine Person und beruht auf einer individuellen Perspektive. Gruppenunterschiede und Stratifikationen ergeben sich darin mehr oder weniger zufällig. Die Betonung in der Kulturkapitaltheorie liegt dagegen auf dem Gruppenkonzept (gemeinsame Kultur, Kontrolle und Privilegien) und dem Konfliktpotenzial, das sich dahinter verbirgt. Schulzeugnisse sind damit nicht neutral. Im Unterschied zum Humankapital beinhaltet Kulturkapital das familiale Erbe in vielerlei Hinsicht (Fähigkeiten, Habits und (Freizeit-)Stile), ohne jeglichen Bezug auf ein Kalkül mit einer langfristigen Perspektive und eine Investitionsentscheidung, das bereits in der frühen Kindheit angeeignet wird und an soziale Stratifizierungsprozesse gebunden ist. In Einklang mit dieser Sichtweise stellen auch Persönlichkeitsmerkmale und Arbeitshaltungen von Kindern Einflussgrößen auf Noten dar und nicht nur Leistungsaspekte oder kognitive Fähigkeiten.[62]

---

61 In *Home Advantage: Social Class and Parental Intervention in Elementary Education* beschreibt Lareau (1989, frühe Veröffentlichung dazu 1987) auf der Basis der Ergebnisse ihrer qualitativen Studie schichtspezifische Unterschiede und Gender-Unterschiede im *Parental Involvement* im Grundschulalter von Kindern.

62 Vgl. dazu auch die Ausführungen zum Lebenswerk von Bourdieu von Laermans (2002). Zum meritokratischen Prinzip (Leistungsprinzip) vgl. die Abhandlung *Meritokratie als Legitimationsprinzip* von Hadjar (2008).

### 2.3.5. Frühes kulturelles Kapital, non-formale Bildung und Habitusentwicklung

Forschungsgegenstand weniger Studien sind die Einflüsse und langfristigen Effekte frühen kulturellen Kapitals, d. h. die während der frühen Kindheit und im Vorschulalter im häuslichen Kontext erworbenen kulturellen Ressourcen und Praktiken, auf frühkindliche Bildungsprozesse, den Lernerfolg zu Beginn der Schulzeit oder in der späteren Bildungsbiographie (vgl. Dumais, 2006a; Schlee, Mullis & Shriner, 2009[63]; Niklas, Möllers & Schneider, 2013: Vermittlung von Schichteffekten auf die basale Lesefähigkeit der Kinder am Schulbeginn durch die *Home Literacy Environment* im Vorschulalter im Projekt *Schulreifes Kind* in Baden-Württemberg; die Metaanalyse von Bus, Ijzendoorn & Pellegrini, 1995, zur intergenerationalen Transmission von Literalität; McElvany, Becker & Lüdtke, 2009: Längsschnittuntersuchung an Berliner Grundschulen mit vergleichbaren Befunden zur Literalität von der dritten bis zur sechsten Jahrgangsstufe; Kraaykamp, 2003: Untersuchung zur Literalität im Lebensverlauf auf Basis des niederländischen Familiensurveys von 1998: Zusammenhänge zwischen familialer und schulischer Sozialisation von Literalität in der Kindheit und Jugend und dem Leseverhalten im Erwachsenenalter). Desgleichen sind nur wenige Untersuchungen zu den Effekten extracurricularer non-formaler Bildungsprozesse und -programme außerhalb der Schule und Familie im Vergleich zu den Einflüssen familialer kultureller Aktivitäten auf lebenslange Lernprozesse oder Übergänge in den Bildungsbiographien, wie in den tertiären Bildungssektor, festzustellen (vgl. Kaufman & Gabler, 2004: Effekte des familialen kulturellen Kapitals, der Partizipation der Schüler(innen) an kulturellen Angeboten der Schule und außerschulischen kulturellen Unterrichtsstunden auf die Immatrikulation an einer „gewöhnlichen" Hochschule oder Elitehochschule im Vergleich; Dumais, 2006b: Effekte extracurricularer Bildungsprogramme auf die Leseleistungen in den ersten drei Grundschuljahren auf Grundlage der Daten der *Early Childhood Longitudinal Study*). Letzteres ist insofern von Interesse, als sich damit die Effekte der Fortführung famili-

63 In beiden Untersuchungen wurden die Daten der ECLS-K-Studie (*Early Childhood Longitudinal Study, Kindergarten Class of 1998–1999*), einer der bedeutendsten U.S.-amerikanischen Längsschnittstudien zu den Einflüssen früher Bildungsprozesse im Kindergartenalter auf die schulische Entwicklung, analysiert: Dumais (2006a) kann einen Zusammenhang zwischen dem in der Kindheit verfügbaren kulturellen Kapital, dem Habitus der Eltern und den Wahrnehmungen der Lehrkräfte ihrer Schüler(innen) zu Beginn der Schulzeit belegen. Schlee, Mullis und Shriner (2009) stellen bedeutende Effekte der kulturellen Teilhabe in der frühen Kindheit auf sprachliche und mathematische basale Fähigkeiten im Kindergartenalter sowie auf die Mathematik- und Leseleistungen im dritten Grundschuljahr neben den Einflüssen des Bildungsniveaus und sozioökonomischen Status der Eltern fest.

aler kultureller Traditionen im Sinne der *Selbstsozialisation* und individueller kultureller Präferenzen und Praktiken in der Jugend im Hinblick auf soziale Reproduktion oder Mobilität voneinander abgrenzen und bestimmen lassen.

Die subjektive Perspektive der Schüler(innen) in Übergangsprozessen und die damit verbundenen Erfahrungen und Bewältigungsformen, die einen individuellen Bezugsrahmen für die Entwicklung eines Bildungshabitus in wechselseitiger Interdependenz mit dem in die Schule mitgebrachten Bildungshabitus entstehen lassen, ist Gegenstand der qualitativen Längsschnittuntersuchung (vierte bis siebte Klasse) von Helsper, Kramer, Thiersch und Ziems (2009, vgl. Thiersch, 2014).

### 2.3.6. Kulturelles Kapital: Ein eindimensionales oder mehrdimensionales Konstrukt?

Kulturelles Kapital stellt in der Analyse von DiMaggio (1982) der Daten aus seinem TALENT-Projekt einen latenten Faktor mit einer kohärenten hochkulturellen domänenübergreifenden Struktur (Kunst, Musik, Literatur) in Verknüpfung mit verschiedenen Facetten (Interessen, Aktivitäten, Wissen, Ich-Darstellung etc.) dar und grenzt sich von konventionellen Freizeitaktivitäten (Kunstgewerbe) ab. Demgegenüber geht Georg (2011) in seiner Untersuchung auf der Grundlage der PISA-E-Daten von einer personenspezifischen Struktur kulturellen Kapitals aus, d. h. von unterschiedlichen Clustern oder Typologien (Responsewahrscheinlichkeiten, latente Klassenanalyse), womit sich höhere Wirkeffekte kulturellen Kapitals auf Bildungsergebnisse erzielen lassen.

### 2.3.7. Systemeffekte: Zur Funktionalität kulturellen Kapitals in nationalen Bildungssystemen

Die Funktionalität kulturellen Kapitals ist, summa summarum, von Merkmalen und Schwerpunkten, wie der Betonung auf Hochkultur oder sprachliche Bildung, sowie der Struktur nationaler Bildungssysteme, wie Übergänge, abhängig und kommt, je nachdem an unterschiedlichen Gelenkstellen zur Geltung, insbesondere dort, wo der Einfluss meritokratischer Prinzipien reduziert ist und dadurch dem subjektiven Ermessen ein stärkeres Gewicht eingeräumt wird (einheitliche Prüfungen oder Noten). Außerdem spielt die Bedeutung von Kultur in den jeweiligen Curricula eine Rolle (vgl. Sullivan, 2001). Verschiedene Autoren ermitteln Länderunterschiede in der Wirkweise kulturellen Kapitals in

Bezug auf Lesekompetenzen in den Daten von PISA 2000[64], insbesondere Belege für den besagten Vermittlungsmechanismus kulturellen Kapitals, kommen dabei zu unterschiedlichen Ergebnissen (vgl. Jungbauer-Gans, 2004, für PISA 2000[65]; Jungbauer-Gans, 2006 für PISA 2003; Barone, 2006, für PISA 2000; Szczesny & Watermann, 2011, für PISA 2000-E[66]: *Matthäuseffekt* S. 189[67]; Georg, 2011, für PISA 2000-E). Eingehende Erklärungen dieser Unterschiede bleiben häufig aus. In Deutschland mit seinem überwiegend dreigliedrigen Schulsystem moderieren jedenfalls differentielle Lernmilieus (besuchte Schulform) die Einflüsse kultureller und auch sozialer Kapitalien auf Kompetenzniveaus (kompensatorische Effekte des Gymnasiums bei einem Mangel an kulturellem Kapital und größere Leistungsdifferenz in der Hauptschule bei gleichem Ausgangsniveau an kulturellem Kapital, Kompetenzentwicklung oder Dysfunktionshemmung). Die jeweiligen Operationalisierungen kulturellen Kapitals in den vorgestellten und im Weiteren referierten Studien ähneln sich weitgehend und umfassen verschiedene Aspekte, deren Effekte meist separat analysiert werden (kultureller Besitz, kulturelle Kommunikation, bildungsrelevante Ressourcen, Besuch kultureller Veranstaltungen). Selten wird kulturelles Kapital mit einem globalen latenten Faktor angezeigt. Die zum Teil eher geringe Aufklärung sozialer Herkunftseffekte in schulischen Leistungen durch kulturelle Kapitalien in einigen Ländern werden auf die zunehmende kulturelle Varianz und abnehmende soziale Identität in den einzelnen sozialen Schichten zurückgeführt, so dass soziale Mobilität soziale Schichtungsprozesse weitgehend abgelöst hat (vgl. Barone, 2006).

In den meisten der zu Länderunterschieden in der Wirkweise kulturellen Kapitals zitierten Studien wird die in PISA gemessene Lesekompetenz erklärt. Übergänge sind eher selten Forschungsgegenstand, so dass vor allem die primären Effekte kulturellen Kapitals in den Blick genommen werden. Gleiches gilt auch für Studien, die spezifisch die theoretischen Annahmen von Bourdieu geprüft haben. Für Deutschland ist der erste Bildungsübergang gut untersucht, weniger intensiv beforscht sind dagegen die späteren Übergänge, letztere aber besser im U.S.-amerikanischen oder britischen Bildungssystem, was auf die Struktur dieser Bildungssysteme und die ungleichheitsrelevanten Konsequenzen dieser Übergänge unter länderspezifischen Aspekten zurückzuführen ist.

64 Nachfolgende internationale Schulleistungsstudien der OECD im Rahmen von PISA im dreijährlichen Turnus wie PISA 2003 werden in den betreffenden Untersuchungen ebenso berücksichtigt.

65 U.a. in Anlehnung an Coleman (1988, 1990).

66 PISA-2000-E (*Programme of International Student Assessment*) mit nationaler Erweiterungsstudie.

67 In Anlehnung an Baumert, Stanat & Demmrich, 2001; Bronfenbrenner, 1981; Bourdieu, 1973a; Coleman, 1988 & 1991; Ditton & Krüsken, 2009b.

Lediglich Schnabel und Schwippert (2000) haben auf der Grundlage der Daten der TIMSS/III-Studie[68] die Effekte des Kulturkapitals auf die Übergangswahrscheinlichkeit in die Sekundarstufe II oder das Erreichen eines qualifizierten Hauptschulabschlusses analysiert.

### 2.3.8. Kulturelles Kapital und intergenerationale Mobilität: DiMaggio's Forschungsprogramm

Als richtungsweisend in Anschluss an Bourdieu hat sich das Forschungsprogramm von DiMaggio (1982) erwiesen, der einen Zusammenhang zwischen kulturellem Kapital und Fachnoten (außer der Mathematiknote) belegen kann, der annähernd so stark ist wie derjenige zwischen Noten und Fähigkeitsniveau. Die Theorie der sozialen Reproduktion durch kulturelles Kapital konnte DiMaggio (1982) in geschlechtsspezifischen Analysen nicht bestätigen: Die Erträge kulturellen Kapitals im Bildungssektor stellen sich demnach nur für Frauen aus gehobenen sozialen Schichten ein, nicht jedoch für Männer, denn nur jugendliche Männer aus unteren oder mittleren sozialen Schichten profitieren von ihrem kulturellen Kapital in Relation zu ihrem Fähigkeitsniveau für ihren Schulerfolg (kulturelle Mobilität), so dass das Modell von Bourdieu nur für Frauen, aber nicht für Männer zutrifft. DiMaggio (1982) führt dies auf die zunehmende Entkoppelung zwischen kulturellem Kapital und sozialer Herkunft mit dem Ergebnis *diffuser Statuskulturen* zurück. Die Einflüsse kulturellen Kapitals auf Leistungsergebnisse (Noten) werden mit der Wahrnehmung und den Beurteilungen der Lehrkräfte ihrer Schülerinnen und Schülern mit kulturellem Kapital in Zusammenhang gebracht und damit begründet, dass kulturelles Kapital eine zusätzliche Ressource in Leistungsbewertungen mit einem eigenständigen Effekt darstellt. Vor dem Hintergrund dieses *Bias* sind Effekte kulturellen Kapitals auf Noten vor allem in Fächern mit relativ diffusen Standards, insbesondere in sprachlich konnotierten, zu erwarten. In einer späteren Analyse der TALENT-Daten beschäftigten sich DiMaggio und Mohr (1985) mit den Einflüssen kulturellen Kapitals auf den Erfolg im tertiären Bildungssektor[69] und ermitteln, dass kulturelles Kapital ein stabiles Merkmal im

68 Es handelt sich dabei um die dritte internationale Studie zur mathematischen und naturwissenschaftlichen Grundbildung am Ende der Pflichtschulzeit.

69 Folgende Bildungsergebnisse wurden dafür in Betracht gezogen: Wahrscheinlichkeit eines High-School-Abschlusses, Universitäts- oder Collegebesuchs, Universitäts- oder Collegeabschlusses (Bachelor), einer Aufnahme in ein Graduiertenförderprogramm und einer Graduierung an einer Universität oder einem College (Master) unter Berücksichtigung des Bildungsniveaus und des Prestiges des Berufs des Vaters, des allgemeinen Leistungs- und

Lebensverlauf darstellt, einen eigenständigen Effekt auf Bildungserfolg besitzt und familiale Hintergrundmerkmale nur geringfügig vermittelt. Kulturelle Ressourcen sind damit schwache Indikatoren sozioökonomischer Strukturmerkmale. Letztere spielen jedoch immer dann eine Rolle, wenn Genderunterschiede in der Wirksamkeit kulturellen Kapitals betrachtet werden, denn es ist von unterschiedlichen Mobilitätsstrategien je nach sozioökonomischem Segment auszugehen.

Die Ergebnisse von Aschaffenburg und Maas (1997) auf der Grundlage des U.S.-amerikanischen *Surveys of Public Participation in the Arts* aus den Jahren 1982, 1985 und 1992 können die Annahme der kulturellen Mobilität im Wesentlichen mit jeweils unabhängigen und persistenten, aber abnehmenden Effekten kulturellen Kapitals am Übergang in eine High-School und für den High-School-Abschluss im U.S.-amerikanischen Bildungssystem belegen, nicht jedoch am Übergang in ein College, wofür vor allem die Annahmen der Theorie der sozialen Reproduktion zutreffen. Später erworbenes kulturelles Kapital kann früher erworbenes aufklären. Kulturelles Kapital wird in dieser Studie mit musikalischem und künstlerischem Unterricht in verschiedenen Lebensetappen (Kindheit, Jugend und frühes Erwachsenenalter) operationalisiert.

#### 2.3.8.1. *Reflexionen zum Forschungsprogramm von DiMaggio und Weiterentwicklungen*

Ein wesentliches Manko des Forschungsprogramms von DiMaggio besteht darin, dass sich damit Bildungsungleichheit nicht erklären lässt. Weitere Kritikpunkte, insbesondere methodischer Art, beziehen sich darauf, dass kulturelles Kapital der Eltern im Sinne der Transmissionsthese und Kausalität (kausal von Schulleistungen verschieden) nicht berücksichtigt wird (vgl. Aschaffenburg & Maas, 1997; De Graaf, 1986; De Graaf, De Graaf & Kraaykamp, 2000; Kalmijn & Kraaykamp, 1996), ebenso wie kulturelle Aktivitäten innerhalb und außerhalb der Schule (Aschaffenburg & Maas, 1997). Außerdem wird kritisiert, dass DiMaggio die Ergebnisse in einem Sprachtest als Kontrollvariable für kognitives Fähigkeitsniveau verwendet, was dazu führt, dass kulturelles Kapital und Leseinteresse konfundiert sind.[70] Verschiedene weitere Studien haben die bei-

---

Fähigkeitsniveaus der Schülerin oder des Schülers und der Schulnoten in Englisch und Mathematik.

70 In Bezug auf letzteres zitieren Kalmijn und Kraaykamp (1996) verschiedene ältere empirische Studien, darunter auch europäische, die zusammen verdeutlichen, dass der Wert kulturellen Kapitals für die Erklärung des Zusammenhangs zwischen sozioökonomischer Herkunft (Prädiktor) und Schulerfolg (Kriterium) mit einem durchschnittlichen determinierenden Wert von rund 15% nur moderat ausfällt: Hierzu Teachman (1987, vgl. an einem anderen Ort) für den U.S.-amerikanischen Kontext; De Graaf (1986, vgl. an anderem Ort) für die Niederlande sowie DeGraaf (1988, vgl. an anderem Ort) für die Bundesrepublik

den gegensätzlichen theoretischen Ansätze, die Theorie der sozialen Reproduktion durch kulturelles Kapital und die kulturelle Mobilitätsthese, simultan geprüft (vgl. De Graaf, De Graaf & Kraaykamp, 2000; sowie De Graaf & De Graaf, 2002, für den niederländischen Kontext[71]; Crook, 1997, für den australischen Kontext[72]; Maaz & Watermann, 2007, für den deutschen Kontext[73]). In den beiden niederländischen Untersuchungen werden Ergebnisse vorgestellt, die die Annahme der intergenerationalen kulturellen Mobilität in Bezug auf das erreichte Bildungsniveau, Bildungsjahre des höchsten Abschlusses, stützen. Kinder profitieren vor allem von den Lesegewohnheiten ihrer Eltern und ihren eigenen, was insbesondere in den unteren sozialen Schichten zu beobachten ist. Zu einer ähnlichen Schlussfolgerung kommt auch Crook (1997) in seiner Studie im Hinblick auf Noten und Bildungsjahre. Wenngleich den Lesegewohnheiten in diesen Studien signifikante Effekte attestiert werden, so sind damit noch lange nicht die Wirkmechanismen kulturellen Kapitals erklärt, denn diese Befunde lassen sich in der Tendenz auch hinsichtlich der intergenerationalen kulturellen Transmissionsthese interpretieren, sofern die kulturellen Kapitalien von Eltern in der Analyse zwar berücksichtigt werden, jedoch aber nicht in Zusammenhang mit der sozialen Herkunft. Maaz und Watermann (2007) haben in ihrer Untersuchung in Baden-Württemberg zur Studienintention am Ende der Sekundarstufe II Belege für beide theoretische Positionen ermittelt.

---

Deutschland; Mateju (1990) in einer ländervergleichenden Studie zwischen der Tschechoslowakei, Ungarn und den Niederlanden; Ganzeboom, De Graaf & Robert (1990, vgl. an einem anderen Ort) für Ungarn; Blaskó (2003) für Ungarn; Kraaykamp & Nieuwbeerta, 2000, für Tschechien, Ungarn, Polen und die Slowakei: Bedeutende intergenerationale kulturelle Transmissionsprozesse in den Familien in diesen Ländern.

71 In beiden Studien ist eine Kohorten- bzw. Sekundäranalyse des niederländischen Familiensurveys durchgeführt worden.

72 Crook hat in seiner Untersuchung die Daten des *Australian National Social Science Surveys* von 1990 und 1993 analysiert und darin das kulturelle Kapital der Eltern und Kinder berücksichtigt: Für den Bildungserfolg sind der Lesehabitus der Eltern und ein häusliches Klima, das Leseaktivitäten begünstigt, entscheidend und nicht die intergenerationale Transmission eines hochkulturellen Geschmacks. Das heißt, dass nicht das Verstehen *kultureller Codes* den Schulerfolg determiniert, sondern die sprachlichen Fähigkeiten und Lesefähigkeiten.

73 Maaz und Watermann (2007) beziehen sich in ihrer Untersuchung auf die Daten des Projekts TOSCA (*Transformation des Sekundarschulsystems und akademischer Karrieren*).

### 2.3.9. Die kulturelle Reproduktion sozialer Ungleichheit: Empirische Belege zu den Wirkzusammenhängen kulturellen Kapitals in Bildungssystemen

Verschiedene Untersuchungen in Anschluss an DiMaggio (1982) in unterschiedlichen Kontexten und mit unterschiedlichen Explananda widmen sich ebenfalls der Prüfung der Annahmen von Bourdieu und können die Vermittlung des sozialen Hintergrundes in Bezug auf Schulerfolg durch kulturelles Kapital zum Teil belegen: Z. B. De Graaf, 1988: Für die Deutsch- und Mathematiknote und den Übergang nach der Grundschule in einer baden-württembergischen Stichprobe; Jungbauer-Gans, 2004; Barone, 2006; Szczesny & Watermann, 2011; Georg, 2011: Jeweils für die Lesekompetenz in PISA (nationales Subsample oder im Ländervergleich); Maaz & Watermann, 2007: Für die Studienintention am Ende der Sekundarstufe II in einer baden-württembergischen Stichprobe (*Tosca-Studie*); Zimdars, Sullivan & Heath, 2009: Für die Studienplatzvergabe in geisteswissenschaftlichen und naturwissenschaftlichen Fächern in Großbritannien in der *Oxford Admission Study*[74]; Sullivan, 2001: Für die Leistungspunkte (Noten) in der Mittleren-Reife-Prüfung in Großbritannien sowie die Determinierung der Sprachfähigkeiten und des kulturellen Wissens von Kindern; Rössel & Beckert-Zieglschmid, 2002: Für den Gymnasialbesuch vs. Besuch einer Mittelschule und die Durchschnittsnote in Mathematik und Deutsch von Schülerinnen und Schülern in Sachsen, mehr Belege für die Annahme der kulturellen als der sozialen Reproduktion in dieser Studie[75]; Georg, 2004: Für das kulturelle Kapital der Kinder in der Jugendzeit und im frühen Erwachsenenalter in Zusammenhang mit ihrem schulischen und beruflichen Bildungsniveau sowie beruflichem Status; Kalmijn & Kraaykamp, 1996; Nagel & Ganzeboom, 2002; Teachman, 1987: Für das erreichte Bildungsniveau (High-School-Abschluss und Hochschulimmatrikulation) in der U.S.-amerikanischen NLS-Studie (*National Longitudinal Study of the High School Class of 1972*). In den genannten Studien wird der Herkunftseffekt auf die verschiedensten Kriterien von Schulerfolg (Explananda) mehr oder weniger stark erklärt, in keiner jedoch vollständig. Die verwendeten Indikatoren oder Konstrukte für kulturel-

---

74 Dumais und Ward (2010) vergleichen in ihrer Untersuchung die Effekte kulturellen Kapitals auf die Immatrikulation an einem College und den Studienerfolg (Noten) von Studierenden aus Nicht-Akademiker-Haushalten (erste Generation Studierende in einer Familie) und solchen aus typischen Akademiker-Haushalten. Ihre Befunde sprechen weder für die These der sozialen Reproduktion noch für die der sozialen Mobilität durch kulturelles Kapital.

75 Die Autorin und der Autor legen ihrer Operationalisierung kulturellen Kapitals die Konzeption alltagsästhetischer Schemata von Schulze (1992, nach Rössel & Beckert-Zieglschmid, 2002) zugrunde.

les Kapital sind in unterschiedlichen Nuancen dieselben und beziehen sich meist auf hochkulturelle Aktivitäten und Ressourcen. Teachman (1987) zeigt zudem in seiner Untersuchung, dass sich die Relevanz bestimmter Formen kulturellen Kapitals im Lebensverlauf ändert. Darüber hinaus erklärt Barone (2006) die divergente Befundlage mit folgenden Aspekten: Verschiedenartigkeit der Operationalisierungen, Akkumulation kulturellen Kapitals in der Schule (Effektunterschiede je nach Etappe in der Bildungslaufbahn), keine zeitliche und regionale Stabilität kulturellen Kapitals. Keine oder nur wenig Unterstützung erfährt die Reproduktionstheorie dagegen in der Studie von Robinson und Garnier (1985) für den französischen Kontext auf Basis eines in 1970 vom statistischen Amt Frankreichs durchgeführten Surveys sowie in derjenigen von Kastillis und Rubinson (1990) für den griechischen Kontext. In Einklang damit kommen Evans, Kelley, Sikora und Treiman (2010) in ihren Analysen der Daten aus repräsentativen Stichproben von 27 Ländern zu dem Ergebnis, dass die Effekte des Buchbesitzes in der Familie auf den Bildungserfolg nicht an die soziale Herkunft gekoppelt sind.

Die zentrale Fragestellung in der empirischen, insbesondere quantitativen, Forschung richtet sich darauf, ob und inwieweit kulturelles Kapital Schulerfolg mit eigenständigen Effekten (soziale Mobilität) oder mit Effekten in Abhängigkeit von der sozialen Herkunft (soziale Reproduktion) beeinflusst und erklärt. Im ersten Fall wären zusätzlich zu den Herkunftseffekten signifikante additive Effekte kulturellen Kapitals auf den Schulerfolg zu erwarten; im zweiten Fall würden die Herkunftseffekte durch die Effekte kulturellen Kapitals aufgeklärt werden, d. h. die signifikanten Herkunftseffekte verschwinden, wenn Indikatoren kulturellen Kapitals in die Analyse eingeführt werden.

### 2.3.10. Kulturelles Kapital und intergenerationale Transmissionsprozesse: Empirische Befunde

Studien, die sich mit der intergenerationalen Transmission kulturellen Kapitals als Vermittlungsmechanismus des sozialen Hintergrunds befassen und diese These nachweisen möchten, müssen kulturelles Kapital sowohl bei den Eltern als auch bei den Kindern erfragen. Im Wesentlichen geht es um die Weitergabe oder Transmission kulturellen Kapitals von den Eltern auf die Kinder und die damit verbundene Erklärung des Zusammenhangs zwischen sozialer Herkunft und Schulerfolg.

De Graaf und Kollegen widmen sich dieser Fragestellung. In einer frühen Untersuchung von De Graaf (1986)[76] ließen sich Belege für diesen Zusammenhang in der niederländischen Gesellschaft zwar nicht erbringen, allerdings ging in diese Studie auch nur das kulturelle Kapital der Eltern in die Analyse ein. Lediglich die Einflüsse finanzieller Ressourcen der Eltern auf das erworbene Bildungsniveau haben sich nach der Bildungsreform in den Niederlanden in 1950 (kostenfreie schulische Grundbildung) bedeutend reduziert. Die erwartete deutliche Vermittlung des Herkunftseffekts auf das erreichte Bildungsniveau durch kulturelles Kapital nach der Bildungsreform blieb jedoch aus, und auch die kulturellen Einflüsse beschränken sich lediglich auf Effekte der Lesegewohnheiten der Eltern vor der Reform. Der besagte Vermittlungsmechanismus leistet in dieser Studie somit keinen essentiellen Beitrag zur Erklärung anhaltender sozialer Bildungsungleichheit trotz Reformen, was vermutlich auf fehlende modellrelevante Indikatoren zurückzuführen ist, obgleich sich die Auswertungsschritte des Autors auf einem relativ hohen Niveau befinden. Im Gegensatz dazu hat die Studie von Ganzeboom, De Graaf und Robert (1990) in Ungarn, einem ehemals sozialistisch geprägten Land, gezeigt, dass nicht nur das erworbene Bildungsniveau, sondern auch verschiedene weitere Dimensionen sozialer Ungleichheit durch das Bildungsniveau und kulturelle Kapital der Eltern transferiert werden (Transmitterfunktion).[77] In Anbetracht dessen ist die intergenerationale Transmission von Bildung und kulturellem Kapital als ein entscheidender Faktor im Prozess der gesellschaftlichen Platzierung anzusehen. Ausschlaggebend dafür ist aber weniger der sozioökonomische Status der Eltern als vielmehr in direkter Richtung das häusliche kulturelle Klima und die kulturellen Orientierungen im Elternhaus, denn beide letztere Dimensionen vermitteln Statuseffekte (vgl. Mohr & DiMaggio, 1995, auf Grundlage der Daten aus dem TALENT-Projekt; Sullivan, 2001).

Aktuelle Studien zur familialen Transmission kulturellen Kapitals machen deutlich, dass die soziale Herkunft über kulturelle Transmissionsprozesse zwischen den Generationen nur bis zum Abschluss der beruflichen Bildung (zum Teil) vererbt wird, danach die *Karten* neu *gemischt* werden und kulturelles Kapital selbst im gesamten Lebensverlauf noch eine relativ hohe Stabilität besitzt (vgl. Georg, 2004 & 2006)[78]. Die intergenerationale Transmission kulturellen Kapitals kommt dem Schulerfolg sowohl in Abhängigkeit von der sozialen

76 Der Autor bezieht sich in seinen Ausführungen auf die Konflikttheorie von Collins (1971, 1979) und auch die Studie von Halsey, Heath und Ridge (1980) und prüft seine Annahmen anhand der Daten des niederländischen *Quality of Life Surveys* von 1977.

77 Damit erweitern die Autoren das klassische *Status-Attainment*-Modell von Blau und Duncan (1967). Sie prüfen ihre Hypothesen mit dem ungarischen nationalen Survey.

78 Im Rahmen dieser Untersuchung sind die Daten des LIFE-Projekts, einer Panelstudie zu Lebensverläufen ins frühe Erwachsenenalter in den 1980er Jahren, analysiert worden.

Herkunft als auch unabhängig davon zugute (vgl. Scherger & Savage, 2010)[79]. Somit wirkt kulturelles Kapital bei Kindern aus gehobenen sozialen Schichten als präventiver Faktor, um einen sozialen Abstieg zu verhindern, bei Kindern aus unteren und bildungsfernen Sozialschichten hingegen als Erfolgsfaktor, um einen sozialen Aufstieg zu ermöglichen. Im Kohortenvergleich, d. h. im zeitlichen Verlauf, weisen die Wirkeffekte kulturellen Kapitals und familialer Strukturmerkmale in Bezug auf Schulerfolg eine relativ hohe Kontinuität auf, nicht jedoch die Effekte finanzieller Ressourcen und des sozioökonomischen Status (vgl. Gesthuizen, De Graaf & Kraaykamp, 2005). Die Einflüsse letzterer Faktoren sind in den vergangenen Dekaden vergleichsweise rückläufig, wenngleich von anhaltenden Herkunftseffekten auf Schulerfolg auszugehen ist, so die niederländischen Forscher als Resümee ihrer Ergebnisse aus Analysen des niederländischen Familiensurveys. Die Frage, die sich dabei immer wieder stellt, ist diejenige, was sich hinter der sozialen Herkunft verbirgt. Keineswegs misst Bourdieu dem ökonomischen Kapital im Vergleich zum kulturellen eine geringere oder untergeordnete Bedeutung für den Bildungserfolg und die spätere sozioökonomische Platzierung bei (vgl. Bourdieu, 1982, S. 195–276 in *Die feinen Unterschiede*).

### 2.3.11. Determinanten kulturellen Kapitals: Empirischer Forschungsstand

Aufgrund dessen, dass bis dato in der empirischen Forschung größtenteils von familialer Vererbung im Sinne der theoretischen Annahmen von Bourdieu sowie von einem engen Zusammenhang zwischen kulturellem Kapital und sozialer Herkunft ausgegangen worden ist und die Vermittlung der sozialen Herkunft damit im Vordergrund des Forschungsinteresses gestanden hat, sind die Einflussgrößen auf diese Kapitalsorte bislang weniger intensiv empirisch untersucht worden. Dementsprechend ist die Chance des Erwerbs kulturellen Kapitals in der Kindheit und Jugend eng an den Bildungshintergrund und sozialen Status der Eltern geknüpft (vgl. Georg, 2011). Damit werden jedoch Dynamiken in solchen Erwerbsprozesse außer Acht gelassen, insbesondere sind Genderunterschiede in der kulturellen Vererbung zu erwarten (vgl. DiMaggio, 1982). Mohr und DiMaggio (1995) zeichnen dazu in ihren empirischen Analysen ein differenziertes Bild, worin neben Einkommen und Bildungsniveau der Eltern nicht allein die Höhe in der sozialen Hierarchie, gemessen in ihrer Studie

---

79 Scherger und Savage (2010) haben ihre Annahmen anhand der Daten des *Taking Part Survey of England* aus den Jahren 2005 und 2006 unter Berücksichtigung verschiedener Geburtskohorten geprüft.

an der beruflichen Position des Vaters, für die Determinierung des häuslichen kulturellen Klimas und dessen Transmission an die nächste Generation sowie der Kontakt zu sozialen Milieus ausschlaggebend sind, sondern vor allem die Relevanz kulturellen Kapitals im Beruf des Vaters (Differenzierung zwischen Berufen und beruflichen Positionen nach der Voraussetzung individueller sozialer oder technischer Fähigkeiten).[80] Sofern sich Untersuchungen zu den Einflussgrößen kulturellen Kapitals ausschließlich auf den familialen Kontext beschränken, handelt es sich dabei implizit um familiale Transmissionen. Die Untersuchung von Mohr und DiMaggio (1995) macht außerdem darauf aufmerksam, dass sich mit Strukturparametern allein kulturelle Erwerbsprozesse im engeren Sinne nicht prüfen lassen. Dazu braucht es u. a. kontextuelle Modelle und unterschiedliche Bezugsgrößen (Eltern, Geschwister, Mitschüler(innen) u. a.), wie es Nagel und Ganzeboom (2002) hervorheben, oder Längsschnittdaten, sofern man Veränderungen im Lebensverlauf abbilden und erforschen möchte. Ein zentrales Ergebnis der Primärdatenstudie dieser beiden Forscher in den Niederlanden ist, dass kulturelles Kapital im gesamten Lebensverlauf in einem relativ großen Maße von dem familialen Kontext geprägt wird, was in der Konsequenz für die Annahmen von Bourdieu spricht. Der Erwerb kulturellen Kapitals ist nicht nur an individuelle Voraussetzungen (kognitive Kapazitäten) geknüpft, sondern ebenso auch normativ motiviert (kulturelle Normen im sozialen Netz; vgl. Ganzeboom, 1982, in einer niederländischen Studie). Dementsprechend verdeutlichen Kröner, Vock, Robitzsch und Köller (2012) mit ihren Befunden aus einer Querschnittsuntersuchung in Bremen, dass weniger der sozioökonomische Hintergrund der Familie oder die Offenheit der Jugendlichen als Persönlichkeitsmerkmal im Sinne von *Trait* in direkter Weise Einfluss auf das hochkulturelle Kapital von Schülerinnen und Schülern auf der Sekundarstufe I nehmen, als vielmehr das hochkulturelle Kapital der Eltern oder die kulturelle Praxis im Peernetzwerk.

Indessen stellen Chan und Goldthorpe (2005) in ihrer Untersuchung zur sozialen Stratifizierung kulturellen Konsum fest: Je höher der soziale Status, desto stärker streut die Bandbreite kultureller Aktivitäten.[81] In einer späteren Untersuchung der Daten des *Arts in England Survey* kommen sie hingegen zu dem Ergebnis, dass nicht die soziale Klasse den kulturellen Konsum im weitesten Sinne bestimmt, sondern vor allem das Bildungsniveau im engeren Sinne (vgl. Chan & Goldthorpe, 2007). Im Gegensatz dazu ermittelt Isengard (2005) in ihrer Untersuchung auf der Grundlage des sozioökonomischen Panels (SOEP) keine Entkoppelung des Freizeitverhaltens von klassischen sozioöko-

---

80 Mohr und DiMaggio (1995) beziehen sich an dieser Stelle auf Max Weber (1922 bzw. 1972).

81 Vgl. dazu auch die Untersuchung von Sullivan und Katz-Gerro (2007) in England.

nomischen Ungleichheitsmerkmalen wie Einkommen und Bildung, derweil sogar eine Zunahme der Bedeutung des Einkommens für das Freizeitverhalten (vgl. dazu auch die Befunde von Huth & Weishaupt, 2009, auf Basis der ALLBUS-Datensätze von 1998–2004). Demzufolge ist auch der kulturelle Konsum von Heranwachsenden vor allem vom höchsten Bildungsniveau beider Eltern bestimmt (vgl. Willekens, Daenekindt & Lievens, 2014, in einer Analyse der Daten des Surveys *Kulturelle Partizipation in Flandern 2003–2004*).

Geschmack und kulturelle Partizipation werden in zahlreichen empirischen Studien zu den Determinanten kulturellen Kapitals häufig als austauschbar für inkorporiertes kulturelles Kapital behandelt, so Yaish und Katz-Gerro (2012). Demgegenüber haben diese beiden Autoren die Einflussgrößen auf beide Formen inkorporierten kulturellen Kapitals separat untersucht und sind dabei von den Überlegungen ausgegangen, dass Partizipation stärker an finanzielle Ressourcen gebunden ist als Geschmack, letzteres dagegen stärker an kulturelle Ressourcen (Bildungshintergrund und kulturelles Kapital der Eltern), Sozialisationseinflüsse und Habitus. Die Befunde aus ihren Analysen auf der Basis von Survey-Daten in Israel in 2007 können diese Annahmen größtenteils und richtungsweisend unterstützen. Ein zentrales Ergebnis aus ihren multivariaten Analysen ist außerdem, dass die Effekte kultureller Ressourcen auf die kulturelle Partizipation über den Geschmack vermittelt werden.

Für den deutschen Kontext gilt, dass hochkulturelle Aktivitäten von Eltern in erster Linie mit ihrem Bildungsniveau und sozialen Status korrespondieren, insgesamt betrachtet, jedoch kulturelles Kapital keineswegs perfekt sozialstrukturell eingebettet ist (vgl. Rössel & Beckert-Ziegelschmid, 2002). Diese Gesamteinschätzung wird von dem Befund unterstützt, dass die Sozialstruktur an einer Schule (soziale Komposition) für die Aneignung kulturellen Kapitals im Jugendalter neben der familialen Transmission ebenso von Bedeutung ist. In Bezug darauf ist das Bildungsverhalten in Familien mit Hochkulturorientierung und einem hohen sozialen Status in mehrfacher Hinsicht am effektivsten, denn beide Merkmale, d. h. die Orientierung an der Hochkultur und ein gehobener sozialer Status, wirken sozial am selektivsten. Das Peernetzwerk von Jugendlichen, ihre finanziellen Ressourcen und auch die trivialen Freizeitbeschäftigungen der Eltern spielen für die häuslichen und außerhäuslichen kulturellen Aktivitäten im Jugendalter ebenso eine Rolle. Im *Resümee* ist festzuhalten, dass Sozialisationskontexte und weniger der soziale Hintergrund an sich den Erwerb kulturellen Kapitals im Jugendalter maßgeblich determinieren, wobei hierfür die Effekte familialer Transmissionen am stärksten ausfallen (vgl. Rössel & Beckert-Ziegelschmid, 2002). Eltern können diesen Erwerbs- und Transmissionsprozess mit ihrem kulturellen Vorbild maßgeblich beeinflussen (vgl. Diewald & Schupp, 2004, in einer Sekundäranalyse der Jugendbefragung des sozioökonomischen Panels (SOEP) aus den Jahren 2000 bis 2002). Darüber hinaus kommen Faktoren wie die Qualität der Eltern-Kind-Beziehung oder das berufliche Prestige der Eltern hinzu, die zu einer gelingenden familialen kulturellen Transmission beitragen können (vgl. Diewald & Schupp, 2004).

Der Erwerb kulturellen Kapitals in der frühen Kindheit (gemeinsame kulturelle Aktivitäten von Eltern und Kindern) wird größtenteils von den häuslichen hochkulturellen Ressourcen in ihrer Funktion als passive Vermittlungsformen des sozialen Hintergrundes sowie den Vorleseaktivitäten der Eltern als aktive Vermittlungsformen oder ihren Bildungsaspirationen als inkorporiertes kulturelles Kapital geprägt (vgl. Mudiappa & Kluczniok, 2012, 2015[82]).[83]

### 2.3.12. Gender und Ethnie im Zusammenspiel zwischen kulturellem Kapital, Habitus, sozialem Status und Bildungserfolg

*Gender* stellt ein sozialstrukturelles Merkmal dar, das in Untersuchungen zu den Wirkzusammenhängen kulturellen Kapitals nicht nur als moderierende Variable eine Rolle spielt, sondern ebenso in die theoretischen Annahmen und in die empirische Analyse als fester Bestandteil integriert werden sollte. Das Forschungsprogramm von DiMaggio (1982) verweist darauf, dass in Bezug auf das erreichte Bildungsniveau Männer aus unteren und bildungsfernen sowie auch diejenigen aus mittleren sozialen Schichten von ihrem kulturellen Kapital profitieren, sofern diese Kapitalsorte für sie eine Mobilitätsstrategie bedeutet, für Frauen aus gehobenen sozialen Schichten dagegen eine Reproduktionsstrategie. Im Gegensatz dazu erzielen Frauen aus unteren sozialen und bildungsfernen Schichten Erträge aus ihrem Habitus, sofern sie in der sozialen Hierarchie aufsteigen möchten (vgl. DiMaggio & Mohr, 1985). Inwieweit diese Zusammenhänge mit allgemeinen Chancen auf dem Arbeitsmarkt oder mit Heiratsverhalten verwoben sind, sei dahingestellt. Dazu kann, vor dem Hintergrund

---

82 Die Bildungsüberzeugungen der Eltern und das hochkulturelle Kapital in der Familie beeinflussen im Wesentlichen, wie oft Eltern gemeinsam mit ihren Kindern beispielsweise ein Museum besuchen, weniger hingegen der sozioökonomische Status der Familie (vgl. Mudiappa & Kluczniok, 2015, in einer Sekundäranalyse eines Teil-Längsschnitts, der Elternbefragung in 2007, der BiKS-Studie (*Bildungsprozesse, Kompetenzentwicklung und Selektionsentscheidungen im Vorschul- und Schulalter*). Ähnliche Ergebnisse berichten Becker und Biedinger für ihre Studie *Erwerb von sprachlichen und kulturellen Kompetenzen von Migrantenkindern in der Vorschulzeit* (vgl. Klein & Biedinger, 2009; Biedinger & Klein, 2010; Biedinger, 2009; Biedinger, 2011; Biedinger, 2013; Becker, 2010a & 2010b; Becker, 2014; Klein, Biedinger & Becker, 2014).

83 Interkulturelle Unterschiede in kreativen Aktivitäten von Grundschulkindern (Zeichnen) werden im Wesentlichen durch die Einstellungen von Eltern und ihrem Verständnis von dem Verhältnis von Anlage und Umwelt, das zum Teil kulturell determiniert ist, vermittelt, wie es die Ergebnisse der Untersuchung von Huntsinger, Jose, Krieg und Luo (2011) zum Förder- und Instruktionsverständnis von Eltern mit chinesisch-amerikanischem und europäisch-amerikanischem Hintergrund verdeutlichen.

des empirischen Forschungsstandes, keine abschließende Antwort gegeben werden, aber Mutmaßungen angestellt werden. Andererseits sind auch Forschungsergebnisse zu finden, die dem Habitus-Konzept in Verknüpfung mit Gender eine größere Bedeutung als dem kulturellen Kapital in Zusammenhang mit Gender für Schulerfolg beimessen und belegen, dass kulturelles Kapital eher Frauen als Männern nutzt und sich für Männer in erster Linie ihr Habitus neben ihren allgemeinen Fähigkeiten, sportlichen Aktivitäten oder ihrem sozialen Hintergrund auszahlt (vgl. Dumais, 2002)[84] [85]. Allerdings ist die Operationalisierung von Habitus mit beruflichen Erwartungen wie bei Dumais (2002) in Frage zu stellen. Insgesamt betrachtet, ist zu konstatieren, dass die empirische Prüfung der Wechselwirkungen zwischen Gender, kulturellem Kapital, sozialem Hintergrund und Bildungserfolg eine systematische schichtspezifische Einbettung der Analyse erfordert.

Dementsprechend beschäftigten sich van Berkel und De Graaf (1995) mit der Frage, wie sich Eheleute in ihren kulturellen Aktivitäten in Abhängigkeit von ihrem Bildungsniveau gegenseitig beeinflussen, und ermittelten in einer Kohortenanalyse des *Niederländischen Haushaltssurveys* einen abnehmenden Einfluss des Ehemannes oder Ehepartners mit dem höheren Bildungsstand auf das Niveau gemeinsamer kultureller Aktivitäten im zeitlichen Verlauf dieses Surveys, d. h. von Kohorte zu Kohorte.

Bildungserträge aus kulturellem Kapital variieren aber nicht nur nach Gender, sondern auch je nach ethnischem Hintergrund. *Ethnische Unterschiede im kulturellen Kapital* und in den schulischen Erträgen davon haben sich im U.S.-amerikanischen Kontext im zeitlichen Verlauf zum Teil nivelliert, wobei diese Entwicklung mehr auf dem Verlust kulturellen Kapitals in den dominanten gesellschaftlichen Gruppierungen als auf der Vermehrung dieser Kapitalsorte in ethnischen Minderheiten in Anbetracht der gestiegenen Bildungsniveaus in beiden Gruppen beruht (vgl. Kalmijn & Kraaykamp, 1996). In eine ähnliche,

---

84 Zur Erklärung ihrer Forschungsergebnisse zieht Dumais (2002) vier Möglichkeiten in Erwägung (vgl. Mickelson, 1989; nach Dumais, 2002): Erstens, Frauen nehmen erfolgreiche Frauen zum Vorbild; zweitens, Genderungleichheit gehört der Vergangenheit an (*Pollyanna-Hypothese*); drittens, Mädchen aus unteren Sozialschichten glauben, dass sie mit Bildung ihre Heiratschancen verbessern können (Hypothese der sozialen Machtlosigkeit); viertens, Mädchen sind in der Schule deshalb erfolgreich, weil sie gelernt haben, gut und folgsam zu sein (*sex-role*-Hypothese). Die Autorin hat ihre Annahmen mit den Daten der ersten Welle des NELS:88-Panels geprüft.

85 Demgegenüber stellt Lamb (1989) in seiner Untersuchung in Australien fest, dass der kulturelle Konsum einen bedeutenderen Einfluss auf die Bildungsaspirationen von männlichen als von weiblichen Jugendlichen ausübt. Der soziale Hintergrund (Beruf und Bildungsniveau der Eltern) und die besuchte Schulform der Jugendlichen (staatlich, katholisch oder privat) sind in dieser Untersuchung berücksichtigt worden.

aber doch konträre Richtung weisen die Befunde einer früheren Studie darauf hin, dass sich die afro-amerikanische Bevölkerung dort keineswegs kulturell an die europäisch-amerikanische angeglichen hat, hingegen letztere durchaus an erstere (vgl. DiMaggio & Ostrower, 1990)[86]. Das bedeutet, dass von einer kulturellen Konvergenz zwischen beiden Gruppen nicht auszugehen ist.[87]

Auf der Mikroebene, d. h. der Interaktionsebene zwischen Lehrkräften und Schüler(innen), werden subtile Feedbackprozesse mit wiederkehrenden Schleifen als Mechanismen angenommen, die ethnische Unterschiede im Schulerfolg verursachen und sich in der Bewertung des Habitus und der Lebensstile der Schüler(innen) niederschlagen (vgl. Farkas, Grobe, Sheehan & Shuan, 1990).[88] Solche mikropolitischen Prozesse kommen sowohl auf Schulebene, in Laufbahnempfehlungen im Falle einer Relegation, als auch auf Unterrichtsebene, beispielsweise in den Beurteilungen der Lehrkräfte der Verhaltens- und Lerndispositionen der Schüler(innen) zum Ausdruck, die dazu führen, dass sich kulturelle Investitionen für Familien ethnischer Minderheiten oder in Armutslagen nicht in gleicher Weise lohnen wie für diejenigen der Majoritätsgesellschaft oder mit einem günstigen sozioökonomischen Hintergrund (vgl. Roscigno & Ainsworth-Darnell, 1999). Diese Befundlage ist als ein Beleg dafür anzusehen, dass Habitus als *Transmissionsriemen* kulturellen Kapitals fungiert. Dennoch können Schüler(innen) aus ethnischen Minderheiten mit geringer Kulturkapitalausstattung zu Schulerfolg, zumindest zu relativ guten Noten, kommen, wenn sie diesen Mangel mit spezifischem Schulsport als eine Form sozialen Kapitals kompensieren oder zumindest ausgleichen (vgl. McNulty Eitle & Eitle, 2002)[89].

---

86 Unterschiede im allgemeinen Bildungsniveau zwischen der europäisch- und afro-amerikanischen Bevölkerung in den USA, die sogenannte *Black-White Gap in Schooling* oder *racial gap* (Stichwort Schulsegregation im 19. und 20. Jahrhundert, vgl. Mickelson, 1990, zu Differenzen zwischen Bildungseinstellungen und -erfolgen in der afro-amerikanischen Bevölkerung in den Vereinigten Staaten), sind der Ausgangspunkt dieser Studie in empirischer Hinsicht.

87 Bei beiden Untersuchungen handelt es sich um eine Sekundäranalyse des U.S.-amerikanischen SPPA-Surveys (*Survey of Public Participation in the Arts*) von 1982 bei DiMaggio und Ostrower (1990) bzw. 1982 und 1985 bei Kalmijn und Kraaykamp (1996).

88 Vgl. Schofield (2006) zum aktuellen Forschungsstand zu Stereotypisierung, Erwartungseffekte und Effekte der Zusammensetzung von Lerngruppen auf Bildungserfolg; oder Alexander, Entwisle & Thompson (1987) zu den Effekten der Herkunft von Lehrkräften auf Beurteilungsprozesse im schulischen Kontext.

89 Datengrundlage der Untersuchungen von Roscigno und Ainsworth-Darnell (1999) und McNulty Eitle und Eitle (2002) stellt das NELS:88-Panel dar.

### 2.3.13. Theoretische Positionen und empirischer Forschungstand zur Funktionalität kulturellen Kapitals: Fazit und Ausblick

Die in den letzten Abschnitten dieses Theoriekapitels zitierten Forschungsergebnisse haben gezeigt, dass die Bedeutung des Vermittlungsmechanismus von kulturellem Kapital für die soziale Herkunft in Bezug auf Schulerfolg unterschiedlich ausfällt und zwar je nachdem, ob Kompetenzen oder Übergänge betrachtet werden. Demgegenüber können Hinz und Groß (2006) in ihren Analysen der PISA-2000-E-Daten wesentliche Unterschiede in den Wirkeffekten kulturellen Kapitals auf die Lesekompetenzen oder den Übergang von der Grundschule auf die Sekundarstufe I als *Explananda* nicht feststellen. Sie sprechen davon, dass weder die Reproduktionstheorie von Bourdieu, wonach nur Schüler(innen) mit einem gehobenen sozialen Hintergrund von ihrem kulturellen Kapital profitieren, noch die Mobilitätsthese von DiMaggio, demzufolge Schüler(innen) aus unteren und bildungsfernen oder auch mittleren sozialen Schichten ihr kulturelles Kapital gezielt für ihren Schulerfolg einsetzen können, vollkommen zutreffend sind. Wechselwirkungen zwischen sozialer Herkunft und kulturellem Kapital werden in der Regel nicht signifikant, so dass die Residualeffekte des sozialen Hintergrundes für ein *Bias* der Lehrkräfte oder auch der Eltern beispielsweise bei den Schulempfehlungen oder der Schulwahl der Eltern am Übergang auf die Sekundarstufe I sprechen (vgl. Hinz & Groß, 2006, S. 220). In Bezug auf die Kompetenzentwicklung nach dem ersten Bildungsübergang verstärken zusätzlich institutionelle Effekte, d. h. die jeweilige besuchte Schulform, Leistungsdiskrepanzen, was in verschiedenen anderen Untersuchungen bereits schon festgestellt wurde. Dennoch bleiben Effekte der sozialen Herkunft und des kulturellen Kapitals in der Leistungsentwicklung der Schüler(innen) unabhängig von der besuchten Schulform auf der Sekundarstufe I erhalten (vgl. Hinz & Groß, 2006, S. 220).

Die Frage, ob der Einfluss des familialen Hintergrundes auf Schulerfolg in Zukunft abnimmt, können De Graaf, De Graaf und Kraaykamp (2000) zwar nicht abschließend beantworten, für die Effekte finanzieller Ressourcen von Familien nehmen sie dies jedoch an. Außerdem halten sie zwei Szenarien für die Bedeutung der Einflüsse kulturellen Kapitals auf Schulerfolg in der Zukunft für denkbar: Wenn in Familien mit einem niedrigen sozialen Status der häuslichen Lesepraxis zu wenig Aufmerksamkeit geschenkt wird, so könnte die soziale Kluft noch größer werden, denn den Kindern aus diesen Familien würde es an den für die Schule notwendigen kognitiven und sprachlichen Fähigkeiten mangeln, die gewöhnlich im Elternhaus kompensatorisch entwickelt und gefördert werden. Ein anderes Szenario wäre dasjenige, dass die *kulturelle Kluft* zwischen Elternhaus und Schule kleiner wird, weil die Bedeutung kultureller *Codes* für die Schulbildung in einer globalisierten Welt abnimmt und von einer universellen Gültigkeit kultureller Geschmacksrichtungen und Habits auszugehen ist.[90] Dadurch würde sich der Wert hochkultureller Ziele, Aktivitäten und Fähigkeiten verringern. Eine Fortsetzung dieses Prozesses würde folglich zu einer Abnahme von Bildungsungleichheit führen. Dennoch werden regional wirkende kulturelle *Codes* nach wie vor eine Rolle spielen, vor allem in der Elementar- und Primarbildung, wenngleich auch in diesen Bildungssektoren Fremdsprachen zunehmend an Bedeutung gewinnen. Selbst dafür sind eine häusliche Lernumwelt, die Lesen und sprachliche Fähigkeiten begünstigt, oder ein Unterricht, der sowohl die Muttersprache als auch Fremdsprachen fördert, unabdingbar, so De Graaf, De Graaf und Kraaykamp (2000).

Ferner sollten milieuspezifische Unterschiede und Defizite in der Kulturkapitalausstattung differenzierter als bisher in empirische Analysen im Hinblick auf Mobilitätsprozesse oder soziale Schließung miteinbezogen werden (vgl. Georg, 2011). Die Ergebnisse von Georg (2011) zu Typologien kulturellen Kapitals weisen darauf hin. Damit soll von einer zu deterministischen Sichtweise auf die Funktionalität kulturellen Kapitals abgelenkt werden, denn die einzelnen Dimensionen dieser Kapitalsorte, die meist unterschiedlich wertgeschätzt werden und stets einem Wandel unterworfen sind, sind hinsichtlich ihrer Wirkungsweisen je nach gesellschaftlichen Kontexten und Institutionen in Studien zu präzisieren. Fragwürdig ist in diesem Zusammenhang heute beispielsweise der Besuch von Ballettaufführungen, womit u. a. vielfach hochkulturelles Kapital, die sogenannten *beaux arts* (schöne Künste), operationalisiert wird, entscheidend ist stattdessen doch vielmehr das Wissen über Kultur, das über verschiedene Medien wie auch das Lesen vermittelt wird. Ein weiteres Argument betrifft die verschiedenen Erscheinungs- und Ausdrucksformen kulturellen Kapitals in Anlehnung an Bourdieu (Verhaltensaspekte, Ressourcen, kultureller Besitz und Kulturgüter im Haushalt), die nur in den wenigsten Studien differenziert erfasst werden.

Außerdem haben die zitierten Untersuchungen im Wesentlichen gezeigt, dass eher das Bildungsniveau der Eltern als ihr sozialer Status durch kulturelles Kapital vermittelt wird. Es verdichten sich Hinweise darauf, dass in Bezug auf letzteres andere Mechanismen greifen.

Als **Fazit** ist festzuhalten, dass, zumindest in den Untersuchungen der PISA-Daten, weder der Reproduktionstheorie von Bourdieu noch der Gegenthese, der sozialen Mobilität von DiMaggio (1982), für Deutschland ausschließliche Geltung eingeräumt werden kann, denn einerseits werden Herkunftseffekte durch kulturelles Kapital nur zum Teil aufgeklärt, andererseits bleiben Residualeffekte der sozialen Herkunft, die auf ein Bias bei Entscheidungen oder primäre Effekte in Bezug auf Kompetenzen schließen lassen, oder eigenständige

90 Dies wird allem Anschein nach von den Medien geschaffen und durch die Mediensozialisation sichergestellt.

Effekte kulturellen Kapitals, die für Mobilitätsprozesse sprechen, bestehen, wobei in den meisten Studien zu Schulwahlentscheidungen keine Antwort darauf gegeben wird, was letztendlich zutrifft. Vor diesem Hintergrund und hinsichtlich der oftmals nicht erfolgten Erklärung und empirischen Prüfung der dahinter liegenden Prozessmechanismen sowie der fehlenden Abgrenzung zu anderen, insbesondere pädagogischen, Konzepten (z. B. familialer Anregungsgehalt oder *Parental Involvement*), die ebenso zur Kompetenzförderung oder zum Schulerfolg beitragen können, wird davon ausgegangen, dass kulturelles Kapital vor allem mit der Wahl von Schullaufbahnen in Zusammenhang zu bringen ist und sich darin niederschlägt.

## 2.4. Personale, familiale und institutionelle Bedingungen des Lernens und Schulerfolgs auf der Primarstufe: Theorie und Empirie

### 2.4.1. Ein Rahmenmodell und theoretische Bezüge

Der Tradition des sozialökologischen Paradigmas von Bronfenbrenner (1981) verpflichtet, haben Ryan und Adams (1995) auf der Basis einer Literaturauswertung ein heuristisches Bezugsrahmenmodell familialer Bedingungen schulischer Leistungen und der schulischen Entwicklung von Kindern entworfen, worin sie zwischen sechs ineinander verschachtelter Ebenen oder Stufen (Variablenklassen) unterscheiden. Diese sind: *Outcome-Variablen* auf Kindebene (*Level 0*: Schulische Leistungen (Noten, Leistungsbeurteilungen der Lehrkräfte oder standardisierte Leistungstests) und Sozialverhalten in der Schule (Schulaufzeichnungen über Schulschwänzen, Beurlaubungen und Nachsitzen)[91]), *Merkmale des Kindes* (*Level 1*: Kognitive Fähigkeiten, schulische Kompetenzen, psychosoziale Merkmale wie Selbstwert, soziale Kompetenzen, Selbstbewusstsein und Durchsetzungsfähigkeit, Zuversicht und Selbstvertrauen, Enthusiasmus etc. (psychologische Faktoren)), schulbezogene *Eltern-Kind-Interaktionen* (*Level 2*: Hilfe bei den Hausaufgaben, Unterstützung und Anregung in Bezug auf das schulische Lernen und Schularbeiten im Allgemeinen, *Monitoring* der

91 Häufig handelt es sich dabei um Beurteilungen von Lehrkräften mit standardisierten Checklisten oder Ratingskalen mit folgenden inhaltlichen Schwerpunkten: Fähigkeit des Kindes, die Regeln in der Schule einzuhalten; die Beziehung zwischen Lehrkräften und Kindern sowie die Peerbeziehungen. Im Gegensatz zu letzteren sind die Beziehungen zwischen Lehrkräften und Kindern bisher weniger häufig beobachtet, kodiert und analysiert worden. Ebenso könnten zu den Outcome-Variablen personale Merkmale der Kinder oder Lernvoraussetzungen gezählt werden, die jedoch aber in den meisten Fällen Ergebnisse vorschulischer Erziehungsprogramme darstellen.

Hausaufgaben und des Schulbesuchs, Anwendung von Strategien zur Förderung der Lernmotivation des Kindes sowie Umsetzung erster Schritte zur Sicherstellung der allgemeinen Entwicklung von Literalität, numerischer Fähigkeiten und kultureller Interessen, Gespräche zwischen Eltern und Kindern über soziale und allgemeine Probleme des Kindes in der Schule), *Eltern-Kind-Interaktionen und -Beziehung im Allgemeinen* (*Level 3*: Erziehungsstile, Sanktionsstrategien der Eltern, elterliche Kontrolle, elterliche Ablehnung, Ausdruck von Wärme etc.)[92], familiale Beziehungen im Allgemeinen (*Level 4*: Familiale Kohäsion, familiale Konflikte, Organisation der Familie, familiale Geselligkeit, Verstrickungen der Familie, Auflösungserscheinungen der Familie, demokratischer Stil in der Familie etc.)[93], *Merkmale der Eltern* (*Level 5*: Merkmale der Persönlichkeit der Eltern wie Introversion, Ausdruckskraft, Dominanz und Flexibilität, psychiatrische Störungsbilder wie Depressionen, exzessive Ängste oder Psychosen, Überzeugungen zu Bildung und Erziehung, Bildungserwartungen)[94], *exogene soziale/kulturelle und biologische Variablen* (*Level 6*: Erstens, soziale/kulturelle Merkmale wie sozioökonomischer Status, Wohnumgebung und Nachbarschaft, Familienstand der Eltern, Familienstruktur und Ethnizität; zweitens, biologische Faktoren wie Geschlecht der Eltern, Geschlecht des Kindes, angeborene Merkmale des Kindes (genetisch bedingt oder nicht) wie physische Behinderungen z. B. ein fehlendes Organ, Lähmungen oder allgemeine Behinderungen wie Down-Syndrom)[95].

---

92 Die Ebenen zwei und drei lassen sich dahingehend voneinander abgrenzen, wie sehr spezifische schulische Angelegenheiten des Kindes im Vordergrund der Eltern-Kind-Interaktionen und -kommunikation stehen.

93 Merkmale auf dieser Ebene beziehen sich auf die mentale Präsentation der Familie als Gruppe und Einheit, worunter auch Charakteristika gefasst werden, die die eheliche Beziehung der Eltern betreffen. Dennoch ist davon auszugehen, dass diese Merkmale von den Kindern als integrale Bestandteile des familialen Zusammenlebens wahrgenommen werden.

94 Merkmale der Eltern befinden sich außerhalb des Familiensystems, haben aber einen deutlichen Einfluss darauf, wie Familien funktionieren, und auf die Eltern-Kind-Interaktionen.

95 Den Merkmalen auf dieser Ebene kommt eine nur arbiträre Bedeutung im Modell zu, denn sie befinden sich außerhalb des Geltungsbereichs der Merkmale auf den anderen Ebenen, die stets miteinander verwoben sind. Dennoch üben sie einen Einfluss auf den Schulerfolg aus, somit von einem unidirektionalen Zusammenhang zwischen den Merkmalen auf Ebene sechs und denen auf den anderen Ebenen auszugehen ist. Variablen wie sozioökonomischer Status, Ethnizität oder Wohnumgebung passen gut in dieses Modell, weniger gut dagegen Variablen wie Familienstand der Eltern oder die Familienstruktur, denn beides könnte durchaus auf der Outputseite familialer Prozesse liegen (niedrige Kohäsion, Konflikte und Auflösungserscheinungen). Ähnliches trifft ebenfalls für die Variablen Geschlecht der Eltern und Kinder oder die angeborenen Lernbeeinträchtigungen der Kinder zu, denn bei allen diesen Merkmalen handelt es sich stets um personale Faktoren.

Im Hinblick auf die Verknüpfungen und Wirkeffekte dieser Ebenen und die Anforderungen an ein solches Modell erklären Ryan und Adams (1995), dass ein solches Modell inklusiv sein sollte, d. h. alle möglichen Variablen beinhalten sollte, die gemäß ihrer Nähe zum Konstrukt der schulischen Leistung und Entwicklung zu ordnen sind. Die Interaktionen von im Modell nebenstehenden Variablen sind wesentlich stärker als diejenigen von auf der Proximal-Distal-Dimension entfernten Variablen, deren Einflüsse auf schulische Leistungen über distale Merkmale vermittelt werden, weshalb mehr indirekte als direkte Effekte distaler Merkmale auf Schulerfolg zu erwarten sind. Variablen, die im Modell näher am Konstrukt der schulischen Leistung und Entwicklung liegen, haben einen größeren Effekt darauf als solche, die entfernter davon liegen. Die einzelnen Variablen können die schulische Entwicklung von Kindern somit auf drei verschiedenen Wegen beeinflussen:

1. Distale familiale Merkmale können durch proximale familiale Merkmale indirekt wirken.
2. Distale Merkmale können die schulische Entwicklung auch direkt beeinflussen.
3. Merkmale einer Ebene können die Wirkweise einer anderen Ebene moderieren (bidirektionale Wirkrichtungen).

Auch Helmke (2007, S. 34–35 und S. 57; 2009, S. 30–31) stellt fest, dass sich im Hinblick auf die Bedingungsfaktoren schulischer Leistungen immer ein ähnliches Bild zeigt: Je bildungsnäher die Eltern der jeweiligen Schüler(innen) einer Klasse im Durchschnitt sind, desto günstiger ist die Schulleistung. Die soziale Zusammensetzung einer Schulklasse hängt mit dem Niveau und der Heterogenität der Vorkenntnisse der Schüler(innen) zusammen, die ihrerseits den Lernfortschritt am besten erklären können. Die soziale Schicht hat als distaler Faktor von Schulleistungen an sich keinen direkten Erklärungswert dafür. Von Bedeutung sind die dahinter liegenden eigentlichen Wirkfaktoren. Dazu zählen Merkmale wie die Bildungsnähe, der kognitive Anregungsgehalt im Elternhaus, die elterlichen Standards und Erwartungen, der Ehrgeiz der Eltern für den Erfolg ihrer Kinder (Aspirationen), die Qualität ihres sprachlichen Vorbilds, ihre leistungsbezogenen Erklärungen und Sanktionen sowie ihr Engagement für die Schulleistungen ihres Kindes.

Nach Helmke und Weinert (1997) erfüllen diese familialen Prozessmerkmale schulischer Leistungen vier übergreifende Funktionen: Stimulation, Instruktion, Motivation und Imitation. In der gegenwärtigen Forschung zu dieser Thematik lassen sich verschiedene Problembereiche und Schieflagen identifizieren, so die beiden Autoren. Diese betreffen insbesondere die Reziprozität der Eltern-Kind-Beziehung, die intrafamiliale Varianz und *non-shared-environment* (differentielle Verhaltensweisen der Eltern gegenüber Geschwistern und nichtgeteilte, d. h. verschiedene, Lernumwelten der Geschwister), die Analyse von Einzelvariablen versus Stil-, Muster- und Konfigurationsmerkmalen (wechselseitige Kompensation von Wirkmechanismen in der Familie sowie Eltern-Kind-Interaktionen als Kontext- oder Moderatorvariablen), Konstanzannahmen (Wandel der familialen Funktionen für Schulleistungen in Abhängigkeit von dem Alter und der Schulbiographie des Kindes) und nicht zuletzt die Vernachlässigung der Väter. Wild und Wild (1997) sowie Wild (2004) gehen ebenso davon aus, dass die wesentliche Funktion familialer Bildungsleistungen darin besteht, Lernvoraussetzungen bzw. lernrelevante Merkmale bereitzustellen. Mit den relativen Einflussgrößen sozial- und familienstruktureller Indikatoren auf den Bildungserfolg in der Kindergeneration und den Status-Attainment-Prozess haben sich Haveman und Wolfe (1995) in ihrer Literaturübersicht und Zusammenstellung der Wirkeffekte dieser Indikatoren darauf beschäftigt, wozu sie zahlreiche empirische Untersuchungen vergleichend reinterpretiert haben. Sie weisen dabei auf einen Mangel an empirischen Untersuchungen u. a. zu den Einflüssen familialer und schulischer Prozessmerkmale sowie von Kontextmerkmalen in der unmittelbaren Nachbarschaft und Schulmerkmalen auf Schulerfolg im Hinblick auf die Abschätzung der Effekte dieser Merkmale hin.

Sacker, Schoon und Bartley (2002) prüfen auf der Grundlage der Daten der *britischen NCDS-Längsschnittstudie* (*The 1958 National Child Development Study*) die Hypothese, dass die Relevanz und das Ausmaß sozialer Disparitäten in der Teilhabe an Ressourcen (Bildung und psychosoziale Anpassung), die für die Entwicklung einer Person maßgeblich sind, während der frühen Adoleszenz stagnieren. Alternativ dazu nehmen sie an, dass diese Ungleichheiten über die Kindheit hinaus von Bedeutung sind (*Lebensverlaufsperspektive*). Zur Prüfung dieser Annahmen ermitteln sie das Ausmaß sozialer Ungleichheiten im Alter von sieben, elf und sechzehn Jahren der Untersuchungsteilnehmer(innen), d. h. an den entscheidenden Bildungsübergängen. In Anlehnung an die sozialökologische Theorie der menschlichen Entwicklung von Bronfenbrenner (1981) postulieren sie dazu zwei Modelle, die Effekte der sozialen und physikalischen Umwelt auf den Bildungserfolg und die psychosoziale Anpassung der Schüler(innen) erklären können: Ein Modell davon beinhaltet ausschließlich distale (SES), das andere hingegen auch proximale Merkmale dieser beiden Kriterien (materielle Deprivation, Komposition der Schule, elterliches Schulinvolvement und Aspirationen). Als ein zentrales Ergebnis der Analysen dieser Autorengruppe ist festzuhalten, dass ein kontextuelles, systemisches Modell, das proximale Merkmale berücksichtigt, eine vollständigere Erklärung sozialer Ungleichheiten in Bezug auf Bildungserfolg und psychosoziale Anpassung liefert als ein Modell, das lediglich auf der Schätzung von Schichteffekten beruht. Die Autoren belegen ihre Einschätzung mit Ergebnissen aus ihren Untersuchungen, wonach der Effekt der sozialen Herkunft auf den Bildungserfolg der Schüler(innen) im Alter von sieben bis elf Jahren zunimmt, später sich dann aber nicht weiter verändert. Dagegen gewinnen proximale Indikatoren der sozialen Herkunft im Laufe der Entwicklung, d. h. auch noch während der Adoleszenz, je nach Merkmal, an Bedeutung hinzu.

Im Hinblick auf die Effekte der sozialen Herkunft (SES) auf die Ontogenese der menschlichen Entwicklung und Sozialisation nehmen Conger und Donnellan (2007) entsprechend ihren Vorstellungen zur Modellierung der Einflüsse sozioökonomischer Faktoren auf die menschliche Entwicklung eine lebenslange Interaktion zwischen Umwelt und Person in Abhängigkeit von der (zukünftigen) Elternrolle an. Das bedeutet, dass die sozioökonomische Position und individuelle Attribute im Lebensverlauf stets reziprok aufeinander bezogen sind. Wesentliche Merkmale des sozioökonomischen Status sind Einkommen, Beruf und Bildung. Diese Indikatoren sind untereinander zwar immerwährend verknüpft, aber wechselseitig nicht austauschbar, weil sie unterschiedliche zeitliche Stabilitäten und unterschiedliche prädiktive Kraft für die einzelnen Bereiche der menschlichen Entwicklung mit jeweils eigenständigen und kombinierten Effekten darauf besitzen.[96] Die Familie übernimmt dabei die Funktion einer *Schaltzentrale*. Ausgangspunkt ihres integrativen Ansatzes mit dynamischer, lebenslaufbezogener und auch intergenerationaler Perspektive sind die beiden klassischen Modelle der *sozialen Kausalität* und *sozialen Selektion*. Ersteres basiert im Wesentlichen auf dem Familien-Stress-Modell, das, ausgehend von der ökonomischen Komponente des SES, besagt, dass elterliche Probleme (emotional oder verhaltensmäßig), interparentale Konflikte oder wenig gegenseitige Unterstützung als intervenierende Faktoren vor dem Hintergrund ökonomischer Härten zu Mängeln in der Erziehung der Kinder führen (S. 178–179). Kinder sind dadurch dem Risiko einer mangelhaften psychosozialen Anpassung wie geringe kognitive Fähigkeiten und soziale Kompetenzen, geringer Schulerfolg oder geringe Bindung an die Eltern etc. ausgesetzt. Infolgedessen nehmen auf der Persönlichkeitsebene des Kindes Internalisierungen (Ängstlichkeit, Depressionen) und Externalisierungen (aggressives, antisoziales Verhalten) zu. Die zweite Säule des Modells der sozialen Kausalität fußt auf familialen Investitionen (S. 178), denn ökonomische Ressourcen, Bildungsressourcen

---

96 Conger und Donnellan (2007) weisen zu Beginn ihrer Ausführungen auf Traditionen von Untersuchungen zu dem Einfluss des SES auf die menschliche Ontogenese hin und führen weiter aus, dass die ökonomischen Umbauprozesse zu einer Reaktivierung dieses Themas beigetragen haben, was insbesondere auf die neueren Ergebnisse der Sozialepidemiologie, die von einem sozialen Ursachenbündel für die Entstehung und Chronifizierung von Krankheiten ausgeht, und die verstärkte Beobachtung von Bevölkerungssegmenten, die als besonders benachteiligt und belastet gelten, zurückzuführen ist. Psychische Gesundheit, kognitive, emotionale und verhaltensmäßige Entwicklung sowie physisches Wohlbefinden werden als die wichtigsten Einflussbereiche des sozioökonomischen Status angesehen.

oder solche Ressourcen, die sich aufgrund der beruflichen Stellung ergeben, tragen zum Wohle des Kindes bei (S. 181). Im Gegensatz dazu nimmt das Modell der sozialen Selektion an, dass interindividuelle Persönlichkeits- und Kompetenzunterschiede bestehen, die zu einer Akkumulation sozialer Vorteile führen und von den Eltern vermittelt werden (S. 187). Der Zusammenhang zwischen SES und kindlicher Entwicklung sollte demnach infolge der Kontrolle der Persönlichkeitsmerkmale und Kompetenzen des Kindes in der Analyse verschwinden. Die empirische Befundlage beinhaltet Evidenz für beide Modelle. Die Diskussion um beide Modelle ähnelt im Wesentlichen der Debatte um Anlage versus Umwelt oder Person versus Situation. Alle drei Debatten haben ein Thema gemeinsam: Die *Triebfeder* menschlichen Verhaltens wird entweder internalen oder externalen Ursachen zugeschrieben (S. 189). Vor diesem Hintergrund schlagen die beiden Autoren ein Modell vor, worin beide Perspektiven integriert sind: Der Ursprung dieses Modells sind die positiven Persönlichkeitsmerkmale zukünftiger Eltern in Kindheit und Jugend (kognitive Fähigkeiten, soziale Kompetenzen, Persistenz etc.). Gemäß dem sozialen Selektionspfad sollte dieses Bündel an Kompetenzen dazu führen, dass Eltern mehr in ihre Kinder investieren. Aber auch ein direkter Pfad ist vorgesehen, eventuell über genetische Pfade oder aber über soziale Lernprozesse in der Familie. Die Perspektive des sozialen Kausalmodells kommt darin insofern zum Tragen, als Stresseinflüsse mitberücksichtigt werden. Diese interaktionistische Sichtweise impliziert, auch wenn soziale Selektion die zukünftige soziale Position im Großen und Ganzen ebnet, kommen dennoch sozioökonomische Umstände als additive Einflussgrößen mit Effekten auf die Outcome-Variablen in der Entwicklung der Kinder in der nächsten Generation hinzu, und zwar unabhängig vom sozialen Hintergrund in der vorausgegangenen Generation (S. 190).

In Übereinstimmung mit diesen Überlegungen und dem sozialökologischen Paradigma wird hinsichtlich der Modellierung und Wirkpfade der sozialen Herkunft das Modell der sozialen Kausalität demjenigen der sozialen Selektion gegenübergestellt. Es wird angenommen, wenn sich das Modell der sozialen Selektion bewahrheitet, so müssten sich die Schichteffekte durch Hinzunahme der Persönlichkeitseigenschaften des Kindes in die Analyse bedeutend minimieren. Im Gegensatz dazu bleiben sie gemäß der Wirkpfade im Modell der sozialen Kausalität unverändert, wenn Merkmale der Persönlichkeit des Kindes und des Erziehungsverhaltens der Eltern in der Analyse berücksichtigt werden (vgl. dazu an früherem Ort die Untersuchung von Uhlig, Solga & Schupp, 2009).

Entsprechend ähnliche Ergebnisse haben Linver, Brooks-Gunn und Kohnen (2002) in Bezug auf die Modellierung des Familieneinkommens mit proximalen familialen Prozessmerkmalen und deren Einflüsse auf Entwicklungsmerkmale von Kindern ermittelt.[97] Als mögliche Mediatoren des Familieneinkommens werden in dieser Studie emotionaler Distress der Mütter, elterliches Erziehungsverhalten (autoritär oder autoritativ, Videoaufzeichnungen von Mutter-Kind-Interaktionen) und kognitiv stimulierende Aktivitäten in der Familie (beobachtet und gemessen mit dem *HOME Inventory* (vgl. dazu an späterem Ort)) veranschlagt. Kognitive Fähigkeiten des Kindes als Entwicklungsoutcomes werden mit einem standardisierten Testinstrument gemessen, zu Verhaltensproblemen des Kindes die Mütter befragt. Beide Merkmalsbereiche sind im Alter von drei und fünf Jahren des Kindes erfasst worden. Die Autorinnen können in ihren Analysen einen Zusammenhang zwischen Familieneinkommen und dem Entwicklungsniveau des Kindes nachweisen, wobei die kognitiv stimulierenden Aktivitäten in der Familie die Assoziation zwischen Familieneinkommen und beiden Entwicklungsmerkmalen des Kindes vermitteln, der mütterliche emotionale Distress und das elterliche Erziehungsverhalten dagegen nur die Verknüpfung zwischen Familieneinkommen und dem Problemverhalten des Kindes.

### 2.4.2. Individuelle Bedingungen des Lernens und Schulerfolgs: Persönlichkeit, Resilienz und Kompetenzen

In Anlehnung an die Ausführungen von Conger und Donnellan (2007) zur Modellierung sozioökonomischer Faktoren (Schicht) auf der Ebene der **Persönlichkeitsstruktur des Kindes** und das heuristische Modell zu den Bedingungsfaktoren schulischer Leistungen und der schulischen Entwicklung von Kindern (*Level 1*) von Ryan und Adams (1995) werden in Bildungsstudien, insbesondere internationalen, häufig u. a. auch Merkmale oder **Traits der grundlegenden Persönlichkeitsstruktur** des Kindes, Jugendlichen oder Erwachsenen berücksichtigt. Zur Beschreibung der Persönlichkeitsstruktur sowohl im Kindes- als auch im Jugend- oder Erwachsenenalter, d. h. der Entwicklung der Persönlichkeit, wird in zahlreichen verschiedenen Untersuchungen das klassische Modell mit fünf Faktoren der Persönlichkeit, den sogenannten *Big Five(s)* im Jugend- und Erwachsenenalter oder *Little Five(s)* im Kindesalter, wofür validierte Instrumente zur empirischen Messung der entsprechenden Konstrukten zur Verfügung stehen, verwendet (vgl. Goldberg, 1992; Ehrler,

97 Dabei handelt es sich um eine Stichprobe von 493 Kindern mit europäisch- oder afrikanisch-amerikanischem Hintergrund, die mit einem sehr geringen Gewicht als Frühgeborene auf die Welt kamen und im Rahmen einer Längsschnittstudie bis zum Alter von fünf Jahren beobachtet wurden.

Evans & McGhee, 1999; Caspi, Roberts & Shiner, 2005; Denissen, van Aken & Roberts, 2011[98]). Dieses Modell gilt in der Persönlichkeitspsychologie bzw. differentiellen Psychologie mittlerweile als unbestritten (vgl. Rammstedt & John, 2005). Die entsprechenden Persönlichkeitsfaktoren werden meist als *Extraversion/positive Emotionalität, Neurotizismus/negative Emotionalität, Gewissenhaftigkeit/Zwang, Verträglichkeit* und *Offenheit für Erfahrungen/Verstand* bezeichnet (vgl. Ehrler, Evans & McGhee, 1999). Von diesen *Big Five(s)*, insbesondere den *Little Five(s)*, oder Dimensionen der grundlegenden Persönlichkeitsstruktur des Kindes, Jugendlichen oder Erwachsenen wird im Allgemeinen angenommen, dass sie wesentlich von der sozialen Herkunft, den Umweltbedingungen oder familialen Sozialisationsbedingungen im Kindesalter geprägt sind (vgl. Asendorpf & Neyer, 2012, zu Fragen der Persönlichkeitsentwicklung und deren Einflussgrößen auf Stabilität und Veränderung im Allgemeinen; Asendorpf & Hasselhorn, 2004, in Bezug auf das Verhältnis von Genen und Umweltfaktoren auf differentielle Entwicklungsverläufe; Schwenkmezger, Eid & Hank, 2000, zur Kovariation von sozialer Herkunft und Qualität der Umwelt einerseits und der Art interindividueller Unterschiede andererseits; Schneewind, Walper & Graf, 2000, zu den familialen Einflussgrößen individueller Unterschiede).

Persönlichkeitseigenschaften (*Traits*) stellen lernrelevante Merkmale und Bedingungsfaktoren akademischer Leistungen dar (vgl. dazu die Literaturübersicht und Gesamtschau von De Raad & Schouwenburg, 1996), von denen zu erwarten ist, dass sie Effekte nicht nur auf Fachnoten, sondern ebenso auf Bildungsentscheidungen erzielen. Diesen Merkmalen ist in der Ungleichheits- und Bildungsforschung bisher nur wenig Aufmerksamkeit geschenkt worden (Ro-

---

98 Denissen, van Aken und Roberts (2011) beschreiben die Bedeutung des *Five-Factor-Model* für die Persönlichkeitsentwicklung in der Lebensspanne folgendermaßen: „During the past two decades, the five-factor model of personality (FFM: (…)) has been accepted as an adequate working taxonomy of the major trait domains (…). The FFM consists of five broad dimensions: Extraversion, emotional stability, conscientiousness, agreeableness, and openness to experience. Although the FFM was discovered in research on adult personality, the Big Five can also be used to describe the personality of adolescent children (…), and developmental precursors of extraversion, emotional stability, and conscientiousness can be identified in even younger children (…). (S. 77–78). Die Forschung zur Persönlichkeitsentwicklung in der Lebensspanne beschäftigt sich einerseits mit der Stabilität oder Veränderung der Persönlichkeitsstruktur im Lebensverlauf, global betrachtet, und interindividuellen Differenzen an einem spezifischen Messzeitpunkt, andererseits mit Einflussfaktoren darauf. Rindermann und Neubauer (2001) haben in ihrer Untersuchung eine bedeutendere Determination von Schulleistungen (Noten) als von neuropsychologischen Maßen wie Wahrnehmungsgeschwindigkeit oder psychometrischen Eigenschaften wie Intelligenz durch Persönlichkeitsfaktoren, wie Angst, Leistungsmotivation, Anstrengungsvermeidung, Arbeitsverhalten, Erkenntnisstreben, Selbstkonzept und Selbstwirksamkeit, bei Schüler(innen) von Gymnasien ermitteln können.

berts, Kuncel, Shiner, Caspi & Goldberg, 2007: Vergleich der Effekte von Traits der Persönlichkeitsstruktur, der kognitiven Fähigkeiten und des sozioökonomischen Status auf zentrale Ereignisse im Lebensverlauf wie Tod, Scheidung und berufliche Position auf der Grundlage einer Literaturauswertung mit dem Ergebnis, dass die Effekte der Persönlichkeitsstruktur annähernd so groß sind wie diejenigen der kognitiven Fähigkeiten oder des sozioökonomischen Status[99]). Asendorpf und van Aken (2003) beispielsweise stellen in ihrer Auswertung der Münchner Längsschnittstudie LOGIK zur Genese individueller Kompetenzen von Kindern im Vorschul- und Grundschulalter bedeutende Zusammenhänge der Persönlichkeitseigenschaft Gewissenhaftigkeit von Kindern im Alter von vier bis sechs Jahren aus Sicht von Erzieherinnen mit Intelligenz in dieser Altersstufe (Testergebnis) und der Abweichung von der erwarteten besuchten Jahrgangsstufe in der Schule im Alter von sieben Jahren, d. h. zu Beginn der Grundschulzeit, als Antezedenzien und Outcomes schulischer Leistungen der Kinder bei Kontrolle weiterer Persönlichkeitsfaktoren fest.[100] Im Entwicklungsverlauf der Kinder ermitteln die Autoren ebenso bedeutende Zusammenhänge zwischen einerseits dem Merkmal Gewissenhaftigkeit der Kinder im Alter von zehn Jahren aus der Perspektive der Eltern, andererseits der Intelligenz der Kinder, der Abweichung von der erwarteten besuchten Jahrgangsstufe und dem

99 In einer früheren Untersuchung in den Niederlanden mit einer ähnlichen vergleichenden Zielsetzung wie bei Roberts, Kuncel, Shiner, Caspi und Goldberg (2007) stellen Busato, Prins, Elshout und Hamaker (2000) in einem Sample von Studierenden der Psychologie (N=409) im ersten Studienjahr an der Universität von Amsterdam fest, dass die kognitiven Grundfähigkeiten und die Leistungsmotivation direkte und signifikant positive Prädiktoren des akademischen Studienerfolgs in dieser Gruppe darstellen. Kein Effekt darauf ließ sich für den gerichteten Lernstil (im Hinblick auf Sinn, Reproduktion und Anwendung) nachweisen, einen signifikant negativen sogar für den ungerichteten Lernstil. Von den Faktoren des Big-Five-Persönlichkeitsmodells (Extraversion, Verträglichkeit, Gewissenhaftigkeit, Neurotizismus, Offenheit für neue Erfahrungen) kommen die Autoren für den Faktor Gewissenhaftigkeit zu konsistenten und signifikant positiven Korrelationsergebnissen mit Studienerfolg (vgl. dazu auch die Untersuchung von Chamorro-Premuzic & Furnham, 2003a und 2003b, unter Studierenden an einer britischen Universität zum Zusammenhang zwischen den *Big Five(s)* und Examensergebnissen; Farsides & Woodfield, 2003, zu den Effekten von Verträglichkeit und Offenheit für neue Erfahrungen auf Schulnoten).

100 Abweichungen von der erwarteten Jahrgangsstufe kommen durch Zurückstellung von der Einschulung, Klassenwiederholung oder Überspringen einer Klassenstufe bei Hochbegabung zustande. Im Hinblick darauf ist die erwartete Klassenstufe, die dem Alter eines Kindes im bayerischen Schulsystem entspricht, von der tatsächlich besuchten abgezogen worden. Negative Salden bedeuten, dass eine niedrigere Klassenstufe als die erwartete besucht wird, und spiegeln, so die beiden Autoren (S. 6), kognitive und/oder sozial-emotionale Probleme der Kinder wider, die nicht zu regulären Schulverläufen führen. Die Persönlichkeitsstruktur des Kindes wurde in dieser Studie mit folgenden Konstrukten abgebildet: Extraversion, Neurotizismus, Verträglichkeit, Gewissenhaftigkeit und Offenheit für neue (kulturelle und kognitive) Erfahrungen.

kognitiven Selbstkonzept der Kinder, desgleichen zwischen einerseits Offenheit der Kinder im Alter von zwölf Jahren gegenüber neuen Erfahrungen aus der Elternperspektive und Sicht der Freunde und andererseits der Intelligenz und dem kognitiven Selbstkonzept der Kinder, jeweils bei Konstanthaltung der weiteren Merkmale der Persönlichkeitsstruktur des Kindes. Diese Ergebnisse von Asendorpf und van Aken (2003) verdeutlichen, dass Persönlichkeitseigenschaften im Sinne von *Traits* der Persönlichkeitsstruktur direkte und eigenständige Effekte auf leistungsrelevante Antezedenzien oder Schullaufbahnen bewirken können. Sicherlich spielen sie auch auf indirekten Pfaden als moderierende oder mediierende Faktoren in diesem Wirkzusammenhang eine mittelbare oder unmittelbare Rolle für die Bedingungen und Voraussetzungen schulischer Leistungen, dennoch leisten sie dafür auch einen eigenen Beitrag. Ähnliche Befunde berichten Heaven, Mak, Barry und Ciarrochi (2002) für Schüler(innen) der Sekundarstufe australischer High-Schools (115 Jugendliche mit einem Durchschnittsalter von 15 Jahren und neun Monaten): Die relativen Einflüsse der Persönlichkeitsfaktoren wie Gewissenhaftigkeit und Psychotizismus auf schulbezogene Einstellungen (Beziehung zu Lehrkräften, Langeweile bzw. Freude in der Schule, Schulabbruch als Option, Häufigkeit des Schulschwänzens und vollständiger Hausaufgaben) und den subjektiv eingestuften Schulerfolg (Leistungen im Vergleich zu Mitschülerinnen und -schülern, erwarteter Schulabschluss in Jahren, Häufigkeit schulischer Schwierigkeiten) haben sich in dieser Studie als bedeutender erwiesen als die Effekte von Merkmalen des Erziehungsverhaltens beider Eltern (Fürsorge und Überbehütung vs. Autonomieunterstützung; zur Dynamik zwischen verbalen und numerischen Grundfähigkeiten, elterlichem Erziehungsstil, Gewissenhaftigkeit und schulischen Ergebnissen im Längsschnitt vgl. auch die Untersuchung von Heaven & Ciarrochi, 2008). Diese Befunde zum Zusammenhang zwischen grundlegenden Persönlichkeitseigenschaften im Sinne von *Traits* oder des *Big-Five(s)*-Modells werden von den Ergebnissen einer Metaanalyse von Poropat (2009) unterstützt, auf der Grundlage einer Vielzahl international referierter Untersuchungen (annähernd 80, darunter auch nicht-veröffentlichte Dissertationen (N=17), S. 326) mit einer gesamten Samplegröße von über 70.000 Fällen. Davon haben die meisten Studien Bildungsergebnisse im tertiären Sektor, einige Studien den Schulerfolg auf der Sekundarstufe, jedoch nur wenige den Schulerfolg auf der Primarstufe zum Untersuchungsgegenstand. In dieser Metaanalyse hat sich gezeigt, dass von den klassischen *Big Five(s)* Verträglichkeit, Gewissenhaftigkeit und Offenheit für neue Erfahrungen jeweils in einem bedeutenden Maße mit Bildungsergebnissen assoziiert sind und Gewissenhaftigkeit unabhängig von Intelligenz den Bildungserfolg beeinflussen kann. Der Effekt dieses Merkmals auf den Bildungserfolg im tertiären Sektor ist annähernd so groß wie derjenige von Intelligenz, sofern die Bildungsergebnisse auf der Sekundarstufe kontrolliert werden. Außerdem berichtet der Autor von substantiellen Effekten von

Moderatoren wie der Bildungsstufe, dem Alter der Studienteilnehmer(innen) oder der Wechselwirkung von beidem im Zusammenspiel dieser Verknüpfungen. Poropat (2009) gibt ebenso zusammenfassend eine Antwort auf die Frage, warum Persönlichkeitsmerkmale im Sinne von *Traits* in Form der klassischen *Big-Five(s)* in Bildungsstudien Eingang finden sollten: „In summary, the strongest arguments for expecting that measures of personality based on the FFM should be correlated with academic performance relate to the evidence supporting the importance of personality factors for predicting socially valued behaviors and to the recognition of personality as a component of an individual's willingness to perform. At the same time, one should consider intelligence in order to adequately assess these relationships. This meta-analysis should be seen as a test of these positions" (S. 325). Darüber hinaus beeinflussen Persönlichkeitsmerkmale oder auch psychische Störungen nicht nur den Schulerfolg, u. a. als Konsequenz der sozialen Herkunft, sondern leisten ihrerseits einen eigenständigen Beitrag zur gesamten psychosozialen Entwicklung im Lebensverlauf und die soziale Platzierung (Göllner, 2014: Empirische Belege dafür für externalisierende Störungen wie Verhaltens- und Aufmerksamkeitsstörungen). *Traits* wie Persönlichkeitseigenschaften oder auch die Intelligenz sind einerseits angeboren, d. h. genetisch gegeben und damit anlagebedingt, andererseits können sie aber auch über intergenerationale Transmissionsprozesse, d. h. über soziale Wege, „vererbt" werden, wie es Anger und Heineck (2010) für die Intelligenz in ihren Analysen auf der Grundlage des Sozioökonomischen Panels (SOEP) anhand von zwei Testbatterien, die die fluide und kristalline Intelligenz messen, belegen und verdeutlichen: Vor allem Fähigkeiten, die auf vergangenen Lernprozessen beruhen, werden intergenerational übertragen, weniger hingegen Fähigkeiten, die angeboren sind, was die Bedeutung von Bildungsinvestitionen für den Bildungserfolg im Lebensverlauf unterstreicht.

Neben Persönlichkeitseigenschaften zählt auch der Resilienzfaktor **Selbstwirksamkeit** als Schutzfaktor zur Stärkung der Widerstandsfähigkeit eines Kindes zur Persönlichkeitsstruktur des Kindes (vgl. zum Konzept der *Selbstwirksamkeit* Bandura, 1986 (Kapitel 9: *Self-Efficacy*), oder Schwarzer & Jerusalem, 2002: „Selbstwirksamkeitserwartung wird definiert als die subjektive Gewissheit, neue und schwierige Anforderungssituationen auf Grund eigener Kompetenz bewältigen zu können" S. 35[101]; vgl. zu Selbstwirksamkeit als Resilienzfaktor Zander, 2010; Opp & Fingerle, 2008; Wustmann, 2011; Fröhlich-Gildhoff, 2009; Ravens-Sieberer, Schulte-Markwort, Bettge & Barkmann, 2002).

101 Vgl. Schwarzer & Jerusalem (2002) zum Zusammenhang zwischen Selbstwirksamkeit und Selbstregulation, zur Unterscheidung zwischen allgemeinen und spezifischen Selbstwirksamkeitserwartungen sowie zwischen individueller und kollektiver Selbstwirksamkeit, zu den Quellen und Rahmenbedingungen von Selbstwirksamkeitserwartungen.

Dieser Faktor steht in einem engen Zusammenhang mit der Lernmotivation der Schüler(innen) (Krapp & Ryan, 2002: Eine kritische Replik auf das Konzept der Selbstwirksamkeit nach Bandura aus der Perspektive der Selbstbestimmungstheorie und der pädagogisch-psychologischen Interessenstheorie: Selbstwirksamkeit als ein Baustein im Motivationsgeschehen S. 57). Insbesondere mit der intrinsischen Lernmotivation, als höchste Form der Motivation im Sinne der *Selbstbestimmungstheorie* von Deci und Ryan (1993: Der Lernanreiz liegt in der Sache oder Tätigkeit selbst, interessenbestimmtes Handeln), wird das Konzept der Selbstwirksamkeit in Zusammenhang gebracht, wonach die Erfüllung angeborener *Basic Psychological (Human) Needs* selbstbestimmtes Lernen ermöglicht: *Streben nach Autonomie* (Bedürfnis nach Handlungsspielraum und Entscheidungsmöglichkeiten), *Kompetenzerleben* (Bedürfnis nach Wirksamkeit eigenen Handelns, Voraussetzung dafür: Optimaler Schwierigkeitsgrad der Aufgaben) und *soziale Eingebundenheit* (Bedürfnis nach sozialer Zugehörigkeit zu subjektiv bedeutsamen Personen). Dabei entspricht das Bedürfnis nach *Kompetenzerleben* im Wesentlichen dem *Selbstwirksamkeitskonzept* (Krapp & Ryan, 2002, S. 72 und S. 75). Je nach Grad der Selbstbestimmung in Lernkontexten (bipolare Dimension von keine bis sehr hohe) und des Vorhandenseins von Inhalts- und Tätigkeitsanreizen (bipolare Dimension von keine bis sehr viele) ergeben sich verschiedene Formen der Motivation von Amotivation (keine Motivation) über unterschiedliche Formen der extrinsischen Motivation (verschiedene Selbstregulationstypen entlang des Grades der Internalisierung bzw. der relativen Autonomie (Kontinuum) in einem Stufenmodell: *External, introjiziert* (kontrollierte Formen), *identifiziert, integriert*) bis hin zur *intrinsischen Motivation*, der höchsten Form der Lernmotivation (vgl. dazu Deci & Ryan, 1993: Grundannahmen der Selbstbestimmungstheorie).[102]

Merkmale der Lernmotivation von Grundschüler(innen) vermitteln die Effekte familialer Struktur- und Prozessmerkmale auf Schulleistungen und sind damit von der sozialen Herkunft weitgehend geprägt (Kaufmann, 2008: Untersuchungen auf der Grundlage der Daten der KOALA-S-Studie).[103]

---

102 Literaturübersichten und anwendungsorientierte Forschungsarbeiten auf der Grundlage der Selbstbestimmungstheorie von Deci & Ryan (1993) mit Empfehlungen für die Praxis: Niemiec & Ryan (2009), Grolnick (2009), Pelletier & Sharp (2009), Guay, Ratelle & Chanal (2008); vgl. Übersicht drei im Anhang.

103 Kaufmann (2008) kommt in ihren Analysen im Spezifischen zu folgenden Befunden: Soziale Disparitäten in Schulleistungen, d. h. die Effekte struktureller Merkmale von Familien (sozialer Status und Bildungshintergrund der Eltern) werden größtenteils durch familiale Prozessmerkmale (Anregungsgehalt der häuslichen Lernumwelt, Leistungsdruck, Bildungseinstellungen, Interventionen und Selbständigkeitserziehung) sowie durch kognitive und motivationale Merkmale der Schüler(innen) vermittelt, wobei den motivationalen Schülermerkmalen, insbesondere dem Fähigkeitsselbstkonzept mit positiver und der extrinsischen Lernmotivation mit negativer Wirkrichtung, ein besonderer Erklärungswert

Der **Kompetenzbegriff** wird vor allem in der erziehungswissenschaftlichen und psychologischen Forschung und Literatur diskutiert und elaboriert (vgl. Gnahs, 2010; Klieme, 2004; Prenzel, Gogolin & Krüger, 2007: Themenheft zur Kompetenzdiagnostik). So definiert Klieme (2004, S. 13) ihn folgendermaßen: „Kompetenz stellt die Verbindung zwischen Wissen und Können her und ist als Befähigung zur Bewältigung unterschiedlicher Situationen zu sehen." Der Kompetenzbegriff ist insbesondere von den Begriffen Qualifikation, Bildung und Performanz (Beobachtbares) abzugrenzen (Gnahs, 2010, S. 19–23). Im Hinblick darauf umschreibt Gnahs (2010) ihn derart: „Kompetenz zeigt sich offenbar, wenn beim Zusammentreffen situativer Erfordernisse und dem individuell zur Verfügung stehenden Potenzial an Kenntnissen, Fertigkeiten etc. angemessen gehandelt werden kann" (S. 19) und schließt sich bezüglich einer geeigneten Definition dafür der Auffassung der OECD an: „Eine Kompetenz ist die Fähigkeit zur erfolgreichen Bewältigung komplexer Anforderungen in spezifischen Situationen. Kompetentes Handeln schließt den Einsatz von Wissen, von kognitiven und praktischen Fähigkeiten genauso ein wie soziale und Verhaltenskomponenten (Haltungen, Gefühle, Werte und Motivationen). Eine Kompetenz ist also zum Beispiel nicht reduzierbar auf ihre kognitive Dimension, sie beinhaltet mehr als das (vgl. OECD 2003, S. 2; ausführlich: Rychen/Salganik 2003b, S. 41 ff.)." (S. 21). *Qualifikationen* unterscheiden sich von Kompetenzen dahingehend, dass sie definierte Bündel von in organisierten Qualifizierungs- bzw. Bildungsprozessen vermittelten Wissensbeständen und Fähigkeiten darstellen, deren Erfolg in Prüfungen, mit Evaluationen oder Tests festgestellt wird. Der *Bildungsbegriff* und der Kompetenzbegriff besitzen zwar mit ihrer jeweils ganzheitlichen Ausrichtung eine gemeinsame Basis (der Mensch mit allen seinen Facetten im Fokus), differieren aber in der Richtung. Während der Bildungsbegriff auf eine bestimmte Wertebasis und normative Vorgaben im Sinne der Ideen und des Menschenbildes der Aufklärung und Demokratie rekurriert, verbleibt der Kompetenzbegriff dahingehend auf einer neutralen und beliebigen Position, auch wenn Werte darin unabhängig von ihren Ausprägungen berücksichtigt werden (Gnahs, 2010, S. 21–22). Kompetenzen bestehen aus folgenden *Bausteinen* (Gnahs, 2010, S. 23–26): *Wissen* (das von einem Indivi-

---

dafür zukommt. Dies kann aber nur zum Teil für die Vermittlung der Einflüsse familialer Prozessmerkmale auf Schulleistungen festgestellt werden. Außerdem liegen direkte Zusammenhänge zwischen familialen Strukturmerkmalen und den motivationalen Faktoren der Schüler(innen) vor. Von herausragender Bedeutung für die Schulleistungen als auch die motivationalen Faktoren sind jedoch die familialen Prozessmerkmale, davon allen voran die Bildungsaspirationen und -erwartungen der Eltern und der Anregungsgehalt im häuslichen Umfeld. Die Entwicklung der motivationalen Orientierungen der Schüler(innen) in der Schule ist neben familialen Prozessmerkmalen vor allem auch durch die Leistungsrückmeldungen in Form von Noten determiniert.

duum abrufbare *Fakten*- und *Regelwissen* mit komplexen Strukturen und unterschiedlichen Reichweiten und Spezialisierungsgraden, das Änderungsprozessen infolge von Vergessen, Veraltung und neu hinzugekommenem Wissen unterliegt), *Fertigkeiten* (sensomotorische Aspekte des individuellen Leistungsvermögens, das durch Übung und Training verbessert werden kann und automatisiert und routiniert abläuft sowie Änderungs- und Abbauprozessen im zeitlichen Verlauf unterliegt), *Dispositionen* (stabile Persönlichkeitseigenschaften z. B. Big Five(s)), *Werte* (Haltungen und Einstellungen von Personen gegenüber Dingen, Personen und Personengruppen, Ideen und Verhaltensweisen) und *Motivationen* (emotionale Antriebskräfte und Interessen, die individuelles Handeln anspornen, initiieren, aufrechterhalten und die Intensität einer Handlung festlegen). Dieses Leistungsvermögen unterliegt einem Wandel im zeitlichen Verlauf, hängt von genetischen und physischen Voraussetzungen ab und kommt je nach biographischen Erfahrungen in modifizierter Art und Weise zum Ausdruck. Je nach Strukturierungsgrad von Situationen von einfach bis komplex sind Kontinuität und Vorhersehbarkeit von individuellen Handlungen gegeben oder ist mit einer Bandbreite an individuellen Handlungen und geringer Vorhersehbarkeit zu rechnen. Im Gegensatz zum Kompetenzbegriff spiegelt der *Fähigkeitsbegriff* das Zusammenspiel von Wissen und Fertigkeiten wider, weshalb in diesem Sinne dieses Konzept mehr einen Oberbegriff von den letzteren beiden Konzepten darstellt.

Darüber hinaus nennt Gnahs (2010, S. 26–29) zwei Arten der Differenzierung und Aufspaltung des Kompetenzbegriffs in Begriffshierarchien. *Erstens* wird unterschieden zwischen *Fachkompetenzen* (spezialisierte, auf bestimmte Bereiche bezogene Kompetenzen) und *überfachlichen Kompetenzen*: *Methodenkompetenz* (fachbezogene wie z. B. Analysemethoden in einem spezifischen Bereich und solche mit einem breiten Anwendungsspektrum wie z. B. Moderationskompetenz), *Sozialkompetenz* (im Miteinander wirksam: Teamgeist, Anpassungsfähigkeit etc.) und *personale Kompetenz* (Selbstorganisation etc.: In allen Lebenslagen relevant). *Zweitens* wird im Hinblick auf die Breite des Wirkungsgrades von Kompetenzen zwischen *Spezial*- und *Schlüsselkompetenzen* differenziert: Erstere entsprechen den Fachkompetenzen, letztere dienen in Anlehnung an eine EU-Empfehlung der persönlichen Entfaltung, sozialen Integration und aktiven Bürgerschaft (vgl. Das Europäische Parlament und Der Rat der Europäischen Union, 2006, S. 13 nach Gnahs, 2010, S. 27) mit folgenden, nicht exakt voneinander abgrenzbaren acht Arten: Muttersprachliche Kompetenz, fremdsprachliche Kompetenz, mathematische Kompetenz und grundlegende naturwissenschaftlich-technische Kompetenz, Computerkompetenz, Lernkompetenz, soziale Kompetenz und Bürgerkompetenz, Eigeninitiative und unternehmerische Kompetenz, Kulturbewusstsein und kulturelle Ausdrucksfähigkeit sowie grundlegende Haltungen: Kritisches Denken, Kreativität, Initiative, Problemlösung, Risikobewertung, Entscheidungsfindung und konstruktivistischer Umgang mit Gefühlen. Zudem erklärt der Autor aus der Perspektive der beruflichen Bildung, warum es sich bei *Schlüsselkompetenzen* und *Schlüsselqualifikationen* um synonyme Begriffe handelt. Letztere stellen überfachliche Spezialisierungen mit folgenden Ausformungen dar: *Basisqualifikationen* (vertikaler Anwendungstransfer ermöglicht durch Bildungsziele wie z. B. logisches und dispositives Denken, kooperatives und kreatives Vorgehen, Lernfähigkeit), *Horizontalqualifikationen* (Erweiterung des Wissensstandes z. B. Gewinnung, Verstehen und Verarbeitung von Informationen durch die Fähigkeit, Bibliotheken oder Internet richtig zu nutzen), *Breitenelemente* (spezielle Kenntnisse und Fähigkeiten in einem breiten Feld einsetzbar z. B. Beherrschung einer Textverarbeitungssoftware) und *Vintage-Faktoren* (Ausgleich intergenerativer Bildungsdifferenzen durch Weiterbildungsmaßnahmen z. B. bestimmte Lernziele in der Schule heute, früher nicht z. B. Gegenstand des Schulunterrichts wie z. B. Computerwissen).

Hinsichtlich der *Genese von Kompetenzen* bezieht sich Gnahs (2010, S. 30–39) auf fünf verschiedene und sich zum Teil überlappende Aneignungswege im lebenslangen Lernen:

- *Sozialisation* (primäre Sozialisation zu Hause in Eltern-Kind-Interaktionen[104]),
- *Formales Lernen* (Lernen in Institutionen, d. h. in einem Regelsystem mit hierarchisch abgestimmten Strukturen[105]),
- *nicht-formales Lernen* (von professionellem Personal organisiertes Lernen außerhalb des Regelsystems[106]),

104 In Form von Grenzziehungen, Zurechtweisungen, Belobigungen und Aufforderungen oder Ermunterungen der primären Sozialisationsagenten (Eltern), mit dem Ziel der Vermittlung von Normen; Fortsetzung und Verstärkung der primären Sozialisation in der sekundären durch Akteure wie Peers oder Sozialisationsagenten im Kindergarten und in der Schule mit Abschluss in der Adoleszenz und dem Ergebnis einer stabilen Persönlichkeit; Unterweisung nicht nur von Werten und Dispositionen im Sozialisationsprozess, sondern auch von kognitiven und motorischen Fähigkeiten für die Entwicklung der Persönlichkeitsstruktur, d. h. von Bewegungsabläufen und des Spracherwerbs mit Auswirkungen auf Denkstile, Ausdrucksformen und Bewertungen; Sozialisationsprozesse beiläufig oder bewusst intentional und planmäßig durch Erziehung im Hinblick auf Verhaltensänderung und -steuerung; Sozialisationsprozesse auch im Erwachsenenalter noch möglich z. B. im Betrieb, in der Ehe oder Partnerschaft etc.

105 Zum Beispiel in der Schule oder Universität durch professionelles Personal organisiert, gesteuert, bewertet und zertifiziert mit dem Ziel des Erwerbs eines Abschlusses in festgelegten Bildungslaufbahnen mit Ausnahmemöglichkeiten, Anforderungen von außen in Form von Lernzielen mit Prüfungen als Kontrollinstrumente und offiziellen und *heimlichen* Lehrplänen herangetragen (vgl. Siebert, 1996, S. 252 ff. nach Gnahs, 2010, S. 35).

106 Für Personen aller Altersgruppen mit der Möglichkeit des Erwerbs eines zertifizierten Abschlusses und einer großen Bandbreite der zeitlichen Dauer, keine hierarchische Struk-

- *informelles Lernen* (Unterschied zum formalen und non-formalen Lernen: Grad der Organisiertheit, aber ebenso intentional und bewusst mit konkreten Lernabsichten und Lernhandlungen[107]),
- *Lernen en passant* (implizites oder beiläufiges Lernen, d. h. nicht-intentional, unbewusst und nicht verbalisierbar[108]).

Die Wahrnehmung dieser Lernwege und der Grad des Lernerfolgs sind im Wesentlichen durch die persönlichen Voraussetzungen und strukturellen Gegebenheiten determiniert (individuelle Merkmale wie Alter, Geschlecht, physischer Status; familiale Herkunft wie sozioökonomischer Status und Bildungsniveau der Eltern, Geschwisterzahl und soziales Milieu; regionale Herkunft wie Geburtsort, Wohnort, Schulort und Regionstyp), aber auch durch die Rahmenbedingungen des Lernens (z. B. die Gestaltung des Lernorts oder die Qualität der Lehre). Zur Erklärung des Erwerbs von Kompetenzen bezieht sich der Autor auf die klassischen Lerntheorien (vgl. Übersicht drei im Anhang zu Gnahs, 2010, S. 39–47; Siebert, 1996 und 1999; Stern, 2006; Holzkamp, 1995; jeweils nach Gnahs, 2010).

Im Hinblick auf eine Definition und Auswahl von Kompetenzen für Schulleistungsstudien und die Frage, ob der Kompetenzbegriff nur kognitive oder auch affektive Aspekte beinhalten soll, referiert Klieme (2004, S. 11–12) Weinert (1999 und 2002, nach Klieme, 2004) und stellt dazu folgende Begriffsvarianten vor:

---

turen wie z. B. Weiterbildungsmaßnahmen oder außerschulische Jugendbildung wie z. B. Nachhilfe, freiwillige Teilnahme von eigenen Interessen und Motiven gelenkt für die Weiterentwicklung der Fertigkeiten, Fähigkeiten und des Wissens zur Erhaltung der Handlungsfähigkeit oder Erweiterung des Kompetenzprofils.

107 Lernen in Alltagssituationen und Alltagsbezüge eingebettet, aber nicht in einem spezifischen Rahmen angeleitet und organisiert von professionellem Personal, sondern selbstgesteuert oder auch autodidaktisch in Form von Projekten durch die Mobilisierung aller verfügbaren Ressourcen wie z. B. autodidaktische Methoden, Befragung dritter Personen oder Besuch von Informationsveranstaltungen, aber ohne das Ziel des Erreichens von Zertifikaten (vgl. Reischmann, 1997, S. 125 ff. nach Gnahs, 2010, S. 38).

108 In Handlungs- und Lebenszusammenhängen in Form des Agierens und Reagierens mit Blick auf bestimmte Ziele ohne Kompetenzzuwachs, Lerninhalte daher nur schwer oder nicht unmittelbar erkennbar und messbar, unsystematisches bzw. unstrukturiertes, ganzheitliches und komplexes Lernen in schwierigen Anforderungssituationen und infolge biographischer Ereignisse mit schwer erfassbaren Strukturen (vgl. Dohmen, 2001, S. 34–35 nach Gnahs, 2010, S. 38–39), didaktisches Förderkonzept des *sich einer Situation Aussetzens und Bewährens*.

„1. Kompetenzen als allgemeine intellektuelle Fähigkeiten im Sinne von Dispositionen, die eine Person befähigen, in sehr unterschiedlichen Situationen anspruchsvolle Aufgaben zu meistern.
2. Kompetenzen als funktional bestimmte, auf bestimme Klassen

- von Situationen und Anforderungen bezogene kognitive Leistungsdispositionen, die sich psychologisch als Kenntnisse, Fertigkeiten, Strategien, Routinen oder auch bereichsspezifische Fähigkeiten beschreiben lassen.
- Kompetenz im Sinne motivationaler Orientierungen, die Voraussetzungen sind für die Bewältigung anspruchsvoller Aufgaben.
- Handlungskompetenz als Begriff, der die ersten drei genannten Kompetenzkonzepte umschließt und jeweils auf die Anforderungen und Aufgaben eines bestimmten Handlungsfeldes, zum Beispiel eines Berufes, bezieht.
- Metakompetenzen als Wissen, Strategien oder auch Motivationen, die Erwerb und Anwendung von Kompetenzen in verschiedenen Inhaltebereichen erleichtern.
- Schlüsselkompetenzen, d. h. Kompetenzen im oben unter Punkt 2 definierten funktionalen Sinne, die über eine vergleichsweise breite Spanne von Situationen und Aufgabenstellungen hinweg einsetzbar sind. Weinert zählt hierzu unter anderem muttersprachliche und mathematische Kenntnisse und Fertigkeiten sowie die Inhalte einer basalen Allgemeinbildung."

### 2.4.3. Familiale Sozialisationsbedingungen des Lernens und Schulerfolgs

#### *2.4.3.1. Eltern-Kind-Interaktionen, Erziehungsverhalten und -stile der Eltern*

Zur Beschreibung der **Eltern-Kind-Interaktionen** und des **Erziehungsverhaltens der Eltern** gegenüber ihren Kindern wird häufig auf sogenannte *Erziehungsstile* rekurriert, wobei bestimmte Ausprägungen des erzieherischen Handelns von Eltern auf verschiedenen Dimensionen zu typologischen Mustern oder Stilen zusammengefasst werden.[109] Ausgangspunkt zahlreicher Untersuchungen in der Erziehungsstilforschung ist die bekannte Klassifikation der *Erziehungsstile* (typologischer Ansatz) von Diana Baumrind (1971)[110], wonach zwischen vier verschiedenen klassischen *Erziehungsstilen* unterschieden wird,

109 Zur Begriffsbestimmung, zu Strategien der Erziehungsstilforschung, zentralen Erziehungsstilen, theoretischen Ansätzen sowie zur empirischen Messung des elterlichen Erziehungsverhaltens und zu Problemen der Erziehungsstilforschung vgl. Krohne und Hock (2001). Eine übersichtliche Darstellung des Forschungsstandes zu Erziehungsstilen ist bei Fuhrer (2005 und 2009) oder Reichle und Franiek (2009) nachzulesen.

110 Vgl. Forschungsansatz, Studien, Forschungsstrategien und -ergebnisse seitens der Eltern und Kinder bei Fuhrer (2009).

die sich entlang von zwei grundlegenden, d. h. stabilen, entgegengesetzten und bipolaren (gering/niedrig versus viel/hoch) Dimensionen elterlichen Handelns, nämlich *Unterstützung* (Synonyme hierfür: Zuwendung, Wärme, Akzeptanz, Involvement, Responsivität versus Ablehnung, Kälte) und *Kontrolle* (Synonyme hierfür: Starke versus geringe Lenkung, Forderung), ergeben, wenn beide Dimensionen gekreuzt werden (Vierfelder-Schema): *Autoritär* (hohe Kontrolle und geringe Unterstützung: Einseitiges Durchsetzen elterlicher Vorstellungen unter Einsatz von Machtmitteln), *autoritativ* (Hohe Kontrolle und Unterstützung: Verständnis bekunden und klare Erwartungen an die Reife des Kindes, Einhaltung von Regeln, Unterstützung der Selbständigkeit des Kindes, offene Kommunikation), *permissiv* (auch als verwöhnender Erziehungsstil bezeichnet, geringe Kontrolle und hohe Unterstützung: Tolerante, akzeptierende Haltung der Eltern gegenüber den Wünschen des Kindes, wenig Regeln, Forderungen, Kontrolle und Bestrafung) oder *non-konform* (auch indifferenter oder vernachlässigender Erziehungsstil genannt, geringe Kontrolle und Unterstützung: Durch minimalen Zeitaufwand der Eltern gekennzeichnet).[111] Die Erziehungsstilforschung kommt zu dem Ergebnis, dass Kinder und Jugendliche, die *autoritativ* erzogen werden (hohes Maß an Unterstützung/Involvement sowie Kontrolle/Supervision) eine bessere psychosoziale Entwicklung (hohes Selbstverständnis und gute soziale Beziehungen) erfahren, bessere schulische Kompetenzen (gute Schulleistungen und leistungsrelevante Merkmale) und weniger Problemverhalten (abweichendes Verhalten) oder psychischen und somatischen Leidensdruck entwickeln im Vergleich zu denjenigen, die nicht nach diesen Grundsätzen erzogen werden. Am schlechtesten in diesen Domänen entwickeln sich dagegen Kinder und Jugendliche, die im Elternhaus Vernachlässigung erfahren, diejenigen von Eltern mit einem autoritären oder nachgiebigen Erziehungsstil in den genannten Lebensbereichen unterschiedlich. Diese

111 Weitere Merkmale der Erziehungsstile nach Baumrind (1971, vgl. dazu auch die Beschreibung der Merkmale dieser Erziehungsstile bei Fuhrer, 2009): *Autoritär* (Eltern versuchen, zu steuern, bewerten das Verhalten des Kindes stark, stärken die verbale Argumentation des Kindes nicht, stellen hohe Anforderungen an die Reife des Kindes, besitzen konventionelle Wertvorstellungen, verlangen Gehorsam, strafen und betonen den Wert von Arbeit und Leistung), *autoritativ* (Eltern fördern die verbale Auseinandersetzung, betonen die Autonomie des Kindes, verlangen aber auch Anpassung, stellen hohe Anforderungen an die Reife des Kindes, leiten die kindlichen Aktivitäten an, verhalten sich sehr responsiv und unterstützend für kindliche Bedürfnisse sowie liebevoll, zeigen Engagement in der Erziehung des Kindes, bieten dem Kind einen hohen Anregungsgehalt in der familialen Lernumwelt und fördern die Interessen des Kindes), *permissiv* (Eltern bestrafen nicht, akzeptieren das Kind, unterstützen die kindlichen Bedürfnisse, Wünsche und Handlungen, stellen wenig Anforderungen an die Reife des Kindes, befinden sich mehr im Hintergrund, steuern die Aktivitäten des Kindes nicht und geben wenig Normen und Standards vor; das Kind ist weitgehend auf sich selbst gestellt) oder *non-konform* (Eltern bewegen sich zwischen Autonomie und Feindseligkeit, massive soziale Probleme in der Familie als Antezedenzien).

Differenzen bleiben im zeitlichen Verlauf der Entwicklung erhalten oder nehmen gegebenenfalls noch zu, was insbesondere in Bezug auf den vernachlässigenden Erziehungsstil zu beobachten ist (vgl. Steinberg, Lamborn, Darling, Mounts & Dornbusch, 1994: Elterlicher Erziehungsstil erfasst aus der Perspektive von Jugendlichen (vgl. die Beschreibung der Konstrukte und Outcome-Variablen seitens der Jugendlichen bei Gray & Steinberg, 1999, sowie die Indizierung der Erziehungsstile bei Lamborn, Mounts, Steinberg & Dornbusch, 1991)).[112]

Fuhrer (2009) merkt zur Typologie der Erziehungsstile nach Baumrind (1971) an, dass mit der Zweidimensionalität der Erziehungsstile im Prinzip vier verschiedene Arten von Kontrolle bezeichnet werden, die jedoch hinsichtlich der Dimension Zuwendung und Unterstützung nicht eindeutig differenzierbar sind (S. 229).

Vor diesem Hintergrund ist die Zweidimensionalität des elterlichen Erziehungsstilkonzepts mit einer Dreidimensionalität ersetzt worden mit dem Ergebnis, dass die Dimension der Kontrolle weitergehend in *Verhaltenskontrolle* (*Regulation des kindlichen Verhaltens durch konsistente Disziplinierung*) und *psychologische Kontrolle* (*Regulation des kindlichen Verhaltens durch psychologische Mittel wie Liebesentzug oder Auslösen von Schuldgefühlen*) ausdifferenziert worden ist (vgl. Fuhrer, 2009; S. 230). Mit psychologischer Kontrolle wird nach Barber (1996, S. 3296) versucht, in die psychische und emotionale Entwicklung eines Kindes zu intrudieren, d. h. einzugreifen, wodurch die Denkprozesse, die Selbstdarstellung, die Emotionen oder die Bindung eines Kindes an seine Eltern nachhaltig und zum Teil auch nachteilig geprägt werden. Unter Verhaltenskontrolle ist dagegen elterliches Erziehungsverhalten zu subsumieren, das auf die Kontrolle des Verhaltens des Kindes sowie die Handhabung und den Umgang der Eltern mit einem unkontrollierten Verhalten des Kindes abzielt. Einige Formen der Verhaltenskontrolle, so Barber (1996, S. 3296 in Anlehnung an Grusec & Goodnow, 1994), können durchaus positive Effekte beim Kind bewirken, wenn die Konsequenzen sensitiv abgeschätzt werden oder konstruktiv argumentiert wird im Hinblick darauf, eine Bewusstseinsänderung beim Kind hervorzurufen, wie auch negative Effekte möglich sind. Im Gegensatz dazu ist das Konzept der psychologischen Kontrolle ausschließlich negativ konnotiert, sofern sie *die psychischen und emotionalen Erfahrungen und Äußerungen des Kindes beschränkt, verhindert oder gar manipuliert* (vgl. Barber,

---

112 Vgl. Übersicht vier zu folgenden weiteren Studien in diesem Zusammenhang im Anhang: Steinberg, Lamborn, Dornbusch & Darling (1992); Steinberg, Mounts, Lamborn & Dornbusch (1991); Lamborn, Mounts, Steinberg & Dornbusch (1991); Gray & Steinberg (1999); Kaufmann, Gesten, Santa Lucia, Salcedo, Rendina-Gobioff & Gadd (2000); Gaylord, Kitzmann & Colemann (2003); Kerr & Stattin (2000).

1996, S. 3296).[113] Insgesamt betrachtet, ist zu konstatieren, dass dem Konzept der psychologischen Kontrolle in den meisten Untersuchungen keine allzu große Aufmerksamkeit geschenkt wird oder diese Dimension meist vernachlässigt wird, wie Barber (1996) zu Recht anmerkt. Demgegenüber stellt die Dimension der Verhaltenskontrolle ein häufig untersuchtes Konzept dar, das darüber hinaus in theoretischer Hinsicht aufgeschlüsselt und um das Konzept des Monitorings erweitert worden ist (vgl. Wild & Hofer, 2002; oder Fuhrer, 2009). Diese Dimension des elterlichen Erziehungsstils kommt erstmalig in den Analysen der Forschergruppe um Steinberg und Kollegen zur Sprache, ist mit Informiertheit der Eltern über das Tun und den Verbleib ihrer Kinder in der Freizeit operationalisiert und als *strictness-supervision* (Subskala) bezeichnet worden (vgl. Steinberg, Elmen & Mounts, 1989; Steinberg, Lamborn, Darling, Mounts & Dornbusch, 1994; Steinberg, Mounts, Lamborn & Dornbusch, 1991; Steinberg, Lamborn, Dornbusch & Darling, 1992; Lamborn, Mounts, Steinberg & Dornbusch, 1991; Gray & Steinberg, 1999: Jeweils Analysen der Daten aus derselben Längsschnittstudie zu den Wirkeffekten der elterlichen Erziehungsstile aus unterschiedlichen Forschungsperspektiven) sowie in der Untersuchung von Herman, Dornbusch, Herron und Herting (1997) fortgeführt. Letztere benennen die Dimension der Verhaltenskontrolle global mit Regulation, einem dafür synonym gebrauchten Begriff (vgl. Barber, 1997), und beschreiben es mit Monitoring im Sinne von *dem Kind Grenzen setzen* (vgl. die Operationalisierung der Forschergruppe um Steinberg), mit dem Regelwerk im Haushalt (Fragen der Haushaltsorganisation: Erwartungen hinsichtlich Routinen und Organisation im Haushalt z. B. Regeln hinsichtlich des Kommens und Gehens des Jugendlichen) und mit Entscheidungsprozessen bei typischen Angelegenheiten in der Familie, die die Jugendlichen selbst betreffen (Entscheidungsfindung: Wer entscheidet?: Der Jugendliche allein, der Jugendliche allein nach einer Diskussionsrunde mit den Eltern, der Jugendliche zusammen mit den Eltern, die Eltern nach einer Diskussionsrunde mit dem Jugendlichen, die Eltern allein).[114] Bereits Steinberg, Elmen und Mounts (1989) haben die elterliche Erzie-

---

113 In seinen eigenen Untersuchungen ermittelt *Barber (1996)*, dass psychologische Kontrolle (Intrusion) signifikant sowohl zu Internalisierungsproblemen (Depressionen) als auch Externalisierungsproblemen (Delinquenz) beiträgt, Verhaltenskontrolle, operationalisiert mit Informiertheit der Eltern über das Tun und den Verbleib der Kinder, dagegen substantiell letzteres verhindert, wobei von einem komplementären Verhältnis zwischen beiden Kontrollkonzepten auszugehen ist.

114 Als weitere Dimensionen des elterlichen Erziehungsverhaltens haben Herman, Dornbusch, Herron und Herting (1997) in ihrer Studie vorgesehen: Involvement (Eltern als liebevoll, responsiv und involviert) und Autonomieunterstützung (kein Zwang, demokratische Disziplinierung, Aufforderung zu Individualität). Die Forschergruppe ermittelt, dass vor allem Involvement mit Bildungsergebnissen zusammenhängt, Regulation und Autonomieunterstützung dagegen mit allen anderen Konstrukten und Indikatoren assoziiert sind (Noten

hungspraxis mit drei Dimensionen aufgeschlüsselt (Akzeptanz (*acceptance*), psychologische Autonomie (*psychological autonomy*), Verhaltenskontrolle (*behavioral control* als Entscheidungsverhalten in der Familie: Wer entscheidet über Angelegenheiten des Jugendlichen?)) und die Relevanz dieser Konstrukte für leistungsbezogene Aspekte in Pfadanalysen belegt.[115] Außerdem kommen sie zu dem Ergebnis, dass diese Zusammenhänge von der psychosozialen Reife des Jugendlichen oder seiner Arbeitsorientierung in Zusammenspiel mit seiner Selbständigkeit und Identität vermittelt werden. Die *dritte Dimension des elterlichen Erziehungsverhaltens* bei Steinberg, Elmen und Mounts (1989), die Verhaltenskontrolle[116], stellt damit eine Form des *Monitorings* dar (vgl. Wild & Hofer, 2002; Fuhrer, 2009).

Darüber hinaus haben Kerr und Stattin (2000) in ihrer Forschungsarbeit in Schweden (14-Jährige und ihre Eltern) das Konzept des Monitorings differenziert betrachtet und reinterpretiert (S. 366). Die Autorin und der Autor begin-

---

und Bildungserwartungen (alle drei Dimensionen des Erziehungsverhaltens gleichsam gute Prädiktoren für beide Bildungsergebnisse), psychische und somatische Beschwerden (Autonomieunterstützung als stärkster Prädiktor für beide Beschwerden), Delinquenz (Regulation als stärkster Prädiktor dafür) und Suchtmittelmissbrauch). Insgesamt betrachtet, stellt in der Untersuchung hier die Dimension der Regulation das Sozialisationskonzept mit den nachhaltigsten und dominantesten Effekten auf die Entwicklung im Kindes- und Jugendalter dar.

115 Folgende Effekte bzw. Zusammenhänge wurden festgestellt: Direkte positive Effekte der elterlichen Autonomieunterstützung auf die Schulnoten an einem früheren Zeitpunkt und ebenso direkte positive Effekte der Konstrukte Akzeptanz und Verhaltenskontrolle auf die Schulnoten an einem späteren Zeitpunkt, aber auch indirekte Effekte davon auf das Zusammenspiel zwischen den Erziehungsstilkonstrukten.

116 Die Verwendung dieses Indikators in den weiteren eigenen Analysen kann nach eigenem Ermessen ebenso mit der Selbstbestimmungstheorie von Deci und Ryan (1993) begründet werden, wonach Eltern die Lernmotivation ihrer Kinder im Sinne der *Selbstbestimmungstheorie* in Richtung *autonome Regulation*, d. h. *hohe intrinsische*, *identifizierte* oder *integrierte* Motivation (autonome Formen) und *geringe externale* und *introjizierte Motivation* (kontrollierte Formen), unterstützen können, wenn sie die drei *Basic Psychological Needs* erfüllen (vgl. dazu an früherem Ort). In der Theorie und zahlreichen empirischen Untersuchungen zur erzieherischen Praxis von Eltern zur Förderung der *autonomen Selbstregulation* des Kindes in Lernsituationen und im schulischen Kontext haben sich drei Dimensionen oder interpersonale Interaktionsstile des elterlichen Handelns, *Autonomieunterstützung*, *Involvement* und *Strukturgebung*, als zentrale Antezedenzien und Elemente davon herausgestellt (vgl. dazu die Literaturübersichten bei Guay, Ratelle & Chanal, 2008; oder Grolnick, 2009). Die Selbstbestimmungstheorie als psychologische Motivationstheorie bezieht sich auf die Kognitionen und das Erleben des Lernenden sowie auf die Einwirkungsmöglichkeiten darauf, weshalb die Kommunikations- und Interaktionsebene beispielsweise zwischen Eltern und Kindern darin stärker betont werden als die Ermöglichung von Handlungsspielräumen. Eltern, die ihren Kindern eigene Entscheidungsspielräume oder zumindest Partizipationsmöglichkeiten gewähren, fördern damit deren Autonomieerleben und Selbstbestimmung.

nen damit, dass *Monitoring* zwar häufig mit *Aufsuchen* bzw. *Verfolgen* (*Tracking*) und *Beobachten* (*Surveillance*) konzeptualisiert wird, aber in den meisten Studien mit Informiertheit der Eltern über das Tun und den Verbleib des Kindes in der Freizeit oder mit dem Wissen der Eltern über die alltäglichen Aktivitäten und die Freunde des Kindes operationalisiert wird. Die Befunde in ihrer empirischen Untersuchung können die positiven und nachhaltigen Effekte von *Monitoring* im Sinne von Informiertheit der Eltern auf die Entwicklung von Jugendlichen belegen und legen daher eine Neukonzeption dieses Konstrukts nahe, die mehr die Initiative und aktive Seite der Jugendlichen als der Eltern betonen sollte (S. 367), denn als entscheidend für die Outcome-Variablen hat sich die freiwillige Selbstauskunft der Jugendlichen herausgestellt und nicht das *Tracking* oder *Surveillance* der Eltern, d. h. die Initiative und aktive Seite der Eltern (Aufsuchen und Befragen oder Kontrolle der Freiheit des Jugendlichen infolge der Einwilligung der Eltern im Vorfeld der Freizeitaktivität und Erklärungen der Jugendlichen im Nachhinein). Elterliche Kontrolle wirkt nur dann nachhaltig, wenn die Jugendlichen nicht das Gefühl haben, kontrolliert zu werden. Kerr und Stattin (2000) schließen aus ihrer Studie, dass *Tracking* und *Surveillance* weniger effektiv sind, als vielfach angenommen wird (S. 366).

In der Erziehungsstilforschung herrscht, insgesamt betrachtet, eine Übereinkunft darin, dass das Erziehungsstilkonzept eine Dreidimensionalität kennzeichnet, jedoch die empirische Befundlage im Hinblick auf die Outcome-Variablen auf Ebene der Kinder oder Jugendlichen von Inkonsistenzen geprägt ist, die vor allem dann in Erscheinung treten, wenn die Dimensionen separat analysiert werden, was auf konzeptionelle und methodische Schwächen der jeweiligen Untersuchungen zurückzuführen ist (z. B. das Erziehungsverhalten der Mutter und des Vaters sollte jeweils unabhängig voneinander bei den Jugendlichen oder beiden Eltern selbst abgefragt werden, Fehlen von Längsschnittuntersuchungen mit mehreren Messzeitpunkten über einen längeren Zeitraum) (vgl. Fuhrer, 2009, S. 230–231).

Erziehungsstile sind nicht als isoliert und unabhängig von anderen Sozialisationsprozessen und -faktoren zu betrachten, sondern eingebettet in einen integrativen Bezugsrahmen. Im Hinblick darauf haben Darling und Steinberg (1993, S. 493) ein systemisch-kontextualisiertes Modell des elterlichen Erziehungsstils entworfen, bestehend aus elterlichen Erziehungszielen und -werten, die das elterliche Erziehungsverhalten (Pfad 2) und den elterlichen Erziehungsstil (Pfad 1) maßgeblich determinieren. Ersteres davon wirkt auf die kindliche Entwicklung direkt ein (Pfad 3), letzteres dagegen indirekt, indem es die Stärke des Zusammenhangs zwischen elterlichen Erziehungspraktiken und kindlicher Entwicklung moderiert (Pfad 4) oder in anderen Worten, das elterliche Erziehungsvermögen und die Effektivität der elterlichen Erziehungspraktiken beeinflusst oder den direkten Effekt auf die Bereitschaft des Kindes, sich erziehen zu lassen, vermittelt (Pfad 5). Letzteres wiederum moderiert den Zusammenhang zwischen elterlichen Erziehungspraktiken und kindlicher Entwicklung (Pfad 6). Die beiden Autoren betonen die konzeptuelle Unterscheidung zwischen elterlichen Erziehungspraktiken und elterlichem Erziehungsstil in ihrem Modell, wodurch der ansonsten zentrale Stellenwert des Konstrukts des elterlichen Erziehungsstils in der erziehungspsychologischen Forschung relativiert wird und der Variation der elterlichen Erziehungspraktiken und -stile je nach kulturellen oder sozialökologischen und sozioökonomischen Kontextfaktoren von Familien hinsichtlich ihrer Wirksamkeit in der kindlichen Entwicklung Rechnung getragen wird.[117]

In ihrem Review über den theoretischen und empirischen Forschungsstand zur Frage, was ein für das Kind optimales Erziehungsverhalten der Eltern determiniert, fassen Maccoby und Martin (1983) zusammen, dass elterliche Zuwendung, eine induktive Disziplinierung, keine direkte Bestrafungspraxis und ein konsistentes Verhalten der Eltern in der Erziehung eine positive Entwicklung des Kindes bewirkt (vgl. dazu die Ergebnisse der Untersuchung von Krohne, Kohlmann & Leidig, 1986, in Bezug auf Ängstlichkeit, Kontrollüberzeugung und kognitive Kompetenz des Kindes (Differenziertheit der kognitiven Entwicklung, schulische Leistungsfähigkeit und allgemeine Intelligenz) in Abhängigkeit von dem kindperzipierten elterlichen Erziehungsstil, operationalisiert mit den Dimensionen Lob, Tadel, Strafintensität, Inkonsistenz der Rückmeldung, Unterstützung und Einschränkung).

Die Darstellungen in den letzten Abschnitten machen deutlich, dass die Kontrolldimension aufgrund ihrer vielschichtigen Facetten ein *umstrittenes* Konzept bleibt und vielfach zu Diskussionen in der Forschung angeregt hat, weniger dagegen die erste Dimension des elterlichen Erziehungsstils, worin die Feinfühligkeit der Eltern zum Ausdruck kommt. Steinberg und Kollegen haben die von ihnen vorgeschlagenen Dimensionen des elterlichen Erziehungsverhaltens überwiegend an Jugendlichen geprüft und mit Indikatoren der Entwicklung in der Adoleszenz validiert und damit ihr Forschungsprogramm auf diese Lebensphase ausgerichtet. Es ist aber dennoch davon auszugehen, dass diese Ergebnisse auch für die mittlere und späte Kindheit, die sich u. a. im Fokus des DJI-Kinderpanels befinden, zutreffend sind und sich damit ebenso die jeweiligen untersuchten Konstrukte mit angepassten Operationalisierungen für Kinder in diesen Lebensabschnitten eignen.

Konstrukte, die das Erziehungsverhalten oder -ziele, den Erziehungsstil und die Erziehungskompetenz der Eltern oder die Beziehung zwischen Eltern und

---

117 Einer Konfundierung der drei Einflussfaktoren auf die kindliche Entwicklung, Erziehungsziele, Erziehungsstile und Erziehungsverhalten, ist entgegenzutreten, denn diese kann die ermittelten Forschungsergebnisse zu den Erziehungsstilen nicht ausreichend erklären (Fuhrer, 2009, S. 238).

Kindern und das familiale Zusammenleben im weitesten Sinne beschreiben, sind für diese Forschungsarbeit, die sich u. a. der Funktionalität kulturellen Kapitals widmet, deshalb von besonderer Relevanz, weil sie Aspekte intergenerationaler Transmissionen aufgreifen und widerspiegeln sowie sozialökologische und sozioökonomische wie auch kulturelle Faktoren vermitteln, weshalb der Forschungsstand dafür hier ausführlich besprochen worden ist (vgl. dazu auch Fuhrer, 2009).

#### *2.4.3.2. Familiale Rituale, familiale Bildungsleistungen und familialer Anregungsgehalt*

**Familiale Rituale**, die den Alltag eines Kindes in der Familie strukturieren, Lebensführung vermitteln und wichtige Opportunitäten für Interaktionen und Kommunikation in der Familie bereitstellen, implizieren wesentliche, meist indirekte und nicht vordergründig intendierte, d. h. beiläufige und unbewusste Formen familialer Bildungsleistung durch intergenerationalen Erfahrungsaustausch jenseits von Maßnahmen der direkten Förderung der Kompetenzen eines Kindes in der Familie oder Bildungsinvestitionen im Sinne der Humankapitaltheorie. Diese Bildungsleistungen charakterisieren eine Permanenz und Allgegenwärtigkeit und weniger eine Punktgenauigkeit wie im formellen Lernen (vgl. dazu die Ausführungen zu dem Forschungsprogramm von Büchner und Brake an früherem Ort und auch von der Hagen-Demszky, 2006; oder Zartl, 2010; Krinninger & Bahr, 2013). In diesem Sinne kommt Paugh (2005) vor dem Hintergrund der Sprachsozialisationsforschung in einer Untersuchung mit einem qualitativen Ansatz mit hoher ökologischer Validität (32 Videoaufzeichnungen der Gespräche beim Abendessen in 16 Mittelklasse-Familien mit überwiegend Kindern in der mittleren und späten Kindheit und Doppelverdienern in Los Angeles) zu dem Ergebnis, dass Kinder durch das Mithören der nicht bewusst an sie gerichteten Erzählungen der Eltern am Esstisch zu Hause in die Arbeitswelt und deren Werte, Normen, Erwartungen und Geschlechtsspezifik eingeführt werden (66-mal Arbeitswelt als Topik). Die Kinder zeigen sich in dieser Studie mehr als Mithörer(innen) und weniger als aktive Gesprächsteilnehmer(innen), lernen dabei einerseits sprachliche und kommunikative Fähigkeiten und erhalten andererseits dabei Informationen über die Arbeitswelt der Eltern und ihre zukünftige Rolle in der Gesellschaft (vgl. dazu auch die Zusammenfassung bei Hagen-Demszky von der, 2006).

**Familiale Bildungsleistungen** ergeben sich damit im konkreten Lebenszusammenhang der Familie als erste und lang andauernde Bildungsinstanz im Lebensverlauf, d. h. im Vollzug der familialen Alltagspraxis im jeweiligen Mikromilieu, je nach Lage von Ressourcen, und sind mit kulturellen Teilhabechancen und sozialer Anschlussfähigkeit verbunden (vgl. Brake & Büchner, 2012,

S. 126/124; oder Lange & Xyländer, 2011, zu Familie als Bildungswelt eigener Art S. 62–78). Die Handlungs- und Gestaltungsspielräume, die im familialen Kontext Kindern gewährt werden, determinieren deren Entwicklungschancen und Aneignung wichtiger Fähigkeiten für schulische Lernprozesse, wobei die Annahme, dass familiale Bildungsleistungen eine Art *Zulieferfunktion* für letztere erfüllen und Bildungsprozesse an anderen Orten lediglich vorbereiten, unterstützen und begleiten, zurückzuweisen ist (vgl. Brake & Büchner, 2012, S. 125). In Anbetracht dessen gehen Brake und Büchner (2012, S. 125) davon aus, dass primäre Herkunftseffekte in der Konzeption von Boudon als ungleiche Verteilung von ökonomischen, sozialen und kulturellen Ausgangsbedingungen in der Familie und deren Effekte auf die Lernvoraussetzungen die Bildungsbedeutsamkeit von Familie unterschätzen, und begründen dies damit, dass Kinder nicht nur in der Schule lernen wie auch familiale Bildungsleistungen nicht nur auf die Sicherung der schulischen Leistungsfähigkeit eines Kindes und dessen Schulerfolg ausgerichtet sind. Familiale Bildungsleistungen zeichnet eine Spezifik, d. h. eine besondere Art von Bildungsleistung, eine Gegen- und Wechselseitigkeit sowie Ganzheitlichkeit zwischen den Familienmitgliedern im emotionalen, sozialen und kognitiven Sinne aufgrund der Exklusivität und Intimität familialer Beziehungen aus im Vergleich zum schulischen Lernen mit Fokus auf das Leistungsprinzip, das objektivierbare und personenunabhängige Kriterien in Bildungsprozessen erfordert (vgl. Brake & Büchner, 2012, S. 126–127). Im Gegensatz dazu vollzieht sich Lernen im familialen Kontext informell und situationsabhängig (vgl. Brake & Büchner, 2012, S. 12). Familiale Bildungsleistungen werden intergenerational tradiert, indem Zugangsmöglichkeiten zu Bildungsprozessen eröffnet oder Gelegenheitsstrukturen dafür bereitgestellt werden (vgl. Brake & Büchner, 2012, S. 125–126). Den Prozess der Aneignung von Bildung im familialen Kontext zeichnet damit ein *inzidenteller Modus* in den unmittelbaren Lebens- und Erfahrungszusammenhängen der Familie aus, ohne eine explizite, didaktisch-intentionale und zielgerichtete Anleitung in einem entsprechenden Kontext und von der Perspektive der Förderung motiviert (vgl. Brake & Büchner, 2012, S. 127–128).

Vor diesem Hintergrund erfüllen familiale Bildungsleistungen die Funktionen *Strukturgebung*, *Involvement* und *Reproduktion* in der Entwicklung eines Kindes nach eigenem Ermessen.[118]

---

118 Scott-Jones (1995) schlägt ein Pfadmodell zur Erklärung der Einflüsse der Eltern-Kind-Interaktionen auf die schulischen Leistungen von Kindern vor, worin sie Eltern-Kind-Interaktionen nach vier verschiedenen Funktionsbereichen klassifiziert und relevante Aspekte der Eltern-Kind-Interaktionen für Schulerfolg nennt: *Valuing* (Bildungsaspirationen und Bildungserwartungen, Wert von Anstrengungen und Fähigkeiten, Wert spezifischer Fächer, Eltern als Modelle, Ethnizität und Wert von Bildung, Verfügbarkeit von Bildungsressourcen, Aufbau von Bildungswerten als kognitive Mediatoren der Eltern-Kind-Interaktio-

**Informelle Bildungsprozesse in der Familie** (vgl. Büchner & Wahl, 2005) oder auch unter Peers (vgl. Brake & Büchner, 2013) tragen damit wesentlich zur Grundbildung oder Alltagsbildung eines Kindes oder Jugendlichen oder zur Vermittlung von Basiskompetenzen, wie den Umgang mit Wissen und Informationen (*information literacy*), bei, die von der Schule für formale Bildungsprozesse vorausgesetzt werden und sozialstrukturell geprägt sind wie auch, bildungsbiographisch gesprochen, intergenerational tradiert werden. Insofern plädieren Büchner und Wahl (2005) vor dem Hintergrund einer zunehmenden Bildungsarmut dafür, dass sich die Schule nicht nur auf die formale Bildung konzentrieren sollte, die ihr zu eigen ist, sondern sich auch außerschulischen informellen Bildungsprozessen zuwenden und die familialen Bildungsleistungen würdigen sollte, um so einer kulturellen und sozialen Differenz entgegenzuwirken. In diesem Sinne verdienen die Bildungsprozesse im Bildungsort Familie eine besondere Aufmerksamkeit, zumal die Bedeutung finanzieller Ressourcen von Familien (Einkommen) für die kognitive, soziale und emotionale Entwicklung eines Kindes größtenteils überschätzt wird (vgl. Blau, 1999).

Im Gegensatz zu den bisherigen Ergebnissen legen die Befunde aus den Analysen von Walper und Grgic (2013) auf der Grundlage der Daten der DJI-AID:A-Studie nahe, dass Unterschiede in der Leseförderung und in den Bildungsaktivitäten zu Hause, in den Outdoor-Aktivitäten der Kinder gemeinsam mit ihren Eltern und den Aktivitäten der Kinder im Haushalt sowie im Erziehungsverhalten der Eltern (Wärme und Kontrolle) nicht unbedingt an den sozialen Hintergrund der Familie gebunden sind. Dies gilt ebenso für die Wirkeffekte dieser Aktivitäten auf das Problemverhalten, prosoziale Verhalten und die alltagssprachlichen Fähigkeiten des Kindes. Auf konzeptueller Ebene unterscheiden die beiden Autorinnen zwischen Kapitalien von Familien (ökonomisch, kulturell, sozial), dem Konzept der familialen Lebensführung (Alltagspraxen und Haushaltsführung), der *concerted cultivation*, d. h. den außerschulischen Bildungsangeboten z. B. musikalische Früherziehung, der familialen und außerfamilialen Anregung und des *Home Literacy Environment*, der Förderung der mündlichen Sprache und Schriftsprache.

Neben der bereits erwähnten Selbstbestimmungstheorie von Deci und Ryan (1993), die die psychologischen Voraussetzungen der Lernmotivation und verschiedene Regulationstypen entlang eines Kontinuums beschreibt, beschäftigt sich der in der pädagogischen Forschung verankerte Ansatz von Bradley und

---

nen), *Monitoring* (Regeln, Monitoring der Hausaufgaben und anderer Aktivitäten der Kinder, Kontrolle und Selbstkontrolle des Kindes, autoritativer Erziehungsstil, Monitoring unter Berücksichtigung der Familienstruktur und Wohnumgebung), *Helping* (Experte-Anfänger-Verhältnis, gemeinsames Lernen, andere Unterstützungsquellen suchen), *Doing* (Vermeidung von starker Kontrolle).

Kollegen mit der Systematisierung familialer Umweltbedingungen, d. h. den in den Familien objektiv vorgefundenen Lernopportunitäten. In der deutschsprachigen Forschung als **familialer Anregungsgehalt** rezipiert (Wild & Hofer, 2002), stellt er im Wesentlichen einen empirischen Forschungsansatz dar (vgl. Bradley, Caldwell & Rock, 1988). Im Mittelpunkt des Forschungsprogramms von Bradley und Kollegen befindet sich die Entwicklung eines Untersuchungsinstruments auf der Grundlage von Theorien zur menschlichen Entwicklung und Ontogenese und der empirischen Evidenz für die Bedeutung bestimmter Erfahrungen in der Erziehung und Betreuung in Bezug auf die Verhaltensentwicklung im frühen Grundschulalter. Mit diesem Instrument sollen sich die Dimensionen familialer Lernumwelten im Hinblick auf die Qualität der kognitiven, sozialen und emotionalen Stimulation des Kindes in der Familie oder zu Hause im Allgemeinen erfassen und einschätzen lassen. Dieses haben sie als *HOME Inventory* bezeichnet und liegt für verschiedene Altersgruppen in den Lebensphasen Kindheit und Adoleszenz (Säuglingsalter, Vorschulalter (frühe Kindheit) und Grundschulalter (mittlere Kindheit), Adoleszenz[119]), jeweils konzipiert mit zum Teil ähnlichen, an die Entwicklung der Kinder und Jugendlichen angepassten, oder unterschiedlichen Konstrukten bzw. Subskalen, vor. Dabei handelt es sich um ein Beobachtungsinstrument mit zahlreichen Items mit einem binären Antwortformat (ja-nein) zur Einschätzung und Beurteilung der familialen bzw. häuslichen Lernumwelt, d. h. der Quantität und Qualität der Unterstützung und Stimulation im Elternhaus, das je nach Altersgruppe und Voraussetzungen des Kindes um ein halbstrukturiertes Interview mit entweder dem Kind oder Jugendlichen oder den Eltern ergänzt wird (vgl. zu Bradley & Corwyn, 2005, in Übersicht fünf im Anhang). Bradley, Caldwell und Rock (1988) rechtfertigen und begründen zu Beginn ihrer Ausführung ihr Forschungsprogramm mit empirischen Belegen aus Untersuchungen in vergangenen Jahren, die auf einen Zusammenhang zwischen der frühen familialen bzw. häuslichen Lernumwelt und den kognitiven und sprachlichen Kompetenzen oder den schulischen Leistungen in späteren Lebensjahren schließen lassen, und stellen ihre Forschungsergebnisse zu den differentiellen Einflüssen der häuslichen Lernumwelt auf Outcomes in verschiedenen Phasen der Kindheit vor: Im Alter von *sechs* bis *24 Monaten* (*Infant* Version des *Home Inventory* mit den Subskalen: Elterliche Responsivität, Akzeptanz des Kindes, Organisation

119 Vgl. Übersicht fünf zu folgenden Studien im Anhang: Bradley, Corwyn, Caldwell, Whiteside-Mansell, Wasserman & Mink, 2000; Bradley, Corwyn, Burchinal, McAdoo, Garcia Coll, 2001; Bradley, Corwyn, McAdoo & Garcia Coll, 2001; Linver, Brooks-Gun & Cabrera, 2004; Leventhal, Selner-O'Hagan, Brooks-Gunn, Bingenheimer & Earls, 2004; Bakermans-Kranenburg, van Ijzendoorn & Bradley, 2005; Bradley, 2004; Bradley & Corwyn, 2005; vgl. darüber hinaus Teachman, Day & Carver (1995) zu den Effekten familialer Lernumwelten auf Bildungsergebnisse im Allgemeinen.

der Umwelt, Verfügbarkeit von passendem Spielzeug, elterliches Involvement, Variation der Stimulation) sowie im Alter von *zehn* oder *elf Jahren des Kindes* (*Elementary* Version des *Home Inventory* mit den Subskalen: Elterliche Responsivität, altersangemessene Unterstützung, emotionales Klima, Verfügbarkeit von Materialien und Erfahrungen, aktives Involvement der Eltern, Teilhabe der Familie mit einem Kind, Involvement des Vaters, physikalische (materielle) Umwelt) in Bezug auf die kognitiven Kompetenzen des Kindes im Alter von drei Jahren (Grundintelligenz), seine schulischen Leistungen im Alter von zehn Jahren (Lese-, Sprach- und Mathematikkompetenzen) sowie sein Verhalten in der Schule (Extraversion, Aufgabenorientierung, Rücksichtnahme, Anpassung). Sie kommen in ihren Analysen zu folgenden Ergebnissen: Fast alle familialen Umweltfaktoren im Alter von sechs oder 24 Monaten hängen mit der Grundintelligenz im Alter von drei Jahren signifikant positiv zusammen, jedoch nur einige davon im Alter von zwei Jahren mit den späteren schulischen Kompetenzen (passendes Spielzeug oder das Involvement der Eltern). Gleiches ist für einige Faktoren der familialen Lernumwelt im Alter von zehn Jahren festzustellen (aktives Involvement der Eltern, gemeinsame Teilhabe, Gesamtindex und die Responsivität der Eltern in Bezug auf Sprachkompetenzen oder das emotionale Klima in der Familie in Bezug auf Mathematikkompetenzen). Mehr bedeutende Zusammenhänge liegen dagegen zwischen allen Faktoren der häuslichen Lernumwelt in allen hier betrachteten Lebensaltern und den verschiedenen Dimensionen des Verhaltens der Schüler(innen) in der Schule vor, die sich aber in Bezug auf letztere nicht als durchgängig erweisen. Außerdem haben sie drei Modelle im Rahmen von Partialkorrelationsanalysen geprüft (unbedingte Einflüsse früher Erfahrungen und Umweltbedingungen (Modell 1) und gegenwärtiger (Modell 2) sowie kumulative Effekte stabiler Lernumwelten (alle Erfahrungen und Bedingungen im Lebensverlauf, Modell drei) auf die Kriterienbereiche): Die stärksten Assoziationen ließen sich für Modell zwei nachweisen, aber auch in den Modellen eins und drei sind bedeutende Assoziationen zu verzeichnen. Jedoch weisen die Befunde darüber hinaus auf ein komplexes Gefüge von Wirkzusammenhängen hin: Die häuslichen Umweltbedingungen von Kindern sind ethnisch oder je nach Armutslage der Familie unterschiedlich strukturiert oder segmentiert (weniger Anregung in armen als in durchschnittlichen Familien), wobei armutsbedingte Unterschiede bedeutender ausfallen hinsichtlich der Effektstärke und ethnische Effekte von armutsbedingten überlagert werden (Bradley, Corwyn, McAdoo & Garcia Coll, 2001: Ergebnisse aus Analysen der Daten der *NLSY-Studie*). Im Hinblick auf die Einflüsse des familialen Anregungsgehalts auf das Entwicklungsniveau des Kindes ermitteln Bradley, Corwyn, Burchinal, McAdoo & Garcia Coll (2001: Befunde aus hierarchischen Regressionsanalysen der Daten der *NLSY-Studie*), dass von den Effekten der mütterlichen Responsivität, der Lernstimulation im Haushalt oder des körperlichen Strafens der Eltern auf den Entwicklungsstatus des Kindes im

Alter von 0–13 Jahren in den Bereichen frühe motorische und soziale Entwicklung (von Geburt bis zum 48. Lebensmonat erfasst), Sprachentwicklung (ab dem dritten Lebensjahr gemessen), schulische Leistungen (mathematische Leistungen und Leseverständnis ab dem fünften Lebensjahr gemessen) und Verhaltensprobleme (ab dem vierten Lebensjahr gemessen) in Abhängigkeit von der ethnischen und sozialen Herkunft (Armut) die Effekte der Lernstimulation die höchste Konsistenz besitzen. Die Einflüsse der mütterlichen Responsivität und des körperlichen Strafens der Eltern sind dagegen je nach Entwicklungsmerkmal, Alter des Kindes und sozialem oder ethnischem Hintergrund der Familie, unterschiedlich ausgeprägt. Insgesamt betrachtet, üben die familialen Umweltbedingungen einen größeren Einfluss auf die Entwicklung des Kindes in jüngeren als in älteren Lebensjahren aus. In einem Review-Artikel zum internationalen Forschungsstand zu den Effekten des familialen Anregungsgehalts auf die kindliche Entwicklung haben Bradley und Corwyn (2005) aus vergleichender interkultureller Perspektive die Befunde aus empirischen Studien in unterschiedlichen kulturellen Kontexten in diesem Zusammenhang, in denen das *HOME Inventory* in der originalen oder einer modifizierten Version zum Einsatz kam, aufbereitet und ausgewertet hinsichtlich kultureller und sozioökonomischer Unterschiede in der Kindeserziehung. Drei Aspekte aus diesem Inventar bzw. der häuslichen Lernumwelt, nämlich Responsivität und disziplinarische Praktiken der Eltern sowie der Kontakt des Kindes mit stimulierendem Material zu Hause und stimulierende Erfahrungen, standen im Vordergrund des Forschungsinteresses, denn die beiden Autoren gingen von der Erwartung aus, dass sich vor allem in diesen drei Aspekten der kulturelle Hintergrund der Kindeserziehung und der Zugang zu Ressourcen systemisch niederschlagen, und für diese drei Konstrukte in erster Linie ein systematischer Zusammenhang mit dem Wohlbefinden des Kindes in Forschungsergebnissen zu finden ist. Es ließen sich systematische Differenzen nicht nur in den mittleren Ausprägungen der betrachteten Konstrukte, sondern auch in den Verknüpfungen zwischen Indikatoren, die dasselbe Konstrukt abbilden, je nach kulturellem und sozioökonomischem Hintergrund der Familie ermitteln. Desgleichen bringen die beiden Autoren in ihrem Review zur Sprache, wie Forscher aus verschiedenen kulturellen Kontexten das *HOME Inventory* entsprechend regionaler Überzeugungen und Praktiken in Bezug darauf, was Kinder und Familien benötigen und welche Funktionen Eltern in der Förderung der Entwicklung ihres Kindes erfüllen, abändern können. Auch wenn sich die Erziehungspraktiken von Eltern je nach kulturellem Hintergrund unterscheiden, so können die beiden Autoren dennoch verdeutlichen, dass eine eindeutige Evidenz für den Zusammenhang zwischen elterlicher Responsivität und stimulierenden Erfahrungen des Kindes durch verfügbares Spielmaterial zu Hause einerseits und Merkmalen einer günstigen Entwicklung des Kindes andererseits weltweit vorliegt, die für den Zusammenhang zwischen körperlichem

Strafen der Eltern und günstigen Entwicklungsoutputs seitens des Kindes jedoch nicht vorhanden ist.

Als Resümee ist zu dem Forschungsprogramm der Arbeitsgruppe um Bradley und Kollegen zusammenfassend im Hinblick auf eine Gesamtschau und Bewertung anzumerken, dass sowohl das Konzept des familialen Anregungsgehalts als auch das Beobachtungsinstrument des *HOME Inventorys* mehr auf einem empirischen als auf einem theoretischen Fundament fußen, d. h., dass es sich jeweils um eine Sammlung von Faktoren und Aufwachsensbedingungen in familialen bzw. häuslichen Lernumwelten handelt, die auf der Grundlage des theoretischen und empirischen Forschungsstandes in der Pädagogik und Psychologie erstellt wurde, wie materielle Gegenstände zu Hause oder Eltern-Kind-Interaktionen, denen eine günstige oder fördernde Wirkung auf die Entwicklung eines Kindes nachgesagt wird, für die aber eine theoretische Einbettung fehlt.

Den theoretischen Bezügen des Konzepts des kulturellen Kapitals, das in seinen vielfältigen und erweiterten Facetten ein wesentlicher Bestandteil der häuslichen Lernumwelt ist und dem in der Sammlung von Bradley und Kollegen auch ein zentraler Stellenwert eingeräumt wird, sind hingegen weitaus umfassender, insbesondere mit Blick auf sozialstrukturelle und generationale Aspekte. Beide Konzepte schließen ähnliche Phänomene ein, deren Zieldimensionen, Richtungen und Begrifflichkeiten allerdings nur in den theoretischen Ausführungen zum kulturellen Kapital zur Sprache kommen, beispielsweise Transmissionsprozesse, sofern über Entwicklungs- und Förderaspekte hinausgedacht wird. Zu würdigen ist dennoch am Forschungsprogramm von Bradley und Kollegen, dass darin Prozess- und Vermittlungsaspekte stärker berücksichtigt und in den Vordergrund gerückt werden, und ebenso auch die Längsschnittperspektive, als dies in den theoretischen Annahmen zum kulturellen Kapital der Fall ist (vgl. Bradley & Corwyn, 2000 und 2001; Lehrl, Ebert, Roßbach & Weinert, 2012; Melhuish, Phan, Sylva, Sammons, Siraj-Blatchford & Taggart, 2008; Übersicht fünf im Anhang). Überdies ist dem methodischen Ansatz von Bradley und Kollegen, der Beobachtung als ethnographische und in der pädagogischen Forschung häufig angewandte Methode, anzuerkennen, dass sie weniger einer Subjektivität oder subjektiven Perspektive und Beurteilung unterworfen ist wie beispielsweise die Fragebogenerhebung in der psychologisch-orientierten Erziehungsstilforschung. Dafür weist sie ein höheres Maß an Objektivität aufgrund des Schwerpunktes auf Strukturaspekte auf, somit relativ objektivierte oder zumindest intersubjektiv wahrnehmbare Maße und Formate aufgrund von Fremdbeobachtungen oder -einschätzungen mit eigenen Perspektiven (*Kind als Rezipient* und nicht als Akteur), Konzepten und Wirkzusammenhängen zur Verfügung gestellt werden. Derartige methodische Ansätze setzen jedoch im Hinblick auf ihre Durchführung und Anwendung Erfahrungen und Kompetenzen seitens der Beobachter(innen) voraus, meist wegen fehlender objektiver Kriterien oder Cutoff-Grenzen, weshalb sie in der Regel nicht universell und generell einsetzbar sind.

#### 2.4.3.3. *Das Verhältnis zwischen Elternhaus und Schule und bildungsrelevante Unterstützungsleistungen in der Familie*

Das **Verhältnis zwischen Elternhaus und Schule** stellt ein häufig diskutiertes Thema in der empirischen Bildungsforschung und eine Schnittstelle zwischen den (Teil)Disziplinen Erziehungswissenschaft und (Schul)Pädagogik, pädagogische Psychologie und Entwicklungspsychologie und verschiedenen Teilgebieten der Soziologie, wie der pädagogischen Soziologie, Bildungssoziologie oder der Soziologie der Kindheit und des Jugendalters, mit je unterschiedlichem und disziplinärem Blickwinkel auf diesen Forschungsgegenstand dar. Im Wesentlichen geht es dabei um die Frage, welchen Beitrag die Eltern oder die Familie im weitesten Sinne leisten können, um den Schulerfolg eines Kindes sicherzustellen. In der pädagogischen, insbesondere der schulpädagogischen, Forschung wird diese Thematik unter dem Stichwort Bildungs- und Erziehungspartnerschaft zwischen Eltern und Schule diskutiert, worin nicht nur die Wirkanalyse familialer Bildungsleistungen oder lern- und schulrelevanter Unterstützungsleistungen in Richtung Schulerfolg im Vordergrund steht, sondern ebenso die Ausarbeitung von Gestaltungsprinzipien und -konzepten sowie von Interventionsmaßnahmen (vgl. dazu Sacher, 2014; oder auch Wild & Lorenz, 2010, Abschnitte vier und fünf).

Der Systemwechsel, der mit dem Eintritt eines Kinds in die Institution Schule verbunden ist, verändert das Leben aller Mitglieder einer Familie nachhaltig und nicht nur dasjenige des in die Schule eintretenden Kindes in verschiedener Hinsicht wie die zeitliche Struktur in der Familie, neu hinzugekommene Aufgaben für Eltern und die Familie (z. B. Hausaufgabenkontrolle, Besuch von Elternabende und Elternsprechtage in der Schule, Sorge um die schulischen Belange des Kindes) oder die Leistungsorientierung, die von der Schule an das Kind herangetragen wird (Wild & Hofer, 2002, S. 216). Kurzum, der Schulbesuch stellt ein Kind vor neue Entwicklungsaufgaben im Sozialisationskontext Schule und die Familie vor neue Herausforderungen im Hinblick darauf, dass nun nicht mehr nur die Eltern, sondern infolge der Schulpflicht auch die Schule, *in persona* die Lehrkräfte, mit Erziehungsaufgaben für das Kind beauftragt sind, worauf Eltern oder Familien mit unterschiedlichen Strategien reagieren können (Wild & Hofer, 2002, S. 216–19).

Wild und Hofer (2002) beschreiben diesen Systemwechsel eines Kindes mit dem sozialökologischen Ansatz von Bronfenbrenner (1981): Das Kind wird mit der Einschulung zu einem Mitglied von zwei Mikrosystemen (Schule und Familie) und hat von da an zwei Rollen zu spielen (Familienkind und Schulkind bzw. Schüler/in), wovon die häuslichen Schularbeiten, d. h. die Schnittstelle zwischen Schule und Familie, für die Schüler(innen) ein eigenes Mesosystem bilden. Die Schule repräsentiert für Eltern ein Exosystem, da sie am alltäglichen Schulbetrieb nicht teilhaben können, aber den Schulbesuch des Kindes gemäß ihrem gesetzlichen Erziehungsauftrag gewährleisten müssen. Im Gegensatz dazu verkörpert die Schule für Lehrkräfte ein Mikrosystem ihres alltäglichen Erfahrungs- und Handlungskontextes. Umgekehrt stellt die Familie für Eltern ein Mikrosystem, für Lehrkräfte hingegen ein Exosystem mit Einflüssen auf den schulischen Alltag, die Schnittstelle zwischen Elternhaus und Schule, wie der Elternsprechtag, aber für beide Parteien ein Mesosystem dar.

Die daraus für Eltern entstehenden *familialen Entwicklungsaufgaben* betreffen die *Ausgestaltung der Beziehung zwischen Familie und Schule* als ein Mesosystem (Unterstützung des Schulerfolgs des Kindes in Zusammenarbeit mit der Schule und den Lehrkräften sowie Abstimmung der gegenseitigen, manchmal gegensätzlichen Erziehungsvorstellungen) sowie die *Sicherstellung der Teilhabe des Kindes am schulischen Alltag*: Bereitstellung materieller Voraussetzungen wie Hilfsmittel z. B. Schulranzen, Bücher etc., von Nachhilfestunden bei Bedarf und einer günstigen Lernumwelt zu Hause, Unterstützung des Kindes bei der Bewältigung der neuen Anforderungen z. B. beim häuslichen Lernen und bei Misserfolgen, Hausaufgabenkontrolle und Förderung der Lernmotivation und -haltung des Kindes oder seiner personalen Eigenschaften wie Selbstbewusstsein und Lernvoraussetzungen wie Selbständigkeit (vgl. Wild & Hofer, 2002, S. 218). Vor dem Hintergrund der Unterschiedlichkeit beider Systeme, Familie und Schule, und unter Berücksichtigung der Verschiedenartigkeit und Ausgestaltung der intergenerationalen Beziehungen darin[120] und ihrer kulturellen Passung ist die Bewältigung der vorher genannten Aufgaben und damit verknüpft die Entfaltung neuer Problemlösestrategien mit mehr oder weniger Stress in Anbetracht der Merkmale, bestehender Mechanismen und verfügbarer Ressourcen beider Systeme verbunden. Dabei tragen Kontinuitäten und Diskontinuitäten in den Interaktions- und Kommunikationsstilen und in der Ausgestaltung der Beziehung zwischen Elternhaus und Schule maßgeblich zum Schulerfolg eines Kindes bei. Um mögliche Diskrepanzen, Span-

120 Die Beziehungen der Kinder zu ihren Eltern einerseits und Lehrkräften andererseits unterscheiden sich grundlegend. In ihrer Literaturübersicht nennen Wild und Hofer (2002, S. 217; vgl. auch Wild, 2004, S. 57) erstere als *partikularistisch* (Merkmale: nah, dauerhaft, emotional, einzigartig, vertrauensvoll, symmetrisch, liebevoll, verständnisvoll, selbstgesteuert, begründend mit impliziten Verhaltensregeln, Wertschätzungen auf der Grundlage persönlicher Beziehungen etc.), letztere als *universalistisch* (Individualität eher nicht erwünscht, explizite Verhaltensregeln und Pflichten, Rollenhandeln, ergebnisorientierte Wertschätzungen orientiert an Regeln, Pflichten und Leistungen, Intentionen weniger von Bedeutung, zeitlich begrenzte, distanzierte, misstrauische, eher emotionskontrollierende und asymmetrische Beziehungen und Interaktionen, fremdgesteuertes, anordnendes und allgemeines Verhalten der Lehrkräfte etc.).

nungen, antagonistische Interessenslagen und Konfliktpotenziale in Bezug auf Zielvorstellungen, Bildungs- und Erziehungsaufträge und Erwartungen abfedern, klären und meistern zu können, suchen Eltern den Kontakt zur Schule bzw. das Gespräch mit den jeweiligen Akteuren, hierzulande im Rahmen von Elternabenden und Elternsprechtagen als wesentliche Instrumente der Zusammenarbeit zwischen Familie und Schule (vgl. Wild & Hofer, 2002, S. 221–224). Umgekehrt nutzen auch Lehrkräfte diese Gelegenheiten, um ihre Wahrnehmungen wie des Leistungsniveaus der Klasse oder des Sozialverhaltens der Schüler(innen) und ihre Vorstellungen über Disziplinfragen, Klassenarbeiten, Benotung, Hausaufgaben und Curricula zum Ausdruck zu bringen (vgl. Wild & Hofer, 2002, S. 222). Im Wesentlichen geht es dabei um Passungsverhältnisse zwischen Eltern und Schule einerseits und Schüler(innen) und Lehrkräften andererseits mit jeweils einer sozialstrukturellen Einbettung und institutionellen Rahmung sowie um die Bereitstellung angemessener Entwicklungsbedingungen in Form von Autonomieunterstützung, Stimulation und emotionaler Zuwendung (psychologische Grundbedürfnisse) in den beiden Kontexten und Lebenswelten von Kindern und Jugendlichen, Schule und Familie, mit additiven und sich ergänzenden Wirkzusammenhängen (vgl. Wild & Hofer, 2002, S. 220–221). In diesem Sinne stellen Wild und Wild (1997) in ihrer Längsschnittstudie fest, dass sich ein autonomieförderliches und unterstützendes Erziehungsverhalten der Eltern günstig auf eine hohe Lernmotivation von Jugendlichen auswirkt und dieser Zusammenhang partiell über das schulbezogene Engagement der Eltern vermittelt wird[121], die Bildungsaspirationen der Kinder dadurch jedoch weniger determiniert sind als vielmehr direkt von den Bildungserwartungen und Ansprüchen der Eltern und in einem geringen und direkten Maße auch von dem sozioökonomischen Status der Eltern, der sich vor allem in den Erwartungen und Ansprüchen der Eltern für ihre Kinder widerspiegelt. Die Autorin und der Autor schließen aus ihren Befunden, dass sich die Bedeutung des sozialen Hintergrundes einer Familie in Bezug auf Schulerfolg im Wesentlichen in diesen beiden letzteren Zusammenhängen manifestiert, wie es bereits Ryan und Adams (1995) in ihrem Modell im Anschluss an das sozialökologische Paradigma formuliert und postuliert haben.

Formen des schulischen Engagements von Eltern sind neben dem häuslichen Lernen des Kindes stark von der Schichtzugehörigkeit und dem Alter des Kindes und dem Unterrichtsfach geprägt (vgl. Wild & Hofer, 2002, S. 222). Vor allem Eltern aus unteren sozialen Schichten meiden aufgrund von Schwellenängsten nicht selten den Kontakt zur Schule (vgl. Wild & Hofer, 2002, S. 222).

121 Die Bildungsaspirationen der Eltern für ihre Kinder üben hier zwar nur einen geringen, aber dennoch direkten positiven Einfluss auf die Lernmotivation von Jugendlichen und das autonomieförderliche und unterstützende elterliche Erziehungsverhalten aus.

Entgegen den Erwartungen nimmt jedoch die Passung zwischen den psychologischen Grundbedürfnissen von Schülerinnen und Schülern und den steigenden Anforderungen der Schule im schulischen Verlauf ab (*Stage-Environment-Fit*), auch wenn Schüler(innen) mit zunehmendem Alter und zunehmenden Erfahrungen den schulischen Alltag besser bewältigen können als noch zu Beginn der Grundschule (vgl. Wild & Hofer, 2002, S. 221). Anlässe für Gespräche zwischen Eltern und Lehrkräften, vor allem von spannungsgeladenen, sind häufig die schlechten schulischen Leistungen der Kinder, oftmals begleitet von gegenseitigen Schuldzuweisungen und unterschiedlichen Attributionen auf beiden Seiten sowie von Dissonanzen, Konfliktpotenzialen und Kollisionen aufgrund unterschiedlicher Perspektiven, Rollenmuster, Interessenslagen und Positionen im Erziehungs- und Bildungsauftrag. Daran gekoppelt sind oftmals überhöhte Bildungsaspirationen der Eltern und hohe Erwartungen ihrerseits an die Schule, die ebenso häufig Anlässe für solche Gespräche bieten (vgl. Wild & Hofer, 2002, S. 222–224). In Ländern im anglo-amerikanischen Raum blickt die Thematik der Zusammenarbeit und Kooperationsbeziehung zwischen Eltern und Schule auf eine wesentlich längere Tradition sowohl in der Praxis der Ermächtigung (*Empowerment*) von Eltern für die schulischen Angelegenheiten ihrer Kinder oder in der Entwicklung von Elternprogrammen, verbunden mit positiven Erfahrungen und Wirkeffekten, als auch in der empirischen Forschung und Evaluation solcher Programme zurück, als dies hierzulande der Fall ist (vgl. Wild & Hofer, 2002, S. 224; oder die Literaturübersicht bei Schneider, 2011; oder Jullien, 2006).

Schulbezogene Eltern-Kind-Interaktionen betreffen einerseits die realistischen und idealistischen Leistungserwartungen und Bildungsaspirationen der Eltern und infolge davon ihre Unterstützungs- und Fördermaßnahmen für das Kind mit langfristigen positiven Effekten auf die Leistungsentwicklung und die schulischen und beruflichen Zielvorstellungen von Kindern und Jugendlichen oder mit Konflikten bei überzogenen Ansprüchen mit psychischen und körperlichen Beeinträchtigungen seitens (leistungsschwacher) Kinder, andererseits das häusliche Lernen und die Hausaufgabenpraxis des Kindes (vgl. Wild, 2004; oder Wild & Hofer, 2002, S. 231–234): Unter häuslichem Lernen sind alle zu Hause stattfindenden Lehr- und Lernsituationen zu verstehen wie die Erledigung und Kontrolle der Hausaufgaben, das Üben und Memorieren oder die Prüfungsvorbereitungen, wozu aber auch die von den Eltern finanzierten Nachhilfestunden außer Haus zählen. Die Mitwirkung, Unterstützung und Kontrolle der Eltern bei den Hausaufgaben wird in der Regel von der Schule vorausgesetzt, auch wenn in den Schulordnungen häufig nachzulesen ist, dass Hausaufgaben zunächst nur dazu dienen sollen, eine positive Lernhaltung und ein selbstreguliertes Lernen des Kindes zu fördern, und sie so angeordnet werden sollten, dass sie selbständig und ohne fremde Hilfe erledigt werden können. Jedoch beschränken sich bildungsrelevante Unterstützungsleistungen von

Eltern nicht nur auf die Betreuung von Hausaufgaben, sondern umfassen auch das Üben jenseits von Hausaufgaben. Entscheidend für den Nutzen der elterlichen Hausaufgabenbetreuung ist deren Qualität: Eltern können ihren Kindern prozessorientierte (inhaltsbezogene) oder produktorientierte (kontrollbezogene) Hilfen anbieten (vgl. Wild & Hofer, 2002, S. 233–234), wobei die Vorbildung der Eltern keinen Einfluss auf den Lernzuwachs oder das Lerninteresse der Schüler(innen) ausübt und damit nicht in Verbindung mit der Qualität der elterlichen Betreuung zu bringen ist.[122]

Die Wirksamkeit der bildungsrelevanten Unterstützungsleistungen von Eltern setzt aus soziologischer Perspektive eine gewisse Passung zwischen Eltern und Schule voraus, die in der Kommunikation zwischen beiden Akteuren immer wieder hergestellt, d. h. ausgehandelt werden muss, sofern sich dieses Passungsverhältnis mit entsprechender Ko-Produktion nicht auf natürlichem Wege einstellt (vgl. Xyländer, 2006, Abschnitte 4.1 und 4.2).

Die empirische Forschung gibt Hinweise darauf, dass die Unterstützungsleistungen der Eltern bei der Erledigung der Hausaufgaben ihrer Kinder zu Hause tendenziell von dem Bildungshintergrund der Eltern abhängig sind (z. B. wenig Unterstützung, dafür mehr Kontrolle der Eltern mit einem niedrigen Schulabschluss), jedoch sind die entscheidenden Faktoren für die elterliche Praxis dahingehend im Leistungsstand oder in der Schullaufbahn des Kindes zu suchen[123], wobei ein reziprokes Verhältnis mit negativer Rückkoppelung zwischen elterlicher Einmischung bei den Hausaufgaben und Leistungsentwicklung besteht (d. h. je mehr Einmischung seitens der Eltern, desto schlechter die schulischen Leistungen) (Niggli, Trautwein, Schnyder, Lüdtke & Neumann, 2007: Untersuchung in 85 Schweizer Schulklassen aus 23 Schulen (N=1.444 Schüler(innen)) am Anfang und am Ende der achten Jahrgangsstufe). Eltern bieten

---

122 Wild und Hofer (2002, S. 234–237; vgl. auch Wild, 2004, S. 47–49) empfehlen für Eltern folgende bildungsrelevante Unterstützungsleistungen zu Hause: Eine anregungsreiche Umwelt (regelmäßige Gespräche zwischen Eltern und Kindern, Zoo- oder Museumsbesuche, anspruchsvolle Hobbies, Förderung der sprachlichen und kommunikativen Kompetenz des Kindes, einen eigenen Arbeitsplatz für das Kind, außerschulische Freizeitaktivitäten) sowie Regeln und Routinen als strukturgebende Hilfen in Bezug auf Schlafen, Essen, Lernen etc. mit einem ausgewogenen Verhältnis und passender Rahmung zur Förderung der Selbstregulation des Kindes, realistische Leistungserwartungen mit emotionaler und praktischer Zuwendung der Eltern und Fokus auf die Lerngewohnheiten und -einstellungen in den Gesprächen und Interaktionen zwischen Eltern und Kindern, umfassender Austausch von Informationen zwischen Lehrkräften und Eltern, Wahrnehmung der Eltern von Beratungsangeboten der Lehrkräfte zur Unterstützung der elterlichen Erziehungskompetenz.

123 Zum Beispiel mehr elterliche Einmischung und direktive Kontrolle bei der Erledigung der Hausaufgaben und auch mehr Streit darüber zu Hause bei schlechten schulischen Leistungen (Noten) oder bei Schülerinnen und Schülern in niedrigeren Bildungsgängen.

ihren Kindern Mithilfe bei den Hausaufgaben meist situativ an, d. h. nicht kontinuierlich, wobei sich adaptive (flexible) und dysfunktionale (kontrollierende) Strategien der Eltern abwechseln. Das Ausmaß ihrer Unterstützung und die Anlässe dafür sind zum Teil durch die mütterliche Berufstätigkeit (Kindersicht), die Schullaufbahn des Kindes und sein Leistungsniveau (Muttersicht) determiniert, die adaptiven Strategien der Eltern aus Elternsicht durch die beiden letzteren kindbezogenen Faktoren, die dysfunktionalen Strategien der Eltern dagegen aus Kindersicht durch die Schulbildung der Eltern und ihre Kontrollüberzeugungen sowie auch durch die Schullaufbahn des Kindes (Wild & Gerber, 2007: Ergebnisse einer Längsschnittuntersuchung von der fünften bis zur siebten Klasse zum häuslichen Mathematiklernen mit N=133 Schülerinnen und Schülern mit Panelteilnahme an allen fünf Messzeitpunkten).

Befunde aus verschiedenen Untersuchungen, insbesondere Metaanalysen, auf internationaler Ebene verdeutlichen bedeutende positive Effekte des *Parental Involvements* auf schulbezogene *Outcomes* (Noten, Testleistungen, Ratings von Lehrkräften schulbezogener Einstellungen und Verhaltensweisen) sowohl von Vorschülerinnen und -schülern, Kindergartenkindern, Grundschülerinnen und -schülern als auch von Schülerinnen und Schülern auf der Sekundarstufe (Jeynes, 2005, 2007; oder Hill & Tyson, 2009[124]). Diese Effekte sind in allen sozialen oder ethnischen Gruppen, unabhängig davon, ob in der Minorität oder Majorität, zu finden; sie sind nicht genderspezifisch wirksam (Jeynes, 2003, 2005, 2007), kommen aber tendenziell stärker im *Homebased* als im *Schoolbased Involvement* der Eltern zum Tragen[125]. Dies gilt insbesondere für die elterlichen Erwartungen und Aspirationen (Fan & Chan, 2001; Jeynes, 2011), ebenso für die schulbezogene Kommunikation zwischen Eltern und Kindern sowie für einen positiven elterlichen Erziehungsstil (autoritativ), der eine entwicklungs- und lernfördernde Rahmung und ein günstiges familiales und häusliches Klima schafft, weniger dagegen für Hausaufgabenkontrolle oder Regeln zu Hause (Jeynes, 2011). Dennoch zeitigen auch Schulprogramme als

124 Dabei handelt es sich um eine Metaanalyse zu den Wirkeffekten des *Parental Involvements* auf die Schulleistungen von Schülerinnen und Schülern in der Adoleszenz auf der Sekundarstufe: Die Ergebnisse belegen positive Wirkeffekte des *Parental Involvements* in dieser Altersgruppe außer für die Hausaufgabenhilfe der Eltern. Günstig wirkt sich in diesem Zusammenhang die Berücksichtigung der Besonderheiten der Entwicklungsaufgaben der Jugendlichen und der schulischen Sozialisationsbedingungen aus.

125 Epstein und Lee (1995) nennen für den U.S.-amerikanischen Kontext Formen des elterlichen Schulinvolvements, die in der NELS:88-Studie bei Eltern, Schulleiterinnen und Schulleitern sowie Schülerinnen und Schülern erfasst wurden: Kontakte zwischen Schule und Eltern mit Gesprächen über Themen wie Erziehungspraxis, Gespräche über Schulprogramme und Lernfortschritte des Kindes, freiwillige Aktivitäten der Eltern in der Schule und Klasse, Lerninhalte und Curricula, Entscheidungen, Schulleitung und Gremien, Zusammenarbeit mit der Kommune.

Interventionsmaßnahmen zur Förderung des *Schoolbased Parental Involvements* positive Effekte in den schulischen Leistungen von Kindern und Jugendlichen in verschiedenen Jahrgangsstufen (Jeynes, 2012).

In Untersuchungen zu den Wirkeffekten des *Parental Involvements* auf den Schulerfolg von Kindern und Jugendlichen wird häufig der Frage nachgegangen, ob diese die Herkunftseffekte im Schulerfolg tatsächlich reduzieren und damit erklären können, wozu in der nationalen und internationalen Forschungslandschaft eine Uneinigkeit oder zumindest keine eindeutige Befundlage zu verzeichnen sind. Dementsprechend argumentiert Georgiou (2007), dass *Parental Involvement* zwar bedeutend mit sozialstrukturellen Merkmalen von Familien wie Gender, Bildungsniveau oder sozioökonomischer Hintergrund variiert, aber auch jenseits von diesen Merkmalen Einstellungen und Überzeugungen die elterliche Praxis beeinflussen können, was im Hinblick auf Interventionsmaßnahmen von Bedeutung sein könnte. Darüber hinaus nimmt das *Parental Involvement* mit zunehmendem Alter der Kinder ab und beeinflusst die schulischen Leistungen in einem positiven Sinne (Stevenson & Baker, 1987).

In diesem Sinne untersuchten Kloosterman, Notten, Tolsma und Kraaykamp (2011) in einer niederländischen Survey-Studie zu Grundschüler(innen), ob die häusliche Lesesozialisation in Form der eigenen Lesepraxis der Eltern im Grundschulalter des Kindes und der Leseförderung des Kindes sowie das frühe *Schoolbased Parental Involvement* (Gespräche mit dem Kind über die Schule und Schulkontakte der Eltern aus Selbst- und Lehrersicht) Unterschiede in der Leistungsentwicklung von Kindern aus Familien mit einem niedrigeren oder höheren sozioökonomischen Status, erfasst mit dem höchsten schulischen Bildungsniveau beider Eltern, in der Grundschule und darüber hinaus erklären können. Dieser Survey ermöglicht aufgrund des Designs eine Längsschnittanalyse und damit die Analyse direkter und indirekter Effekte der elterlichen Praktiken auf die Kriterien (Schulleistungen der Kinder) in verschiedenen Kohorten. Die Autorinnen und Autoren kommen in ihren Analysen auf der Basis der Daten aus vier Erhebungswellen zu dem Ergebnis, dass beide Formen der häuslichen Lesesozialisation Herkunftseffekte in Schulleistungen zum Teil erklären können. Diese positiven, meist aber indirekten, Effekte kommen jedoch stärker in den sprachlichen als in den mathematischen Kompetenzen zum Tragen. Die Bedeutung des Einflusses des *Schoolbased Parental Involvements* auf schulische Ergebnisse nimmt allerdings im Verlauf der Schuljahre, insbesondere nach dem Grundschulbesuch, ab. Die Vorteile einer frühen häuslichen Lesesozialisation für die sprachliche Entwicklung bleiben hingegen erhalten.

### 2.4.4. Institutionelle Sozialisationsbedingungen des Lernens und Schulerfolgs

#### *2.4.4.1. Wohlbefinden und Problemverhalten in der Schule*

Das **schulische Wohlbefinden** oder **Schulerleben** von Kindern (beide Begriffe werden im Weiteren synonym verwendet) ist nicht nur als *Wohlfühl-* oder *Wellnessfaktor* in der Schule zu verstehen, sondern steht im engen Zusammenhang mit der Lernmotivation von Schülerinnen und Schülern und deswegen nicht zuletzt auch mit schulischen Leistungen. Dieses globale Konstrukt stellt einen Faktor der soziokulturellen Rahmenbedingungen erfolgreichen Lernens in der Schule im Modell von Helmke dar (2014, S. 226–236: Lernförderliches Klima als Merkmal der Qualität von Unterricht durch einen konstruktiven Umgang mit Fehlern, eine entspannte Lernatmosphäre, eine überraschungsoffene Grundhaltung, einen Abbau hemmender Leistungsangst sowie durch ein geeignetes Unterrichtstempo und angemessene Wartezeiten).[126] In diesem Sinne kommt Satow (2002) in seiner Untersuchung zum Zusammenspiel zwischen Unterrichtsklima und Selbstwirksamkeitsdynamik zu dem Ergebnis, dass ein gutes Klassen- oder Unterrichtsklima die Ausdifferenzierung der allgemeinen Selbstwirksamkeit in eine schulbezogene und soziale begünstigt, was dazu führt, dass Schüler(innen) bereitwillig neue Herausforderungen in Angriff nehmen, während bei einem weniger guten Klassen- oder Unterrichtsklima das Gegenteil festzustellen ist. Im ersteren Fall bestimmt die soziale und schulische Selbstwirksamkeit die allgemeine, was bedeutet, dass sich die individuellen Schulleistungen und Erfolge im Vordergrund des Interesses der Schüler(innen) befinden.[127]

---

126 In Bezug auf das Verhältnis zwischen lernförderlichem Klima im Unterricht und schulischen Leistungen betont Helmke (2014, S. 227): „Die empirisch nachgewiesenen *direkten* Beziehungen des Lernklimas mit der Schulleistung sind zwar schwach. Gleichwohl muss dieser Bereich ernst genommen werden, da *Wohlbefinden* und *Zufriedenheit* der Akteure selbst ein wichtiges Zielkriterium sind, und zwar nicht nur aus wissenschaftlicher Perspektive (Hascher, 2004), sondern auch aus bildungspolitischer Sicht: Aus gutem Grund betonen dies – wenngleich mit unterschiedlichen Termini – die Qualitätsrahmen der Bundesländer."

127 In der Untersuchung zum Schulerleben von Grundschülerinnen und -schülern mit einem qualitativen Forschungsansatz zeigt Bohnsack (2013) ausgehend von seinen Ergebnissen, die sich auf die Sichtweisen von Schülerinnen und Schülern beziehen, wie die Schule der Zukunft auszusehen hat, wofür folgende Aspekte von Bedeutung sind: Die Schulorganisation (z. B. mit Ganztagsschule, flexibler Eingangsstufe, institutionenübergreifenden Kooperationen und Netzwerken etc.), die personale Stärkung (z. B. der Selbstwirksamkeit), die Leistung (und nicht nur Mängel im Vordergrund), die Gesundheit (Stärkung der psychischen Gesundheit und Kohärenz, der Mitverantwortlichkeit, der sozialen und emotionalen Kompetenz, Schaffung eines positiven Schul- und Klassenklimas, Fortbildung der Lehrkräfte, Einbezug der Eltern, Maßnahmen gegen Diskriminierung und Stigmatisierung von

Unter dem Konstrukt des *Wohlbefindens in der Schule* oder *Schulerlebens* wird aus pädagogischer Sicht die „(…) Gewährleistung und gezielte Gestaltung lern- und leistungsförderlicher Schulumgebungen" verstanden (Hascher, 2004a, S. 7). Der Begriff des Wohlbefindens ist im Kern ein psychologischer, denn „Das Wohlbefinden eines Menschen wird gemeinhin als ein Indikator für ein gelungenes Leben betrachtet. Hinter dem Begriff Wohlbefinden verbergen sich die erfolgreiche Bewältigung von Entwicklungsaufgaben, das Meistern alltäglicher Anforderungen und die Kunst, sich nicht zu sehr wegen Alltagssorgen zu grämen, sondern vielmehr die kleinen Freuden zu genießen. Die Kraft positiven Denkens und Fühlens rückt vermehrt in den Mittelpunkt, (…). Dabei ist nicht zu übersehen, dass der Begriff „Wohlbefinden" uneinheitlich und teilweise auch missverständlich verwendet wird: Er dient zugleich als Oberbegriff für verschiedene angenehme Gefühle wie Freude, Stolz und Glück; als Synonym für Zufriedenheit; als Ausdruck positiven Befindens; als Indikator für körperliche Fitness, für Gesundheit, für Entspannung und Stressfreiheit. Wohlbefinden, angenehme Gefühle. Zufriedenheit und Gesundheit sind zwar verwandte, aber nicht identische Begriffe" (Hascher, 2004a, S. 9). Hascher (2004a, S. 9–11, oder 2004b, S. 19–34 und S. 137–144) bezieht sich in ihren weiteren Ausführungen zur Gegenstandsbestimmung auf die Konzeptionen, Systematisierungen und Klassifizierungen des allgemeinen Wohlbefindens verschiedener Autoren und schlägt selbst eine Synthese davon *mit dem kleinsten gemeinsamen Nenner* dieser Konzeptionen vor, wonach „(…) dann von Wohlbefinden gesprochen werden kann,

1. wenn nicht nur die Gedanken eines Menschen, sondern auch seine Gefühle berücksichtigt werden – und umgekehrt,
2. wenn sowohl positive als auch negative Aspekte einbezogen werden und
3. wenn Freude als eine zentrale Empfindung angesehen wird." (Hascher, 2004a, S. 11).

Darüber hinaus bezieht sich Hascher (2004a, S. 11–17, und 2004b, S. 43–75) auf die Systematisierungen der Quellen des allgemeinen Wohlbefindens von verschiedenen Autoren in ihrer Literaturübersicht und reduziert diese in einem eigenen Vorschlag oder Erklärungsversuch auf zwei Faktoren und eine Wechselwirkung: *Situative Bedingungen* (nur Rahmenbedingungen mit besonderer Bedeutung für das Wohlbefinden ausschlaggebend, d. h. die subjektiven Bewertungen und Interpretationen einer Person davon in Verknüpfung mit be-

---

Schwächeren), die Passung zwischen der Schule als Lebensraum und der Initiativen der Lernenden (*bottom-up-Prozesse*), die Heterogenität, Individualisierung, Differenzierung und Inklusion (*Kultur der Differenzen*) sowie Unterrichtsreformen.

stimmten Ressourcen)[128], *Persönlichkeitsfaktoren* (Interpretation der Umweltfaktoren je nach Persönlichkeitsstruktur als *Top-down-Prozess* unterschiedlich und Einfluss der Persönlichkeitsstruktur auf einer Person entgegengebrachten situativen Bedingungen als *Bottom-up-Prozess*), *Wechselwirkung zwischen Person und Umwelt* (bewusste oder unbewusste kognitive Prozesse in der Verarbeitung von Umweltfaktoren:

1. *Soziale und individualhistorische Vergleiche* (Vergleiche mit anderen Personen oder mit der eigenen Vergangenheit),
2. *Adaptionsprozesse* (neue positive oder negative Eindrücke und die damit einhergehenden Veränderungen im Wohlbefinden oft nur von kurzer Dauer),
3. *Ziele, Wünsche und Bedürfnisse* (empfundene Wichtigkeit davon von entscheidender Bedeutung),
4. *Hohe Kontrollüberzeugungen*,
5. *Kausalattributionen* (Ursachenzuschreibung der Erfolge oder Misserfolge auf die eigene Person, den Zufall oder äußere Umstände)).

In Bezug auf das Konzept des *schulischen Wohlbefindens* ist noch vieles ungeklärt, so Hascher (2004a, S. 17–19). Dennoch hält die Autorin fest, dass *schulisches* und *allgemeines Wohlbefinden* keine identischen Konzepte sind, auch wenn sie miteinander assoziiert sind. Ausschlaggebend für die Differenzierung zwischen beiden Konzepten sind die Forschungszugänge und -perspektiven, die sich in fünf hierarchisch geordnete Ebenen vom Allgemeinen ins Spezifische untergliedern lassen:

a) Bestimmte Schulsituationen (z. B. Prüfungen) und der Unterricht in bestimmten Fächern (situativ),
b) der Unterricht allgemein und die Klasse (Unterricht),
c) die Schule insgesamt (Schule),
d) spezifische außerschulische Bereiche (außerschulisch),
e) Wohlbefinden allgemein (allgemein).

Von zentraler Bedeutung für das *schulische* wie das *allgemeine Wohlbefinden* sind jedoch die drei ersteren oben genannten Merkmale, die im Falle des schulbezogenen Wohlbefindens auf den Kontext Schule anzuwenden sind.

---

128 Hascher (2004a) merkt an, dass der Forschungsstand dazu keine konsistente Befundlage bietet, weshalb von einem komplexen Wirkgefüge und vermittelnden Prozessen auszugehen ist (S. 14).

Gläser-Zikuda und Fuß (2004) veranschaulichen in einem Modell in Anlehnung an Mayring (1987, S. 372) und Hascher (2004b, S. 164–166) die Einflussfaktoren und Quellen des *Wohlbefindens* von Schülerinnen und Schülern in der Schule und im Unterricht und benennen dazu jeweils Konstrukte und Indikatoren auf operationaler Ebene, wozu folgende Faktoren zählen:

1. Schulische Rahmenbedingungen (Schultyp, Schulfach, Schulgebäude) in Verknüpfung mit der Einschätzung der Schule und des Unterrichts (Verhalten der Lehrperson, Qualität des Unterrichts),
2. die Person des Schülers (Alter, Geschlecht, kulturelle Identität) in Verknüpfung mit der Einschätzung der eigenen Person (Begabungsselbstbild, Fähigkeiten und Kompetenzen, Bedürfnisse, Interessen und motivationale Orientierungen, bisheriges Wohlbefinden),
3. außerschulische Bedingungen (Verhalten der Eltern, Verhalten im Freundeskreis) in Verknüpfung mit der Einschätzung außerschulischer Bedingungen (Unterstützung, Leistungsdruck, Ablehnung, Gleichgültigkeit).

Diesen drei Faktorenbündeln kommen direkte Effekte auf das Wohlbefinden in der Schule und im Unterricht zu, wobei zwischen Wohlbefinden in der Schule und im Unterricht eine wechselseitige Einflussnahme besteht und diese beiden Zieldimensionen mit Emotionen wie Interesse, Angst, Ärger und Langeweile sowie mit Bewertungen wie soziale Vergleiche und Vergleiche zwischen Zielen und Erreichtem operationalisiert werden.

In einer Vielzahl an empirischen Untersuchungen befinden sich die Einflussfaktoren schulischer Kontexte auf das *schulische Wohlbefinden* der Schüler(innen) im Vordergrund des Interesses:

- *Gläser-Zikuda & Fuß, 2004*: Allgemeines Schulklima (Zufriedenheit mit den Lehrkräften), elterliches Erziehungsverhalten (Verhalten der Eltern in schulischen Angelegenheiten) und personale Faktoren der Schülerin oder des Schülers (das Wohlbefinden vor der Unterrichtseinheit, das Fachinteresse und auch die Fachnote) als wesentliche Quellen des Wohlbefindens im Physikunterricht;
- *Eder, 2004* (schulisches Befinden von Schülerinnen und Schülern mit den Dimensionen Wohlbefinden, psychische Belastung und positives Selbstgefühl operationalisiert): Einflüsse einzelner Lehrpersonen in Abhängigkeit von ihrem Unterrichtsfach und dessen Stellenwert in einer Schule vor allem für das schulische Wohlbefinden (Befinden in der Schule, Schulzufriedenheit, Bedeutsamkeit des Unterrichts) und ebenso, in einem geringeren Maße, für das Involvement und die Beteiligung (Mitarbeit und Störung) oder psychische Belastung (Stress und fehlende Orientierung) der Schüler(innen) im Unterricht von Relevanz; das Verhalten der Lehrer(innen)

wird in dieser Studie aus Schülersicht mit folgenden Dimensionen abgebildet, wozu unterschiedliche Effekte ermittelt worden sind: Führend-kontrollierend, helfend-lenkend oder verstehend-zutrauend mit positiven Effekten, unsicher-ziellos, misstrauisch, strafend, fordernd-streng oder nur beteiligend mit negativen Effekten auf das Wohlbefinden und Involvement der Schüler(innen) sowie jeweils mit inversen Effekten auf ihre Belastungen verbunden; Strategien der Klassenführung wie Unterricht gestalten, Beziehung fördern und Verhalten kontrollieren sind mit positiven Effekten vor allem auf Wohlbefinden und auch Involvement und mit negativen Effekten auf Belastungen verknüpft;

- *Hosenfeld & Helmke, 2004*: Unterrichtsmerkmale wie die Unterstützung der Lernmotivation der Schüler(innen), die Schülerorientierung sowie eine entwickelte Aufgabenkultur und effiziente Klassenführung seitens der Lehrkräfte als zentrale Einflussfaktoren des Wohlbefindens der Schülerinnen und Schüler in der MARKUS-Studie (in der Schule und Klasse, Einstellung zum Fach Mathematik), weniger hingegen für Mathematikleistungen von Bedeutung, gleichwohl aber im Kontrast von Extremgruppen, schulisches Wohlbefinden und Mathematiktestleistung nicht per se assoziiert, Merkmale des Klassenkontextes (Bildungsferne, Mädchenanteil, Anteil der Schüler(innen) mit Migrationshintergrund und Alter der Schüler(innen)) jedoch stärker mit Mathematiktestleistungen als mit schulischem Wohlbefinden verknüpft;
- *Hascher & Baillod, 2004*: Soziale Integration in der Klasse als wichtiger Bestandteil des schulischen Wohlbefindens; Schülerinnen und Schülern in Außenseiterpositionen werden mangelnde Sympathie, fehlende Kommunikationskompetenzen und problematisches Sozialverhalten vorgeworfen;
- *Fend & Sandmeier, 2004*: Geschlechtsspezifische Unterschiede in den Bedingungsfaktoren des schulischen Wohlbefindens: a.) Strukturelle Rahmenbedingungen: Schulform Gymnasium mit stärkerem Effekt auf das schulische Wohlbefinden der Mädchen als auf dasjenige der Jungen; b.) Klassenklima und Integration: Verhältnis der Schüler(innen) untereinander auf Klassenebene wichtiger für Jungen als für Mädchen, Auskommen mit den Mitschülerinnen und Mitschülern dagegen wichtiger für Mädchen als für Jungen; c.) Merkmale der Lehrperson und des Unterrichts: Schnelles Vorgehen im Unterricht mit negativem Effekt auf das schulische Befinden der Jungen, Verhältnis zwischen Lehrperson und Schülerschaft wichtiger für die schulischen Emotionen der Jungen als für diejenigen der Mädchen; d.) Merkmale des Individuums: Zufriedenheit mit den Schulleistungen bedeutender für das Schulbefinden der Mädchen als für dasjenige der Jungen, Anstrengung dagegen von höherer Relevanz für das Wohlgefühl der Jungen als für das der Mädchen, Lernmoral nur bei Mädchen von Bedeutung);

- *Hascher & Lobsang, 2004*[129]: Merkmale von (Klassen)Lehrkräften wie fürsorgliches Verhalten, guter Unterricht und keine Bevorzugung oder Benachteiligung von Schülerinnen und Schülern maßgeblich für schulisches Wohlbefinden (positive Einstellungen zur Schule, Freude in der Schule, hoher schulischer Selbstwert, weniger Sorgen wegen der Schule und weniger körperliche Beschwerden); Lehrkräfte damit als zentrale Einflussgröße für das schulische Befinden, jedoch im Alltag oftmals wenig unterstützende Erfahrungen der Schüler(innen) seitens der Lehrkräfte im Hinblick auf Kompetenzerleben und Anerkennung;
- *Neuenschwander & Hascher, 2003*: Wahrgenommene Klassenkohäsion und subjektiv wahrgenommener Klassenstatus (erfasst mit einem Soziogramm) als wesentliche Determinanten der Zufriedenheit der Schüler(innen) mit ihrer Klasse und den Lehrkräften im Fach Deutsch sowie mit ihrer Schule und ihrem Leben im Allgemeinen mit einer relativ hohen Stabilität (Ergebnis einer Längsschnittstudie in der Schweiz mit 692 Schülerinnen und Schülern aus 50 siebten bis zwölften Klassen).

Schulisches Wohlbefinden stellt ein multidimensionales komplexes Konstrukt aus verschiedenen Einzelkomponenten dar, womit sich differenzierte Fragestellungen und Modellierungen spezifischer Wirkungen schulischer Lernumgebungen auf das Wohlbefinden von Schülerinnen und Schülern im Rahmen von Strukturgleichungsmodellen analysieren lassen (Hascher, Hagenauer & Albrecht-Schaffer, 2011, S. 381–383). Außerdem ist schulisches Wohlbefinden von anderen Konstrukten wie Lern- oder Schulfreude abzugrenzen, die oftmals Teilkomponenten davon repräsentieren. Vor dem Hintergrund des empirischen und theoretischen Forschungsstandes zu diesem Konzept bemängeln die Autorinnen, dass dieses Konstrukt in empirischen Untersuchungen oftmals als

129 Hascher und Lobsang (2004) legen der Darstellung ihrer Forschungsergebnisse ein Ordnungsschema der Einflussfaktoren im schulischen Kontext des Wohlbefindens in der Schule nach Hascher (2004b, S. 166) zugrunde, worin zwischen folgenden Einflussgrößen unterschieden wird: Außerschulischer Kontext, Persönlichkeit, schulische Rahmenbedingungen, Lerngeschichte und Vorerfahrungen (vermittelnde Faktoren), Schul- und Unterrichtsqualität, soziale Beziehungen in der Schule und aktuelle Kognitionen und Emotionen. Die beiden Autorinnen widmen sich in ihren Untersuchungen spezifisch den Einflüssen der Lehrpersonen auf das schulbezogene Wohlbefinden der Schüler(innen). Auf der Grundlage des empirischen Forschungsstandes haben sie dafür sowohl positive Merkmale von Lehrkräften (Gestaltung des Unterrichts, Individualisierung und Lehrer-Schüler-Interaktion) als auch negative (hoher Leistungsdruck, schnelles Interaktionstempo, Zeitverschwendung, große Klassen, Konflikte, Unterrichts- und Fachspezifik in Zusammenhang mit Leistungsdruck, Klassenleitungen mit besonderen Aufgaben und Fähigkeiten: Herstellung von Gerechtigkeit, fachliche und methodische Unterrichtskompetenz, soziale Verantwortung) identifiziert.

ein eindimensionales Konzept behandelt und dessen Veränderungen in längsschnittlicher Perspektive häufig nicht betrachtet werden, insbesondere das schulbezogene Wohlbefinden von Kindern im Grundschulalter betreffend. Hascher (2004b, S. 144–151) nennt auf der Grundlage ihrer Auswertung des theoretischen und empirischen Forschungsstandes zum allgemeinen und schulspezifischen Wohlbefinden und zur psychologischen Emotionsforschung vier konstitutive Kernelemente dieses Konstrukts im schulischen Kontext, die bei Operationalisierungen stets berücksichtigt werden sollten:

1. *Kognitive und emotionale Bestandteile* (Kognitionen gegenüber der Schule: Einstellungen, Bewertungen, Haltungen, Meinungen; Emotionen gegenüber der Schule: Gefühle, Stimmungen, Empfindungen z. B. Freude oder Selbstbewusstsein).
2. *Relative Abwesenheit negativer Kognitionen und Emotionen* (Sorgen und Probleme, körperliche Beschwerden wegen der Schule oder soziale Probleme in der Schule): Positive und negative Aspekte gleichsam konstitutiv für das Wohlbefinden, woraus folgt: Wohlbefinden = Ungleichgewicht zugunsten positiver Kognitionen und Emotionen, Unwohlbefinden = Ungleichgewicht zugunsten negativer Kognitionen und Emotionen.
3. *Bereichsspezifische* und *kontextabhängige* Variation des Wohlbefindens (d. h. *Grad der Situationsspezifik* von Bewertungen und *Ausdifferenzierungsprozesse* des Wohlbefindens im Entwicklungsverlauf).
4. *Persistenz* des Wohlbefindens und Variation in der *Intensität* sowie Variation im *Verhältnis zwischen positiven und negativen Aspekten*: Unterscheidung zwischen aktuellem Wohlbefinden (temporäre Einflüsse aktueller Erfahrungen) und habituellem Wohlbefinden (dauerhafte Grundeinstellung auf Basis einer Vielzahl von Einzelerlebnissen).

Vor dem Hintergrund dieser konstitutiven Elemente des Gegenstandsbereichs schulisches Wohlbefinden hat Hascher (2004b oder 2008) in den empirischen Untersuchungen ihres internationalen Forschungsprogramms[130] mit dem Ziel

130 Das Forschungsprogramm beinhaltet eine Vorstudie in der Schweiz mit 139 Schülerinnen und Schülern der Sekundarstufe I (Entwicklungsphase: Erfassung des allgemeinen und schulischen Wohlbefindens sowie der schulbezogenen Ängstlichkeit) und einer vergleichenden Hauptuntersuchung mit einem querschnittlichen Untersuchungsdesign auf internationaler Ebene, wozu sich drei oder vier öffentliche Schulen mit Sekundarstufe I an Standorten aus folgenden Ländern (in Klammern) beteiligt haben: Bern und Spiez (eine Großstadt und eine Kommune aus einem ländlich geprägten Raum in der deutschsprachige Schweiz), Magdeburg (BRD), Amsterdam (Niederlande), Hradec Králové (Tschechien). Die gesamte Stichprobe umfasst 2014 Fälle. Dabei handelt es sich um Schüler(innen) im Altersbereich zwischen 13 und 17 Jahren aus den Jahrgangsstufen sieben bis neun mit unterschiedlichem schulischem Anforderungsprofil der Sekundarstufe I (Grund-

der Entwicklung eines Fragebogeninstruments zur Erfassung des generellen schulischen Wohlbefindens von Schülerinnen und Schülern aus deren Perspektive und dessen Validierung[131] das Konstrukt des schulischen Wohlbefindens mit folgender Sechs-Dimensionen-Struktur in Anlehnung an den Berner Fragebogen zum Wohlbefinden von Jugendlichen von Grob, Lüthi, Kaiser, Flammer, Mackinnon & Waering (1991) operationalisiert (Struktur unabhängiger und zugleich verbundener Faktoren):

A. *Positive Kernelemente*: Positive Einstellungen zur Schule, Freude in der Schule, schulischer Selbstwert.
B. *Negative Kernelemente*: Sorgen wegen der Schule, körperliche Beschwerden wegen der Schule, soziale Probleme in der Schule.

---

anforderungen, erweiterte Anforderungen, gymnasialer Unterricht). Diese quantitative Teilstudie (Hascher, 2004b, S. 216–273, oder 2008) ist um eine qualitative Teilstudie zur Emotionsgenese im schulischen Alltag von Jugendlichen ergänzt worden (Hascher, 2004b, S. 186–216), sofern alltägliche Emotionserlebnisse der Schüler(innen) in der Schule eine wesentliche Quelle ihres schulbezogenen Wohlbefindens darstellen (Hascher, 2004b, S. 186–187). Dazu sind 70 Jugendliche an einem Oberstufenzentrum im Berner Oberland gebeten worden, ein sogenanntes Emotionstagebuch (teilstrukturiertes Tagebuch) über einen Zeitraum von sechs Wochen nach der Methode des *event-sampling* zu führen; 68 davon haben sich tatsächlich an dieser Teilstudie beteiligt (freiwillige Bereitschaft), aber nur von 58 Fällen gingen die Aufzeichnungen in die Auswertungen ein. Das Ziel dieser Teilstudie war die Entwicklung eines Instruments zur Erfassung aktueller Emotionen von Jugendlichen in der Schule, d. h. ihres kontextspezifischen oder kurzfristigen Wohlbefindens. Die Autorin fasst ihre Ergebnisse dazu zusammen (Hascher, 2004b, S. 215–216): Emotionen der Schüler(innen) mit negativer Valenz überwiegen im schulischen Alltag, vor allem im Unterricht (bedeutend differenzierte Beschreibungen der Gefühle wie Traurigkeit, Angst, Ärger/Wut, Abneigung/Ekel, Scham/Schuld sowie Thematisierung der Körperempfindungen). Die Erfüllung psychologischer Grundbedürfnisse der Jugendlichen in Anlehnung an die Selbstbestimmungstheorie (vgl. dazu an früherem Ort) geht mit positiven Gefühlen, die Nicht-Erfüllung mit negativen einher. Kompetenzerleben, Leistungssituationen sowie soziale Beziehungen zu Mitschülerinnen und Mitschülern und Lehrkräften implizieren zentrale Emotionsquellen von Jugendlichen. Daraus leitet die Autorin für die Gestaltung des schulischen Alltags ab, dass die Schule viele Möglichkeiten des Erwerbs und Erlebens von Kompetenzen und des Erbringens von Leistungen den Schülerinnen und Schülern bieten sollte, Lehrkräfte soziale Beziehungen herstellen sollten unter Beachtung von Fairness, Anerkennung und der Mündigkeit der Jugendlichen, und die Schule um die Aufrechterhaltung positiver sozialer Beziehungen unter den Jugendlichen bemüht sein sollte.

131 Dazu sind folgende Analyseschritte vorgenommen worden: Faktorisierung, Interkorrelationen der Faktoren, Bestimmung der Reliabilitäten sowie der konvergenten und divergenten Validitäten mit ähnlichen oder unähnlichen schulbezogenen Konstrukten, Bestimmung der relativen Effekte schulischer Einflussgrößen im Rahmen von Mess- bzw. Strukturgleichungsmodellen.

Als unmittelbare Einflussfaktoren auf diese Komponenten des schulischen Wohlbefindens sind nebenstehende Größen mit differentiellen Effekten darauf von der Autorin postuliert worden: Soziale und didaktische Kompetenzen der Klassenlehrperson, Leistungsdruck im Unterricht, Schulleistungen in Form der Fachnoten in den Kernfächern, Diskriminierung von Mitschülerinnen und Mitschülern in der Klasse, Interaktionen und Kommunikation in den Pausen.

Schulisches Wohlbefinden erfüllt im Wesentlichen drei Funktionen für die erfolgreiche Bewältigung schulischer Anforderungen wie Lernen und Leisten (Hascher & Hagenauer, 2011a, S. 19 oder 2011b, S. 287):

1. *Indikationsfunktion*: Ein hohes Wohlbefinden korrespondiert mit einer positiven Bewertung des Umfeldes Schule, des schulischen Alltags, der eigenen Rolle als Schüler(in) und der Qualität der Interaktionen in der Schule.
2. *Bildungsfunktion*: Auch wenn schulisches Wohlbefinden keine direkte Determinante oder Bedingung schulischer Leistungen darstellt, so ist es dennoch mit Schulerfolg verknüpft in dem Sinne, dass gute Leistungen nur durch positive Kognitionen und Emotionen ermöglicht werden. Darüber hinaus signalisiert schulisches Wohlbefinden eine Lern- und Leistungsbereitschaft, ist für die Entwicklung von Schülerinnen und Schülern förderlich und schafft eine positive Lehr- und Lernumgebung.
3. *Präventions- und Interventionsfunktion*: Schulisches Wohlbefinden, als Ressource begriffen, trägt zur Salutogenese eines Kindes oder Jugendlichen wesentlich bei, indem es schulische Schwierigkeiten und Probleme zu bewältigen hilft.

Wirkanalysen zum schulischen Wohlbefinden, d. h. zu den Outcomes dieses Konstrukts in der Eigenschaft als unabhängige oder erklärende Einflussgröße z. B. des Schulerfolgs, sind bislang selten durchgeführt worden. Dies ist aus eigener Perspektive mit hoher Wahrscheinlichkeit darauf zurückzuführen, dass erstens im Hinblick auf die Wirkrichtung bisher der Fokus vor allem auf den Schulerfolg als Einflussgröße des schulischen Wohlbefindens gerichtet war und nicht umgekehrt und zweitens, wie schon betont, schulisches Wohlbefinden als keine unmittelbar leistungsrelevante Bedingung von Schulerfolg (Leistungen und Laufbahnen) angesehen worden ist, sondern vielmehr als eine mittelbare davon, sofern Wohlbefinden einen eigenen Wert von Bildung impliziert (Hascher, 2008, S. 84), der nicht instrumentalisiert werden sollte, obwohl doch gerade auch die wechselseitige Dynamik zwischen schulischem Wohlbefinden und schulischen Leistungen von Interesse sein dürfte. Ersteres unterstreicht auch die Befundlage in der empirischen Grundschulforschung, wonach Schulleistungen und schulisches Wohlfühlen zwei unabhängige Faktoren repräsentieren, zwischen denen zwar keine kausal gerichtete Beziehung, aber dennoch eine Verknüpfung vorliegt, sofern Wohlbefinden einen Zugang zur Förderung des Schulerfolgs herstellen kann (Hascher, Hagenauer & Albrecht-Schaffer, 2011, S. 384–385). Unklar bleibt aber dennoch das wechselseitige Verhältnis zwischen schulischem Wohlfühlen und Leistungen oder Kompetenzen in der Richtung, ob das Wohlbefinden eine Voraussetzung von Schulerfolg oder eben das Ergebnis davon ist. Hascher (2004b) zeigt dennoch in ihrer Untersuchung für die Berner Teilstichprobe substantielle positive Korrelationen zwischen dem Leistungsdurchschnitt (Noten in Mathematik, Deutsch und Französisch) und einzelnen Komponenten des schulischen Wohlbefindens, wie der positiven Einstellung zur Schule, dem schulischen Selbstwert oder dem Konstrukt keine Sorgen in der Schule, und einen geringeren signifikant positiven Zusammenhang zwischen der Subskala keine körperlichen Beschwerden in der Schule und dem Notendurchschnitt.

Wesentliche Differenzen im schulischen Wohlbefinden der Schüler(innen) nach strukturellen Merkmalen (Geschlecht, Alter, Klassenstufe, Schultyp, Klasseneintritt, kulturelle Identität) in den einzelnen Teilstichproben der Untersuchung von Hascher (2004b) ließen sich aufgrund der nicht einheitlichen Befundlage nicht herauskristallisieren, insbesondere in Bezug auf die heterogenen geschlechtsspezifischen Ergebnisse werden (bildungs)kulturelle Bedingungen als verursachende und dahinter liegende Faktoren vermutet (Hascher & Hagenauer, 2011b, S. 289).

In den Untersuchungen von *Hascher und Hagenauer* (2011a) zu Veränderungen im schulischen Wohlbefinden von Schülerinnen und Schülern der Sekundarstufe I zeichnen sich folgende Trends aus deskriptiven Analysen ab: Insgesamt betrachtet und aus interindividueller Perspektive, sinkt das Wohlfühlen der Jugendlichen in der Schule von Klassenstufe zu Klassenstufe merklich ab, jedoch unterscheiden sich die Verläufe je nach Geschlecht und Komponente:[132] Mädchen haben eine positivere Einstellung zur Schule, mehr Freude in der Schule und einen höheren schulischen Selbstwert als Jungen in allen Jahrgangsstufen. Allerdings nehmen auch diese Facetten des schulischen Wohlbefindens bis zur siebten Klasse bei ihnen wie bei den Jungen im Durchschnitt kontinuierlich ab, steigen in der achten Klasse bei den Mädchen jedoch wieder sprunghaft an, nicht aber bei den Jungen (Schereneffekte zugunsten der Mädchen). Eine Ausnahme ist lediglich in der siebten Klasse mit einem deutlich geringeren schulischen Selbstwert der Mädchen im Vergleich zu Jungen festzustellen. Nur in diesem Merkmal liegt kein signifikanter Unterschied nach Geschlecht oder Klassenstufe vor und auch kein Interaktionseffekt. Mädchen klagen dagegen aber ab etwa der sechsten Klasse immer häufiger über Sorgen

132 Bei dieser Untersuchung handelt es sich um eine Querschnittserhebung bei 431 Hauptschülerinnen und Hauptschülern aus fünften bis achten Jahrgangsstufen (Quasi-Längsschnitt) mit einer Kurzversion der Skalen von Hascher (2004b).

und körperliche Beschwerden in der Schule als Jungen (Schereneffekte zuungunsten der Mädchen). Hierzu stellen sich sowohl Klasseneffekte als auch Gendereffekte sowie ein Interaktionseffekt davon in Bezug auf Sorgen in der Schule ein. Bis zur sechsten Klasse unterscheiden sich Mädchen und Jungen in diesen Facetten im Durchschnitt nicht wesentlich voneinander. Bei letzteren bleiben beide Facetten des schulischen Wohlbefindens von der fünften bis zur achten Klasse jeweils auf ihrem Ausgangsniveau, abgesehen von geringen Schwankungen nach unten. Ab der achten Klasse ist jedoch bei beiden Geschlechtern ein abnehmender Trend in den wahrgenommenen körperlichen Beschwerden in der Schule zu beobachten. Die sozialen Probleme von Mädchen und Jungen in der Schule erreichen im Durchschnitt ein ähnlich hohes Niveau im schulischen Verlauf; bei den Mädchen sind sie geringfügig etwas stärker ausgeprägt als bei Jungen. In Bezug auf diese Facette liegen weder ein signifikanter Geschlechts- oder Klasseneffekt noch ein bedeutender Interaktionseffekt zwischen beidem vor.

Ähnliche Trends zu (intraindividuellen) Veränderungen in den Facetten des schulischen Wohlfühlens innerhalb eines Schuljahres liefern die Ergebnisse einer Längsschnittuntersuchung[133] (Mittelwerte): Auch hier zeigen die Mädchen im Durchschnitt positivere Einstellungen zur Schule, mehr Freude in der Schule und einen höheren schulischen Selbstwert als Jungen an allen Messzeitpunkten, äußern jedoch etwas mehr Sorgen und körperliche Beschwerden wegen der Schule zwischen der ersten und letzten Messung im Vergleich zu Jungen, allerdings weniger Sorgen am ersten Messzeitpunkt. Die sozialen Probleme von Mädchen und Jungen befinden sich am Ende der sechsten Klasse und in der siebten Klasse auf einem ähnlich hohen Niveau; am ersten Messzeitpunkt sind sie bei Mädchen allerdings noch deutlich höher ausgeprägt als bei den Jungen. Bis zur dritten Messung konnten die Mädchen die Jungen in diesem Aspekt überholen und liegen an diesem Zeitpunkt nun mit einem geringen Vorsprung sogar vor ihnen, d. h. sie besitzen weniger soziale Probleme. Es ließen sich generell ein signifikanter Zeit- und Geschlechtseffekt ermitteln, jedoch keine bedeutende Interaktion zwischen Geschlecht und Wohlbefinden, weshalb davon auszugehen ist, dass sich das Wohlfühlen der Mädchen und Jungen in der Schule in der sechsten und siebten Klasse ähnlich entwickelt. Bedeutende Veränderungen im zeitlichen Verlauf sind bezüglich der positiven Einstellungen der Schüler(innen) zur Schule, ihrer Freude in der Schule (generelle Abnahme), ihres schulischen Selbstwertes und ihrer sozialen Probleme in der Schule festzustellen. Erstere Facette und beide letzteren Facetten des schuli-

133 Diese Studie beinhaltet ein Längsschnittdesign: 356 Hauptschüler(innen) wurden an vier Messzeitpunkten zwischen Mitte sechste Klasse und Mitte siebte Klasse zu ihrem schulischen Wohlbefinden schriftlich befragt.

schen Wohlfühlens erfahren kurzfristig einen geringen Aufwärtstrend bis zum zweiten und/oder dritten Messzeitpunkt und kehren dann wieder in etwa auf ihr Ausgangsniveau zurück. Dies ist ebenso in den geschlechtsspezifischen Verläufen aller Teilkomponenten, außer Sorgen in der Schule, mit gegensätzlichen Entwicklungen zwischen Mädchen und Jungen zugunsten der Jungen (weniger Sorgen), zu beobachten. Mädchen zeigen im Allgemeinen auch in dieser Analyse des zeitlichen Verlaufs des schulischen Wohlbefindens innerhalb eines Schuljahrs mehr Freude in der Schule und entwickeln positivere Einstellungen dazu als Jungen.

In der sechsten Klasse ist das schulische Wohlbefinden von Mädchen und Jungen, global betrachtet, größtenteils durch individuelle lernrelevante Faktoren wie Lernlangeweile, Lernangst oder das Klassenklima bestimmt (erklärte Varianzanteile). Bei Mädchen schlagen sich zudem auch Merkmale des Unterrichts wie Klarheit der Instruktion oder das Unterrichtstempo im schulischen Wohlfühlen nieder, aber auch die Beziehung zu den Lehrpersonen ist dafür für sie von Relevanz. Die individuelle Bezugsnormorientierung als Qualitätsmerkmal von Unterricht spielt dagegen bei ihnen nur in der siebten Klasse für Ihr Wohlfühlen in der Schule eine Rolle. Ein ähnliches Muster ergibt sich auch für die Jungen. Dennoch ist ein geschlechtsspezifischer Unterschied dahingehend zu konstatieren, dass das Verhältnis zu Lehrkräften als Einflussfaktor auf das schulische Wohlfühlen für Jungen nur in der sechsten Klasse von Bedeutung ist, allerdings nicht mehr in der siebten. Im Gegensatz dazu nimmt bei ihnen in dieser Klassenstufe jedoch das Gewicht der Merkmale der Unterrichtsqualität wie Tempo, Klarheit der Instruktion oder individuelle Bezugsnormorientierung im Hinblick darauf zu, wie gut oder schlecht sie sich in der Schule fühlen. Der Einfluss des Klassenklimas und der Lernlangeweile auf das schulische Befinden der Mädchen wird im zeitlichen Verlauf größer, bei Jungen dagegen kleiner (partiell erklärte Varianzanteile). Das Gegenteil trifft auf die Unterrichtsmerkmale wie Instruktionsqualität und Unterrichtstempo zu. Diese Befunde verdeutlichen, dass die fokussierten Einflussgrößen auf das Wohlfühlen in der Schule geschlechtsspezifisch geprägt sind, auf die verschiedenen Facetten des Wohlbefindens unterschiedlich wirken und in zeitlicher Hinsicht nicht stabil sind.

Im Rahmen einer Querschnittuntersuchung an Grundschulen von *Hascher, Hagenauer und Albrecht-Schaffer* (2011, S. 385–388) sind 293 Kinder aus 21 Klassen der Jahrgangsstufen eins bis vier aus sechs Schulen zu ihrem schulischen Wohlfühlen mit einer an ihr Lebensalter und Entwicklungsniveau angepassten Version der ursprünglichen Skalen aus dem Fragebogen von Hascher (2004b) mündlich in den ersten beiden Jahrgangsklassen und schriftlich in der dritten und vierten Jahrgangsklasse befragt worden. Analysiert werden geschlechtsspezifische Unterschiede und Differenzen nach der besuchten Klassenstufe in den Facetten des schulischen Wohlfühlens der Grundschulkinder. Folgende Ergebnisse sind von Interesse: Mädchen berichten signifikant häufiger von einer positiven Einstellung zur Schule als Jungen, dafür aber häufiger von sozialen Problemen in der Schule, die vermutlich auf geschlechtsspezifische Unterschiede in der Entwicklung im Sozialverhalten zurückzuführen sind (vgl. die Zusammenschau der Erklärungsmuster dazu bei Hascher, Hagenauer & Albrecht-Schaffer, 2011, S. 389). Zwischen der zweiten und dritten Klasse fällt das schulische Wohlbefinden der Kinder generell ab, insbesondere ihr schulischer Selbstwert. Im Gegenzug nehmen die Sorgen und sozialen Probleme der Kinder in der Schule an diesem Übergang signifikant zu und ebenso in der Tendenz ihre körperlichen Beschwerden wegen der Schule. Kinder haben in der ersten Klasse eine positivere Einstellung zur Schule als in den folgenden Klassenstufen. Entsprechend nimmt auch ihre Freude in der Schule von der zweiten zur dritten Klasse tendenziell ab. Erklärt werden diese Zusammenhänge mit hohen Erwartungen der Kinder am Schulbeginn oder mit dem Wechsel der Leistungsrückmeldung in der dritten Klasse (mehr Noten), was mehr Leistungsdruck und soziale Vergleichsprozesse bedingt (Hascher, Hagenauer & Albrecht-Schaffer, 2011, S. 388–390). Damit zeichnen sich schon in der dritten Klassenstufe die ersten Selektionsprozesse ab (Hössl & Vossler, 2006, nach Hascher, Hagenauer & Albrecht-Schaffer, 2011). Die Autorinnen betonen u. a. am Ende ihrer Ergebnisdiskussion, dass zukünftige Studien in diesem Feld ein Längsschnittdesign mit einer geringeren Kontextgebundenheit durch eine größere und überregionale Stichprobe sowie mit weniger Messfehlern durch geeignete Erhebungsmethoden wählen sollten, um so zu Aussagen mit einem höheren Grad der Generalisierung zu kommen. Außerdem sollten mögliche determinierende Faktoren ebenso erfasst und deren Effekte auf das schulische Wohlfühlen der Kinder analysiert werden, um Ursache-Wirkungszusammenhänge klären zu können.

*Wustmann Seiler, Schüpbach und Herzog (2015)* untersuchten die Entwicklung des schulischen Wohlbefindens, definiert als ein mehrdimensionales Konstrukt, von Grundschülerinnen und Grundschülern am Schulanfang in den ersten beiden Klassen mehrperspektivisch (Selbsturteil der Schüler(innen) und Fremdurteil der Eltern). Sie veranschlagten dafür drei Messzeitpunkte und berücksichtigten in ihrem Untersuchungsinstrument auch familiale Struktur- und Prozessvariablen. Ihre multivariaten Analysen (lineare Wachstumskurvenmodelle) ergeben bedeutende interindividuelle Unterschiede im schulischen Wohlbefinden am Schulbeginn sowie positive Effekte familialer Entwicklungsförderung und Stimulation darauf. Folgende Befunde im Detail sind von Bedeutung: Ein hoher sozioökonomischer Status der Familie bewirkt eher ungünstige Einstellungen und Emotionen der Kinder gegenüber der Schule. Die Eltern schätzen das Wohlbefinden ihrer Kinder in der Schule generell höher ein als ihre Kinder selbst, aber mit abnehmender Tendenz im zeitlichen Verlauf, die Kinder dagegen immer positiver mit der Verweildauer in der Schule. Die

Skala zum schulischen Wohlbefinden gliedert sich im Eltern- und Schülerfragebogen in folgende vier Subskalen: Positive Emotionen und Einstellungen gegenüber der Schule, keine Sorgen wegen der Schule, keine sozialen Probleme in der Schule, keine körperlichen und psychischen Beschwerden.

Im Allgemeinen ist dem *Well-Being* von Kindern eine entscheidende Valenz für Ihre Salutogenese, insbesondere ihrem Kohärenzgefühl (Verstehbarkeit, Handhabbarkeit und Bedeutsamkeit von Stimuli; vgl. Antonovsky, 1997), sowie für ihr Selbstwert- und Zugehörigkeitsgefühl im Sinne eines Schutzfaktors bei Misserfolgen oder Schwierigkeiten (vgl. Krause & Lorenz, 2009) beizumessen.

Das interdisziplinär ausgerichtete Forschungsfeld des *Well-Being* in der Kindheit in der sozialwissenschaftlichen Wohlfahrtsforschung erfährt gegenwärtig vor dem Hintergrund des *Capability-Approachs* (Sen, 2009) und modernisierungs- und ungleichheitstheoretischer Forschungsansätze (Betz, 2009) neue Akzentuierungen und Weiterentwicklungen (Betz & Andresen, 2014, S. 501). Zum einen wird eine stärkere Verknüpfung zwischen quantitativen und qualitativen Forschungszugängen als bisher gefordert, um die Perspektiven von Kindern zu ihrem *Well-Being* und die Bedeutungen und Grenzen dieses Konzepts in ihrem Leben auszuloten, zum anderen soll eine länderübergreifende und damit vergleichende Konzeption des *Well-Being* in der Kindheit mit einer eigenständigen Forschung mit spezifischen Fragestellungen in den jeweiligen Ländern angestrebt werden (Betz & Andresen, 2014). In Anbetracht dessen wird die gegenwärtige Situation in diesem Forschungsfeld und dessen Verschränkungen zwischen Sozialwissenschaften und Politik mit einem konzeptuellen Wandel von „(...) child-saving to child development or from child welfare to child well-being“ beschrieben (Ben-Arieh, 2014, S. 569), der eigentlich zum Teil schon stattgefunden hat oder sich noch vollzieht und mit Konsequenzen darauf verbunden ist, was gute Indikatoren und Outcome-Variablen der Lebensqualität von Kindern und deren Status sind und wie Maßnahmen der Sozialpolitik bewertet werden können. Sechs Aspekte charakterisieren diesen Wandel (Ben-Arieh, 2014, S. 570–574):

> (1.) Vom *Survival* zum *Well-Being* des Kindes (2.) vom Blick auf die negativen Aspekte des Lebens hin zum Blick auf positive Outcomes ermöglichende Faktoren (3.) Fokus auf Kinderrechte und darüber hinaus (4.) vom Fokus auf das *Well-Becoming* des Kindes als Vorbereitung auf die Zukunft, d. h. den Erfolg und das *Well-Being* im Erwachsenenalter, hin zum Fokus auf das gegenwärtige *Well-Being* des Kindes (5.) vom Fokus auf traditionale Lebensbereiche des Kindes (Bildung, Gesundheit etc. definiert von professionellen Dienstleistern) hin zum Fokus auf neue Lebensbereiche (Lebensführungskompetenzen, staatsbürgerliche Beteiligung, Partizipation und Kultur von Kindern, d. h. Lebensbereiche jenseits der Einflussnahme professioneller Dienstleister) (6.) vom Fokus auf die Perspektive von Erwachsenen auf *Well-Being* in der Kindheit hin zum Fokus auf die Perspektive der Kinder auf ihr *Well-Being*.

Im Hinblick auf diesen perspektivischen Wandel wird das Konzept des Wohlbefindens oder *Well-Being* des Kindes in der dritten *World Vision Kinderstudie* beispielsweise multidimensional aus Sicht des Kindes operationalisiert und um die Konzepte der Gerechtigkeit und des Gerechtigkeitsempfindens von Kindern im Alter von sechs bis elf Jahren mit folgender Begründung erweitert (Andresen & Schneekloth, 2014, S. 549)[134]: Kinder entwickeln einen Gerechtigkeitssinn aufgrund ihrer „Erfahrungen im Alltag mit einem gerechten oder ungerechten Umgang mit Kindern als Abhängige in der machtvollen generationalen Ordnung, die jeweils unterschiedliche Merkmale aufweisen, als Frage der materiellen Mittel und als in allen Herkunftsschichten stark gemachte Aversion gegen Ungleichheit als starker Ausdruck von Ungerechtigkeit (…)". Eine weitere neuere Akzentuierung in der Erforschung des *Well-Being* von Kindern nimmt kritische negative Ereignisse in einem Kinderleben wie Umzug und Schulwechsel nach der Scheidung der Eltern, Krankheits- oder Todesfall in der Familie oder unerwartete ökonomische Härten und deren Auswirkungen auf Kinderleben in den Blick. Derartige Phänomene verstärken den Sinn von Exklusion, vor allem von Kindern aus ökonomisch benachteiligten Familien, und beeinträchtigen deren Interessen und Leistungen mit Verkettungen infolge des Verlustes ökonomischer, sozialer und emotionaler Ressourcen, womit die Risikolagen dieser Kinder als Endergebnis fortbestehen und zu weiteren Exklusionen führen (Redmond & Skattebol, 2014).[135]

Ein weiteres Konzept, das auf die institutionelle bzw. schulische Sozialisation des Kindes rekurriert und im Gegensatz zu den bisher genannten schulbezoge-

---

134 Folgende Erfahrungsbereiche sind in das Konzept des *Well-Being* in dieser Studie miteinbezogen worden: Fürsorge der Eltern, gemessen an deren Zeit für die Kinder; Zufriedenheit der Kinder mit den von den Eltern gewährten Freiheiten im Alltag; Anerkennung und Mitbestimmung, gemessen mit dem den Kindern entgegengebrachten Respekt vor deren Meinung und deren Miteinbezug in Alltagsentscheidungen; generelle Zufriedenheit der Kinder mit Institutionen wie Schule und Hort, mit Freizeitmöglichkeiten, mit dem Freundeskreis und Einstufung der generellen Lebenszufriedenheit (Andresen & Schneekloth, 2014, S. 538, oder Hurrelmann, Andresen, Schneekloth & Pupeter, 2014). Die Einschätzungen der Kinder zu Gerechtigkeit und Gerechtigkeitsempfinden sind mit Fallvignetten zu ihrer Wahrnehmung des gerechten Umgangs mit ihnen im Alltag und mit bestimmten Gruppen (gerechte Verteilung, Belohnung von Leistungen, Einhaltung von Versprechen, Bestrafung und Mitbestimmung) erfasst worden (Andresen & Schneekloth, 2014, S. 541, oder Hurrelmann, Andresen, Schneekloth & Pupeter, 2014).

135 Ergebnisse aus Analysen des australischen Surveys *HILDA* (Household, Income and Labour Dynamics Australia), eines Haushaltspanels mit zehn Wellen aus den Jahren von 2001 bis 2010 mit einer Panelteilnahme von 9.002 Fällen in allen zehn Wellen, mit 12.652 Fällen in den Untersuchungen dieser Studie, sowie Befunde aus der Analyse halbstrukturierter Interviews und von Gruppenarbeiten mit Kindern und Jugendlichen im Alter von sieben bis 18 Jahren.

nen Konstrukten das Verhalten und die Erfahrungen des Kindes im Kontext von Schule mit ungünstiger Konnotation zum Ausdruck bringt, impliziert das Konstrukt des **schulischen Problemverhaltens des Kindes**. In verschiedenen Untersuchungen und Begriffsbestimmungen wird unter diesem Konstrukt das oppositionelle Verhalten eines Kindes verstanden (vgl. Müller, Begert, Hofmann & Studer, 2013, zu den Einflüssen der Klassenzusammensetzung auf dissoziales Verhalten im Unterricht in Abhängigkeit von unterschiedlichen sozialen (Peer)Subgruppen in einer Klasse). Im DJI-Kinderpanel werden hingegen unter diesem Konstrukt verschiedene negativ konnotierte schulbezogene Emotionen wie Schul- oder Prüfungsangst oder soziale Angst im schulischen Kontext ganz generell gefasst, die direkt mit schulischen Leistungen und Schulerfolg im Allgemeinen oder in anderen richtungsweisenden Worten mit schulischem Versagen zusammenhängen, aber von Gewalterfahrungen in der Schule abzugrenzen sind. Global betrachtet, bezieht sich das Konstrukt des *schulbezogenen Problemverhaltens* in der im DJI-Kinderpanel verwendeten Konzeption auf Schulangst als primärer Faktor, worunter sekundäre Phänomene oder Sekundärfaktoren wie Prüfungsangst oder soziale Angst im schulischen Kontext zu subsumieren sind. Soziale Angst, ganz allgemein gesprochen, beinhaltet ein Unbehagen in unterschiedlichen sozialen Situationen (Melfsen & Walitza, 2013, S. 21) und kann unter Umständen zu Schulangst führen und damit einen Risikofaktor darstellen. Schulangst dagegen bezieht sich auf verschiedene spezifische schulbezogene Ängste (Melfsen & Walitza, 2013, S. 62–69): „Das Erleben von Bedrohung wird dabei durch Faktoren ausgelöst, die direkt oder indirekt im Zusammenhang mit der Schule stehen (Schröder, 1980). Sie betreffen z. B. die Angst vor Schulversagen oder der Bewertung durch andere, die Angst vor Mitschülern (insbesondere gehänselt oder verprügelt zu werden) und die Angst vor einem oder mehreren Lehrern (Schmidt & Esser, 1985)." (Melfsen & Walitza, 2013, S. 62). Vor dem Hintergrund dieser Konzeption und Differenzierung ist Schulangst ebenso von Schulverweigerung oder -meidung mit je unterschiedlichen Ursachen (z. B. dissoziales Schulschwänzen mit und ohne Kenntnisnahme der Eltern und ohne Angstsymptomatik oder Trennungsangst bzw. Schulphobie) und Schulunlust oder Disziplinlosigkeit ohne Angstmotiv zu unterscheiden (Melfsen & Walitza, 2013, S. 58–62). Im Hinblick auf die Einflussgrößen von Schulangst beziehen sich Melfsen und Walitza (2013) auf die Ausführungen von Hurrelmann (1977)[136], im Hinblick auf die Untergruppen

---

136 Zu den Einflussgrößen der Schulangst zählen folgende Bedingungen schulischer Leistungen: Soziokulturelle Einflüsse auf das Bildungssystem, die Familienstruktur mit verschiedenen Faktoren wie Leistungsdruck, Wertevermittlung oder Umgang mit Misserfolgen und die Schulstruktur mit Schülerselektion, Prüfungs- und Strafvorgehen jeweils mit Auswirkungen auf die Interaktionen in der Schule zwischen Lehrkräften und Schülerinnen und Schülern sowie unter den Kindern und Lehrkräften selbst. Ein weiterer Einflussfaktor stellt

von Schulangst auf die Differenzierung nach Winkel (1979, S. 48–49), die sie modifiziert haben.

Demzufolge stellt Schulangst ein Konglomerat aus verschiedenen folgenden Facetten oder Untergruppen dar: „(1) Schullaufbahnangst: Angst vor schlechten Noten, vor Sitzenbleiben und dem Schulversagen (2) Lern- und Leistungsangst: Angst, etwas nicht lernen oder leisten zu können, nicht zu begreifen, überfordert zu sein (3) Stigmatisierungsangst: Angst, vor dem Lehrer oder den Mitschülern bloßgestellt zu werden, sich lächerlich zu machen, Prestige zu verlieren, als „dumm", „faul" oder „schlecht" zu gelten (4) Strafangst: Angst vor Liebesentzug, Tadel, Strafen, Ungerechtigkeiten, Repressalien (5) Personenangst: Angst vor bestimmten Personen, z. B. vor dem Rektor, einem Lehrer, einem Mitschüler oder einer Clique, vor Nichtanerkennung (6) Konfliktangst: Angst vor bestimmten Konflikten, etwa sich auflehnen zu wollen (7), Institutionenangst: Angst vor der Schule als Institution, deren Größe und Unüberschaubarkeit" (Melfsen & Walitza, 2013, S. 63 in Anlehnung an Winkel, 1979, S. 48–49).

Des Weiteren schließt Schulangst verschiedene Symptome auf unterschiedlichen Ebenen ein:

- auf *kognitiver Ebene* (Versagensängste, unangemessene Schlussfolgerungen oder Katastrophengedenken (Schule wird als unverhältnismäßig wichtig eingestuft)),
- auf *emotionaler Ebene* (bedrückter Eindruck, innere Unruhe, hohe Belastung, starke Ängste bis panische Reaktionen, depressive Stimmungen, Gereiztheit, Niedergeschlagenheit),
- auf *Verhaltensebene* (Flucht und Vermeidung (Schulverweigerung), Tagträume, Trödeln, Zuspätkommen, Rückzugsverhalten, wiederholte Äußerungen (nicht in die Schule gehen zu wollen), aber auch aggressive Reaktionen, jedoch nicht gegen andere Personen gerichtet, wie schimpfen, meckern, motzen oder bockig sein, Unterrichtsstörung, Autoaggressionen (Fingernägel kauen, Haare ausreißen), oder Pausenclown spielen (durch störendes oder auffallendes Verhalten Mitschüler(innen) unterhalten und Aufmerksamkeit auf sich ziehen), kontaktarm und zurückgezogen im Unterricht),

---

die Persönlichkeitsstruktur des Kindes mit ihren verschiedenen Facetten und deren Wechselwirkungen dar (Intelligenz, Motivation, Frustrationstoleranz, Kritikfähigkeit, Temperament, Durchsetzungsvermögen etc.). Schulangst ist in der Regel auf mehrere Ursachen zurückzuführen, wovon der Leistungsdruck die bedeutendste ist, der bereits in der Grundschule, insbesondere in der dritten und vierten Klassen vor dem Übergang in die Sekundarstufe I zu beobachten ist, wenn die Noten an Bedeutung hinzugewinnen und die Eltern hohe Erwartungen daran knüpfen (vgl. zu den Ausführungen in diesem Abschnitt Melfsen & Walitza, 2013, S. 62–69).

- auf *physiologischer Ebene* (körperliche Beschwerden infolge von Stress: Appetitlosigkeit, Müdigkeit, Schlaf- und Konzentrationsstörungen, plötzliche Bauch- und Kopfschmerzen, Schwindel und Übelkeit, Puls-, Herz- und Atemfrequenzerhöhung, kalter Schweiß, Zittern, Kontrollverlust über den Verdauungstrakt, auch Störungen wie Einnässen und Tics).

Als auslösende Faktoren einer Schulangst nennen Melfsen und Walitza (2013, S. 67–68) auch Schul- und Klassenwechsel, Schulferien oder längeres Fehlen in der Schule (z. B. krankheitsbedingt), Trennungserfahrungen und Verlusterlebnisse, schwere Erkrankungen von Angehörigen und Todesfälle. Auch die zu hohen Erwartungen des Elternhauses sind dafür relevant. Der Leistungsdruck kann ganz allgemein schnell zu einer Überforderungssituation führen (Faktoren dafür: Viele verschiedene Unterrichtsfächer, Noten und Arbeitspensum, Unterrichtszeiten, Umfang und Schwierigkeitsgrad der Hausaufgaben, Ziel des Besuchs einer weiterführenden Schule). Ebenso können soziale Ängste ganz allgemein zu einer Schulangst führen. Später treten oftmals Somatisierungsstörungen, Selbstunsicherheit, mangelnde Autonomie und soziale Desintegration auf. Zudem nennen die beiden Autorinnen auf der Grundlage des empirischen Forschungsstandes auch Folgeprobleme in der Adoleszenz und im Erwachsenenalter wie Schulvermeidung, Leistungsprobleme, sozial-emotionale Probleme, Risiko des Schulabbruchs und psychische Probleme. In nicht seltenen Fällen stellen Eltern ihre eigenen Erziehungskompetenzen in Frage und es kommt zu Konflikten in der Familie.

Zu den Dimensionen und Quellen der Schulangst bietet außerdem die Übersicht bei Baer und Barnowski-Geiser (2010) einen guten Überblick und eine gute Einführung in diese Thematik. Der Zusammenhang zwischen Schulangst und Schulnoten ist ein linearer und signifikant positiver: Je höher die Schulangst, desto schlechter die Noten. Er variiert nach Schularten, Alters- und Klassenstufen in einem geringen Maße und nicht systematisch, ist geschlechtsspezifisch im Sinne einer Wechselwirkung von Schulnoten, Geschlecht und Schulangst nur unwesentlich geprägt, stellt kein ausschließliches Unterschichtenphänomen dar und korreliert nicht mit allgemeiner Ängstlichkeit (Jacobs & Strittmatter, 1979).

Im Gegensatz zu Schulangst ist Prüfungsangst, den Ausführungen von Melfsen und Walitza zufolge (2013, S. 69–70), nicht einheitlich auf operationaler Ebene definiert und wird in den Klassifikationssystemen nicht als eigenständige Störungskategorie behandelt. Dieses Konstrukt beinhaltet verschiedene

Formen bzw. Subtypen und Symptome[137] und wird aus diesen Gründen hier dem allgemeineren Konstrukt der Schulangst untergeordnet.

#### 2.4.4.2. Partizipation im Kontext von Schule

**Teilhabe-** und **Mitbestimmungsmöglichkeiten und -chancen** von Grundschülerinnen und Grundschülern bei Entscheidungen zur Gestaltung des schulischen Alltags, die den Kindern von Lehrkräften oder dem pädagogischen Fachpersonal im Allgemeinen im Unterricht und in der Schule zugestanden werden, eröffnen ihnen im Sinne von Klafki (1995) nicht nur den sozialen Ermöglichungsraum in Form *wahrgenommener Mitbestimmungsmöglichkeiten*, sondern mittelbar auch den individuellen, die *Selbstbestimmung* des Kindes im Unterricht und in der Schule, d. h. im institutionellen Kontext im Allgemeinen (vgl. Pfrang, Hiebl & Schultheis, 2013, als Praxisanleitung für Grundschullehrer(innen) zur Gestaltung der Partizipationsmöglichkeiten von Schülerinnen

137 Zur Symptomatik zählen Aufgeregtheit, Besorgtheit, mangelnde Zuversicht, Ablenkung von der zu bewältigenden Aufgabe und Konzentrationsstörung mit verschiedenen Symptomen auf kognitiver, emotionaler und physiologischer Ebene sowie auf Verhaltensebene (Melfsen & Walitza, 2013, S. 70 in Anlehnung an Federer, 2004), zu den Formen bzw. Subtypen der Mangel an Lernfertigkeiten (geringe Wissensaufnahme und geringer Wissensabruf als Konsequenzen), Angstblockaden (kein oder nur begrenzter Abruf von verfügbarem Wissen als Folge), Resignation (geringe Lernfertigkeiten, Erfahrung von Versagen und Antizipation von Misserfolg als Folgen), Misserfolgsvermeidung (überdurchschnittliche Prüfungsvorbereitungen zur Kompensation antizipierten Misserfolgs als Folge), Boykott (Prüfungsangst als Rechtfertigung und Selbstschutz gegenüber Versagen als Folge) und dysfunktionale Perfektion (Unzufriedenheit mit den eigenen Leistungen vor dem Hintergrund des eigenen Anspruchs und des hohen Arbeitsaufwands) (Melfsen & Walitza, 2013, S. 69–70 in Anlehnung an Zeidner, 1998). Außerdem weisen die beiden Autorinnen darauf hin, dass diese Typologie empirisch nicht fundiert ist, und nennen hinsichtlich einer Definition von Prüfungsangst die Konzeption davon bei Fehm und Fydrich (2011, S. 7, nach Melfsen & Walitza, 2013, S. 70): „(…) anhaltende und deutlich spürbare Angst in Prüfungssituationen und/oder während der Zeit der Prüfungsvorbereitung, die den Bedingungen der Prüfungsvorbereitung und der Prüfung selbst nicht angemessen ist. Die Angst äußert sich auf den Ebenen Verhalten, Emotionen, Kognition und Physiologie." Darüber hinaus ergänzen Melfsen und Walitza (2013, S. 70): „Klinisch relevante Prüfungsängste liegen vor, wenn die Ängste das alltägliche Leben und/oder das schulische Weiterkommen deutlich beeinträchtigen." Außerdem zitieren sie Sarason (1986, nach Melfsen & Walitza, 2013, S. 70) im Hinblick darauf, ab welchem Niveau von einer Prüfungsangst gesprochen werden kann („Wenn auf Prüfungssituationen jedoch mit einem Übermaß an selbstwertbedrohlichen Befürchtungen und Sorgen sowie starker physiologischer Erregung und mentaler Desorganisiertheit reagiert wird, handelt es sich um eine pathologische Prüfungsangst (Sarason, 1986).") und betonen überdies: „Von der Bewältigung von Prüfungen kann viel abhängen, so ist verständlich, dass sie als sehr bedeutsam bewertet werden. Außerdem ist eine Prüfungssituation durch ein Machtgefälle zwischen Prüfer und Prüfling gekennzeichnet, eine Angstreaktion erscheint naheliegend und situationsadäquat."

und Schülern in der Grundschule und im Grundschulunterricht aus den Erfahrungen von Kindern; Backhaus & Knorre, 2008, zu Grundlinien und Facetten einer demokratischen Grundschule aus unterschiedlichen Forschungsperspektiven und Praxisberichten). Schulische Partizipationsmöglichkeiten unterscheiden sich hinsichtlich des Grades der Mitbestimmung und lassen sich als *Stufen-* oder *Leitermodelle* darstellen (vgl. Hart, 1992 & 1997, nach Wagener, 2013, S. 17):

> 1. Manipulation, 2. Dekoration, 3. Alibiteilnahme, 4. zugewiesen & informiert, 5. konsultiert & informiert, 6. Erwachseneninitiative & geteilte Entscheidung mit Kindern, 7. von Kindern initiiert & durchgeführt, 8. Kinderinitiative & geteilte Entscheidung mit Erwachsenen; 1. bis 3. Nicht-Partizipation oder Instrumentalisierung der Kinder durch Erwachsene, 4. bis 8. Grade der Partizipation oder Erwachsene eröffnen den Kindern Beteiligungsmöglichkeiten.

Derartige Modelle kennzeichnet ein deskriptiver Charakter, implizieren eine Eindimensionalität und ermöglichen keine hinreichende Klassifizierung von Partizipationsoptionen (Wagener, 2013, S. 20). Insgesamt betrachtet, weist Wagener (2013) auf den Mangel einer kohärenten und konsistenten Theorie der Partizipation hin (Fatke, 2007, S. 35 nach Wagener, 2013, S. 20), weshalb die Autorin selbst spezifisch für die Systematisierung schulischer Partizipationsprozesse vier Dimensionen vorschlägt (S. 20–24):

1. Intensität und Verbindlichkeit der Einflussnahme (Informations- und Beratungsmöglichkeiten oder Entscheidungsmacht).
2. Die zeitliche Organisation der Partizipation (einmalig/ad hoc oder in den Alltag integriert und dauerhaft installiert).
3. Die Reichweite der Partizipation (Reichweitendifferenzierung von Personen (gruppenspezifisch oder allgemein unter Berücksichtigung des Generationenstatus und der Machtverhältnisse) und Themen (begrenzt oder offen)).
4. Die Formen der Einflussnahme (direkte oder indirekte, formell-repräsentative (z. B. Klassensprecherwahl) oder informelle Partizipationsformen (z. B. Initiativen, Proteste) im schulischen Kontext).

Im Hinblick auf die Mitwirkung bei Entscheidungen im Kindes- und Jugendalter sind stets die körperlichen, kognitiven oder sozial-emotionalen Kompetenzen oder das moralische Urteilsvermögen von Kindern und Jugendlichen für Aushandlungs- und Regelfindungsprozesse, d. h. entwicklungspsychologische Erkenntnisse und Grundlagen, zu berücksichtigen, wobei angenommen wird, dass Kinder im Grundschulalter über die notwendigen Voraussetzungen dafür verfügen (Wagener, 2013, S. 24–28). Begründet wird die Partizipation von Kindern unterschiedlich. Im Wesentlichen lassen sich in der Literatur zwei Begründungslinien ausfindig machen, die für den schulischen Kontext von Relevanz sind (Wagener, 2013, S. 29–45): Dies ist zum einen die demokratiepädagogische Begründungslinie (Verwobenheit von Erziehung, Demokratie und Partizipation als Bestandteil der Demokratie) und zum anderen die rechtliche Begründungslinie (Kinder als gleichberechtigte Bürger in einer Gesellschaft und Betonung der (Grund)Rechte der Kinder zur Gestaltung und Bestimmung ihres Lebens, die in Bezug auf Bildungseinrichtungen in den Landes- und Schulgesetzen festgeschrieben sind). In einer Reihe an empirischen Untersuchungen[138] werden Grad und Umfang der Mitbestimmungsmöglichkeiten der Schüler(innen) im Unterricht und in der Schule erfasst, entweder bei den Schülerinnen und Schülern selbst oder bei den Lehrkräften, auch wird nach determinierenden Faktoren gesucht (vgl. die Zusammenfassung bei Wagener, 2013, S. 91–116). Im Kern kommen diese Studien zu dem Ergebnis, dass die Mitbestimmung der Kinder beispielsweise bei Interaktionsprozessen in der Klasse oder in der Ausgestaltung des Klassenzimmers hoch ist, in elementaren Bereichen, die den Unterricht, die Notengebung oder den Kompetenzbereich der Lehrkraft betreffen, dagegen eher gering. Insbesondere die Schüler(innen) selbst gelangen zu dieser Einschätzung. Ähnlich wird die Effektivität der Schülervertretung oder Gremienarbeit von ihnen beurteilt, dennoch ist ihre Beteiligungsbereitschaft als relativ hoch einzustufen:

Unterschiede in diesen Einschätzungen ergeben sich je nachdem, welche Akteure, Schüler oder Schulleitungen befragt werden (Fatke & Schneider, 2005). Als wesentliche Determinanten der Mitwirkungsmöglichkeiten in der Schule hat sich das Alter der Schüler(innen) oder auch die Schulform, gleichwohl letzterer Aspekt mit dem Alter der Schüler(innen) konfundiert ist, im

---

138 Vgl. Übersicht sechs im Anhang: Projekt *mit Wirkung!* der Bertelsmann Stiftung (2005) in der Ausführung und Darstellung von Fatke und Schneider, 2005 & 2007; Projekt *Kinder ohne Einfluss?* des Zweiten Deutschen Fernsehens (ZDF) (2009) in der Ausführung und Darstellung von Schneider, Stange & Roth, 2009; Projekt *Schulqualität und Schulprogrammentwicklung in Niedersachsen* von Holtappels u. a. in der Zusammenfassung von Holtappels, 2004; Projekt *DJI-Kinderpanel* zu Befunden aus Analysen der Partizipationsmöglichkeiten der Kinder in der Schule und Familie vgl. Bacher, Winklhofer & Teubner, 2007; Weber, Winklhofer & Bacher, 2008; oder die Reanalyse von Quellenberg, 2010; Projekt *Jugend und Demokratie in Sachsen-Anhalt* von Krüger und Kollegen: Kötters-König, Pfaff & Schmidt, 2002; Schmidt, 2002; Vorläuferprojekt *Schulentwicklung in Sachsen-Anhalt* von Krüger und Kollegen: Krüger, Grundmann & Kötters, 2000; Grundmann, Kötters & Krüger, 2000; Projekt *Mitpestümmen* des *Deutschen Kinderhilfswerk e.V.* und des Fernsehsenders *Super RTL* von Bosenius & Wedekind, 2004; *Kinder- und Jugendreport* von der Arbeitsgemeinschaft für Kinder- und Jugendhilfe (AGJ), 2010; Projekt *World Vision Kinderstudien* von 2007 & 2010 (World Vision, 2007 & 2010) vgl. Schneekloth & Pupeter, 2010; Leven & Schneekloth, 2007; Schneekloth & Pupeter, 2010; Studie *PKGG* (*Partizipation von Kindern in (Ganztags-)Grundschulen* im Rahmen der Studie *PagGs* (*Partizipation an (ganztägigen) Grundschulen*)) von Wagener (2013).

Vergleich zur Partizipation im häuslichen Bereich herausgestellt, wobei der Grad der Mitbestimmung einerseits und die Zufriedenheit damit oder der Gewinn daraus aus subjektiver Sicht der Kinder und Jugendlichen andererseits mit zunehmendem Alter der Schüler(innen) immer weiter auseinanderklaffen (vgl. dazu Fatke & Schneider, 2007; Schmidt, 2002; Weber, Winklhofer & Bacher, 2008). Danach wird Grundschülerinnen und -schülern weniger Partizipationsmöglichkeiten seitens der Schule und Lehrkräfte eingeräumt als Schülerinnen und Schülern der Sekundarstufe I. Neben dem Alter spielen auch personale Merkmale der Kinder wie ihre sozial-kognitive Aufgeschlossenheit, ihr positives Selbstbild, Reifungsprozesse oder die in der Familie erlebte Partizipation für ihre empfundene Mitbestimmung in der Schule und Wahrnehmung von schulischen Angeboten oder regionale wie auch schulbezogene und sozialstrukturelle Faktoren und nicht zuletzt auch die Lehrerpersönlichkeit für die Partizipationsmöglichkeiten der Kinder in der Schule eine Rolle (Bacher, Winklhofer & Teubner, 2007; Weber, Winklhofer & Bacher, 2008; Quellenberg, 2010, für das DJI-Kinderpanel)[139]. Wagener (2013) widmet sich in ihrer eigenen Studie und Literaturübersicht spezifisch auch Fragen zur Partizipation und Mitbestimmung an Ganztagsschulen, wozu sie sich in der Darstellung des empirischen Forschungsstandes auf die Ergebnisse des StEG-Projekts stützt (*Studie zur Entwicklung von Ganztagsschulen*). In dieser Studie werden die Partizipationsmöglichkeiten verschiedener Akteure und aus Sicht unterschiedlicher Akteure an Ganztagsschulen untersucht. Im Fokus dieser Untersuchungen befinden sich das pädagogisch tätige Personal (WPTP) und die Schüler(innen), aber auch die Eltern, Lehrkräfte und Schulleitungen. Danach zeigen Schüler(innen) umso mehr soziale Kompetenzen, je stärker sie in Entscheidungs- und Planungsprozesse über die schulischen Angebote eingebunden sind (StEG-Konsortium, 2010, nach Wagener, 2013). Ebenso lassen die Eltern von Kindern in Ganztags-

139 In den neuen Ländern, Stadtstaaten und Ländern mit gesetzlich festgeschriebenen Mitbestimmungsrechten der Kinder fällt die Partizipation der Kinder in der Schule bedeutend höher aus als in den übrigen Ländern. Dieser Zusammenhang wird jedoch teils durch den sozialen Hintergrund der Kinder statistisch aufgeklärt und von den Autoren mit einem höheren Maß an Individualisierung im Unterricht, einem höheren Subjektstatus der Kinder und höherem Engagement der Eltern für mehr Partizipationsrechte ihrer Kinder in der Schule in diesen Regionen theoretisch erklärt. Von den schulbezogenen Faktoren liegt tendenziell ein Effekt der Klassengröße auf die realisierte Partizipation im schulischen Kontext vor. Kinder aus unteren sozialen Schichten nehmen weniger Mitbestimmungsangebote in der Schule wahr als Kinder aus mittleren und höheren sozialen Schichten. Ebenso ist in den Daten des DJI-Kinderpanels ein positiver Zusammenhang zwischen Partizipation in der Familie und derjenigen in der Schule nachgewiesen worden, der insbesondere bei Kindern in der Übergangsphase von der Primarstufe auf die Sekundarstufe I bei Berücksichtigung der Persönlichkeitseigenschaften der Kinder oder Schulmerkmale in der Analyse (Klassengröße, besuchte Schulform auf der Sekundarstufe I) jedoch dann nicht mehr besteht.

schulen bei regulären Partizipationsformen eine höhere Beteiligung erkennen als diejenigen von Kindern aus Halbtagsschulen. Die Zusammenarbeit zwischen dem WPTP und den Lehrkräften und die Partizipation einzelner Akteure beeinflussen sich wechselseitig. Zudem stellen Arnoldt und Steiner (2010) heraus, dass es sich in Ganztagsschulen um moderate Partizipationsreichweiten und eher um Mitsprache- als um Mitbestimmungsmöglichkeiten mit Differenzen je nach Alter der Schüler(innen) und Bereich handelt. Die Ergebnisse der Analyse einer Befragung von Schulleitungen zu den Mitbestimmungsmöglichkeiten von Schülerinnen und Schülern in 20 Bereichen und deren Reichweite zeigen Folgendes: Grundschülerinnen und Grundschülern werden weniger Mitbestimmungsmöglichkeiten zugestanden als Schülerinnen und Schülern der Sekundarstufe I, insbesondere in den Bereichen Angebote, Schuldemokratie und Unterrichtsgestaltung, jedoch wird ihnen aus Sicht der Grundschulleitungen mehr Mitbestimmung vor allem bei den Angeboten eingeräumt.[140] Aus der Perspektive der Grundschüler(innen) liegen, insgesamt betrachtet, in Ganztagsschulen mehr Partizipationsmöglichkeiten vor als in Halbtagsschulen, wobei dies vor allem für das Ganztagsangebot und weniger für den Unterricht gilt (gefragt wurde nach der Mitbestimmung im Unterricht, in den Angeboten und bei schulischen Angelegenheiten (Klassenraum- und Schulhofgestaltung, Ausflugsziele und Schulfeste)). Allerdings liegen die Einschätzungen der Schulleitungen und Kinder diesbezüglich weit auseinander, und die Schüler(innen) halten das Potenzial an Partizipation im Allgemeinen für suboptimal. Wagener selbst (2013, S. 113) sieht in der Etablierung einer neuen Lernkultur, festgehalten in den Schulkonzepten, einen wesentlichen Faktor, der sich auf alle Partizipationsbereiche positiv auswirkt. In ihrer eigenen Studie *PKGG* mit quantitativen und qualitativen Forschungsansätzen (*Partizipation von Kindern in (Ganztags-)Grundschulen* im Rahmen der Studie *PagGs* (*Partizipation an (ganztägigen) Grundschulen*), gefördert von der Deutschen Kinder- und Jugendstiftung)

140 Außerdem stellen die beiden Autorinnen (Arnoldt & Steiner, 2010) in ihren Analysen der Partizipationsmöglichkeiten von Grundschülerinnen und -schülern aus Schulleitersicht fest, dass in den neuen Ländern Grundschüler(innen) bei den Angeboten und schulischen Entscheidungsprozessen mehr mitbestimmen können als diejenigen in den alten, Stadt-Land-Unterschiede dahingehend aber nicht bestehen, jedoch Unterschiede nach der Größe der Schule in Bezug auf die Mitbestimmung in den Bereichen Mitwirkung in den Angeboten und Mitgestaltung des Unterrichts. Schulen ohne Fördermittel gewähren weniger Mitbestimmung in schulischen Entscheidungsprozessen als solche mit Fördermitteln. Allerdings wirkt sich die Organisationsform der Schule nicht wesentlich auf die Mitbestimmungsrechte der Schüler(innen) aus, abgesehen von dem Bereich Unterrichtsgestaltung (diesbezüglich mehr Freiheiten in der offenen Ganztagsgrundschule als in der teilgebundenen oder gebundenen). Schulen mit wenig Erfahrung mit dem Ganztagsschulbetrieb lassen mehr Partizipation zu als solche mit viel Erfahrung damit.

an zehn Ganztagsgrundschulen in drei Bundesländern[141], worin Erst- und Zweitklässler(innen) in Kreisgesprächen schriftlich und mündlich befragt worden sind und ebenso auch Dritt- und Viertklässler(innen) sowie das pädagogische Personal, letztere beiden Gruppen allerdings nur schriftlich mit einem Fragebogen, zudem die Schulleiter(innen) und Ganztagskoordinatorinnen und -koordinatoren mit einem Interviewleitfaden mündlich, kommt Wagener (2013, S. 278–308) zu folgenden schlussfolgernden Einschätzungen: Ein zentrales Ziel von Partizipation im Kontext der Grundschule seitens der Lehrkräfte ist die Unterstützung der Kompetenzen der Schüler(innen). Mitbestimmung spielt sich überwiegend auf Schul- und Klassenebene und in der Beteiligung der Schüler(innen) in den Gremien ab. Entscheidend für das Gewähren von Partizipation sind die Einstellungen und auch Ängste (Autoritätsverlust) der Lehrkräfte und das Verhältnis zwischen Lehrer(innen) und Schüler(innen). Wenig Partizipation wird den Schüler(innen) in Bereichen der Lehrerprofessionalität zugestanden (z. B. Gestaltung des Unterrichts und Leistungsbewertung im Gegensatz zu Gestaltung des Klassenzimmers und Wahl des Sitzpartners). Die Beurteilungen der befragten Lehrkräfte und Kinder stimmen, abgesehen von geringfügigen Abweichungen und Unterschieden in der Akzentuierung, darin überwiegend überein. Allerdings fallen die Beurteilungen der Lehrkräfte durchschnittlich positiver aus als die der Schüler(innen). Je älter die Schüler(innen), desto mehr Partizipation wird ihnen eingeräumt, auch wenn Mitbestimmung bereits schon in der Grundschule praktiziert wird. Im Hinblick auf Unterschiede zwischen Halbtags- und Ganztagsschulen oder Ganztagsklassen und -gruppen liegen in verschiedenen Aspekten der Mitbestimmung und des Schullebens unterschiedliche und differenziertere Einschätzungen der Kinder und Jugendlichen vor. Im Resümee kann gesagt werden, dass der Ganztagsschulbetreib nicht per se zu mehr Partizipationsmöglichkeiten führt, dennoch aber mehr und vielfältige Chancen, Anlässe und Angebote dafür eröffnet und nur wenige Synergien zwischen unterrichtlicher und außerunterrichtlicher Mitbestimmung zu finden sind (z. B. wechselnde Interaktionskontexte und Differenzierung zwischen unterrichtlichem und außerunterrichtlichem Bereich sind günstig für Ganztagskinder). Ausschlaggebend dafür sind die Einstellungen der

141 Dabei handelt es sich um fünf offene Ganztagsgrundschulen, eine Schule mit pädagogischer Mittagsbetreuung und AG-Angebot und vier teilgebundene Ganztagsgrundschulen (zwei Schulen mit ausschließlich Halb- oder Ganztagsklassen und zwei Schulen mit sowohl Halbtags- als auch Ganztagsklassen oder -gruppen). Dieses Design ermöglicht den Vergleich von Halbtags- mit Ganztagsklassen in offenen oder teilgebundenen Ganztagsschulen. Außerdem werden Schulporträts erstellt.

Lehrkräfte und Merkmale der Einzelschule, was eine schulbezogene Konzeptionsarbeit erforderlich macht.[142]

Alle in diesem Abschnitt vorgestellten Studien verdeutlichen, dass Partizipation und Mitbestimmung in der Schule heißen, die Wünsche der Kinder bei der Schulentwicklung zu berücksichtigen. Inwiefern sich diese Aspekte auch in den schulischen Leistungsergebnissen (Kompetenzen und Noten) oder lernrelevanten Voraussetzungen der Kinder wie der schulbezogenen Emotionen oder der Lernmotivation als Outcomes schulischer Prozesse (z. B. die Lernfreude oder das Schulerleben) und darüber hinaus in den Bildungsentscheidungen, d. h. insgesamt betrachtet, in den Schulerfolgen und -karrieren niederschlagen, ist bislang noch nicht explizit und detailliert untersucht worden.

Sicherlich sollte der sozioökonomische Hintergrund der Familie eines Kindes keine Rolle für dessen Mitbestimmung in der Schule spielen, zumal es sich bei letzterem um ein Konzept mit einem ausschließlich institutionellen Bezug handelt, dessen Rahmung von der Schule oder den Lehrkräften, unter Umständen in Absprache mit den Schülerinnen und Schülern und deren Eltern, vorgegeben wird und für alle Kinder in einer Klasse, unabhängig von ihrem familialen Hintergrund und individuellen Merkmalen, gilt. Dennoch kann je nach individuellen oder sozialstrukturellen Merkmalen von Kindern deren Antizipation von Mitbestimmung im institutionellen Kontext variieren oder diese Merkmale können zumindest einen Einfluss auf die Zugeständnisse der Schule und Lehrkräfte in Richtung auf mehr Mitbestimmung nehmen. In Übereinstimmung mit dieser Vermutung stellen Bacher, Winklhofer und Teubner (2007) in ihren Untersuchungen auf der Grundlage der Daten der zweiten Erhebungswelle des DJI-Kinderpanels und organisationssoziologischer Überlegungen (Umwelteinflüsse auf die Organisationsstruktur) fest, dass die sozialstrukturelle Zusammensetzung des Wohnumfeldes eines Kindes, operationalisiert mit der Statustypisierung der Wohnumgebung oder dem Migrantenanteil, mit den Mitbestimmungsmöglichkeiten in der Schule nicht signifikant direkt zusammenhängt, jedoch mehr Partizipation des Kindes in der Familie, beispielsweise bei Entscheidungen, mit einem höheren Grad an Mitbestimmung in der Schule verbunden ist (vgl. dazu die Befunde von Weber, Winklhofer & Bacher, 2008, für die 9- bis 10-jährigen Grundschulkinder aus der älteren Kohorte in der zweiten Erhebungswelle sowie die 8- bis 9-jährigen Grundschulkinder aus der jüngeren Kohorte in der dritten Erhebungswelle). Ebenso zeigt sich keine substantielle Verknüpfung zwischen dem sozialen Hintergrund oder Migrationshintergrund eines Kindes auf Individualebene und der Partizipation in der Schule. Lediglich Kinder aus den unteren sozialen Schichten nehmen sig-

142 Vgl. die Beschreibung der detaillierten Ergebnisse aus dieser Studie in Übersicht sechs im Anhang.

nifikant weniger überdurchschnittliche Mitbestimmung in der Schule wahr als Kinder aus höheren Sozialschichten. Im Gegensatz dazu stellen die personalen Merkmale von Kindern determinierende Faktoren wahrgenommener Partizipation in der Schule dar, wie beispielsweise Externalisierung und motorische Unruhe mit negativen Vorzeichen oder sozial-kognitive Aufgeschlossenheit und positives Selbstbild mit positiven Vorzeichen. Die Klassengröße nimmt tendenziell einen Einfluss auf den Grad der Mitbestimmung, der Grundschulkindern in der Schule eingeräumt wird (kleinere Klassen günstiger als größere), nicht aber die Schulform (Halbtags- vs. Ganztagsschule). Darüber hinaus ist schulische Mitbestimmung tendenziell mit besseren schulischen Leistungen (Durchschnitt der Selbsteinschätzungen der Kinder und ihrer Leistungen in den Schulfächern) und einem höheren Wohlbefinden der Kinder in der Grundschule verknüpft, nicht aber mit den Gewalterfahrungen in der Schule. Zu allen den hier beschriebenen Zusammenhängen bemerken die Autorin und Autoren, dass die kausale Wirkrichtung jeweils stets unklar ist. Weber, Winklhofer und Bacher (2008) ermitteln in ihren Analysen auf der Grundlage der Daten aus der dritten Erhebungswelle des DJI-Kinderpanels einige Abweichungen zu den bisher genannten Forschungsergebnissen für Grundschulkinder, hier nun für die 8- bis 9-jährigen Kinder aus der jüngeren Kohorte: (1) Ein substantieller direkter Effekt der sozialen Position der Eltern auf die Mitbestimmung des Kindes in der Schule bei Kontrolle der Einflüsse der Persönlichkeitsmerkmale des Kindes in der multiplen Analyse und (2) drei Effekte der sozialen Position der Eltern auf die schulische Mitbestimmung im multivariaten Modell (explorative Pfadanalyse: Ein direkter signifikanter Effekt und zwei indirekte signifikante Effekte, vermittelt über die familiale Partizipation und die sozial-kognitive Aufgeschlossenheit des Kindes), (3) nur ein bedeutender Zusammenhang zwischen der Persönlichkeitsstruktur des Kindes (sozial-kognitive Aufgeschlossenheit mit positiver Verknüpfung) und schulischer Partizipation, aber (4) keine Verknüpfung zwischen letzterem und Schulleistungen oder Gewalterfahrungen in der Schule. Für die Schüler(innen) der Sekundarstufe I (11- bis 12-jährige Kinder aus der älteren Kohorte am dritten Messzeitpunkt) liegt in der multiplen Betrachtung ein signifikant geringer Effekt der sozialen Position der Eltern auf den Grad der Mitbestimmung des Kindes in der Schule vor. Haupt- und Realschülerinnen und -schüler berichten häufiger von unterdurchschnittlicher Mitbestimmung in der Schule als Schüler(innen) aus Gymnasien und Gesamtschulen. Außerdem ergeben sich für folgende Persönlichkeitseigenschaften und Erfahrungen der Kinder signifikante wechselseitige Verknüpfungen mit der Häufigkeit von Mitbestimmungsmöglichkeiten in der Schule bei unklarer Kausalität: Externalisierung (negativer Zusammenhang), motorische Unruhe (negativer Zusammenhang), positives Selbstbild (sehr geringe Assoziationsstärke mit positivem Vorzeichen), sozial-kognitive Aufgeschlossenheit (mit positivem Vorzeichen), Schulleistungen und Gewalterfahrungen in der

Schule (jeweils negativer Zusammenhang aufgrund der Codierung) und familiale Partizipation (mäßig positiver Zusammenhang). In der multivariaten Kausalanalyse (Pfadmodell) wirkt der soziale Hintergrund des Kindes hier nun in der Teilstichprobe der Schüler(innen) der Sekundarstufe I aus der älteren Kohorte nicht mehr direkt auf die schulische Partizipation, sondern indirekt über zwei Wege, zum einen vermittelt über die Partizipation in der Familie, zum anderen vermittelt über die sozial-kognitive Aufgeschlossenheit des Kindes.

Die vorgestellten Befunde zu den Mitbestimmungsmöglichkeiten von Kindern in der Schule und deren Einflussgrößen im DJI-Kinderpanel verdeutlichen, dass der familiale Hintergrund durchaus eine determinierende Erklärungskraft für die Häufigkeit und den Grad der Mitbestimmung von Kindern im schulischen Kontext und die Partizipationsformen im Sinne des schulischen Engagements der Eltern besitzt und sich eben die Partizipation sehr wohl günstig auf den Schulerfolg auswirken kann. Diese Zusammenhangsmuster werden von der Autorin und den Autoren der beiden genannten Beiträge zu der Thematik Partizipation in der Schule im DJI-Kinderpanel mit Merkmalen von Lehrkräften, Eltern und Kindern unterschiedlich erklärt.[143]

#### *2.4.4.3. Abweichendes Verhalten im Kontext von Schule*

Weitere Dimensionen schulischer Sozialisation stellen heute vielfach **Opfer-** und **Tätererfahrungen** der Kinder im schulischen Kontext dar, die sowohl Bullying- als auch Mobbingerfahrungen der Kinder in der Schule zum Ausdruck bringen.

Aggressivität stellt eine menschliche Eigenschaft dar, die angeboren ist und unterschwellige Impulse impliziert, gegen Menschen oder Sachen in spezifischen Situationen schädigende Handlungen auszuführen, sofern sich Aggressivität in Aggression umwandelt bzw. entlädt, was jedoch nicht allein genetisch verankert ist, sondern ebenso von Impulsen aus der Umwelt ausgelöst wird und von Sozialisationsprozessen in der Kindheit und Jugend zunehmend bestimmt ist (Hurrelmann & Bründel, 2007, S. 11). Aggressionen gegen Sachen oder Lebewesen werden im alltäglichen und auch im wissenschaftlichen Sprachgebrauch als Gewalt bezeichnet (Hurrelmann & Bründel, 2007, S. 11–12). Nach Ansicht von Hurrelmann und Bründel bringt der Gewaltbegriff schädigendes Handeln gegen Objekte klarer zum Ausdruck als der Begriff der Aggression, wobei letzteres nach eigenem Ermessen mehr ein psychologisches Konzept abbildet, auch wenn der Gewaltbegriff in verschiedener Hinsicht zu deuten ist

143 Auf regionale Unterschiede in den Mitbestimmungsmöglichkeiten der Kinder wird in der Darstellung hier verzichtet, obgleich sie Gegenstand der Untersuchungen der Autorin und beiden Autoren waren.

und damit eine gewisse Mehrdeutigkeit impliziert, so Hurrelmann und Bründel (Unterscheidung zwischen direkter persönlicher Gewalt als physischer Akt zum Schaden einer Person mit physischer Stärke oder als psychisch-verbale Abwertung und legitimer institutioneller Gewalt als Macht zur Durchsetzung der öffentlichen Ordnung, S. 12). Eine genaue Definition dessen, was unter Gewalt und Aggression zu verstehen ist, ist fast unmöglich, weil beide Begriffe stets einem soziokulturellen Wandel im Hinblick auf Akzeptanz und Legitimität unterworfen sind und derartige Grenzziehungen aufgrund eines höheren Maßes an Sensibilität und Reflexivität oder veränderter Wahrnehmungsmuster im zeitlichen Verlauf von vorherrschenden Normen und Werten bestimmt werden. Dies zeigt sich u. a. an neuen Formen psychischer und verbaler Gewalthandlungen, insbesondere im schulischen Kontext, wie Mobbing und Bullying (Hurrelmann & Bründel, 2007, S. 12–16 in Anlehnung an Heitmeyer & Hagan, 2002). Hurrelmann und Bründel differenzieren darüber hinaus zwischen Formen individueller Gewalt (physische und psychische Gewalt meist im privaten Kontext mit dem Ziel der Machtausübung oder Herstellung von Nähe bei gleichzeitig wahrgenommener Gefahr eines Kontroll- und Besitzverlustes; sexuelle, geschlechter- und fremdenfeindliche Gewalt) und Formen institutioneller Gewalt (demokratisch legitimierte Gewalt wie Ordnungsgewalt mit Macht über die Verfügung von Sanktionen, illegitime strukturelle Gewalt wie die Unterdrückung als Ziel der Machtausübung, kollektive politische Gewalt, auch „Gegengewalt" als Protest) (Hurrelmann & Bründel, 2007, S. 16–25). Heute wird der Gewaltbegriff häufiger verwendet als der Aggressionsbegriff. Waren darunter in früheren Zeiten vor allem körperliche Verletzungen zu verstehen, so werden heute darunter auch psychische Schädigungen und institutionelle Formen von Gewalthandlungen gefasst. In der Soziologie wird in Zusammenhang mit dem Thema Gewalt von abweichendem oder deviantem Verhalten bzw. Devianz als nonkonformes oder normabweichendes Verhalten, einem konzeptionell schwächeren Begriff als derjenige der Gewalt oder Aggression, gesprochen, das von delinquentem oder kriminellem Verhalten oder Delinquenz mit Verstößen gegen kodifizierte Normen des Strafrechts zu unterscheiden ist, jedoch beide Verhaltensformen prinzipiell jeweils gegenseitige Teilmengen voneinander beinhalten, wovon abweichendes Verhalten die größere Teilmenge von beiden Verhaltensformen umfasst (Lamnek, 2013, S. 14–15 und S. 292–293 & 297 im Glossar). Dieser Begriff von Gewalt steht in der Tradition des soziologischen Denkens und der soziologischen Theoriebildung, der je nach zugrunde gelegtem Kriterium (z. B. Normen, Erwartungen oder Sanktionen; Lamnek, 2013, S. 292–293) unterschiedlich definiert werden kann.

Zentrale Forschungsergebnisse zu Gewalt an Schulen aus soziologischer oder pädagogischer Perspektive, die in den weiteren Ausführungen referiert werden, stammen aus den Forschungsprogrammen von Fuchs, Lamnek und Luedtke (2001), Melzer, Schubarth und Ehninger (2011 mit Bezug auf eine

Vielzahl an Studien in ihrem Forschungsprogramm), Tillmann, Holler-Nowitzki, Holtappels, Meier und Popp (2009) sowie Alsaker mit dem Schwerpunkt Mobbing an Schulen aus psychologischer Perspektive (2004). Davon wird explizit auf die Forschungsergebnisse von Fuchs, Lamnek und Luedtke (2001) hingewiesen, die durch die Befunde bei Tillmann, Holler-Nowitzki, Holtappels, Meier und Popp (2009) sowie diejenigen bei Melzer (2006)[144] oder Melzer, Schubarth und Ehninger (2011) ergänzt werden, denn in den Forschungsprogrammen der beiden zuletzt genannten Autorengruppen sind ähnliche Ergebnisse wie bei Fuchs, Lamnek und Luedtke (2001) zu finden. Ebenso werden die Befunde aus dem Forschungsvorhaben von Alsaker (2004) und anderer Forschergruppen vorgestellt, die sich spezifisch mit dem Thema Mobbing an Schulen aus psychologischer Sicht auseinandergesetzt haben (vgl. zum Design dieser Studien die Übersicht sieben im Anhang).

Für die *Erklärung von Aggression oder Gewalt* werden verschiedene Theorien vorgeschlagen, die entweder an die soziologische oder an die psychologische Denkrichtung anknüpfen und in den Traditionen dieser beiden Disziplinen verankert sind (Hurrelmann & Bründel, 2007, S. 33–50; in Ergänzung die Zusammenfassung bei Melzer, Schubarth & Ehninger, 2011, S. 55–71; und Dollase, 2010, S. 74–80). So liegt die Betonung in den psychologisch orientierten Theorien zur Erklärung von Devianz auf Verhaltensgenetik oder genetischen Dispositionen, Faktoren in der Persönlichkeitsstruktur eines Menschen, der Wechselwirkung zwischen Persönlichkeitsmerkmalen und Umwelteinflüssen oder den Entwicklungsimpulsen einer Persönlichkeit im Lebensverlauf. Im Gegensatz dazu heben die Theorien zur Erklärung abweichenden Verhaltens in der soziologischen Tradition die Rolle von Umwelteinflüssen in der Familie, Schule oder anderen Sozialisationsinstanzen, von sozialen Strukturen oder wirtschaftlichen und politischen Makrostrukturen bei der Entstehung von Gewalt hervor. Zu den psychologischen Erklärungsansätzen zählen Trieb- und Instinkttheorien (z. B. das *Dampfkesselmodell*), Emotionstheorien (Aggressionen aufgrund von inneren Erregungs- und Gefühlzuständen z. B. Frustration (Frustrationstheorie)), Lerntheorien (Aggressionen als erlerntes Verhalten, z. B. Lernen am Modell, durch Erfolg oder Misserfolg, kognitives Lernen) oder psychoanalytische Theorien (Aggressionen als Folge einer Persönlichkeitsstörung). Den soziologischen Erklärungsansätzen werden Theorien zugeordnet wie die Konflikt- und Spannungstheorien (abweichendes Verhalten als Folge von sozialstrukturell bedingter Regellosigkeit oder fehlender Anerkennung (Anomietheorie), aufgrund des Entzugs autonomen Handelns (Strain- oder Stress-Theorie), als Anpassung an Subkulturen aufgrund widersprüchlicher Er-

144 Vgl. auch die Befunde bei Rostampour und Melzer (2009), Schubarth, Darge, Mühl und Ackermann, (2009).

fordernisse der Gesamtkultur (Subkulturtheorie)), Etikettierungs- und Definitionstheorien (interaktionistische Perspektive: Abweichendes Verhalten als Konsequenz auf gesellschaftliche Zuschreibungsprozesse (*Labeling Approach*) mit selektiver Normsetzung nach primärer Devianz mit der Folge einer sekundären Devianz) und soziale Kontrolltheorien (abweichendes Verhalten infolge loser Bindungen in sozialen Systemen und geringer Identifizierung mit einer Organisation und ihren Zielen). Darüber hinaus werden weitere Erklärungsansätze genannt wie die Individualisierungstheorie (gesellschaftliche Modernisierungsprozesse in Zusammenhang mit Desintegration und Verunsicherung als Ursache für Gewalt), geschlechtsspezifische Erklärungsmuster (Gewalt als vorwiegend männliches Phänomen), die Sozialisationstheorie (Gewalt als Form der Realitätsbewältigung und Bewältigung von Diskrepanzen zwischen den Handlungskompetenzen von Individuen und den Erfordernissen der Gesellschaft) und der schulbezogene sozialökologische Erklärungsansatz (Gewalt als Ergebnis der subjektiven Bewältigung der Wechselbeziehung zwischen schulischen Bedingungen und Merkmalen der individuellen Persönlichkeitsstruktur) (Melzer, Schubarth & Ehninger, 2011, S. 70–71).

Im Unterschied zu Gewalt im Allgemeinen wird von *Mobbing* immer dann gesprochen, wenn sich bestimmte Formen von Gewalt, seien es direkte oder indirekte negative Handlungen mit instrumentellen Zielen, systematisch bzw. wiederholt gegen bestimmte Personen richten und sich die Opfer eindeutig identifizieren lassen, wobei die Täter(innen) den Opfern überlegen sind (Alsaker, 2004, S. 17–24). Von Marées und Petermann (2008) definieren *Bullying* folgendermaßen: „Bullying bezeichnet eine spezifische Form aggressiven Verhaltens, nämlich die wiederholte und über einen längeren Zeitraum andauernde Erniedrigung, Drangsalierung und/oder Quälerei bestimmter Kinder durch Gleichaltrige, wobei ein Machtungleichgewicht zwischen Täter und Opfer bestehen muss" (S. 161). Die Autorin und der Autor führen dazu in ihrer Übersicht auf der Basis einer Literaturauswertung weiter aus (S. 161–162): In Bezug auf Bullying wird zwischen unterschiedlichen Formen (körperlich, verbal und/oder relational) unterschieden, wobei körperliche Aggression im schulischen Kontext weniger häufig praktiziert wird als verbale (Beschimpfungen, Beleidigungen oder Herabsetzungen), nonverbale oder indirekte bzw. verdeckte Formen des Bullyings (soziale Manipulation oder relationale Aggression, z. B. das Ausschließen aus der Gruppe, Verbreiten von Gerüchten oder Ignorieren). Im Gegensatz dazu ist bei jüngeren Kindern häufig das Wegnehmen, Verstecken oder Zerstören von Gegenständen, die ein Kind besitzt und die für ein Kind eine Bedeutung haben, zu beobachten. In der Forschung wird heute in Bezug auf Bullying von einem gruppendynamischen Phänomen ausgegangen

(Scheithauer, Hayer & Bull, 2007, *Participant Role Approach* S. 141 oder Schäfer & Korn, 2004[145]; Olweus, 2002) und in diesem Zusammenhang von der sozialen Intelligenz der Täterin oder des Täters gesprochen, die bzw. der geschickt und zielorientiert ihre bzw. seine Opfer drangsaliert, wobei letztere Annahme umstritten ist. Meist werden die Begriffe Bullying, Mobbing, Plagen, Schikane oder Viktimisierung synonym für Täter- und/oder Opfererfahrungen und -beziehungen gebraucht. Mobbing unter Kindern umfasst verschiedene Phasen und unterschiedliche Aspekte (Alsaker, 2004, S. 24–37) wie:

> Erniedrigung der Opfer, Schweigen des Umfeldes und Opfers, Hilflosigkeit und Isolation des Opfers, Passivität und fehlende oder fehlgeschlagene Interventionen der zuschauenden Personen (Kinder oder Erwachsene), Mobbing als Spaßfaktor, keine situative Alternativen, verschiedene Rollenzugehörigkeiten (Täter, passive Opfer, Täter-Opfer, Mitläufer oder passive Täter, direkte Assistenten, Verstärker, Helfer(innen) des Opfers, Außenstehende oder Zuschauer), positive Rückmeldungen, Macht, Gruppenzugehörigkeit, Herstellung von Spannung im schulischen Alltag als Ausgleich von Langeweile, als Gewinne und Ziele von Mobbern, Nachahmung infolge von Gruppenprozessen wie Abbau von Selbstkontrolle, Verantwortungsdiffusion, Änderung individuell verankerter moralischer Grundsätze und Übernahme der Gruppennorm wie auch die Schaffung neuer Rechtfertigungen, keine Wahrnehmung durchschlagender Konsequenzen, Entmenschlichung der Opfer als Endpunkt, unangemessene Toleranz von Erwachsenen aufgrund von Missverständnissen, fehlendem Wissen über Mobbing und eines Informationsmangels.

Im Gegensatz zu Mobbing und Bullying sind jedoch unter *Viktimisierung* im engeren Sinne nur Opfererfahrungen zu verstehen. Bullying ist mit sozialen und emotionalen Störungen und Verhaltensproblemen im Kindes- und Jugendalter verbunden sowie nach Geschlecht und Alter der Kinder und Jugendlichen unterschiedlich ausgeprägt (vgl. dazu die Befunde von Kruse & Peter-

145 Schäfer und Korn (2004) ermitteln in ihrer Untersuchung in vier sechsten Klassen an zwei Hauptschulen (104 Schüler(innen)) sechs verschiedene Bullying-Rollen im sozialen Gefüge einer Schulklasse aufgrund der Zuweisung sozialer Positionen (soziale Präferenz und sozialer Einfluss) und reziproker Beziehungen (Freundschaften) in Form von Selbst- und Fremdeinschätzungen: Opfer, Verteidiger des Opfers, Außenstehende, Täter, Assistent und Verstärker des Täters als Primär- und auch als Sekundärrollen. Freundschaften und soziale Netze im Klassenkontext kennzeichnen nicht nur ein Verhaltensmuster ohne Aggressionen, sondern ebenso soziale Rollen im Kontext von Bullying jenseits von Opfern und Tätern, eben jene *Rollen in zweiter Reihe*, aufgrund derer Schüler(innen) je nachdem zwei Lagern zugeteilt werden können (einerseits Opfer, Verteidiger der Opfer, Außenstehende und Schüler(innen) ohne Rolle, andererseits Täter und ihre Assistenten und Verstärker). Diese Studie entstand im Rahmen der Validierung, Erprobung und Anpassung eines internationalen Instruments zur Erfassung von Bullying im Klassenkontext vor dem Hintergrund des *Participant Role Approach* für den deutschsprachigen Raum.

mann, 2010, oder Lösel, Bliesener & Averbeck, 2009, zu *Erlebens- und Verhaltensprobleme von Täterinnen und Tätern und Opfern* wie sozialer Rückzug bei Opfern, soziale Probleme, internalisierende Störungen und Angst/Depressivität bei Opfern und Täter-Opfern, körperliche Beschwerden, Selbstwert- und Identitätsprobleme, Aufmerksamkeits- und Impulsivitätsprobleme und andere psychische Probleme bei allen Täter- und Opfergruppen, externalisierende Störungen, delinquentes und aggressives Verhalten und auch zwanghaft-schizoide Probleme vor allem bei Täterinnen und Tätern sowie Täter-Opfern): Generell gesehen, sind Jungen sowohl häufiger in Bullying involviert als auch zugleich häufiger Täter und Opfer im Vergleich zu Mädchen (vgl. dazu die Zusammenfassung von Euler, 2009, zu geschlechtsspezifischen Unterschieden in interpersonaler Aggression und den Erklärungsansätzen dafür mit Fokus auf Verhaltensgenetik; und Popp, 2009, zu Gewalt als eine Interaktionsform der Geschlechter, weiblichen Ausdrucksformen aggressiver Verhaltens- und Rollenmuster sowie zu Sozialisationsprozessen physisch gewalttätiger Mädchen).

*Gender- und altersspezifische Differenzen im aggressiven Verhalten von Kindern und Jugendlichen* lassen sich in der Metaanalyse von Scheithauer, *Haag, Mahlke und Ittel (2008)* zu indirekten und relationalen Formen aggressiven Verhaltens aus der Perspektive der Entwicklungspsychologie und differentiellen Psychologie in Bezug auf die Persönlichkeitsentwicklung nicht bestätigen, wobei in dieser Analyse nicht eindeutig der kontextuelle Bezug der untersuchten Gewalthandlungen in den ausgewählten Studien hervorgeht, und somit in Anbetracht der bereits berichteten und im Weiteren vorgestellten Forschungsergebnisse zu Gender- und Altersdifferenzen in Gewalthandlungen aus dem soziologischen oder pädagogischen Blickwinkel evtl. Unterschiede zwischen allgemeinen und schulspezifischen Verhaltensmustern berücksichtigt werden müssten, insbesondere ihre Einflussgrößen betreffend. Allerdings zeigen doch gerade auch diese Forschungsergebnisse zu schulischer Gewalt eindrucksvoll, dass Mädchen und Jungen und tendenziell auch ältere und jüngere Kinder in diesem Verhalten, indirekte und relationale Gewalthandlungen, nicht wesentlich voneinander abweichen.

Forschungsergebnisse von Fuchs, Lamnek und Luedtke (2001, S. 105–166) in ihrer Studie zu Gewalt in Schulen auf der Sekundarstufe I in Bayern bestätigen geschlechtsspezifische Differenzen in den Gewalthandlungen von Jugendlichen in erwarteter und genannter Richtung und ebenso altersspezifische in der Art, dass vor allem 14- bis 17-jährige Jugendliche häufiger in verschiedene Formen von Gewalthandlungen verwickelt sind als jüngere oder ältere Heranwachsende. Dies ist insbesondere in Hauptschulen und bei beiden Geschlechtern zu beobachten. Physische Gewalt ist am häufigsten in Hauptschulen verbreitet, aber auch in Berufs- und Realschulen, weniger hingegen in Gymnasien, weshalb anzunehmen ist, dass mit steigendem Bildungsniveau die Gewaltbereitschaft sinkt. Die Wahrscheinlichkeit zum Opfer physischer Attacken zu werden (Viktimisierung) ist bedeutend geringer als diejenige, zum Opfer verbaler Attacken zu werden, was insbesondere männliche Jugendliche und Hauptschüler(innen) betrifft. Die Gruppe der an Gewalthandlungen Unbeteiligten oder Opfer (Viktimisierung) unter Kindern hat im zeitlichen querschnittlichen Verlauf zugenommen, bei Jugendlichen in Gymnasien und Berufsschulen dagegen tendenziell abgenommen.

Opfer- und Täterbeziehungen sind häufig von Wechselseitigkeit geprägt, insbesondere dann, wenn physische Gewalt mit im Spiel ist, die eine bemerkenswert interne Konsistenz besitzt, so die Autoren. Insofern gehen physische und psychische Gewalt oftmals Hand in Hand. Verbaltäter(innen) und Gruppen mit heterogenen Formen der Gewaltausübung kommen vergleichsweise am häufigsten in Schulen vor (in 60% der Fälle mit Verbalattacken auch physische Gewalthandlungen). Verbalattacken sind unter weiblichen Schülern weitaus häufiger verbreitet als unter männlichen. Das Gegenteil trifft auf physische Gewalthandlungen zu. Gleiches gilt für Jugendliche in Gymnasien im Vergleich zu Jugendlichen in Haupt-, Berufs- und Realschulen.

Desgleichen üben Jugendliche Gewalt nicht nur gegenüber ihren Mitschülerinnen und Mitschülern aus, sondern auch gegenüber ihren Lehrkräften, insbesondere Sachbeschädigungen, selten dagegen Bedrohungen oder physische Gewalt, vor allem ältere männliche Jugendliche in Haupt- Berufs- und Realschulen, weniger solche in Gymnasien, oder sind zumindest daran beteiligt. Dennoch finden Gewalthandlungen gegenüber Lehrkräften, insgesamt betrachtet, selten statt. Aus Sicht eines Großteils der Lehrkräfte in der Stichprobe hat die Gewalt überwiegend in spezifischen Schulen zugenommen. Rund ein Drittel davon hält die Gewaltzunahme in Schulen für ein allgemeines, aber nicht dramatisches Problem. Ausschlaggebend für diese Einschätzung erweist sich die Berufserfahrung der Lehrkräfte, aus deren Sicht einerseits Schüler(innen) heute mehr als früher gewalttätig werden, andererseits gibt es eine Gruppe davon, die häufig Gewalt ausüben, vor allem an Schwerpunktschulen. Lehrkräfte nehmen einen Gewaltanstieg unter Schülerinnen und Schülern sowie gegenüber Lehrkräften im zeitlichen Verlauf in quantitativer, aber nicht in qualitativer Hinsicht wahr. Dennoch haben sich die Gewaltformen in ungünstiger Richtung gewandelt (hin zu brutaler, roher Gewalt etc.). Ein Großteil der befragten Lehrkräfte hat im beruflichen Alltag selbst schon einmal physische Gewalt nach einer verbalen Provokation, Vandalismus, verbale Aggressionen oder eine Steigerung der physischen Gewalt mit schwerwiegenden Folgen erlebt bzw. beobachtet, vor allem diejenigen in Hauptschulen und in der eigenen Schule. Insgesamt betrachtet, sind solche Gewalthandlungen jedoch eher selten wahrzunehmen. Eine Gewaltzunahme in Cliquen oder gegenüber Lehrkräften und auch eine Zunahme heftiger physischer Gewalt oder von Nötigungen mit Waffen sind hingegen nicht festzustellen. Ein bedeutender Anteil der Lehrkräfte war selbst schon einmal Opfer von Beleidigungen, eines Diebstahls oder einer Sachbeschädigung seitens der Schüler(innen), ebenso behaupten sie dies für ihre Kolleginnen und Kollegen. Bei allen anderen Formen von Gewalthandlungen gegenüber Lehrkräften handelt es sich mehr um marginale Phänomene.

Die Ursache für Schülergewalt ist nach Ansicht der Lehrkräfte im außerschulischen Kontext zu suchen (z. B. physische Gewalt zu Hause erfahren, männliche Jugendliche gewaltbereiter, Medienkonsum z. B. Horrorfilme, Gangmitgliedschaft, Alkoholkonsum). Lehrkräfte ohne Gewalterfahrungen in Form von Beleidigungen seitens der Schüler(innen) halten dieses Thema erstens für ein Problem von Schwerpunktschulen und zweitens für ein allgemeines Problem mit zunehmender, aber nicht dramatischer Tendenz. Von genau dem Gegenteil sind solche Lehrkräfte überzeugt, die Beleidigungen seitens der Schülerschaft schon einmal ertragen mussten. Ein Teil davon hat sich für eine dramatische Entwicklung solcher Verbalattacken in quantitativer Hinsicht ausgesprochen. Trotz dieser Befundlage kommen Fuchs, Lamnek und Luedtke (2001) zu dem Gesamtergebnis, dass die Jugend von heute besser als ihr Ruf ist, was sich anhand von normativen Orientierungen wie Normenkritik, Devianzattraktion und Generationenkonflikt belegen lässt, und das typische Stereotyp von Jugend in Bezug auf die oben genannten Aspekte im ungünstigsten Fall auf ca. 4% der Jugendlichen in der Stichprobe ihrer Studie zutrifft und eine Gewaltspirale nur bei maximal ca. 2,2% festzustellen ist (S. 185). Insofern kann bei der Jugend von heute, global betrachtet, keineswegs von einer Subkultur die Rede sein.

Tillmann, Holler-Nowitzki, Holtappels, Meier und Popp (2009) beschreiben in ihrer Studie für Hessen ähnliche Befunde zum Ausmaß schulischer Gewalt wie Fuchs, Lamnek und Luedtke (2001) für ihre Studie in Bayern in den 1990er Jahren. Lediglich im Zeitvergleich zwischen 1972 und 1995 konnten erstere eine zunehmend größer gewordene Gruppe an Aktivisten mit Störungen und Defiziten im Sozialverhalten feststellen (S. 151–152), die sich vorwiegend in Hauptschulen häufen, aber beständig eine Minderheit bilden. Dieses Phänomen erklären sie mit Desintegrationstendenzen als negative Kehrseite der allgemeinen gesellschaftlichen Individualisierung, was eine Zunahme der alltäglichen Formen der Schuldevianz mit Auswirkungen auf einen reibungslosen Ablauf im Unterricht[146], aber nicht härter gewordene Gewalthandlungen zur Folge hat.

146 Dazu zählen die Zunahme egoistischer Orientierungen, Vermeidung kollektiver Pflichten, mangelnde Frustrationstoleranz und die fehlende Fähigkeit zum Bedürfnisaufschub. Als Gründe dafür nennen Tillmann, Holler-Nowitzki, Holtappels, Meier und Popp (2009, S. 151–152) unsichere Berufs- und Zukunftsperspektiven und geringe zeitliche Investitionen der Eltern in die schulischen Angelegenheiten ihrer Kinder. Diese gesellschaftlichen Rahmenbedingungen machen Schüler(innen) nicht nur zu Täter, sondern ebenso zu Opfer.

Weitere in der Studie von Tillmann, Holler-Nowitzki, Holtappels, Meier und Popp (2009) bemerkenswerte Ergebnisse machen deutlich, dass Täter-Opfer-Wechselwirkungen bei Mädchen teilweise verbreiteter sind als bei Jungen, vor allem jüngere Täter(innen) und solche an Förderschulen häufiger auch zu dauerhafte Opfer physischer oder psychischer Gewalt werden (S. 113–127). Lehrkräfte empfinden mehr Angst und auch Ärger bei der Beobachtung von Gewalthandlungen in der Schule als Schüler(innen). Letztere sehen dies dagegen als normal an (S. 133). Beide Gruppen verhalten sich aber nicht selten nach der *Vogel-Strauß-Methode* und greifen nicht ein (S. 134).

Aus der Expertenperspektive der Schulleitungen stellt Gewalt in der Schule kein allgemeines Problem dar, sondern lediglich eine Belastung spezifischer Schulen (ca. 12%), wobei dieses Ergebnis nach Ansicht der Autorinnen und Autoren in Anbetracht der begrenzten Wahrnehmungsmöglichkeiten dieser Experten und vermuteter sozialer Erwünschtheit in methodischer Hinsicht unter Vorbehalt zu interpretieren ist (S. 81). Im Gegensatz dazu nehmen Lehrkräfte wesentlich mehr Gewalthandlungen in Schulen wahr, vor allem diejenigen in Sonderschulen und integrierten oder kooperativen Gesamtschulen im Vergleich zu Hauptschul-, Realschul- und Gymnasiallehrkräften, insbesondere schwere Delikte physischer und psychischer Gewalt wie Körperverletzung, Vandalismus, Erpressung, ausländerfeindliche Sprüche oder sexistische Anmache (S. 81–87). Allerdings vermuten die Autorinnen und Autoren, dass diese Einschätzungen von persönlicher Betroffenheit der Lehrkräfte geprägt sind. Schüler(innen) und Lehrkräfte perzipieren in Bezug auf die Qualität von Gewalthandlungen mehr psychische als physische Formen davon und bringen diese überwiegend in dieselbe Rangfolge (S. 87–96). In quantitativer Hinsicht liegen jedoch größere Diskrepanzen zwischen beiden Gruppen in den Einschätzungen der meisten Gewaltformen vor. Lehrkräfte registrieren demnach mehr Gewalthandlungen in der Schule als Schüler(innen), was vermutlich an deren stärkeren Sensibilisierung für dieses Thema, aber auch an unterschiedlichen Vorstellungen darüber, vor allem im Bereich verbaler Gewalt, liegen könnte, desgleichen auch daran, dass sie in verschiedenen Klassen unterrichten und somit mit mehr und unterschiedlichen Schülergruppen Kontakt haben als einzelne Schüler(innen) (S. 95–96).[147] Darüber hinaus zeigen die Ergebnisse, dass die Wahrnehmung der Lehrkräfte von Gewalt stark von der jeweiligen Schulform abhängt, dementsprechend erleben sie mehr Gewalt in Hauptschulklassen.

147 Im Unterschied zu diesen Ergebnissen kommen Schwind, Roitsch und Gielen (2009) in ihren Untersuchungen in Bochumer Schulen zu dem *Resümee* von unwesentlichen Unterschieden in den Einschätzungen und Wahrnehmungen von Gewalt in Schulen aus der Perspektive verschiedener Personenkreise wie Schulleiter(innen), Schüler(innen), Lehrer(innen), Hausmeister(innen), Eltern oder Sekretäre und Sekretärinnen, d. h., dass größtenteils nur marginale Differenzen in den Beurteilungen dieser Gruppen vorliegen.

Was die Selbstberichte der Schüler(innen) zu Gewalthandlungen betrifft, so ist als Gesamtergebnis festzuhalten, dass sich auch in der hessischen Studie der besagte Gendereffekt zuungunsten der Jungen einstellt. Sonderschüler(innen) üben am häufigsten, Schüler(innen) in Gymnasien am wenigsten physische und psychische Gewalt aus oder zeigen deviantes Verhalten in der Schule, ebenso auch jüngere im Vergleich zu älteren Schüler(innen) (Sechstklässler(innen) gegenüber Acht- bis Zehntklässler(innen)). Formen psychischer und verbaler Gewalt und auch schuldeviantes Verhalten sind im Schulalltag weitaus häufiger verbreitet als Formen physischer Gewalt und schwerwiegende Delikte wie Körperverletzung, Erpressung, Waffenbesitz oder schwere Sachbeschädigung. Allerdings weisen die Befunde auch darauf hin, dass Mädchen im Allgemeinen und Schüler(innen) in Gymnasien im Besonderen fast ebenso häufig in Formen psychischer Gewalt involviert sind wie Jungen, generell betrachtet, und Schüler(innen) in anderen Schulformen. Psychische und verbale Gewalt ist damit prinzipiell in allen Schulformen zu beobachten, wobei hierzu ein Definitions- und Abgrenzungsproblem oftmals vorliegt (z. B. Jugendsprache oder verbale Attacke? S. 112). Physische Gewalt wird dagegen von einem sehr geringen Anteil, aber harten Kern der Schüler(innen) (ca. 4% je Delikt) ausgeübt. Die Forschungsannahmen zu den Einflüssen von Geschlecht, Schulformen und Alter haben sich damit vor allem in Bezug auf Formen physischer Gewalt bestätigt (männlich, älter, Hauptschule), nicht jedoch in Bezug auf Formen psychischer Gewalt oder Schuldevianz (S. 111–112). Das Szenario eines zunehmend bedrohlichen Gewaltproblems in Schulen trifft somit auch in dieser Studie in Hessen nicht zu, jedoch sind einige Schulformen und spezifische Schulen in einem besonderen Maße davon betroffen (S. 112).

Aggressives Verhalten von Schülerinnen und Schülern stellt ein Risikofaktor für deren Schulerfolg dar (Wettstein, 2008, S. 175–176). Hierzu sind nicht nur individuelle Merkmale von Kindern als verursachende Faktoren in den Blick der Forschung gerückt, sondern ebenso auch Merkmale von Lehrkräften, Klassen und Schulen sowie des Unterrichts und Unterrichtskontextes (vgl. Petermann & Koglin, 2010; Wettstein, Thommen & Eggert, 2010)[148], wobei in Bezug auf letztere verursachende Merkmale von einer Situationsspezifität aggressiven Verhaltens gesprochen wird (Wettstein, Thommen & Eggert, 2010, S. 88) und die Wechselwirkung zwischen Mobbing und Schulerfolg von den Wertigkeiten im schulischen Kontextes abhängt (vgl. dazu die Übersicht zum Forschungsstand bei Alsaker, 2004, S. 153–155, z. B. gute schulische Leistungen

148 Vgl. Übersicht sieben im Anhang: Forschungsergebnisse zu schulischen Einflussgrößen von Gewalt an Schulen bei Tillmann, Holler-Nowitzki, Holtappels, Meier & Popp (2009, S. 199–238; vgl. auch Meier, 2009), Hurrelmann & Bründel (2007, S. 104–132), Funk & Passenberger (2009), Kühnel & Matuschek (2009), Heitmeyer & Ulbrich-Herrmann (2009).

mit hohem sozialen Prestige in der Schule verbunden). Alsaker (2004, S. 153–155) bezieht sich in ihrer Übersicht auf eine Reihe an empirischen Untersuchungen, die Mängel in den schulischen Ergebnissen sowohl für Täter(innen) als auch für aggressive bzw. provokative Opfer (Täter-Opfer) belegen, und somit von einem Zusammenhang zwischen Täter- und Opfererfahrungen und Schulerfolg oder Aufmerksamkeitsstörungen auszugehen ist, erklärt mit lernmotivationalen oder schulbezogenen emotionalen Faktoren oder vermittelt über diese Faktoren. Allerdings sind in derartigen korrelativen und deskriptiven Analysen Ursachen und Wirkungen stets unklar. Aufgrund dessen ist von einem generellen und bedeutenden Wirkzusammenhang zwischen Gewalthandlungen in Schulen, Delinquenz außerhalb der Schule (z. B. Einbruch) oder Gewaltbilligung (z. B. Einstellungen zu Gewalt wie *Auge um Auge, Zahn um Zahn, so ist nun einmal das Leben*) und Schulerfolg (Leistungsstand und Zensuren) oder Schulversagen in der schulischen Biographie (z. B. Klassenwiederholung, Schulformabstieg oder versetzungsgefährdet) nicht auszugehen, auch wenn ein solcher in der Tendenz bei vereinzelten Schülergruppen festzustellen ist (z. B. bei Sechstklässler(innen) in Gymnasien und Förderschulen) und somit diese Beziehung keineswegs als trivial einzustufen ist. Diese ist vor allem bei Mädchen und verschiedenen Schulversagergruppen zu beobachten, die schulischen Mißerfolg nicht selten mit Gewalt bewältigen oder zumindest eine höhere Gewaltbereitschaft und psychosoziale Vulnerabilität zeigen, und auch bei den beiden erwähnten Gruppen, Sechstklässler(innen) in Gymnasien und Förderschulen, oder bei Acht- bis Zehntklässler(innen) in Hauptschulen oder integrierten Gesamtschulen, die in Anbetracht des drohenden Versagens in der Schule dem Schulerfolg eine hohe Wertigkeit beimessen. Zu diesen Einschätzungen gelangen Tillmann, Holler-Nowitzki, Holtappels, Meier und Popp (2009, S. 239–301) in ihrer Studie. Diese Autorinnen und Autoren konnten in ihren Analysen für den Zusammenhang zwischen Täter- und Opfererfahrungen und Schulversagen nur schwache Korrelationen ermitteln. Deshalb schlussfolgern sie, von einem kausalen globalen Wirkzusammenhang zwischen Frustration in der Schule aufgrund schlechter Leistungen und Gewaltbereitschaft eher abzusehen, wohingegen soziale Etikettierung und eine Außenseiterpositionierung (Desintegration) in den Selbstberichten der Jugendlichen eher dafür ausschlaggebend sind, ob sich drohendes schulisches Versagen in Gewalt entlädt. Derartige Wahrnehmungen von Schülerinnen und Schülern korrelieren erheblich mit Gewaltbereitschaft und Gewaltausübung und gehen mit personalen und psychosozialen Schwächen (z. B. Schulunlust, Schulangst, geringes Selbstvertrauen, mangelnde Selbstbeherrschung) oder ungünstigen schulischen (z. B. wahrgenommener Leistungsdruck, Desintegration, Konkurrenz, Restriktivität) und außerschulischen Umweltbedingungen (z. B. Restriktivität in der Familie, Intoleranz und aggressive Konfliktlösung in den Cliquen) als externale Verursachungen einher. Sie sind damit deterministisch mit direkten und indirekten

Effekten in einem kausalen Sinne mit schulischem Misserfolg verknüpft, was die genannten Autorinnen und Autoren als einen Beleg für den Labeling-Ansatz bewerten. Somit kann auch die Schule und nicht nur das außerschulische Umfeld als Produzent von Gewalt angesehen werden, denn Schüler(innen) aus gewaltbereiten und weniger gewaltbereiten Klassen unterscheiden sich nicht nur in Bezug auf ihre Einschätzungen des außerschulischen Kontextes, sondern ebenso in Bezug auf ihre Beurteilungen der Merkmale der Lernkultur (Lebensweltbezug, Schülerorientierung, Lehrerengagement, Leistungsdruck) und des Sozialklimas in der Klasse (Restriktivität und Beziehung zwischen Schülerinnen und Schülern untereinander entlang der Dimensionen wie Kohäsion, soziale Bindung, Konkurrenz oder Desintegration sowie Beziehung zu ihren Lehrkräften hinsichtlich ihrer Akzeptanz). Alle diese Ergebnisse verdeutlichen, dass ein einfaches monokausales Modell zur Erklärung von Gewalt an Schulen nicht angemessen und ausreichend ist. Vielmehr ist von einem komplexen Wirkgefüge und *Sowohl-als-auch* auszugehen.

*Außerschulische Einflussgrößen* von Gewalt an Schulen werden häufig im familialen Kontext, in den Peerbeziehungen und im Medienkonsum von Kindern und Jugendlichen gesucht. (vgl. Fuchs, Lamnek & Luedtke, 2001; oder Tillmann, Holler-Nowitzki, Holtappels, Meier & Popp (2009))[149]. Kulturelle und migrationsbedingte Unterschiede im Ausmaß schulischer Gewalt von Schülerinnen und Schülern sind allerdings faktisch bedeutungslos (vgl. Fuchs, 2009, zu Analysen von Unterschieden schulischer Gewalthandlungen von deutschen und nichtdeutschen Schülerinnen und Schülern). Hinsichtlich des Einflusses der sozioökonomischen Lage einer Familie und der Familienstruktur auf die Mobbingerfahrungen eines Kindes zeigt sich in der Berner Kindergartenstudie von Alsaker (2004), dass Täter-Opfer-Kinder häufig in sogenannten Fortsetzungsfamilien leben (Stief- oder Patchworkfamilien) und sozioökonomischen Härten ausgesetzt sind (Index aus finanzieller Belastung und Wohnbelastung der Familie, Typus der Elternschaft und Bildungsniveau der Eltern: 50% der Täter-Opfer-Kinder im Vergleich zu 25% der anderen Kinder von mindestens einer Belastung betroffen, S. 108–114). Außerdem sind häufig bei diesen Kindern psychosoziale Defizite, Entwicklungsrisiken (z. B. sprachlicher Art) und schlechte soziale Beziehungen festzustellen, was vor allem auf die Täter(innen) und weniger auf die Opfer zutrifft (S. 114–120). Täter(innen) sind als weniger prosozial und kooperativ einzuschätzen, können sich dafür aber besser durchsetzen und abgrenzen und sind zugleich gut sozial eingebettet und beliebt. Das Gegenteil gilt für die Opfer. Täter-Opfer-Typen nehmen bezüglich

---

149 Vgl. Übersicht sieben im Anhang: Forschungsergebnisse zu außerschulischen Einflussgrößen auf Gewalt an Schulen bei Tillmann, Holler-Nowitzki, Holtappels, Meier & Popp (2009, S. 153–198), Hurrelmann & Bründel (2007, S. 50–62).

ihres sozialen Verhaltens und ihrer sozialen Einbettung eine Zwischenposition ein (S. 121–143). Mobbing führt generell bei involvierten Kindern zu psychosozialen Beeinträchtigungen: Vor allem bei Opfern und teils auch bei Täter-Opfern nehmen internalisierende Verhaltenstendenzen wie Ängstlichkeit, Depressivität und körperliche Beschwerden zu, bei Tätern und auch Täter-Opfern dagegen vorwiegend externalisierende Verhaltenstendenzen wie Delinquenz (S. 163–179).[150] Täter und Opfer im Schulalter (auch Täter-Opfer) sind mit ihrem Körper (Aussehen und Fitness) bedeutend unzufriedener als Kinder ohne Täter- und Opfererfahrungen. Vor allem passive Opfer im Kindergarten werden bzgl. ihres Äußeren (körperliche Stärke) von anderen Kindergartenkindern sehr gering wertgeschätzt (S. 155–160). Ähnliches lässt sich auch für ihren Selbstwert feststellen. Im Hinblick auf die soziale Integration von Kindern und Jugendlichen in Abhängigkeit von ihrer Mobbingrolle in den Untersuchungen von Alsaker (2004, S. 121–143) ist zusammenfassend festzuhalten: Nicht-Involvierte, Täter(innen) und Täter-Opfer zeichnen sich durch eine hohe Beliebtheit im Kindergarten und in der Schule aus. Sie besitzen ein hohes Maß an Durchsetzungsvermögen wie prosoziale Führung, Anspruch einer Anführerrolle oder Abgrenzung. Opfer hingegen werden häufig abgelehnt und ziehen sich aufgrund dessen zurück, was wiederum dazu führt, dass sie als introvertiert, einsam und isoliert von außenstehenden Personen wahrgenommen werden. Letzteres ist in der Tendenz auch bei Täter-Opfern zu beobachten. Im Gegensatz dazu ist kooperatives und prosoziales Verhalten mehr bei unbeteiligten Personen und Opfern zu finden (Teilen, Hilfe anbieten, Zuhören, umgängliche und mitfühlende Art etc.), auch wenn die Soziabilität von Täter(innen) und Täter-Opfern teils größer ist (Wohlfühlen in der Gruppe, kontaktfreudig und kommunikativ). Im Einklang mit letzterem ist zugleich das Prahlen und offen aggressive und verbal oder indirekt aggressive Verhalten dieser beiden Gruppen zu sehen.

---

150 Internalisierende Verhaltenstendenzen sind bei Täter- und Opfergruppen im Kindergarten und in der Schule in Bezug auf folgende Dimensionen festzustellen (Alsaker, 2004, S. 163–172): Körperliche Beschwerden vor allem bei Opfern und auch bei Täter-Opfern im Kindergarten, in der Schule vor allem bei Täter-Opfern und etwas bei Opfern und Täterinnen und Tätern; depressive Tendenzen bei Täter-Opfern und Opfern in der Schule sowie bei jüngeren Opfern und älteren Täter-Opfern und Opfern im Kindergarten; bedeutende Ängstlichkeit bei Jungen als Opfer und in einem geringeren Maße bei Mädchen als Opfer im Kindergarten; vor allem soziale Angst, weniger dagegen Testangst bei Täter-Opfern und Opfern in der Schule. Externalisierende Verhaltensprobleme können bei Kindergarten- und Schulkindern ermittelt werden (Alsaker, 2004, S. 172–178): Diebstahl in einem Geschäft in erster Linie bei Tätern und Täter-Opfern in der Schule zu beobachten, aber auch in einem geringen Maße bei Opfern; Diebstahl in der Schule und von Fahrrädern, aggressives Verhalten (auch bei Kindergartenkindern) und antisoziale Handlungen generell, Tragen von Waffen, Vandalismus, Gewalt gegen Erwachsene bei Täterinnen und Tätern und Täter-Opfern; Diebstahl von Geldbörsen vor allem bei Täterinnen und Tätern.

Zur Prävention von Gewalt in Schulen existieren verschiedene Handlungsansätze auf unterschiedlichen Ebenen, die stets nur im Zusammenspiel wirksam sein und den Erfolg eines Präventions- oder Interventionsprogramms garantieren können (vgl. Scheithauer & Bull, 2009), auf die an dieser Stelle jedoch nicht explizit eingegangen werden kann.

### 2.4.5. Sozialräumliche Aspekte der Eingangsselektivität von Schulen und Schulklassen

Einflüsse sozialräumlicher Faktoren auf den Schulerfolg oder die Entwicklung im Kindes- oder Jugendalter im Allgemeinen werden in der Theorie und Empirie vor dem Hintergrund sozialräumlicher Segregationsprozesse, vor allem in städtischen Regionen, und der damit verbundenen Eingangsselektivität in Schulen unter dem Stichwort Kontext- oder Kompositionseffekte diskutiert, letztere insbesondere in Zusammenhang mit der sozialstrukturellen Zusammensetzung der Schülerschaft in Schulen und Klassen. In einer frühen Untersuchung von Willms (1986) in Schottland zu dieser Thematik kommt der Autor auf der Basis von Multilevelanalysen zu folgenden Befunden und Schlussfolgerungen: Auf Schulebene korreliert das mittlere Leistungsniveau der Schüler(innen) erheblich mit ihrem sozialen Hintergrund. Schulbezirke unterscheiden sich bedeutend in der sozialen Komposition ihrer Schülerschaft. Dies ist vor allem darauf zurückzuführen, dass die Jugendlichen aus den beiden höchsten sozialen Klassen in den einzelnen Schulbezirken ungleich verteilt sind, nicht jedoch diejenigen aus den beiden unteren sozialen Klassen, die, räumlich gesehen, auf die einzelnen Schulbezirke in etwa gleich verteilt sind. In den Schulen von ganz Schottland, und differenziert nach Bezirken, ist festzustellen, dass der Effekt des mittleren Niveaus der sozialen Herkunft der Schülerschaft eine höhere Bedeutung für die Examensergebnisse aufweist als individuelle Herkunftsmerkmale oder das eigene Geschlecht. Dieses Ergebnis hält selbst dann noch Stand, wenn Schulen, von denen explizite Selektionen auf der Basis von Kompetenzen bekannt sind oder *Creaming-Effekte* und *segregative Prozesse* aufgrund der räumlichen Nähe zu besonderen selektiven Schulen erwartet werden,[151] aus der Analyse eliminiert werden oder das kognitive Niveau der Schüler(innen) zu einem früheren Zeitpunkt (z. B. verbal-logisches Denken am Ende

151 Unter *Creaming-Effekt* in diesem Zusammenhang ist zu verstehen, dass besonders begabte Schüler(innen) in besondere Schulen in unmittelbarer Nähe des Wohnortes (beispielsweise im räumlich nächsten Schulsprengel) geschickt werden, unter *segregativen Prozessen*, dass Eltern mit einem gehobenen sozialen Status selbst ihre Kinder an einer besonderen Schule in einem zum Wohnort unmittelbar nahen Schulbezirk mit einem höheren sozialen Niveau der Wohnbevölkerung anmelden.

der Grundschule) in der Analyse berücksichtigt wird, um Selektionseffekte gegenüber Kontexteffekten ausschließen zu können. Der Zusammenhang zwischen dem kontextuellen Effekt des mittleren Niveaus der sozioökonomischen Herkunft der Schülerschaft an einer Schule und den schulischen Leistungen der Schüler(innen) ist ein linearer auf jedem durchschnittlichen sozialen Level an einer Schule, was ursächlich ebenso mehr auf den Anteil der Schülerschaft mit einer gehobenen als niedrigen sozialen Herkunft an einer Schule zurückgeht. Dies ist auf die soziale Klassenlage der Familien in Schottland zurückzuführen und gilt in etwa in gleichem Maße sowohl für Schüler(innen) mit hohem kognitiven Fähigkeitsniveau oder gehobener sozialer Herkunft als auch für Schüler(innen) mit niedrigem kognitiven Grundniveau oder einem niedrigen sozialen Hintergrund, d. h. unabhängig von beiden Aspekten (Prüfung von Wechselwirkungen zwischen Schule einerseits und sozialer Herkunft oder kognitivem Grundniveau andererseits).[152] Letzteres bedeutet, dass keine Schule weder für die eine Schülergruppe noch für die andere besonders effektiv ist oder die soziale und fähigkeitsbedingte Komposition der Schülerschaft an einer Schule auf die schulischen Leistungen beider Gruppen keine nennenswerten Auswirkungen besitzt.

Ein ähnliches Forschungsprogramm, wie das zuvor genannte, ebenfalls mit Fokus auf sozialräumliche Einflüsse auf die Schulbildung und Entwicklung im Kindes- und Jugendalter, jedoch mit einem erweiterten Forschungsrahmen, widmet sich explizit den Effekten sozialstruktureller Merkmale von Haushalten, Familien und Individuen aus der unmittelbaren Nachbarschaft oder Wohnumgebung auf diese Outcomes und ist im Wesentlichen u. a. mit dem Namen der US-amerikanischen Forscherin Brooks-Gunn und ihrem Team verknüpft:

> Vgl. dazu das Review von *Leventhal & Brooks-Gunn, 2000*, zum theoretischen und empirischen Forschungsstand; oder das Review von *Ginther, Haveman & Wolfe, 2000*, zum empirischen Forschungsstand und zur Einschätzung und Gesamtbewertung der Robustheit von Nachbarschaftseffekten; vgl. die Untersuchung von *Helbig, 2010*, zu Nachbarschaftseffekte im deutschsprachigen Raum: Positive Effekte einer Nachbarschaft mit günstiger Sozialstruktur auf die Kompetenzentwicklung; zu den Effekten von Nachbarschaftsmerkmalen auf die Entwicklung der Schulreife von Kindern vgl. *Hanson, Miller, Diamond, Odom, Lieber, Butera, Horn, Palmer, Fleming, 2011*; zu den Effekten des Familieneinkommens in Zusammenhang mit Nachbarschaftsmerkmalen und dem Anregungsgehalt in der Familie auf die Teilhabe von Kindern an außerschulischen Freizeitaktivitäten vgl. *Dearing, Wimer, Simpkins, Lund, Bouffard, Caronongan, Kreider & Weiss, 2009*; zu den relativen Effekten so-

152 Vgl. Übersicht acht im Anhang zum Untersuchungsdesign und zu Anmerkungen zu dieser Studie.

zialer, humaner und finanzieller Kapitalien familialer und schulischer Lernumwelten auf Lese- und Mathematikkompetenzen von Schülerinnen und Schülern vgl. *Parcel & Dufur, 2001*; zu zentralen Fragestellungen in Kontextanalysen: *Boudon, 2014*, zum Verhältnis von Kontextanalyse und Rational-Choice-Theorie; *Hedman, 2014*, zum Verhältnis von Kompositionseffekten (Selection Bias) und Kontexteffekten in Kontextanalysen in Bezug auf Teenagerschwangerschaften; *Galster, 2014*, zu nicht-linearen Beziehungen und Schwellenwerteffekte in Untersuchungen von Nachbarschaftseffekten; *Friedrichs, 2014*, zu den methodischen und theoretischen Grundlagen (Mechanismen) sowie Forschungsproblemen von Nachbarschaftseffekten in Kontextanalysen; *Scharenberg, 2014*, zu Kontexteffekte von Schulklassen und Schulen in der Leistungsentwicklung im Jugendalter in Abhängigkeit von der normativen Kultur in Peergruppen als Vermittlungsmechanismus.

Diesem Forschungsprogramm verpflichtet, haben Brooks-Gunn, Duncan, Klebanov und Sealand (1993) in einer ihrer Untersuchungen die Effekte sozialstruktureller Charakteristika der unmittelbaren Nachbarschaft und der Familie auf die Entwicklung in der frühen Kindheit und späten Adoleszenz anhand von Daten aus zwei Projekten mit unterschiedlichen Schwerpunkten eingeschätzt.[153] In theoretischer Hinsicht beziehen sie sich auf das sozialökologische Paradigma von Bronfenbrenner (1981), wonach nur Informationen auf verschiedenen Levels, d. h. Informationen über das Individuum, die Familie und Nachbarschaft, in solchen Studien zur adäquaten Beschreibung und Erklärung der menschlichen Entwicklung notwendig sind und der Nachbarschaft eine Nische im sozialökologischen Modell zukommt. Im Hinblick auf die Wege der Einflussnahme der Nachbarschaft auf die Entwicklung von Kindern und Jugendlichen stützen sich die Autorinnen und der Autor auf die Taxonomie dazu von Jencks und Mayer (1990, S. 113–118; nach Brooks-Gunn, Duncan, Klebanov & Sealand, 1993, S. 355):

1. *Ansteckungstheorie* oder *epidemiologisches Modell* (*Nachbarschaft wie eine ansteckende Krankheit* unter Peers: *Peereinflüsse* für die Ausbreitung von Verhaltensproblemen unter Jugendlichen ursächlich verantwortlich in Abhängigkeit von interindividuellen Differenzen in der Empfänglichkeit oder Prädisposition gegenüber Einflüssen aus der Nachbarschaft und Schule).
2. *Theorie der kollektiven Sozialisation* und *sozialen Kontrolle* (*autochthone Erwachsene* in der Nachbarschaft als *Rollenmodelle* oder *Hüter des Gesetzes* (Supervision und Monitoring mit Mitteln der „öffentlichen Hand")) oder *institutionelles* und *ressourcenorientiertes Modell* (Einflüsse von *Erwachsenen außerhalb der Familie*, d. h. aus Institutionen in der Nachbarschaft wie

153 Vgl. Übersicht acht im Anhang zum Untersuchungsdesign und zu Anmerkungen zu dieser Studie.

der Schule z. B. Lehrkräfte, Rechtsanwälte oder Polizisten, und deren Qualifikationen als zentrale Größen der kindlichen Sozialisation und Lebenschancen (z. B. in Schulen in sozial gehobenen Wohnquartieren meist nur Lehrkräfte mit hohen Qualifikationen beschäftigt und Unterricht nach anspruchsvollen Lehrplänen oder Zugang zu Ressourcen z. B. eine gut ausgestattete Bücherei in der Nachbarschaft).

3. *Wettbewerbstheorie* (Mitschüler(innen) in der unmittelbaren Nachbarschaft konkurrieren um knappe Ressourcen z. B. gute Schulnoten, Jobs (*Big Fish in the Little Pond-Effekt*)).
4. *Theorie der relativen Deprivation* (Individuen beurteilen ihre eigene Situation in Relation zur Nachbarschaft oder zu den Mitschülerinnen und Mitschülern (*soziale Vergleichsprozesse*)) oder *des kulturellen Konflikts* (Entwicklung von *Subkulturen* in Gruppen und des *Gefühls eines gemeinsam geteilten Schicksals* der Gruppenmitglieder bei Abweichungen von der sozialen Norm als kollektive Reaktion bei Misserfolg, vor allem in Settings bei augenfälliger sozialer Ungleichheit).

Die ersteren beiden theoretischen Ansätze implizieren, dass eine wohlhabende Nachbarschaft günstige Einflüsse ausübt, vor allem auf Kinder und Jugendliche aus Familien mit einem vergleichsweise niedrigen sozioökonomischen Status. Die letzteren beiden Ansätze hingegen gehen genau vom Gegenteil aus. Brooks-Gunn, Duncan, Klebanov und Sealand (1993) ermitteln in ihrer Untersuchung neben Effekten sozialstruktureller Charakteristika der Familie deutliche und substantielle Effekte einer wohlhabenden Nachbarschaft (hohes Einkommen, aber auch eine hohe berufliche Position oder eine intakte Familienstruktur) auf das Entwicklungsniveau in der frühen Kindheit, insbesondere auf die Intelligenz des Kindes und in der späten Adoleszenz, selbst dann noch, wenn der sozioökonomische Hintergrund der Familie in der Analyse oder Wechselwirkungen zwischen verschiedenen Kontextfaktoren in Rechnung gestellt werden, wovon vor allem Kinder und Jugendliche mit einem europäisch-amerikanischen Hintergrund profitieren. Dieses Forschungsergebnis bestätigt im Wesentlichen die beiden ersteren oben genannten Annahmen im Sinne der Theorie der sozialen Kontrolle zur Erklärung der Einflüsse einer wohlhabenden Nachbarschaft mit Oberschichtorientierung (Ressourcen und Rollenvorbild hinterlassen einen Eindruck) auf die Entwicklung im Kindes- und Jugendalter im sozialräumlichen Nahfeld, d. h. im näheren Umkreis des Wohnquartiers, insbesondere auf die Kinder und Jugendliche aus weniger sozioökonomisch bevorteilten Familien (S. 377). Darüber hinaus schließen die Autorinnen und der Autor, dass ein höherer Anteil von Familien aus den Mittelschichten im Verhältnis zu denen aus den Unterschichten in einem Wohnquartier zu keinen nennenswerten Auswirkungen auf die Entwicklung in der frühen Kindheit führt (S. 369).

In einer sich daran anschließenden Untersuchung von Duncan (1994) auf der Basis gleicher Indikatoren[154] aus demselben Datensatz werden ähnliche Befunde in Bezug auf den Schulabschluss (in Schuljahren gemessen) als Kriterium berichtet[155]: Eine gehoben situierte Nachbarschaft wirkt sich günstig auf das Bildungsniveau von männlichen Jugendlichen mit einem europäisch-amerikanischen Hintergrund sowie auf weibliche Jugendliche mit einem europäisch- oder afrikanisch-amerikanischen Hintergrund unter Berücksichtigung familialer Herkunftsmerkmale im Sinne einer Erklärung der Nachbarschaftseffekte mit positiven institutionellen Effekten und kollektiver Sozialisation aus. Keine essentiellen empirischen Belege konnte der Autor für die Annahme ermitteln, dass sozioökonomisch benachteiligte Jugendliche eine höhere Vulnerabilität gegenüber günstigen und ungünstigen Einflüssen aus der Nachbarschaft besitzen als bevorteilte Jugendliche in sozioökonomischer Hinsicht. Allerdings spielt die ethnische Zusammensetzung der Nachbarschaft in diesem Zusammenhang eine größere Rolle für Jugendliche mit einem afrikanisch-europäischen Hintergrund als für diejenigen mit einem europäisch-amerikanischen Hintergrund. Sowohl der Bildungshintergrund der Mütter als auch das Familieneinkommen erweisen sich, insgesamt betrachtet, als konsistente und bedeutende Einflussgrößen auf die schulische Entwicklung der Jugendlichen.

Im Anschluss an ihre Übersicht des empirischen Forschungsstandes zu Nachbarschaftseffekte auf den Schulerfolg und die Entwicklung im Kindes- und Jugendalter, worin u. a. eine inkonsistente Befundlage zu dieser Thematik, hervorgerufen durch Unterschiede in den in verschiedenen Studien verwendeten familienstrukturellen Merkmalen oder durch fehlende familiale Hintergrundmerkmale mit der Folge einer Unter- oder Überschätzung von Nachbarschaftseffekten, festgestellt und bemängelt wird, haben Ginther, Haveman und Wolfe (2000) die Robustheit dieser Einflüsse auf den Schulerfolg (High-School-Abschluss bis zum 20. Lebensjahr und Schuljahre insgesamt bis zum Ende der Schulausbildung im Alter von 21) oder die Entwicklung (außereheliche Teenagerschwangerschaft zwischen dem 15. und 18. Lebensjahr bei Frauen) untersucht. Im Hinblick darauf haben die Autorinnen und der Autor sowohl die Reihe individueller und familienstruktureller Merkmale in ihrer Funktion als Kontrollvariablen als auch die Anzahl möglicher Nachbarschaftscharakteristika, die in der Lebensspanne zwischen dem sechsten und fünfzehnten Lebensjahr der befragten Zielpersonen in einem Beobachtungszeitraum von 21 bis 25 Jahren mit jährlichen Messungen erfasst worden sind, in ihren Analysen im Ver-

154 Vgl. Übersicht acht im Anhang zum Untersuchungsdesign und zu Anmerkungen zu dieser Studie.

155 Zusätzlich gingen zwei weitere binäre Variablen (Kein Schulabschluss und College-Besuch) in die Analysen ein.

gleich zu Untersuchungen vorher bedeutend erweitert. Diese Analysen basieren ebenso wie diejenigen, zuvor skizzierten, von Brooks-Gunn und Kollegen oder Duncan auf den Daten der Michigan Panelstudie zur Einkommensdynamik (Survey mit 2.609 Kindern der Geburtskohorten von 1962 bis 1972 mit erster Messung in 1968).[156] Auf der Grundlage ihrer Befunde aus Regressionsanalysen mit jeweils vier Modellen, von kein familiales Hintergrundmerkmal bis sehr viele familiale Hintergrundmerkmale (Kontrollvariablen), halten Ginther, Haveman und Wolfe (2000) in ihrer Gesamteinschätzung von Nachbarschaftseffekten für alle drei Kriterien fest (S. 633): Diese Effekte nehmen ab und verlieren an statistischer Signifikanz je nachdem, wie viele familiale oder individuelle Merkmale in die Analyse aufgenommen werden. Aufgrund dessen halten sie Nachbarschaftseffekte in Abhängigkeit von dem Ausmaß und der Art familialer Charakteristika oder fehlender Familienmerkmale für Artefakte. Allerdings erweisen sich Nachbarschaftseffekte selbst dann noch als robust und bleiben auf einem relativ stabilen signifikanten Niveau, wenn eine Vielzahl an familialen oder individuellen Hintergrundmerkmalen, die beispielsweise ebenso mit schulischen Leistungen verknüpft sind, in die Analyse eingeht, d. h., je näher auf der Bedeutungsebene das Explanans am Explanandum liegt, und es sich dabei um proximale Merkmale handelt.

Aus eigener Sicht ist zu dieser Gesamteinschätzung anzumerken: Sicherlich trifft es zu, dass Merkmale von Familien und Nachbarschaften wechselseitig assoziiert sind und miteinander interagieren auf unterschiedlichen Ebenen. Um jedoch die einzelnen Effekte genau zuordnen und abschätzen sowie damit ursächlich die Folgen erklären zu können, bedarf es aber echter Kausalanalysen. Insgesamt betrachtet, ist ein Forschungsbedarf zu dieser Thematik aufgrund eines Defizits an Prozessaspekten, längsschnittlichen und differenzierteren Daten in den jeweiligen Untersuchungen bisher zu konstatieren. Die Gesamteinschätzung des genannten Autorenteams und ihrer Befundlage bezieht sich mehr auf die Beurteilung der statistischen Analyseverfahren oder der Zuverlässigkeit der Effekte als auf den empirischen Sachverhalt an sich.

156 Vgl. Übersicht acht im Anhang zum Untersuchungsdesign und zu Anmerkungen zu dieser Studie.

# 3. Forschungshypothesen der eigenen empirischen Untersuchungen

Die Effekte kulturellen Kapitals, personaler Merkmale, familialer und institutioneller Sozialisationsbedingungen der Kinder am ersten Bildungsübergang werden in den sich anschließenden Untersuchungen nicht nur in Bezug auf die Übertrittsentscheidung der Eltern, d. h. den tatsächlich vollzogenen Übergang in eine Schulform oder -laufbahn der Sekundarstufe I oder in anderen Worten die Schulanmeldung am Ende der Grundschule, analysiert, sondern ebenso in Bezug auf die Grundschulempfehlungen und Schulwünsche der Kinder. Für diese Parameter des ersten Bildungsübergangs werden u. a. die beiden Kernannahmen zur Wirkweise kulturellen Kapitals im Bildungserwerbsprozess, nämlich die These der kulturellen Mobilität nach DiMaggio und die Theorie der kulturellen Reproduktion sozialer Ungleichheit nach Bourdieu, einander gegenübergestellt und geprüft. Wie schon erwähnt, sind die Bildungsaspirationen oder Schulwünsche von Kindern am ersten Bildungsübergang im Allgemeinen nur selten Gegenstand von Studien, weit häufiger sind es dagegen die Grundschulempfehlungen oder Bildungsentscheidungen von Eltern. Im Hinblick auf die Erklärung der Schulwünsche von Kindern ist deshalb ein Forschungsdefizit zu konstatieren, vor allem in der empirischen Bildungsforschung hierzulande. Aber auch über die Determinierung der Grundschulempfehlungen weiß man, nach eigener Einschätzung zufolge, noch relativ wenig, insbesondere hinsichtlich der Wirkweise und -zusammenhänge kulturellen Kapitals darauf. Letzteres gilt aber ebenso für die Übertrittsentscheidungen an sich, auch wenn dazu bereits eine Vielzahl an Untersuchungen vorliegt.

Insgesamt betrachtet, sind die Wirkeffekte kulturellen Kapitals in Übergangsprozessen noch nicht intensiv beforscht, wie bereits verdeutlicht, vor allem den ersten Bildungsübergang im deutschen Bildungssystem betreffend.

In theoretischer und konzeptioneller Hinsicht wird den eigenen Untersuchungen die Definition von kulturellem Kapital nach Lamont und Lareau (1988) zugrunde gelegt, wonach die wesentlichste Funktion kulturellen Kapitals in Bildungsinstitutionen darin besteht, die soziale Herkunft von Kindern in institutionellen Settings zu signalisieren (*Signalfunktion*). Vor diesem Hintergrund werden die differentiellen Effekte kulturellen Kapitals auf die Parameter oder Kriterien des ersten Bildungsübergangs, die Grundschulempfehlungen, Elternentscheidungen und Schulwünsche der Kinder, geprüft. Das kulturelle Kapital von Kindern wird in Anlehnung an Scherger und Savage (2010) mit kulturellen Sozialisationsprozessen in der Familie und auch im non-formalen

Bildungssektor, d. h. in außerschulischen Bildungs- und Betreuungseinrichtungen, operationalisiert.

Neben den zentralen Prädiktoren in den nachfolgenden Analysen zur Prüfung der Forschungshypothesen, wie die soziale Herkunft der Schüler(innen) in Form der Schichtzugehörigkeit der Familie oder des Haushalts und das kulturelle Kapital der Kinder als ihre kulturelle Praxis in der Freizeit, geht darüber hinaus eine Vielzahl an weiteren Faktoren als Prädiktoren des Übergangsgeschehens aus den Bereichen Persönlichkeit, familiale und institutionelle Sozialisationsbedingungen des Kindes sowie Bildungsverhalten in der Familie in die Analysen ein. Dafür wurde eine Auswahl davon in Anlehnung an den theoretischen und empirischen Forschungsstand in diesem Kapitel, die vorgestellten offenen Forschungsfragen und möglichen Forschungsdesiderata in den vorhergehenden Abschnitten getroffen. Von all diesen Faktoren werden einerseits determinierende Effekte auf die Kriterien des ersten Bildungsübergangs erwartet, andererseits aber auch Konfundierungen sowohl mit sozialer Herkunft als auch mit kulturellem Kapital, die von den Wirkeffekten kulturellen Kapitals auf Bildungsentscheidungen per se abzugrenzen sind, gerade weil sie auch Einflüsse auf diese Kapitalsorte ausüben und damit verwoben sind.

Folgende Faktoren kommen als Prädiktoren der Übergangskriterien in Frage: Ausgewählte Merkmale der Persönlichkeitsstruktur von Kindern (Variablenbündel *Persönlichkeit des Kindes*). Diese sind eher selten Untersuchungsgegenstand in Studien zu Bildungsentscheidungen oder -übergängen, obwohl sie einerseits den sozialen Hintergrund eines Kindes moderieren (vgl. Uhlig, Solga & Schupp, 2009; Uhlig, 2012), andererseits den sich entwickelnden Habitus und das inkorporierte kulturelle Kapital eines Kindes indizieren (vgl. jeweils an früherem Ort). Außerdem spielen diese Merkmale in den Beurteilungen von Lehrkräften (z. B. soziales Betragen in den Zensuren; Jung, 2013, S. 89–92) und ihren Schullaufbahnempfehlungen eine Rolle (vgl. Sekretariat der Ständigen Konferenz der Kultusminister der Länder in der Bundesrepublik Deutschland, 2006: Empfehlungen; Übersicht eins im Anhang und an anderen Orten).[157] In Anbetracht dessen wird davon ausgegangen, dass Persönlichkeitsmerkmale den Bildungserwerb und -erfolg und nicht zuletzt auch Lernprozesse beeinflussen. In Anschluss an die Ausführungen verschiedener Autoren zu familialen Einflüssen auf Bildungsprozesse, zur Bildungsrelevanz familialer Alltagspraktiken sowie zu familialen Gelegenheitsstrukturen für den Bildungserwerb aus jeweils disziplinärer Perspektive (vgl. Brake & Büchner, 2003) fließen weitere Konstrukte und Indikatoren als Determinanten der Übergangskri-

157 Vgl. die Literaturübersicht von Farkas (2003) zu den Einflüssen kognitiver Fähigkeiten und nicht-kognitiver Traits bzw. Eigenschaften und Verhaltensweisen auf Stratifizierungsprozesse im Vergleich.

terien in die Analysen ein (Variablenbündel *familiale Sozialisation*): Familiale Sozialisationsbedingungen eines Kindes wie das Familienklima auf Systemebene, die Erziehungspraktiken der Eltern und Eltern-Kind-Interaktionen, die Partizipation und Teilhabe des Kindes bei Entscheidungen zu Hause und die Routinen im familialen Alltag in Differenz zur kulturellen Praxis in der Familie (und zur Erklärung davon). Daran schließt sich in den Analysen ein Set an Prädiktoren (Konstrukte und Indikatoren) an, das in konzeptioneller Hinsicht näher an Lern- und Bildungserwerbsprozessen liegt (vgl. Helmke & Weinert, 1997; Helmke, 2003). Dieses Variablenbündel wird als *Bildungsverhalten der Eltern und Kinder* bezeichnet: Dazu zählen die monetären und nicht-monetären Bildungsinvestitionen der Eltern im Sinne der Humankapitaltheorie (vgl. Helberger & Palamidis, 1989), aber auch das schulbezogene soziale Kapital der Schüler(innen) in Form der bildungsrelevanten Unterstützungsleistungen der Eltern (vgl. Schneider, 2011; Wild & Hofer, 2002), die Bildungsnähe der Eltern (vgl. Helmke, 2007), die Lernmotivation und das Bildungsinteresse der Kinder als intrinsischer Wert von Bildung und die Anreize der Eltern dafür als extrinsischer Wert (vgl. Deci & Ryan, 1993). Ein weiteres Set, mit ausschließlich Konstrukten, betrifft die *institutionellen Sozialisationsbedingungen* der Kinder in der Schule in Form von *Outcomes* ihres schulbezogenen Erlebens (emotionale Ebene), Verhaltens und ihrer Teilhabe in dieser Institution, die einen Anspruchs- oder Beschränkungssinn der Schüler(innen) je nach sozialer Herkunft erwarten lassen (vgl. Lareau, 2003). Außerdem wird in den jeweiligen Analysen auch eine Reihe an sogenannten *Moderator-* bzw. *Mediatorvariablen* oder *Kovariaten* eingeführt wie etwa die Schulleistungen der Schüler(innen) in Form ihrer Noten in den beiden Kernfächern Deutsch und Mathematik, ihr Geschlecht, ihre regionale Herkunft (Stadt-Land und West-Ost (neue vs. alte Bundesländer)) sowie, je nach Analyse, auch die Grundschulempfehlung, die Bildungsaspirationen der Eltern oder auch die Schulwünsche der Kinder und die rechtlichen Bestimmungen zum Übertritt in die Sekundarstufe I in den Schulgesetzen der Länder der Bundesrepublik Deutschland (Schulrecht vor Elternrecht vs. Elternrecht vor Schulrecht).

Folgende Forschungshypothesen werden postuliert, die im empirischen Kapitel dieser Forschungsarbeit mit quantitativen Methoden geprüft werden:

### *1. Die Grundschulempfehlungen, Übertrittsentscheidungen der Eltern und Schulwünsche der Kinder sind sozial stratifiziert:*

Das bedeutet, je höher die Schicht, desto wahrscheinlicher empfehlen Lehrkräfte, wählen Eltern oder wünschen sich Kinder eher eine höhere als eine niedrigere Schullaufbahn unter der Voraussetzung *ceteris paribus*. Darüber hinaus wird angenommen, dass die Schicht- oder Herkunftseffekte in allen drei Parametern oder Kriterien des ersten Bildungsübergangs umso mehr reduziert werden, je mehr bereichsspezifische Prädiktoren in die Analysen eingehen (vgl. oben), so dass erwartet wird, dass die signifikanten Herkunftseffekte vollständig durch diese Prädiktoren aufgeklärt werden. Gleiches sollen die Moderator- bzw. Kontrollvariablen (Kovariaten) bewirken. Das bedeutet, dass der soziale Hintergrund der Kinder durch ihre personalen Merkmale sowie durch Prozessmerkmale der Sozialisationsbedingungen in der Familie und Schule unter Berücksichtigung der Moderator- und Kontrollvariablen reproduziert wird. Des Weiteren wird davon ausgegangen, dass die Herkunftseffekte, relativ betrachtet, am stärksten in den Übertrittsentscheidungen der Eltern und am geringsten in den Grundschulempfehlungen ausgeprägt sind. Bedeutende Herkunftseffekte sollten sich auch in den Schulwünschen der Kinder zeigen. Dies wird damit begründet, dass sich Lehrkräfte in ihren Schullaufbahnempfehlungen mehr als Eltern und Kinder in ihren Entscheidungen und Wünschen an Schulleistungen oder meritokratischen Kriterien als an askriptiven oder sozialstrukturellen Merkmalen, wie dem sozioökonomischen Status der Familie, orientieren oder auch mehr an den ihrer Wahrnehmung zugänglichen Merkmalen der Schüler(innen), wie deren Verhalten in der Schulen. Aufgrund dessen wird ein soziales *Bias* in den Elternentscheidungen zugunsten höherer Schullaufbahnen in den höheren Schichten unter *ceteris paribus* in allen Lebensbereichen und -bedingungen des Kindes im Sinne des konflikttheoretisch inspirierten Reproduktionsansatzes angenommen. Dagegen wird behauptet, dass in den Kinderwünschen stärker die individuellen Merkmale des Kindes in den Vordergrund treten, ebenso auch in den Grundschulempfehlungen. In anderen Worten: Ein residualer Herkunftseffekt bleibt wahrscheinlicher in den Übertrittsentscheidungen der Eltern als in den Schulwünschen der Kinder oder Grundschulempfehlungen erhalten, denn Eltern aus den oberen sozialen Schichten versuchen stets, ihren Willen gegenüber der Schule oder dem Wunsch des Kindes durchzusetzen, damit die soziale Positionierung der Familie auch in der nächsten Generation erhalten bleibt und fortbesteht. In diesem Punkt stimmen, nach eigenem Ermessen, die Rational-Choice-Theorie (vgl. Statuserhaltsmotiv oder relative Risikoaversion an früherem Ort) und der Reproduktionsansatz (vgl. soziale Vererbung durch die Weitergabe kulturellen Kapitals an früherem Ort) überein. Darüber hinaus wird prognostiziert, dass Prädiktoren(bündel), die konzeptionell näher an schulbezogenen Konstrukten liegen (z. B. das Bildungsverhalten der Eltern und Kinder), die Herkunftseffekte in den Kriterien stärker erklären als Prädiktoren(bündel), die konzeptionell weiter davon entfernt liegen, und außerdem, dass Prädiktoren(bündel), die domänenspezifisch mit den Übergangsparametern übereinstimmen (z. B. familiale Sozialisationsbedingungen im Verhältnis zu Elternentscheidungen), Herkunftseffekte stärker vermitteln als solche, für die eine Domänenspezifik mit dem jeweiligen Kriterium nicht zutrifft. Das bedeutet, dass Prädiktoren je nach Ausprägung domänenspezifisch wirken und Herkunftseinflüsse *abfedern*.

*2. Vor dem Hintergrund der Signalfunktion kulturellen Kapitals in institutionellen Settings wird postuliert, dass dieses Kapital der Kinder einen signifikant positiven Einfluss auf die Grundschulempfehlungen, Übertrittsentscheidungen der Eltern und Schulwünsche der Kinder ausübt, mit der sozialen Herkunft korrespondiert und diese reproduziert bzw. deren Effekte erklärt.*

In diesem Sinne soll kulturelles Kapital in erster Linie die Herkunftseffekte auf die Parameter des ersten Bildungsübergangs erklären, d. h. die anfänglichen substantiellen Schichteffekte sollen sich zumindest reduzieren oder vollkommen verschwinden, wenn kulturelles Kapital in der Analyse berücksichtigt wird. Diese Hypothese lässt sich folgendermaßen in andere Worte fassen: Je mehr kulturelles Kapital Kinder in Abhängigkeit von ihrer sozialen Herkunft besitzen, desto ambitionierter sind sie selbst, desto günstiger fallen ihre Grundschulempfehlungen aus und desto wahrscheinlicher entscheiden sich Eltern für eine weiterführende Schullaufbahn für das Kind. Ferner soll gemäß der Signalfunktion der Effekt kulturellen Kapitals eine größere Wirkung und Stabilität in den Grundschulempfehlungen erzielen als in den Übertrittsentscheidungen der Eltern oder Schulwünschen der Kinder unter der Voraussetzung *ceteris paribus* in allen weiteren Merkmalen des Kindes und der Familie sowie unter Konstanthaltung institutioneller Sozialisationsbedingungen und Kontrolle von Moderator- bzw. Mediatorvariablen und Kovariaten. Im Hinblick darauf wird argumentiert, dass Lehrkräfte kulturelles Kapital oder die kulturelle Praxis der Kinder, die ihren sozialen Hintergrund, ein an sich distales Merkmal schulischer Leistungen und sozialstrukturelles Merkmal, signalisiert und legitimiert, als proximalen Faktor der sozialen Herkunft der Kinder direkt wahrnehmen und bewerten. Sofern auch die Schulwünsche der Kinder oder Bildungsaspirationen der Eltern die Empfehlungen der Grundschullehrkräfte beeinflussen, wird zusätzlich davon ausgegangen, dass die Wirkweise der kulturellen Praxis der Kinder die Effekte dieser beiden Determinanten ebenso indirekt vermittelt, gleichwohl Effekte des kulturellen Kapitals der Kinder auf die Schulwünsche der Kinder oder Bildungsaspirationen der Eltern angenommen werden.

*3. Folgende Hypothesen werden in Bezug auf Persönlichkeitseigenschaften, familiale und institutionelle Sozialisationsbedingungen des Kindes und das Bildungsverhalten in der Familie sowie die Moderatoren bzw. Mediatoren oder Kovariaten veranschlagt:*

Günstige Persönlichkeitsmerkmale der Kinder, positive familiale und schulische Sozialisationsbedingungen und -erfahrungen des Kindes, viel soziales Kapital der Schüler(innen) in Form bildungsrelevanter Unterstützungsleistungen, hoher Bildungsinvestitionen, eines hohen Bildungsinteresses und schulischen Engagements der Eltern sowie eine hohe Lernmotivation der Kinder wirken sich jeweils positiv auf alle Übergangskriterien aus. Gegenteiliges soll auf alle ungünstigen oder problematischen Merkmale und Rahmenbedingungen zutreffen. Auch für die Deutsch- und Mathematiknote, die Schulwünsche der Kinder, Bildungsaspirationen der Eltern und Grundschulempfehlungen werden jeweils signifikant positive Effekte auf die Übergangskriterien prognostiziert, sofern als sich diese zuletzt genannten drei Aspekte wechselseitig determinieren.[158] Für alle bisher erwähnten Prädiktoren mit metrischem, quasimetrischem oder ordinalem Messniveau soll gelten: Je mehr davon oder je höher, desto stärker und signifikanter die jeweiligen Effekte. Ferner sollten positive Ausprägungen kategorialer Prädiktoren auch signifikant positive Effekte erzielen. Dem Tenor in der empirischen Bildungsforschung zufolge sind Mädchen erfolgreicher in der Schule und besuchen häufiger weiterführende Bildungsgänge als Jungen. Dies sollte sich auch in den Untersuchungen hier widerspiegeln. Letzteres sollte ebenso auf Schüler(innen) aus den neuen im Vergleich zu denjenigen aus den alten Bundesländern zutreffen, was damit erklärt wird, dass Eltern in den neuen Ländern weniger sozialstrukturell verzerrt entscheiden als diejenigen in den alten und noch Traditionen, die von der Systemlogik des sozialistischen Regimes dieser Länder in vergangener Zeit herrühren, verpflichtet sind. Aufgrund des Umbaus der Schulsysteme dieser Länder nach der Wende sollten sich diese Traditionen aus alten Zeiten in der Empfehlungspraxis der Grundschulen allerdings nicht niederschlagen. Desgleichen wird argumentiert, dass sich Lehrkräfte in ihren Empfehlungen an den rechtlichen Vorgaben in den Schulgesetzen orientieren, unabhängig davon, in welcher Region sie unterrichten, weshalb regionale Parameter auf die Grundschulempfehlungen wie auch die Schulwünsche der Kinder keine Effekte zeitigen sollten. In Einklang damit wird ebenfalls erwartet, dass sich in Anbetracht der größtenteils gut ausgebauten Angebotsstruktur an Schulen auch keine bedeutenden Stadt-Land-Unterschiede in den Übertrittsquoten ergeben. Vor dem Hintergrund der sich in der zweiten Hälfte der Grundschulzeit eines Kindes anbahnenden Dynamik wechselseitiger An-

158 Die Bildungsentscheidungen bzw. Anmeldungen der Eltern ihrer Kinder für Schullaufbahnen der Sekundarstufe I befinden sich am Ende der Kausalkette im Entscheidungsprozess, weshalb davon auszugehen ist, dass diese weder die Grundschulempfehlungen noch die Schulwünsche der Kinder in einem richtungsweisenden Sinne beeinflussen und determinieren, denn die Grundschulempfehlungen und Schulwünsche der Kinder sind der Elternentscheidung zeitlich stets vorgelagert. In Übereinstimmung damit werden beispielsweise Effekte der Schulwünsche der Kinder oder Bildungsaspirationen der Eltern auf die Grundschulempfehlungen erwartet oder Effekte der Grundschulempfehlungen und Bildungsaspirationen der Eltern auf die Schulwünsche der Kinder. Bildungsaspirationen, die Schulwünsche der Kinder oder die Grundschulempfehlungen sollen dagegen einen Orientierungsrahmen für die Bildungsentscheidungen von Eltern darstellen.

passungsprozesse zwischen den Empfehlungen der Grundschullehrkräfte, den Bildungsaspirationen der Eltern sowie den Schulwünschen der Kinder im Vorfeld der eigentlichen Bildungsentscheidung und Schulanmeldung der Eltern (vgl. dazu Wohlkinger & Ditton, 2012) wird deklariert, dass es sich dabei nicht um eine punktuelle Entscheidung handelt. Deshalb verbleibt der rechtliche Rahmen (Elternrecht vor Schulrecht vs. Schulrecht vor Elternrecht) ohne substantielle Effekte auf die Bildungsentscheidung der Eltern und besitzt auch keine Relevanz für die Schulwünsche der Kinder oder die Empfehlungen der Grundschullehrkräfte, vor allem im Hinblick darauf, dass sich die Bedeutung der Schulgesetze für die Grundschulempfehlungen aus sich selbst heraus erklärt. Für die Schulwünsche der Kinder sollten hingegen andere Faktoren als die gesetzlichen Bestimmungen wirksam werden.

Die Effekte institutioneller Sozialisationsbedingungen auf die Bildungsentscheidungen der Eltern oder Schulwünsche der Kinder sollen im Wesentlichen auf denen schulischer Leistungen (Noten) und der Grundschulempfehlungen beruhen, ebenso die Effekte der Schulnoten darauf wiederum auf denen der Grundschulempfehlungen in der schrittweisen Betrachtung und Erklärung der Wirkzusammenhänge dieser Prädiktoren. Im Gegensatz dazu wird auch erwartet, dass von den institutionellen Faktoren vor allem die Schulnoten die Grundschulempfehlungen determinieren und die Einflüsse der schulischen Sozialisationsbedingungen der Kinder darauf im Großen und Ganzen aufklären.

In Bezug auf das Zusammenspiel zwischen Grundschulempfehlungen, Bildungsaspirationen der Eltern und Schulwünschen der Kinder als Moderatorvariablen wird vermutet, dass die Empfehlungen der Grundschullehrkräfte und Wünsche der Kinder in einem additiven Verhältnis die Elternentscheidungen beeinflussen. Die Bildungsaspirationen der Eltern sollen keine über die substantiellen Einflüsse der Schulwünsche der Kinder hinausgehende Effekte auf die Grundschulempfehlungen zeigen und auch keine bedeutenden Effekte jenseits von denen der Grundschulempfehlungen auf die Schulwünsche der Kinder. Jedoch sollen ihnen additive Effekte zu denjenigen der Kinderwünsche und Lehrerempfehlungen auf die Elternscheidungen zukommen. Diese Zusammenhänge werden damit begründet, dass in den Schulwünschen der Kinder die Aspirationen ihrer Eltern größtenteils zum Ausdruck kommen und damit teils konfundiert sind, ebenso das Feedback der Lehrkräfte im schulischen Alltag und Unterricht gegenüber den Kindern. Die Einflüsse personaler Merkmale der Kinder und familialer Sozialisationsbedingungen auf die Übergangskriterien sollen durch proximale Faktoren des Schulerfolgs weitgehend aufgeklärt werden.

# 4. Empirisches Kapitel

## 4.1. Empirische Prüfung der Forschungsfragen: Eine Sekundäranalyse des DJI-Kinderpanels

Die im letzten Abschnitt des theoretischen Kapitels formulierten Forschungsfragen werden mit quantitativen Analyseverfahren auf der Grundlage der Daten des *DJI-Kinderpanels*, eines allgemeinen Bevölkerungssurveys zur Sozialberichterstattung der Lebenslagen und Aufwachsensbedingungen von Kindern in den 2000er Jahren hinsichtlich ihrer Gültigkeit empirisch geprüft und getestet. Insofern handelt es sich bei dieser Forschungsarbeit um eine Sekundäranalyse dieses Kindersurveys, der als Panelstudie konzipiert und vom Deutschen Jugendinstitut e.V. in München durchgeführt wurde und der Beschreibung einer Vielzahl von Lebensbereichen und -lagen der Kinder von heute (u. a. Familie, Schule, Freizeit, Betreuung, Räume, Peers, Ressourcen, soziale Netze), sowie deren personaler und psychosozialer Merkmale[159] und der sozioökonomischen und strukturellen Bedingungen in den Familien dieser Kinder dient. Die Ergebnisse der Prüfung der Forschungsfragen, d. h. der Hypothesentestung, sowie die Befunde empirischer Vorarbeiten dafür werden in diesem Kapitel erörtert: Zu Beginn werden die theoretische Konzeption, das Forschungsdesign des DJI-Kinderpanels und die daraus ausgewählten Messinstrumente, sowie im Anschluss daran die einzelnen Auswertungsschritte und -strategien und verwendeten statistischen Analyseverfahren vorgestellt und beschrieben, bevor die Ergebnisdarstellungen und die Diskussion der Forschungsbefunde folgen.

### 4.1.1. Das DJI-Kinderpanel: Ein Survey zur Sozialberichterstattung der Lebenslagen und Aufwachsensbedingungen von Kindern

#### *4.1.1.1. Theoretische Grundlagen des DJI-Kinderpanels*

In seinen Ausführungen zur theoretischen und empirischen Fundierung des DJI-Kinderpanels beginnt Alt (2005), der wissenschaftliche Leiter dieses Forschungsprojekts, mit folgendem einleitenden Satz: „Aussagen über die Lebensumstände von Kindern in Familien zu machen hieß lange Zeit, die Perspektive der Eltern einzunehmen und die familiäre Situation der Kinder als ein vom elterlichen Verhalten bedingtes Phänomen wahrzunehmen“ (S. 7).

---

159 Zum Teil werden auch diese Merkmale der Eltern erfasst.

Dementsprechend ist die Perspektive der Kinder in der soziologischen Kindheitsforschung bis dato kaum oder gar nicht beachtet worden, obwohl die zunehmende Individualisierung der Lebensführung von Familien Konsequenzen für alle Familienmitglieder bedeutet hat, so auch für die Kinder (Alt, 2005, S. 7–11). Erst zum Ende der 1980er Jahre sind Strömungen in der soziologischen Forschung zu erkennen, die auch die Perspektive des Kindes zu seinen Eltern, seiner Familie und alle seine sozialökologischen Aufwachsensbedingungen in den Blick der Sozialberichterstattung nehmen. Diesem Perspektivenwechsel geschuldet ist ein neues Verständnis von Familie als spezifisches System mit eindeutigen Grenzen und Mustern vor dem Hintergrund ihrer Aufgaben in der Fürsorge und Erziehung und ebenso auch ein neues Verständnis von Kindheit vorausgegangen. Dieser Wandel beruht im Wesentlichen auf einer Revision von Bildern über Familie (Stichwort: *Bürgerliches Modell als Norm*) und Kindheit sowie deren Einheit (Stichwort: *Familienkindheit*) und der sich dem allgemeinen strukturellen Wandel anschließenden Diskussionen über die Krise der Familie und Kindheit. Als Quintessenz davon ist heute von einer zunehmenden Reflexivität in den Familien im Zuge des sozialen Wandels auszugehen, der Familien ständig mit der Herausforderung neuer Aufgaben konfrontiert. Vor diesem Hintergrund und als Folge davon hat sich eine *neue Soziologie der Kindheit* etabliert, die sich vom klassischen Denken in der Sozialisationsforschung, Entwicklungspsychologie und auch Pädagogik ebenso abgrenzt und die in diesen Disziplinen vorherrschende Perspektive von Erwachsenen und Kindheit und Entwicklung als endogener internaler Prozess kritisiert. Dies lässt sich ebenso in Einklang mit den Annahmen der Modernisierungstheorie bringen, die neuartige Erscheinungsformen und moderne Entwicklungen beispielsweise Zeit, Raum und Medien betreffend und deren Auswirkungen in den Mittelpunkt kindheitsbezogener Untersuchungen stellt. Weitere Eckpfeiler der sich neu etablierten Soziologie der Kindheit sind zum einen methodologischer und methodischer Art (Stichworte: Neue methodische Ansätze in der Kindheitsforschung und Analyse differenzieller Kindheiten entlang der Dimensionen Geschlecht und soziales Milieu), die die Integration von Kindern als eigenständige Bevölkerungsgruppe in die Sozialberichterstattung vorsehen, zum anderen Versuche, einerseits sich von der traditionalen Familienforschung und Sichtweise abzugrenzen, andererseits Synergien in Richtung des *Doing Family* zu schaffen.

Angesichts dieser Entwicklungen sollte eine Panel-Studie entworfen und konzipiert werden, die ausschließlich den Kindern und deren Sichtweise auf ihre Lebensbedingungen (Familie, Schule und Peers) gewidmet ist (Alt, 2005, S. 11–14). Die inhaltliche Schwerpunktsetzung im Hinblick auf die Analyse von Fragestellungen sollte einerseits im Bereich der personalen, psychosozialen Entwicklung der Kinder in Abhängigkeit der jeweiligen Lebenslagen liegen, andererseits in den Lebensbereichen von Kindern wie Familie, Peers und Institutionen (z. B. Kindergarten, Schule, Hort) mit Blick auf die jeweils unterschiedlichen Ressourcenausstattungen und ihre ungleichheiterzeugende Relevanz, die Räume eröffnen und Opportunitäten zur Verfügung stellen für wichtige Lernprozesse im Kindesalter. Dem ist insbesondere an Gelenkstellen im Entwicklungsverlauf wie dem Übergang von der privaten zur institutionellen Betreuung in der frühen Kindheit, vom Kindergarten in die Grundschule in der mittleren Kindheit oder von der Grundschule in die Sekundarstufe I in der späten Kindheit eine Bedeutung beizumessen. Diese dem DJI-Kinderpanel zugrunde gelegte Programmatik macht es unausweichlich, die beiden Disziplinen Soziologie und Psychologie im Sinne des sozialökologischen Erklärungsmodells von Uri Bronfenbrenner (1981) in Verbindung zu setzen, d. h. die sozialstrukturellen Bedingungen des Aufwachsens in Form einer Sozialberichterstattung und individuelle Entwicklungen.

Vor diesem Hintergrund lässt sich das DJI-Kinderpanel in die Reihe von nationalen und internationalen empirischen Studien mit teils ähnlichen oder teils unterschiedlichen inhaltlichen Zielvorstellungen und methodischen Zugängen einordnen (Alt, 2005, S. 15–19). Hierzu wären als Survey-Studien im deutschsprachigen Raum der *Siegener Kindersurvey* (Zinnecker & Silbereisen, 1998), das *LBS-Kinderbarometer* in Nordrhein-Westfalen (LBS Initiative Junge Familie, 2002), die Studie *Kindsein in Österreich* (Wilk & Bacher, 1994), das *Nürnberger-Kinderpanel* (Bacher, Gürtler, Leonhardi, Wenzig & Wittenberg, 1999; Dees & Wenzig, 2003) oder die Studie *Teenie-Welten* in Hessen, Sachsen-Anhalt und Randstad in Holland (Büchner, du Bois-Reymond, Ecarius, Fuhs & Krüger, 1998, Marburg-Halle-Leiden-Projekt) zu nennen, als internationale Survey-Studien das *Development Supplement* – integriert in die *Panel Study of Income Dynamics* – (USA, vgl. Brooks-Gunn, Berlin, Leventhal & Fuligni, 2000), die *NICHD-Study of Early Child Care and Youth Development* (USA, vgl. The NICHD Early Child Care Network, 1994, oder The NICHD Early Child Care Research Network, 2003), die *National longitudinal Study of Children and Youth* (NLSCY, vgl. Michaud, 2001) oder die *Longitudinal Study of Australian Children* (Australien, vgl. LSAC Consortium[160], 2002; Soloff, Sanson, Wake & Harrison, 2007; Gray & Smart, 2009).

In theoretisch-konzeptueller Hinsicht fußt das DJI-Kinderpanel auf einem Fundament mit drei verschiedenen, aber zusammenhängenden *Grundbaustei-*

---

160 Dazu zählen folgende Personen: Ann Sanson, Jan Nicholson, Judy Ungerer, Stephen Zubrick, Katherine Wilson, John Ainley, Donna Berthelsen, Michael Bittman, Dorothy Broom, Linda Harrison, Bryan Rodgers, Michael Sawyer, Sven Silburn, Lyndal Strazdins, Graham Vimpani und Melissa Wake.

*nen* der Kindheitsforschung (Betz, Lange & Alt, 2007, S. 27–36)[161]: Dies ist zum einen die *konstruktivistische Sozialisationsforschung* (*erster Grundstein*), zum anderen das *kindheitstheoretische Akteurskonzept*, das *Agency-Konzept* (*zweiter Grundstein:* Kinder als kompetente und soziale Akteure ihrer eigenen Entwicklung und Sozialisation im Individuations- und Vergesellschaftungsprozess sowie Informanten über ihre Gegenwart und Zukunft).[162]

Der *dritte* und letzte *Grundstein* bezieht sich auf *Entwicklungsprozesse im sozialökologischen Kontext.* In dieser Hinsicht soll das komplexe Zusammenwirken von Individuum und Umwelt oder Kontext deutlich gemacht werden, das Entwicklungsprozesse in Gang setzt. Aber auch vergangene und gegenwärtige Anpassungsleistungen sollen mit der zukünftigen Entwicklung in Verbindung gebracht werden und die kulturelle Determinierung der intentionalen Selbstentwicklung ist zu betrachten. Außerdem geht es darum, nicht nur altersgemäße, sondern auch differentielle Entwicklungsverläufe in Abhängigkeit von Sozialisationsprozessen und individuellen Ressourcen aufzuzeigen und ebenso auf die zentrale Bedeutung von personalen Merkmalen im Entwicklungs- und Sozialisationsprozess hinzuweisen. Hinzu kommen Aspekte wie Nähe und Distanz in Eltern-Kind-Beziehungen oder Peersnetzwerken als Entwicklungsmotoren.

Dieses theoretisch-konzeptuelle Fundament des DJI-Kinderpanels lässt sich in die gegenwärtige soziologische Diskussion über Kindheit gut einbetten (Betz, Lange & Alt, 2007, S. 37–40): Hierzu sind verschiedene theoretische und empirische richtungsweisende Ansätze zu nennen wie die *dekonstruktivistische Kindheitssoziologie* (soziale Repräsentation von Kindheit, Bilder und Formulierungen darüber in Texten und politische Instrumentalisierung), die *Soziologie der Kinder* (Agency: Aneignung der Kinder von Räumen, eine vollständige Beschreibung ihrer alltäglichen Aktivitäten und ihre Sichtweise auf die soziale

161 In Anschluss an die aktuelle Diskussion der theoretischen und methodischen Entwicklungen in der *neuen Soziologie der Kindheit* sollte es nach Betz, Lange und Alt (2007) dabei nicht nur darum gehen, die objektiven Lebensverhältnisse von Kindern mit beispielsweise strukturellen Indikatoren oder die sich daraus resultierenden und mehr entwicklungsrelevanten Konstellationen nachzuzeichnen, sondern auch im Sinne des Lebenslagen-Konzepts die subjektiven Wahrnehmungen und Interpretationen der Kinder davon als Akteure und Konstrukteure der eigenen Entwicklung in Relation zur Umwelt und von Strukturen über ihre kulturelle oder soziale Praxis als Ergebnis miteinzubeziehen. Damit liegt dem DJI-Kinderpanel eine *Struktur-* und *Kulturdimensionierung* (S. 26) zugrunde.

162 Allerdings sind der Reichweite des Agency-Konzepts als relationales Konzept in Bezug auf Lebenslagen und damit den Einflussmöglichkeiten und der Verhandlungsmacht von Kindern, die sich überwiegend auf den familialen Kontext beschränken, angesichts ihrer Einbindung in gesellschaftliche Transformationsprozesse Grenzen gesetzt. Darüber hinaus sollten neuere Akzentuierungen in der Entwicklungspsychologie im DJI-Kinderpanel Berücksichtigung finden.

Welt), die Perspektive von *Kindheit als integrativer Bestandteil der Sozialstruktur* (Kinder bzw. Kindheit als Segment der Sozialstruktur einer Gesellschaft und in Relation zur Verteilung von Ressourcen zwischen Generationen, Sozialstrukturanalysen im Rahmen von Gesellschaftsvergleichen als Element der Sozialpolitik), die *Modernisierungstheorie in der Kindheitsforschung* (Auswirkungen des mehrdimensionalen sozialen Wandels auf die Lebensbedingungen von Kindern und die Abgrenzung von Kindheit zu anderen Lebensphasen mit dem Ergebnis von Typologien von Kindheit) oder die *Parallelen mit anderen Disziplinen* wie die Schulpädagogik, Sport-, Medien- oder Religionswissenschaft mit Blick auf singuläre Lebensbereiche von Kindern und die Nutzung dieser disziplinären Befunde für die soziologische Kindheitsforschung. Darüber hinaus werden im DJI-Kinderpanel auch *eigene Akzentuierungen* verfolgt wie

- die Betonung einer *interdisziplinären Forschungshaltung* in Richtung einer integrativen Kindheitswissenschaft (Verknüpfungen zwischen den Disziplinen Soziologie, Entwicklungspsychologie und auch Erziehungswissenschaft mit Fokus auf die Persönlichkeit des Kindes für eine Sozialberichterstattung über Kinder),
- *keine antagonistische Haltung zur Familienforschung* (Familie als Alltags- und Entwicklungskontext mit zum Teil widersprüchlichen Aspekten)
- oder die *Integration von Fragestellungen zu Themen wie Geschlecht, Migration, Schicht, soziales Milieu, Alter, Kindheit und Generation* und
- damit keine strikte Trennung zwischen diesen Forschungsfeldern in der soziologischen Kindheitsforschung.[163]

---

163 Auf diesem *theoretisch-konzeptuellen Fundament* des DJI-Kinderpanels sind vier *Säulen* oder empirische Schwerpunkte in den Analysen positioniert (vgl. Betz, Lange & Alt, 2007, S. 41–44; oder Alt & Gloger-Tippelt, 2008):
Die differenzierte Beschreibung der *Lebenslagen von Kindern* (Rahmenbedingungen des Aufwachsens, Spiel- und Handlungsräume von Kindern in verschiedenen Lebensbereichen wie Familie, Peers und Schule aus Kindersicht im Nahumfeld wie auch nach größeren sozialräumlichen und regionalen Differenzierungen aus *soziologischer Perspektive*, Wahrnehmung, Interpretation und Nutzung dieser Räume aus Kindersicht und deren Veränderungen im Zeitverlauf),
Einflüsse unterschiedlicher Lebensbedingungen und Lebenslagen auf die *Persönlichkeitsentwicklung* und *personalen Ressourcen* der Kinder und umgekehrt (*entwicklungspsychologische* und *sozialisationstheoretische Perspektive*),
*Aufbau*, *Verfügbarkeit* und *Nutzung sozialer Beziehungen* ((*sozial)psychologisch-soziologische Perspektive*: Beziehungsnetze von Kindern in unterschiedlichen Kontexten als soziales Kapital im soziologischen Sinne (Größe und Intensität) und auch als ein entwicklungs- und sozialpsychologisches Konstrukt mit Fokus auf die Einflüsse personaler Merkmale der Kinder auf ihre soziale Netze und deren Effekte wiederum auf die Entwicklung der Kinder)).
*Ungleiche gesellschaftliche Teilhabechancen unterschiedlicher gesellschaftlicher Gruppen*, d. h. Bestimmung der *sozialen Position von Kindern* in *intra- und intergenerationaler Hinsicht*

Bei der methodischen Planung des DJI-Kinderpanels wurden vier verschiedene Ziele verfolgt (vgl. Alt & Quellenberg, 2005, S. 279–280): Ein *erstes Ziel* war, die Entwicklung der personalen Merkmale und Kompetenzen der Kinder auf Individualebene abzubilden. Vor diesem Hintergrund war es erforderlich, Daten auf Individualniveau zu erheben. Ein *weiteres Ziel* war es, die Aufwachsensbedingungen von Kindern im Kontext ihrer Peers, ihrer Familie und Schule oder ihres Kindergartens mit all den damit verbundenen Facetten (Kompetenzentwicklung, Entscheidungen über Bildungswege und Betreuungsarrangements, institutionelle Rahmenbedingungen etc.) zu beschreiben. Aufgrund dessen wurde ein Längsschnittdesign mit drei Untersuchungswellen, Messzeitpunkten, von der Planungsgruppe für diese Studie vorgesehen. Ein *drittes Untersuchungsziel* ist es, sowohl die Bedingungen des Übergangs vom Kindergarten in die Grundschule als auch diejenigen des Übergangs von der Grundschule in die Sekundarstufe I zu untersuchen. Vor diesem Hintergrund sind zwei Kohorten für diese Panel-Studie am Stichtag des Samplings ausgewählt worden (Kohortenansatz): Eine jüngere Kohorte mit Fünf- bis Sechsjährigen und eine ältere mit Acht- bis Neunjährigen. Ein *viertes Untersuchungsziel* der *Projektgruppe DJI-Kinderpanel* in Zusammenhang mit der theoretischen Fundierung dieser Panelstudie ist es, die Lebenssituation von Kindern aus unterschiedlichen Perspektiven, nämlich derjenigen des Kindes und auch derjenigen der wichtigsten Betreuungs- und Bezugsperson des Kindes im Haushalt bzw. in der Familie, in der Regel die Mutter, sowie derjenigen des Vaters, zu erfassen und analysieren, womit zum Teil dieselben Informationen aus der Sicht verschiedener Personen oder Quellen mehrfach erfragt worden sind. Die Entwicklung der Forschungsinstrumente und die Durchführung der empirischen Erhebungen in dieser Panelstudie befinden sich stets in einem Spannungsfeld: Einerseits möchte man möglichst viele Informationen über die Lebenslagen von Kindern erhalten, andererseits sollen die Familien nicht unnötig belastet werden.

(*soziologisch-erziehungswissenschaftliche Perspektive* mit Blick auf intragenerationale Ungleichheit: Analyse herkunftsspezifischer Muster im Bildungsverhalten, in den Freizeitaktivitäten und Interessen von Kindern oder in den Kommunikationsstrukturen und -kulturen der Familien sowie der Effekte dieser Muster auf den Schulerfolg, Analyse des Zusammenhangs zwischen herkunftstypischen Sozialisationsbedingungen und der Inklusion und Exklusion der Kinder in verschiedenen Kontexten; mit Schwerpunkt auf intergenerationale Ungleichheit: Untersuchungen zu ungleichen Machtstrukturen zwischen Kindern und Erwachsenen).

### 4.1.1.2. *Konzeption, Design, Datenerhebungen und Forschungsinstrumentarien*

Das DJI-Kinderpanel ist eine Kohorten-Längsschnittstudie zur Sozialberichterstattung der Lebenslagen von Kindern in der Bundesrepublik Deutschland in den 2000er Jahren (vgl. Alt & Quellenberg, 2005). Es umfasst drei Erhebungswellen und zwei Kohorten, eine jüngere Kohorte (Kindergartenkinder) und eine ältere Kohorte (Grundschüler(innen)). Eine Besonderheit dieser Panelstudie ist darin zu sehen, dass drei Datenquellen zur Beschreibung und Analyse der Lebenslagen und Aufwachsensbedingungen der ausgewählten Kinderstichprobe hinzugezogen worden sind, so dass insgesamt drei Perspektiven dazu mit zum Teil unterschiedlichen methodischen Zugängen (Interview oder schriftliche Befragung) vorliegen: Die Zielkinder selbst und ihre wichtigste Betreuungs- und Bezugsperson im Haushalt bzw. in der Familie, in der Regel die Mutter[164], sind zu Hause, d. h. in deren Wohnungen, von geschultem Personal mit einem standardisierten Interviewbogen mündlich befragt worden, die Väter im Anschluss daran mit einem Fragebogen schriftlich. Jedoch ist nur ein Teil der Väter im Rahmen der Fragebogenerhebung erreicht worden.[165] Denn ihre Teilnahme ist freiwillig gewesen, wie natürlich auch diejenige der Kinder und Mütter, und ist damit optional. Die wichtigsten Informationen sind jeweils im Mutter- und auch Kinderinterview erhoben worden, weshalb das Augenmerk bei der *Akquise* und *Motivierung der Studienteilnehmer(innen)*, d. h. ihre *Panelbereitschaft*, und *Panelpflege* hauptsächlich auf die Mütter und Kinder gerichtet sind. Die Informationen aus der Väterbefragung werden hingegen von zweitrangiger Bedeutung als ergänzend angesehen. Neben den beiden Kohorten beinhaltet das Studiendesign des DJI-Kinderpanels auch einen Längsschnitt, d. h. dieselben Zielkinder und ihre Mütter oder wichtigsten Betreuungs- und Bezugspersonen in der Familie sowie ihre Väter sind an verschiedenen Mess-

---

164 In den weiteren Ausführungen wird als sprachliche Konvention meist von Mutter- oder Mütterinterviews gesprochen, wenn die mündliche Befragung der wichtigsten Betreuungs- und Bezugsperson des Kindes im Haushalt und in der Familie gemeint ist, denn in der Regel sind dies die leiblichen Mütter (zu den Kriterien der Auswahl der Zielpersonen vgl. Alt & Quellenberg, 2005), auch wenn darunter einige Interviews mit alleinerziehenden Vätern fallen.

165 Die Interviewer(innen) haben nach den mündlichen Interviews mit den Kindern und Müttern in den Wohnungen einen Fragebogen für die Väter mit einem frankierten Rücksendeumschlag hinterlassen. Nicht alle Väter der Zielkinder haben sich an der schriftlichen Befragung beteiligt (zwischen rund 55% und 67%). Auch wenn die Väterperspektive, ein in der Forschung bisher eher vernachlässigtes Themengebiet, durchaus für die Thematik dieser Forschungsarbeit von Interesse ist, werden die Daten der Väterbefragung in die folgenden Analysen nicht explizit miteinbezogen, um eine vor dem Hintergrund der Dropout-Rate in der Väterbefragung substantielle Stichprobengröße für die Analysen aufrechterhalten zu können, es sei denn, sie sind in Indizes wie dem Schichtindex integriert.

zeitpunkten, insgesamt an drei, wiederholt zu teils denselben, ähnlichen oder neuen Themen mit gleichen, ähnlichen oder neuen Skalen und Indikatoren befragt worden. Im Vergleich zur ersten und dritten Welle sind sowohl das Kinder- als auch das Mutterinterview in der zweiten in inhaltlicher Hinsicht bedeutend weniger umfangreich (Zwischenmessung), weshalb die Interviewdauer an diesem Messzeitpunkt jeweils deutlich reduziert worden ist (Alt, 2007, S. 9). Mütter und Kinder sind überwiegend zu ausgewählten Themenbereichen wie die schulische Entwicklung des Kindes befragt worden und sollten nur bei Veränderungen in der familialen Situation darüber Auskunft geben. Ein Großteil der Mütter, Kinder und Väter haben sich auch an der zweiten Befragung beteiligt, weshalb die Ausschöpfungsquote jeweils als gut zu beurteilen ist.

Diese methodische Vorgehensweise ist in stringenter Art und Weise in der älteren Kohorte umgesetzt worden, wobei darauf geachtet worden ist, dass das Kinderinterview den zeitlichen Rahmen von 20 bis 30 Minuten nicht übersteigt, denn die Konzentration und Ausdauer von Kindern lassen nach einer halben Stunde gewöhnlich nach, wie die Erfahrungen in der Pilotstudie gezeigt haben (vgl. Alt & Quellenberg, 2005, zur Interviewdauer S. 281[166]). Diese Richtlinie lässt sich in der Praxis jedoch nicht immer einhalten. Auch ist auf die zeitlich parallele Befragung des Zielkindes und der Mutter durch den Einsatz von zwei Interviewerinnen und Interviewern pro Haushalt verzichtet worden, denn Eltern vertrauen in der Regel nur ungern einer völlig unbekannten Person ihr Kind ohne eigene Präsenz an, auch wenn eine Parallelbefragung in methodischer Hinsicht wünschenswert gewesen wäre. Dies unterliegt pragmatischen Grenzen und hätte u. U. folgenschwere Konsequenzen für den Feldzugang und die Realisierung von Interviews gehabt, wie die beiden Autoren betonen. Ähnliches trifft ebenso für eine sequentielle Befragung von Kind, Mutter und Vater zu, was eine inakzeptable Verweildauer der interviewenden Personen in den Haushalten zur Folge gehabt hätte.

Vor dem Hintergrund der Argumente in der aktuellen Diskussion um die Methoden in der Kindheitsforschung ist von der *Projektgruppe DJI-Kinderpanel* entschieden worden, nur ältere Kinder, d. h. Kinder ab dem Alter von acht oder neun Jahren, mündlich zu befragen.[167] Bei jüngeren Kindern, d. h. Sechs- und

166 Zu Ergebnissen der Analyse der Interviews nach methodischen Gesichtspunkten vgl. Haunberger (2005 & 2007).

167 Zu neuropsychologischen Grundlagen wie exekutive Funktionen im Vorschulalter (vgl. Diamond, 2006; Best & Miller, 2010; Lewis & Carpendale, 2009; Moriguchi, 2014; oder Röthlisberger, Neuenschwander, Michel & Roebers, 2010); zur kindangemessenen Frageformulierung und kindgerechten Gestaltung der Formate und Durchführung von Interviews (vgl. Lange & Mierendorff, 2009, S. 196/197); zu Methoden der Kindheitsforschung im Allgemeinen (Heinzel, 2000 & 2012); zur Kindheitsforschung im historischen Rückblick, zu methodischen Aspekten der Kindheitsforschung sowie ihre Grenzen und Weiter-

Siebenjährigen, haben die Eltern, in der Regel die Mutter, als Proxys über sie Auskunft gegeben. Dementsprechend sind in der Kindergartenkinderkohorte an den ersten beiden Messzeitpunkten statt der Zielkinder deren Mütter oder Betreuungs- und Bezugspersonen im Haushalt als Proxy für die Kinder interviewt worden. Das heißt, die für das Kinderinterview relevanten Konstrukte und Indikatoren sind im Mutterinterview aus der Perspektive erwachsener Personen erhoben worden. Folglich liegt nur eine Perspektive dazu vor, denn zeitlich umfangreiche Interviews, wie im DJI-Kinderpanel, sind bei Kindergartenkindern, d. h. bei Kindern im Vorschulalter, vor dem Hintergrund ihres Entwicklungsstandes nur schwer möglich.[168]

In der letzten Erhebungswelle sind aber auch die Kinder der jüngeren Kohorte zu Hause mündlich befragt worden, denn zu diesem Messzeitpunkt sind sie bereits Schulkinder und damit älter und reifer für ein umfangreiches Interview gewesen.

Im Zentrum der eigenen Analysen befinden sich vor allem die Kinder der älteren Kohorte, d. h. die Grundschüler(innen). Als Kriterium der Stichprobenziehung ist nicht das institutionelle Setting (z. B. Kindergarten- oder Grundschulbesuch), sondern das Lebensalter der Kinder gewählt worden (vgl. Alt & Quellenberg, 2005, S. 284–285). Für die Grundgesamtheit in der ersten Welle sind fünf- bis sechsjährige Kinder mit einem Geburtszeitraum von 10.1996 bis 09.1997 für die jüngere Kohorte und acht- bis neunjährige Kinder mit einem Geburtszeitraum von 10.1993 bis 09.1994 für die ältere Kohorte in die Auswahl gekommen, jeweils aus Privathaushalten und auf dem Gebiet der Bundesrepu-

---

entwicklungen (Alt & Lange, 2012); zu Methoden der Datenerhebungen in der quantitativen Kindheitsforschung (vgl. Grunert & Krüger, 2012); zur Perspektivität, intergenerationalen und kommunikativen Beziehung, Alters- und Entwicklungsspezifik, Denk- und Verhaltensspezifik, Kontextualisierung von Fragen, zu kohortenspezifischen Projektionen, besonderen Aspekten und Problemen der Datenerhebungen in Bezug auf (Re)Konstruktionen, Genderaspekten, zum Machtgefälle zwischen Forschenden und Beforschten sowie zu Fragen der Diversität im Forschungsprozess mit Kindern (vgl. Bamler, Werner & Wustmann, 2010, S. 74–80); zur Frage nach der unteren Altersgrenze für standardisierte schriftliche oder mündliche Befragungen (vgl. die Literaturübersicht von Wagener, 2013, S. 127–134); zu für Kinder geeignete Fragethemen (vgl. Lipski, 2000; nach Wagener, 2013, S. 128); zu Besonderheiten der schriftlichen oder mündlichen Befragung von Kindern und den Voraussetzungen dafür sowie zu Kinderbefragungen als ein wichtiges Korrektiv der Perspektive von Erwachsenen über Kindheit (vgl. Kränzl-Nagl & Wilk, 2000, nach Wagener, 2013, S. 129–131).

168 Nur einige wenige Indikatoren und Skalen u. a. zu den Themen Kinderbetreuung, individuelle und persönliche Ressourcen der Kinder, Freundschaftsnetzwerke, die in der Studienplanung für das Kinderinterview, aber nicht für das Mutterinterview vorgesehen waren, sind in den für die Mütter der Kinder aus der jüngeren Kohorte bestimmten Interviewbogen an den ersten beiden Messzeitpunkten integriert und für Erwachsene angepasst worden.

blik Deutschland lebend.[169] Als Stichprobe ist eine Personenstichprobe aus den Einwohnermelderegistern der ausgewählten Kommunen nach dem Zufallsprinzip in einem mehrstufigen Verfahren gezogen worden. Damit hat jede Person aus der Grundgesamtheit dieselbe Wahrscheinlichkeit bzw. Chance gehabt, in das Panel aufgenommen zu werden. Außerdem haben sich aufgrund der Angaben in diesen Registern die Zielpersonen bzw. ihre Familien vorab schon anschreiben und mit den Informationen darin (Alter, Geschlecht, Nationalität, Wohnort) Gründe für die Verweigerung der Teilnahme oder die Nicht-Erreichbarkeit ermitteln lassen (Selektivitätsanalyse). Das DJI-Kinderpanel ist zunächst als eine für die in den beiden Kohorten fokussierten Altersgruppen für die Bundesrepublik Deutschland repräsentative Kinderstudie auf Survey-Niveau konzipiert worden, weshalb flächendeckend Interviews in allen Regionen der BRD durchgeführt werden sollten.[170] Mit der sogenannten *Feldarbeit,* d. h. der Stichprobenziehung, Feldorganisation, den Datenerhebungen, der Personalschulung und Datensatzerstellung, wurde das sozialwissenschaftliche Institut *infas* in Bonn beauftragt. In Abbildung vier sind das Design, die Erhebungszeitpunkte sowie die Anzahl der realisierten Interviews in beiden Kohorten in der Hauptuntersuchung veranschaulicht (vgl. Abbildung 4).

Zwischen der zweiten und dritten Erhebungswelle, d. h. im Jahr 2004, ist eine Zusatzstudie zur Lebenssituation von Kindern mit Migrationshintergrund in der Bundesrepublik Deutschland in den 2000er Jahren durchgeführt worden, wofür eine separate Stichprobe von Kindern mit Migrationshintergrund gezogen worden ist (vgl. Alt, 2007). Um eine substantielle Stichprobengröße zu erhalten, hat sich die *Projektgruppe DJI-Kinderpanel* bei der Studienplanung dieser Zusatzbefragung aus methodischen Gründen ausschließlich auf Kinder aus den beiden zahlenmäßig größten in Deutschland lebenden Gruppen mit Migrationshintergrund, nämlich Familien mit türkischer und russlanddeutscher Herkunft beschränkt. Die Daten aus dieser Zusatzbefragung sind für die eigenen empirischen Untersuchungen vor dem Hintergrund der inhaltlichen Fragestellungen dieser Forschungsarbeit und fehlender Erhebungsbereiche nicht von Bedeutung und werden deshalb nicht weiter berücksichtigt.

169 Wie sich an einem späteren Ort noch herausstellen wird, befinden sich auch einige wenige Kinder der jüngeren Kohorten in der Untersuchungspopulation.

170 Zum Verfahren der Stichprobenziehung siehe Alt und Quellenberg (2005).

Abbildung 4: Forschungsdesign und Anzahl mündlicher Interviews und schriftlicher Befragungen in der Hauptuntersuchung des DJI-Kinderpanels (N = Anzahl der Fälle; untere Reihe = jüngere Kohorte, obere Reihe = ältere Kohorte)[171]

| **Alter der Kinder** | **Welle 1** Herbst 2002 | | **Welle 2** Frühjahr 2004 | | **Welle 3** Herbst 2005 |
|---|---|---|---|---|---|
| **11-12** | | | | | **Mütter (613)**<br>**Kinder (613)**<br>**Väter (351)** |
| **9-11** | | | **Mütter (722)**<br>**Kinder (722)**<br>**Väter (484)** | Übergang der Kinder aus der älteren Kohorte in die Sekundarstufe | |
| **8-9** | **Mütter (1042)**<br>**Kinder (1042)**<br>**Väter (658)** | Einschulung der Kinder aus der jüngeren Kohorte | | | **Mütter (676)**<br>**Kinder (676)**<br>**Väter (379)** |
| **6-8** | | | **Mütter (771)**<br>**Väter (503)** | | |
| **5-6** | **Mütter (1148)**<br>**Väter (678)** | | | | |
| | **N=2190** | | **N=1493** | | **N=1286** |

Quelle: In Anlehnung an Alt, 2007, S. 8 modifiziert

Eine weitere bemerkenswerte Besonderheit des DJI-Kinderpanels in Bezug auf den Forschungsgegenstand ist, dass nicht nur zum Teil identische oder ähnliche Indikatoren und Skalen bei drei unterschiedlichen Personen (Kind, Mutter und Vater als Datenquellen, Selbst- und Fremdwahrnehmungen) an drei verschiedenen Messzeitpunkten abgefragt worden sind, somit für einen Teil dieser Konstrukte drei unterschiedliche Perspektiven mit einer längsschnittlichen Struktur vorliegen, sondern sich damit auch Generationenzusammenhänge beschreiben, Veränderungen und Entwicklungen in den Familien und bei den Kindern aus einer mehrdimensionalen Perspektive bestimmen und Unterschiede aus differentieller Perspektive (Kind, Mutter und Vater) abbilden lassen.[172]

171 Dazu sei angemerkt: Es handelt sich hierbei um diejenigen Interviews, die in den Analysedatensatz tatsächlich eingegangen und nicht um diejenigen, die realisiert worden sind. Wie bereits schon angesprochen, sind je Messzeitpunkt faktisch mehr Interviews realisiert als analysiert worden, denn einige Interviews sind stets aus verschiedenen Gründen (fehlende Vollständigkeit, keine validen Angaben etc.) für die Auswertungen nicht brauchbar gewesen und deswegen dafür nicht berücksichtigt worden.

172 Folgende Themen sind sowohl Gegenstand der Mutter- und Kinderinterviews als auch der Väterbefragung: Persönlichkeitsstruktur und psychosoziales Befinden des Kindes, familiales Zusammenleben (Erziehungsverhalten der Eltern, Konfliktanlässe und Konfliktverhalten, Familienklima), Schule (Leistungen, schulisches Befinden, schulische Probleme und schulisches Problemverhalten, Bildungsinteresse der Eltern und Kinder, Hortbesuch), Befinden im Wohnumfeld, Freizeitaktivitäten und Freizeitverhalten des Kindes, Kontakte zu Gleichaltrigen und Freundschaftsbeziehungen des Kindes (auch Konflikte). Zu den letzten beiden Themen wie Freizeitverhalten und Freundschaftsbeziehungen sind mehr Fragen im

Der Interviewbogen für das Mutterinterview ist in allen Erhebungswellen bedeutend umfangreicher als derjenige für das Kinderinterview oder der Fragebogen für die schriftliche Befragung der Väter gewesen. Am ersten und dritten Messzeitpunkt sind bei allen Beteiligten wesentlich mehr Inhaltsbereiche erfasst worden als am zweiten. Grundständige, insbesondere strukturelle wie familiale, soziodemographische, sozioökonomische, sozialökologische und institutionelle, Indikatoren sind jeweils am ersten Messzeitpunkt erhoben worden, vor allem bei den Eltern, Indikatoren, die einem Wandel oder Veränderungen unterliegen, auch an den folgenden Messzeitpunkten. Gleiches gilt ebenso für Skalen und Indikatoren auf Prozessebene. Zum Teil sind im Studienverlauf auch neue Skalen und Indikatoren hinzugekommen, speziell solche, die die Entwicklung des Kindes oder institutionelle Übergänge und Rahmenbedingungen betreffen. Wenige Skalen und Indikatoren sind im Studienverlauf überarbeitet worden.

Sowohl die Inhaltsaspekte der Interviews und Befragungen im DJI-Kinderpanel als auch die methodischen Planungen dieser Studie zeigen, dass dieses Panel zur Sozialberichterstellung der Lebenslage von Kindern heute durchaus die Forderungen der *neuen* Soziologie der Kindheit erfüllt hat: Unter anderem Kindheit als eigenständige soziale Kategorie, Kinder als kompetente Akteure (*Agency*), generationale Ordnung mit relational definierten Alterskategorien als ein Prinzip des Aufbaus einer Gesellschaft und gesellschaftlicher Konstruktionen. Damit wird das DJI-Kinderpanel diesen Ansprüchen gerecht und geht auf Kritikpunkte an älteren Ansätzen der Soziologie der Kindheit ein (u. a. keine Berücksichtigung von Kindern als eigenständige Subjekte in der Sozialberichterstattung, die Unterschätzung der Kompetenzen der Kinder, vgl. zur *neuen* Soziologie der Kindheit Bühler-Niederberger, 2011, S. 166–198).

## 4.2. Merkmalsbereiche, Indikatoren und Skalen in den Analysen

Wie bereits dargestellt, sind im DJI-Kinderpanel verschiedene Domänen der Lebenswelten von Kindern und ihren Familien sowohl auf der Struktur- als auch auf der Prozessebene in den Erhebungen (Kinder- und Mutterinterviews, Väterbefragungen) mit Skalen (Konstrukten) und Indikatoren empirisch erfasst worden: Unter anderem zu den Themen Familie, Schule, Freizeit, Bildung und Betreuung, soziale Räume, Peers, Wohnen, Haushalt, sozialstrukturelle Merk-

Kinderinterview als in den Erhebungen bei den Eltern gestellt worden. Sozial-emotionale Kompetenzen der Kinder sind nur im Kinderinterview erfasst worden, ebenso auch das Bildungsinteresse der Eltern und Kinder im engeren Sinne. Abschließend sind jeweils Fragen zur Interviewdurchführung und Soziodemographie des Kindes gestellt worden.

male, Kompetenzen, Gesundheit, kulturelles und religiöses Leben, sozioökonomische Lage, Migrationshintergrund, personale und soziale Merkmale der Kinder und ihrer Eltern. Im Hinblick auf die Fragestellungen dieser Forschungsarbeit stehen davon überwiegend Skalen und Indikatoren aus den Lebensbereichen Schule und Familie im Vordergrund des Interesses. Dennoch werden auch solche aus anderen Lebensbereichen von Kindern und ihren Familien in Betracht gezogen, insofern als sie mit Fragen zu Bildung in Zusammenhang stehen.

In Tabelle eins im Anhang sind die für die Analysen zur Prüfung der Hypothesen in dieser Forschungsarbeit relevanten Skalen (Konstrukte) und Indikatoren aus den Interviews und schriftlichen Befragungen des DJI-Kinderpanels nach ihren Merkmalsbereichen und Quellen geordnet aufgelistet (vgl. Betz, Lange & Alt, 2007).[173] Zur Beschreibung der Lebenswelten von Kindern heute ist von der Planungsgruppe des DJI-Kinderpanels meist auf von anderen Forschergruppen oder im Rahmen weiterer Forschungsprojekte entwickelte, erprobte und validierte Indikatoren und Skalen (Konstrukte) zurückgegriffen worden, die zum Teil zum Standardrepertoire der empirischen Sozialforschung und sozialwissenschaftlichen Forschung im Allgemeinen zählen. Aus diesem Grund sind nur wenige Eigenentwicklungen und -konstruktionen von der DJI-Planungsgruppe erforderlich gewesen.[174] Die aus vorhandenen Untersuchungsinstrumenten und Handbüchern ausgewählten Indikatoren und Skalen oder Items auf Konstruktniveau mussten teilweise an die Vorgaben und Ansprüche des DJI-Kinderpanels angepasst werden. In der Regel sind sie jedoch nicht

173 Quellen der im DJI-Kinderpanel verwendeten Indikatoren und Skalen (vgl. Tabelle 1 im Anhang): Achenbach & Edelbrock (1981); Bacher, Gürtler, Leonhardi, Wenzig & Wittenberg (1999); Deutsches Jugendinstitut (1992); Deutsches Jugendinstitut e.V. (2014); Deutsches Jugendinstitut e.V. (2012); DJI-Eigenentwicklungen & DJI-Eigenkonstruktionen; Engfer, Schneewind & Hinderer (1978); Fauser (1984); Fries (2002); Fthenakis, Nagel, Eirich & Mayr (1997); Furtner-Kallmünzer, Hössl, Janke, Kellermann & Lipski (2002); GESIS (2002); Hössl (2002); Huebner (1994); Jacobs & Strittmatter (1979); Jerusalem, Drössler, Kleine, Klein-Heßling, Mittag & Röder (2009); Kreppner & Klöckner (2002); LBS-Initiative Junge Familie (2002); Lang (1985); Mayr & Ulich (2002); Olweus (1999); Rinker & Schwarz (1998); von Salisch & Pfeiffer (1998); Schwarz & Rinker (1998); Schwarz & Silbereisen (1998); Schwarz, Walper, Gödde & Jurasic (1997); Schwarzer & Jerusalem (1999); Simons, Lorenz, Conger & Wu (1992); Stecher (1999);Statistisches Bundesamt (2004, 2014); Zinnecker & Georg (1998); Zinnecker & Schwarz (1998); Zinnecker, Georg & Strzoda (1998); Windle & Lerner (1986); Zentralinstitut für Jugendforschung (1988) (vgl. zu allen Quellen Projektgruppe DJI-Kinderpanel, 2006c oder Betz, Lange & Alt, 2007).

174 Darunter fallen beispielsweise die Indizes in Bezug auf soziale Schicht und Migrationshintergrund, die Parameter zu schulischen Verläufen, verschiedene bildungsrelevante oder familienstrukturelle Indikatoren sowie Fragen und Indikatoren zur Interviewdurchführung.

grundlegend, sondern nur in einem geringen Maße, insbesondere die Satzlänge oder sprachliche Formulierung betreffend, überarbeitet worden.

Der soziale Hintergrund oder die soziale Herkunft der Zielkinder im DJI-Kinderpanel stellt in dieser Forschungsarbeit eine zentrale Kategorie dar, weshalb auf dieses soziologisch bedeutende Merkmal und weitere Begrifflichkeiten in diesem Zusammenhang im Weiteren näher eingegangen wird. Die soziale Herkunft wird in dieser Längsschnittstudie über die Lebensbedingungen von Kindern mit einem Schichtindex abgebildet (vgl. Tabelle 1 im Anhang). Eng verwoben mit dem Konstrukt der sozialen Herkunft oder des sozialen Hintergrundes ist das Konzept der sozialen Ungleichheit. Darunter sind Merkmale zu verstehen, die Menschen nicht nur als verschiedenartig, d. h. auf einer horizontalen Linie, beschreiben, sondern auch sie als besser oder schlechter, höher- oder tiefergestellt differenzieren, d. h. in die vertikale Ordnung eingruppieren (vgl. Hradil, 2005, S. 27). Hradil (2005, S. 30) definiert soziale Ungleichheit folgendermaßen: „*‚Soziale Ungleichheit‘ liegt dann vor, wenn Menschen aufgrund ihrer Stellung in sozialen Beziehungsgefügen von den ‚wertvollen Gütern‘ einer Gesellschaft regelmäßig mehr als andere erhalten*“. Diese Definition beinhaltet drei Aspekte (vgl. Hradil, 2005, S. 28–30): *Erstens,* es geht um bestimmte Güter, die von der Gesellschaft als wertvoll erachtet werden, deren Besitz Vorteile verschaffen kann, jemanden höhergestellt erscheinen lässt und damit zu günstigeren Lebensbedingungen führen kann, weil sich bestimmte Zielvorstellungen damit realisieren lassen. *Zweitens,* die oben genannte Definition besagt, wie wertvolle Güter in einer Gesellschaft verteilt sein müssen, nämlich nicht absolut gleich, um als ungleich verteilt bezeichnet werden zu können, ohne damit eine wertende Bemerkung wie ungerecht zu verbinden. *Drittens* bezieht die genannte Definition nur solche wertvollen Güter mit ein, die „(…) aufgrund der Stellung von Menschen in gesellschaftlichen Beziehungsgefügen auf *regelmäßige Weise* (absolut) ungleich verteilt werden“ (vgl. Hradil, 2005, S. 29). Das heißt, es geht also um solche Güter, „die in gesellschaftlich strukturierter, vergleichsweise beständiger und verallgemeinerbarer Form zur Verteilung kommen. Dies trifft beispielsweise auf Einkommens- und Machtunterschiede zu, die an bestimmte berufliche Stellungen geknüpft sind. Ihre Bindung an relativ konstante gesellschaftliche Beziehungen und Positionen unterscheidet soziale von anderen Ungleichheiten“ (vgl. Hradil, 2005, S. 29). Dabei lassen sich zwei Strukturierungsarten unterscheiden: Wertvolle Güter können unter allen Menschen oder zwischen verschiedenen Gruppen ungleich verteilt sein, wobei letzteres häufig als ungerecht empfunden wird (vgl. Hradil, 2005, S. 30).[175]

---

175 Die Basisdimensionen sozialer Ungleichheit stellen materieller Wohlstand, Macht und Prestige in der industriellen Gesellschaft sowie Bildung in der postindustriellen dar. In der

Mit der Wahl eines Schichtindizes zur Bestimmung der relativen sozialen Positionen der Familien der Zielkinder im DJI-Kinderpanel folgt die *Projektgruppe DJI-Kinderpanel* einem hierarchisch strukturierten Gesellschaftsbild, dem ein vertikales Schichtungsmodell zugrunde liegt. Gesellschaften lassen sich mit verschiedenen Konzepten charakterisieren, die Aspekte der Sozialstruktur von Gesellschaften entweder mit vertikalen oder mit horizontalen Dimensionen oder mit einer Kombination von beiden beschreiben. Ältere Ansätze, die vor allem die vertikale Dimension betonen, unterteilen eine Gesellschaft in soziale Klassen oder Schichten (vgl. Burzan, 2011). *Soziale Klassenmodelle* beziehen sich auf Besitzverhältnisse, den Erwerb von Gütern und die Chancen, die sich daraus auf dem Markt ergeben (vgl. Burzan, 2011, S. 21). In einer ähnlichen Richtung bezeichnet Hardil (2005, S. 38) Klassen als all jene Gruppen, die infolge ihrer Position im Wirtschaftssystem anderen gegenüber über- oder unterlegen sind, z. B. infolge des Besitzes oder Nichtbesitzes von Kapital oder Produktionsmitteln oder ihrer Machtpositionen auf dem Arbeitsmarkt. *Soziale Schichtungsmodelle* beruhen dagegen auf soziale Lagen (vgl. Burzan, 2011, S. 26). Somit beinhalten soziale Schichten stets mehrere Dimensionen sozialer Ungleichheit, die je nach Gesellschaft einem Wandel unterworfen sein können (vgl. Burzan, 2011, S. 31). Dies hängt im Wesentlichen mit der Entwicklung ökonomischer Bedingungen moderner Gesellschaften zusammen, wonach in der Historie zunehmend mehr Unterschiede zwischen unselbständig Beschäftigten in den Vordergrund traten und der Beruf als Schlüsseldimension hierfür und die daran geknüpften Dimensionen wie Qualifikation, Einkommen, Prestige oder die Arbeitsbedingungen zu Statusdeterminanten und Differenzierungskriterien wurden (vgl. Hradil, 2005, S. 40). In den Hintergrund getreten ist hingegen der Besitz an Kapital und Produktionsmitteln. Dementsprechend definiert Hradil (2005, S. 40) Schichten als „*Gruppierungen von Menschen mit ähnlich hohem Status innerhalb einer oder mehrerer berufsnaher Ungleichheitsdimensionen* (…)“. Auf dieser Sichtweise basieren im Wesentlichen die Konzeptionen von Einkommensschichten, Berufsprestigeschichten oder Bildungsschichten. Von sozialen Schichten ist in diesem Sinne immer dann die Rede, wenn mehrere berufsnahe Statusdimensionen sozialer Ungleichheit zusammengefasst werden. Damit liegt der Fokus in Schichtungsmodellen auf der Berufshierarchie als zentrales Kriterium sozialer Ungleichheit. Aufgrund der Tatsache, dass sich Schichtungsgesellschaften durch ein höheres Maß an Trans-

---

heutigen modernen Gesellschaft kommen neue Dimensionen hinzu wie Gesundheit, Arbeits-, Wohn-, Umwelt- und Freizeitbedingungen aufgrund von (staatlichen) Transferleistungen oder Handlungsmöglichkeiten (Hradil, 2005, S. 31). Darüber hinaus ist zwischen objektiven Dimensionen (z. B. Einkommen vermittelt Vorteile) und subjektiven Dimensionen (z. B. Prestige gebunden an das Denken von Personen) sozialer Ungleichheit zu differenzieren (Hradil, 2005, S. 32).

parenz und Offenheit auszeichnen als Stände- oder Klassengesellschaften, sind soziale Auf- und Abstiege, d. h. Aufwärts- und Abwärtsmobilitäten, in diesen leichter möglich als in den zuletzt genannten Gesellschaften, insofern als durch Leistung ein Status erreicht werden kann. Der Begriff *Status* charakterisiert seinerseits „Die bessere oder schlechtere Stellung eines Menschen im Oben und Unten einer Dimension sozialer Ungleichheit (...)" (vgl. Hradil, 2005, S. 33) und gilt in der Anwendung auf alle Dimensionen sozialer Ungleichheit, weshalb in der neueren Soziologie sozialer Ungleichheit häufig beispielsweise von Wohlstandsstatus, Machtstatus oder Prestigestatus die Rede ist, in der älteren jedoch dieser Begriff nur in Zusammenhang mit Prestige gebraucht wird (vgl. Hradil, 2005, S. 33). Unter *Statusverteilung* ist die ungleiche Einstufung oder Gruppierung einer Vielzahl an Menschen je Dimension sozialer Ungleichheit zu verstehen, denn nicht alle Menschen können den gleichen Status besitzen wie auch nicht alle Menschen einen unterschiedlichen Status haben können. Eine Vielzahl von Menschen mit demselben oder ähnlichem Status bildet eine *Statusgruppe*. Weist eine Person in verschiedenen Dimensionen sozialer Ungleichheit den gleichen oder zumindest einen ähnlichen Status auf, so spricht man von *Statuskonsistenz*, dagegen von *Statusinkonsistenz*, wenn dies nicht zutrifft, d. h. die Position in der sozialen Hierarchie je Dimension unterschiedlich ist, was in modernen Gesellschaften jedoch nicht selten vorkommt.

Schichtungsmodelle werden häufig sowohl mit Prestige, d. h. subjektiven oder auch objektiven Wertschätzungen oder sozialem Ansehen, als auch mit Status, d. h. die Position in der sozialen Hierarchie, in Zusammenhang gebracht, wobei Prestige eine Dimension neben anderen Dimensionen, wie z. B. objektive, wie das Einkommen u. a., von Status sein kann (vgl. Burzan, 2011, S. 47–58). Das Statuskonzept wird insofern als kritisch bewertet, als in sozialen Schichten häufig Indikatoren gebündelt werden, die oftmals gegenläufige Tendenzen besitzen (vgl. Statusinkonsistenz, wie z. B. ein hohes Einkommen trotz niedriger Bildung). Dem Schichtkonzept des DJI-Kinderpanels liegt das Prestige-Modell zugrunde, worin klassische sozialstrukturelle Indikatoren wie Einkommen, Beruf und Bildung zu einem Index mit mehreren hierarchisch gestaffelten Ausprägungen zusammengefasst werden, die soziales Prestige zum Ausdruck bringen sollen. Aktuelle Schichtungsmodelle sehen die Vertikale als nur eine Dimension sozialer Strukturierung an oder betonen die Durchlässigkeit von Grenzen, weshalb sie mehr von schichtspezifischen Segmenten als von Schichten sprechen (vgl. Burzan, 2011, S. 73–78). Aktuelle Klassenmodelle betonen hingegen wieder den Beruf in Form der beruflichen Stellung und Klassifikation von Berufen als zentrales Element der Sozialstruktur (Burzan, 2011, S. 78–85).

Eine Änderung des Status nach oben oder unten, d. h. ein sozialer Auf- oder Abstieg, wird als *vertikale soziale Mobilität* bezeichnet, z. B. in Bezug auf das Einkommen, die von der *horizontalen sozialen Mobilität* zu unterscheiden ist,

z. B. ein Wohnort- oder Berufswechsel. Letzteres ist nicht unbedingt mit einem Auf- oder Abstieg verknüpft oder an einen Rang oder Grad gebunden (vgl. Hradil, 2005, S. 34 und S. 377–378; zu Begriffen, Methoden und Forschungsstand in der Mobilitätsforschung Geißler, 2014, S. 311–323 und S. 328–332). Von Bedeutung für die soziologische Ungleichheitsforschung ist jedoch vorrangig die vertikale soziale Ungleichheit in Form der beruflichen Mobilität zwischen sozialen Klassen oder Schichten (vgl. Hradil, 2005, S. 377–378: Der Beruf als zentrale Determinante sozialer Ungleichheit). Im Fokus darauf befinden sich häufig die *Generationenmobilität* oder *Karrieremobilität.* Ersteres bezieht sich auf die *intergenerationale Perspektive*, d. h. den Vergleich der Berufspositionen in der Eltern- und Kindergeneration[176], letzteres auf die *intragenerationale Perspektive*, d. h. die Untersuchung der Veränderung der Berufsposition im Lebensverlauf auf der Grundlage längsschnittlicher Daten. Vor dem Hintergrund eines Verständnisses von formaler und proportionaler Chancengleichheit unter Wettbewerbsbedingungen in mobilen und offenen Gesellschaften ohne Schließungsmechanismen und Barrieren am Zugang zu vorteilhaften sozialen Positionen ist diese Form der Gleichheit immer dann gegeben, wenn repräsentative Anteile aus gesellschaftlichen Gruppierungen entsprechend ihrer Verteilungen in der Gesamtbevölkerung auf allen Ebenen der vertikalen sozialen Schichtung zu finden sind. In diesem Sinne werden Mobilitätschancen als *absolute* und *relative Mobilitätsraten* im Hinblick auf Vergleiche der Mobilitätschancen sozialer Gruppen analysiert (vgl. Hardil, 2005, S. 378). Unter absoluten Mobilitätsraten versteht man Häufigkeiten oder Wahrscheinlichkeiten dahingehend, wie häufig oder wahrscheinlich Personen aus verschiedenen gesellschaftlichen Gruppierungen bestimmte soziale Positionen erreichen oder zu Mitgliedern bestimmter gesellschaftlicher Gruppierungen werden. Diese Form der Mobilitätsrate ist von den Größenverhältnissen der jeweiligen Gruppierungen determiniert und spiegelt Mobilitätserfahrungen wider (vgl. Hardil, 2005, S. 378–379). Relative Mobilitätsraten beziehen sich dagegen auf das Verhältnis der Chancen eines sozialen Auf- und Abstiegs bestimmter gesellschaftlicher Gruppierungen zum Bevölkerungsdurchschnitt (vgl. Hardil, 2005, S. 378–379). Bei dieser Form der Mobilitätsrate werden Ungleichheiten der Mobilitätschancen aufgrund eines Wandels der Berufsstruktur im Zuge von quantitativen und qualitativen Veränderungen diesbezüglich oder von den bereits erwähnten Mobilitätshemmnissen und Schließungsmechanismen beispielsweise in Form von Barrieren im Zugang zu Ressourcen wie Bildung berücksichtigt, wozu für

176 Im Zentrum dieser Mobilitätsforschung befinden sich die Weitergabe von Bildungsgütern oder Vererbung von materiellen Gütern und deren Effekte auf die soziale Platzierung der Kinder, weshalb in diesem Zusammenhang häufig ungleiche Bildungschancen und Zugangschancen zu Berufspositionen untersucht werden (vgl. Hradil, 2005, S. 378).

die Analyse der Auf- und Abstiege bestimmter sozialer Klassen und Schichten die Größenverhältnisse in den jeweiligen Berufsgruppen in Betracht gezogen werden und in die Berechnung einfließen (vgl. Hardil, 2005, S. 379).

Neuere Konzepte zur Beschreibung der Sozialstruktur einer Gesellschaft thematisieren *Lebensstile* und *Milieus* (vgl. Burzan, 2011, S. 89 f.). *Lebensstile* beruhen nach Burzan (2011, S. 91–93) weniger auf objektiven Merkmalen einer Person, wie z. B. das Einkommen, die Bildung u. a., als vielmehr auf kulturellen und symbolischen Faktoren oder in anderen Worten auf dem Verhalten einer Person in ihrer Freizeit sowie ihrem Umgang mit Ressourcen und Restriktionen, weshalb im Zuge gestiegener Wahlfreiheiten von einer genauen Zuordnung oder Übereinstimmung von objektiven Merkmalen, Verhaltensweisen und Einstellungen nicht mehr auszugehen ist. *Lebensstilansätze* berücksichtigen außerdem die subjektive und ganzheitliche Komponente der Lebensführung und ihrer Expressivität mit Betonung auf Wahlfreiheit. Das heißt, es handelt sich dabei um ein lebensnahes Modell mit Verknüpfung zwischen der Makroebene, der Struktur, und der Mikroebene, der Handlung. *Milieus*, in denen Personen leben und handeln und die deren Entwicklung- und Entfaltungsmöglichkeiten prägen, sind dagegen vorwiegend von äußeren Einflüssen, darunter soziale und natürliche Umweltfaktoren, bestimmt (vgl. Burzan, 2011, S. 103–105). Im Unterschied zu Lebensstilen stehen daher im *Milieu-Begriff* die Wahrnehmung und Nutzung vorhandener Opportunitäten im Vordergrund und damit verbunden die Orientierung an den objektiven Umständen, weshalb der Schwerpunkt hier, im Gegensatz zu Lebensstilen, mehr auf der gesellschaftlichen Mesoebene als auf der Mikroebene liegt. Werthaltungen stellen damit u. a. zentrale und subjektive Dimensionen von Milieus dar. Ein weiteres neueres Konzept, wonach sich Gesellschaften strukturieren lassen, sind *soziale Lagen*, die sich durch eine Mehrdimensionalität sozialer Ungleichheit auszeichnen, um so die Perspektive von Schichtungsmodellen, die stark auf Beruf oder Bildung in einem vertikalen Sinne rekurrieren, zu erweitern (vgl. Burzan, 2011, S. 139–147: Statt von sozialen Lagen wird auch von *Intersektionalität* gesprochen). Die darin zusammengefassten Dimensionen sind vielschichtig, objektiv und stehen in keinem additiven oder hierarchischen Verhältnis zueinander.

Vor dem Hintergrund dieser Begriffsbestimmungen wird deutlich, dass Status, soziale Lagen oder Schichtzugehörigkeit sozialwissenschaftliche Konstrukte sind, die empirisch nicht direkt ersichtlich und objektiv messbar sind, sondern theoretische Konzepte oder Modelle erfordern, die definieren, welche soziale Strukturelemente und Indikatoren für die Entwicklung sozialwissenschaftlicher Konstrukte gebraucht werden (vgl. Brake & Büchner, 2012, S. 51). Mit dem *sozioökonomischen Status* ist die relative Position einer Person, Familie oder eines Haushalts in der sozialen und gesellschaftlichen Hierarchie gemeint, die mithilfe verschiedener sozialer Strukturelemente und Indikatoren, wie ökonomischen Ressourcen (Einkommen, Besitz etc.) und die an eine Position geknüpfte gesellschaftliche Anerkennung (z. B. Sozialprestige), bestimmt wird (vgl. Brake & Büchner, 2012, S. 51).

In bildungssoziologischen Studien wird der soziale Hintergrund einer Familie oder eines Haushalts bzw. die soziale Herkunft eines Kindes oder Jugendlichen häufig mit Schichtindizes, wie im DJI-Kinderpanel, auf der Grundlage eines Schichtungsmodells als Gesellschaftsmodell abgebildet, operationalisiert und indiziert mit klassischen sozialstrukturellen Indikatoren wie Bildung, Beruf und Einkommen der Eltern, Hauptverdiener oder Erwerbstätigen in einer Familie oder einem Haushalt. Häufig wird der sozioökonomische Hintergrund einer Familie oder eines Haushalts aber auch mit der sozialen Klassenlage auf der Basis eines dahinter liegenden Klassenmodells in Form des sozioökonomischen Status von Personen wiedergegeben, wofür verschiedene Schemata für die Klassifizierung von Berufen vorgeschlagen worden sind (vgl. dazu auch Brake & Büchner, 2012, S. 51–65). Ein Klassenschema dafür, worauf eine Vielzahl an empirischen Bildungsstudien rekurriert, umfasst sieben Hauptklassen, die sogenannten *EGP-Klassen* nach *E*rikson, *G*oldthorpe und *P*ortocarero (1979, S. 420, für den Fall England), wofür die beruflichen Tätigkeiten von Beschäftigten gruppiert und in eine soziale Hierarchie gebracht werden, um ihre Klassenlage zu beschreiben. Diese Klassen sind folgende: I Obere Dienstklasse, II Untere Dienstklasse, IIIa-b Routinedienstleistungen in Handel und Verwaltung, IVa-c Selbständige und selbständige Landwirte, V/VI Facharbeiter und Arbeiter mit Leitungsfunktionen und Angestellte in manuellen Berufen, VIIa-b Un- und angelernte Arbeiter und Landarbeiter (vgl. Erikson & Goldthorpe, 1993, S. 38–39; in Anlehnung an Brake & Büchner, 2012, S. 52–53, und Geißler, 2014, S. 105–107)[177].

177 Beispiele für diese EGP-Klassen nach Brake und Büchner (2012, S. 52–53): *I Obere Dienstklasse* (Angehörige von freien akademischen Berufen, führende Angestellte und höhere Beamte, selbständige Unternehmer mit mehr als zehn Mitarbeitern und alle Hochschul- und Gymnasiallehrer), *II Untere Dienstklasse* (Angehörige von Semiprofessionen, Angehörige des mittleren Managements, Beamte im mittleren und gehobenen Dienst und technische Angestellte mit nicht manueller Tätigkeit), *IIIa-b Routinedienstleistungen in Handel und Verwaltung* (klassische Büro- und Verwaltungsberufe mit Routinetätigkeiten, Berufe mit niedrig qualifizierten, nicht-manuellen Tätigkeiten wie z. B. Verkaufs- und Servicetätigkeiten), *IVa-c Selbständige und selbständige Landwirte* (alle Selbständige aus manuellen Berufen mit und ohne Mitarbeiter, Freiberufler nur, wenn sie keinen hoch qualifizierten Beruf ausüben), *V/VI Facharbeiter und Arbeiter mit Leitungsfunktionen und Angestellte in manuellen Berufen* (Vorarbeiter, Meister, Techniker, die in manuelle Arbeitsprozesse eingebunden sind, sowie Aufsichtskräfte im manuellen Bereich und abhängig Beschäftigte mit manueller Tätigkeit), *VIIa-b Un- und angelernte Arbeiter und Landarbeiter* (alle un- und angelernte Berufe aus dem manuellen Bereich, einige Dienstleistungstätigkeiten mit weitgehend manuellem Charakter und geringem Anforderungsniveau, ferner alle Arbeiter, gelernt oder ungelernt, in der Land-, Forst- und Fischwirtschaft sowie der Jagd).

Dieses Klassenschema von Erikson, Goldthorpe und Portocarero (1979) beruht im Wesentlichen auf verschiedenen Merkmalen beruflicher Tätigkeit: 1. Die Art der Tätigkeit (manuelle und nicht-manuelle Tätigkeit und Tätigkeit in der Landwirtschaft), 2. Die Stellung im Beruf (selbständige Tätigkeit und Tätigkeit in abhängiger Beschäftigung), 3. Die Weisungsbefugnis (keine, geringe und große Entscheidungsautonomie), 4. Erforderliche Qualifikation für die Berufsausübung (keine, geringe und hohe Qualifikation). Mithilfe dieser Aspekte der beruflichen Tätigkeit, die die Dimensionen von Berufsklassenlagen wie die Einkommensquelle und Einkommenshöhe, die ökonomische Sicherheit und soziale Position im Erwerbsprozess sowie die Macht, Autonomie und Autorität im Beruf, die daran geknüpft sind, erfassen und widerspiegeln, werden *Berufsrangskalen* gebildet, die je nach Grad der Differenzierung verschiedenen Klassen zugeordnet werden, wofür häufig das genannte Schema zur Anwendung kommt. Die Kritik an diesem Klassenschema richtet sich in erster Linie darauf, dass aufgrund der zentralen Bedeutung der beruflichen Tätigkeit in diesem Schema Personen, die nicht in den Arbeitsmarkt integriert sind wie Rentner(innen), Hausfrauen oder Hausmänner, Studierende oder Arbeitslose, außer Acht gelassen und Merkmale wie Bildung und Qualifikation oder das verfügbare Einkommen damit nur indirekt erfasst werden (vgl. Brake & Büchner, 2012, S. 52–54).

Ein weiterer häufig in bildungssoziologischen Untersuchungen verwendeter Index ist der *Internationale Sozioökonomische Index des Berufsstatus* von Ganzeboom, De Graaf, Treiman und De Leeuw (1992: *I*nternational *S*ocio-*E*conomic *I*ndex (*ISEI*) of Occupational Status), worin nicht nur die berufliche Tätigkeit, sondern ebenso auch der Bildungshintergrund und das Einkommensniveau Berücksichtigung finden. Diesem Index liegt die theoriegestützte und empirisch fundierte Annahme zugrunde, dass der Beruf bzw. die berufliche Tätigkeit zwischen Schulbildung und Einkommen vermittelt, weshalb konzeptuell die indirekten Effekte des Bildungsniveaus auf das Einkommen maximiert und die direkten darauf minimiert werden sollen (vgl. Ganzeboom, De Graaf, Treiman & De Leeuw, 1992, S. 8–10). Zu Beginn ihrer Ausführungen (S. 2) nennen die Autoren die Möglichkeiten, wie in der Soziologie die Position von Berufen in einem stratifizierten sozialen System gemessen werden können: Dies kann zum einen durch Prestige-Ratings (vgl. dazu weiter unten den SOIP-Index von Treiman, 1977), zum anderen auch durch soziologisch begründete Klassenkategorien (vgl. weiter oben die EGP-Klassen von Erikson, Goldthorpe & Portocarero, 1979) oder durch Scores des sozioökonomischen Status geschehen. Für die ersten beiden Möglichkeiten gibt es bereits international standardisierte Maße, nicht jedoch für die dritte Möglichkeit, wofür sie einen Index vorschlagen. In der Herleitung des von diesen Autoren entwickelten Indizes diskutieren sie im Weiteren die Vor- und Nachteile von Methoden zur Konstruktion eines solchen Indizes. Dazu zählt u. a., eine Entscheidung darüber zu treffen, ob ein Verfahren, das zu kontinuierlichen monoton auf- bzw. absteigenden Ausprägungen führt, oder ein kategorie- bzw. klassenbasierter Ansatz gewählt werden soll (vgl. Ganzeboom, De Graaf, Treiman & De Leeuw, 1992, S. 3–7).[178] Darüber hinaus vergleichen die Autoren ihren Index mit demjenigen von Treiman (1977), der ähnliche Merkmale wie der ISEI, d. h. kontinuierliche Werte im Unterschied zu dem kategorialen Ansatz der EGP-Klassen, besitzt (vgl. Ganzeboom, De Graaf, Treiman & De Leeuw, 1992, S. 7–10) und definieren ihren Index als gewichtete Summe aus den durchschnittlichen Bildungsniveaus und Einkommen von Berufsgruppen bei Kontrolle von Alterseffekten aufgrund von Konfundierungen des Lebensalters mit dem Bildungsniveau, der beruflichen Tätigkeit und dem Einkommen (vgl. Ganzeboom, De Graaf, Treiman & De Leeuw, 1992, S. 7 und 8–9).[179] Ihren Index zum sozioökonomischen Berufsstatus (ISEI) haben sie dabei folgendermaßen konstruiert (vgl. Ganzeboom, De Graaf, Treiman & De Leeuw, 1992, S. 12–32): Die konkreten Angaben zum Beruf bzw. zur beruflichen Tätigkeit wurden zuerst gemäß der *Internationalen Standardisierten Klassifikation von Berufen* (*ISCO*; vgl. International Labour Office, 1969) zu Hauptgruppen recodiert und verschlüsselt, was auf unterschiedlich detailliertem Niveau möglich ist. Anschließend wurden die Indikatoren Bildung und Einkommen mit einem spezifischen Algorithmus (partiale Regressionsgewichte) den jeweiligen Schlüsseln hinzugefügt. In Anbetracht nationaler Variationen in den Schuljahren je Bildungsgang und nationaler Unterschiede in den schulischen Voraussetzungen für berufsbezogene Ausbildungen im tertiären Bildungssektor, insbesondere am unteren Rand in der Hierarchie von Berufen, wurde das Bildungsniveau (mit Schuljahren vercodet) auf nationalem Niveau in Rankings (Perzentile) umgewandelt und danach z-transformiert, um so auf internationaler Ebene ein ähnlich vergleichbares Bildungsniveau herzustellen (*Bildung als relatives Gut*). In ähnlicher Weise wurde der Indikator für das Einkommen in internationale Vergleiche konvertiert, wozu das Einkommen durch das nationale Mittel geteilt, danach logarithmiert und zuletzt z-transformiert wurde, um es so einerseits international, andererseits mit dem Bildungsindikator vergleichen zu können sowie das Ausmaß an Einkommensungleichheit in den jeweiligen Ländern zu neutralisieren. (vgl. zur Umwandlung der Indikatoren und Indizierung Ganzeboom, De Graaf, Trei-

178 Kontinuierliche hierarchische Ausprägungen sind für statistische Auswertungsprozeduren vorteilhaft, lassen sich aber eben auch in Statusgruppen kategorisieren (Brake & Büchner, 2012, S. 54).

179 In vier Arbeitsschritten wird dieser Index gebildet (in Kürze zusammengefasst): Zuerst werden auf der Grundlage mehrerer Regressionsgleichungen die relativen Gewichte von Bildung, Beruf, Einkommen und Alter bestimmt. Anschließend werden diese gewichteten Indikatoren zu einem Index verrechnet, der den sozioökonomischen Berufsstatus wiedergibt (vgl. Ganzeboom, De Graaf, Treiman & De Leeuw, 1992, S. 11/12).

man & De Leeuw, 1992, S. 12–19). Im Hinblick auf die Unterscheidung zwischen Verdienst und Einkommen bzw. Einnahmen verwenden sie den Verdienst aus einer Vollzeitbeschäftigung. In einigen Datensätzen wurde das personenbezogene Einkommen durch das Haushaltseinkommen ersetzt, da es dem Einkommen aus Verdiensten einer Erwerbstätigkeit nahekommt. Extreme Werte in den Analysen sind entfernt worden, indem der Bereich der möglichen z-Werte auf einen unteren maximalen Wert von -3,7 und oberen maximalen Wert von +3,7 begrenzt worden ist und Extremwerte diesen Grenzwerten zugeordnet worden sind.

Im Rahmen von Large-Scale-Assessment-Studien und internationalen Vergleichsstudien wie PISA-I und -e 2003 als Schulleistungsstudie wurde der *ISEI* zu *ESCS* (*Index of Economic, Social and Cultural Status*) als umfassendes Maß, valides und faires Konstrukt zur Abbildung der sozialen Herkunft weiterentwickelt (vgl. dazu und zur Quantifizierung des sozialen Hintergrundes in diesen Studien die Übersicht bei Ehmke & Siegle, 2005, S. 523–525 und 526). Damit wird das Ziel verfolgt, jenseits von beruflichen Tätigkeiten und den damit verbundenen finanziellen Ressourcen auch (sozio)kulturelle Ressourcen, die zu Bildungserfolg und damit zu Qualifikationen hinführen, gleichwertig zu berücksichtigen, denn gleiche finanzielle Ressourcen ziehen nicht immer dieselben kulturellen Ressourcen und dieselbe kulturelle Praxis nach sich (Ehmke & Siegle, 2005, S. 526–528; und Brake & Büchner, 2012, S. 55): Dieser Index besteht seinerseits wiederum aus drei Indikatoren oder Indizes, *HOMEPOS*, *HISEI* und *PARED*, die zusammen zu dem übergeordneten Index *ESCS* verrechnet werden: Dazu zählt der sozioökonomische Status in Form des *ISEI* oder *HISEI*, *Highest ISEI*, d. h. die höchste Ausprägung der Indikatoren des ISEI in einem Haushalt, insofern als dahingehend Abweichungen zwischen Mutter und Vater in einer Familie vorliegen. In PISA wurden dafür die Angaben des zuletzt ausgeübten Berufs der erwachsenen Bezugspersonen verwendet, die nach der *ISCO-88* (*International Standard Classification of Occupation*; vgl. International Labour Office, 1990) klassifiziert und in Anlehnung an den *ISEI* (vgl. Ganzeboom, De Graaf, Treiman & De Leeuw, 1992) zu einer Berufsrangskala hierarchisiert und skaliert worden sind. Darüber hinaus wird die schulische und berufliche Ausbildung der Eltern im Rahmen des *ISCED* (*International Standard Classification of Education*; vgl. OECD, 1999) kombiniert betrachtet und in Schuljahren auf der Grundlage der *ISCED-Stufen* kodiert und in Bildungsjahre umgerechnet. In PISA wurde dafür der höchste Bildungsabschluss des Vaters und der Mutter berücksichtigt und gemäß diesen Stufen jeweils als Bildungsjahre ausgewiesen. Dieser Index erfasst somit die Bildungsdauer und wird in PISA als *PARED* bezeichnet (*PARental EDucation*). *Last but not least* werden klassisch-kulturelle, lernbezogene und computerbezogene Besitztümer im Haushalt als Maß für den relativen Wohlstand einer Familie zu einem Index mit einer gewichteten Maximum-Likelihood-Schätzung vor dem Hintergrund eines einparametrigen Item-Response-Modells zusammengefasst und verrechnet, der in PISA 2003 *HOMEPOS* (*Index of HOME POSsessions*) genannt wird.[180] Dieser Index ist auf ein OECD-Mittel von null und eine Standardabweichung von eins normiert.[181] [182]

Aufgrund der herausragenden Bedeutung des Indikators *soziale Schichtzugehörigkeit des Haushalts bzw. der Familie der Zielkinder* in dieser Forschungsarbeit im Allgemeinen, soll die Konstruktion dieses Indizes im Folgenden genauer erläutert werden (vgl. Alt & Quellenberg, 2005, S. 296–297): Hierfür

---

180 Dieser Index ist auf der Grundlage der Angaben der Schüler(innen) zu folgenden Themen gebildet worden: Kulturelle Besitztümer (mehr als 100 Bücher zu Hause, klassische Literatur, Gedichtbände, Kunstwerke), lernbezogene Besitztümer (Taschenrechner, Schreibtisch zum Lernen, eigenes Zimmer, ruhiger Platz zum Lernen, für das schulische Arbeiten relevante Bücher, Wörterbuch), computerbezogene Besitztümer (Computer für das schulische Arbeiten, Lernsoftware, Internet-Anschluss), Besitz eines Geschirrspülers als vierzehnter Wohlstandsindikator.

181 Auf der Grundlage der drei beschriebenen Indizes ist erstmalig in PISA 2003 der *ESCS* aus dem höchsten internationalen sozioökonomischen Index der beruflichen Stellung des Vaters oder der Mutter (*HISEI*), dem höchsten Bildungsabschluss von beiden Eltern in Schuljahren (*PARED*) und dem Index für häusliche Besitztümer (*HOMEPOS*) konstruiert, wozu die einzelnen Indizes zuerst auf ein OECD-Mittel von null mit einer Standardabweichung von eins normiert worden sind. Fehlende Werte in einer dieser Variablen sind mithilfe von Datenimputationsverfahren ersetzt worden, wofür Schätzungen dieser Werte aus den anderen beiden Variablen mit linearen Regressionsanalysen durchgeführt worden sind, sofern gültige Werte dafür zur Verfügung gestanden haben. Die Werte des *ESCS* haben sich aus einer Hauptkomponentenanalyse dieser drei Indizes ergeben, wozu die standardisierten Faktorwerte des ersten unrotierten Faktors herangezogen worden sind.
In früheren internationalen Schulleistungsstudien wie PIRLS zu den Lesekompetenzen von Grundschulkindern, der nationalen Erweiterungsstudie IGLU mit Messung mathematischer und naturwissenschaftlicher Kompetenzen sowie in TIMSS 2003 mit den Schwerpunkten mathematische und naturwissenschaftliche Kompetenzen von Viert- und Achtklässlern und PISA 2000, einschließlich der nationalen Erweiterungsstudie, mit Schwerpunkt Lesen, aber auch mit Berücksichtigung der Kompetenzbereiche Mathematik und Naturwissenschaften bei Fünfzehnjährigen, ist die soziale Herkunft der Schüler(innen) jeweils nur in Teilaspekten davon erfasst (vgl. dazu die Übersicht von Ehmke & Siegle, 2005, S. 523–525: EGP-Klassen in PIRLS, IGLU und PISA national; Anzahl der Bücher im Haushalt in PIRLS, IGLU und TIMSS 2003; ISCED in PIRLS und TIMSS 2003; ISEI in PISA international und national). In PISA 2003 steht der Kompetenzbereich Mathematik im Vordergrund des Forschungsinteresses, aber auch die Kompetenzbereiche Lesen, Naturwissenschaften und Problemlösen sind berücksichtigt worden.

182 Eine ältere Skala auf der Grundlage der beruflichen Tätigkeit ist die von Treiman (1977) entwickelte *Standardisierte Internationale Berufsprestigeskala* (*SIOP*: *S*tandard *I*nternational *O*ccupational *P*restige Scale), die auf der Grundlage der Daten von teils nicht einheitlichen Befragungen in über 50 Ländern über einen längeren zeitlichen Abschnitt zur Ordnung von Berufen, gemessen am Prestige, entwickelt worden, mit dem Ergebnis einer relativ ähnlichen Rangordnung von Berufen entsprechend dieses Kriteriums in den untersuchten Ländern. Dieser Index von Treiman (1977) bildet aber nur eine Dimension einer beruflichen Tätigkeit, nämlich ihr Prestige, ab (Brake & Büchner, 2012, S. 51).

standen drei Hilfsindikatoren, der Ausbildungsabschluss, das Einkommen und der ausgeübte Beruf bzw. die berufliche Position der Eltern, zunächst zur Verfügung, die durch Summation zu einem Index auf der Grundlage der Angaben der Mütter im Mutterinterview für die Mütter und der Väter in der Vaterbefragung für die Väter in etwa gleichwertig verrechnet wurden. Für die Zuordnung der Familien bzw. Haushalte zu einer der fünf Sozialschichten sind die Angaben von beiden Eltern, der Mutter und des Vaters, sofern Informationen jeweils dazu vorlagen, verwendet und indiziert worden, wobei das höchste Niveau von beiden jeweils dafür ausschlaggebend gewesen ist. Jeder Person konnte somit ein sozialer Status zugewiesen werden. Die erste Hilfsvariable, der berufliche Ausbildungsabschluss z. B. der Mutter, erhielt einen Wert zwischen zwei (*kein beruflicher Ausbildungsabschluss*) und elf (*Hochschulabschluss*). Der Ausprägung *sonstiger Ausbildungsabschluss* wurde der Wert fünf in der ursprünglichen Kategorisierung zugeordnet, weil keine weiteren und genaueren Informationen für die Eingruppierung des beruflichen Ausbildungsabschlusses beider Eltern verfügbar waren. Die zweite Hilfsvariable, das nicht äquivalenzbereinigte Einkommen, konnte je nach Höhe des monatlichen Nettoeinkommens des Haushalts einen Wert von eins bis zehn annehmen. Die dritte Hilfsvariable bezieht sich auf den ausgeübten Beruf, die berufliche Position, deren Werte mit einem Gewichtungsfaktor zwischen eins und drei multipliziert wurden. Diese Variable spiegelt die soziale Hierarchie der Berufsgruppen wider und umfasst Werte von eins (ungelernter Arbeiter) bis neun (Freiberufler mit fünf und mehr Mitarbeiter(innen)). Der Schichtindex wurde anschließend als Wurzel aus der Summe der Quadrate der drei Hilfsvariablen berechnet. Diese Prozedur wurde gewählt, weil sich dadurch ein fehlender Wert bei einer der Hilfsvariablen nicht erheblich im gesamten Schichtindex niederschlägt. Anschließend wurden die Werte des so gebildeten Schichtindizes derart zu fünf Sozialschichten recodiert, dass eine näherungsweise normalverteilte und symmetrische Verteilung dieser Schichten im Sample erreicht werden konnte. Die einzelnen Sozialschichten werden in der vertikalen Reihenfolge von unten nach oben als Unterschicht, untere Mittelschicht, mittlere Mittelschicht, obere Mittelschicht und Oberschicht bezeichnet (vgl. zu Modellen sozialer Schichtung Geißler, 2014, S. 98–105). Die Autoren (vgl. Alt & Quellenberg, 2005, S. 297) begründen die Verwendung des nicht äquivalenzbereinigten Einkommens in ihrem Schichtindex damit, dass, abgesehen von der Unterschicht, Kinder heute mehr denn je ein soziales Prestige darstellen und somit die soziale Wertschätzung von Kindern in den wie hier berechneten Schichtindex miteinfließt.

Je Messzeitpunkt ist ein Schichtindex berechnet worden, womit je Fall drei Schichtindizes vorliegen, und sich somit Mobilitätsprozesse bzw. Veränderungen in der sozioökonomischen Lage der Personen, Familien oder Haushalte in der DJI-Kinderstichprobe im Studienzeitraum analysieren lassen. Dies war deshalb möglich, weil die Fragen zum ausgeübten Beruf und Haushaltsnettoeinkommen in jeder Welle gestellt worden sind. Für die zentralen Analysen zur Prüfung der Forschungsfragen wird der Schichtindex aus der dritten Erhebungswelle gewählt, was damit begründet wird, dass die für die Bildungsentscheidung am ersten Bildungsübergang ausschlaggebenden Veränderungen in der sozioökonomischen Lage der Eltern der Zielkinder im Sinne der Humankapitaltheorie und der Rational-Choice-Modelle während der Phase der Generierung dieser Entscheidung ausschließlich im Schichtindex aus der dritten und nicht in demjenigen aus der zweiten Erhebungswelle zum Tragen kommen.

### 4.2.1. Die Explananda: Grundschulempfehlungen, Übertrittsentscheidungen der Eltern und Schulwünsche der Kinder als Parameter des Übergangs von der Grundschule in die Sekundarstufe I

Im Theoriekapitel wird in den Forschungshypothesen bereits deutlich hervorgehoben, dass sich der Übergang von der Grundschule in die Sekundarstufe I als das zu erklärende Phänomen im Zentrum der empirischen Analysen dieser Forschungsarbeit zur Funktionalität kulturellen Kapitals und weiterer familialer und institutioneller Sozialisationsbedingungen des Kindes befindet. Diesem Übergang kommt in den Bildungssystemen der Länder der BRD für die gesamte Bildungslaufbahn eines Kindes eine besondere Bedeutung zu. Infolge dessen wird angenommen, dass sich kulturelles Kapital, familiale und institutionelle Sozialisationsbedingungen vor allem an dieser Gelenkstelle der Bildungsbiographie niederschlagen und zu Bildungsungleichheit führen wird. Außerdem wird darauf hingewiesen, dass, abgesehen von schulischen Leistungen und Noten, die u. a. Kriterien des Schulerfolgs darstellen, die entscheidenden Parameter des ersten Bildungsübergangs bzw. des Übertritts an eine Schulform der Sekundarstufe I nach der Grundschule einerseits die Grundschulempfehlung, andererseits die Elternentscheidung und auch den Schulwunsch des Kindes repräsentieren. Dies ist in allen Schulsystemen der BRD im Großen und Ganzen der Fall, auch wenn sich die gesetzlichen Bestimmungen und Regelungen der Länder der BRD auch dahingehend u. a. unterscheiden, ob dem *Schulrecht* oder *Elternrecht* Priorität und damit eine Vorrangstellung eingeräumt wird. Dieser Aspekt fließt zwar in die Analysen ein, ist aber aufgrund der Tatsache, dass es sich bei der Übergangsentscheidung in der Regel und in den meisten Fällen nicht um eine punktuelle Entscheidung handelt, sondern ein zeitlich längerer Entscheidungsprozess mit wechselseitigen Anpassungen zwischen Elternwillen und Beurteilungen der Grundschule vorausgeht, bis beide Parteien zur einer endgültigen und gemeinsam getragenen Entscheidung kommen. Dennoch gibt es sicherlich auch Fälle, bei denen der Elternwille und die Grundschulempfehlung voneinander abweichen und eine gemeinsame

Übereinkunft zwischen Eltern und Schule nicht erzielt wird (vgl. Ausführungen im Theoriekapitel). In solchen Fällen kommt die Position des geltenden Rechts bzw. die gesetzliche Vorgabe zum Tragen, es sei denn, dass Eltern Rechtsmittel einsetzen oder andere Umwege beschreiten, um ihren Kindern den Besuch der gewünschten Schulform zu ermöglichen.[183] Derartige Möglichkeiten erwägen Eltern immer dann, wenn ihr Wunsch gegenüber der Empfehlung nach oben abweicht. Eine Anmeldung des Kindes an einer Schulform der Sekundarstufe I unterhalb der Empfehlung ist ihnen jedoch jederzeit freigestellt. Alle drei Kriterien, Elternentscheidung, Grundschulempfehlung und Schulwunsch des Kindes, sind in der dritten Erhebungswelle des DJI-Kinderpanels retrospektiv erhoben worden, denn die Kinder aus der älteren Geburtskohorte sind gemäß dem Studiendesign zwischen dem zweiten und dritten Messzeitpunkt an eine Schulform der Sekundarstufe I übergetreten. Die Übertrittsentscheidung der Eltern wird mit der Schulform, die das Zielkind am Zeitpunkt der dritten Erhebungswelle und somit zu Beginn der Sekundarstufe I besucht, in Kombination mit der jeweiligen gewählten Schullaufbahn (besuchter Schulzweig), wenn es sich um eine Schulform mit mehreren Schullaufbahnen oder Bildungsgängen der Sekundarstufe I handelt, bestimmt. Bei der Auswahl der Fälle für die Analysen ist darauf geachtet worden, dass die Kinder eindeutig einem bestimmten Schulzweig oder einer bestimmten Schulform zugewiesen werden konnten. Beide Aspekte, besuchte Schulform und gewählte Schullaufbahn, sind im Mutterinterview am dritten Messzeitpunkt, damit die Übertrittsentscheidung der Eltern im Rückblick, erfragt worden. Desgleichen ist im Mutterinterview nach der Grundschulempfehlung gefragt worden. Die Mutter bzw. die wichtigste Bezugsperson des Kindes in der Familie hat bei der entsprechenden Frage nach der Übertrittsempfehlung der Grundschule mehrere Schulformen angegeben, wobei nur die höchst genannte Schulform oder Schullaufbahn bzw. Empfehlung in den Analysen als Kriterium (abhängige Variable) berücksichtigt wird. Dafür sind nur die für die Sekundarstufe I üblichen Schulformen oder Schultypen in Betracht gekommen wie auch für die beiden anderen Übergangsparameter, die Elternentscheidung und der Schulwunsch des Kindes: Hauptschule, Realschule und Gymnasium sowie länderspezifische Schultypen und -formen wie die sogenannten Verbundschulen mit mehreren Schullaufbahnen oder Bildungsgängen (Schulzweigen) wie die Gesamtschule, die Haupt- und Realschule oder die erweiterte Realschule, Mittel-, Regel-, Sekundar- oder Regionalschule, nicht hingegen die Förder-, Sonder- oder Sprachheilschulen oder Schulen mit

183 Solche Möglichkeiten sind u. a.: Der Übertritt des Kindes an ein Gymnasium nach der fünften Jahrgangsstufe, d. h. nach dem einjährigen Besuch einer Hauptschule (bzw. der nachfolgenden Schulform jetzt, der Mittelschule in Bayern) oder Realschule, oder die Anmeldung an einer Gesamtschule mit mehreren Bildungsgängen oder Privatschule.

einem besonderen pädagogischen Konzept (z. B. Waldorfschulen, Montessori-Schulen) oder sonstige und nicht weiter bezeichnete Schulformen (vgl. Bellenberg, Hovestadt & Klemm, 2004, S. 55–58 zur Struktur der Schulsysteme der Länder der Bundesrepublik Deutschland)[184].

In Anbetracht dessen und vor dem Hintergrund der Schulreformen in jüngster Zeit stehen nicht die jeweiligen Schulformen oder -typen in dieser Forschungsarbeit im Vordergrund des Interesses, sondern vielmehr die von den Kindern bevorzugten Schullaufbahnen bzw. -zweige oder Bildungsgänge im Falle von Schulformen mit verschiedenen Schullaufbahnen. Trotz der Bemühungen verschiedener Bundesländer in den vergangenen Jahren, die Haupt- und Realschule zu einem neuen Schultyp zusammenzulegen oder eine neue Schulform mit verschiedenen Abschlussmöglichkeiten auf der untersten Stufe in der schulischen Hierarchie in der Sekundarstufe I mit unterschiedlichen Bezeichnungen (z. B. Mittel-, Regel-, Sekundar-, Gemeinschafts- oder Regionalschule) zu etablieren, ist der Unterricht nach angestrebtem Schulabschluss nach einer Eingangsphase auf der Sekundarstufe I (fünfte und sechste Jahrgangsstufe) erhalten und weiterhin bestehen geblieben wie auch die Hauptschule oder der Hauptschulzweig in solchen Verbundschulen oder neuen Schultypen oder zumindest der Unterricht auf Hauptschulniveau. Damit verknüpft sind zum Teil Selektionen zu einem späteren Zeitpunkt.[185] In den sogenannten Verbundschulen, die je nach Bundesland neue Etiketten oder Labels haben, werden verschiedene Schullaufbahnen unter einem Dach zusammengefasst. Der Hauptschulzweig wird jeweils weitergeführt, denn diese Schullaufbahn stellt im Hinblick auf die Schüler(innen)gruppe mit Leistungspotenzial auf Hauptschulniveau eine Notwendigkeit dar und schützt vor Sonderpädagogisierung. Somit sind alte Differenzierungen erhalten geblieben und neue hinzugekommen (z. B. derzeit die Differenzierung zwischen mittlerem Schulabschluss im M-Zug in Anschluss an die neunte Hauptschul- oder Mittelschulklasse in Bayern oder anderen Ländern und dem Realschulabschluss). Vor diesem Hintergrund in der Schulstrukturdebatte stellt neben dem Gymnasium oder gymnasialen Zweig in Gesamtschulen oder anderen verbundenen Schulen die Hauptschule oder der Hauptschulzweig in solchen Schulformen eine eigenständige Kategorie im Kriterium dar. Im Gegensatz dazu werden die Realschule und Schulformen mit mehreren Bildungsgängen zur Kategorie *Mittleres Schulwesen* zusammengefasst, weil in diesen Schulen einerseits auf unterschiedlichen Anspruchsniveaus oder -ebenen (meist zwei) je nach Voraussetzungen der Schüler(innen) unter-

184 Vgl. dazu auch Übersicht eins im Anhang.

185 Auf diese Schulreformen, die in den meisten Ländern bereits schon umgesetzt und abgeschlossen sind, wird in verschiedenen Abschnitten dieser Forschungsarbeit immer wieder aufmerksam gemacht.

richtet wird, andererseits in zahlreichen Fällen die fünfte und sechste Jahrgangsstufe eine schulformunabhängige Orientierungsstufe bilden. Dies wird in der Beschreibung der Schulsysteme der Länder im Anhang deutlich, so dass ein Aufstieg in der schulischen Hierarchie nach oben, oder auch ein Abstieg nach unten, in solchen Schulen leichter möglich ist als im strikt dreigliedrigen Schulsystem oder die Entscheidung für die eine oder andere Schullaufbahn zumindest in der Eingangsphase der Sekundarstufe I noch offen gelassen wird, was eine höhere Durchlässigkeit zwischen den Bildungsgängen bewirkt, wenn Schülerinnen und Schülern auf Hauptschulniveau durchaus noch Chancen auf einen Unterricht auf Realschulniveau mit mittlerem Abschluss im schulischen Verlauf eingeräumt werden. In allen Schulen von diesem Format kann sowohl der Hauptschul- als auch der Realschulabschluss erworben werden, wofür in der Regel nach der siebten Jahrgangsstufe nach der Hauptschul- und Realschullaufbahn bzw. zwischen Hauptschul- und Realschulklassen differenziert wird, vor allem in den Kernfächern. Trotz kritischer Bemerkungen ist davon auszugehen, dass diese Verbundschulen den Schülerinnen und Schülern im unteren Segment mehr Chancen eröffnen als die klassische Hauptschule oder der Besuch eines ausgewiesenen Hauptschulzweiges, weshalb diese Schulform zum mittleren Schulsektor gezählt wird.

Für die im DJI-Kinderpanel erfassten Schulformen und -typen sowie Schulzweige und deren Recodierungen im Rahmen dieser Forschungsarbeit für die weiteren Analysen und auch für die Aggregierung der Länder nach der rechtlichen Position der Schule und Eltern im Rahmen der Übertrittsentscheidung am Ende der Grundschulzeit zu einer binären Variable (*Schulrecht vor Elternrecht* und *vice versa*) sind die gesetzlichen Bestimmungen (Schulgesetze) und die Schulstruktur auf der Systemebene in den einzelnen Ländern an den Erhebungszeitpunkten des DJI-Kinderpanel ausschlaggebend, da es zu neueren Entwicklungen in den Schulsystemen der Länder nach dieser Studie gekommen ist (vgl. auch Fuchs, 2009).[186]

Im Hinblick auf die in den Schulgesetzen der Länder festgeschriebenen Regelungen zum Übertritt in eine weiterführende Schulform auf der Sekundarstufe I ist neben dem Elternwillen die rechtliche Verbindlichkeit der Empfehlungen der Grundschule entscheidend (vgl. Gresch, Baumert & Maaz, 2009, S. 231–239: Die Autorin und Autoren sprechen in diesem Zusammenhang von einem *Empfehlungsstatus*; oder Milek, Lüdtke, Trautwein, Maaz & Stubbe, 2009, S. 284–285; und Ditton & Krüsken, 2009a, S. 76–79). Darin unterscheiden sich die Schulgesetze der Länder (vgl. Milek, Lüdtke, Trautwein, Maaz & Stubbe, 2009, S. 284–285): Größtenteils ist die Grundschulempfehlung rechtlich

186 Zur Struktur der Bildungssysteme der Länder der BRD im Studienzeitraum des DJI-Kinderpanels vgl. Ausführungen im Anhang.

bindend, allerdings liegen dieser Empfehlung unterschiedliche Kriterien zugrunde, so dass auch in Bezug darauf keine Einheitlichkeit besteht. In der Regel stellt der durchschnittliche Notenspiegel mit variierenden Cut-Off-Grenzen oder Schwellenwerten das Hauptkriterium dafür dar, wobei sich hierin die Länder wiederum unterscheiden, welche Fachnoten darin eingehen. Eine Schnittmenge zwischen den länderspezifischen Schulgesetzen und Übereinkunft der Länder ist dahingehend festzustellen, dass der Deutsch- und Mathematiknote in der Übergangsempfehlung eine herausragende Bedeutung zukommt. Darüber hinaus sollen laut der Empfehlungen der Kultusministerkonferenz in den Grundschulempfehlungen auch *allgemeine Fähigkeiten* einer Schülerin oder eines Schülers wie beispielsweise lern- und leistungsrelevante Merkmale und Voraussetzungen, Sozialkompetenzen, Lernmotivation, Anstrengungsbereitschaft, Belastbarkeit, d. h. personale Faktoren, oder das Arbeitsverhalten sowie das *Umfeld*, die *Lernausgangslagen* und die *Lernmöglichkeiten* der Schüler(innen) im Hinblick auf eine *Kontinuität von Bildung und Erziehung beim Übergang* berücksichtigt werden (vgl. Sekretariat der Ständigen Konferenz der Kultusminister der Länder in der Bundesrepublik Deutschland, 2006, S. 7/8; oder Ditton & Krüsken, 2009a, S. 77/78). Alle diese Faktoren werden jedoch in den Übertrittsbestimmungen der Länder unterschiedlich gewichtet und gehandhabt, so dass auch hierfür keine einheitliche und verbindliche Richtlinie vorliegt (vgl. Milek, Lüdtke, Trautwein, Maaz & Stubbe, 2009, S. 284–285). Aufgrund der Kulturhoheit der Länder und der Tatsache, dass in der BRD eine neunjährige Schulpflicht mit gesetzlicher Verankerung besteht, ist der Schulunterricht im Rahmen der Pflichtschulzeit damit ein Staatsauftrag. Für die Einhaltung trägt die öffentliche Hand Sorge und stellt Opportunitäten zur Verfügung und gewährleistet so, dass die Curricula und die Schulaufsicht in staatlicher Hand liegen. Darüber hinaus behält es sich der Staat vor, eine *positive Schulauswahl der Eltern*, oder in den Worten der Autorin und Autoren eine *positive Auslese der Eltern*, *nach oben* durch eine *negative Empfehlung* oder *Auslese nach unten* zu korrigieren, wenn die Fähigkeiten eines Kindes für die von den Eltern gewünschte weiterführende Schule nicht ausreichen. Dies wird auch zum Wohle des Kindes ausgesprochen (vgl. Gresch, Baumert & Maaz, 2009, S. 231–233), gilt jedoch nur für diesen und nicht für den umgekehrten Fall, wenn die Grundschule ein Kind aufgrund seiner Fähigkeiten als berufen und geeignet für eine höhere Schullaufbahn einstuft, die Eltern es aber für eine Schullaufbahn unterhalb seiner Potenziale und Möglichkeiten anmelden. Auch dieses Eingriffsrecht des Staates ist gesetzlich verankert. Um Abstimmungsschwierigkeiten zwischen Eltern und Schulen bzw. auch Schulaufsichtsbehörden zu umgehen und vermeiden, werden die Bestimmungen und Regelungen am ersten Bildungsübergang lange Zeit vorher schon anberaumt und von Beratungsgesprächen mit den Eltern begleitet, die in allen Schulsystemen der Länder zwischenzeitlich institutionalisiert sind. Für die Durchsetzung einer negativen Korrektur stehen der Schulaufsicht verschiedene gesetzlich festgeschriebene Möglichkeiten zur Verfügung. Neben Cut-Off-Grenzen durch Noten, die vor der Empfehlung, die formell ausgesprochen wird, vorab mitgeteilt werden, gibt es auch noch die Möglichkeit einer formellen Eignungsprüfung in Form eines Tests oder Probeunterrichts in strittigen Fällen, sofern sich Eltern für eine höhere Schullaufbahn als die empfohlene entschieden haben. Fällt das Ergebnis einer solchen Eignungsprüfung negativ aus, so erfolgt eine Abweisung von der gewünschten weiterführenden Schule. Die Praxis in den Schulsystemen der Länder unterscheidet sich dahingehend erheblich, auch gibt es einige Länder, die trotz Empfehlung den Elternwillen freigeben, sofern von einer *bindenden* und *nicht-bindenden* Grundschulempfehlung oder von einem *bindenden* oder *nicht-bindenden Empfehlungsstatus* die Rede ist, insofern der Staat Korrekturen an der Elternentscheidung durch eine negative Selektion vornimmt oder nicht (vgl. dazu Gresch, Baumert & Maaz, 2009, S. 232).[187] Der Forschungsstand zur Effektivität bindender und nicht-bindender Grundschulempfehlungen in Zusammenhang mit sekundären Herkunftseffekten ist uneinheitlich, dennoch zeichnen sich Tendenzen dahingehend ab, dass Abweichungen nach oben, d. h. Anmeldungen der Eltern mit einem gehobenen und höheren sozialen Hintergrund ihrer Kinder an höheren Schulen als den empfohlenen, aufgrund höherer Bildungsaspirationen und des Statusverlust- bzw. Statuserhaltsmotives häufiger vorkommen als solche Abweichungen in Familien aus unteren und bildungsfernen Schichten. Dies gilt unabhängig von der Bindekraft der Grundschulempfehlung, die eher eine Negativ-Korrektur der Bildungsentscheidung von Eltern aus höheren sozialen Schichten bewirkt als eine Korrektur der Bildungsentscheidung von Eltern aus niedrigeren sozialen Schichten nach oben, d. h. eine Positiv-Korrektur (vgl. dazu Gresch, Baumert & Maaz, 2009, S. 236–239). Ein zentraler Gesichtspunkt in der Diskussion pro oder contra Bindekraft der Grundschulempfehlung ist derjenige, dass der Ermessungsspielraum bzw. die Strenge der Empfehlungen von Grundschullehrkräften abgeschätzt werden muss, möchte man die sekundären Herkunftseffekte in Bildungsentscheidungen genau analysieren. Deshalb ist anzunehmen, dass Grund-

---

187 In den Bundesländern Baden-Württemberg, Bayern, Brandenburg, Nordrhein-Westfalen, Saarland, Sachsen, Sachsen-Anhalt und Thüringen ist die Bindekraft der Grundschulempfehlung aufgrund der Möglichkeit einer Eignungsprüfung für die oder den Grundschüler(in), wenn die Entscheidung der Eltern von der Empfehlung abweicht, in Verbindung mit negativen Sanktionen bei Misserfolg als hoch einzustufen, nicht dagegen in den drei Stadtstaaten sowie in den Ländern Hessen, Niedersachsen, Mecklenburg-Vorpommern, Rheinland-Pfalz und zum Teil auch in Schleswig-Holstein (vgl. dazu Gresch, Baumert & Maaz, 2009, S. 233–234). In der ersten Ländergruppe besteht damit die gesetzlich verankerte Option einer Korrektur des Elternwillens durch die Schule nach unten, wohingegen in der letzten Ländergruppe der Elternwillen freigegeben ist.

schullehrkräfte ihr Niveau in ihren Empfehlungen an deren Bindekraft bzw. Status zum Teil ausrichten oder zumindest anpassen.[188] Im Hinblick darauf stellen Schulnoten für die Empfehlungspraxis doch das strengste Kriterium dar, denn es lassen sich Länder mit bindender Grundschulempfehlung finden, in denen Schulnoten weniger ausschlaggebend sind als in Ländern wie beispielsweise Bayern oder Baden-Württemberg, in denen aber dennoch die Schulsysteme die Möglichkeit der Negativ-Korrektur durch Probeunterricht oder Eignungstests für sich vorbehalten und somit in Analysen neben dem Empfehlungsstatus stets auch die tatsächlichen Übergangsquoten miteinzubeziehen sind (vgl. dazu Gresch, Baumert & Maaz, 2009, S. 236–239).[189]

In Anbetracht der zum Teil erheblichen Diversität und Divergenzen in den Übergangsbestimmungen der Länder, wird in den folgenden Untersuchungen die rechtliche Verbindlichkeit der Fachnoten bei Übertrittsentscheidungen für weiterführende Schulen und Schullaufbahnen als durchschlagende Grundlage in Augenschein genommen, um das Primat des Schulrechts oder Elternrechts und damit auch die Bindekraft der Grundschulempfehlung bei der Übertrittsentscheidung im engeren Sinne im jeweiligen Bundesland genau definieren und bemessen zu können. Dies wird gerechtfertigt vor dem Hintergrund mangelnder empirischer Evidenz zur Häufigkeit der Inanspruchnahme der Eltern eines Probeunterrichts oder einer Eignungsprüfung für das Kind, um, im Falle des erfolgreichen Bestehens dieser Möglichkeiten, das Kind an einer höheren Schulform oder für eine höhere Schullaufbahn als der empfohlenen anmelden zu können, sowie zum Vollzug negativer Sanktionen in den Schulsystemen der Länder bei Nicht-Bestehen des Probeunterrichts und der Eignungstests. Damit wird dieser Kategorisierung der Schulsysteme der Länder ein Leistungskriterium zugrunde gelegt. In den Ländern, in denen das Notenkriterium streng praktiziert wird, bleibt den Lehrkräften jenseits der Cut-Off-Grenzen oder Schwellenwerte im Notenspiegel nur wenig Handlungsspielraum, so dass deren Entscheidungsfreiheit eingeschränkt ist (vgl. Ditton & Krüsken, 2009a, S. 76).

---

188 Dementsprechend könnte es durchaus möglich sein, dass in Ländern ohne Verbindlichkeit der Grundschulempfehlung und mit Freigabe des Elternwillens die Empfehlungen strenger ausfallen als in Ländern mit gesetzlicher Bindekraft der Empfehlung und ohne Freigabe der Elternentscheidung.

189 Die Autorin und Autoren zeigen in der eigenen Untersuchung auf der Grundlage der Daten ihrer Übergangsstudie im Wesentlichen, dass durch die Freigabe des Elternwillens der sekundäre Herkunftseffekt verstärkt wird. Daraus ist zu schließen, dass die Bindekraft der Grundschulempfehlung, wie schon vermutet, eher eine Korrektur der Bildungsentscheidung der Eltern aus höheren sozialen Schichten nach unten als eine solche der Bildungsentscheidung der Eltern aus niedrigeren sozialen Schichten nach oben hervorruft. Dieser Zusammenhang gilt vor allem für die Fälle, die keine Gymnasialempfehlung erhalten haben.

In den Schulsystemen der meisten Länder gilt das Elternrecht vor dem Schulrecht (vgl. Bellenberg, Hovestadt & Klemm, 2004, S. 48–54), nicht so dagegen in Baden-Württemberg, Bayern, Sachsen sowie in Thüringen und im Saarland in Bezug auf das Gymnasium oder die Realschule (vgl. dazu auch Einsiedler, Martschinke & Kammermeyer, 2008, S. 342–344[190]). Die zuletzt genannten Länder werden zu Gruppen zusammengefasst, in der dem Schulrecht, d. h. der Empfehlung, gekoppelt an den Notenspiegel, ein Vorrang vor dem Elternrecht eingeräumt wird. Das Saarland wird nach eigenem Ermessen dieser Gruppe im Hinblick auf die Voraussetzungen für die gymnasiale Laufbahn hinzugefügt. Die gesetzlichen Übergangsbestimmungen sind in erster Linie relevant für den Übertritt an weiterführende Schulen bzw. für die Aufnahme einer weiterführenden Schullaufbahn (Realschule, Gymnasium oder einen weiterführenden Zweig an einer Gesamtschule), denn außer den Förderschulen oder anderen Schulen mit einem besonderen pädagogischen Konzept und Schulformen ist zumindest der Besuch einer Hauptschule oder des Hauptschulzweigs einer Verbundschule angesichts der Neugründung von Schulformen mit mehreren Bildungsgängen in verschiedenen Ländern, auf unterster Ebene in der allgemeinbildenden schulischen Hierarchie für jede Schülerin und jeden Schüler als minimale Schulbildung verpflichtend (Schulpflichtzeit) und nicht an bestimmte Voraussetzungen geknüpft. Eine Entscheidung, insbesondere in Bezug auf weiterführende Schullaufbahnen, wollen die Eltern in den meisten Fällen im Konsens mit der Schule treffen. Dieser Konsens wird in einer längeren Vorlaufzeit vor der Schulanmeldung vorbereitet, zumal eine wesentliche Aufgabe der abgebenden Grundschule die intensive und kontinuierliche Beratung der Eltern bei der Wahl einer für das Kind geeigneten Schullaufbahn darstellt mit dem Ergebnis, dass sich in den meisten Fällen die Grundschule für eine Empfehlung im Sinne der Eltern ausspricht (vgl. Bellenberg, Hovestadt & Klemm, 2004, S. 48–54). In der Empfehlung bzw. im Gutachten der Grundschule sollen gemäß den Richtlinien der Kultusministerkonferenz nicht nur leistungsbezogene Aspekte wie Noten eine Rolle spielen, sondern ebenso auch die Leistungs- und Lernentwicklung, Kompetenzen verschiedener Arten und das Arbeits- und Sozialverhalten des Kindes.[191] [192]

---

190 In den Ländern Baden-Württemberg, Bayern, Sachsen, Thüringen ist der Notenspiegel ausschlaggebend für den Übertritt in ein Gymnasium, in Baden-Württemberg und Bayern auch für die Realschule. In Sachsen und Thüringen sind mit der Einführung des zweigliedrigen Schulsystems die Haupt- und Realschule zusammengelegt worden. Das Saarland wird der Gruppe der Länder mit *Schulrecht vor Elternrecht* nach der Literaturauswertung, eigenen Recherchen und Überlegungen hinzugefügt.

191 Zu den in den Schulgesetzen der Länder der BRD verankerten Regelungen zum Übertritt in die Sekundarstufe I im Studienzeitraum des DJI-Kinderpanels vgl. die Ausführungen im Anhang.

Die vom Zielkind in der Eingangsphase der Sekundarstufe I tatsächlich eingeschlagene Schullaufbahn oder besuchte Schulform bzw. der besuchte Schulzweig, d. h. die *Elternentscheidung* oder *Schulanmeldung am Ende der Grundschule*, wird mit den Fragen zum besuchten Schultyp bzw. zur besuchten Schulform sowie zum besuchten Schulzweig im Falle eines besuchten Schultyps mit mehreren Bildungsgängen im Mutterinterview am dritten Erhebungszeitpunkt nach dem Übergang festgestellt oder operationalisiert (vgl. Ausführungen dazu im Anhang). Wie schon dargelegt, kommen dafür nur die für die Sekundartstufe I üblichen Schulformen und Schullaufbahnen in Frage.[193]

Die *Grundschulempfehlung* für ein Kind am Ende der Primarstufe als weitere zentrale Determinante des Übergangs in eine Schulform oder in eine weiterführende Schule der Sekundarstufe I ist im Mutterinterview in Welle drei retrospektiv, d. h. nach dem Übergang, erfragt worden. Die Mütter hatten dafür die Möglichkeit, mehrere Schularten zu benennen, wobei jeweils nur die höchste Nennung und die für die Sekundarstufe I regulären Schularten in den weiterführenden Analysen berücksichtigt werden.

Der *Schulwunsch des Kindes* als weiteres Kriterium des Übergangs von der Grundschule in die Sekundarstufe I in den Analysen wird im Kinderinterview am dritten Erhebungszeitpunkt mit der Frage nach der gewünschten Schulform erfasst, d. h. auch hier wiederum nach dem Übergang und damit im Rückblick. Bei dieser Frage steht allerdings die Schulform und nicht die Schullaufbahn im Vordergrund. Zudem werden auch dafür nur die für die Sekundarstufe I regulären Schulformen in den weiteren Analysen in Betracht gezogen.

---

192 Die Grundschulempfehlung wird je nach Bundesland unterschiedlich bezeichnet: Zum Beispiel Gutachten mit Bildungsgangempfehlung in *Brandenburg*, pädagogisches Wortgutachten in *Bayern*, Entwicklungsbericht in *Schleswig-Holstein*, Stellungnahme der Klassenkonferenz in *Hessen* (vgl. Bellenberg, Hovestadt & Klemm, 2004, S. 49–51). In fast allen Schulsystemen der Länder finden entweder vor oder nach der Empfehlung der Grundschule oder Bildungsentscheidung der Eltern individuelle Beratungsgespräche oder Informationsveranstaltungen für die Eltern in den abgebenden Grundschulen oder aufnehmenden Schulen der Sekundarstufe I statt. In manchen Ländern ist die Teilnahme der Eltern sogar verpflichtend: So ist in *Bremen* beispielsweise die Grundschulempfehlung dann verbindlich, wenn die Eltern den Termin für ein individuelles Beratungsgespräch nicht wahrnehmen.

193 In Bezug darauf ist stets zu beachten, dass die Grundschulempfehlung in einigen Ländern den Eltern nicht nur Grenzen setzt, sondern letztendlich die Eltern ihre Kinder an weiterführende Schulen oder für weiterführende Schullaufbahnen der Sekundarstufe I anmelden und dabei von der Grundschulempfehlung nicht nur nach oben abweichen können, wovon häufiger ausgegangen wird, sondern ebenso auch nach unten, wobei im letzten Fall die Grundschule nichts entgegenzusetzen hat, d. h. dafür keine rechtliche Handhabe besitzt, auch wenn sie ein Kind als geeigneter für eine höhere als die von den Eltern präferierte Schullaufbahn beurteilt.

Die Ausprägungen dieser drei Übergangsparameter wurden für die nachfolgenden Untersuchungen zur Prüfung der Forschungsfragen jeweils zu drei Schullaufbahnen recodiert, wozu nur Fälle mit eindeutiger Zuordnung in die Recodierungen eingehen (Hauptschullaufbahn (Hauptschule oder Hauptschulzweig), Schullaufbahnen des mittleren Schulwesens (Realschule oder Verbundschulen), gymnasiale Schullaufbahn (Gymnasium oder gymnasialer Zweig)).

### 4.2.2. Das Explanans: Konstrukte und Indikatoren aus den Bereichen Persönlichkeit, familiale und institutionelle Sozialisationsbedingungen des Kindes und Bildungsverhalten der Eltern und Kinder als erklärende Faktoren

**Dimensionen der Persönlichkeitsstruktur des Kindes** werden in Anschluss an den referierten Forschungsstand zur Bedeutung von **Persönlichkeitseigenschaften im Sinne von Traits** für den Bildungserfolg im Allgemeinen (vgl. Asendorpf & van Aken, 2003; Poropat, 2009; Anger & Heineck, 2010) mit den *Little-Big-Five(s)*, die die grundlegende Persönlichkeit im Kindesalter beschreiben, als Pendant zu dem klassischen Modell der Persönlichkeitsstruktur im Erwachsenenalter, *Big-Five*, operationalisiert. Folgende Dimensionen der Kindpersönlichkeit werden im Forschungsstand genannt und sind im DJI-Kinderpanel aus Mutter- und Kindersicht erhoben worden: **Internalisierung**, **Externalisierung**, **motorische Unruhe**, **sozial-kognitive Aufgeschlossenheit** und **positives Selbstbild** (vgl. die Beschreibung dieser Subskalen aus dem Bereich der Persönlichkeit der Kinder in Tabelle 2 im Anhang). Die jeweiligen (Sub)Skalen bzw. Itembatterien zur Messung der Persönlichkeitsdimensionen der Kinder auf Konstruktebene sind von der *Projektgruppe DJI-Kinderpanel* (2006a, 2006d) aus verschiedenen international renommierten und bewährten, validierten und normierten sowie im Hinblick auf ihre psychometrischen Eigenschaften geprüften Testinstrumenten ausgewählt und zusammengestellt worden. In einem geringen Maße sind diese (Sub)Skalen an die Zwecke des DJI-Kinderpanels angepasst und anhand von den Daten der DJI-Kinderstichprobe psychometrisch geprüft und validiert worden, weshalb im Rahmen dieser Forschungsarbeit keine weiteren Analysen zur Prüfung der psychometrischen Eigenschaften dieser (Sub)Skalen und auch keine Untersuchungen zur faktoriellen Konstruktvalidität dafür eigens durchgeführt worden sind. Die entsprechenden (Sub)Skalen im Mutter- und Kinderinterview sind größtenteils identisch und unterscheiden sich daher in inhaltlicher Hinsicht nicht wesentlich voneinander, lediglich etwas auf sprachlicher Ebene im Hinblick auf die Adressatenspezifik im Interview (Erwachsene(r) oder Kind). Vor diesem Hintergrund sind je (Sub)Skala die Items von der *Projektgruppe DJI-Kinderpanel* zu Konstrukten indiziert worden. Dennoch gehen diese Konstrukte zur grundlegenden Persönlichkeitsstruktur der Kinder (*Little-Big-Five(s)*) auch in weitere Untersuchungen zur Validierung anderer Konstrukte ein. Insofern werden Ergebnisse zur Validität und Güte sowie zur Reliabilität dieser Konstrukte hier ebenso ermittelt, wenn auch meist nur auf indirektem, teils auch auf direktem Wege. Gleiches betrifft ebenso das Persönlichkeitskonstrukt der **Selbstwirksamkeit** der Kinder als *Schutzfaktor* im *Resilienzkonzept* (nur aus Muttersicht erhoben), womit die Widerstandsfähigkeit der Kinder operationalisiert wird (vgl. Bandura, 1986; Schwarzer & Jerusalem, 2002; Zander, 2010; Krapp & Ryan, 2002 und die Beschreibung dieser Skala zur Resilienz der Kinder in Tabelle 2 im Anhang). Beide Domänen der Persönlichkeitsstruktur der Kinder, *Little-Big-Five(s)* und *Selbstwirksamkeit* als Proxy für Resilienz, gehen sowohl aus Muttersicht als auch aus Kindersicht in die weiteren Analysen ein. Im Hinblick auf den Ursache-Wirkungs-Zusammenhang im kausalen Sinne sind allerdings nur die ersten beiden Messzeitpunkte jeweils für die Erklärung der Übergangskriterien von Bedeutung. Die Gütekriterien wie Validität und Reliabilität der (Sub)Skalen bzw. Konstrukte aus dem Bereich der Persönlichkeit der Kinder sind hinsichtlich bereits vorliegender Analysen und Befunde von der *Projektgruppe DJI-Kinderpanel* nur teilweise ermittelt worden.

Im Gegensatz dazu sind die Skalen zu latenten Konstrukten wie die sozialemotionalen Kompetenzen oder Faktoren der schulischen Sozialisationsbedingungen der Kinder wie Wohlbefinden, Erleben, Problemverhalten, Täter- und Opfererfahrungen und Partizipation in der Schule aufgrund nicht vorhandener oder unzureichender Untersuchungen zur faktoriellen Validität dieser Skalen validiert worden oder, sofern Untersuchungsergebnisse dazu schon vorliegen, sind die jeweiligen Befunde repliziert worden, zum einen mit der explorativen Faktorenanalyse (orthogonal mit Varimax als Hauptkompontenanalyse oder mit der Maximum-Likelihood-Schätzung als „echte" Faktorenanalyse; vgl. Bühner, 2011, S. 295–378), zum anderen ergänzend mit der konfirmatorischen Faktorenanalyse (Messmodell als theoretisches Modell[194]; vgl. Bühner, 2011,

194 Um die Güte eines Messmodells beurteilen zu können, werden die Ergebnisse des *Chi²-Testes* (CMIN-Statistik) als globaler Test betrachtet (vgl. Bentler, 1990, S. 238). Zusätzlich werden *approximative Fit-Indizes* hinzugezogen (vgl. Hair et al., 2006; Kline, 2005, S. 133–145). Dazu wird zwischen zwei Arten von Fit-Indizes unterschieden (vgl. Bühner, 2011, S. 424): *Komparative* oder *inkrementelle Fit-Indizes* und *absolute Fit-Indizes* wie die *Goodness-of-Fit-* oder *Badness-of-Fit-Indizes*. Für die Feststellung der Güte der Messmodelle in den eigenen Analysen sind die beiden Fit-Indizes *Comparative Fit Index* (CFI als komparativer oder Goodness-of-Fit-Index; vgl. Bentler, 1990) und *Root Mean Square Error of Approximation* (RMSEA als absoluter oder Badness-of-Fit-Index; vgl. Browne & Cudeck, 1993, S. 142–147) gewählt worden. Als *Cut-Off-Grenzen* für diese Fit-Indizes werden in der Literatur vorgeschlagen (vgl. Hu & Bentler, 1999, zu den absoluten Cut-Offs generell): Für den CFI repräsentieren Werte zwischen 0,95 und 0,99 einen sehr guten Fit (vgl. Hu & Bentler, 1995 oder 1999), solche zwischen 0,90 und 0,94 können dagegen als gerade noch

S. 379–476), um die latente Struktur dieser Skalen, d. h. ihre Konstruktvalidität oder faktorielle Validität festzustellen. Letzteres Analyseverfahren ist mit dem Programm *AMOS 21* (vgl. Arbuckle, 2012; oder Byrne, 2010), alle weiteren Analysen sind mit dem Statistiksoftwarepaket *SPSS 20* durchgeführt worden (vgl. Bühl, 2012; oder Janssen & Laatz, 2013).

Zusätzlich sind die Konstrukte zu den sozial-emotionalen Kompetenzen der Kinder nach dem Entwicklungsniveau bzw. Alter der Kinder im Hinblick auf Effekte oder Unterschiede davon in den Faktorstrukturen, desgleichen die schulischen Skalen jahrgangsklassenbezogen im Hinblick auf die Relevanz verschiedener Items vor dem Hintergrund schulischer Erfahrungen im Verlauf der Schulbiographien der Kinder faktoriell validiert worden. Diese Validierungsstrategien stellen hier ein Novum dar. Im Weiteren sind die sich daraus als relevant erweisenden Items jeweils zu einem Konstrukt indiziert worden. Abschließend ist die *konvergente* und *divergente* bzw. *diskriminante Validität* der Konstrukte nach dem *Multitrait-Multimethod-Ansatz* (*MTMM*) von Campbell und Fiske (1959) mit Korrelationsmatrizen nach Pearson mit konstruktnahen (konvergenten) als auch konstruktfernen oder -fremden (divergenten) Skalen bzw. Konstrukten bestimmt und analysiert worden (vgl. Bühner, 2011, S. 64–66). Dieser Ansatz sieht verschiedene Matrizen vor: *Monotrait-Monomethoden-Matrix* (gleiches Konstrukt, gleiche Methode), *Monotrait-Heteromethoden-Matrix* (gleiches Konstrukt, verschiedene Methoden), *Heterotrait-Monomethoden-Matrix* (verschiedene Konstrukte, gleiche Methode), *Heterotrait-Heteromethoden-Matrix* (verschiedene Konstrukte, verschiedene Methoden). Darüber hinaus sollen die Korrelationen innerhalb der Matrizen gleiche oder zumindest ähnlich starke Zusammenhangsmuster beinhalten. Mit dem *MTMM-Ansatz* lässt sich eine zentrale Varianzquelle, die auf unterschiedlichen Methoden beruht, feststellen und analysieren. Zudem ist zwischen konvergent-positiven und konvergent-negativen Zusammenhängen zu unterscheiden. Diese Validitäten werden mit den Persönlichkeitseigenschaften der Kinder in Form der *Little-Big-Five(s)* aus Mutter- und Kinderperspektive und der *Selbstwirksamkeit* der Kinder als Resilienzfaktor aus Mutterperspektive als Validierungskonstrukte bzw. -instrumente ermittelt, womit der *MTMM-Ansatz*

---

akzeptabel eingestuft werden (vgl. Hooper, Coughlan & Mullen, 2008, S. 55). Der RMSEA kann für Werte zwischen 0,00 und 0,05 (oder 0,06) als sehr gut, für Werte zwischen 0,06 und 0,08 als angemessen und für Werte zwischen 0,08 und <0,1 als gerade noch akzeptabel (schwacher Fit) in Abhängigkeit von der Stichprobengröße bewertet werden (vgl. Browne & Cudeck, 1993, S. 144). Desgleichen werden die beiden zentralen Kennwerte der konvergenten Validität der latenten Struktur eines Konstrukts genannt und interpretiert: *Kommunalitäten* (d. h. die durch die Faktoren erklärte Varianz in der manifesten bzw. beobachteten Variablen, *SMC* (*Squared Multiple Correlation* > 0.4)) und *Faktorladungen* oder die *standardisierten Regressionsgewichte* (*Estimates* sollten stets signifikant werden).

allerdings nur approximativ zur Anwendung kommt. Die Korrelationsmatrizen dafür sind mit dem *Produkt-Moment-Korrelationskoeffizienten* nach *Pearson* berechnet worden (vgl. Benninghaus, 2007, S. 214–227). Zudem werden mit gleichem statistischem Verfahren quer- und längsschnittliche Zusammenhänge unter den domänenspezifischen Konstrukten innerhalb einer Skala analysiert. Altersspezifische Effekte und Zusammenhänge in Bezug auf die jeweiligen Konstrukte sind hingegen mit der *linearen Regressionsanalyse* festgestellt worden (vgl. Benninghaus, 2007, S. 192–214: Multiples Verfahren zur Feststellung der Determination und Erklärung metrischer Variablen).

Darüber hinaus werden alle domänenspezifischen Konstrukte und Indikatoren hinsichtlich der Güte ihrer Validität mit weiteren Konstrukten oder Indikatoren in Beziehung gesetzt, womit sich folgende Validitäten nach Bühner (2011, S. 63) bestimmen lassen: Die *Kriteriumsvalidität* als *Korrelationsschluss* in Form der *Übereinstimmungsvalidität* oder die *diagnostische Validität* (*concurrent validity*: Zusammenhänge mit (fast) zeitgleich erhobenen *internen* oder *externen* Kriterien) oder die *prognostische Validität* oder *Vorhersagevalidität* (*predictive validity*: Zusammenhänge mit zeitlich später erhobenen Kriterien). Interne oder innere Kriterien liegen dabei innerhalb, externe oder äußere dagegen außerhalb einer Person. Für diese Validitätsanalysen hier ist ein externes Kriterium gewählt worden, nämlich Schulerfolg als Durchschnitt aus der z-transformierten und umgepolten Deutsch-, Mathematik- und Sportnote mit aufsteigender Intensität am zweiten Messzeitpunkt. Somit kann für Merkmale aus Welle eins in Bezug darauf eine prognostische Validität, für diejenigen aus Welle zwei eine Kriteriums- bzw. Übereinstimmungsvalidität oder diagnostische Validität mit einem externen Kriterium festgestellt werden. Aufgrund des metrischen Messniveaus sind die Zusammenhänge zwischen Merkmal und Kriterium in der Regel jeweils mit dem Produkt-Moment-Korrelationskoeffizient nach Pearson berechnet worden, abgesehen von wenigen Ausnahmen bei nominalem oder ordinalem Messniveau mit einem entsprechenden Zusammenhangskoeffizient.[195]

Cook und Campbell (1979, S. 37–94) sprechen in diesem Zusammenhang von vier Validitäten: Statistische Schlussfolgerungsvalidität (Ursache-Wirkungs-Verhältnis), Konstruktvalidität (konvergente und divergente Validität), interne Validität (Frage der kausalen Richtung) und externe Validität (ökologi-

---

195 Die Sportnote ist aufgrund dessen hinzugezogen worden, weil sportliche Leistungen mit sozialer Integration in der Klasse und sozialem Prestige verbunden sind (vgl. Gerlach, Kussin, Brandl-Bredenbeck & Brettschneider, 2006, zum Sportunterricht aus Schülerperspektive in der DSB-SPRINT-Studie; Sygusch, 2007; Seyda, 2011; Conzelmann, Schmidt & Valkanover, 2011, zur Selbstkonzeptentwicklung durch Schulsport; oder Rolff, ohne Jahr, zum Zusammenhang zwischen Sport und Kompetenzentwicklung von jungen bildungsfernen Personen).

sche Validität, Frage der Generalisierbarkeit). Außerdem thematisieren sie „Bedrohungen“ dieser Validitäten wie Fehler- und Störquellen sowie die Beziehungen dieser Validitäten untereinander.

Im Rahmen der Validitätsanalysen hier sind zusätzlich folgende deskriptiven Kennwerte der Konstrukte und Indikatoren berechnet worden: *Mittelwert* (Maß der zentralen Tendenz) sowie *Standardabweichung* oder *Varianz*, *Spannweite* und *Maximal-* und *Minimalwert* als Streuungsmaße für metrische Daten (vgl. Benninghaus, 2007, S. 36–65, oder Kühnel & Krebs, 2007, S. 67–106); *Häufigkeiten* und *Anteilswerte* (Prozentwerte) bei Daten eines jeden Messniveaus (vgl. Kühnel & Krebs, 2007, S. 28–31 zu Skalenniveaus). Mit dem Koeffizient *Cronbach's-α* wird die Reliabilität einer Skala geprüft (vgl. Bühner, 2011, S. 144 und S. 166–169: Interne Konsistenz), mit dem *Kolmogorov-Smirnov-Anpassungstest* (K-S-Test) die Normalverteilung der Werte eines Merkmals (vgl. Bortz, Lienert & Boehnke, 2008, S. 319–321). Beide letztere Testverfahren kommen nur bei metrischem Niveau zur Anwendung.

Generell kommt die Regel zur Anwendung, dass die Variable mit dem niedrigeren oder niedrigsten Messniveau von zwei oder mehreren Variablen das Niveau des statistischen Analyseverfahrens festlegt. Zusammenhänge mit einem Wert bis 0,3 werden als schwach bis mäßig, solche darüber bis 0,5 als mittlere Assoziationen und solche über 0,5 als starke bis sehr starke Verknüpfungen betrachtet in Abhängigkeit von dem jeweiligen Vorzeichen (z. B. schwach positive oder stark negative Zusammenhänge).

Sozialstrukturelle Unterschiede in allen Konstrukten und Indikatoren zur Erklärung der Übergangsparameter nach sozialer Herkunft und Gender[196] der Kinder werden mit verschiedenen statistischen Analyseverfahren erfasst: Ein- und mehrfaktorielle Varianzanalyse (zu den Voraussetzungen und zum Verfahren der Varianzanalyse (VA), vgl. Bortz & Schuster, 2010, S. 205–220, zur einfaktoriellen Varianzanalyse, S. 237–256 zur zweifaktoriellen VA mit Wechselwirkungen; oder Bühner & Ziegler, 2009, S. 327–382 zur einfaktoriellen, S. 395–435 zur zweifaktoriellen VA mit Wechselwirkungen), Varianzanalyse mit Post-Hoc-Tests bei mehrstufigen Faktoren (paarweise Einzelvergleiche mit Scheffé-Test als konservativster Signifikanztestung oder mit der Bonferroni-Korrektur hinsichtlich des Problems der Alpha-Fehler-Kumulierung oder -inflation; vgl. Bühner & Ziegler, 2009, S. 549–563; oder Bortz & Schuster, 2010, S. 229–236), einfaktorielle Varianzanalyse mit Messwiederholung (ein Faktor), zweifakto-

196 Genderspezifische Unterschiede sind im Hinblick darauf analysiert worden, dass sich Mädchen und Jungen im Grundschulalter in verschiedenen Merkmalsbereichen wie bspw. in der Persönlichkeitsstruktur zum Teil unterschiedlich in Richtung und Geschwindigkeit entwickeln, worauf verschiedene Autorinnen und Autoren hinweisen (vgl. Rendtorff, 2003; Bischof-Köhler, 2011, zur Psychologie der Geschlechtsunterschiede; Oerter, 2008, zur Entwicklung in der Kindheit).

rielle Varianzanalyse mit Messwiederholung und einem weiteren Gruppenfaktor, dreifaktorielle Varianzanalyse mit Messwiederholung und zwei Gruppenfaktoren (Längsschnittanalyse intraindividueller Veränderungen; zu den Voraussetzungen und zum Verfahren vgl. Bortz & Schuster, 2010, S. 285–304; oder Bühner & Ziegler, 2009, S. 435–470 und 482–527), T-Tests für unabhängige Stichproben (vgl. Bortz & Schuster, 2010, S. 120–124; oder Bühner & Ziegler, 2009, S. 254–268, u. a. zum Verfahren und zu Voraussetzungen wie der Levene-Test), T-Test für abhängige Stichproben (Messwiederholungseffekt im Längsschnitt; vgl. Bühner & Ziegler, 2009, S. 242–254; oder Bortz & Schuster, 2010, S. 124–125, u. a. zum Verfahren und zu Voraussetzungen (S. 126–130 Voraussetzungen und Verfahren des T-Tests im Allgemeinen), Effektstärkemaß Cohen's-d bei T-Tests (vgl. Cohen, 1988, S. 20, 40 & 67[197]; Bühner & Ziegler, 2009, S. 245; oder Bortz & Schuster, 2010, S. 127)) und Kruskal-Wallis-Test im Falle fehlender Voraussetzungen für die Varianzanalyse (bei Varianzheterogenität; vgl. Bortz, Lienert & Boehnke, 2008, S. 222–228; oder Bühner & Ziegler, 2009, S. 382–395: Rangvarianzanalyse (H-Test) für ordinalskalierte Variablen, Verteilungsfunktion von $Chi^2$ als Prüfgröße, Zusammenhang zwischen Faktor und Kriterium als $Eta^2$). Neben den Ergebnissen aus F- und Levene-Tests werden in der Darstellung der Befunde aus Varianzanalysen stets auch deskriptive Kennwerte (Mittelwert, Standardabweichung, Fallzahl je Stufe oder Gruppe) sowie ein Effektstärkemaß, das partielle $Eta^2$ (Effektvariation eines Faktors), zwei Determinationskoeffizienten, $R^2$ und korrigiertes $R^2$, sowie die (post-hoc) Teststärke oder beobachtete Schärfe angegeben (vgl. Bühner & Ziegler, 2009, S. 366–369, 375–382, 417–419, 427–435, 456–458, 464–470; Janssen & Laatz, 2013, S. 367–368). Alle Analysen zur Validierung und Qualität der Konstrukte und Indikatoren als erklärende Faktoren in den weiterführenden Untersuchungen zur Determination und Erklärung der Übergangskriterien sind auf der Grundlage der Analysestichprobe durchgeführt worden.[198]

---

197 Vgl. zur Berechnung des Effektstärkemaßes Cohens'd (Cohen, 1988, S. 20, S. 44 & S. 67; Interpretation: Bis 0,2 schwacher, bis 0,5 mittlerer und bis 0,8 starker Effekt). Dieses Maß wird in den eigenen Analysen mit einer spezifischen dafür entwickelten Software berechnet, das im Internet online verfügbar ist (unter: http://www.soerenwallrodt.de/index.php, Abruf am 07.01.2014).

198 Von der *Projektgruppe DJI-Kinderpanel* (2006a, 2006b, 2006d) sind diese Konstrukte bzw. Subskalen und Merkmale der Kindpersönlichkeit validiert und psychometrisch geprüft und in zahlreichen Untersuchungen analysiert worden, insofern entsprechende Validitäts- und Reliabilitätsanalysen und Ergebnisse dazu bereits vorliegen und demgemäße Arbeitsschritte im Rahmen dieser Forschungsarbeit zu den *Little Big Five(s)* und zur *Selbstwirksamkeit der Kinder* aus Mutter- und Kindersicht an ersten beiden Messzeitpunkten des DJI-Kinderpanels nicht erforderlich gewesen sind, desgleichen für die Konstrukte bzw. Skalen zum familialen Zusammenleben wie das Erziehungsverhalten der Eltern und Familienklima.

Zu sozialstrukturellen Unterschieden in den Persönlichkeitseigenschaften der Grundschulkinder nach Schicht und Gender sind folgende substantielle Ergebnisse aus verschiedenen ein- und mehrfaktoriellen Varianzanalysen von Bedeutung (vgl. Tabellen 8, 9, 10 und 11 im Anhang): Signifikante Haupteffekte von Schicht und Gender werden in fast allen Eigenschaften der Kinder aus Mutter- und Kinderperspektive an den ersten beiden Messzeitpunkten in den Querschnittsanalysen belegt, wobei ungünstige Eigenschaften eine Schichtspezifik in der Richtung aufweisen, je niedriger der soziale Hintergrund der Familie, desto mehr Externalisierung (aus Muttersicht in Welle eins und zwei sowie aus Kindersicht in Welle zwei), Internalisierung (aus Mutter- und Kindersicht in Welle zwei) oder motorische Unruhe der Kinder (Muttersicht in Welle eins und zwei). Demgegenüber lassen die Befunde auf eine Schichtspezifik der günstigen Eigenschaften der Kinder in folgender Richtung schließen: Je höher der soziale Status der Familie, desto mehr sozial-kognitive Aufgeschlossenheit (aus Muttersicht in Welle eins und zwei sowie aus Kindersicht in Welle zwei) oder Selbstwirksamkeit der Kinder (aus Muttersicht in Welle zwei). Zusätzlich sind diese Eigenschaften auch genderspezifisch geprägt: Jungen geben mehr Externalisierung (aus Muttersicht in Welle eins und zwei sowie aus Kindersicht in Welle zwei) und motorische Unruhe (aus Muttersicht in Welle zwei), d. h. mehr ungünstige Eigenschaften, aber auch mehr ein positives Selbstbild als günstige Dimension der Kindpersönlichkeit (aus Kindersicht in Welle eins) im Vergleich zu Mädchen zu erkennen. Im Gegensatz dazu zeigen Mädchen mehr sozial-kognitive Aufgeschlossenheit als günstige Eigenschaft (aus Muttersicht in Welle eins und zwei), jedoch auch mehr Internalisierung (aus Kindersicht in Welle eins) als eher ungünstige Dimension der Kindpersönlichkeit im Vergleich zu Jungen. Signifikante Wechselwirkungen zwischen sozialer Herkunft und Gender der Kinder sind in folgenden Eigenschaften zu ermitteln (vgl. Tabellen 10 und 11 im Anhang): In den beiden oberen Sozialschichten neigen Jungen stärker zu Internalisierung als Mädchen, in den Schichten darunter dagegen stärker die Mädchen als die Jungen (Muttersicht in Welle zwei). In den mittleren Schichten sind Jungen meist motorisch unruhiger als Mädchen, im Unterschied dazu in der Unter- und Oberschicht mehr die Mädchen als die Jungen (aus Muttersicht in Welle eins). Jungen aus der Unterschicht signalisieren häufiger eine sozial-kognitive Aufgeschlossenheit im Vergleich zu Mädchen aus derselben Schicht, in den anderen Schichten hingegen häufiger die Mädchen als die Jungen (aus Muttersicht in Welle zwei). Ein ähnliches Muster betrifft in der Tendenz auch das Selbstwirksamkeitserleben: Jungen aus den beiden unteren Schichten, tendenziell auch diejenigen aus der oberen Mittelschicht, erleben sich als selbstwirksamer als Mädchen mit gleichem sozialen Hintergrund. In den anderen Schichten dreht sich dieses genderspezifische Muster jedoch um (aus Muttersicht in Welle eins und zwei). Übereinstimmend damit haben Jungen aus der Unterschicht und den beiden oberen Schichten in den Interviews auch ein positiveres Selbstbild angegeben im Vergleich zu Mädchen mit gleicher sozialer Herkunft. In den anderen Schichten denken jedoch die Mädchen positiver von sich selbst als die Jungen (aus Kindersicht in Welle eins). Befunde aus zweifaktoriellen Varianzanalysen mit Schichtzugehörigkeit und Gender der Kinder sowie mit Messwiederholung als weiteren Faktor verdeutlichen (vgl. Tabelle 12 im Anhang: Längsschnittanalyse), dass die Internalisierung aus Kinder- und Mutterperspektive und auch das positive Selbstbild der Kinder aus Mutterperspektive im Entwicklungsverlauf im Allgemeinen abnehmen, letzteres wie auch die Externalisierung und sozial-kognitive Aufgeschlossenheit aus Kindersicht sowie die Selbstwirksamkeit der Kinder aus Muttersicht dagegen zunehmen (jeweils Haupteffekte von Zeit). Substantielle Wechselwirkungen zwischen den genannten Faktoren ergeben sich in der Tendenz dahingehend, dass in allen Schichten mit der Zeit weniger motorische Unruhe der Kinder im Entwicklungsverlauf zu beobachten ist (Haupteffekt der Interaktion von Zeit

Neben den *Little-Big-Five(s)* und der *Resilienz der Kinder* werden auch die **sozial-emotionalen Kompetenzen** der Kinder gegenüber ihren Mitschülerinnen und Mitschülern im Unterricht und in der Schule in Form ihrer **Ärgerregulierungsstrategien in Freundschaften** in die folgenden Analysen zur Prüfung der forschungsleitenden Fragestellungen miteinbezogen, die die *Selbstregulierungsfähigkeiten der Kinder* indizieren und der Gruppe der *Metakompeten-*

---

und Schicht aus Kindersicht), jedoch sich das positive Selbstbild der Kinder im zeitlichen Verlauf generell verstärkt, insbesondere bei den Jungen (Haupteffekt der Interaktion von Zeit und Schicht aus Kindersicht). Auch aus Mutterperspektive lässt die motorische Unruhe der Kinder im Verlauf der Zeit nach, bleibt aber bei Jungen dennoch auf einem konstant höheren Niveau im Vergleich zu Mädchen (Haupteffekt der Interaktion von Zeit und Gender). Dies gilt vor allem für die Jungen aus den mittleren Schichten, wenn auch in allen Schichten ein abnehmender Trend in diesem Verhalten im Zuge von Reifungs- und Entwicklungsprozessen seitens der Kinder im Allgemeinen festzustellen ist (Haupteffekt der Interaktion von Zeit, Schicht und Gender).
Von allen am ersten Messzeitpunkt erfassten Dimensionen der Kindpersönlichkeit lassen nur die motorische Unruhe aus Muttersicht und die sozial-kognitive Aufgeschlossenheit sowohl aus Mutter- als auch aus Kindersicht auf eine prognostische Validität für das externe oder äußere Kriterium Schulerfolg in Welle zwei, operationalisiert mit dem Durchschnitt aus der Deutsch-, Mathematik- und Sportnote, aufgrund substantieller Zusammenhänge damit schließen. Erstere Eigenschaft davon korreliert mit Schulerfolg signifikant negativ, letztere signifikant positiv in dem Sinne, je mehr davon, desto schlechter oder besser der Notendurchschnitt (vgl. Tabelle 6 im Anhang). Die Reliabilität der Subskalen zur Kindpersönlichkeit im Mutterinterview an diesem Messzeitpunkt ist jeweils als akzeptabel einzustufen und fällt durchwegs höher aus als diejenige der entsprechenden Subskalen im Kinderinterview, wobei von letzteren die Subskalen positives Selbstbild, sozial-kognitive Aufgeschlossenheit und motorische Unruhe ein wenig akzeptables Reliabilitätsniveau erreichen (vgl. Tabelle 6 im Anhang). Alle in Welle zwei im Mutter- oder Kinderinterview erhobenen Konstrukte der Kindpersönlichkeit sind mit dem besagten Notendurchschnitt am selben Messzeitpunkt signifikant assoziiert, wovon die günstigen Eigenschaften wie die sozial-kognitive Aufgeschlossenheit, das positive Selbstbild und die Selbstwirksamkeit in positiver Richtung, die ungünstigen wie die Internalisierung, Externalisierung und motorische Unruhe dagegen in negativer Richtung damit verknüpft sind. Somit kann diesen Konstrukten eine Kriteriums- bzw. Übereinstimmungsvalidität oder diagnostische Validität für Schulerfolg als externes oder äußeres Kriterium in Form des Notendurchschnitts beigemessen werden (vgl. Tabelle 7 im Anhang). Das Reliabilitätsniveau der Subskalen zur Kindpersönlichkeit im Mutterinterview am zweiten Messzeitpunkt kann jeweils als akzeptabel bis gut beurteilt werden, das vergleichsweise allerdings etwas schwächer für die beiden Subskalen sozial-kognitive Aufgeschlossenheit und positives Selbstbild ausfällt. Letztere beide Subskalen im Kinderinterview weisen dagegen ein weniger oder nicht mehr akzeptables Reliabilitätsniveau auf, ansonsten kann jedoch die Zuverlässigkeit der anderen Subskalen zur Kindpersönlichkeit im Kinderinterview jeweils als zufriedenstellend bewertet werden (vgl. jeweils Tabelle 7 im Anhang). Insgesamt betrachtet, ist dennoch auch für diesen Messzeitpunkt festzuhalten, dass die Reliabilität der Subskalen zur Kindpersönlichkeit im Kinderinterview im Niveau unterhalb des Reliabilitätsniveaus derselben Skalen im Mutterinterview liegt.

*zen* zuzuordnen sind (vgl. Klieme, 2004; Gnahs, 2010).[199] Im DJI-Kinderpanel wird dieser Kompetenzbereich mit dem *KÄRST*-Instrument (Fragebogen zu den *K*indlichen *Ä*rger-*R*egulierungs-*ST*rategien), das von von Salisch und Pfeiffer (1998) entwickelt worden ist, auf Konstruktebene gemessen. Dabei handelt es sich um ein Fragebogeninstrument, das für Kinder und Jugendliche konzipiert worden ist und deren Ärgerregulierungsstrategien in Freundschaften damit aus eigener Perspektive erfasst. Dieses Instrument liegt in verschiedenen altersspezifischen Versionen für Kinder und Jugendliche und auch in einer Fremdbeurteilungsversion vor. Mehrfach ist im theoretischen und empirischen Kapitel bereits auf die Funktion sozial-emotionaler Kompetenzen von Kindern für ihre Lernprozesse und Lernentwicklung in der Schule wie auch zu Hause als Lernvoraussetzungen und Vorbedingungen schulischer Leistungen, d. h. *Metakompetenzen* von Lernen, mit Auswirkungen auf andere lernrelevante Faktoren als mediierende oder moderierende Variablen hingewiesen worden (vgl. Ryan & Adams, 1995; Helmke, 2007; Weinert, 1996; Helmke & Weinert, 1997; Pekrun & Schiefele, 1996; Klieme, 2004; Gnahs, 2010). Nicht zuletzt üben diese Kompetenzen ebenso einen entscheidenden Einfluss auf die soziale Integration der Kinder in verschiedenen sozialen Settings oder auch auf strukturelle Entscheidungen in der Kindheit und Jugend aus, wie dem ersten Bildungsübergang, insofern als die Einschätzungen der Lehrkräfte der personalen Eigenschaften und sozial-emotionalen Kompetenzen der Kinder in die Grundschulempfehlungen oder das Betragen und Arbeitsverhalten der Schüler(innen) in die Grundschulzeugnisse einfließen, wie es die Kultusministerkonferenz in ihrem Grundsatzpapier vorsieht und empfiehlt (vgl. Sekretariat der Ständigen Konferenz der Kultusminister der Länder in der Bundesrepublik Deutschland, 2006, S. 7/8). Vor dem Hintergrund, dass Fragen zu den sozial-emotionalen Kompetenzen der Kinder, spezifisch mit schulischem Bezug in den verschie-

---

199 Sozial-emotionale Kompetenzen entwickeln sich vor allem am Ende der mittleren Kindheit und in der Jugend und sind für den Aufbau und Erhalt sozialer Beziehungen sowie, im weitesten Sinne, auch für den Schulerfolg von Kindern und Jugendlichen maßgeblich (vgl. von Salisch & Kunzmann, 2005, S. 34–45, S. 55). Sie werden dem Bereich der Metakompetenzen zugeordnet, d. h. den Kompetenzen, die Lernprozesse wie den Erwerb von Wissen, Fähigkeiten, Fertigkeiten und Kulturtechniken (Lesen, Schreiben, Rechnen) steuern. Von zentraler Bedeutung dafür sind Selbstregulierungsfähigkeiten in motivationaler, emotionaler und sozialer Hinsicht. Darunter ist zu verstehen, ob es Kindern und jungen Heranwachsenden in schwierigen emotionalen, sozialen oder motivationalen Anforderungssituationen gelingt, sich selbst zu kontrollieren, zu steuern und zu regulieren. Der Erwerb von Selbstregulierungsfähigkeiten stellt deshalb in den Lebensabschnitten Kindheit und Adoleszenz eine zentrale Entwicklungsaufgabe dar (vgl. von Salisch, 2002a, zu Modellen der Entwicklung sozial-emotionaler Kompetenzen; von Salisch, 2002b, zur Entwicklung der Ärgerregulierung im Kindes- und Jugendalter; Dirk, Sommer & Heinrigs, 2002, zu soziale Kompetenzen und interpersonales Verhalten im Allgemeinen).

densten Facetten, wie dem Verhalten gegenüber Mitschülerinnen und Mitschülern oder dem Arbeits- und Sozialverhalten beispielsweise bei Gruppenarbeiten, aus einem dafür geeigneten Instrument zur Erfassung dieser spezifischen Kompetenzen weder Gegenstand der Kinder- noch der Mutterinterviews gewesen sind, wird als Proxy dafür auf das *KÄRST*-Instrument zurückgegriffen, das in gekürzter Form in das Kinderinterview an allen Messzeitpunkten integriert gewesen ist, um sozial-emotionale Kompetenzen von Kindern als lernrelevante und soziale Metakompetenzen zu operationalisieren und zu messen.[200] Für die Erklärung der Übergangskriterien sind auch hier wiederum nur die ersten beiden Messungen von Relevanz, wobei am zweiten Messzeitpunkt mehr Fragen aus diesem Instrument im Kinderinterview gestellt worden sind als am ersten. Begründet wird die Auswahl dieses Instruments damit, dass es sich dabei um Selbstbeschreibungen der Kinder zu ihren sozial-emotionalen Regulierungen in aversiven Situationen im Allgemeinen handelt, die in diesem Instrument spezifisch bei Ärger in Freundschaftsbeziehungen abgefragt werden und erwachsenen Personen vermutlich weniger zugänglich sind, zumal u. a. auch internale Prozesse, wie Kognitionen und Handlungsabsichten, mit diesem Instrument abgefragt werden. Ein weiteres Argument bezieht sich darauf, dass insbesondere Kinder im Grundschulalter gewöhnlich Freundschaftsbeziehungen im schulischen Kontext pflegen und deshalb die im *KÄRST*-Instrument abgefragten Bewältigungsstrategien bei Ärger durchaus auch in der Schule wirksam werden. Im Rahmen vorbereitender Analysen sind die Konstrukte der mit diesem Instrument gemessenen Bewältigungsstrategien validiert, messtheoretisch bzw. psychometrisch geprüft und indiziert worden (vgl. die Beschreibung dieses Instruments aus dem Bereich der personalen Merkmale der Kinder in Tabelle 2 im Anhang).[201]

---

200 In den ersten beiden Kinderinterviews sind unterschiedlich adaptierte Versionen der *KÄRST*-Skala (25 Items in der originalen Version) in Abhängigkeit von den Entwicklungsniveaus der Kinder eingesetzt worden (13 Items in Welle eins, 19 Items in Welle zwei). Vor dem Hintergrund, dass die Kinder in der Normstichprobe der Studie von von Salisch und Pfeiffer (1998) im Durchschnitt älter gewesen sind als diejenigen in der DJI-Kinderstichprobe in den ersten beiden Erhebungswellen, sind einige Items aus der originalen *KÄRST*-Skala sprachlich an das Entwicklungsniveau der Kinder in der DJI-Studie angepasst worden. Zudem sind einige wenige von der *Projektgruppe DJI-Kinderpanel* entwickelte Items zusätzlich hinzugekommen.

201 Die beiden DJI-Versionen der *KÄRST*-Skala sind teilweise schon vor den Untersuchungen im Rahmen dieser Forschungsarbeit validiert worden, insbesondere diejenige davon am ersten Messzeitpunkt (vgl. von Salisch, 2005). Dennoch sind hier nochmalig Validitätsanalysen dazu durchgeführt worden und zwar altersspezifisch, was eine neuartige Validierungsstrategie darstellt, die mit Differenzen in den Entwicklungsniveaus und den sich daraus ergebenden Unterschieden in den sozial-emotionalen Kompetenzen der Kinder begründet wird. Damit soll geprüft werden, ob sich die Struktur der Ärgerregulierungsstrategien der Kinder über verschiedene Altersstufen hinweg ändert oder im Wesentlichen stabil

bleibt. Die explorative Faktorenanalyse hat eine latente Struktur der *KÄRST*-Skala in den DJI-Formaten an ersten beiden Messzeitpunkten mit jeweils drei Faktoren bzw. Ärgerregulierungsstrategien ergeben: *Erklären und sich zurücknehmen, sich distanzieren* sowie *konfrontieren und schädigen* (vgl. Tabellen 19 und 21 im Anhang). Diese Faktoren sind mit der Struktur der originalen Skala nach von Salisch und Pfeiffer (1998) vergleichbar, weshalb die Faktorbezeichnungen von den beiden Autorinnen beibehalten worden sind. Bezogen auf das Durchschnittsalter der Kinder an beiden Messzeitpunkten liegen zwei Altersgruppen, jüngere und ältere Kinder, vor. Die Ergebnisse aus den konfirmatorischen Faktorenanalysen können diese Drei-Faktoren-Lösung, d. h. die explorativ ermittelte latente Struktur dieser Skala, für beide DJI-Versionen davon an ersten beiden Messzeitpunkten im Wesentlichen replizieren und somit bestätigen, auch wenn die Fit-Indizes dafür unterschiedlich ausfallen und teils nicht mehr im zulässigen Normbereich liegen (vgl. Tabelle 24 im Anhang). Ähnliches kann ebenso für die altersspezifische Konstruktvalidierung der KÄRST-Skala in den beiden DJI-Formaten mit der explorativen Faktorenanalyse, für die beiden Gruppen, jüngere und ältere Kinder, jeweils differenziert durchgeführt, behauptet werden, trotz partiell geringer Abweichungen der jeweiligen Faktorenstruktur von der ursprünglichen Drei-Faktoren-Struktur (vgl. Anmerkungen von Tabellen 19 und 21 im Anhang). Im Vergleich zum originalen Fragebogeninstrument haben sich in den eigenen Analysen geringfügige Unterschiede in der Zuordnung der Items zu den einzelnen Subskalen bzw. Faktoren und Anzahl der Items je Subskala ergeben, wobei im Hinblick auf ersteres das inhaltliche Argument entsprechend dem Ordnungsschema nach von Salisch und Pfeiffer (1998) ausschlaggebend gewesen ist (vgl. Tabelle 18 im Anhang), ebenso im Hinblick auf die Zuordnung der von der *Projektgruppe DJI-Kinderpanel* adaptierten und neu entwickelten Items. Ein Item ist in der Skalierung der Konstrukte am zweiten Messzeitpunkt wegen mangelnder Passung in die Faktorenstruktur nicht berücksichtigt worden (vgl. jeweils Anmerkungen von Tabelle 21 im Anhang).
Insgesamt betrachtet, fallen die Befunde aus den Analysen zur Konstruktvalidierung der Ärgerregulierungsstrategien zufriedenstellend aus (vgl. Tabelle 25 im Anhang). Abgesehen von der Strategie bzw. Skala *konfrontieren und schädigen* kann die Reliabilität der anderen beiden Ärgerregulierungsstrategien bzw. Skalen am ersten Messzeitpunkt als akzeptabel bis gut beurteilt werden, desgleichen die Reliabilität aller Strategien bzw. Skalen am zweiten Messzeitpunkt (vgl. Tabellen 6 und 7 im Anhang). Ergebnisse aus Interkorrelationen (nach Pearson) der Strategien am ersten Messzeitpunkt verdeutlichen erwartungsgemäß, dass die beiden komplementären Strategien *erklären und sich zurücknehmen* und *konfrontieren und schädigen* signifikant negativ, aber nicht in einem erheblich hohen Maße aufeinander bezogen sind, was die Unabhängigkeit und das entgegengesetzte Verhältnis beider Strategien zueinander belegt. Erwartungskonform ist die Strategie *sich distanzieren* sowohl mit der konstruktiven als auch mit der destruktiven Strategie signifikant positiv auf einem ähnlich niedrigen Niveau assoziiert, was die Abhängigkeit dieser Strategie unterstreicht, womit möglicherweise keine orthogonale Struktur dieses Faktors vorliegt. Ebenso kommt in diesem Befund die sowohl konstruktive als auch destruktive Konnotation dieser Strategie mit Distanzherstellung auf konativer Ebene, Rückzug und Ignoranz, und die im Zuge der Entwicklung zunehmende Umlenkung des Ärgers auf die kognitive Ebene zum Ausdruck (vgl. Tabelle 20 im Anhang). Diese Befundlage zur Ärgerregulierung der Kinder am ersten Messzeitpunkt zeigt: Kinder, die bei Ärger *konfrontieren und schädigen, distanzieren sich* manchmal auch bei Ärger in Freundschaftsbeziehungen und umgekehrt. *Erklären und sich zurücknehmen* kommt dabei für sie aber fast nie in Frage, für Kinder, die *sich* gewöhnlich bei Ärger *distanzieren,* hin und wieder jedoch schon (und vice versa). Die Interkorrelationen der Ärgerregulierungsstrategien am zweiten Messzeitpunkt bestätigen im Grunde diese

Muster, fallen im Niveau jedoch teils höher aus, insbesondere gilt dies für die Verknüpfung zwischen *sich distanzieren* und *konfrontieren und schädigen*. Im Gegensatz dazu besteht nun bei älteren Kindern kein Zusammenhang mehr zwischen *erklären und sich zurücknehmen* und *sich distanzieren*, was den zunehmend aggressiver werdenden Charakter dieser Strategie und damit, wie schon angesprochen, die Umlenkung destruktiver Verhaltensweisen auf die kognitive und damit internale Ebene im Entwicklungsverlauf belegt und erhärtet (vgl. Tabelle 22 im Anhang). Diese Befunde am zweiten Messzeitpunkt machen deutlich: Die Strategien *konfrontieren und schädigen* sowie *sich distanzieren* hängen zusammen. *Erklären und sich zurücknehmen* einerseits und *konfrontieren und schädigen* andererseits schließen sich dagegen eher aus. Die längsschnittliche Analyse der Ärgerregulierungsstrategien der Kinder in Welle eins und zwei zeigt im Wesentlichen nur bedeutende und signifikant positive Zusammenhänge zwischen denselben Strategien im Längsschnitt, somit von keiner wesentlichen Änderung in der Ärgerregulation im Studien- bzw. Entwicklungsverlauf der Kinder auszugehen ist, was wiederum auf eine hohe Stabilität der Ärgerregulierungsstrategien der Kinder verweist. Für die Strategie *sich distanzieren* fällt der längsschnittliche Zusammenhang vergleichsweise am geringsten aus. Dieses Ergebnis deutet auf Änderungen bzw. einen Wandel dieser Strategie im Zuge von Entwicklungsprozessen im Allgemeinen hin, was die bisherigen Erläuterungen dazu belegt (vgl. Tabelle 23 im Anhang). Die Befunde aus Validierungsanalysen des KÄRST-Instruments in den DJI-Versionen an ersten beiden Messzeitpunkten lassen sich auf folgende Aspekte zusammenfassen (vgl. Tabelle 25 im Anhang): Die Prüfung der konvergenten und divergenten bzw. diskriminanten Validität der Konstrukte der Ärgerregulierungsstrategien mit den Dimensionen der Kindpersönlichkeit (*Little Big Five(s)* und *Selbstwirksamkeit*) aus Mutter- und Kindersicht mit Interkorrelationsanalysen nach Pearson hat in der Tendenz vorzeigbare, aber nicht perfekte Resultate hervorgebracht infolge der, entgegen der Erwartung, nicht durchgängig ermittelten korrespondierenden Korrelationsmuster zwischen der konstruktiven Strategie und den beiden destruktiven Strategien einerseits und den günstigen und ungünstigen Eigenschaften der Kinder andererseits, somit die Anforderungen des *MTMM-Ansatzes* hier nicht vollkommen erfüllt werden, die nach theoretischen Maßstäben zu erwarten wären, um von einer perfekten Validierung der gesamten Skala bzw. der einzelnen Subskalen oder Konstrukte sprechen zu können (vgl. dazu an früherem Ort). Sicherlich ist dies auch den Validierungsskalen geschuldet, die für die Zwecke hier nur suboptimale Instrumente darstellen: Die nach diesem Ansatz anzunehmenden Korrelationsmuster der Ärgerregulierungsstrategien der Kinder in Freundschaften mit ihren Persönlichkeitseigenschaften haben sich in der Tendenz insoweit für beide Messzeitpunkte bestätigt, als die konstruktive Strategie *erklären und sich zurücknehmen* mit günstigen Eigenschaften signifikant positiv, mit ungünstigen hingegen signifikant negativ zusammenhängt. Das Gegenteil ist für die beiden teils destruktiven Strategien festzustellen. Für die Strategie *sich distanzieren* lassen sich größtenteils positive Zusammenhänge, vor allem mit ungünstigen Dimensionen der Kindpersönlichkeit, aber auch mit einer günstigen Eigenschaft, sozial-kognitive Aufgeschlossenheit aus Kindersicht am ersten Messzeitpunkt, oder keine Zusammenhänge mit günstigen Eigenschaften der Kindpersönlichkeit nachweisen. Insgesamt gesehen, liegen durchgängig mehr signifikante und stärkere Verknüpfungen der Ärgerregulierungsstrategien mit den Persönlichkeitskonstrukten aus Kindersicht als mit denselben aus Muttersicht an beiden Messzeitpunkten vor, was sicherlich auf dieselbe Datenquelle zurückzuführen ist, d. h. darauf, dass die Perspektive auf die zu validierenden Konstrukten mit derjenigen auf die Validierungsinstrumente korrespondiert. Abweichungen vom erwarteten Muster sind dahingehend festzuhalten, dass die konstruktive Strategie *erklären und sich zurücknehmen* am zweiten Messzeitpunkt mit Internalisierung und motorischer Unruhe aus Kindersicht signifikant positiv verknüpft ist (vgl. Tabelle 25 im Anhang). Allen drei in Welle eins gemessenen Ärgerregulierungsstrategien kann keine prognostische Validität für das externe oder äußere Kriterium Schulerfolg am zweiten Messzeitpunkt, den Durchschnitt aus der Deutsch-, Mathematik- und Sportnote, zugesprochen werden, jedoch der in Welle zwei erfassten destruktiven Strategie *konfrontieren und schädigen* eine Kriteriums- oder Übereinstimmungsvalidität oder diagnostische Validität dafür mit negativem Vorzeichen. Das bedeutet, dass Kinder, die bei Ärger in Freundschaften *konfrontieren und schädigen*, schlechtere Noten erreichen als diejenigen, die dies nicht tun. Desgleichen ist erwartungskonform eine solche Validität für die konstruktive Strategie *erklären und sich zurücknehmen* am ersten Messzeitpunkt für das interne oder innere Kriterium Anzahl guter Freunde festzustellen und zwar in positiver Richtung, aber mit nur geringer Stärke (0,11; $p<0,05$; $N=461$). Dieses Ergebnis besagt, dass Kinder, die sich bei Ärger in Freundschaften *erklären und sich zurücknehmen*, mehr Freunde haben.

Ergebnisse aus T-Tests, ein- und zwei- bzw. mehrfaktoriellen Varianzanalysen nach Schicht und/oder Gender der Kinder im Querschnitt verdeutlichen hinsichtlich der sozialstrukturellen Verteilung der Ärgerregulierungsstrategien der Kinder (vgl. Tabelle 26 im Anhang), dass weder am ersten noch am zweiten Messzeitpunkt Unterschiede in diesen Strategien nach sozialer Herkunft der Kinder vorliegen, wobei in den jeweiligen Analysen die Messzeitpunkte von sozialer Schicht und den KÄRST-(Sub)Skalen einander entsprechen. Weder essentielle Haupteffekte von Schicht noch bedeutende Interaktionseffekte von Schicht und Gender der Kinder sind an beiden Messzeitpunkten in den Ärgerregulierungsstrategien der Kinder festzustellen und haben sich in verschiedenen Varianzanalysen auch nicht replizieren lassen. Das heißt, dass der soziale Hintergrund der Kinder im Wesentlichen keine Auswirkungen darauf hat, wie sich Kinder bei Ärger verhalten. Im Gegensatz dazu sind signifikante Differenzen zwischen Mädchen und Jungen in deren Ärgerregulation in den Befunden zu erkennen, insbesondere im Bereich des destruktiven Umgangs mit Ärger, genau genommen in der Strategie *konfrontieren und schädigen* sowohl am ersten als auch am zweiten Messzeitpunkt. Im zeitlichen Verlauf, d. h. in der Entwicklung der Kinder, zeichnet sich aber ab, dass im Allgemeinen und unabhängig von der sozialen Herkunft und dem Geschlecht der Kinder oder der Wechselwirkung von beiden Faktoren die destruktiv konnotierte Strategie *konfrontieren und schädigen* abnimmt, d. h. am zweiten Messzeitpunkt seltener praktiziert wird als am ersten, was vermutlich auf Reifungsprozesse bei den Kindern zurückzuführen ist (signifikanter Haupteffekt des Faktors Zeit in der zweifaktoriellen Varianzanalyse mit Messwiederholung und den beiden Faktoren soziale Herkunft und Geschlecht des Kindes einschließlich deren Interaktion, Längsschnittanalyse). Dieser Befund verdeutlicht, dass diese Strategie bei älteren Kindern in den Hintergrund tritt und ältere Kinder davon eher Abstand nehmen im Vergleich zu jüngeren. Dennoch ist auch eine signifikante Wechselwirkung zwischen sozialer Herkunft und dem Geschlecht der Kinder ermitteln worden und zwar in der Strategie *sich distanzieren* am ersten Messzeitpunkt, wonach vor allem Jungen aus der Unterschicht, mittleren und oberen Mittelschicht diese Strategie der Ärgerregulierung häufiger einsetzen als Mädchen mit gleichem sozialen Hintergrund. Bei Kindern aus der unteren Mittelschicht und Oberschicht sind es hingegen die Mädchen, die sich bei Ärger in Freundschaften häufiger distanzieren im Vergleich zu Jungen. Demnach dreht sich in diesen Schichten das geschlechtsspezifische Muster um.

Diese Befundlage veranschaulicht: Jungen reagieren häufiger als Mädchen nach Ärger in Freundschaften mit körperlicher oder verbaler Aggression oder mit antisozialem Verhalten oder neigen zu Rachegedanken und Intrigen auf kognitiver Ebene. Insgesamt betrachtet, kommt es dazu allerdings doch eher selten. Das bedeutet: Wenn es zu Aggressionen unter Kindern kommt, so sind darin häufiger Jungen als Mädchen verwickelt. Destruktive For-

Im Anschluss an die Ergebnisse von Gray und Steinberg (1999), wonach die Dimensionen des autoritativen Erziehungsstils jeweils eigenständige Effekte auf Entwicklungsmerkmale von Jugendlichen (Outcome-Variablen) erzielen und nicht nur in Form mehrdimensionaler Indizes, Typologien oder Stile positive Einflüsse darauf ausüben (vgl. Steinberg et al., 1989; Herman et al., 1997), werden die *Dimensionen des elterlichen Erziehungsstils* in den eigenen Analysen separat und nicht konfiguriert, d. h. jede für sich und unabhängig voneinander, behandelt, um deren eigenständige Effekte auf die Übergangskriterien bestimmen zu können. Die positive Dimension des elterlichen Erziehungsstils im Sinne von *Unterstützung, Responsivität (Reziprozität), Akzeptanz, Zuneigung oder Wärme (Feinfühligkeit)* in Anlehnung an diese Dimension bei Baumrind (1971) und die revidierte Version davon bei Maccoby und Martin (1983) oder die Dimension des *Involvements* in den Untersuchungen der Forschergruppe um Steinberg und Kollegen (vgl. an früherem Ort) wird mit dem Konstrukt der **kindzentrierten Kommunikation der Eltern** operationalisiert. Im Gegensatz dazu wird die Dimension der *Kontrolle, Lenkung oder Forderung* bei Baumrind (1971) und Maccoby und Martin (1983) sowie in Anlehnung an die Untersuchungen und das Forschungsprogramm der Forschergruppe um Steinberg (vgl. an früherem Ort) *mit zwei (Sub)Dimensionen abgebildet* und damit gesplittet: *Zum einen* wird auf die Dimension der *psychologischen Kontrolle* mit dem Konstrukt der **strengen Kontrolle der Eltern** rekurriert. Sowohl diese Skala als auch die vorher genannte, die kindzentrierte Kommunikation der Eltern, aus dem Repertoire der familienbezogenen Konstrukte im DJI-Kinderpanel sind erstmalig in Welle zwei im Kinder- und Mutterinterview erfasst worden. In die weiteren Analysen gehen diese Konstrukte aus beiden Perspektiven, Mutter und Kind, ein, denn gemäß den Forschungsergebnissen von Gaylord, Kitzmann und Colemann (2003) sowie derjenigen von Kaufmann, Gesten, Santa Lucia, Salcedo, Rendina-Gobioff und Gadd (2000) sind beide Sichtweisen auf das elterliche Erziehungsverhalten für die Entwicklung der Kinder und Jugendlichen von Bedeutung. Sie unterscheiden sich in ihrer Verhaltenswirksamkeit, wobei die Perspektive der Kinder darauf für sie selbst von entscheidender Rele-

---

men der Ärgerregulierung lassen auf eine emotionale Unreife oder auch auf Defizite in der Persönlichkeitsentwicklung der Kinder schließen.

In Anbetracht dessen, dass bis auf ein Kind alle Kinder in der Analysestichprobe aus der älteren Kohorte stammen, ist die Analyse von Kohortenunterschieden in den hier betrachteten Konstrukten nicht von Relevanz. Das Verfahren der linearen Regressionsanalyse ist zur Feststellung von Alterseffekten in den Ärgerregulierungsstrategien gewählt worden, denn sowohl letztere, die Kriterien, als auch der Prädiktor, das Lebensalter der Kinder, sind jeweils metrisch skaliert. Bedeutende Alterseffekte in den Ärgerregulierungsstrategien der Kinder liegen allerdings an beiden Messzeitpunkten nicht vor (vgl. Anmerkungen von Tabelle 21 im Anhang).

vanz ist. Zudem ist im Kinderinterview bei beiden Konstrukten nach beiden Eltern, Mutter und Vater, differenziert gefragt worden. Die Mütter haben dagegen bei beiden Dimensionen nur für sich selbst Auskunft gegeben. Diese Differenzierung im Kinderinterview wird in den eigenen Analysen ebenso berücksichtigt. Mit Blick auf das Längsschnittdesign des DJI-Kinderpanels und mögliche kausale Einflüsse auf die Kriterien sind diese vor dem Übertritt der Kinder in die Sekundarstufe I gemessenen familienbezogenen Konstrukte für die Erklärung der Übergangskriterien wiederum ausschlaggebend, d. h. diejenigen aus Welle zwei. *Zum anderen* wird die *zweite (Sub)Dimension der Kontrolldimension* mit dem Konstrukt der *Verhaltenskontrolle* im Forschungsprogramm von Steinberg und Kollegen (vgl. an früherem Ort) operationalisiert im Sinne von: *Wer entscheidet in der Familie bei Angelegenheiten, die das Kind betreffen?*, womit Entscheidungsfindungsprozesse in der Familie angesprochen werden. Dieser Aspekt ist im Kinderinterview erstmalig am zweiten Messzeitpunkt mit dem Indikator der **Teilhabe der Kinder bei Entscheidungen zu Hause** erhoben worden und gleicht im Wesentlichen der Operationalisierung des Konstrukts der Verhaltenskontrolle in den frühen Forschungsarbeiten von Steinberg und Kollegen (vgl. an früherem Ort). Zur Feststellung dieses Indikators sind den Kindern im Interview verschiedene alltägliche Entscheidungssituationen (z. B. Taschengeld, Computernutzung, Schularbeit) vorgelesen worden. Anschließend haben die Kinder benennen müssen, wer in der Familie jeweils darüber entscheidet: Die Eltern allein, das Kind allein oder beide gemeinsam. Daraus ergeben sich drei separate (Sub)Indikatoren: *Autonomie* (Kind entscheidet allein), *Partizipation* (Eltern und Kind entscheiden gemeinsam) und *Abhängigkeit* (Eltern entscheiden allein). Diese wiederum vor dem Übertritt der Kinder in die Sekundarstufe I am zweiten Messzeitpunkt erfassten (Sub)Indikatoren sind als erklärende Variablen für die Übergangskriterien von Belang, weshalb nur der zweite Messzeitpunkt davon im Hinblick auf den Ursache-Wirkungs-Zusammenhang dafür entscheidend ist und für die folgenden Analysen in Betracht kommt.

Mit dem die familiale Systemebene betreffenden Konstrukt des **Familienklimas** wird ein weiteres Konzept erfasst, das familiale Interaktionen und Kommunikationsprozesse beschreibt. Die Fragen der Skala zum Familienklima sind in allen Erhebungswellen im Mutter- und Kinderinterview gestellt worden. Beide Perspektiven darauf, Mutter und Kind, an ersten beiden Messzeitpunkten werden in die folgenden Analysen im Hinblick auf die kausale Wirkrichtung dieses Prädiktors zur Erklärung der Übergangskriterien hinzugezogen.

*Aspekte des familialen Zusammenlebens*, wie *Opportunitäten familialer Bildungsleistungen* oder auch *familiale Rituale*, werden in Anlehnung an Brake und Büchner (2012) oder Krinninger und Bahr (2013) mit dem Indikator **gemeinsame Mahlzeiten in der Familie** aus dem Bestand der familienbezogenen Indikatoren und Konstrukten im DJI-Kinderpanel abgebildet, wonach im

Mutterinterview in allen Wellen mit je drei Items gefragt worden ist, jedoch wiederum aus Gründen der Kausalität und Wirkzusammenhänge nur die ersten beiden Erhebungen davon für die weiteren Analysen in Frage kommen. Dieser Indikator erfasst die Häufigkeit der Anwesenheit aller Familienmitglieder beim gemeinsamen Frühstück, Mittagessen oder Abendessen.

Eine Validierung der jeweiligen Konstrukte und Analyse der Reliabilität der Skalen zu den Erziehungsstildimensionen und dem Familienklima sind in Anbetracht vorhandener Ergebnisse aus entsprechenden Analysen der *Projektgruppe DJI-Kinderpanel* (2006a, 2006b, 2006d) zu diesen Konstrukten nicht erforderlich gewesen. (vgl. die Beschreibung der Skalen bzw. Konstrukte und Indikatoren aus dem Bereich der familialen Sozialisationsbedingungen der Kinder in Tabelle 3 im Anhang).[202]

---

202 Bei allen anderen Konzepten aus dem Bereich der familialen Sozialisationsbedingungen der Kinder wie gemeinsame Mahlzeiten in der Familie und Teilhabechancen der Kinder bei Entscheidungen zu Hause handelt es sich um Einzelindikatoren und nicht um latente Konstrukte, weshalb die Gütekriterien, wie die faktorielle Validität und Reliabilität, dafür nicht ermittelt und analysiert worden sind. Die Angaben der Kinder zu ihren Teilhabemöglichkeiten bei Entscheidungen zu Hause sind zu drei Skalen, Autonomie, Mitbestimmung bzw. Partizipation und Abhängigkeit, indiziert und damit metrisiert worden. Von allen familienbezogenen Indikatoren weisen nur das gemeinsame Mittagessen am ersten Messzeitpunkt eine prognostische Validität für das externe oder äußere Kriterium Schulerfolg am zweiten Messzeitpunkt, den Durchschnitt aus der Deutsch-, Mathematik- und Sportnote, mit einem Korrelationsergebnis in signifikant negativer Richtung und das gemeinsame Frühstück am zweiten Messzeitpunkt eine Kriteriums- oder Übereinstimmungsvalidität oder diagnostische Validität für dasselbe Kriterium mit einem Korrelationsergebnis in signifikant positiver Richtung auf (vgl. Tabelle 14 im Anhang). Diese Befundlage ist höchstwahrscheinlich, wie schon dargelegt, auf die Schichtspezifik beider Indikatoren zurückzuführen, somit belegen diese Ergebnisse richtungsweisend die vermutete Kausalität von Schicht auf der familialen Prozessebene in operationaler Hinsicht und indirekte Effekte beider Indikatoren auf Schulerfolg. Von den Konstrukten, die das Erziehungsverhalten der Eltern beschreiben, ist lediglich für die kindzentrierte Kommunikation aus Mutter- und Kindersicht, im Kinderinterview differenziert für Mutter und Vater abgefragt, jeweils eine Kriteriums- oder Übereinstimmungsvalidität oder diagnostische Validität für das besagte externe bzw. äußere Kriterium Schulerfolg in Welle zwei mit einem Zusammenhang in signifikant positiver Richtung nachzuweisen (vgl. Tabelle 7 im Anhang). Diese Ergebnisse verdeutlichen, je mehr kindzentrierte Kommunikation der Eltern und je häufiger ein gemeinsames Frühstück in der Familie, desto besser die Noten in der Schule. Im Gegensatz dazu ist festzuhalten, je häufiger ein gemeinsames Mittagessen in der Familie, desto schlechter die Schulnoten an späterem Zeitpunkt. Substantielle und signifikante sozialstrukturelle Unterschiede auf der Grundlage von ein- und mehrfaktoriellen Varianzanalysen nach Gender und sozialer Herkunft der Kinder sowie teils mit Messwiederholung machen deutlich, dass beide Essensrituale in der Familie vor allem schichtspezifisch determiniert sind (vgl. Tabelle 15 im Anhang): Häufiger ein gemeinsames Frühstück in den Familien aus den mittleren Sozialschichten und der höheren Sozialschicht an beiden Messzeitpunkten, hingegen häufiger ein gemeinsames Mittagessen in den Familien aus den beiden unteren Sozialschichten am ersten Messzeitpunkt (Haupteffekte von Schicht). Im zeitlichen

Alle schulbezogenen, bi- und multilateralen Interaktionsformen zwischen Schule und Familie oder der Familienmitglieder untereinander sowie Fördermaßnahmen der Familie im Hinblick auf den Schulerfolg der Kinder werden im Folgenden unter der Kategorie des **Bildungsverhaltens der Eltern und Kinder** zusammengefasst. Beides wird in der Forschungsarbeit hier mit unterschiedlichen Konstrukten und Indikatoren in den empirischen Analysen operationalisiert, womit die Vielzahl und Vielfalt an Facetten und die Vielschichtigkeit dieses Merkmalbereichs zum Ausdruck gebracht werden sollen. Dazu zählen u. a. das **Bildungs-** und **Schulinteresse der Eltern** zu Hause und das

---

Verlauf bzw. mit dem Heranwachsen der Kinder nimmt jedoch die Häufigkeit beider Rituale in den Familien ab, insgesamt betrachtet. Allerdings ist auch zu beobachten, dass sich die Schichtspezifik in diesen Indikatoren mit der Zeit verstärkt (Haupteffekte von Zeit und der Interaktion von Zeit und Schicht). Zwei Genderunterschiede sind dahingehend zu konstatieren, dass Jungen in Bezug auf ihre Teilhabechancen in der Familie mehr Abhängigkeit von ihren Eltern am zweiten Messzeitpunkt wahrnehmen als Mädchen (Eltern entscheiden oft bei Angelegenheiten, die das Kind betreffen). Außerdem findet in den Familien vergleichsweise dann eher seltener ein gemeinsames Mittagessen statt, wenn das befragte Zielkind ein Sohn bzw. Junge ist (jeweils Haupteffekt von Gender). Aus letzteren Befunden ist zu schließen, dass diese Strukturen und Rituale des familialen Zusammenlebens mit Söhnen in den Familien in der Tendenz häufiger ausbleiben als mit Töchtern in den Familien, was mit der teils vermeintlich frühen Selbständigkeit, Selbstsozialisation und den Autonomiebestrebungen und dem Selbstbild von Jungen sowie der meist hohen Bedeutung von Peers bei Jungen erklärt wird, was vermutlich dazu führt, dass Jungen nach der Schule der Familie häufig erstmal fern bleiben. Entsprechende Analysen der Konstrukte zum Erziehungsverhalten der Eltern und zu Eltern-Kind-Interaktionen nach Schicht und Gender der Kinder haben zum Ergebnis, dass sich die kindzentrierte Kommunikation und strenge Kontrolle des Vaters aus der Kinderperspektive je nach Schicht signifikant unterscheiden (Haupteffekte von Schicht): Je höher die Schicht, desto mehr kindzentrierte Kommunikation und desto weniger strenge Kontrolle des Vaters wird von den Kindern wahrgenommen. Allerdings antizipieren Jungen mehr strenge Kontrolle bei beiden Eltern als Mädchen (Haupteffekte von Gender) (vgl. Quenzel & Hurrelmann, 2010). Desgleichen haben die Mütter in den Interviews dann umso mehr von kindzentrierter Kommunikation bei sich selbst gesprochen, je höher ihr sozialer Hintergrund gewesen ist (Haupteffekt von Schicht). Zudem haben sie dann umso mehr strenge Kontrolle bei sich selbst zugegeben, wenn das Zielkind ein Junge und kein Mädchen gewesen ist (Haupteffekt von Gender). Als weiteres Ergebnis zum familialen Zusammenleben, aus systemischer Sicht betrachtet, ist festzuhalten: Je höher die Schicht, desto besser das Familienklima aus Muttersicht, wobei in den Familien aus den drei unteren Schichten die Mütter das Familienklima dann als angenehmer erleben und im Interview als besser bewertet haben, wenn das Zielkind ein Junge und kein Mädchen gewesen ist. Die Reliabilität aller familienbezogener Skalen aus Mutter- oder Kindersicht am zweiten Messzeitpunkt kann, im Großen und Ganzen gesehen, als akzeptabel und bis gut beurteilt werden (vgl. Tabellen 6 und 7 im Anhang). Lediglich die Zuverlässigkeit der Skala zum Familienklima aus Kindersicht fällt, insgesamt betrachtet, tendenziell etwas schwächer aus. Dies gilt insbesondere für diese Skala im Kinderinterview am ersten im Vergleich zur selbigen am zweiten Messzeitpunkt (von allen familienbezogenen Skalen liegen nur zum Familienklima Messungen sowohl im Mutter- als auch im Kinderinterview in ersten beiden Erhebungswellen vor).

**Lern-** und **Bildungsinteresse der Kinder** selbst. Die Skalen zu beiden Konzepten sind an allen drei Messzeitpunkten nur in den Kinderinterviews eingesetzt worden, so dass dazu jeweils nur die Kinderperspektive vorliegt. Sie beziehen sich im ersteren Fall auf das Interesse der Eltern an den schulischen Angelegenheiten ihrer Kinder und das Engagement der Eltern für den Schulerfolg ihrer Kinder zu Hause, das dem *homebased parental involvement* sehr nahe kommt, im letzteren Fall auf das Lern- und Bildungsverhalten der Kindes selbst, d. h. ihre Lernmotivation (vgl. die Literaturübersicht bei Schneider, 2011; und Jullien, 2006, zu Definitionen, Operationalisierungen, Einflussgrößen und Wirkzusammenhängen des *homebased* und *schoolbased parental involvements*[203]; Pomerantz, Moorman & Litwack, 2007, zu konstitutiven Formen, Mechanismen, Wirkeffekten und psychologisch-motivationalen Prozessaspekten sowie zur Förderung, zu Intentionen, Passungsverhältnissen und Interventionen des *parental involvements*; oder die Übersicht von Xyländer, 2006, zum Verhältnis von Familie und Schule aus soziologischer Sicht). Auch für diese Merkmale gilt, dass im Hinblick auf den Zusammenhang zwischen Ursache und Wirkung nur die ersten beiden Erhebungen davon in den Analysen zur Erklärung der Übergangskriterien berücksichtigt werden. Zudem werden auch Indikatoren aus diesem Merkmalsbereich in diese Analysen eingehen, die das *Schulinvolvement* oder *schoolbased involvement* der Eltern, d. h. das Engagement der Eltern in der Schule, operationalisieren und widerspiegeln. Darunter fallen die **Gespräche der Eltern mit den Lehrkräften**, der **Besuch der Eltern des Elternabends an der Schule** oder die **Mitwirkung der Eltern bei Schulaktivitäten**, jeweils mit einer Häufigkeitsangabe abgefragt. Letzteres davon ist nur am ersten Messzeitpunkt erfasst worden, alle anderen Indikatoren sind dagegen an allen Messzeitpunkten in den Mutterinterviews erhoben worden. Es ist davon auszugehen, dass nur die wichtigsten Bezugs- und Betreuungspersonen der Kinder, in der Regel die Eltern und Erziehungsberechtigten, solche schulbezogenen Aufgaben, wie das Gespräch mit den Lehrkräften, wahrnehmen und nur sie darüber eine valide Auskunft geben können. Auch hinsichtlich dieser Indikatoren sind wiederum nur die ersten beiden Erhebungen für die Erklärung der Übergangskriterien im Sinne von Ursache und Wirkung von Bedeutung. Das gleiche gilt

---

203 Ersteres davon bezieht sich auf die bildungsrelevanten Unterstützungsleistungen der Eltern zu Hause (z. B. Hilfe bei der Erledigung der Hausaufgaben oder Abfragen von Vokabeln), letzteres auf die Kooperation und Kommunikation zwischen Eltern und Lehrkräften bzw. der Schule oder das Engagement der Eltern in der Schule (z. B. Besuch von Sprechtagen in der Schule, Mitarbeit im Elternbeirat, Engagement bei Schulfesten oder Wandertagen). In ihrer eigenen empirischen Untersuchung beschäftigt sich Jullien (2006) mit den Einflüssen schulbezogenen Engagements der Eltern (Leistungserwartungen, Instruktionsverhalten etc.) auf die Lern- und Leistungsemotionen (Freude, Angst, Ärger etc.) ihrer Kinder im Fach Mathematik und kann dahingehend positive Zusammenhänge nachweisen.

ebenso für die nachfolgenden Indikatoren, die sich auf das *Bildungsinvestitionsverhalten der Eltern* im Sinne der Humankapitaltheorie beziehen, d. h. ihre *direkten monetären* oder *transformierten Investitionen* in den Bildungserfolg ihrer Kinder. Dieser Aspekt des Bildungsverhaltens von Eltern wird mit folgenden beiden Indikatoren operationalisiert: *Zum einen* sind dies die *transformierten Investitionen* in Form der **Anzahl außerschulischer Unterrichtswochenstunden**, die Eltern ihren Kindern bieten, von ihnen finanziert werden und im Mutterinterview erfasst worden sind, *zum anderen* die **finanziellen Aufwendungen** der Eltern dafür im Jahr, wozu im Mutterinterview auf direkte Art und Weise nach dem genauen **jährlichen Geldbetrag in Euro** gefragt worden ist.[204] Darüber können ebenso nur die Eltern eine valide Auskunft geben. Im Kinderinterview am ersten Messzeitpunkt ist als Pendant dazu die Frage gestellt worden, ob die Kinder von ihren Eltern Geld für gute Schulnoten erhalten (ja/nein). Auch dieser Indikator wird als eine Form der Bildungsinvestition der Eltern betrachtet, der als extrinsischer Wert der Leistungsbelohnung oder als Anreiz zur Steigerung der Leistungsmotivation der Kinder zu interpretieren ist (vgl. die Beschreibung der Skalen bzw. Konstrukte und Indikatoren aus dem Bereich des familialen Bildungsverhaltens in Tabelle 4 im Anhang).[205]

---

204 Vgl. Schröder, Spieß & Storck, 2015, S. 162: Analysen der Bildungsausgaben von Familien auf der Grundlage der Daten des Sozioökonomischen Panels (SOEP) und der Zusatzstichprobe Familien in Deutschland (FiD) für das Jahr 2012: Durchschnittlich 5,52 € pro Monat für Nachhilfeunterricht bei einem schulpflichtigen Kind in der Familie und 16,53 € pro Monat für non-formale Bildungs- und Freizeitaktivitäten bei einem Kind in der Familie.

205 Vor dem Hintergrund, dass alle Variablen aus diesem Merkmalsbereich manifeste Indikatoren auf der Ebene von Einzelitems darstellen, sind Validitäts- und Reliabilitätsanalysen im engeren Sinne dafür nicht erforderlich gewesen. Ergebnisse aus Analysen zur Qualität der Indikatoren des familialen Bildungsverhaltens können folgenden in Welle eins erhobenen Indikatoren eine prognostische Validität für Schulerfolg, den Notendurchschnitt aus der Deutsch-, Mathematik- und Sportnote, am zweiten Messzeitpunkt, jeweils in signifikant positiver Richtung, belegen: Häufigkeit des Besuchs der Eltern des Elternabends an der Schule seit Januar und der Gespräche der Eltern mit Lehrkräften im letzten Schuljahr (letzteres mit signifikant negativer Wirkrichtung und eher schwacher Zusammenhangsstärke), Mitwirkung der Eltern bei Aktivitäten der Schule seit Januar (ja/nein), Anzahl außerschulischer Unterrichtswochenstunden der Kinder und finanzielle Ausgaben der Eltern dafür im Jahr in €, die Lernmotivation und kulturelle Praxis der Kinder (vgl. Tabelle 14 im Anhang). Die Befunde zeigen, je häufiger Eltern den Elternabend an der Schule besuchen, je höher ihre Bildungsinvestitionen in Form außerschulischer Unterrichtswochenstunden für ihre Kinder und je höher ihre finanziellen Aufwendungen dafür sowie je lernmotivierter die Kinder selbst sind und je mehr sie sich in ihrer Freizeit mit kulturellen Aktivitäten beschäftigen, desto besser Ihr Notendurchschnitt an späterem Zeitpunkt, desgleichen auch, wenn sich Eltern in der Schule ihrer Kinder engagieren. Dagegen fällt der spätere Notendurchschnitt dann umso schlechter aus, wenn Eltern häufig das Gespräch mit den Lehrkräften suchen, insofern Problemlagen und Schulschwierigkeiten der Kinder in solchen Fällen anzunehmen sind. Eine Kriteriums- oder Übereinstimmungsvalidität mit dem externen oder äußeren Kriterium Schulerfolg (vgl. oben) oder diagnostische Validität dafür weisen fol-

gende Indikatoren auf: Bildungsinteresse der Eltern, Häufigkeit der Gespräche der Eltern mit Lehrkräften im letzten Schuljahr (in signifikant negativer Wirkrichtung), Anzahl außerschulischer Unterrichtswochenstunden der Kinder und finanzielle Ausgaben der Eltern dafür im Jahr in € sowie die Lernmotivation und kulturelle Praxis der Kinder (vgl. Tabelle 14 im Anhang). Die Interpretation der Ergebnisse zur diagnostischen Validität dieser Indikatoren entspricht hier derjenigen zu den Befunden ihrer prognostischen Validität für Schulerfolg. Hinzu kommt, je interessierter Eltern an den schulischen Angelegenheiten ihrer Kinder sind, desto besser der Notendurchschnitt der Kinder, d. h., desto größer ihr Schulerfolg. Größtenteils sind die in Welle zwei im Vergleich zu den in Welle eins erfassten Indikatoren des familialen Bildungsverhaltens aufgrund des gleichen Messzeitpunktes und der unmittelbaren Wirkweise stärker mit dem Kriterium verknüpft. Ein- und mehrfaktorielle Varianzanalysen der Merkmale des bildungsrelevanten Verhaltens der Eltern, teils mit Messwiederholung, nach sozialstrukturellen Merkmalen wie Gender und sozialer Hintergrund der Kinder haben folgende signifikante Befunde ergeben (vgl. Tabelle 16 im Anhang): Die Häufigkeit des Besuchs der Eltern des Elternabends in der Schule am ersten Messzeitpunkt ist bedeutend schichtspezifisch determiniert in folgender Richtung: Je höher die Schicht, desto häufiger die Teilnahme der Eltern daran (Haupteffekt von Schicht). Im zeitlichen Verlauf der Studie und der Grundschuljahre der Kinder haben Eltern immer häufiger dieses Angebot der Schule in Anspruch genommen (Haupteffekt von Zeit), allerdings je nach Schicht unterschiedlich häufig und mit abnehmender Tendenz in Welle zwei (Haupteffekt der Interaktion von Zeit und Schicht). Im Gegensatz dazu ist die Häufigkeit individueller Gespräche der Eltern mit Lehrkräften, erfasst in Welle eins, vor allem genderspezifisch strukturiert (Haupteffekt von Gender): Demnach suchen Eltern von Jungen als Zielkinder in der Studie häufiger das Gespräch mit der Lehrkraft auf als diejenigen von Mädchen als Zielkinder in der Studie. Im Allgemeinen finden jedoch solche Gespräche von Schuljahr zu Schuljahr immer häufiger statt (Haupteffekt von Zeit), insbesondere bei Jungen (Haupteffekt der Interaktion von Zeit und Gender). Dennoch handelt es sich dabei neben der Genderproblematik auch um einen schichtspezifisch unterschiedlichen Trend, der vor allem in den mittleren Schichten zum Vorschein kommt, in allen anderen Schichten dagegen generell eher abnimmt im Verlauf der Zeit, wonach Jungen aus den mittleren Schichten tendenziell eine Problemgruppe darstellen (Haupteffekt der Interaktion von Zeit, Gender und Schicht). Eltern signalisieren während der Grundschuljahre ihrer Kinder, immer mehr Interesse an den Bildungsergebnissen und schulischen Angelegenheit ihrer Kinder zu haben (Kindersicht, Haupteffekt von Zeit). Ihre Bildungsinvestitionen, in Form der Anzahl außerschulischer Unterrichtswochenstunden für die Kinder und der finanziellen Ausgaben dafür in € im Jahr an ersten beiden Messzeitpunkten, sind vor allem durch ihren sozioökonomischen Hintergrund erheblich determiniert, denn je höher die Schicht, desto höher diese Investitionen (Haupteffekt von Schicht), die von Jahr zu Jahr der Grundschulzeit der Kinder von den Eltern, allgemein betrachtet, angehoben werden (Haupteffekt von Zeit), insbesondere die außerschulischen Unterrichtswochenstunden von den Eltern aus den mittleren und höheren Schichten (Haupteffekt der Interaktion von Zeit und Schicht). Lediglich für die finanziellen Bildungsausgaben der Eltern lässt sich ein Genderunterschied zuungunsten der Jungen mit weniger Ausgaben für diese in der ersten Erhebungswelle ermitteln (Haupteffekt von Gender). Ebenso hat die soziale Herkunft auch einen maßgebenden Einfluss auf die Lernmotivation und kulturelle Praxis der Kinder an ersten beiden Messzeitpunkten (Haupteffekt von Schicht): Je höher die Schicht, desto lernmotivierter und kulturell interessierter sind Kinder. Allerdings unternehmen Jungen in ihrer Freizeit seltener kulturelle Aktivitäten als Mädchen (Haupteffekt von Gender). Im Großen und Ganzen nimmt aber das Interesse der Kinder an solchen Aktivitäten im Verlauf ihres Heranwach-

*Last but not least* wird das zentrale Konzept in dieser Forschungsarbeit, das kulturelle Kapital der Kinder in Form ihrer alltagskulturellen Praxis als Agency und nicht als „*beaux arts*" im Sinne von Hochkultur und familialer Transmissionen und Reproduktionen, mit den Häufigkeitsangaben der Kinder zu drei Möglichkeiten kultureller Aktivitäten im Alltag (Holst du dir Bücher aus der Bibliothek? Gehst du in eine Musikschule oder in einen Chor? Gehst du in ein Kino, Theater oder ähnliches?) operationalisiert, die im Kinderinterview erfragt worden sind, womit auch hiervon nur die Kinderperspektive vorliegt. Auch diese Indikatoren sind in allen Wellen des DJI-Kinderpanels erhoben worden, wovon für die folgenden Analysen ebenso wie bei allen anderen Indikatoren und Konstrukten aus diesem Merkmalsbereich und den anderen Merkmalsbereichen nur die Messungen in den ersten beiden Wellen, d. h. vor dem Übertritt in die Sekundarstufe I, von Relevanz sind. Alle drei Indikatoren sind zu einem Index verrechnet worden (vgl. Bortz & Döring, 2005, S. 143 ff.).

Die **institutionellen** oder **schulischen Sozialisationsbedingungen der Kinder** werden mit sechs Skalen bzw. Konstrukten abgebildet, die vor dem Übergang der Kinder von der Primar- in die Sekundarstufe I gemessen worden sind und von denen somit eine kausale Bedeutung dafür erwartet wird. Dabei soll es sich primär nicht um leistungs- bzw. lernrelevante Merkmale oder Lernvoraussetzungen auf individueller Ebene handeln, sondern mehr um solche, die schulkulturelle Faktoren und deren ursächlichen Auswirkungen auf das schulische Erleben der Kinder als Outcome-Variable in den Blick nehmen (vgl. Hascher, 2004a und 2004b): Dies sind *zum einen* die beiden Konstrukte **schulisches Wohlbefinden des Kindes** *aus Muttersicht* (Fremdeinschätzung) und **positives Schulerleben des Kindes** *aus Kindersicht* (Selbsteinschätzung), die jeweils in den ersten beiden Erhebungswellen wie auch in der letzten Welle erfasst worden sind, ersteres davon im Mutterinterview, letzteres im Kinderinterview. Diese beiden globalen schulbezogenen Konstrukte beziehen sich auf einen ähnlichen Sachverhalt, jedoch aus verschiedenen Perspektiven mit teils unterschiedlichen inhaltlichen Konnotationen und Schwerpunkten, weshalb von unterschiedlichen Wirkzusammenhängen beider Konstrukte auszugehen ist. *Zum anderen* wird das Konstrukt des **schulbezogenen Problemverhaltens des Kindes** *aus Muttersicht*, wozu somit nur eine Fremdbeurteilung, im Mutterinterview erfragt, vorliegt, als personaler schulspezifischer Faktor in den weiteren Analysen berücksichtigt. Dieses Konstrukt wie auch die beiden vorher genannten Konstrukte, wovon in kausaler Hinsicht jeweils nur die ersten beiden Mess-

---

sens zu (Haupteffekt von Zeit), jedoch bei Jungen nicht in dem Maße wie bei Mädchen, die sich diesbezüglich von letzteren bedeutend unterscheiden (Interaktion von Zeit und Gender) (vgl. Tabelle 17 im Anhang).

zeitpunkte in die Analysen zur Erklärung der Übergangskriterien eingehen, sind in allen Wellen mit jeweils verschiedenen inhaltlichen Aspekten der Items erhoben worden. In dem Konstrukt **des schulbezogenen Problemverhaltens des Kindes** mit ungünstiger Konnotation kommen die Schulschwierigkeiten der Kinder zum Ausdruck, die sich in den schulischen Biographien auf personaler Ebene der Kinder je nach Erfahrungen in der Schule entwickeln und sich dauerhaft in der Persönlichkeitsstruktur der Kinder als Dispositionen manifestieren können (vgl. Melfsen & Walitza, 2013). Das schulbezogene Problemverhalten stellt einen globalen primären Faktor von Schulangst dar, der sich selbst wiederum aus verschiedenen Sekundärfaktoren wie Prüfungsangst, Angst vor der Lehrerin oder dem Lehrer, soziale Angst in Unterrichtssituationen oder Leistungsangst im Allgemeinen zusammensetzt.

Außerdem werden auch Merkmale auf Konstruktebene bzw. Skalen aus dem Themenkreis *Gewalt an Schulen*, nämlich **Täter-** und **Opfererfahrungen des Kindes in der Schule** aus seiner eigenen Perspektive (vgl. Fuchs, Lamnek & Luedtke, 2001; Tillmann, Holler-Nowitzki, Holtappels, Meier & Popp, 2009; Melzer, Schubarth & Ehninger, 2011; Alsaker, 2004), aus dem Spektrum der schulspezifischen Skalen im DJI-Kinderpanel für die weiteren Analysen gewählt. Diese Erfahrungen sind desgleichen in allen Erhebungswellen im Kinderinterview erfragt worden (Selbstbericht der Kinder), jedoch werden auch davon wiederum nur die ersten beiden Messungen in die Analysen zur Erklärung der Übergangskriterien einfließen. *Opfer- und Tätererfahrungen* beziehen sich auf Bullying- und Mobbingerfahrungen der Kinder in der Schule und spiegeln die schulische Alltagswirklichkeit heute wider. Somit sind auch sie Gegenstand der schulischen Sozialisation der Kinder, stellen sie doch derzeit mehr die Regel als die Ausnahme dar. Kinder können selbst am besten über diesen Erfahrungsbereich eine valide Auskunft geben, zumal es sich dabei um einen sensitiven Gegenstandsbereich und dementsprechend um sensitive Fragen handelt, bei denen u. U. mit sozial erwünschtem Antwortverhalten oder mit keiner Auskunft je nach Persönlichkeit oder Erfahrungen der Kinder zu rechnen ist. Erwachsenen wie Lehrkräften oder Eltern sind diese Erfahrungen eines Kindes gewöhnlich nicht oder nur in einem begrenzten Maße zugänglich, es sei denn, sie haben Gewalthandlungen unter Kindern selbst beobachtet oder ein Kind hat sich ihnen anvertraut und von solchen Erfahrungen berichtet. Diese methodischen Argumente hinsichtlich der empirischen Erfassung von Gewalthandlungen an Schulen werden u. a. auch in dem kritischen Replik von Fuchs (2009, S. 134–136) und Krumm (2009, S. 63–79) an der bis dato empirischen Forschung zu Gewalt an Schulen im Hinblick auf Design und Stichprobenauswahl, Untersuchungsgegenstand, Operationalisierungen, die Adressaten von Erhebungen und deren Glaubwürdigkeit sowie die Interpretation und Diskussion der jeweiligen Ergebnisse aufgegriffen.

Ein *letztes Konstrukt zur schulischen Sozialisation* der Kinder, das erstmalig in der zweiten Erhebungswelle im Kinderinterview erhoben worden ist, somit nur die Selbstsicht bzw. eigene Perspektive der Kinder davon vorhanden ist, und auf den rechtlich verankerten Stellenwert der Kinder in der Schule hinsichtlich der Gestaltung ihrer eigenen Lebensräume rekurriert, beinhaltet die *Teilhabe-* oder *Mitbestimmungsmöglichkeiten des Kindes* oder *der Klassengemeinschaft des Kindes im schulischen Alltag*, d. h. in anderen Worten die **Partizipationsmöglichkeiten des Kindes in der Schule** (vgl. Wagener, 2013). Im Wesentlichen geht es dabei um Opportunitäten für Mitbestimmung in der Schule, Klasse oder im Unterricht (z. B. Regeln für die Pause bestimmen, Gestaltung des Klassenzimmers, Auswahl von Unterrichtsthemen) (vgl. die Beschreibung der Skalen bzw. Konstrukte aus dem Bereich der schulischen Sozialisationsbedingungen der Kinder in Tabelle 5 im Anhang).[206]

---

206 Die erwartete Eindimensionalität der latenten Struktur aller Skalen zur schulischen Sozialisation der Kinder bestätigt sich größtenteils in den Ergebnissen aus den explorativen und konfirmatorischen Faktorenanalysen (vgl. Tabellen 27, 31 und 32 im Anhang). Damit kann von einer faktoriellen Konstruktvalidität dieser Skalen ausgegangen werden, trotz der divergenten, uneinheitlichen und teils inakzeptablen Befunde zu den Gütekriterien aus den konfirmatorischen Faktorenanalysen. Die Konstrukte davon aus Kindersicht sind vor dem Hintergrund von Reifungsprozessen, der Entwicklung und Erfahrungen der Kinder in der Schule nach Jahrgangsklassen, d. h. nach dem Alter der Kinder im weitesten Sinne, validiert worden. Abweichungen in der Anzahl relevanter Items für die Indizierung der Konstrukte ergeben sich auf der Basis der Ergebnisse aus den explorativen Faktorenanalysen für das Schulerleben an beiden Messzeitpunkten und nach Jahrgangsklassen sowie für die Tätererfahrungen der Viertklässler(innen) am zweiten Messzeitpunkt (vgl. Tietze, Roßbach & Grenner, 2005, S. 182–223 zur Struktur-, Prozess- und pädagogischen Orientierungsqualität von pädagogischen Einrichtungen, hier spezifisch in Bezug auf Grundschulklassen und den Grundschulunterricht hinsichtlich der Relevanz von Items für das Schulerleben der Kinder; zu Kontext- und Kompositionseffekten von Schulklassen und Schulen im Allgemeinen z. B. Racherbäumer, Funke, van Ackeren & Clausen, 2013; oder Ditton, 2010; zu Schulsprengel Avenarius & Füssel, 2008, S. 104 und 110 als Einflussfaktoren auf schulische Sozialisationsprozesse). Ebenso kann von einer konvergenten und divergenten bzw. diskriminanten Validität der schulbezogenen Konstrukte infolge der ermittelten Korrelationsmuster zwischen den Persönlichkeitseigenschaften der Kinder aus Kinder- und Muttersicht (*Little Big Five(s)* und *Selbstwirksamkeit*) und den schulbezogenen Konstrukten am ersten und zweiten Messzeitpunkt gesprochen werden (vgl. Tabelle 33 im Anhang): Schulisches Wohlbefinden aus Muttersicht und positives Schulerleben aus Kindersicht sind größtenteils mit günstigen Eigenschaften wie positives Selbstbild, sozial-kognitive Aufgeschlossenheit und Selbstwirksamkeit signifikant positiv, mit ungünstigen wie Internalisierung, Externalisierung oder motorische Unruhe dagegen signifikant negativ assoziiert. Genau das Gegenteil ist für das schulbezogene Problemverhalten aus Muttersicht festzustellen. Täter- und Opfererfahrungen aus Kindersicht korrelieren teils signifikant positiv mit ungünstigen Eigenschaften, mit günstigen hingegen teils signifikant negativ (Ausnahme: Tätererfahrungen mit sozial-kognitiver Aufgeschlossenheit und Selbstwirksamkeit in Welle eins signifikant positiv assoziiert), meist aber nicht (Nullkorrelation), wobei hierzu keine einheitliche Befundlage vorliegt. Die Zusammenhänge der Mutter- und Kindereinschät-

Da keine Befunde aus Validitätsanalysen zu allen schulspezifischen Konstrukten im DJI-Kinderpanel vorliegen, sind ihre Gütekriterien, Validität und Reliabilität, in der Forschungsarbeit hier jeweils ermittelt und analysiert worden, wovon diejenigen aus Kinderperspektive wie *positives Schulerleben*, *Täter- und Opfererfahrungen* und *Partizipation* nach Jahrgangsklassen validiert worden sind. Dabei handelt es sich um eine neuartige Validierungsstrategie, die damit begründet wird, dass Grundschulkinder je nach Jahrgangsklasse und Alter in Abhängigkeit von ihrer Entwicklung und ihrem Schulerfolg unterschiedliche Erfahrungen in der Schule sammeln, die ihr schulisches Erleben prägen, und damit unterschiedliche internale und externale Einflussgrößen dafür konstitutiv sein können. Dies gilt umso mehr, als sich die Lernbedingungen und Beurteilungen von Schulleistungen und weiterer oder damit verbundener Aspekte im schulischen Verlauf ändern. Klassenspezifische Validierungsanalysen der schulbezogenen Konstrukte aus Muttersicht sind nicht erforderlich gewesen, weil es sich dabei um Fremdbeobachtungen aus der Perspektive von Erwachsenen ohne wesentliches Entwicklungspotenzial oder Veränderungsprozessen auf personaler Ebene seitens der Befragten im zeitlichen Verlauf eines kurzfristigen Rahmens handelt. Abschließend sind je Skala die Items zu einem Index zusammengefasst worden. Wie schon mehrfach angesprochen,

---

zungen der schulbezogenen Konstrukte mit den Eigenschaften der Kinder aus beiden Perspektiven stimmen in der Richtung der Korrelationsmuster meist überein, jedoch nicht immer in der Stärke, wobei diejenigen der Muttereinschätzungen größtenteils höher ausfallen als diejenigen der Kindereinschätzungen, was möglicherweise auf die höhere Qualität der Muttereinschätzungen der Persönlichkeitseigenschaften der Kinder zurückzuführen ist. Für das Konstrukt Partizipation ergeben sich dahingehend fast keine substantiellen Zusammenhänge, somit dieses Konstrukt mit der Kindpersönlichkeit nicht assoziiert ist, was plausibel erscheint (nur mit positivem Selbstbild aus Kindersicht signifikant positiv verknüpft). Die meisten schulbezogenen Skalen sind als gut reliabel an beiden Messzeitpunkten einzustufen, als schwach und eher inakzeptabel ist lediglich die Reliabilität der Skalen Täter- und Opfererfahrungen und Partizipation der Kinder in der Schule an beiden Messzeitpunkten und für beide Jahrgangsklassen zu beurteilen, abgesehen von zwei Ausnahmen: Opfererfahrungen von Drittklässler(innen) in Welle eins und Tätererfahrungen von Viertklässler(innen) in Welle zwei (vgl. Tabelle 6 und 7 im Anhang). Quer- und längsschnittliche Interkorrelationen zwischen den schulbezogenen Konstrukten untereinander weisen, wie vermutet, auf hoch signifikant positive Zusammenhänge zwischen ähnlichen Konstrukten, wie schulisches Wohlbefinden und positives Schulerleben oder Täter- und Opfererfahrungen (vgl. Olweus, 1999), hin. Signifikant negative Korrelationen liegen hingegen zwischen unähnlichen Konstrukten, wie schulisches Wohlbefinden und positives Schulerleben einerseits und schulbezogenes Problemverhalten, Täter- und Opfererfahrungen andererseits, vor. Im Gegensatz dazu sind die Partizipationsmöglichkeiten im Unterricht und in der Schule mit keinem dieser Konstrukte substantiell assoziiert, außer mit schulischem Wohlbefinden am zweiten Messzeitpunkt signifikant positiv (vgl. jeweils Tabelle 28, 29 und 30 im Anhang).

sind auch hier ebenso nur die ersten beiden Messzeitpunkte dieser Konstrukte als Erklärungsfaktoren der Übergangskriterien von Relevanz.[207] [208]

207 Von allen schulbezogenen Konstrukten am ersten Messzeitpunkt zeigen das schulische Wohlbefinden aus Muttersicht und das positive Schulerleben der Kinder aus Kindersicht eine prognostische Validität für Schulerfolg in Welle zwei (Notendurchschnitt, vgl. dazu an früherem Ort) mit jeweils einem signifikant positiven Zusammenhang, desgleichen das schulbezogene Problemverhalten, jedoch mit einer signifikant negativen Verknüpfung damit (vgl. Tabelle 6 im Anhang). Das heißt, je wohler sich die Kinder in der Schule fühlen und je positiver sie die Schule erleben, desto besser der Notendurchschnitt an späterem Zeitpunkt. Im Gegensatz dazu gilt, je mehr schulbezogenes Problemverhalten der Kinder, desto schlechter der Notendurchschnitt an späterem Zeitpunkt. Gleiches ist für dieselben am zweiten Messzeitpunkt erfassten Konstrukte hinsichtlich ihrer Kriteriums- oder Übereinstimmungsvalidität mit dem externen oder äußeren Kriterium Schulerfolg in Welle zwei, wiederum in Form des Notendurchschnitts, oder diagnostischen Validität dafür festzustellen (vgl. Tabelle 7 im Anhang). Darüber hinaus ist ebenso dem Konstrukt Opfererfahrungen am zweiten Messzeitpunkt eine Kriteriums- oder Übereinstimmungsvalidität bzw. diagnostische Validität für dasselbe Kriterium, jedoch in signifikant negativer Richtung beizumessen (vgl. Tabelle 7 im Anhang): Je mehr Opfererfahrungen der Kinder in der Schule, desto schlechter fällt der Notendurchschnitt aus. Die Korrelationen aller in Welle zwei erfassten schulbezogenen Konstrukte mit Schulerfolg, dem Notendurchschnitt, fallen im Allgemeinen höher aus als diejenigen derselben in Welle eins erhobenen Konstrukte, was darauf zurückzuführen ist, dass der Messzeitpunkt von Konstrukt und Kriterium jeweils identisch ist und zeitlich korrespondiert, insofern es sich dabei um unmittelbare und wechselseitige Zusammenhänge handelt. Befunde aus verschiedenen ein- und mehrfaktoriellen Varianzanalysen der schulbezogenen Konstrukte nach Jahrgangsklassen, Schicht und Gender der Zielkinder, teils mit Messwiederholung, verdeutlichen, dass sich Jungen am Zeitpunkt der ersten Messung in der Schule unwohler fühlen als Mädchen (Haupteffekt von Gender), am zweiten Messzeitpunkt dagegen dasselbige Konstrukt vor allem schichtspezifisch geprägt ist, wonach sich Kinder in der Schule dann umso wohler fühlen, je höher ihr sozialer Hintergrund ist (Haupteffekt von Schicht). Genau das Gegenteil ist für das Konstrukt des schulbezogenen Problemverhaltens an beiden Messzeitpunkten festzuhalten: Je niedriger der soziale Hintergrund, desto mehr schulbezogenes Problemverhalten der Kinder (Haupteffekt von Schicht) (vgl. jeweils Tabelle 34 im Anhang). Ebenso wie das schulische Wohlbefinden aus Mutterperspektive ist auch das positive Schulerleben der Kinder aus Kinderperspektive an ersten beiden Messzeitpunkten durch ihre soziale Herkunft determiniert in der Richtung, je höher die Schicht, desto positiver erleben die Kinder die Schule (Haupteffekt von Schicht). Täter- und Opfererfahrungen sind dagegen ausschließlich an den Faktor Gender geknüpft: Jungen haben im ersten Interview sowohl häufiger von Täter- als auch häufiger von Opfererfahrungen als Mädchen berichtet (Haupteffekt von Gender), am zweiten Messzeitpunkt dagegen aber nur noch häufiger von Opfererfahrungen (Haupteffekt von Gender), insbesondere Drittklässler im Vergleich zu Viertklässler (Haupteffekt der Interaktion von Gender und Jahrgangsklasse (vgl. jeweils Tabelle 35 im Anhang). Im Verlauf der Grundschuljahre entwickeln die Kinder jedoch immer mehr negative Emotionen gegenüber der Institution Schule, insgesamt betrachtet, erzählen immer häufiger zu Hause von einem Unwohlbefinden in der Schule (Haupteffekt von Zeit im Schulerleben und Wohlbefinden), damit einhergehend auch mehr von Opfererfahrungen im Interview, vor allem Jungen, aber auch Mädchen in der vierten im Vergleich zur

Deskriptive Befunde aus Querschnittsanalysen zur Entwicklung des *schulischen Wohlbefindens* und *Problemverhaltens der Kinder* aus Muttersicht und des *positiven Schulerlebens* aus Kindersicht nach sozialem Hintergrund der Familien und Jahrgangsklassen, d. h. für die jüngere und ältere Geburtskohorte bzw. Jahrgangsstufe separat analysiert und dargestellt, weisen im Durchschnitt auf *Scherereneffekte* im schulischen Befinden der Kinder aus der Unterschicht und Oberschicht im Verlauf des Grundschulbesuchs hin (vgl. Abbildung 1 im Anhang: Pseudolängsschnitt- bzw. Trendanalyse): Vor allem das *schulische Wohlbefinden* und *positive Schulerleben* von Kindern aus der Unterschicht nimmt im zeitlichen Verlauf des Grundschulbesuchs kontinuierlich ab, dasjenige der Kinder aus der Oberschicht indes kontinuierlich zu. Genau das Gegenteil trifft hingegen auf das *schulbezogene Problemverhalten* dieser Kinder zu. Im Vergleich von *schulischem Wohlbefinden* aus Muttersicht und *positivem Schulerleben* aus Kindersicht ist zu konstatieren, dass die Mütter das *schulische Befinden* ihrer Kinder im Durchschnitt weitaus günstiger eingestuft haben als die Kinder ihr *Schulerleben* selbst. Dies ist insbesondere am zweiten Messzeitpunkt in der älteren Geburtskohorte (Drittklässler(innen) in Welle eins und Viertklässler(innen) in Welle zwei), d. h. in der fortgeschrittenen Schullaufbahn der Kinder auf der Primarstufe, sowie bei den Müttern aus der Unter- und Oberschicht in beiden Geburtskohorten der Kinder und an beiden Messzeitpunkten zu beobachten. Diese Ausdifferenzierungsprozesse in den Einschätzungen des schulischen Befindens der Kinder, vor allem der Abwärtstrend und zunehmende Realitätsbezug, setzen vermutlich zuerst bei den Kindern selbst ein, was sicherlich auf ihre unmittelbaren Erfahrungen in der Schule zurückzuführen ist. Diese Unterschiede in allen hier interessierenden schulbezogenen Konstrukten am zweiten Messzeitpunkt, insbesondere im Konstrukt des *positiven Schulerlebens* der Kinder am ersten Messzeitpunkt in der Querschnittsanalyse und im Verlauf sind in der Tendenz inferenzstatistisch abgesichert (vgl.

---

dritten Klasse (Haupteffekt der Interaktion von Zeit, Gender und Jahrgangsklasse) (vgl. Tabelle 36 im Anhang).

208 Indikatoren mit binärem Antwortformat (ja/nein) und damit nominalem Messniveau werden durch Summierung der positiven Antworten der Befragten (Zustimmung) in metrische Variablen umgewandelt, d. h. skaliert bzw. metrisiert. Dies betrifft die Items bzw. Opportunitäten oder Möglichkeiten der *Teilhabe der Kinder bei Entscheidungen zu Hause*, das *Schul-* und *Bildungsinteresse der Eltern* sowie das *Lern-* und *Bildungsinteresse der Kinder* selbst, d. h. ihre Lernmotivation. Die Indikatoren zur familialen Alltagspraxis, die *gemeinsamen Mahlzeiten in der Familie* (Frühstück, Mittagessen und Abendessen), werden nicht zu einem übergeordneten Index zusammengefasst, sondern als drei separate (Sub-) Indikatoren oder Opportunitäten mit quasimetrischem Messniveau belassen, d. h. jeweils als ein Einzelitem mit ungefährer Häufigkeitsangabe. Die Skalen, die den Erziehungsstil der Eltern im engeren Sinne erfassen, wie die *kindzentrierte Kommunikation* und *strenge Kontrolle* der Eltern, stellen dagegen Konstrukte mit metrischem Messniveau dar.

Anmerkungen von Abbildung 1 im Anhang). Diese *Schereneffekte* sind vor allem am Übergang von der zweiten zur dritten Klasse festzustellen und setzen sich im Anschluss daran weiter fort. An diesem Übergang wechseln häufig die Klassenlehrer(innen) in der Grundschule und damit auch die ersten und wichtigsten Bezugspersonen der Grundschüler(innen) im schulischen Kontext. Im Hinblick darauf wird vermutet, dass von diesem Wechsel in erster Linie die Kinder aus unteren und bildungsfernen Schichten sowie teils auch diejenigen aus den mittleren sozialen Schichten in benachteiligender Art und Weise betroffen sind. Dieser Erklärungsansatz rekurriert auf entwicklungspsychologische Grundlagen, wonach im Regelfall mit dem Wechsel der Klassenleitung am Übergang von der zweiten zur dritten Klasse ein Verlust der ersten und vertrauten Bezugsperson eines Kindes im schulischen Kontext einhergeht, denn Kinder in dieser Altersstufe brauchen je nach sozialem und familialem Hintergrund eine verlässliche Unterstützung und Begleitung im schulischen Kontext.[209] Mit dem Wechsel der Klassenlehrer(innen) zwischen der zweiten und dritten Jahrgangsstufe müssen derartige Vertrauensbeziehungen zwischen den Kindern und den neuen Lehrkräften erst wieder hergestellt und konsolidiert werden.[210] Folglich ist mit Ausdifferenzierungsprozessen schulbezogener Kognitionen und Verhaltensweisen der Kinder sowie mit ersten Selektions- oder Sortierprozessen seitens der Lehrkräfte je nach sozialem Hintergrund der Kinder in Abhängigkeit von ihren schulischen Leistungen (*primäre Herkunftseffekte*), die sich von Jahr zu Jahr weiterentwickeln und akkumulieren, an diesem Übergang schon zu rechnen (vgl. Hössl & Vossler, 2006, S. 68, 76–77, 99–100, 101–102). Diese Prozesse können sich dann in negativer Art und Weise niederschlagen, wenn es zu Störungen im Beziehungsverhältnis zwischen Kindern und Lehrkräften kommt, Kindern die Bewältigung solcher Veränderungen nicht gelingt und somit diese Entwicklungsaufgaben nicht optimal erfüllen

---

209 Stichworte: Entwicklungsbegleiter, Coaching und Schulsozialarbeit als Maßnahmen zur Kompensation eines ungünstigen familialen sozialen Hintergrundes; vgl. Kugler, 2012, zu Handlungsfeldern der Schulsozialarbeit; Fröhlich-Gildhoff, 2013, S. 75–125 zur Entwicklungsbegleitung; zum Verhältnis von Bindung und Bildung: Mayer, Beckh, Berkic & Becker-Stoll, 2013; Harwardt-Heinecke & Ahnert, 2013; Krappmann, 2013; Tippelt, 2013; Ziegenhain & Gloger-Tippelt, 2013.

210 Vgl. Thies, 2010, S. 12–14 zur Qualität der Beziehung zwischen Lehrkräften und Schülerinnen und Schülern als Bindungserfahrung und deren Entwicklungsoutcomes in Anlehnung an Pianta (1997), S. 16–37 zu den Determinanten der Lehrer(innen)-Schüler(innen)-Interaktionen und -beziehungen in der Grundschule, S. 148–149 zu Veränderungen des Gefühls des Angenommenseins von den Lehrkräften bei Kindern in den ersten beiden Grundschuljahren mit abnehmendem Trend im schulischen Verlauf; Schweer, 2008, zu Vertrauensbeziehungen im Klassenzimmer; Itskowitz, Navon & Strauss, 1988: Emotionale Nähe der Lehrkräfte zu Schülerinnen und Schülern als Einflussgröße auf ihre Beurteilungen der Schüler(innen).

können. Es wird vermutet, dass sich vor allem Kinder aus unteren und bildungsfernen Schichten damit schwertun. Insofern wird die später folgende Bildungsentscheidung am Übergang in die Sekundarstufe I womöglich schon früher als bisher gedacht, d. h. ab dem Übergang von der dritten zur vierten Klasse, vorbereitet und angebahnt (*sekundärer Herkunftseffekt*), was darüber hinaus in Zusammenhang mit der Einführung von Schulnoten in der dritten Klasse und dem damit verbundenen Wandel im Werte- und Normensystem der Schule zu einer hierarchischen Denkweise zu interpretieren ist (vgl. Hössl & Vossler, 2006, S. 71–73: Übergang vom Verbalzeugnis zum Ziffernzeugnis sowie Fächerprioritäten in Verbindung mit spezifischen Fachleistungen und fachspezifischem Arbeits- und Sozialverhalten seitens der Schüler(innen) ab der dritten Jahrgangsstufe), womit diese Erklärung auf der Systemebene ansetzt.

Als **Moderatorvariablen** werden in den finalen Analysen zur Prüfung der Forschungsfragen die **Schulnoten** der Kinder im Halbjahreszeugnis in den beiden Kernfächern, **Deutsch** und **Mathematik**[211], in der vierten Klasse oder diese beiden Kernfachnoten vor dem Hintergrund des Kohorten-Längsschnittdesigns des DJI-Kinderpanels in der dritten Klasse als Proxy für diese Noten in der vierten Klasse aufgrund ihrer Bedeutung für die Übertrittsentscheidung berücksichtigt, jeweils am zweiten Messzeitpunkt in den Kinderinterviews erhoben, d. h. am letzten Erhebungszeitpunkt vor dem Übertritt der Kinder in Schulformen der Sekundarstufe I. Diese beiden Leistungsparameter stellen die wesentlichsten Kriterien der Grundschulempfehlungen in allen Bildungssystemen der BRD dar, wie es in den gesetzlichen Vorgaben der Kultusministerien der Länder für diesen Übergang festgeschrieben ist, aber auch für die Elternentscheidungen oder Schulwünsche der Kinder sind sie von Bedeutung (vgl. die Empfehlungen des Sekretariats der Ständigen Konferenz der Kultusminister der Länder in der Bundesrepublik Deutschland, 2006; Ditton, 1989; Ditton, Krüsken & Schauenberg, 2005; Schauenberg, 2007; Stahl, 2009). Als weitere Moderatorvariablen sind vorgesehen: Die **Bildungsaspirationen der Eltern**[212], von denen gleichermaßen ein bedeutender Einfluss auf ihre Bildungsentschei-

211 Die *Fachnoten in den beiden Kernfächern, Deutsch und Mathematik*, (ordinales Messniveau, Umpolung mit aufsteigender Intensität) sind am zweiten Messzeitpunkt in den Kinderinterviews erfasst worden. Vor dem Hintergrund des Untersuchungsdesigns, der Stichprobenziehung je Kohorte und der Planung der Erhebungszeitpunkte handelt es sich dabei um die beiden Fachnoten in der dritten oder vierten Klasse.

212 Die *Bildungsaspirationen der Eltern* sind am dritten Erhebungszeitpunkt im Mutterinterview mit der Frage nach dem gewünschten Schulabschluss für das Kind mit einer Antwortmöglichkeit erfragt worden (ordinales Messniveau): Hauptschulabschluss, qualifizierender Hauptschulabschluss, Realschulabschluss/Mittlere Reife, Fachhochschulreife und Abitur. Die beiden ersten Abschlussmöglichkeiten (Referenz) und die beiden letzten sind jeweils für die weiteren Analysen zusammengefasst worden.

dungen, die Schulwünsche der Kinder oder Grundschulempfehlungen anzunehmen ist (vgl. dazu die Ausführungen zum Forschungsstand im Theoriekapitel; Schoon, Parsons & Sacker, 2004: Elterliche Bildungsaspirationen als Resilienzfaktor[213]; Haunberger & Teubner, 2008, zu den Effekten der Aspirationen von Eltern und Kindern im DJI-Kinderpanel[214]). Außerdem wird erwartet, dass die gesetzlichen Übertrittsregelungen der Bildungssysteme der Länder der BRD für den Besuch weiterführender Schulen und Schullaufbahnen der Sekundarstufe I im Hinblick auf das Gewicht von **Schulrecht** oder **Elternrecht** als ausschlaggebende moderierende Faktoren der Übergangskriterien, insbesondere der Elternentscheidungen und Grundschulempfehlungen, weniger dagegen der Kinderwünsche, fungieren. Für diesen Indikator sind die Länder der BRD danach kategorisiert worden, ob dem Schulrecht oder Elternrecht ein Vorrang eingeräumt wird (vgl. Gresch, Baumert & Maaz, 2009, zur Bindekraft der Grundschulempfehlung jenseits des Notenkriteriums; Bellenberg, Hovestadt & Klemm, 2004, zur Kategorisierung der Länder nach Elternrecht vor Schulrecht und vice versa). Zugleich werden auch die **Grundschulempfehlungen** und **Schulwünsche der Kinder**, je nach zu erklärenden Untersuchungsgegenstand (Grundschulempfehlungen, Übertrittsentscheidungen der Eltern oder Schul-

---

213 Schoon, Parsons und Sacker (2004) kommen in ihrer Längsschnittuntersuchung auf der Basis der britischen *National Child Development Study* (*NCDS*) zu folgendem Ergebnis: Hohe Bildungsaspirationen der Eltern stellen bei sozioökonomischen Härten und Risikolagen während der Kindheit und Jugend (mit acht Indikatoren erfasst) protektive Faktoren gegenüber Misserfolg in der Schule, Mängel in der beruflichen Qualifikation und Anpassung (direkter Effekt der Sekundarschulbildung) und gesundheitlichen Beeinträchtigungen dar. Als weitere protektive Faktoren gelten in dieser Studie: Elterliches Schulinvolvement, berufliche Aspirationen der Zielpersonen, Lernmotivation und Lehrererwartungen. Die Autorinnen schließen aus ihren Analysen (S. 400), dass protektive Faktoren differenzierter als bisher untersucht werden sollten, insbesondere sollte zwischen protektiv-verbessernden und protektiv-reaktiven Faktoren in der Forschung unterschieden werden. Das Konzept der Resilienz ist stets aus dem Blickwinkel der dynamischen Wechselwirkung zwischen Individuum und Kontext zu betrachten, wobei mehr spezifische als generelle Schutzfaktoren und Prozesse in den Blick zu nehmen sind.

214 Haunberger und Teubner (2008) untersuchen in ihrem Beitrag zur dritten Erhebungswelle des DJI-Kinderpanels in einer multivariaten Analyse die Determinanten des Abiturwunsches der Mutter, des Vaters und Kindes. Als zentrale Einflussgrößen darauf erweisen sich: Eine sozial und wirtschaftlich belastete Situation in der Region erhöht den Abiturwunsch der Mutter. Dagegen mindert die drohende Gefahr von Armut in der Familie ihre Aspiration dafür. Für Eltern und Kinder gleichsam ist jedoch der Notendurchschnitt aus der Deutsch- und Mathematiknote für ihren Abiturwunsch entscheidend (stärkster Effekt davon bei den Vätern). Kinder berücksichtigen auch die Aspirationen beider Eltern, wenn sie sich das Abitur wünschen (sehr starke Effekte davon). Die Eltern der beiden höheren Schichten erwarten signifikant häufiger das Abitur für ihre Kinder als die Eltern der anderen Schichten, desgleichen die Kinder aus der Unterschicht das Abitur für sich selbst signifikant seltener als die Kinder aus den mittleren und höheren Schichten.

wünsche der Kinder) zusammen oder wechselseitig, ebenso als **Moderatorvariablen** in die Analysen zur Prüfung der Forschungsfragen mitaufgenommen.

Als **Kontrollvariable** wird vor dem Hintergrund des Forschungsstandes zu genderspezifischen Bildungsungleichheiten in der Gegenwart und Vergangenheit sowie Genderdifferenzen in schulischen Leistungen und im schulischen Lernen das **Geschlecht der Kinder** in den Analysen zur Erklärung der Übergangskriterien hinzugezogen (vgl. Vereinigung der Bayerischen Wirtschaft e.V. (vbw), 2009, unter Mitarbeit von Blossfeld, Bos, Hannover, Lenzen, Müller-Böling, Prenzel & Wößmann; Hadjar, 2011; Helbig, 2012; Hannover & Kessels, 2011; Dresel, Schober & Ziegler, 2007).[215]

*Last, but not least* werden verschiedene **regionale Parameter** als weitere Kontrollvariablen in die Analysen einfließen: Hierzu zählt die **Splittvariable Ost-West** bzw. *neues vs. altes Bundesland*, die aufgrund dessen gewählt worden ist, da sich Eltern und auch Lehrkräfte aus den neuen Ländern im Gegensatz zu denen aus den alten Ländern im Hinblick auf ihre Bildungsentscheidungen oder Beurteilungen bekanntermaßen an anderen, sozialhistorisch gewachsenen Traditionen orientieren, insbesondere in den neuen Ländern die Grundschulempfehlungen weniger sozial selektiv ausfallen als diejenigen in den alten. Insgesamt betrachtet, sind in den neuen Ländern höhere Übertrittsquoten an weiterführende Schulen oder in weiterführende Schullaufbahnen als in den alten zu konstatieren, insbesondere im Hinblick auf die sozioökonomische oder schichtspezifische Ungleichheit, somit auch von Systemeffekten auszugehen ist.[216] Als

215 Vgl. die Zusammenschau von der Vereinigung der Bayerischen Wirtschaft e.V. (vbw), 2009, Jahresgutachten 2009 unter Mitarbeit von Blossfeld, Bos, Hannover, Lenzen, Müller-Böling, Prenzel & Wößmann (Aktionsrat Bildung) zu Geschlechterdifferenzen im Bildungssystem im Auftrag der Vereinigung der Bayerischen Wirtschaft; oder den Sammelband von Hadjar, 2011, zu geschlechtsspezifischen Bildungsungleichheiten; zu Erklärungsansätzen geschlechtsspezifischer Bildungsungleichheiten Helbig, 2012, Abschnitte 3 und 4, S. 88–170; Hannover & Kessels, 2011, zur These von *Jungen als die neuen Bildungsverlierer* aus dem Prüfstand; Dresel, Schober & Ziegler, 2007, zu geschlechterbezogenen Erwartungen und Überzeugungen von Eltern und dem Fähigkeitsselbstkonzept von Mädchen in MINT-Fächern.

216 – vgl. *Kramer, 2000,* in den neuen Bundesländern mehr (männliche) Schulabgänger ohne Hauptschulabschluss in den peripheren ländlichen Regionen und einigen wenigen Großstädten, desgleichen auch in einigen nord- und westdeutschen ländlichen als in anderen Regionen der BRD; tendenziell und durchschnittlich betrachtet, nehmen Personen aus den neuen Bundesländern weniger Bildungsgerechtigkeit wahr als diejenigen aus den alten.
– vgl. *von Below, 2002,* zum Wandel in der Bildungsbeteiligung in den neuen Bundesländern nach der Wiedervereinigung in den Daten des Mikrozensus von 1995 mit erheblichen regionalen Unterschieden in der Bildungsbeteiligung in den neuen Bundesländern je nach Struktur der Schulsysteme.

weiterer regionaler Parameter ist die Splittvariable **Stadt-Land** als Kontrollvariable in den zentralen weiterführenden Analysen vorgesehen, weil Eltern je nach regionalem Hintergrund (städtische oder ländliche Region), damit verbunden je nach regionaler Angebotsstruktur an Bildungs- und Betreuungseinrichtungen oder regional tradierten Einstellungen, Kalkülen und sozialen Lebenslagen erwartungsgemäß unterschiedlich im Hinblick auf die Bildungslaufbahnen für ihre Kinder entscheiden, auch wenn derartige regional bedingte Bildungsungleichheiten heute in Anbetracht des gesellschaftlichen Wandels nicht mehr die Bedeutung besitzen wie in früheren Zeiten und es sich dabei um einen älteren empirischen Forschungsansatz handelt, dem aber nach wie vor eine Aktualität und Evidenz mit empirischer Substanz zugesprochen werden kann (vgl. Henz & Maas, 1995; Kramer, 2000; Sixt, 2013).[217] [218]

---

– vgl. *Müller-Hartmann, 2000*, Analysen zur intergenerationalen Bildungsmobilität in den alten und neuen Ländern auf Basis der Daten einer Regionalbefragung im Jahr 1996 (Universitätsstädte: Leipzig und Halle; ländliche, agrarisch und bevölkerungsarm oder industriell geprägte Landkreise: Eichsfeld, Ücker-Randow, Bitterfeld und Regensburg; Metropolregion: Hamburg (beide letztere Regionen zu Vergleichszwecken ausgewählt); mit je 600 Personen pro Region aus den neuen und alten Ländern), ergänzt um die Daten aus Volkszählungen in der DDR in den Jahren 1981 und 1971 sowie den Daten aus der DJI-Regionaldatenbank mit folgenden Befunden: Insgesamt gesehen, regionale Stadt-Land-Unterschiede im Erwerb des Abiturs; Anstieg des schulischen und beruflichen Bildungsniveaus in den neuen Ländern (weniger Arbeiter, mehr Hochschulabsolventen und Personen mit weiterführenden Schulabschlüssen) mit einem Stadt-Land-Gefälle zugunsten der Personen aus Städten mit höherwertigen Abschlüssen; Entwicklungen dahingehend auch in den alten Ländern zu finden, aber Aufwärtsmobilität und Bildungsvererbung in den neuen Ländern zum Teil höher als in den alten (vor allem in städtischen Regionen) je nach Schulsektor und Ausgangslage; Kohortenvergleiche der Geburtsjahrgänge 1926 bis 1977, in 10er Schritten analysiert, zeigen: Aufwärtsmobilität bzgl. des Bildungsniveaus in den ersten drei Kohorten in den neuen Ländern, ebenso in den alten, aber bedeutendere Verlangsamung der Aufwärtsmobilität in den neuen als in den alten Ländern in den beiden jüngsten Kohorten, teils ist sogar eine Abwärtsmobilität festzustellen, auch in den älteren Kohorten; die enorme Aufwärtsmobilität in den neuen Ländern ist vor allem dem Ausbau des mittleren Schulwesens geschuldet.

217 – vgl. *Henz & Maas, 1995*, Abbau, aber nicht Nivellierung des Stadt/Land-Gefälles bei der Wahl einer geeigneten Schulform auf der Sekundarstufe I am ersten Bildungsübergang im Kohortenvergleich; Nord/Süd-Gefälle in Bezug darauf in der BRD unverändert geblieben; mehr Mädchen vom Lande in den jüngeren Kohorten mit Berufsabschluss als Mädchen aus städtischen Regionen.

– vgl. *Kramer, 2000*: Mehr Jugendliche aus entlegenen ländlichen als aus städtischen Regionen ohne Schulabschluss, insbesondere mehr männliche als weibliche; Personen aus ländlichen Kommunen nehmen eine höhere Bildungsgerechtigkeit wahr als Personen aus städtischen.

– vgl. *Sixt, 2013*, hierarchisch-lineare Analysen zur Determinierung der Gymnasialentscheidung am ersten Bildungsübergang auf Basis der Daten aller Erhebungswellen und Stichproben des Soziooökonomischen Panels (SOEP) von 1984 bis 2007 mit Angebotsstruk-

## 4.3. Die Analysestichprobe

Im Hinblick darauf, dass es sich bei den folgenden Untersuchungen um eine Sekundäranalyse des DJI-Kinderpanels handelt, ist es vor dem Hintergrund des Kohorten-Längsschnittdesigns und der unterschiedlichen Datenquellen des DJI-Kinderpanels zu Beginn der Analysen erforderlich gewesen, eine für die Prüfung der Forschungsfragen relevante Zielgruppe bzw. Analysestichprobe aus der Basisstichprobe dieses Panels auszuwählen. Das DJI-Kinderpanel stellt eine interdisziplinäre Survey-Studie zur Sozialberichterstattung der Lebenslagen und Aufwachsensbedingungen von Kindern dar und bezieht sich auf verschiedene Lebensbereiche dieser Zielgruppe. Somit lässt sich eine Vielzahl von Fragestellungen zur Kindheit damit untersuchen. Eine für die Bundesrepublik Deutschland repräsentative Stichprobe von Kindern im Vor- und Grundschulalter ist im Rahmen dieser Panelstudie angestrebt worden.

Im Mittelpunkt der Untersuchungen dieser Forschungsarbeit steht der Übergang von der Grundschule in die Sekundarstufe I. Dieser Übergang findet gemäß dem Forschungsdesign, der zeitlichen Struktur der Messzeitpunkte sowie der Stichproben im DJI-Kinderpanel zwischen der zweiten und dritten Erhebungswelle statt und schließt überwiegend Kinder aus der älteren Kohorte ein, die bereits am ersten Messzeitpunkt eingeschult gewesen und erstmalig interviewt worden sind. Insofern müssen die beiden zentralen Kriterien erfüllt sein, damit ein Kind in die Analysestichprobe fällt, nämlich, dass es in Welle zwei eine Schule auf der Primarstufe und in Welle drei eine Schulform auf der Sekundarstufe I besucht hat. Damit soll sichergestellt werden, dass zwischen diesen beiden Wellen tatsächlich der Übergang von der Primar- zur Sekundarstufe stattgefunden hat.

Fragen rund um den ersten Bildungsübergang sind aufgrund der Struktur des Untersuchungsdesigns und der Stichprobe vor allem im dritten Mutter- und Kinderinterview, d. h. in der dritten Erhebungswelle, retrospektiv gestellt worden. Erhebungen zeitlich genau an diesem Übergang, d. h. auch entweder

---

tur (Verfügbarkeit von Gymnasien im Kreis) und städtischer Region (Agglomerationsraum) als Parameter und regionenspezifischen Kosten als zentrale Einflussgrößen darauf. – vgl. *Helbig & Schneider, 2014*, zur Frage, ob es jemals das benachteiligte katholische Arbeitermädchen auf dem Lande gegeben hat.

218 Die regionalen Parameter mit nominalem Messniveau wie Bundesland, West-Ost, Stadt-Land, Elternrecht-Schulrecht (gesetzliche Übertrittsregelungen) sind auf der Grundlage der Kreiskennziffern (nominales Messniveau) und politischen Gemeindegrößenklassen der Kommunen in der Analysestichprobe in 2000 am ersten Messzeitpunkt (ordinales Messniveau) gebildet worden: Das DJI-Kinderpanel stellt eine Haushaltsbefragung dar, weshalb amtliche, statistische Regionaldaten den Kommunen, in denen sich die Haushalte der Kinder befinden, zugeordnet werden können.

kurz vorher oder nachher, sind nicht durchgeführt worden. Zwischen der zweiten und dritten Erhebung liegt somit ein ganzes Schuljahr, so dass in dieser Zwischenzeit verschiedene Geburtskohorten in Abhängigkeit von den individuellen schulischen Verläufen während der Grundschulzeit in die Sekundarstufe I übertreten können. Das bedeutet, dass nicht nur der Übergang einer bestimmten Geburtskohorte, sondern mehrerer Geburtskohorten in den Blick genommen werden. Vor dem Hintergrund all dieser Aspekte wird im weiteren Verlauf dieses Kapitels auf der Grundlage der gesamten Stichprobe des DJI-Kinderpanels die Auswahl einer Substichprobe daraus für die Analysen zur Prüfung der Forschungsannahmen auf deskriptivem Niveau nachgezeichnet und begründet. Dies erscheint notwendig, um einerseits einen Einblick in die Struktur der DJI-Kinderstichprobe und Interviews zu gewinnen, andererseits auch um die Struktur der Analysestichprobe zu verstehen. Dafür wird zu Beginn in Bezug auf das zweite Kriterium, dem Besuch einer Schulform auf der Sekundarstufe I in Welle drei, die Auswahl einer Substichprobe erläutert, im Anschluss daran im Hinblick auf das erste Kriterium, dem Besuch einer Schule auf der Primarstufe in Welle zwei, die Auswahl der Analysestichprobe erklärt. Da die DJI-Kinderstichprobe mehrere Geburtskohorten sowie Kinder aus allen Ländern der Bundesrepublik Deutschland, d. h. Kinder aus unterschiedlichen Bildungssystemen, umfasst, wird als entscheidendes Kriterium für die Ziehung der Analysestichprobe nicht die Jahrgangsklasse, sondern das Kriterium der besuchten Schulform auf der Primar- und Sekundarstufe an beiden Messzeitpunkten vorgesehen, um damit die Auswahl nicht allzu sehr einzuengen und einen möglichst großen Stichprobenumfang zu erzielen.

Im Bereich des Schulwesens auf der Sekundarstufe I kann in den 16 Bildungssystemen der Bundesrepublik Deutschland zwischen verschiedenen Schulformen oder Schultypen mit teils unterschiedlichen oder mehreren Bildungsgängen je Schulform gewählt werden. Nur Kinder, die eine für die Sekundarstufe I in den 16 Bildungssystemen typische Schulform besucht haben, sind für die Analysestichprobe in Frage gekommen. Als typische und häufig bzw. regulär angebotene Schulformen auf der Sekundarstufe I im zeitlichen Rahmen des DJI-Kinderpanels gelten die Haupt- und Realschule, das Gymnasium sowie je nach Bundesland verschiedene Schulformen mit mehreren Bildungsgängen im mittleren Schulwesen. Zu letzteren zählen die kooperative und integrierte Gesamtschule, die Haupt- und Realschule als Verbundschule sowie die erweiterte Real-, Mittel-, Regel-, Sekundar- oder Regionalschule. Sonstige Schulformen, -typen und -stufen auf der Sekundarstufe I, wie die Orientierungsstufe, die Förder-, Sonder- oder Sprachheilschule, bleiben außer Acht, denn diese Schulformen wie auch Schulen mit einem besonderen pädagogischen Förderkonzept werden auf der Sekundarstufe I nicht immer regulär und flächendeckend angeboten und sind nur für Kinder mit einem besonderen Förderbedarf oder spezifischen pädagogischen Einstellungen ihrer Eltern geeignet und zugänglich. Dagegen kommen aufgrund der zum Teil im Vergleich zur Sekundarstufe I höheren Durchlässigkeit zwischen den einzelnen Schultypen auf der Primarstufe neben der Regelgrundschule auch andere Schultypen wie die Förder-, Sonder-, und Sprachheilschule oder die Grundschulen mit einem besonderen pädagogischen Förderkonzept (Montessori-Schule oder Waldorfschule) bei der Auswahl von Schülerinnen und Schülern auf der Primarstufe in Betracht (vgl. die Diskussion und Datenlage zur Rücküberweisung von der Sonderschule in das allgemein bildende Schulsystem bei Bellenberg, Hovestadt & Klemm, 2004, S. 43–47 für das Land Nordrhein-Westfalen: Ein Großteil der Rücküberweisungen betrifft den Wechsel von der Primarstufe oder der Sekundarstufe I in die Sekundarstufe I)[219]. Prinzipiell gesehen, gehen Kinder nur dann in die Analysestichprobe ein, wenn sie eindeutig einer Schullaufbahn der Sekundarstufe I des allgemeinbildenden Schulwesens zugeordnet werden konnten. Zweifelhafte Fälle bleiben hingegen unberücksichtigt.

Als **Fazit** aus den bisherigen Ergebnissen von deskriptiven Analysen zur Selektion einer für die Prüfung der Forschungsfragen geeigneten Teilstichprobe aus der Basisstichprobe des DJI-Kinderpanels ist festzuhalten, dass 1320 Zielkinder am zweiten Messzeitpunkt eine Grundschule besucht oder zumindest sich noch auf der Primarstufe befunden haben. Davon sind 629 Zielkinder an diesem Messzeitpunkt eingeschult worden. Einige wenige Zielkinder haben zwischen den ersten beiden Erhebungswellen die Schule gewechselt. Bei einem Großteil der Zielkinder liegt hingegen in diesem Zwischenzeitraum kein Schulwechsel vor. Letztere befinden sich somit in Welle eins und zwei in der Schule, in der sie eingeschult worden sind. Zielkinder in weiterführenden oder sonstigen unbekannten Schulformen nach einem Schulwechsel oder der Einschulung sind darüber hinaus nicht weiter berücksichtigt worden, sodass in die Analysestichprobe ausschließlich nur solche Fälle eingehen, die eindeutig einer Schulform oder Schullaufbahn zugeordnet werden können. Für die Auswahl der Analysestichprobe ist eine Schnittmenge aus den Zielkindern gebildet worden, die in Erhebungswelle drei Schüler(innen) in einer für die Sekundarstufe I typischen Schulform oder Schullaufbahn und gleichzeitig in Erhebungswelle zwei noch Grundschüler(innen) bzw. Schüler(innen) auf der Primarstufe gewesen sind. Daraus ergibt sich eine Fallzahl von 511 Zielkindern, die die für die Analysestichprobe relevanten Kriterien erfüllt haben.

219 Insgesamt betrachtet, ist trotz des Gleichstellungsgebotes ein geringer Erkenntnisstand zu dieser Fragestellung in der empirischen Bildungsforschung zu konstatieren (Bellenberg, Hovestadt & Klemm, 2004, S. 30).

Weil die gesamte DJI-Kinderstichprobe verschiedene Geburtskohorten umfasst, weshalb die Schulverläufe und Schulbiographien der Kinder in der Stichprobe im Querschnitt heterogen gelagert, die zeitlichen Abstände zwischen den Erhebungswellen im Forschungsdesgin nicht immer gleich groß gewesen sind und Kinder aus allen 16 verschiedenen Bildungssystemen der Länder der BRD mit teils unterschiedlichen Modalitäten berücksichtigt worden sind, sind mehrere Geburtskohorten im DJI-Kinderpanel zwischen den Wellen zwei und drei in die Sekundarstufe I übergetreten.

Vor diesem Hintergrund der Struktur der DJI-Kinderstichprobe ist es nicht sinnvoll gewesen, eine Analysestichprobe beispielsweise auf der Basis von Jahrgangsklassen zu extrahieren. Die ausgewählte Untersuchungsstichprobe besteht insgesamt aus 511 Fällen. Im Folgenden wird diese Analysestichprobe anhand von verschiedenen Merkmalen auf deskriptivem Niveau eingehend beleuchtet und beschrieben. Dabei wird vor allem auf die Kombinationen von befragten Personen aus den ausgewählten Haushalten an den einzelnen Erhebungszeitpunkten, aber auch auf soziodemographische und sozialstrukturelle, migrationsbedingte, regionale und bildungsbiographische Merkmale der Kinder, desgleichen auf diese und sozioökonomische Merkmale ihrer Eltern und Merkmale ihrer Haushalte sowie auf die Familienstrukturen näher eingegangen.[220]

## 4.4. Beschreibung der Analysestichprobe

Im letzten Kapitel ist auf der Grundlage von Ergebnissen aus deskriptiven Analysen die Selektion einer Substichprobe aus der gesamten DJI-Kinderstichprobe zur Prüfung der Forschungsfragen beschrieben worden. Kinder, die zwischen der zweiten und dritten Erhebungswelle von der Primarstufe auf die Sekundarstufe I übergetreten sind, kommen dafür in Frage. Im Wesentlichen sollten dafür zwei ausschlaggebende Kriterien erfüllt sein: Die Kinder haben am zweiten Messzeitpunkt eine Schulform oder Jahrgangsklasse auf der Primarstufe besucht und befinden sich am dritten Messzeitpunkt in einer für die Sekundarstufe I typischen Schulform.

220 Ergebnisse aus Analysen zur Selektion der Analysestichprobe aus der gesamten Stichprobe des DJI-Kinderpanels werden hier nicht dargestellt, weil dies den Rahmen dieser Veröffentlichung sprengen würde, können aber bei der Autorin angefordert werden. Desgleichen gilt dies für die Ergebnisse aus Analysen zur methodischen Qualität und Güte der mündlichen Interviews mit den Müttern und Kindern in Anschluss an die Grundlagenliteratur zu Methoden der empirischen Sozialforschung (vgl. Diekmann, 2011, S. 466–471, oder Schnell, Hill & Esser, 2013, S. 314–317 und 343–344 zu Interviewereffekte; Übersicht neun im Anhang).

In diesem Kapitel werden nun Befunde aus verschiedenen Analysen vorgestellt, die die Analysestichprobe in regionaler, sozialstruktureller, bildungsbiographischer, haushaltsbezogener, familienstruktureller und kultureller Hinsicht charakterisieren, um sich so ein Bild von dieser Kinderstichprobe machen zu können.[221] Insbesondere wird dabei auf die Schichtspezifik dieser Merkmale eingegangen.

Aus den Befunden von Analysen zur regionalen Herkunft der Kinder ist zusammenzufassen (vgl. Tabelle 37 im Anhang[222]): Ein Großteil der Kinder stammt aus den alten Bundesländern und nur ein geringerer Anteil davon aus den neuen. Jedoch sind Kinder aus allen Ländern der BRD in der Analysestichprobe zu finden. Abgesehen von vereinzelten Abweichungen ist davon auszugehen, dass die Anteile der Kinder in der DJI-Analysestichprobe, differenziert nach Ländern, den Anteilen der Acht- bis Neunjährigen und der Gesamtbevölkerung der einzelnen Länder an der Gesamtbevölkerung der BRD in relativer Hinsicht im Wesentlichen entsprechen, somit im Großen und Ganzen eine länderspezifische Repräsentativität der Analysestichprobe vorliegt (vgl. Abbildungen 2 und 3 im Anhang). Während des Studienverlaufs sind nur wenige Familien umgezogen, wobei eine substantielle Schichtspezifik dazu nicht festzustellen ist (vgl. Abbildung 4 im Anhang). Die meisten Kinder sind in ländlichen

---

221 Bivariate Zusammenhänge zwischen Variablen mit nominalem Messniveau (Kreuztabellenanalyse) werden mit verschiedenen Chi²-basierten Assoziationsmaßen bzw. Koeffizienten festgestellt (vgl. Benninghaus, 2007, S. 104–121, oder Kühnel & Krebs, 2007, S. 307–358): *Phi²* bzw. *Phi*, *Cramers-V²* bzw. *Cramers-V* und *Pearsons Kontingenzkoeffizient C*, sowie mit dem U-Koeffizienten als Determinationsmaß nach dem PRE-Prinzip (vgl. dazu an späterem Ort). Die Frage, ob die Ergebnisse dieser Korrelationsmaße stets auch ein signifikantes Niveau erreichen, wird mit dem Chi²-Unabhängigkeits- oder Anpassungstest auf Basis der Chi²-Verteilungsfunktion für Häufigkeiten als Prüfgröße beantwortet (vgl. Bortz & Schuster, 2010, S. 137–142; oder Bortz, Lienert & Boehnke, 2008, S. 95–98). Bivariate Zusammenhänge zwischen Variablen mit ordinalem Messniveau werden hingegen mit dem Assoziationsmaß Kendalls-Tau-B sowie mit dem asymmetrischen PRE-Maß Somers'-d als Determinationsmaß für ordinale Daten berechnet und dargestellt (vgl. zu diesen statistischen Analyseverfahren an späterem Ort). Ergebnisse aus dem Chi²-Test ergänzen letztere Zusammenhangsanalysen und liefern auch hier Hinweise darauf, ob die jeweiligen Assoziationen ein signifikantes und damit substantielles Niveau erreichen. Sofern Unterschiede in Daten mit metrischem Messniveau, differenziert nach festen Faktoren, analysiert werden sollen, werden je nach Bedingungen und Voraussetzungen dafür unterschiedliche Formen der Varianzanalyse auf der Grundlage der F-Verteilung, dargestellt mit verschiedenen Kennwerten, oder der T-Test auf Basis der T-Verteilung sowie der Kruskal-Wallis-Test als Rangvarianzanalyse mit dem Chi²-Test im Hinblick auf die Inferenzstatistik eingesetzt, letzterer immer dann, wenn die Voraussetzungen für die beiden ersteren Verfahren auf metrischem Niveau nicht erfüllt sind (vgl. dazu an späterem Ort).

222 Zwischen den Kreiskennziffern in Welle eins und zwei besteht ein sehr hoher und hoch signifikanter Zusammenhang (vgl. Anmerkungen von Tabelle 37).

Regionen, Dörfern und Kleinstädten, oder Mittelzentren zu Hause, weniger Kinder dagegen in (groß)städtischen Regionen (vgl. Abbildung 7 im Anhang: 60,3% in Kommunen bis unter 50.000 Einwohner) beheimatet. Jedoch sind Kinder aus allen Gemeindegrößenklassen in der Analysestichprobe repräsentiert. Richtungsweisend steigt mit der Einwohneranzahl der Kommunen der soziale Hintergrund der Familien (vgl. Anmerkungen von Abbildung 7 im Anhang: Sehr geringer, aber signifikanter Zusammenhang zwischen Gemeindegrößenklassen und Schichtzugehörigkeit der Haushalte in Welle eins und zwei). Etwas mehr Familien mit einem gehobenen und höheren sozialen Status leben in (groß)städtischen Regionen im Vergleich zum Land, allerdings mit abnehmendem Trend im Studienverlauf (vgl. Abbildung 8 im Anhang: Kein bedeutender und substantieller Zusammenhang zwischen Stadt-Land und der Schichtzugehörigkeit der Familien)[223]. In der Tendenz weisen die Familien aus den neuen Ländern in ersten beiden Erhebungswellen einen niedrigeren sozioökonomischen Hintergrund auf als diejenigen aus den alten (vgl. Anmerkungen und Ergebnisse von Abbildungen 5 und 6 im Anhang). Dabei handelt es sich jeweils um einen geringen, aber hoch signifikanten Zusammenhang zwischen West-Ost und der sozioökonomischen Lage der Familien der Kinder zuungunsten derjenigen aus den neuen Ländern, der am zweiten Messzeitpunkt etwas höher ausfällt als am ersten, somit tendenziell von einem Trend zur sozialen Abwärtsmobilität der Haushalte in den neuen Ländern im Studienverlauf gesprochen werden kann. Die Haushalte der Kinder verteilen sich über verschiedene Verdichtungsgrade des nahen Wohnumfeldes in etwa gleich, wobei gilt, je höher der Verdichtungsgrad der Region bzw. je größer die Kommune, gemessen an der Einwohneranzahl, desto höher der soziale Status der Familien (vgl. Anmerkungen und Ergebnisse von Abbildung 9 im Anhang: Geringe, aber signifikante Verknüpfung in Welle eins und zwei). Als Gesamtbilanz ist festzuhalten, dass die absoluten und relativen Anteile der Kinder über die einzelnen Regionalisierungsindikatoren hinweg in der Analysestichprobe in etwa gleichmäßig streuen, somit keine wesentlichen Effekte von diesen Parametern auf den ersten Bildungsübergang zu erwarten sind.

Eine Vielfalt an empirischen Untersuchungen und Publikationen aus je unterschiedlichen Blickwinkeln belegt, dass der Schulerfolg in der Grundschule wesentlich auch von der Inanspruchnahme frühkindlicher und vorschulischer institutioneller Betreuungs- und Bildungsangebote determiniert ist.[224] Im Hin-

---

223 Land: Bis unter 20.000 Einwohner, Stadt: Darüber bis 500.000 und mehr Einwohner.

224 Vgl. Anders, 2013: Zur nationalen und internationalen Evidenz frühkindlicher Bildung; Sammons, Anders, Sylva, Melhuish, Siraj-Blatchford, Taggart & Barreau, 2008; Sylva, Sammons, Chan, Melhuish, Siraj-Blatchford & Taggart, 2013: Zu den Effekten frühkindlicher Bildung auf den Erfolg in der Grundschule in England; Spieß, 2013: Zur Effizienzanalyse; Fuchs-Rechlin & Bergmann, 2014; Seyda, 2009; Biedinger & Becker, 2006: Zu den Ef-

blick darauf sind zum einen Zusammenhänge der regionalen und sozioökonomischen Herkunft der Kinder mit der Inanspruchnahme der Eltern solcher Angebote wie Krippe, Kleinkindergruppe mit mindestens fünf Kindern, Kindergarten, Vorschule, Tagesmutter und andere Betreuungspersonen[225] in der ausgewählten DJI-Kindersubstichprobe analysiert worden, zum anderen die Effekte dieser Angebote auf den späteren Schulerfolg (Schulnoten). Die Befunde aus deskriptiven, korrelativen und inferenzstatistischen quer- und längsschnittlichen Analysen, von denen hier nur die wichtigsten Ergebnisse kurz vorgestellt werden können, zeigen im Wesentlichen keine Zusammenhänge zwischen der sozialen Schichtzugehörigkeit der Familien und der (Nicht-)Inanspruchnahme frühkindlicher Betreuungs- und Bildungsinstitutionen in der Analysestichprobe[226], somit schichtspezifische Effekte des Besuchs dieser Einrichtungen auf den ersten Bildungsübergang nicht zu erwarten sind. Lediglich zwei signifikant positive Zusammenhänge zwischen regionaler Herkunft und der (Nicht-)Inanspruchnahme frühkindlicher Betreuungs- und Bildungsinstitutionen in der Analysestichprobe sind zu erwähnen: Zum einen hinsichtlich des Kindergartenbesuchs zugunsten ländlicher Regionen, zum anderen hinsichtlich des Krippenbesuchs zugunsten der neuen Länder mit jeweils höheren Anteilen in der Inanspruchnahme dieser Einrichtungen in den jeweiligen Regionen[227]. Darüber hinaus sind zwei weitere signifikant positive Zusammenhänge anzumerken, einerseits zwischen dem Krippenbesuch und den späteren sprachlichen Kompetenzen der Kinder in der Schule in Form der Deutschnote, andererseits zwischen dem Vorschulbesuch und den späteren mathematischen Kompetenzen der Kinder in der Schule in Form der Mathematiknote. Beide Fachnoten sind hier jeweils als Erfolgsindikatoren in der drit-

---

fekten der Dauer des Kindergartenbesuchs; Roßbach, Kluczniok & Kuger, 2008; Mühler & Spieß, 2008: Zu den Effekten von Bildungsprogrammen in Kindertagesstätten und informeller Bildungsprogramme; Kuger & Kluczniok, 2008; Honig, 2004; Aden-Grossmann, 2011, S. 214: Zur Qualität von Kindertageseinrichtungen; Hasselhorn & Kuger, 2014: Zur Effektivität schulrelevanter Förderung in Kindertagesstätten; Geier & Riedel, 2008: Zu sozialen Disparitäten in Kompetenzen vor Schuleintritt; Becker, 2012: Zur hohen Bedeutung des Kindergartenbesuchs von Migrantenkindern für den deren Zweitspracherwerb; Biedinger & Becker, 2006: Zur ethnischen Bildungsungleichheit vor Schuleintritt in Bezug auf Sprache; Fried, 2008; Gogolin, 2008: Zur Sprachstandsdiagnostik und zu Sprachförderprogrammen für Migrantenkinder im Elementarbereich; Fuchs & Peucker, 2007: Zu sozialen Unterschieden in der Inanspruchnahme eines Kindergartenplatzes; Brunnbauer & Riedel, 2007; van Santen, 2007: Zu den Determinanten der Inanspruchnahme von Betreuungsmöglichkeiten für Kinder unter drei Jahren wie Tagespflege.

225 Die Inanspruchnahme dieser Angebote ist im Mutterinterview am ersten Messzeitpunkt mit dem binären Antwortformat ja-nein erfasst worden.

226 Berechnet mit dem Schichtindex aus Welle eins.

227 Berechnet mit den beiden regionalen Parametern Stadt-Land und West-Ost im DJI-Kinderpanel.

ten oder vierten Grundschulklasse am zweiten Messzeitpunkt, d. h. in der längsschnittlichen Perspektive, zu sehen (vgl. Tabelle 38 im Anhang).[228]

Im Zuge des gesellschaftlichen Wandels, wie höhere Komplexität, Flexibilität, Kurzlebigkeit und Unsicherheiten, insbesondere in der Arbeitswelt, sowie der höheren Erwerbsbeteiligung der Frauen und Mütter, und infolge davon des familialen Wandels und der Veränderungen im familialen Zusammenleben in jüngster Zeit, wie Individualisierung und Pluralisierung, der Forderungen nach mehr Betreuungsplätzen, der gestiegenen Inanspruchnahme öffentlicher Betreuungsangebote und höheren Anforderungen an die Betreuung und Bildung von Kindern, wird in den vergangenen Jahren der Ruf nach einem Ausbau von ganztägigen Einrichtungen für Schulkinder und -jugendliche immer lauter (vgl. Andresen, Richter & Otto, 2011; Börner, 2011: Bessere Vereinbarkeit von Familie und Beruf durch die Ganztagsschule und Entlastung der Familie durch die Hausaufgabenbetreuung und die Freizeit- und Förderaktivitäten in der Ganztagsschule). Zudem ist oftmals zu beobachten und festzustellen, dass Familien aus bildungsfernen Schichten, mit Risikolagen oder in sozialen Brennpunkten städtischer Wohnquartiere mit der Erziehung ihrer Kinder teils überfordert sind (vgl. Andresen, Richter & Otto, 2011). Im Hinblick darauf wird versucht, mit Programmen und Projekten diesen Entwicklungen bedarfsgerecht und kompensatorisch mit extracurricularen Betreuungs- und Bildungsangeboten für Schulkinder und -jugendliche nach dem Unterricht im Kontext der Schule entgegenzutreten (vgl. Bundesministerium für Bildung und Forschung, 2004: Konzeptuelle Grundlagen für einen nationalen Bildungsbericht zur non-formalen und informellen Bildung; Bolay & Walther, 2014: Zu Möglichkeiten und Handlungsfelder der Schulsozialarbeit und außerschulischen Jugendberufshilfe). Sind es früher vor allem Kinder aus bildungsfernen und sozial benachteiligten Schichten in Armutslagen gewesen, deren Eltern solche Angebote in Anspruch genommen haben, so sind es heutzutage gutverdienende Familie aus mittleren und gehobenen Schichten, die öffentliche außerschulische Bildungs- und Betreuungseinrichtungen für ihre Kinder nutzen (vgl. Steiner, 2009). Entscheidend für eine dauerhafte Inanspruchnahme solcher Angebote sind aber deren Qualität und Orientierung an den Bedürfnissen der Kinder und Jugendlichen in Abhängigkeit von der familialen Entscheidungspraxis und elterlichen Unterstützung, wobei damit leistungsschwächere Schüler(innen) per se nicht unbedingt besser erreicht werden können und sich die erhofften kom-

---

228 Diese Ergebnisse sind mit den statistischen Analyseverfahren Chi$^2$-Test, Cramers-V und Unsicherheitskoeffizient U ermittelt worden (vgl. zum U-Koeffizient Kühnel & Krebs, 2007, S. 362–365: PRE-Maß und asymmetrisches Korrelations- bzw. Determinationsmaß für nominalskalierte Variablen, das auf der Devianz, dem Streuungsmaß für nominalskalierte Variablen, beruht und analog zu Lambda zu interpretieren ist (vgl. Benninghaus, 2007, S. 92–97 und S. 121–136: Lambda als PRE-Maß in drei Varianten möglich)).

pensatorischen Wirkeffekte von Ganztagsangeboten nicht immer voll entfalten und realisieren lassen (vgl. Steiner, 2009; Steiner & Fischer, 2011: Befunde aus dem StEG-Projekt zur offenen Ganztagsschule). Vor diesem Hintergrund empfiehlt der Aktionsrat Bildung (vgl. Vereinigung der Bayerischen Wirtschaft e.V. (vbw), 2013)[229] für die Primarstufe den Ausbau der rhythmisierten Ganztagsgrundschule im Hinblick auf deren Effektivität und Effizienz, denn bei diesem Modelltyp werden Fachunterrichtsstunden und andere Lern- und Freizeitphasen über den ganzen Schulalltag hinweg alternierend angeboten.

Verschiedene Studien (vgl. das StEG-Projekt: *St*udie zur *E*ntwicklung von *G*anztagsschulen in Deutschland[230]), Expertisen und Autorinnen und Autoren (vgl. Züchner & Fischer, 2014) zeigen, dass extracurriculare Angebote des nonformalen Bildungssektors die psychosoziale Entwicklung wie die Persönlichkeit und den Schulerfolg von Kindern und Jugendlichen nachhaltig positiv beeinflussen können (vgl. Fischer, Kuhn & Klieme, 2009, für StEG; Kuhn & Fischer, 2011: Direkte positive Effekte auf das Sozialverhalten der Schüler(innen) und indirekte positive Effekte auf die Schulnoten; Kanevski & von Salisch, 2011: Positive Entwicklung der sozialen und emotionalen Kompetenzen). Außerdem können solche Angebote eine kompensatorische Wirkung bei Kindern aus sozial benachteiligten und bildungsfernen Familien mit Risikolagen erzielen, was eine Entkopplung des Zusammenhangs zwischen sozialer Herkunft und Bildungserfolg zumindest ansatzweise begünstigen könnte (vgl. Züchner & Fischer, 2014, für StEG: Pädagogische Qualität der Angebote sowie Dauer und Verbindlichkeit der Teilnahme daran als zentrale Bedingungen dafür mit Effekten auf das Sozialverhalten und die Lernmotivation der Schüler(innen), aber auch auf die Mathematiknote auf Schulebene in Richtung einer Entkopplung der Schulleistungen von der sozialen Herkunft).

Im DJI-Kinderpanel ist nach der Nutzung folgender non-formaler extracurricularer Bildungs- und Betreuungsangebote am ersten und zweiten Messzeitpunkt überwiegend im Mutterinterview gefragt worden: Hort, Ganztagsschule, Mittagsbetreuung, Hausaufgabenbetreuung und offene Nachmittagsbetreuung jeweils mit einem binären Antwortformat (ja-nein). Die Ergebnisse aus de-

---

229 Vgl. die Zusammenschau von der Vereinigung der Bayerischen Wirtschaft e.V. (vbw), 2013, unter Mitarbeit von Blossfeld, Bos, Daniel, Hannover, Lenzen, Prenzel, Roßbach, Tippelt, Wößmann (Aktionsrat Bildung), Gutachten im Auftrag der Vereinigung der Bayerischen Wirtschaft e.V. zur Effektivität von rhythmisierten Ganztagsgrundschulen, Ganztagsgrundschulen in der additiven Form und Halbtagsgrundschulen.

230 Vgl. das Herausgeberwerk von Holtappels, Klieme, Rauschenbach und Stecher (2007) zur Anlage und zu den Rahmenbedingungen dieser Studie und den ersten Ergebnissen; zu weiteren Ergebnissen zu StEG vgl. das Herausgeberwerk von Fischer, Holtappels, Klieme, Rauschenbach, Stecher, Züchner (2011).

skriptiven und teststatistischen Analysen sowie Zusammenhangsanalysen[231] verdeutlichen *zusammenfassend* und *richtungsweisend*, dass diese Angebote in der Analysestichprobe eher selten genutzt werden, und wenn, dann am häufigsten von Familien am unteren und oberen Rand in der sozialen Hierarchie am ersten Messzeitpunkt und institutionenspezifisch am zweiten (vgl. Tabellen 39 und 40 im Anhang). Vor dem Hintergrund der deskriptiven Datenlage ist daher anzunehmen, dass Familien aus den unteren Sozialschichten, gemäß ihrer Entscheidung für die Nutzung solcher Angebote, mehr unterstützende Bildungs- und Erziehungsleistungen von diesen Einrichtungen erwarten als diejenigen aus den oberen Sozialschichten; bei letzteren dagegen vermutlich mehr die Betreuungsleistungen im Hinblick auf die Erwerbstätigkeit beider Eltern im Vordergrund stehen. Allerdings liegen explizite und substantielle schichtspezifische Zusammenhänge dazu in der Analysestichprobe nicht vor, jedoch regionenspezifische zugunsten der neuen Länder und des städtischen Raumes, was mit der regionalen Angebotsstruktur womöglich zu erklären ist. Allerdings ist die Verfügbarkeit, d. h. die Angebotsseite, in den Analysen der DJI-Kinderteilstichprobe hierzu außer Acht gelassen worden. Für alle Institutionen des non-formalen Bildungssektors sind substantielle Zusammenhänge zwischen alten und neuen Ländern (West-Ost) einerseits und der Nutzung dieser Institutionen andererseits zugunsten der neuen Länder in Welle eins ermittelt worden, was sicherlich auf die Bedeutung dieser Einrichtungen und die gewachsenen Strukturen in den neuen Ländern in historischer Hinsicht zurückzuführen ist (vgl. Tabelle 41 im Anhang). Signifikante Zusammenhänge sind ebenso zwischen städtischen und ländlichen Regionen (Stadt-Land) einerseits und der Inanspruchnahme der Einrichtungen Hort, Ganztagsschule und Mittagsbetreuung andererseits zugunsten städtischer Regionen in Welle eins festgestellt worden, desgleichen zwischen der Nutzung von Hort und Ganztagsschule in Welle zwei und Regionen zugunsten städtischer und der neuen Länder sowie zusätzlich zwischen der Nutzung der Mittagsbetreuung und Regionen zugunsten der neuen Länder (vgl. jeweils Tabelle 41 im Anhang).[232]

---

231 Diese und folgende Ergebnisse sind mit den inferenzstatistischen und korrelativen Verfahren $Chi^2$-Test, Cramers-V und Unsicherheitskoeffizient U sowie mit dem T-Test für unabhängige Stichproben festgestellt worden (vgl. dazu an früherem Ort).

232 Im Hinblick auf die Verbesserung des Schulerfolgs durch den Besuch der Kinder von Einrichtungen des non-formalen Bildungs- und Betreuungssektors ist aus den Ergebnissen von T-Tests (Inanspruchnahme vs. Nicht-Inanspruchnahme) in der Tendenz in Anbetracht der erheblichen Differenzen zwischen den Fallzahlen in beiden Gruppen in längs- und querschnittlicher Perspektive festzustellen, dass die Mittags- und Hausaufgabenbetreuung in der ersten oder zweiten Klassen, d. h. am ersten Messzeitpunkt, positive Effekte auf die Deutsch- und Mathematiknote im Halbjahr in der dritten oder vierten Klasse, d. h. am zweiten Messzeitpunkt, zeitigen, ebenso die Mittagsbetreuung in der dritten oder vierten Klasse, d. h. am zweiten Messzeitpunkt, eine positive Wirkung auf die Halbjahres-

Als Resümee ist festzuhalten, dass den Effekten der Inanspruchnahme nonformaler Bildungsangebote innerhalb und außerhalb des schulischen Kontextes sowie außerschulischer Betreuungseinrichtungen größtenteils keine essentielle Bedeutung für die schulischen Karrieren und den Schulerfolg der Kinder in der Analysestichprobe im Hinblick auf die zu erklärenden Kriterien des Übergangs von der Grundschule in die Sekundarstufe I beizumessen ist.

Ergebnisse aus deskriptiven, korrelativen und teils auch inferenzstatistischen Analysen der soziodemographischen Merkmale der Kinder, zur sozioökonomischen Lage der Haushalte sowie zur Struktur der Familien in der Analysestichprobe lassen sich auf folgende Aspekte zusammenfassen: Zur *Kinderstichprobe* ist zu sagen, dass es sich dabei fast ausschließlich um Schulkinder aus der älteren Kohorte handelt (vgl. Tabelle 42 im Anhang). Mädchen und Jungen sind in der Stichprobe in etwa gleichverteilt (vgl. Tabelle 44 im Anhang). Die Kinder gehören überwiegend den *Geburtskohorten* von 1993 und 1994, ein Großteil davon der Geburtskohorte von 1994 an (vgl. Tabelle 44 im Anhang). Ihr *Alter* beträgt am ersten Messzeitpunkt im Durchschnitt 8,6 Jahre, am zweiten 10,0 und am dritten Messzeitpunkt 11,5 Jahre (vgl. Abbildungen 10–12 im Anhang). In über 90% der Fälle ist die *leibliche Mutter als wichtigste Bezugsperson des Zielkindes* in der Familie zu Hause interviewt worden (vgl. Tabelle 43 im Anhang). In Zweidrittel aller Fälle liegt an den ersten beiden Messzeitpunkten die *Interviewkombination* Kind-Mutter-Vater vor (vgl. Tabelle 42 im Anhang). Am letzten Messzeitpunkt kommt hingegen die Interviewkombination Mutter-Kind häufiger vor als in den beiden Erhebungswellen davor, weil an diesem Messzeitpunkt weniger Väter für die schriftliche Fragebogenerhebung erreicht werden konnten.

Im Hinblick auf die sozioökonomische Lage bzw. *Schichtzugehörigkeit der Haushalte* ist festzuhalten, dass vergleichsweise relativ wenige Haushalte aus der Unter- und Oberschicht in der Analysestichprobe zu finden sind, insbesondere sind diejenigen aus der Unterschicht deutlich unterrepräsentiert (vgl. Tabelle 45 im Anhang). Den größten Anteil in der Stichprobe stellen die Haus-

note in Deutsch in denselben Jahrgangsklassen am gleichen Messzeitpunkt erzielt. Darüber hinaus korreliert der Besuch der Mittagsbetreuung in Welle eins signifikant positiv mit der Übertrittsentscheidung der Eltern zwischen den Wellen zwei und drei, ebenso der Besuch der Hausaufgabenbetreuung damit aber in signifikant negativer Richtung. Diese Ergebnisse bedeuten: Ersteres ist nach dem Übergang in die Sekundarstufe I mit höheren Schullaufbahnen verknüpft, letzteres dagegen mit der Hauptschullaufbahn oder mittleren Schullaufbahnen (vgl. jeweils Tabelle 41 im Anhang). Letztere Befunde werden mit der Eingangsselektivität dieser Einrichtungen und den Intentionen für den Besuch dieser Institutionen erklärt: Die Hausaufgabenbetreuung wird in der Regel vor allem bei schlechten schulischen Leistungen in Anspruch genommen.

halte aus den mittleren Schichten dar. Darüber hinaus wird hinsichtlich der *Repräsentativität der DJI-Teilstichprobe* für die Referenzgruppe in der Gesamtbevölkerung der BRD die Verteilung der Schichtindikatoren wie Haushaltseinkommen, Schulbildung und beruflicher Status der Eltern in den untersuchten Haushalten an allen drei Messzeitpunkten mit der Verteilung dieser Merkmale in den Referenzhaushalten im Mikrozensus von 2004 verglichen. Insgesamt betrachtet, kann nur von einer *Teilrepräsentativität* der Analysestichprobe für die Vergleichsgruppe im Mikrozensus bzw. in der Gesamtbevölkerung der BRD gesprochen werden (vgl. Tabelle 46 im Anhang). Repräsentative Daten liegen in der DJI-Teilstichprobe weitgehend im Bereich des Haushaltseinkommens, abgesehen von zwei geringfügigen Abweichungen in den mittleren Einkommensklassen[233], an allen Messzeitpunkten vor, nicht jedoch im Bereich der Schulbildung der Eltern. Höhere Schulabschlüsse (Abitur bzw. (Fach)Hochschulreife) sind in der Analysestichprobe im Vergleich zum Mikrozensus bei beiden Eltern überrepräsentiert, niedrigere wie der Volks- bzw. Hauptschulabschluss und kein Abschluss dagegen unterrepräsentiert. Ähnliches gilt teils auch für den beruflichen Status der Mütter. Bedeutend wenige Mütter in der Analysestichprobe gehören der Arbeiterschicht, überproportional viele dagegen dem Angestelltensektor an, was sicherlich mit dem durchschnittlich höheren Bildungsniveau der Mütter in der Analysestichprobe und den sich daraus resultierenden vorteilhafteren beruflichen Möglichkeiten für die Mütter zusammenhängt. Mütter in Ausbildung sind an keinem Messzeitpunkt in der DJI-Teilstichprobe zu finden, im Mikrozensus dagegen schon.[234] Im Gegensatz zu den Müttern lässt sich für den beruflichen Status der Väter eine wesentlich höhere Repräsentativität der DJI-Teilstichprobe für die Referenzgruppe im Mikrozensus von 2004 und damit in der Gesamtbevölkerung der BRD ermitteln.[235] [236] [237]

---

233 Dies sind die beiden Klassen *1.750 bis unter 2.250 Euro* und *2.250 bis unter 2.750 Euro*, wobei an allen Messzeitpunkten erstere in der Analysestichprobe über-, letztere dagegen unterrepräsentiert ist. Außerdem ist in der Ergebnistabelle augenfällig, dass kein Fall aus den beiden unteren Einkommensklassen in der Analysestichprobe in Welle drei vorliegt, desgleichen kein Fall aus der obersten Einkommensklasse in Welle eins.

234 Ähnliche Verteilungen ergeben sich für die Selbständigen, Beamtinnen und mithelfenden Familienangehörige. Dies ist in allen Wellen des DJI-Panels zu beobachten, abgesehen von teils geringen Abweichungen nach oben in der Analysestichprobe.

235 Ähnliche Anteile der Selbständigen und Beamten sind bei den Vätern in beiden Stichproben zu konstatieren mit einer leichten Überrepräsentanz beider Berufsgruppen in der Analysestichprobe in allen Wellen, insbesondere die Beamten im Vergleich zu den Selbständigen betreffend. Vergleichbare Ergebnisse zwischen beiden Stichproben liegen ebenso in Bezug auf die mithelfenden Familienangehörigen und die Väter in Ausbildung in allen Wellen des DJI-Kinderpanels vor (jeweils ein Fall davon in der Analysestichprobe an beiden Messzeitpunkten). Im Gegensatz zu den Müttern sind Angestellte und Arbeiter in der Gruppe der Väter in beiden Stichproben in etwa ähnlich verteilt, jedoch mit einer Tendenz

Des Weiteren werden die *Berufsabschlüsse der Mütter und Väter* betrachtet und miteinander verglichen (vgl. Tabelle 47 im Anhang). Für die DJI-Teilstichprobe hat die Analyse hierzu ergeben, dass wesentlich mehr Mütter als Väter über den Abschluss einer kaufmännischen Ausbildung oder über einen Berufsfachschulabschluss wie bspw. Krankenpflege verfügen, weniger Mütter als Väter dagegen den Abschluss einer gewerblichen Ausbildung oder in einem technischen Beruf wie Meister oder Techniker besitzen. Letztere berufliche Ausbildungsabschlüsse kommen dagegen am häufigsten bei den Vätern vor.

Wesentlich mehr Väter (über 90%) als Mütter (von rund 65% bis rund 70%) sind an allen Messzeitpunkten einer *Erwerbstätigkeit* nachgegangen (vgl. Tabelle 48 im Anhang)[238], wobei ein Großteil der Väter (über 90%) vollzeitbeschäftigt ist, dagegen vergleichsweise ein nur geringerer Anteil der Mütter (rund 22%) (vgl. Tabelle 49 im Anhang). Mehr als die Hälfte der Mütter sind teilzeitbeschäftigt und ein Fünftel (20%) geringfügig beschäftigt. Nicht-erwerbstätige Mütter sind im Regelfall Hausfrauen, ein geringerer Anteil ist hingegen arbeitslos (vgl. Tabelle 50 im Anhang). Diese Befundlage zur *Erwerbsbeteiligung der Mütter* verdeutlicht, dass die *Erwerbsbiographien der Mütter* in der DJI-Stichprobe weniger linear und konstant und damit weitaus brüchiger verlaufen sind als die der Väter. Nur wenige erwerbstätige Mütter haben eine Vollzeitstelle inne, was von ihnen stets eine hohe Flexibilität abverlangen würde. Meist sind die Partner die *Hauptverdiener in den Haushalten* gewesen (vgl. Tabelle 51

---

zur Überrepräsentanz der Angestellten und einer Unterrepräsentanz der Arbeiter in der DJI-Väterstichprobe im Vergleich zu den Vätern im Mikrozensus.

236 Zwischen den Messzeitpunkten des DJI-Kinderpanels ergeben sich keine wesentlichen Änderungen in den beschriebenen Mustern der fokussierten sozialstrukturellen Merkmale in den Vergleichsanalysen hier.

237 Somit kann bzgl. des beruflichen Status der Eltern nur zum Teil von einer Repräsentativität der Analysestichprobe für die gesamte Bevölkerung der BRD auf der Grundlage des Mikrozensus von 2004 gesprochen werden, die sich daraus ergibt, dass für die Mütter und Väter in derselbigen im Vergleich zu denjenigen im Mikrozensus in Bezug auf das untersuchte Merkmal unterschiedliche Anteile und Trends vorliegen. Der berufliche Status der Väter in der DJI-Teilstichprobe ist ähnlich verteilt wie derjenige der Väter im Mikrozensus, nicht dagegen die berufliche Position der Mütter in beiden Stichproben, was im Hinblick darauf, dass im Untersuchungszeitraum der Großteil der Väter in der Analysestichprobe die Hauptverdiener in den Haushalten gewesen sind und ein vergleichsweise geringerer Anteil der Mütter einer Erwerbstätigkeit nachgegangen sind, den Erwartungen entspricht.

238 Dennoch ist ein beachtlicher Anteil der Mütter im Studienzeitraum mit rund Zweidrittel erwerbstätig gewesen (vgl. Tabelle 48 im Anhang). 279 Mütter (54,6%) weisen an allen Messzeitpunkten den Status erwerbstätig auf, 106 (20,7%) dagegen nicht. Bei 124 Müttern (24,3%) hat sich die Erwerbssituation im Studienverlauf geändert. Darüber hinaus zeigt die Analyse, dass ein geringer, aber doch beständiger Anteil der Mütter in den Zeiträumen zwischen den Messzeitpunkten aus der Erwerbstätigkeit ausgestiegen ist oder eine Erwerbstätigkeit aufgenommen hat. Dies betrifft indessen nur einen verschwindend geringen Anteil der Väter.

im Anhang), was sicherlich mit der Phase der Familienbildung und -stabilisierung, in der sich die noch *jungen* Familien in der DJI-Stichprobe befunden haben, und in Abhängigkeit davon mit dem Alter und der Selbständigkeit der Kinder in den Familien zusammenhängt.

Im Hinblick auf die *soziale Mobilität der Haushalte* in der Analysestichprobe sind relativ sehr hohe, aber nicht perfekte Zusammenhänge der Schichtzugehörigkeit der Haushalte zwischen den Messzeitpunkten festzustellen (vgl. Tabelle 52 im Anhang).[239] Das bedeutet, dass sich der sozioökonomische Status der Familien *im Studienverlauf* im Regelfall nicht, nur in wenigen Fällen und damit größtenteils eher unbedeutend geändert hat, folglich ein sozialer Wandel in sozioökonomischer Hinsicht in der Analysestichprobe eher ausgeblieben ist. Wenn es dennoch zu einer sozialen Mobilität der Haushalte gekommen ist, dann, in der Tendenz und durchschnittlich betrachtet, zwischen den Messzeitpunkten eins und zwei eher abwärts (vgl. Abbildung 13 im Anhang) und zwischen den Messzeitpunkten zwei und drei eher aufwärts (vgl. Abbildung 14 im Anhang).

Nur wenige Kinder und Eltern in der Analysestichprobe weisen einen *Migrationshintergrund* auf (vgl. Tabelle 53 im Anhang).[240] Die *Haushaltsgröße* beträgt im Durchschnitt rund vier Personen, die *Anzahl der Kinder* pro Haushalt rund zwei, wobei schichtspezifischen Unterschiede und Zusammenhänge bezüglich dieser Indikatoren in der Analysestichprobe nicht vorliegen und sich nur in wenigen Fällen die Haushaltsgröße oder Kinderanzahl im Studienverlauf geändert haben (vgl. Tabelle 54 im Anhang).[241] Der familiale Status bzw. die

---

239 Diese Ergebnisse sind vor dem Hintergrund des ordinalen Messniveaus der Schichtindizes mit dem Assoziationsmaß Kendalls-Tau-B (vgl. Benninghaus, 2007, S. 137–184) sowie mit dem PRE-Maß Somers'-d ermittelt worden (vgl. Benninghaus, 2007, S. 168–170).

240 Bei 69 der 87 Zielkinder mit Migrationshintergrund liegt eine Migrationsgeschichte bei den Müttern, bei 18 davon ausschließlich eine solche bei den Vätern vor. Bei einem Großteil dieser Kinder lässt sich bei beiden Elternteilen eine Migrationsgeschichte nachweisen. Einem Kind wird definitionsgemäß im DJI-Kinderpanel immer dann ein Migrationshintergrund zugeordnet, wenn mindestens ein Elternteil nicht die deutsche Staatsbürgerschaft besitzt oder sie durch Einbürgerung erworben hat (vgl. Betz, 2006, S. 128). Darüber hinaus ist im Mutterinterview auch nach der Familiensprache gefragt worden. Im Hinblick darauf ist zu berücksichtigen, dass die kulturelle und soziale Herkunft eines Kindes stets miteinander verknüpft, d. h. konfundiert, sind infolge von familialer sozialer Mobilität abwärts durch die Migration und weitergehend segmentierter Akkulturation bzw. Assimilation (vgl. Leyendecker & Schölmerich, 2005, S. 20 zur Problematik der Konfundierung). Bedeutender als der Migrationshintergrund per se für den Schulerfolg eines Kindes ist jedoch die Alltags- oder Umgangssprache in der Familie, (vgl. dazu Diefenbach, 2010, S. 145–148).

241 Diese Ergebnisse sind mit Varianzanalysen, $chi^2$-basierten Kreuztabellenanalysen mit Korrelationsmaßen und Kruskal-Wallis-Tests bei fehlenden Voraussetzungen für die Varianzanalyse ermittelt worden. In einer Varianzanalyse zu schichtspezifischen Unterschieden in der Haushaltsgröße sind die Voraussetzungen dafür nicht erfüllt gewesen, insbesondere

*Partnerschaftsformen der Eltern* in der DJI-Stichprobe sind in über 90% der Fälle im zeitlichen Verlauf, quer- und längsschnittlich betrachtet, ebenso weitgehend stabil geblieben, somit nur wenige Veränderungen im Hinblick darauf im Studienverlauf festgestellt werden können. Meist sind die Eltern verheiratet und leben in einem Haushalt zusammen. Jedoch sind die Partnerschaftsformen der Eltern schichtspezifisch unterschiedlich verteilt. So erweist sich die klassische Ehe als ein Regelmodell in der Oberschicht und den Mittelschichten, alle anderen Partnerschaftsformen kommen hingegen häufiger und überwiegend in den unteren Sozialschichten vor, insgesamt gesehen, aber doch eher selten (vgl. Tabelle 55 im Anhang). Neben den Partnerschaftsformen der Eltern unterliegen ebenso die *Familienstrukturen in intergenerationaler Hinsicht* im Studienverlauf in nur seltenen Fällen einem Wandel, weshalb diesen in der DJI-Teilstichprobe im Hinblick auf Formen oder Typen eine doch recht hohe Stabilität zugeschrieben werden kann.[242] Die Zielkinder in der Analysestichprobe sind am häufigsten in der klassischen modernen Kern- oder Kleinfamilie aufgewachsen, weitaus seltener dagegen in Stieffamilien, Ein-Eltern-Familien (alleinerziehend) oder in anderen familialen Lebensformen (vgl. Tabelle 56 im Anhang). Wenn sich in den Familien die intergenerationalen Lebensformen im Studienverlauf geändert haben, dann zeichnen sich dahingehend zwei Tendenzen ab, wobei erstere davon häufiger zu beobachten ist als letztere (vgl. Abbildung 15 im Anhang): Erstens liegt ein Trend von der Kernfamilie zur Stieffamilie und zweitens ein Trend von der Stieffamilie hin zur Ein-Eltern-Familie vor. Diese Trends im Wandel der Familienstrukturen sind aber desgleichen in der Analysestichprobe nur in seltenen Fällen zu ermitteln. Zum Zusammenhang zwischen Schichtzugehörigkeit und Familienformen ist festzuhalten, dass Ein-Eltern-Familien (Alleinerziehende) und Stieffamilien häufiger in unteren als in höheren Sozialschichten zu finden sind, in letzteren im Vergleich zu ersteren dagegen eher der Typus der klassischen modernen Kernfamilie dominiert (vgl. Tabelle 56 im Anhang).

---

erbrachte der Levene-Test als Verfahren zur Prüfung der Varianzgleichheit in den Stichproben ein signifikantes Ergebnis. Aufgrund des natürlich metrischen Messniveaus der Indikatoren Haushaltsgröße und Kinderanzahl, das einer Absolutskala entspricht, ist dieses statistische Verfahren, die Varianzanalyse, dennoch fortgesetzt worden (vgl. Diekmann, 2011, S. 290–291 zu den Eigenschaften einer Absolutskala). In den Anmerkungen von Tabelle 46 im Anhang ist das jeweilige Ergebnis explizit aufgeführt.

242 Der Indikator Familientypus setzt sich aus den Indikatoren familialer Status der Eltern und leibliche vs. nicht-leibliche Kinder in der Familie zusammen (vgl. zum Begriff der Familie und zu einer Typologie von Familienformen Nave-Herz, 2013, S. 33–40; zur Definition der Familienformen moderne bürgerliche Kleinfamilie oder Kernfamilie, Stief- und Adoptivfamilie sowie Ein-Eltern-Familie (alleinerziehend) Peuckert, 2008, S. 16–31, 205–208, 213–221 und 221–224).

Im Großen und Ganzen verdeutlichen die vorgestellten Ergebnisse zu den soziodemographischen, sozioökonomischen und sozialstrukturellen Merkmalen der Zielkinder, ihrer Eltern, Haushalte und Familien, dass die Aufwachsensbedingungen eines Großteils der Kinder in der Analysestichprobe dem Gesellschaftsmodell der Modernen entsprechen, somit vor diesem Hintergrund, trotz verschiedener kleinerer Abweichungen im unteren Segment der sozialen Hierarchie, nicht mit spezifischen Einflüssen und Unterschieden davon auf den ersten Bildungsübergang zu rechnen ist und die familienstrukturellen Sozialisationsbedingungen der Kinder als weitgehend konstant und stabil zu betrachten sind.

## 4.5. Die Schulkarrieren der Kinder im Studienverlauf: Ergebnisse aus deskriptiven Analysen

Von zentraler Bedeutung für die Grundschulempfehlungen, Übertrittsentscheidungen der Eltern oder Schulwünsche der Kinder am Ende der Grundschule, d. h. am Übergang von der Primarstufe in die Sekundarstufe I, sind die schulischen Verläufe der Kinder während ihrer Schuljahre in der Grundschule. Nicht nur die individuellen Lernvoraussetzungen sind für den Schulerfolg der Kinder entscheidend, wozu Schulnoten, allgemeine Kompetenzen (Kulturtechniken, Lernfähigkeiten, selbstbezogene Einstellungen etc.) oder die soziale Eingebundenheit der Kinder in die Klassengemeinschaft zählen, sondern auch der **Zeitpunkt der Einschulung**, entweder **vorzeitig**, **regulär** oder verzögert bzw. **zurückgestellt**, sowie der **Schulverläufe** der Kinder danach während der Grundschuljahre im Hinblick auf Klassenwiederholung oder Schulwechsel sind für den Übertritt in die Sekundarstufe I und den Schulerfolg im Allgemeinen unter struktureller Perspektive maßgeblich (vgl. Bellenberg, 1999). Je nachdem, ob ein Kind vorzeitig oder regulär eingeschult oder vom Unterricht aufgrund einer festgestellten Entwicklungsverzögerung oder Schulunreife zurückgestellt worden ist, sind unterschiedliche schulische Verläufe während der Grundschuljahre zu erwarten. Der Zeitpunkt der Einschulung kann sich in Abhängigkeit von dem Entwicklungsstand, der Schulreife und den individuellen Lernvoraussetzungen der Kinder, je nachdem, nachhaltig auf ihre schulischen Leistungen und die späteren Schullaufbahnen auswirken, sofern sich die Lernzuwächse über die Grundschuljahre hinweg kumulieren, denn Schulleistungen und Kompetenzen bauen sich im zeitlichen Verlauf sukzessiv und wechselseitig aufeinander auf. Das bedeutet in anderen Worten, dass sich Lernzuwächse potenzieren. Vor diesem Hintergrund sind gerade die ersten Schuljahre der Kinder so bedeutsam für ihre Schulbiographien und stellen eine sensible Phase im Leben von Grundschulkindern dar, insbesondere dann, wenn sie am Schulbeginn zum ersten Mal mit institutionellen Sozialisationsbedingungen in formalen Bildungs- und Erziehungseinrichtungen wie der Grundschule in Berührung kommen.

**Brüche in der Schulbiographie** von Grundschüler(innen) entstehen auf struktureller Ebene durch **Klassenwiederholung**, wenn das Klassenziel am Schuljahresende nicht erreicht worden ist, oder durch einen **Schulwechsel** infolge des Wohnortwechsels der Familie, was in beiden Fällen für die Kinder ein Verlust ihres vertrauten Umfeldes in der Schule (Lehrkräfte, Mitschüler(innen) und Freundschaften) bedeutet. Unabhängig davon, ob das eine oder andere vorliegt, können solche Brüche in den Schulbiographien zu psychosozialen Beeinträchtigungen bei den Kindern führen, die sich vor allem im Bereich der Meta- und Lernkompetenzen als Lernschwierigkeiten niederschlagen können. So kann die Entwicklung des Selbstwertgefühls oder schulbezogener Selbstwirksamkeitserwartungen durch Brüche in der Lernumwelt behindert werden, was insbesondere dann eintritt, wenn falsche Erwartungen seitens der Lehrpersonen, soziale Probleme, Benachteiligungen oder Stereotypisierungen seitens der Mitschüler(innen) und Lehrkräfte ins Spiel kommen. Solche personalen Merkmale sind als Lernvoraussetzungen, aber auch für die Lernergebnisse der Kinder von hoher Relevanz.

### 4.5.1. Einschulung und Schulverläufe der Kinder bis zum ersten Interview

Fragen zu den schulischen Karrieren der Kinder bis zum ersten Interview wie zur Einschulung, zum Schulverlauf und zur Klassenwiederholung werden in diesem Abschnitt beantwortet. Hier sei nochmals auf die zeitliche Struktur des Forschungsdesigns des DJI-Kinderpanels und der Datenerhebungen in der Analysestichprobe hingewiesen: Die ersten Mutter- und Kinderinterviews, bezogen auf die Analysestichprobe, haben in den Herbst- und Wintermonaten (September bis Januar) des Jahres 2002 bzw. am Jahreswechsel von 2002 zu 2003 stattgefunden (Welle eins). Die zweite Erhebungswelle ist in den Frühjahrsmonaten des Jahres 2004 (März bis Mai), die dritte in den Herbstmonaten des Jahres 2005 (September bis November) durchgeführt worden. Dieser Zeitstruktur zufolge liegt zwischen der zweiten und dritten Erhebungswelle ein ganzes Schuljahr. Das Untersuchungsdesign umfasst somit vier Schuljahre, sofern beide Kohorten einberechnet werden. Ein genauer Blick auf die einzelnen Erhebungszeitpunkte lässt erkennen, dass die Interviews, die jeweils im September stattgefunden haben, unter Berücksichtigung der Ferienregelungen in den einzelnen Bundesländern an jedem Messzeitpunkt jeweils in das neue Schuljahr gefallen sind.

Zum Zeitpunkt der ersten Erhebungswelle besuchen ein Großteil der Zielkinder in der Analysestichprobe (rund 96%) eine Regelgrundschule und ein nur vergleichsweise sehr geringer Anteil davon (rund 4%) einen anderen Schultyp auf der Primarstufe (vgl. Tabelle 1). Die meisten Kinder sind an diesem Messzeitpunkt Zweitklässler(innen) (rund ein Viertel) oder Drittklässler(innen) (rund drei Viertel) (vgl. Tabelle 2). Außerdem ist der Großteil der Kinder (weit über 90%) weder vorzeitig eingeschult noch vom Schulunterricht bei der Einschulung zurückgestellt, sondern regulär eingeschult worden (vgl. Tabelle 3). Einige wenige Kinder haben bis zum ersten Messzeitpunkt schon einmal eine Klasse wiederholt, unabhängig davon, ob freiwillig oder unfreiwillig (vgl. Tabelle 3). Meist sind es Kinder aus den Mittelschichten oder der Oberschicht gewesen, die vorzeitig eingeschult worden sind (signifikanter Zusammenhang, vgl. Anmerkungen von Tabelle 3). Für Merkmale schulischer Verläufe wie der Klassenwiederholung bis zum ersten Messzeitpunkt oder der Zurückstellung vom Schulunterricht bei der Einschulung lässt sich keine Schichtspezifik feststellen (vgl. Anmerkungen von Tabelle 3).[243] Mehr als die Hälfte der Kinder ist im Alter von sechs Jahren eingeschult worden (N= 267, rund 52%). 176 Kinder sind im Alter von sieben Jahren (34,4%) und 54 im Alter von fünf Jahren (rund

243 Deskriptive Kreuztabellenanalysen zwischen vorzeitiger Einschulung, Zurückstellung vom Schulunterricht bei der Einschulung und Klassenwiederholung ergeben folgende Befunde: Ein Kind mit Klassenwiederholung bis zum ersten Messzeitpunkt ist am Schulbeginn vom Unterricht zurückgestellt worden. Von einer weiteren Repetentin oder einem weiteren Repetenten liegen keine verlässlichen Informationen über die vorzeitige Einschulung oder Zurückstellung vom Schulunterricht bei der Einschulung vor. Vier vorzeitig eingeschulte Kinder haben bereits schon vor dem ersten Messzeitpunkt die Klasse schon einmal wiederholt. Die Ergebnisse aus weiteren Kreuztabellenanalysen zwischen besuchter Klassenstufe und Schulform am ersten Messzeitpunkt sowie der Zurückstellung vom Schulunterricht, vorzeitigen Einschulung und Klassenwiederholung bis dahin zeigen: Fast alle vorzeitig eingeschulten Kinder haben bis zum ersten Interview eine Regelgrundschule besucht (fünf Zweit- und 27 Drittklässler(innen), ein(e) Viertklässler(in)). Nur ein Kind davon hat die dritte Klasse einer Schule mit einem besonderen pädagogischen Konzept besucht. Von den zurückgestellten Kindern sind 19 bis zum ersten Interview in einer Regelgrundschule unterrichtet worden (17 Zweit- und zwei Drittklässler(innen)). Bei einem zurückgestellten Kind handelt es sich um eine(n) Zweitklässler(in) in einer Förderschule. Zu den 13 Repetentinnen und Repetenten am ersten Messzeitpunkt zählen zehn Zweitklässler(innen) und ein(e) Schüler(in) ohne Angabe der Jahrgangsstufe aus einer Regelgrundschule sowie ein(e) Zweitklässler(in) aus einer Förderschule und ein(e) weitere(r) Zweitklässler(in) aus einer Grundschule mit einem besonderen pädagogischen Konzept. Es ist anzunehmen, dass diese Kinder die jeweilige Jahrgangsstufe am Zeitpunkt der ersten Erhebungswelle wiederholt haben oder bereits in der ersten Klasse, d. h. schon davor, sitzen geblieben sind. Außerdem sind die beiden Repetentinnen bzw. Repetenten aus einer Förderschule und Schule mit einem besonderen pädagogischen Konzept zuerst an Regelgrundschulen unterrichtet worden und haben vermutlich nach dem Nichtbestehen des Klassenziels an diese besonderen Schulformen gewechselt.

11%) in die Schule gekommen (vgl. Tabelle 5).[244] Es handelt sich bei allen diesen Kindern um die Einschulungsjahrgänge 2000 (63%), 2001 (20%), 1999 (15,5%) und 2002 (0,8%) (vgl. Tabelle 4).[245]

Tabelle 1: Die von den Kindern in der Analysestichprobe am ersten Messzeitpunkt besuchte Schulform auf der Primarstufe, Informationen aus den Mutterinterviews in der ersten Erhebungswelle: Ergebnisse aus deskriptiven Analysen (absolut und in Prozent)

| **Besuchte Schulformen auf der Primarstufe, Mutterinterview, N=511** | | |
|---|---|---|
| | **in %** | **N** |
| Regelgrundschule | 95,7 | 489 |
| Förderschule, Sonderschule, Sprachheilschule | 0,6 | 3 |
| Grundschule mit besonderem pädagogischen Förderkonzept (Montessori, Waldorf) | 2,3 | 12 |
| Sonstige Schule | 0,8 | 4 |
| Unzulässige Mehrfachantwort | 0,2 | 1 |
| Keine Angabe | 0,2 | 1 |
| Fehlender Wert | 0,2 | 1 |
| Gesamt | 100 | 511 |

Quelle: DJI-Kinderpanel, Welle 1, Mutterinterview, eigene Berechnungen

Tabelle 2: Die von den Kindern in der Analysestichprobe am ersten Messzeitpunkt besuchte Klassenstufe, Informationen aus den Kinderinterviews in der ersten Erhebungswelle: Ergebnisse aus deskriptiven Analysen (absolut und in Prozent)

| **Besuchte Klassenstufen in Welle 1, Kinderinterview, N=511** | | |
|---|---|---|
| | **in %** | **N** |
| zwei | 24,7 | 126 |
| drei | 74,6 | 381 |
| vier | 0,2 | 1 |
| Keine Angabe | 0,4 | 2 |
| Fehlender Wert | 0,2 | 1 |
| Gesamt | 100 | 511 |

Quelle: DJI-Kinderpanel, Welle 1, Kinderinterview, eigene Berechnungen

244 Sieben Kinder sind als Achtjährige (1,4%) und zwei als Neunjährige (0,4%) eingeschult worden. Bei fünf Kindern kann aufgrund fehlender Angaben das Einschulungsalter nicht festgestellt werden. Eine Einschulung im Alter von acht oder neun Jahren erscheint wenig plausibel. Denkbar sind dahinter liegende Ungenauigkeiten bei den Datenerhebungen, insbesondere bei der Frage zum Einschulungsjahr, insofern als für die Berechnung des Einschulungsalters vom Einschulungsjahr das Geburtsjahr abgezogen worden ist.

245 In einigen Fällen, insbesondere bei denjenigen mit Einschulung in den Jahren 1999 und 2002, werden hinsichtlich der nicht vorhandenen zeitlichen Passung zwischen der zeitlichen Struktur der Erhebungen, des Einschulungsjahres, des Beginns des Anfangsunterrichts und der schulischen Verläufe der Kinder Ungenauigkeiten in den Angaben der Mütter zum Einschulungsjahr aufgrund des retrospektiven Frageformats angenommen. Zudem sind im Hinblick darauf unterschiedliche Modalitäten in der Einschulungspraxis der Länder zu berücksichtigen (vgl. Faust, 2006, S. 338–342).

Tabelle 3: Die vorzeitige Einschulung oder Zurückstellung von der Einschulung sowie die Klassenwiederholung der Zielkinder in der Analysestichprobe bis zum ersten Mutterinterview; Informationen aus den Mutterinterviews in der ersten Erhebungswelle: Ergebnisse deskriptiver Analyse (absolut und in Prozent)

| **Vorzeitige Einschulung, Zurückstellung von der Einschulung und Klassenwiederholung, Mutterinterview, N=511** | | | | | |
|---|---|---|---|---|---|
| | **ja** | **nein** | **Keine Angabe** | **Fehlender Wert** | **Gesamt** |
| | N (%) | N (%) | N (%) | N (%) | N (%) |
| Vorzeitige Einschulung | 34 (6,7) | 472 (92,4) | 4 (0,8) | 1 (0,2) | 511 (100) |
| Zurückstellung von der Einschulung | 20 (3,9) | 482 (94,3) | 8 (1,6) | 1 (0,2) | 511 (100) |
| Klassenwiederholung | 13 (2,5) | 489 (95,7) | 8 (1,6) | 1 (0,2) | 511 (100) |

Quelle: DJI-Kinderpanel, Welle 1, Mutterinterview, eigene Berechnungen

Anmerkungen: Zusammenhang zwischen vorzeitiger Einschulung und Schichtzugehörigkeit in Welle eins mit Kreuztabellenanalyse: $Chi^2$ (df=4, N=506) 9,880; Cramers-V=0,140; p<0,05; U = 4,1%: Vier vorzeitig eingeschulte Kinder aus der unteren, 13 aus der mittleren und sechs aus der oberen Mittelschicht, elf Kinder aus der Oberschicht; Zusammenhang zwischen Zurückstellung und Schichtzugehörigkeit in Welle eins: $Chi^2$ (df=4, N=502) 4,797; Cramers-V=0,098; p>0,05; U = 2,9%: Zwei zurückgestellte Kinder aus der Unterschicht, je sechs aus der unteren und mittleren Mittelschicht, fünf aus der oberen Mittelschicht und ein Kind aus der Oberschicht[246]; Zusammenhang zwischen Klassenwiederholung und Schichtzugehörigkeit in Welle eins: $Chi^2$ (df=4, N=502) 5,228; Cramers-V=0,102; p>0,05; U = 6,6%: Acht Wiederholer(innen) aus der mittleren Mittelschicht, je zwei aus der Oberschicht und unteren Mittelschicht und ein(e) Wiederholer(in) aus der Unterschicht[247 248].

---

246 Vgl. ähnliche Befunde im referierten Forschungsstand bei Bellenberg, 1999, S. 32 & 33; oder zur Entwicklung der Einschulungspraxis in historischer Perspektive und zu Befunden für das Land Nordrhein-Westfalen, Bellenberg, 1999, S. 25–54.
Vgl. zu Auswirkungen, Bedingungen und sozialen Disparitäten vorzeitiger oder verspäteter Einschulungen oder Zurückstellungen vom Schulbesuch sowie zu Interventionsmöglichkeiten in Richtung eines Abbaus von sozialen Ungleichheiten am Übergang vom Kindergarten in die Grundschule die Übersicht bei Faust & Roßbach, 2014, S. 122–126, 127–132 und 136–137.
Vgl. zu sozialen Disparitäten am Schulbeginn bei Kratzmann & Schneider, 2009: Je höher der sozioökonomische Hintergrund der Familie, desto wahrscheinlicher eine vorzeitige Einschulung, insbesondere im Rahmen der Karenzzeitregelung für den Einschulungsstichtag; je niedriger der sozioökonomische Hintergrund der Familie, desto wahrscheinlicher eine Zurückstellung vom Schulbesuch oder eine verspätete Einschulung.

247 Im Hinblick auf die durchschnittliche quantitative Verteilung der Haushalte nach Sozialschichten in der Gesamtbevölkerung der BRD und der damit einhergehenden leichten Überrepräsentanz der Haushalte aus der Mittelschicht in der Analysestichprobe überrascht dieses Ergebnis nicht (vgl. zu dieser Verteilung im DJI-Kinderpanel an früherem Ort sowie das *Zwiebelmodell* bei Hradil, 2005, S. 356 & 357, nach Scheuch, 1970, S. 79 (Quelle der Daten), in Anlehnung an Kreckel, 1972, S. 21 (Quelle der Abbildung); oder Bolte & Hradil, 1988, S. 220; zu Modellen sozialer Schichtung vgl. Geißler, 2014, S. 98–105).

248 Vgl. den schulpädagogischen Diskurs, allgemeinen Forschungsstand und die Befundlage in Nordrhein-Westfalen zur Klassenwiederholung bei Bellenberg, 1999, S. 55–111).
Im Gegensatz zu den eigenen Befunden kommen Ehmke und Jude (2010, S. 244 & 245) für die PISA-Stichprobe von 2009 zu dem Ergebnis, dass, retrospektiv betrachtet, mehr Kinder von un- und angelernten Arbeitern (EPG-Klasse VII; 15,6%) und Facharbeitern (EPG-Klassen V und VI; 11,2%) schon in der Grundschule häufiger eine Klasse wiederholen als Kinder von Eltern, die der oberen oder unteren Dienstklasse angehören (EPG-Klassen I und II, je 5,4%). Demgegenüber werden Kinder von Eltern aus der oberen Dienstklasse

Tabelle 4: Der Zeitpunkt der Einschulung der Zielkinder in der Analysestichprobe (Einschulungsjahr), Informationen aus den Mutterinterviews in der ersten Erhebungswelle: Ergebnisse aus deskriptiven Analysen (absolut und in Prozent)

| **Zeitpunkt der Einschulung (Jahr), Mutterinterview, N=511** | | |
|---|---|---|
| | **in %** | N |
| 1999 | 15,5 | 79 |
| 2000 | 63,0 | 322 |
| 2001 | 20,0 | 102 |
| 2002 | 0,8 | 4 |
| Keine Angabe | 0,6 | 3 |
| Fehlender Wert | 0,2 | 1 |
| Gesamt | 100 | 511 |

Quelle: DJI-Kinderpanel, Welle 1, Mutterinterview, eigene Berechnungen

Tabelle 5: Das Einschulungsalter der Kinder in der Analysestichprobe, Informationen aus den Mutterinterviews in der ersten und zweiten Erhebungswelle: Ergebnisse aus deskriptiven Analysen (absolut und in Prozent)

| **Einschulungsalter (Lebensalter), Mutterinterview, N=511** | | |
|---|---|---|
| | **in %** | N |
| Fünf | 10,6 | 54 |
| Sechs | 52,3 | 267 |
| Sieben | 34,4 | 176 |
| Acht | 1,4 | 7 |
| Neun | 0,4 | 2 |
| Fehlender Wert | 1,0 | 5 |
| Gesamt | 100 | 511 |

Quelle: DJI-Kinderpanel, Welle 1 und 2, Mutterinterview, eigene Berechnungen

Ein weiterer wichtiger Gradmesser schulischer Verläufe ist das **Einschulungsalter** bzw. **das Jahr der Einschulung** in Abhängigkeit von dem jeweiligen Stichtag dafür in einem Bundesland (vgl. Faust & Roßbach, 2014, S. 119 & 120; oder Bellenberg, 1999, S. 25). Im DJI-Kinderpanel ist im ersten Mutterinterview nach dem Einschulungsjahr des betreffenden Zielkindes gefragt worden, denn die verschiedenen institutionellen Selektionskriterien und Regulierungsmöglichkeiten bei der Einschulung am Schulbeginn, wie die vorzeitige Einschulung oder Zurückstellung, das Einschulungsalter und -jahr in Zusammenhang mit der *Schulreife* oder besser *Schulfähigkeit* eines Kindes, sind nicht immer identisch und gehen auch nicht immer zeitgleich einher, zumal Kinder im Alter von sechs Jahren Entwicklungsunterschiede bis zu einem Jahr aufweisen können. Vor diesem Hintergrund sind in besonderen und begründeten Fällen dahingehend Sonderregelungen wie die vorzeitige Einschulung (auch die sogenannte

weitaus häufiger vorzeitig eingeschult (5,4%) als Kinder von Eltern aus niedrigeren Klassen (2,7% bis 1,9%).

*Karenzzeit*, vgl. Bellenberg, 1999, S. 26 & 32[249]) oder die Zurückstellung von schulpflichtigen, aber noch nicht schulfähigen Kindern von der Einschulung vor Schulanfang oder während der ersten Schulmonate im zeitlichen Rahmen von einem Jahr bis maximal zwei Jahren vorgesehen und möglich (vgl. Bellenberg, 1999, S. 26 &29; Bellenberg, Hovestadt & Klemm, 2004, S. 8 und S. 11–24; Faust, 2006, S. 340–342; oder Faust & Roßbach, 2014, 122–126).

Das Verhältnis der Kriterien der Einschulung ist nicht einheitlich geregelt und spiegelt die teils unterschiedlichen gesetzlichen Regelungen und Bestimmungen dafür in den Schulsystemen der Länder der BRD wider (vgl. Bellenberg, Hovestadt & Klemm, 2004, S. 8 & 9; oder Faust, 2006, S. 338–340) und wird mit den außer- und vorschulischen Angeboten wie Schulkindergarten, Vorschule oder Vorschulklasse sowie mit schulischen Bedingungen wie Klassenfrequenz, Berufserfahrungen der Lehrkräfte oder Jahrgangsstärke erklärt. Dies betrifft vor allem die Zurückstellungspraxis der Schulen, die nicht immer nur auf die fehlenden Lernvoraussetzungen und Schulunfähigkeit der Kinder zurückzuführen, sondern oftmals auch institutionell bedingt ist und damit begründet wird (vgl. Bellenberg, 1999, S. 30 & 31).

Im Großen und Ganzen handelt es sich bei den Unterschieden in der Einschulungspraxis der Länder dennoch mehr um graduelle als um fundamentale Differenzen. Das Einschulungsjahr hängt im Wesentlichen mit dem Stichtag für das schulpflichtige Alter der Kinder, in der Regel sechs Jahre, zusammen, der je nach Bundesland variierend oder flexibel im Zeitraum vom 30. Juni (Regelfall) bis zum 30. September eines jeden Jahres liegt (vgl. Faust & Roßbach, 2014, S. 120). In der BRD hat der Gesetzgeber Schulpflicht vorgeschrieben, die mit Vollendung des sechsten Lebensjahres eintritt (vgl. Bellenberg, Hovestadt & Klemm, 2004, S. 8 & 9; und Faust, 2006, S. 338–340). Allerdings gibt es derzeit auch Bemühungen und Modellprojekte, vor allem an Schulen mit einem besonderen pädagogischen Förderkonzept, wie beispielsweise der Montessori-Schule, und auch an Regelgrundschulen, das Einschulungsalter und den Einschulungszeitpunkt je nach Entwicklungsstand und Schulfähigkeit der Kinder flexibel handzuhaben (Stichwort: *Flexible Schuleingangsstufe*, vgl. dazu Faust,

249 Unter der Karenzzeitregelung für die vorzeitige Einschulung ist zu verstehen, dass Kinder, die im Zeitraum vom ersten Juli bis einschließlich 31. Dezembers das sechste Lebensjahr erreichen, vorzeitig eingeschult werden können, wenn die Eltern dies wünschen, beantragt haben und das noch nicht schulpflichtige Kind die nötige Schulfähigkeit besitzt. Generell tritt für Kinder, die bis zum 30. Juni eines jeden Jahres sechs Jahre alt geworden sind, zum 01. August die Schulpflicht in Kraft (vgl. Bellenberg, 1999, S. 26). Damit liegt die Einschulung im Normalfall in der Altersspanne von sechs Jahren und einem Monat bis sieben Jahren und einem Monat.

2006, S. 331–336; oder Faust & Roßbach, 2014, S. 122[250]). Kernpunkte dieser neuen Schuleingangsphase sind der Verzicht auf Selektion und die frühe Förderung der Kinder, die gemäß den alten Bedingungen zurückgestellt werden müssten. Damit verbunden sind Maßnahmen wie die jahrgangsübergreifende Lerngruppenbildung, die Mitarbeit des sozialpädagogischen Fachpersonals, der Verzicht auf Zurückstellungen und ein zweiter Einschulungstermin zum Schulhalbjahr (vgl. Faust, 2006, S. 331, 333–336). Zusätzlich soll damit den Eltern die Einschulung ihrer schulfähigen, aber noch nicht schulpflichtigen Kinder erleichtert werden. Eine flächendeckende und einheitliche Umsetzung dieser flexiblen Schuleingangsstufe ist derzeit in den Ländern der BRD noch nicht vollständig realisiert (vgl. Faust & Roßbach, 2014, S. 122; oder Faust, 2006, S. 332–336), denn diese setzt eine enge Verzahnung und enge Kooperationsstrukturen zwischen Kindertageseinrichtungen und Grundschule als wesentliche Gelingensfaktoren dafür voraus (vgl. Hacker, 2008; S. 101–129; Faust, Wehner & Kratzmann, 2013, zum Forschungsstand und zu Forschungsergebnissen zu dieser Thematik in der BiKS-Studie: Zu gemeinsamen Aktivitäten von Kindergarten und Schule und zum Informationsaustausch zwischen Kindergarten und Schule S. 148–150; oder bei Faust & Roßbach, 2014, S. 136/137: Informationsstand der Eltern zur Einschulung und zum Entwicklungsstand des Kindes als mögliche Ansatzpunkte für Präventionen zum Abbau sozialer Disparitäten am Schulstart[251]).

Im zurückliegenden Zeitraum des DJI-Kinderpanels hat, wie auch heute noch, die Regelung flächendeckend gegolten, dass Kinder, die bis zum jeweiligen Stichtag des Beginns der Schulpflicht im Schulsystem eines jeden Bundeslandes ihr sechstes Lebensjahr vollendet haben (in der Regel der 30. Juni), zum ersten August schulpflichtig werden und eingeschult werden müssen (vgl. Bellenberg, Hovestadt & Klemm, 2004, S. 9: Mit oder ohne Antrag der Eltern und bzw. oder einem Gutachten). Der Anfangsunterricht beginnt im darauffolgenden Schuljahr, d. h. je nach Lage der Sommerferien in den einzelnen Ländern, in den Sommer- oder Herbstmonaten, spätestens jedoch im September eines jeden Jahres. Je nach Bundesland gibt es außerdem noch unterschiedliche ge-

250 Als Merkmale der neuen Schuleingangsstufe zählen die intensive Förderung schulpflichtiger, aber noch nicht schulfähiger Kinder in den ersten beiden Schuljahren, ein weiterer Einschulungstermin zum Schulhalbjahr und die Flexibilisierung der Schulbesuchsdauer in den ersten beiden Schuljahren (von einem Jahr bis drei Jahre). Damit soll die Einschulung von pädagogisch-psychologischen Schulfähigkeitsdiagnosen entkoppelt werden.

251 Im Gegensatz dazu können Kluczniok, Anders und Roßbach (2015) in ihrer Untersuchung zu den Einflussgrößen einer guten Kooperation zwischen Kindergarten und Grundschule für einen gelungenen Start der Kinder in der Grundschule keine signifikant positiven Effekte solcher interorganisationalen Strukturen in den Daten der KiDZ-Studie nachweisen. Als entscheidend für einen guten Schulstart haben sich in dieser Studie vielmehr die individuellen Merkmale der Kinder herausgestellt.

setzliche Regelungen im Hinblick darauf, inwieweit Kinder mit Geburtstag in den Herbst- und Wintermonaten (September bis Dezember) vor dem Erreichen ihres sechsten Lebensjahres am Anfangsunterricht des zurückliegenden Schuljahresbeginns (vom Geburtsmonat her betrachtet) teilnehmen können (vgl. Bellenberg, 1999, S. 26 & 32 zur Karenzzeitregelung). Diese Kinder werden damit vorzeitig in Bezug auf ihr Lebensalter und schulpflichtiges Alter, rückwirkend aber in Bezug auf den Stichtag eingeschult.

Über die Zurückstellung von der Einschulung entscheiden die Schulbehörden, Schulleitungen oder fachlichen Aufsichten in Zusammenarbeit mit dem Gesundheitsamt u. a. auf der Basis der Ergebnisse der Einschulungsuntersuchung, teils unter Anhörung der Eltern oder mit deren Beantragung (vgl. Bellenberg, Hovestadt & Klemm, 2004, S. 12 und 17–20). Maßgebliches Kriterium dafür ist die Schulfähigkeit des Kindes, die im Rahmen einer ärztlichen Untersuchung mit standardisierten Verfahren und Tests festgestellt und unter Berücksichtigung des Entwicklungsstandes des Kindes ausgesprochen wird. Auch hierfür gibt es teils variierende und nur vage formulierte gesetzliche Richtlinien in den Schulbestimmungen der Länder (vgl. Bellenberg, Hovestadt & Klemm, 2004, S. 12: Größere Unterschiede in den *Kann-Regelungen* der Länder für die vorzeitige Einschulung oder die Zurückstellung vom Unterricht bei der Einschulung als für das Einschulungsalter oder den Einschulungszeitpunkt).

Fachliche Grundlage der Zurückstellung stellt vorrangig das Ergebnis der schulärztlichen Untersuchung des Gesundheitsamtes über den Entwicklungsstand des Kindes dar, wobei prinzipiell alle schulpflichtigen Kinder an dieser Schuleingangsuntersuchung teilnehmen müssen (vgl. Bellenberg, Hovestadt & Klemm, 2004, S. 19). Darüber hinaus können in einigen Ländern noch weitere fachliche Gutachten und Stellungnahmen hinzugezogen werden. Von der Möglichkeit der Zurückstellung sollte jedoch nur dann Gebrauch gemacht werden, wenn Fördermöglichkeiten in der Schule keinen erfolgreichen Schulbesuch des Kindes versprechen können (vgl. Bellenberg, Hovestadt & Klemm, 2004, S. 16). Im Gegensatz zur Zurückstellung entscheiden über die vorzeitige Einschulung von noch nicht schulpflichtigen Kindern die Eltern, teils zusammen mit der Schulleitung je nach Entwicklungsstand und Schulfähigkeit des Kindes unter Einbezug u. a. der Ergebnisse der Einschulungsuntersuchung (vgl. Bellenberg, Hovestadt & Klemm, 2004, S. 11 & 12). Außerdem haben die Eltern in einigen Bundesländern die Möglichkeit, eine Zurückstellung von der Einschulung trotz vorhandener Schulfähigkeit des Kindes zu beantragen (vgl. Bellenberg, Hovestadt & Klemm, 2004, S. 16: Antragsrecht). In der Regel entscheiden aber auch in diesen Fällen die Schulbehörden, Schulleitungen oder fachlichen Aufsichten (vgl. Bellenberg, Hovestadt & Klemm, 2004, S. 17 & 18). Manche Eltern ziehen diese Möglichkeit in Betracht, obwohl der Entwicklungsstand, die Schulfähigkeit und die kognitiven Fähigkeiten des Kindes eine Einschulung zulassen würden. In diesen Fällen argumentieren die Eltern in der Regel damit, dass das Kind dem *harten* schulischen Alltag nicht zu früh ausgesetzt werden solle und es deshalb für das Kind vorteilhafter sei, wenn es ein Jahr länger zu Hause oder im Kindergarten, d. h. in eher spielerischen Lernkontexten, verbleibe, damit es länger die Rolle als Kind ausfüllen könne und nicht zu früh zu einer Schülerin bzw. einem Schüler werde (vgl. Stichworte: *Unbeschwerte Kindheit* und *Startvorteile am Schulbeginn*, der sog. *Redshirting-Effekt*, in Zusammenhang mit dem sozialen Hintergrund einer Familie bei Faust & Roßbach, 2014, S. 126 & 136; oder vgl. zur Wahrnehmung der Eltern von Schule bei Wehner, 2013, S. 204). In begründeten Ausnahmefällen und höchstens für ein Jahr ist dies möglich. Dagegen entscheiden sich Eltern aufgrund der Entwicklungsfortschritte und Schulfähigkeit ihres Kindes auch bewusst für eine vorzeitige Einschulung (vgl. Bellenberg, Hovestadt & Klemm, 2004, S. 12: Zustimmung der Schulleitung und ein Gutachten über den Entwicklungsstand des Kindes dafür zum Teil erforderlich). Im Hinblick auf diese Sonderregelungen am Schuleintritt ist für den Regelfall zu konstatieren, dass die Zurückstellung von der Einschulung oder die verspätete Einschulung mehr eine institutionelle Angelegenheit, die vorzeitige Einschulung dagegen mehr eine Elternentscheidung darstellt (vgl. Bellenberg, Hovestadt & Klemm, 2004, S. 11 & 12 und 15–21).

Prinzipiell ist zwischen dem **Lebens- und Entwicklungsalter** zu unterscheiden, insbesondere bei Kindern (vgl. zur Psychologie der Lebensspanne Baltes, Staudinger & Lindenberger, 1999; vgl. diese Differenzierung in Bezug auf die psychologische Diagnostik bei Petermann & Macha, 2003, S. 7 & 11; oder in Bezug auf den Schuleintritt bei Faust, 2013, S. 10). Aufgrund unterschiedlicher Einflussgrößen in der ontogenetischen Entwicklung verlaufen beide Altersbezüge nicht immer synchron und kongruent einher und sind damit nicht als identisch zu behandeln. Das Entwicklungsalter bezieht sich auf das psychologische, das Lebensalter auf das chronologische Alter (vgl. Gerrig & Zimbardo, 2008, S. 363; Montada, 2008, S. 17 & 18 und 40 & 41). Hier wird jedoch implizit davon ausgegangen, dass beide Altersbezüge in den meisten Fällen miteinander assoziiert sind. Insofern ist die Information über das Einschulungs- bzw. Lebensalter am Schulbeginn mit Blick auf Schulerfolg von hoher Relevanz und nicht nur das Einschulungsjahr, denn binnen weniger Monate oder eines halben Jahres sind im Kindesalter bedeutende Entwicklungssprünge möglich. Vor diesem Hintergrund ist zu resümieren: Ein Kind, das beispielsweise im Dezember geboren worden ist und dessen Schullaufbahn nach Erreichen des sechsten Lebensjahres im darauf folgenden Schuljahr, d. h. im Alter von 6,9 Jahren, beginnt, hat bei einer relativ hohen Kongruenz zwischen Lebens- und Entwicklungsalter meist bessere Chancen in der Schule, als wenn seine Schullaufbahn vom Lebensalter her betrachtet in Bezug auf das Einschulungsjahr rückwirkend, in Bezug auf das Lebensalter aber vorzeitig im September im Alter von 5,9 Jahren, d. h. vor Erreichen des sechsten Lebensjahres, beginnt. Ist man in früheren

Zeiten vor dem Hintergrund des Verständnisses von Reifung als biologisch und damit endogen gesteuerte Größe von der Schulreife der Kinder ausgegangen, so spricht man heute mit Fokus auf Entwicklungsstand und Lernvermögen der Kinder im Sinne eines interaktionistischen Standpunktes von Schulfähigkeit (vgl. Bellenberg, 1999, S. 27 & 28).

### 4.5.2. Die schulische Entwicklung der Kinder zwischen erster und zweiter Erhebungswelle

Die schulische Entwicklung der Kinder in der Analysestichprobe zwischen erstem und zweitem Messzeitpunkt ist Gegenstand dieses Abschnitts. Abgesehen von Klassenwiederholungen sind die Kinder in diesem Zeitraum im Regelfall in die nächst höheren Jahrgangsstufen vorgerückt.

Zunächst werden die schulischen Verläufe der Kinder anhand der Angaben der Mütter, im Anschluss daran anhand derer der Kinder zum Schulverlauf analysiert. Die Eingangsfrage im Themenfeld Schule im Mutterinterview am zweiten Messzeitpunkt hat wie im selbigen am ersten gelautet (vgl. Kapitel zur Analysestichprobe), ob das betreffende Zielkind die Schule besucht. Alle Mütter haben diese Frage bejaht (100%; N=511). Im weiteren Verlauf des Interviews sind die Mütter danach gefragt worden, in welcher Klasse sich das jeweilige Kind nun befindet, wobei dahingehend zwischen erster und zweiter bzw. höherer Klassenstufe unterschieden worden ist. Ein Großteil der Mütter hat die Kategorie zweite oder höhere Klassenstufe (99,4%; N=508) genannt. Lediglich zwei Mütter haben die erste Klassenstufe angegeben (0,4%).[252] Eine Mutter hat bei dieser Frage nicht geantwortet (N=0,2%).[253] Im Anschluss daran ist im Mutterinterview ermittelt worden, ob nach dem ersten Messzeitpunkt ein Schulwechsel stattgefunden hat oder das Kind die Klasse wiederholen musste. Die Ergebnisse aus deskriptiven Analysen zeigen, dass die meisten Kinder in der zweiten Erhebungswelle dieselbe Schule wie in der ersten besucht haben (N=495; 96,9%). Nur bei neun Kindern (1,8%) ist zwischen den ersten beiden Messzeitpunkten ein Schulwechsel vollzogen worden. Letztere Fälle sowie die

252 Datenerhebungsfehler werden auch hierzu vermutet, denn bei einer Erstklässlerin bzw. einem Erstklässer davon nach der Angabe der Mutter handelt es sich nach der Selbstauskunft dieses Kindes bereits schon um eine Viertklässlerin oder einen Viertklässler. Die zweite Erstklässlerin bzw. der zweite Erstklässler im Mutterinterview am zweiten Messzeitpunkt, das Kind aus der jüngeren Kohorte, hat am zweiten Messzeitpunkt die erste Klasse an einer Regelgrundschule besucht.

253 Dieses Kind ist am zweiten Messzeitpunkt gemäß der Selbstauskunft eine Viertklässlerin bzw. ein Viertklässler gewesen.

Fälle mit einem fehlenden Wert bei der Frage zum Schulwechsel (N=2; 0,4%[254]) sowie der Fall mit keiner Angabe der Mütter zum Schulwechsel sind am zweiten Messzeitpunkt jedoch in einer Regelgrundschule unterrichtet worden (N=16; 3,1%). Insofern ist ein Übertritt in die Sekundarstufe I zwischen den ersten beiden Erhebungen in diesen Fällen auszuschließen. Der Grund für den Schulwechsel ist in sieben Fällen der Umzug der Familie gewesen. Zwei Kinder haben die Schule im Zuge einer Klassenwiederholung gewechselt.[255] Darunter ist auch ein Kind zu finden, das nach der ersten Welle den Sprung von der Förderschule in die Regelgrundschule geschafft hat. Allerdings hat dieses Kind dann in der Regelgrundschule die am ersten Messzeitpunkt in der Förderschule besuchte Jahrgangsstufe wiederholen müssen. Die Fragen zum Schulwechsel und zur Klassenwiederholung sind ausschließlich an Mütter von Kindern ab der zweiten Jahrgangsstufe gerichtet gewesen.[256] Zehn Kinder sind zwischen den ersten beiden Messzeitpunkten sitzen geblieben (2,0%), 495 dagegen regulär in die nächst höheren Klassenstufen vorgerückt (95,9%). Vier Mütter haben bei der Frage zur Klassenwiederholung keine Auskunft erteilt (0,8%). Außerdem sind zwei Fälle mit einem fehlenden Wert bei dieser Frage aufgrund der Nichtbeachtung der Filterführung im Interview zu registrieren (0,4%). Bei neun Repetentinnen und Repetenten handelt es sich um Schüler(innen) aus zweiten und dritten Jahrgangsstufen an Regelgrundschulen. Einer Schülerin bzw. einem Schüler in einer Förderschule ist im Zuge der Klassenwiederholung in der dritten Jahrgangsklasse der Wechsel in eine Regelgrundschule gelungen, worauf schon hingewiesen worden ist.

Die Befunde aus deskriptiven Kreuztabellenanalysen lassen darüber hinaus darauf schließen, dass kein Zusammenhang zwischen der sozialen Herkunft der Kinder, dem Schichtindex bzw. der Schichtzugehörigkeit der Haushalte bzw. Familien der Kinder in Welle zwei, und dem Schulwechsel oder der Klassenwiederholung der Kinder zwischen den ersten beiden Erhebungswellen besteht. Die Repetentinnen und Repetenten sowie die Schüler(innen) mit Schulwechsel verteilen sich auf die einzelnen Sozialschichten in Welle zwei annähernd gleich. Jedoch hat kein Kind aus der Oberschicht in diesem Zeitraum eine Klasse wie-

254 Diese beiden Fälle stellen die beiden Erstklässler(innen) im Mutterinterview in Welle zwei dar. Die zwei Fälle mit einem fehlenden Wert bei dieser Frage werden damit erklärt, dass die Filterführung im Mutterinterview nach der Frage zur besuchten Klassestufe von den Interviewerinnen und Interviewern nicht berücksichtigt worden ist.

255 Diese und weitere Ergebnisse sind mittels Kreuztabellenanalysen zwischen den Indikatoren Schulwechsel, Klassenwiederholung, Umzug und besuchter Schultyp aus den ersten beiden Mutterinterviews festgestellt worden. Im Themenfeld *sozialökologisches Wohnumfeld* im Mutterinterview ist am zweiten Messzeitpunkt danach gefragt worden, ob die Familie innerhalb der letzten 12 Monate umgezogen ist.

256 Nach der Frage zur vom Zielkind besuchten Klassenstufe hat im Mutterinterview eine Filterführung eingesetzt.

derholt oder die Schule gewechselt. Die Ergebnisse aus Korrelationsanalysen bestätigen im Wesentlichen diese schichtspezifischen Zusammenhänge (für die Repetentinnen und Repetenten: $Chi^2$ (df=4, N=505) 7,306; Cramers-V=0,120; p>0,05; U = 6,0%; für die Schüler(innen) mit Schulwechsel: $Chi^2$ (df=8, N=509) 7,318; Cramers-V=0,085; p>0,05; U = 5,1%).

Tabelle 6: Die von den Zielkindern in der Analysestichprobe besuchte Klassenstufe in Erhebungswelle zwei (Kinderinterview): Ergebnisse aus deskriptiven Analysen (absolut und in Prozent)

| Besuchte Klassenstufe in Welle 2, Kinderinterview, N=511 | | |
|---|---|---|
| | in % | N |
| Eins | 0,2 | 1 |
| Zwei | 0,4 | 2 |
| Drei | 26,9 | 137 |
| Vier | 71,4 | 365 |
| Fünf | 0,6 | 3 |
| Keine Angabe | 0,4 | 2 |
| Fehlender Wert | 0,2 | 1 |
| Gesamt | 100 | 511 |

Quelle: DJI-Kinderpanel, Welle 2, Kinderinterview, eigene Berechnungen

In der obigen Ergebnistabelle (vgl. Tabelle 6) sind die absoluten und relativen Häufigkeiten der von den Kindern am zweiten Messzeitpunkt besuchten Jahrgangsstufen auf Basis der Angaben in den Kinderinterviews aufgelistet. Die beiden Fälle ohne Angabe der Klassenstufe haben sich am Zeitpunkt der zweiten Erhebungswelle nach der Auskunft der Mütter in der zweiten oder einer höheren Jahrgangsklasse befunden. Gleiches gilt ebenso für die Erstklässlerin oder den Erstklässler und die beiden Zweitklässler(innen) im Kinderinterview an diesem Messzeitpunkt. Die drei Fünftklässler(innen) sind in der zweiten Erhebungswelle noch in einer Regelgrundschule unterrichtet worden.[257]

Die dargelegten deskriptiven Befunde zu den schulischen Verläufen der Kinder in der Analysestichprobe zwischen den ersten beiden Messzeitpunkten verdeutlichen, dass ein Großteil von ihnen am zweiten Messzeitpunkt dieselbe Regelgrundschule besucht hat wie am ersten und regulär in die nächst höhere Klassenstufe vorgerückt ist. Zu einer Klassenwiederholung oder einem Schulwechsel ist es nur in einigen wenigen Fällen gekommen.

257 Bei diesen drei Schüler(innen), ein(e) Schüler(in) aus Bayern und zwei Schüler(innen) aus Nordrhein-Westfalen, liegt ein Schulwechsel zwischen den ersten beiden Messzeitpunkten nicht vor, so dass auch hier von Flüchtigkeitsfehlern bei den Datenerhebungen auszugehen ist. Das Kind aus der jüngeren Kohorte ist den Angaben im Mutterinterview zufolge ein(e) Erstklässler(in) in einer Regelgrundschule.

### 4.5.3. Der Übertritt der Kinder in die Sekundarstufe I zwischen zweiter und dritter Erhebungswelle

Zum Abschluss dieses Kapitels werden deskriptive Befunde zu den Schulverläufen der Zielkinder in der Analysestichprobe zwischen den letzten beiden Messzeitpunkten vorgestellt, insbesondere wird dabei auf den Übertritt der Kinder in Schulformen der Sekundarstufe I eingegangen. Zuerst werden wiederum Ergebnisse aus den Analysen der Angaben der Mütter, im Anschluss daran Ergebnisse aus den Analysen der Angaben der Kinder referiert, jeweils auf der Grundlage der Daten im dritten Interview ermittelt. Sieht man von den Repetentinnen und Repetenten ab, so sind die Kinder zwischen den letzten beiden Messzeitpunkten in die übernächste Jahrgangsstufe vorgerückt und befinden sich nun in den ersten Jahrgangsklassen der Sekundarstufe I.

Wie im ersten und zweiten Interview sind die Mütter auch im dritten im Themenblock *Schule* zuerst danach gefragt worden, ob das Zielkind zur Schule geht. 510 Mütter haben diese Frage bejaht (99,8%), eine Mutter hat sie hingegen verneint (0,2%).[258] Darüber hinaus sollten die Mütter den Träger sowie das Schulkonzept der Schule ihres Kindes benennen. Bezüglich der Frage nach dem Schulträger ist zu konstatieren, dass 465 Kinder (91,0%) eine öffentliche bzw. staatliche Schule und nur 46 Kinder (9,0%) eine private oder konfessionelle Schule am dritten Messzeitpunkt besucht haben. Im Hinblick auf das Schulkonzept ist festzuhalten, dass 32 Kinder (6,3%) an diesem Messzeitpunkt in einer Schule mit einem besonderen pädagogischen Konzept (Montessori oder Waldorf), die meisten Kinder jedoch in einer Schule (N=475; 93,0%) mit einem konventionellen Konzept unterrichtet worden sind. Vier Mütter haben über das Schulkonzept keine Auskunft geben können (0,8%).

Im weiteren Verlauf der Mutterinterviews sind die vom Zielkind besuchte Jahrgangsklasse sowie das Jahr, seit welchem das Kind in der jetzigen Schule angemeldet ist, ermittelt worden. Hinsichtlich dessen ist festzustellen, dass ein geringerer Anteil der Zielkinder zwischen den letzten beiden Messzeitpunkten in die fünfte (N=150; 29,4%), ein weitaus größerer hingegen in die sechste Klassenstufe (N=358; 70,1%) vorgerückt ist. Nur einige wenige Kinder haben am dritten Messzeitpunkt eine höhere Klassenstufe besucht (zwei Siebtklässler(innen) und ein(e) Achtklässler(in); vgl. die Ergebnisse in der linken Hälfte von Tabelle 7 auf der nächsten Seite). Aus diesen Befunden ist zusammenfassend zu schließen, dass die Kinder entweder zum Schuljahr 2004/2005 oder zum Schuljahr 2005/2006 in die Sekundarstufe I übergetreten sind. Bei der

258 Im Hinblick auf die beiden Fragen nach der Klassenstufe und Schulform im letzten Mutterinterview ist bei diesem Ergebnis ein Datenerhebungsfehler anzunehmen, denn das Kind dieser Mutter hat am dritten Messzeitpunkt die sechste Klasse eines Gymnasiums besucht.

Frage, seit welchem Jahr sich das Kind in der derzeitigen Schule befindet, sollten die Mütter die betreffende Jahreszahl angeben (vgl. dazu die Befunde in der linken Hälfte von Tabelle 8 auf der nächsten Seite). Da die meisten Zielkinder im Herbst 2004 oder 2005 in die Sekundarstufe I übergetreten sind und damit die Schule gewechselt haben, erscheint es wenig erstaunlich, dass rund 11,15% der Kinder (N=57), ein relativ geringer Anteil, zu Beginn der Sekundarstufe I in derselben Schule angemeldet ist wie auf der Primarstufe. Diese Kinder sind im Zeitraum zwischen 1999 bis 2003 in die am dritten Messzeitpunkt besuchte Schule eingetreten.[259] Vermutlich handelt es sich dabei um Schulen mit Primar- und Sekundarstufe *unter einem Dach*, die darüber hinaus als sogenannte Verbundschulen oder Schulzentren noch verschiedene Bildungsgänge und Schullaufbahnen anbieten, wie beispielsweise die Gesamtschule.

Tabelle 7: Die von den Zielkindern in der Analysestichprobe besuchte Klassenstufe in Erhebungswelle drei (Kinder- und Mutterinterview): Ergebnisse aus deskriptiven Analysen (absolut und in Prozent)

| Besuchte Klassenstufe in Welle 3, Mutterinterview, N=511 | | | Kinderinterview, N=511 | | |
|---|---|---|---|---|---|
| | in % | N | | in % | N |
| 5. Klasse | 29,4 | 150 | 5. Klasse | 28,6 | 146 |
| 6. Klasse | 70,1 | 358 | 6. Klasse | 70,8 | 362 |
| 7. Klasse | 0,4 | 2 | 7. Klasse | 0,4 | 2 |
| 8. Klasse oder höher | 0,2 | 1 | Keine Angabe | 0,2 | 1 |
| Gesamt | 100% | 511 | Gesamt | 100,0 | 511 |

Quelle: DJI-Kinderpanel, Welle 3, Mutter- und Kinderinterview, eigene Berechnungen

259 15 Mütter (2,9%) haben bei dieser Frage keine Jahreszahl angegeben. In Anbetracht der Antworten der Mütter bei den Fragen zum Einschulungsjahr im ersten Interview und zum Schulwechsel zwischen den ersten beiden Erhebungswellen im zweiten wird die Validität der Jahresangaben einiger Mütter hier in Frage gestellt, zumal nur einige wenige Schüler(innen) die Schule in dem oben genannten Zeitraum gewechselt haben. Im Kinderinterview in der dritten Erhebungswelle ist desgleichen die Frage gestellt worden, ob ein Schulwechsel nach der vierten Grundschulklasse vorgenommen worden ist. 94,5% der Zielkinder haben diese Frage bejaht, 5,1% verneint und von 0,4% der Kinder (N=4) liegt dazu keine valide Auskunft vor. Die ermittelten Mismatches in einigen Fällen zwischen dem Schulwechsel nach der vierten Grundschulklasse, der besuchten Schulform auf der Sekundarstufe I und dem Jahr, seit dem sich das Zielkind in der am dritten Messzeitpunkt besuchten Schule befindet, sind ursächlich womöglich darauf zurückzuführen, dass der Fragetext zu letzterem von einigen Müttern missverstanden worden ist. Unklarheiten haben sicherlich in einigen Fällen auch bzgl. der Begrifflichkeiten wie Schulform, Schultyp, Schulzweig, Schulzentren etc. bestanden, so dass höchstwahrscheinlich einige Mütter im Interview in Verwirrung geraten oder einfach auch nicht richtig über die schulische Situation ihres Kindes informiert gewesen sind. Eine andere Erklärung dafür könnte den Modus der Datenerhebung bei der Frage am dritten Messzeitpunkt, seit wann das Zielkind auf diese Schule geht, betreffen: Die Interviewer(innen) haben hierfür in den Interviewbogen die jeweilige Jahreszahl handschriftlich eintragen müssen. Eine undeutliche Handschrift hat hier u. U. zu fehlerhaft eingescannten Zahlen führen können.

Tabelle 8: Der Besuch der Schule auf der Sekundarstufe I seit ... (Jahr) und der Schulwechsel nach der vierten Jahrgangsstufe, d. h. nach der Grundschule, Informationen aus den Kinder- und Mutterinterviews in der dritten Erhebungswelle: Ergebnisse aus deskriptiven Analysen (absolut und in Prozent)

| **Seit wann geht Zielkind auf diese Schule? Mutterinterview, N=511, Welle 3** | | | **Schulwechsel nach der vierten Klasse bzw. nach der Primarstufe, Kinderinterview, N=511, Welle 3** | | |
|---|---|---|---|---|---|
| | N | in % | | N | in % |
| 1999 | 6 | 1,2 | Ja | 481 | 94,1 |
| 2000 | 26 | 5,1 | Nein | 26 | 5,1 |
| 2001 | 3 | 0,6 | Keine Angabe | 2 | 0,4 |
| 2002 | 1 | 0,2 | Missing | 2 | 0,4 |
| 2003 | 21 | 4,1 | Gesamt | 511 | 100,0 |
| 2004 | 302 | 59,1 | | | |
| 2005 | 137 | 26,8 | | | |
| k.A. | 15 | 2,9 | | | |
| Gesamt | 511 | 100,0 | | | |

Quelle: DJI-Kinderpanel, Welle 3, Mutter- und Kinderinterview, eigene Berechnungen

Wie in den Mutterinterviews ist auch in den Kinderinterviews am dritten Messzeitpunkt nach der besuchten Klassenstufe gefragt worden. Die deskriptiven Ergebnisse dazu in der rechten Hälfte von Tabelle sieben (oben) lassen erkennen, dass die relativen Anteile der Kinder nach Jahrgangsstufen auf Basis der Kinderangaben ähnlich groß ausfallen wie dieselben auf Basis der Mütterangaben (146 Fünftklässler(innen) (28,6%) und 362 Sechstklässler(innen) (70,8%)). Zwei Kinder haben an diesem Messzeitpunkt schon der siebten Jahrgangsstufe angehört (0,4%). Ein Kind hat seine Klassenstufe (0,2%) nicht genannt. Die Ergebnisse aus einer Kreuztabellenanalyse zeigen im Wesentlichen eine relativ hohe Übereinstimmung zwischen den Klassenangaben der Mütter und Kinder für diesen Messzeitpunkt. Nur in wenigen Fällen sind diesbezüglich Abweichungen festzustellen.[260] Nach der Frage zur Klassenstufe schließt sich im Kin-

260 In sechs Fällen weichen die Angaben der Kinder und Mütter zur Klassenstufe voneinander ab: Die Achtklässlerin bzw. der Achtklässler im Mutterinterview befindet sich nach der Selbstauskunft des Kindes erst in der sechsten Jahrgangsstufe am dritten Messzeitpunkt. Bei den vier Fünftklässlerinnen oder Fünftklässlern im Mutterinterview handelt es sich den eigenen Angaben der Kinder zufolge bereits um Sechstklässler(innen). Bei einer Sechstklässlerin oder einem Sechstklässler im Mutterinterview liegt keine Angabe zur Klassenstufe im Kinderinterview vor. Diese Abweichungen werden wiederum mit Flüchtigkeitsfehlern bei den Datenerhebungen oder Informationsdefiziten seitens der Eltern hinsichtlich der schulischen Situation ihrer Kinder erklärt. Die Übereinstimmung zwischen den Klassenangaben der Mütter und Kinder ist hier ausschließlich im Querschnitt untersucht worden. Aufgrund der beschriebenen Ungenauigkeiten bei den Datenerhebungen erscheint eine Längsschnittanalyse der schulischen Verläufe der Kinder nach Jahrgangsklassen daher eher problematisch und damit weniger sinnvoll. Hinzu kommen unterschiedliche Ferienregelungen in den einzelnen Bundesländern, insbesondere den Zeitraum der Sommerferien

derinterview am dritten Messzeitpunkt die Frage zum Schulwechsel nach der vierten Grundschulklasse an, wie beispielsweise der Wechsel von der Grundschule in ein Gymnasium oder eine Realschule (vgl. die Ergebnisse in der rechten Hälfte von Tabelle 8 auf der vorherigen Seite). Die meisten Kinder haben diese Frage positiv (mit ja N=481; 94,1%) und nur einige wenige negativ beantwortet (mit nein 5,1%; N=26). Von vier Kindern liegt dazu keine valide Antwort vor (N=2 (0,4%) mit fehlendem Wert; N=2 (0,4%) mit keiner Angabe). Bei letzteren Fällen kann aufgrund dessen vermutet werden, dass zwischen den letzten beiden Messzeitpunkten kein Übertritt in die Sekundarstufe I stattgefunden hat. Die Befunde aus einer Kreuztabellenanalyse zwischen den Indikatoren Schulform, Klassenstufe und Schulwechsel zeigen jedoch, dass sowohl die Kinder mit Verneinung der Frage zum Schulwechsel nach der vierten Jahrgangsstufe als auch diejenigen mit fehlenden Werten oder keiner Angabe dazu Fünft- oder Sechstklässler(innen) in einer für die Sekundarstufe I typischen Schulform am dritten Erhebungszeitpunkt gewesen sind.[261]

In welche Schulformen der Sekundarstufe I sind die Kinder in der Analysestichprobe am ersten Bildungsübergang zwischen den Messzeitpunkten zwei und drei, d. h. zu Beginn der Sekundarstufe I, übergetreten? Für welche Schulzweige an Schulen mit mehreren Bildungsgängen sind sie am Ende ihrer Grundschulzeit angemeldet worden?

betreffend, die Abweichungen im Passungsverhältnis zwischen den Angaben der Mütter und Kinder je nach Interviewzeitpunkt mitunter verursacht haben könnten.

261 Ungenauigkeiten und Flüchtigkeitsfehler bei den Datenerhebungen und Verständnisschwierigkeiten seitens der Kinder werden zur Erklärung dieser Missmatches in Erwägung gezogen.

Abbildung 5: Die von den Zielkindern in der Analysestichprobe besuchten Schulformen zu Beginn der Sekundarstufe I, Informationen aus den Mutterinterviews in der dritten Erhebungswelle: Ergebnisse aus deskriptiven Analysen (absolut und in Prozent, Balkendiagramm)

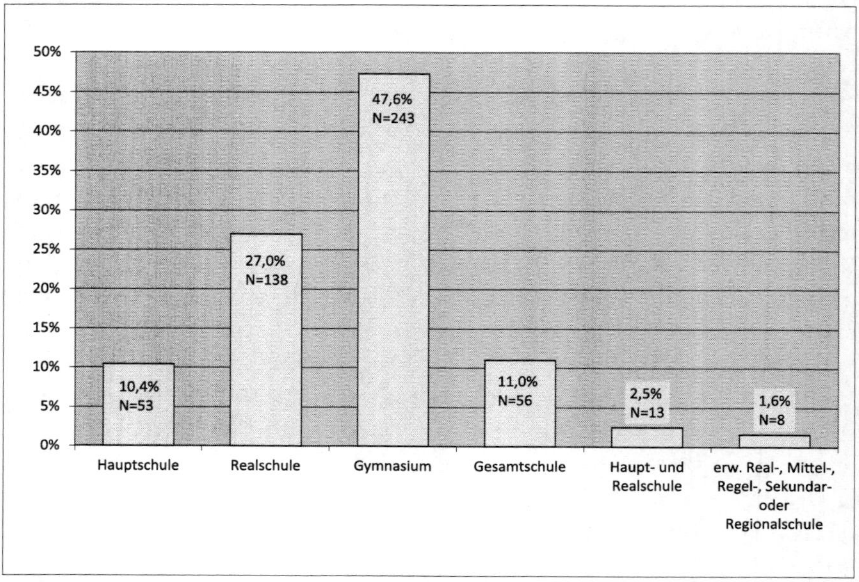


Quelle: DJI-Kinderpanel, Welle 3, Mutterinterview, eigene Berechnungen, N=511

Antworten auf die oben genannten Fragen bieten die Mutterinterviews am dritten Messzeitpunkt, worin im Themenfeld Schule zu Beginn auch danach gefragt worden ist, welche **Schulformen auf der Sekundarstufe I** die Zielkinder nun besuchen, und im Falle von Schulen mit mehreren Bildungsgängen, für welche Schullaufbahnen (Schulzweige) sie angemeldet worden sind. Die relativen Anteile in Abbildung fünf (oben) verdeutlichen, dass fast die Hälfte der Kinder in der Analysestichprobe an ein Gymnasium (47,6%; N=243) und knapp ein Drittel davon an eine Realschule (27,0%; N=138) im Zeitraum zwischen den Erhebungszeitpunkten zwei und drei übergetreten sind. Weitaus weniger Kinder haben dagegen an eine Hauptschule (10,4%; N=53), Gesamtschule (11,0%; N=56) oder an eine sonstige Verbundschule (N=13 an eine Haupt- und Realschule (2,5%), N=8 an erweiterte Schulformen auf der Sekundarstufe I: 1,6%) gewechselt. Die Anteile der Schüler(innen) an den zuletzt genannten Schulformen betragen aber dennoch zusammen 25,5%. Im Vergleich zur Verteilung der Schüler(innen) an allgemeinbildenden Schulen der Sekundarstufe I in der Grundgesamtheit der BRD in den Jahren 2004 und 2005 (vgl. Sekretariat der Kultusministerkonferenz, 2007, S. 10[262]) sind Gymnasiastinnen und Gymnasiasten sowie Schüler(innen) in Gesamtschulen in der Analysestichprobe leicht überrepräsentiert, Hauptschüler(innen) und Schüler(innen) in Verbundschulen dagegen unterrepräsentiert. Der Anteil der Realschüler(innen) in der Analysestichprobe ist dagegen für den Bundesdurchschnitt in etwa repräsentativ.

In der nächsten Abbildung (vgl. Graphik 6 unten) sind die relativen Anteile der Schüler(innen) aus den sogenannten **Verbundschulen**, d. h. den Schulen mit mehreren Schullaufbahnen, wie der Gesamtschule, Sekundarschule etc., nach den von den Kindern bzw. ihren Eltern gewählten Schulzweigen veranschaulicht.[263] Darin ist zu erkennen, dass in einigen Fällen die Mütter den Schulzweig ihres Kindes nicht benennen konnten, mehrere Schulzweige angegeben oder diese Frage nicht beantwortet haben (diese letzteren Fälle zusammen genommen betragen N=16; 20,8%). Erhebliche Unterschiede zwischen den relativen Anteilen der einzelnen von den Kindern an Verbundschulen besuchten Schulzweige sind nicht zu ermitteln, lediglich der Hauptschulzweig ist etwas schwächer besetzt.

---

262 Zum Vergleich die Verteilung der Anzahl der Schüler(innen) im Sekundarschulbereich I in der Grundgesamtheit: Die Schüler(innen) sind auf die Schularten der Sekundarstufe I in der Jahrgangsstufe 8 in den Jahren 1997 bis 2006 folgendermaßen verteilt (vgl. Sekretariat der Kultusministerkonferenz, 2007, S. 10): In 2004: 22,5% an Hauptschulen; 7,7% an Schularten mit mehreren Bildungsgängen; 25,2% an Realschulen; 30,4% an Gymnasien; 8,6% an Integrierten Gesamtschulen; 5,0% an Förderschulen; 0,6% an Freien Waldorfschulen; in 2005: 22,5% an Hauptschulen; 6,3% an Schularten mit mehreren Bildungsgängen; 25,8% an Realschulen; 30,9% an Gymnasien; 8,5% an Integrierten Gesamtschulen; 5,3% an Förderschulen; 0,7% an Freien Waldorfschulen (nur die Daten aus den Jahren 2004 und 2005 sind für die DJI-Kinderstichprobe zu Vergleichszwecken von Bedeutung und hier dargestellt worden).

263 Die Frage zum besuchten Schulzweig hat sich ausschließlich an Mütter von Zielkindern in Schulen mit mehreren Bildungsgängen gerichtet. Das bedeutet, dass nach der Frage zur besuchten Schulform auf der Sekundarstufe I im Mutterinterview am dritten Messzeitpunkt eine Filterführung eingesetzt hat, die jedoch in einigen Fällen von den Interviewerinnen und Interviewern nicht korrekt beachtet worden ist, so dass mehr Antworten bei der Frage nach dem Schulzweig vorliegen, als es die Anzahl der Fälle in Verbundschulen erwarten ließe.

Abbildung 6: Die von den Zielkindern in der Analysestichprobe besuchten Schulzweige an Schulen mit mehreren Bildungsgängen zu Beginn der Sekundarstufe I, Informationen aus den Mutterinterviews in der dritten Erhebungswelle: Ergebnisse aus deskriptiven Analysen (absolut und in Prozent, Balkendiagramm)

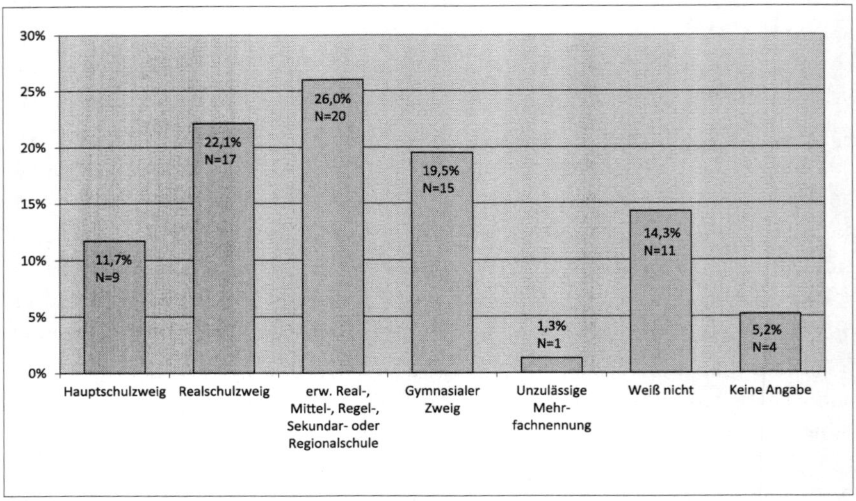


Quelle: DJI-Kinderpanel, Welle 3, Mutterinterview, eigene Berechnungen, N=77

Im Weiteren werden die Zielkinder auf der Grundlage der Informationen zur besuchten Schulform und zum gewählten **Schulzweig** auf der Sekundarstufe I verschiedenen Bildungsgängen bzw. **Schullaufbahnen** zugeordnet. Dies wird nur dann vorgenommen, wenn die Zuordnung eindeutig ausfällt (vgl. Abbildung 7 auf der nächsten Seite). Das bedeutet für die weiteren Analysen, insbesondere für diejenigen zur Prüfung der Forschungsfragen, dass nicht die besuchte Schulform auf der Sekundarstufe I, sondern der jeweilige Bildungsgang bzw. die jeweilige Schullaufbahn, die für das Zielkind entschieden worden ist, von maßgeblicher Relevanz ist und die Übertrittsentscheidung der Eltern bzw. die Schulanmeldung am Ende der Primarstufe am besten operationalisiert. Dies wird damit begründet, dass das DJI-Kinderpanel eine überregionale Stichprobe mit Kindern aus allen Bildungssystemen der Länder der BRD beinhaltet, in denen sich zum Teil die Schulformen (z. B. die Mittelschule in Bayern heute unterscheidet sich von der Mittelschule in Sachsen), die Labels dafür (z. B. die Regelschule in Thüringen entspricht der Mittelschule in Sachsen) oder die regionalen Häufigkeiten bestimmter Schulformen, wie z. B. die Verbreitung der Gesamtschule in den einzelnen Bundesländern, nicht aber die Schullaufbahnen auf der Sekundarstufe I sich grundlegend unterscheiden. Die gymnasiale Schullaufbahn wird in allen Bundesländern angeboten, ebenso der Hauptschulzweig, ungeachtet der Schulformen, in die diese Schullaufbahnen integriert sind. Zudem variieren heute teilweise die Etiketten für die einzelnen Schulabschlüsse im klassischen dreigliedrigen Schulsystem, was insbesondere auf der untersten und mittleren Stufe in der schulischen Hierarchie offensichtlich wird, denn diese beiden Stufen zeichnen sich aufgrund der Möglichkeit des Erwerbs unterschiedlicher Schulabschlüsse durch eine relativ hohe Flexibilität aus.[264] Im Hinblick auf die Einteilung und Etikettierung der Schullaufbahnen in dieser Forschungsarbeit wird deshalb zwischen *Hauptschule* bzw. *Hauptschulzweig*, *mittleren Schullaufbahnen* und *Gymnasium* bzw. *gymnasialer Zweig* differenziert. Die Schulzweige *Realschule* und *erweiterte Real-, Mittel-, Regel-, Sekundar- oder Regionalschule* werden zur Kategorie *mittlere Schullaufbahnen* zusammengefasst, weil einerseits die jeweiligen Schulformen die Schüler(innen) zu höherwertigen Schulabschlüssen als dem einfachen und qualifizierenden Hauptschulabschluss, wie dem Realschulabschluss, neben den beiden Schulabschlüssen auf Hauptschulniveau hinführen können oder andererseits zumindest die möglichen Schullaufbahnen auf der untersten und mittleren Ebene in den jeweiligen Schulformen zu Beginn der Sekundarstufe I noch nicht endgültig entschieden werden müssen und damit den Eltern und ihren Kindern für die letztendliche Schullaufbahnentscheidung noch mehr Zeit eingeräumt wird sowie teils die probeweise Teilnahme an einem Unterricht mit unterschiedlichem Anforderungsniveau möglich ist. Aus diesem Grund ist anzunehmen, dass eine Differenzierung der Schüler(innen) nach schulischen Entwicklungsmilieus, wie es im klassischen dreigliedrigen Schulsystem häufig der Fall ist, in den Verbundschulen in den ersten Jahrgangsstufen der Sekundarstufe I noch ausbleibt und damit mit einer höheren Flexibilität im Wechsel der Schullaufbahn nach oben im zweigliedrigen als im dreigliedrigen Schulsystem zu rechnen ist.

Deskriptive Befunde zu den von den Kindern zu Beginn der Sekundarstufe I aufgenommenen Schullaufbahnen in Form von absoluten und relativen Häufigkeiten sind in Abbildung sieben unten ersichtlich und entsprechen in etwa den Befunden mit gleichem Niveau zur Verteilung der Schüler(innen) in der Analysestichprobe auf die einzelnen Schulformen der Sekundarstufe I in der letzten Erhebungswelle (vgl. Abbildung 5), was auf eine relativ hohe Übereinstimmung zwischen den von den Kindern am dritten Messzeitpunkt besuchten Schulformen und den von ihren Eltern zeitlich vorher gewählten Schullaufbahnen hinweist. Danach sind mehr als die Hälfte der Zielkinder am diesem Mess-

264 Früher konnte in Bayern der einfache und qualifizierende Hauptschulabschluss an Hauptschulen erworben werden. Heute wird diesbezüglich zwischen erfolgreichem Abschluss der Mittelschule, erfolgreichem Abschluss der Mittelschule in der Praxisklasse, qualifizierendem Abschluss der Mittelschule und mittlerem Schulabschluss an der Mittelschule unterschieden. Letzterer Abschluss entspricht der mittleren Reife an der Realschule, dem Realschulabschluss (vgl. Bayerisches Staatsministerium für Bildung und Kultus, Wissenschaft und Kunst, ohne Jahr).

zeitpunkt an einem Gymnasium oder für eine gymnasiale Schullaufbahn (50,5%; N=258), mehr als ein Drittel der Kinder für eine mittlere Schullaufbahn (34,2%; N=175) und nur ein geringer Anteil von ihnen an einer Hauptschule oder für den Hauptschulzweig an einer Verbundschule (12,1%; N=62) angemeldet. Einige wenige Fälle können aufgrund fehlender Angaben der Mütter zum Schulzweig keiner Schullaufbahn eindeutig zugeordnet werden (3,1%; N=16).

Abbildung 7: Die von den Zielkindern in der Analysestichprobe aufgenommenen Schullaufbahnen zu Beginn der Sekundarstufe I, Informationen aus den Mutterinterviews in der dritten Erhebungswelle: Ergebnisse aus deskriptiven Analysen (absolut und in Prozent, Balkendiagramm)

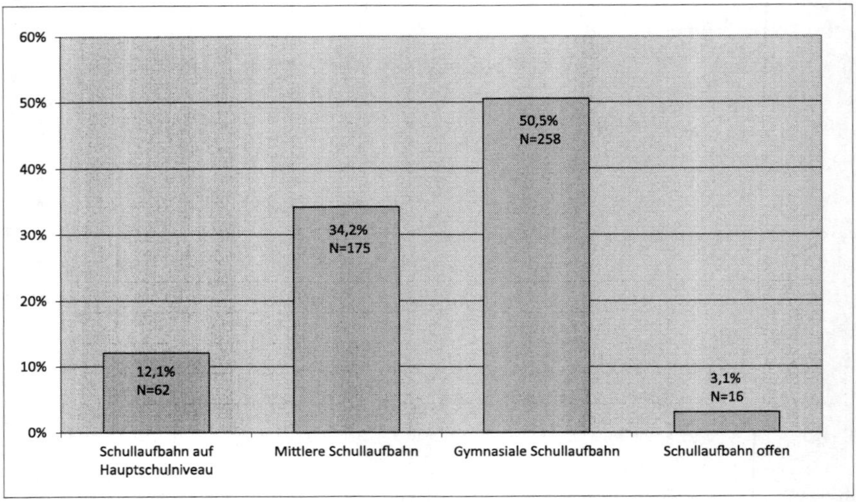


Quelle: DJI-Kinderpanel, Welle 3, Mutterinterview, eigene Berechnungen, N=511

Von besonderem Interesse ist der Verbleib der Kinder, die an den ersten beiden Messzeitpunkten an keiner Regelgrundschule auf der Primarstufe unterrichtet worden sind. Dies sind Kinder aus Förder-, Sonder- oder Sprachheilschulen, Schulen mit einem besonderen pädagogischen Förderkonzept, Gesamtschulen oder sonstigen Schulen. Das Kind, das am ersten Messzeitpunkt eine Schülerin oder ein Schüler an einer Förder-, Sonder- oder Sprachheilschule gewesen ist und am zweiten am Unterricht in einer Regelgrundschule teilgenommen hat, ist zwischen Welle zwei und drei an eine Hauptschule übergetreten. Eine andere Schülerin bzw. ein anderer Schüler aus einer Förderschule auf der Primarstufe hat in diesem Zeitraum an eine Realschule, eine weitere Schülerin bzw. ein weiterer Schüler davon an eine Verbundschule vom Typus Haupt- und Realschule gewechselt. Vier Kinder aus der Rubrik sonstige Schule auf der Primarstufe in Welle eins und zwei sind an Gymnasien angemeldet worden, ebenso auch zehn Kinder aus Grundschulen mit einem besonderen pädagogischen Konzept. Die Eltern von zwei Kindern, die sich am ersten und zweiten Messzeitpunkt in Grundschulen vom letzten Typus befunden haben, haben sich für die Gesamtschule entschieden, in einem Fall für den gymnasialen Zweig, im anderen für den Realschulzweig. Das Kind, von dem keine verlässliche Information zur besuchten Schulform auf der Primarstufe in den ersten beiden Erhebungswellen vorliegt, besucht in Welle drei eine Hauptschule. In einem anderen Fall hat die Mutter am ersten Messzeitpunkt keine valide Auskunft über den von ihrem Kind besuchten Schultyp auf der Primarstufe gegeben. Dieses Kind wird am dritten Messzeitpunkt in einer Realschule, der Fall mit einem fehlenden Wert im Mutterinterview in Welle eins bei der Frage zum Schultyp auf der Primarstufe in einer Gesamtschule im Realschulzweig unterrichtet. Bei dem Kind aus der jüngeren Kohorte handelt es sich sowohl nach Auskunft der Mutter als auch nach der Selbstauskunft des Kindes um eine Sechstklässlerin oder einen Sechstklässler in einer Gesamtschule im Realschulzweig.[265]

## 4.6. Der Übergang von der Grundschule in die Sekundarstufe I: Grundschulempfehlungen, Übertrittsentscheidungen der Eltern und Schulwünsche der Kinder im Vergleich

In den folgenden Kapiteln werden die Forschungsfragen geprüft. Im Hinblick darauf soll festgestellt werden, welche Faktoren aus den Bereichen *der Persönlichkeit der Kinder*, wie die *Little-Big-Five(s)*, die *sozial-emotionalen Kompetenzen* oder die *Resilienz* der Kinder, der *familialen Sozialisationsbedingungen der Kinder*, wie das *familiale Zusammenleben* und die *Eltern-Kind-Interaktionen*, des *Bildungsverhaltens der Eltern und Kinder*, wie das *Schulinvolvement* und die *Bildungsinvestitionen* der Eltern oder die *Lernmotivation* und das *kulturelle Kapital* der Kinder, sowie der *institutionellen Sozialisationsbedingungen der Kinder*, wie das *Erleben* und die *Erfahrungen* der Kinder in der Schule, in Verknüpfung mit dem sozialen Hintergrund der Familien der Kinder die Übergangskriterien am besten determinieren und erklären. Mit Übergangskriterien oder Übergangsparametern sind hier die Grundschulempfehlungen, Übertrittsentscheidungen bzw. Schulanmeldungen der Eltern am Ende der Grundschulzeit ihrer Kinder sowie die Schulwünsche der Kinder gemeint.

---

265 Vor dem Hintergrund dieser Informationen sowohl im Mutter- als auch im Kindinterview am dritten Messzeitpunkt kann behauptet werden: In diesem Fall ist die Auskunft der Mutter zur schulischen Situation des Zielkindes am ersten und zweiten Messzeitpunkt in Frage zu stellen.

Zu Beginn dieses Kapitels werden Ergebnisse aus deskriptiven Analysen, genau genommen relative und absolute Verteilungen, zu den Schullaufbahnen der Kinder nach den Übergangskriterien und verschiedenen sozialstrukturellen Aspekten, wie die soziale und regionale Herkunft der Kinder, vorgestellt, beschrieben und erläutert. Insbesondere wird dabei auf Abweichungen zwischen den empfohlenen, entschiedenen und gewünschten Schullaufbahnen oder Schulformen nach Schicht eingegangen. Teils werden dafür auch Zusammenhänge auf Basis von Korrelationsanalysen auf ordinalem Messniveau und auch Unterschiede, abgesichert mit entsprechender Teststatistik auf diesem Niveau, ermittelt und beschrieben. Daran anschließend befinden sich die Gründe für die Übertrittsentscheidungen der Eltern aus ihrer Perspektive und auch die Entscheidungsträger am ersten Bildungsübergang aus Kindersicht im Mittelpunkt des Interesses. Zu beiden Aspekten werden ebenso Befunde aus deskriptiven, korrelativen und auch aus teststatistischen Analysen, je nach Messniveau und Voraussetzungen dafür mit unterschiedlichen Verfahren festgestellt, dargelegt und erklärt. Danach werden bivariate Zusammenhänge der Prädiktoren aus den genannten Sets aus unterschiedlichen Perspektiven bzw. Datenquellen und Erhebungswellen mit einerseits den Übergangskriterien, andererseits der sozialen Herkunft der Kinder mittels bivariater Korrelationsanalysen, größtenteils ebenso auf ordinalem Niveau, dargestellt und interpretiert. Des Weiteren werden auf der Grundlage dieser Ergebnisse Prädiktoren für die weiteren multiplen Analysen unter Berücksichtigung verschiedener Aspekte ausgewählt. Diese Auswahl wird darüber hinaus eingehend erklärt und begründet. Zu allerletzt werden die Befunde aus schrittweisen multiplen Analysen mit den ausgewählten Prädiktoren, logistischen Regressionsanalysen auf ordinalem Niveau, zur Erklärung und Determination der Übergangskriterien präsentiert und besprochen. Dabei handelt es sich bei jedem Übergangskriterium zuerst um mehrere, explorative und multiple Untersuchungen mit jeweils nur einem ausgewählten domänenspezifischen Prädiktorenset und dem sozialen Hintergrund der Kinder (Schichtindex der Familien bzw. Haushalte der Kinder). Damit werden differentielle und substantielle Effekte der einzelnen Prädiktoren je Set auf die Übergangskriterien in Abhängigkeit von Schicht ermittelt, um so die Auswahl möglicher Prädiktoren der Übergangskriterien je nach Bedeutung noch weiter zu reduzieren, bevor in den nachfolgenden multiplen schrittweisen Endanalysen mit gleichem statistischen Verfahren die Determination und Erklärung der Übergangskriterien sowie die Effekte der ausgewählten Prädiktoren darauf in Zusammenhang mit Schicht gemäß den Forschungshypothesen festgestellt und interpretiert werden. Im Wesentlichen geht es bei diesen Analysen darum, stufenweise aufzuzeigen, welche Prädiktoren auf der Prozessebene die Effekte des sozialen Hintergrundes einer Familie auf die Übergangskriterien am besten vermitteln und erklären können.

### 4.6.1. Grundschulempfehlungen, Übertrittsentscheidungen der Eltern und Schulwünsche der Kinder im Vergleich: Ergebnisse aus deskriptiven und korrelativen Analysen

Die Verteilung der Übergangskriterien, d. h. der Grundschulempfehlungen, Übertrittsentscheidungen der Eltern und Schulwünsche der Kinder, nach verschiedenen sozialstrukturellen Aspekten, wie dem sozialen Hintergrund der Familien und unterschiedlichen regionalen Parametern, befindet sich im Fokus dieses Abschnitts, wozu deskriptive Ergebnisse in graphischer Form und auch Ergebnisse aus Korrelations- und Unterschiedsanalysen dargestellt und beschrieben werden: Relative und absolute Verteilungen, Befunde aus Kruskal-Wallis-Tests für Rangunterschiede und Rangkorrelationen mit Kendalls-Tau-b und Sommers-d im Rahmen von Kreuztabellenanalysen (vgl. Benninghaus, 2007, S. 137–184 zum Assoziationsmaß Kendalls-Tau-b und asymmetrischen Korrelationsmaß Somers'-d (PRE-Maß) für ordinalskalierte Variablen).

Im Hinblick darauf werden zuerst Unterschiede zwischen empfohlenen, vollzogenen und gewünschten Schullaufbahnen, worunter Schulformen und Bildungsgänge subsumiert sind, vergleichend analysiert, im Weiteren die sozialstrukturelle Verteilung der Übergangskriterien nach Schullaufbahnen anhand der sozialen Herkunft der Schüler(innen). Darüber hinaus werden Differenzen in den Grundschulempfehlungen nach neuen vs. alten Bundesländern je Schicht, wechselseitige Abweichungen der Übergangskriterien voneinander, Zusammenhänge der Übergangskriterien untereinander und mit Schicht sowie abschließend Unterschiede und Korrelationen der Übergangskriterien in Bezug auf verschiedene regionale Parameter untersucht.

Als nächstes interessiert, wie die Übergangskriterien in relativer und absoluter Hinsicht nach Schullaufbahnen verteilt sind.[266] Inwieweit ergeben sich diesbezüglich Unterschiede zwischen den Übergangskriterien? Welche Schullaufbahnen haben die Kinder zu Beginn der Sekundarstufe I aufgenommen? In der folgenden Graphik ist zu erkennen (vgl. Abbildung 8), dass im Vergleich zur Hauptschullaufbahn und zu den mittleren Schullaufbahnen ein Großteil der Kinder eine Gymnasialempfehlung erhalten (53,3%; N=255) oder sich den Besuch eines Gymnasiums oder eine gymnasiale Schullaufbahn gewünscht hat (54,7%, N=263) sowie von ihren Eltern an einem Gymnasium oder für den gymnasialen Zweig an einer Schule mit verschiedenen Bildungsgängen am Ende der Grundschulzeit angemeldet worden ist (52,1%; N=258). Dagegen ist den wenigsten Kindern eine Hauptschulempfehlung ausgesprochen worden (10,5%; N=50). Die wenigsten Kinder haben sich auch den Besuch einer Hauptschule oder des Hauptschulzweiges einer Verbundschule gewünscht (6,2%;

266 Grundlage der Prozentuierungen sind hier die Übergangskriterien nach Schullaufbahnen.

N=30) und nur ein sehr geringer Anteil der Kinder ist von ihren Eltern zum Ende der Primarstufe dann auch an einer Hauptschule oder für den Hauptschulzweig an einer Schule mit mehreren Bildungsgängen angemeldet worden (12,5%; N=62). Die relativen Anteile der Übergangskriterien im Bereich der mittleren Schullaufbahnen liegen, im Großen und Ganzen betrachtet, in etwa in der Mitte, d. h. zwischen denen bei der Schullaufbahn auf Hauptschulniveau und denen bei der gymnasialen Schullaufbahn, wobei die Differenzen zu ersteren insgesamt deutlicher ausfallen als diejenige zu letzteren, was möglicherweise auf das *soziale Bias* in der Analysestichprobe zurückzuführen ist. (Grundschulempfehlungen: 36,2%; N=173; Schulwünsche der Kinder: 39,1%; N=188; Übertrittsentscheidungen der Eltern: 35,4%; N=175).

Augenfällig ist in Graphik acht außerdem, dass die relativen Anteile der Übergangskriterien je Schullaufbahn im Wesentlichen ähnlich ausfallen, so dass von einer relativen hohen Übereinstimmung zwischen diesen auszugehen ist. Dennoch sind graduelle Unterschiede zu ermitteln: Was die Hauptschullaufbahn betrifft, so sind hierfür mehr Schulanmeldungen der Eltern als Grundschulempfehlungen oder Schulwünsche der Kinder festzustellen. Aus der Perspektive der Kinder ist diese Schullaufbahn am Ende der Grundschulzeit am wenigsten attraktiv. Sehr wenige Kinder präferieren diese Schullaufbahn und würden eine entsprechende Schule dafür besuchen, wenn ausschließlich ihr Wille maßgeblich sein sollte. Im Gegensatz dazu haben mehr Eltern ihre Kinder an einer Hauptschule oder für den Hauptschulzweig an einer Verbundschule mit mehreren Bildungsgängen angemeldet, als dies nach den Grundschulempfehlungen erforderlich gewesen wäre, wobei Aussagen zu längsschnittlichen und damit kausalen Zusammenhängen in Bezug darauf auf der Grundlage dieser querschnittlichen Analyse und Betrachtung im engeren Sinne hier nicht möglich sind. Im Vergleich zu den Schulwünschen der Kinder liegen doppelt so viele Anmeldungen der Eltern ihrer Kinder für die Hauptschullaufbahn vor, was auf ein sozial selektives Verhalten der Eltern schließen lässt. Dagegen zeigt sich im Bereich der mittleren Schullaufbahnen und der gymnasialen Schullaufbahn, dass mehr Kinder diese Laufbahnen anstreben, als die Grundschullehrkräfte empfehlen oder die Eltern befürworten und entscheiden. Querschnittlich betrachtet, deutet dieser Befund auf hohe Ambitionen der Kinder hin. Im Vergleich zu den Grundschulempfehlungen und Schulwünschen der Kinder entscheiden sich jedoch weniger Eltern für diese Schullaufbahnen. Als **Resümee** ist aus dieser querschnittlichen Betrachtung der Übergangskriterien nach Schullaufbahnen zusammenzufassen, dass von allen drei Akteuren die Eltern, in der Tendenz und relativ gesehen, häufiger als Lehrkräfte und Kinder Entscheidungen zugunsten niedrigerer als höherer Schullaufbahnen für ihre Kinder treffen, desgleichen die Grundschullehrkräfte im Rahmen ihrer Empfehlungen im Vergleich zu den Schulwünschen der Kinder.

Abbildung 8: Schullaufbahnen der Kinder auf der Sekundarstufe I nach Grundschulempfehlungen, Schulwünschen der Kinder und Übertrittsentscheidungen der Eltern (besuchte Schulform bzw. besuchter Schulzweig zu Beginn der Sekundarstufe I) im Vergleich: Ergebnisse aus deskriptiven Analysen in Prozent und absolut

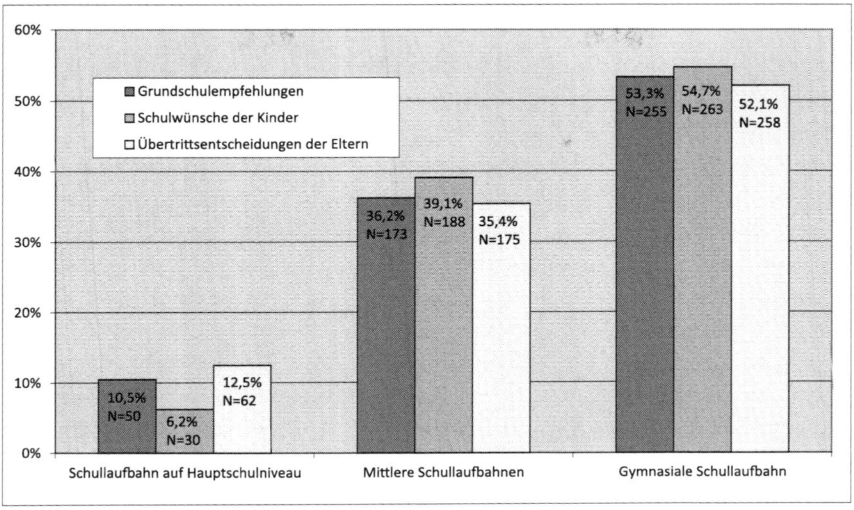


Quelle: DJI-Kinderpanel; 3. Welle; eigene Berechnungen; Mutter- und Kinderinterviews N=511; valide Angaben: N=478 Grundschulempfehlungen, N=481 Schulwünsche der Kinder, N=495 Übertrittsentscheidungen der Eltern.

Anmerkungen: Von vier Kindern, die sich am Zeitpunkt der dritten Erhebungswelle in der Sekundarstufe I befunden haben, liegen keine validen Informationen zur Grundschulempfehlung, zum Schulwunsch des Kindes am Ende der Primarstufe oder zur besuchten Schulform bzw. zum besuchten Schulzweig zu Beginn der Sekundarstufe I vor. Von 507 Kindern sind valide Angaben zumindest zu einem dieser Aspekte verfügbar.

### 4.6.2. Grundschulempfehlungen, Übertrittsentscheidungen der Eltern und Schulwünsche der Kinder im Vergleich: Ergebnisse aus Analysen zu sozialstrukturellen und regionalen Differenzen

Hinsichtlich der Fragestellungen dieser Forschungsarbeit ist die Verteilung der Übergangskriterien nach der sozialen Herkunft der Kinder, d. h. nach der Schichtzugehörigkeit ihrer Familien bzw. Haushalte, von besonderem Interesse, wozu in den folgenden Darstellungen die prozentualen Anteile der jeweiligen Schullaufbahnempfehlungen der Grundschule, Schulwünsche der Kinder und Schulanmeldungen bzw. Übertrittsentscheidungen der Eltern in den einzelnen Sozialschichten miteinander verglichen und interpretiert werden (vgl. Abbildungen 9 bis 11: Zu jedem Kriterium eine Graphik mit Sozialschicht als Basis der Prozentuierung[267]).

Die Schullaufbahnempfehlungen der Grundschule (N=478 valide Angaben) sind in den einzelnen Sozialschichten folgendermaßen verteilt (vgl. Abbildung 9): 10,5% der Kinder (N=50) haben eine Hauptschulempfehlung erhalten. Davon stammen 21,2% aus der Unterschicht (N=7), 18,2% aus der unteren Mittelschicht (N=20), 7,8% aus der mittleren Mittelschicht (N=12), 8,0% aus der oberen Mittelschicht (N=9) und 2,9% aus der Oberschicht (N=2). Diese Verteilung entspricht im Wesentlichen dem bekannten Muster, wonach den Kindern aus den beiden unteren Sozialschichten häufiger diese Empfehlung ausgesprochen wird als Kindern aus den mittleren und höheren Sozialschichten.

Im Vergleich dazu ist ein ähnliches Muster, jedoch auf einem höheren Niveau, für die mittleren Schullaufbahnen festzustellen (vgl. Abbildung 9, N=173 Empfehlungen): 57,6% der Kinder aus der Unterschicht (N=19), 52,7% aus der unteren Mittelschicht (N=58), 36,6% aus der mittleren Mittelschicht (N=56), 31,0% aus der oberen Mittelschicht (N=35) und nur 7,2% der Kinder aus der Oberschicht (N=5) haben eine Empfehlung für eine solche Schullaufbahn erhalten.

Abbildung 9: Grundschulempfehlungen nach sozialem Hintergrund der Familien (empfohlene Schullaufbahnen nach Schichtzugehörigkeit der Haushalte bzw. Familien der Kinder am dritten Messzeitpunkt): Ergebnisse aus deskriptiven Analysen in Prozent und absolut

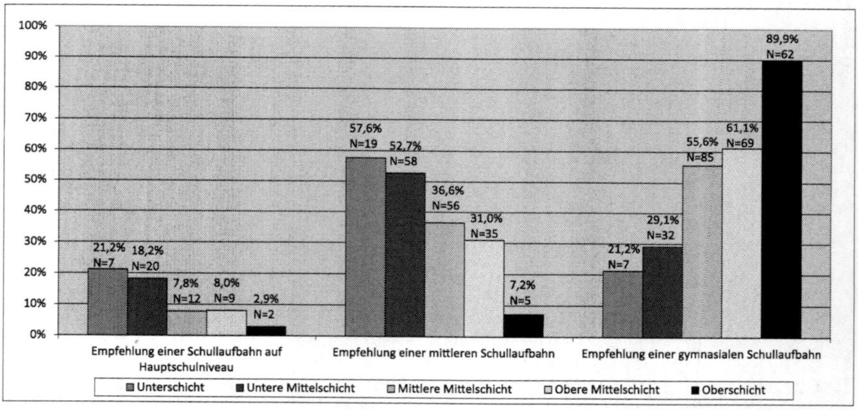


Quelle: DJI-Kinderpanel; 3. Welle; eigene Berechnungen; Mutterinterviews N=511; valide Angaben: N=478 Grundschulempfehlungen, davon N=50 Empfehlungen einer Schullaufbahn auf Hauptschulniveau, N=173 Empfehlungen einer mittleren Schullaufbahn, N=255 Empfehlungen einer gymnasialen Schullaufbahn.

267 Das bedeutet, dass sich die prozentualen und absoluten Anteile über die unterschiedlichen Empfehlungen hinweg je Sozialschicht zu 100% addieren.

In Bezug auf die Gymnasialempfehlung (N=255) dreht sich dieses Muster jedoch um, was ebenso dem *klassischen* Bild davon entspricht (vgl. Abbildung 9). Hier ist zu konstatieren: Je höher die Schicht, desto häufiger wird eine Gymnasialempfehlung ausgesprochen: 21,2% der Kinder aus der Unterschicht (N=7), 29,1% aus der unteren Mittelschicht (N=32), 55,6% aus der mittleren Mittelschicht (N=85), 61,1% aus der oberen Mittelschicht (N=69) und überragende 89,9% der Kinder aus der Oberschicht (N=62) sind in den Genuss einer Gymnasialempfehlung gekommen.

Die Schulwünsche der Kinder (N=481 valide Angaben) verteilen sich sozialstrukturell wie folgt (vgl. Abbildung 10): 18,9% der Kinder aus der Unterschicht (N=7), 8,4% aus der unteren Mittelschicht (N=9), 5,7% aus der mittleren Mittelschicht (N=9), 4,6% aus der oberen Mittelschicht (N=5) und kein Kind aus der Oberschicht haben bei der im dritten Interview retrospektiv gestellten Frage zu ihrem Schulwunsch[268] am Ende ihrer Grundschulzeit die Hauptschule als erste Präferenz genannt. Eine mittlere Schullaufbahn oder Schulform aus dem mittleren Schulsektor, wie die Realschule, haben sich dagegen immerhin 54,1% der Kinder aus der Unterschicht (N=20), 60,7% aus der unteren Mittelschicht (N=65), 39,9% aus der mittleren Mittelschicht (N=63), 31,5% aus der oberen Mittelschicht (N=34) sowie 8,5% der Kinder aus der Oberschicht (N=6) gut vorstellen können. Im Gegensatz dazu und ähnlich zur sozialstrukturellen Verteilung der Grundschulempfehlungen ist auch hier ein komplett anderes sozialstrukturelles Muster für den Gymnasialwunsch der Kinder zu erkennen: 27,0% der Kinder aus der Unterschicht (N=10), 30,8% aus der unteren Mittelschicht (N=33), immerhin schon 54,4% aus der mittleren Mittelschicht (N=86), 63,9% aus der oberen Mittelschicht (N=69) und überragende 91,5% der Kinder aus der Oberschicht (N=65) haben am Ende ihrer Grundschulzeit diese Schulform, das Gymnasium, bzw. die gymnasiale Schullaufbahn angestrebt und sich vorzugsweise den Übertritt in eine entsprechende Schule, die ihre Aspiration realisieren konnte, gewünscht.

268 Im Kinderinterview ist nach dem Schulwunsch und nicht nach der gewünschten Schullaufbahn, Schulform oder nach dem gewünschten Schulzweig gefragt worden.

Abbildung 10: Schulwünsche der Kinder für die Sekundarstufe I am Ende der Primarstufe nach sozialem Hintergrund der Familien (retrospektiv erfragt, nach Schichtzugehörigkeit der Haushalte bzw. Familien der Kinder am dritten Messzeitpunkt): Ergebnisse aus deskriptiven Analysen in Prozent und absolut

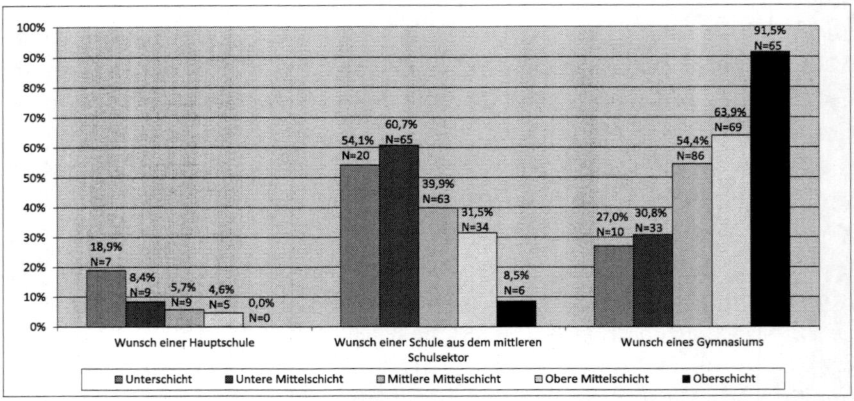


Quelle: DJI-Kinderpanel; 3. Welle; eigene Berechnungen; Kinderinterviews N=511; valide Angaben: N=481 Schulwünsche der Kinder, davon N=30 Wunsch einer Hauptschule, N=188 Wunsch einer Schule aus dem mittleren Schulsektor wie die Realschule, N=263 Wunsch eines Gymnasiums.

An welchen Schulformen bzw. für welche Schullaufbahnen der Sekundarstufe I sind die Kinder in der Analysestichprobe dann am Ende ihrer Grundschuljahre zwischen zweitem und drittem Messzeitpunkt von ihren Eltern in Abhängigkeit von dem sozioökonomischen Status ihrer Haushalte tatsächlich angemeldet worden? Für welche Laufbahnen haben sich die Eltern entschieden und in welche Schulformen sind die Kinder eingetreten (N=495 valide Angaben)? In der folgenden Abbildung sind die deskriptiven Befunde dazu veranschaulicht (vgl. Abbildung 11): 36,1% der Kinder aus der Unterschicht (N=13) und 21,4% aus der unteren Mittelschicht (N=24) besuchen eine Hauptschule oder den Hauptschulzweig einer Schulform mit mehreren Bildungsgängen zu Beginn der Sekundarstufe I, dagegen nur 8,9% der Kinder aus der mittleren Mittelschicht (N=14) und 8,8% der Kinder aus der oberen Mittelschicht (N=10). Nur ein Kind aus der Oberschicht (1,3%) ist an eine Hauptschule übergetreten bzw. hat die Hauptschullaufbahn an einer Schule mit mehreren Bildungsgängen aufgenommen. Die Verteilung der Kinder in den mittleren Schullaufbahnen nach ihrer sozialen Herkunft zeigt im Wesentlichen ein ähnliches Muster wie die entsprechende Befundlage zur sozialstrukturellen Verteilung der Schulwünsche der Kinder, jedoch, vergleichsweise und insgesamt betrachtet, auf einem etwas niedrigeren Niveau: 47,2% der Kinder aus der Unterschicht (N=17), 50,9% derjenigen aus der unteren Mittelschicht (N=57), 38,6% derer aus der mittleren Mittelschicht (N=61), 31,6% derer aus der oberen Mittelschicht (N=36) und nur 5,3% der Kinder aus der Oberschicht (N=4) sind am dritten Messzeitpunkt in mittleren Schullaufbahnen bzw. Schulzweigen oder Schulformen auf der

Sekundarstufe I zu finden. Im Unterschied dazu sind 93,3% der Kinder aus der Oberschicht an Gymnasien über bzw. in gymnasiale Zweige oder Laufbahnen von Schulen mit mehreren Bildungsgängen eingetreten (N=70) und damit dort überrepräsentiert. Im Vergleich dazu haben in 59,6% der Fälle aus der oberen Mittelschicht (N=68) sowie in 52,5% der Fälle aus der mittleren Mittelschicht (N=83) die Eltern eine solche Schullaufbahn für ihr Kind entschieden. Deutlich unterrepräsentiert in Gymnasien und gymnasialen Zweigen oder Laufbahnen sind dagegen Kinder aus der unteren Mittelschicht mit 27,7% (N=31) sowie auch diejenigen aus der Unterschicht mit 16,7% (N=6). Diese deskriptiven Befunde spiegeln im Wesentlichen die bekannten Muster wider.

Abbildung 11: Vollzogene Übertrittsentscheidungen der Eltern (besuchte Schulform bzw. besuchter Schulzweig) nach sozialem Hintergrund der Familien (Schullaufbahnen der Kinder zu Beginn der Sekundarstufe I nach Schichtzugehörigkeit der Haushalte bzw. Familien der Kinder am dritten Messzeitpunkt): Ergebnisse aus deskriptiven Analysen in Prozent und absolut

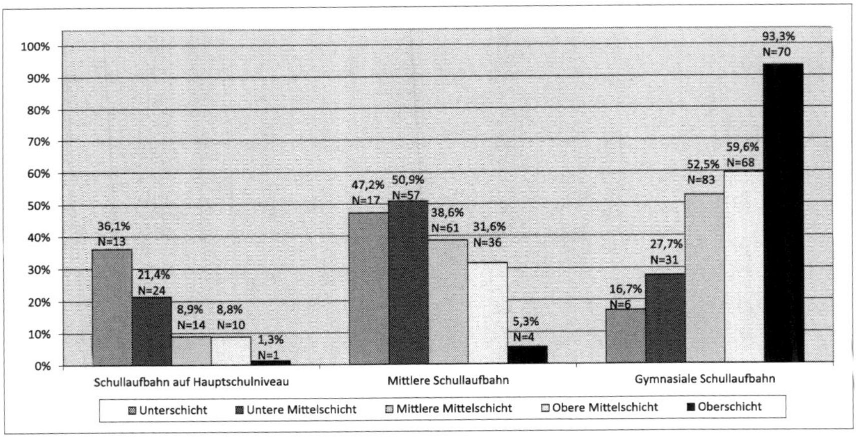


Quelle: DJI-Kinderpanel; 3. Welle; eigene Berechnungen; Mutterinterviews N=511; valide Angaben: N=495 Kinder mit typischen Schullaufbahnen zu Beginn der Sekundarstufe I (besuchte Schulform bzw. besuchter Schulzweig), davon N=62 Kinder mit Schullaufbahn auf Hauptschulniveau, N=175 Kinder mit mittlerer Schullaufbahn, N=258 Kinder mit gymnasialer Schullaufbahn.

Die Tatsache, dass im Vergleich zu anderen, vor allem älteren und regionalen, Schulleistungsstudien und bildungssoziologischen Untersuchungen (z. B. Ditton, 2007) in den Ergebnissen hier zur sozialstrukturellen Verteilung der Kinder in Schulformen und -laufbahnen der Sekundarstufe I auf der Basis einer überregionalen Stichprobe mehr Kinder aus unteren Sozialschichten in mittleren Schullaufbahnen zu finden sind, ist nicht zuletzt den Umstrukturierungen in den Bildungssystemen der Länder der BRD in den vergangenen Jahrzehnten und Jahren von einem drei- zu einem teils zweigliedrigen System geschuldet. Wie schon mehrfach angedeutet worden ist, sind in der Regel die beiden

Schulformen Haupt- und Realschule (oder Mittelschule) zu einer neuen Schulform auf der untersten Ebene mit unterschiedlichen Labels (z. B. Regel-, Sekundar-, Gemeinschafts- oder Regionalschule) zusammengelegt oder die Hauptschule ist, wie im Fall Bayern, um eine Laufbahn mit mittlerem Abschluss erweitert (M-Zug) und damit zur Mittelschule aufgewertet worden. Zudem ist zeitlich vorher schon in einigen Ländern die sechsstufige Realschule eingeführt worden (vgl. Bellenberg, Hovestatt & Klemm, 2004, S. 48–99). Diese neueren Strukturentwicklungen sind sowohl in den Grundschulempfehlungen als auch in den Schulwünschen der Kinder und in den tatsächlich vollzogenen Übertritten in die Sekundarstufe I, d. h. in den Entscheidungen und Schulanmeldungen der Eltern, zu erkennen. Dieser Trend zur Neugründung von Schulformen hat flächendeckend in den neuen Bundesländern begonnen und sich dann in den alten fortgesetzt. Allerdings hat man damit keine neuen Schulabschlüsse oder auch Schulzweige bzw. -laufbahnen geschaffen. Im Gegenteil: Die alten Schullaufbahnen wie der Hauptschul- und Realschulzweig sind bestehen geblieben, aber nun *unter einem neuen Dach* vereint. Sicherlich ist mit diesen Reformen das Ziel einer höheren Durchlässigkeit und Transparenz zwischen den Schullaufbahnen, als es bis dato der Fall gewesen ist, verbunden gewesen, so dass sich damit insbesondere die Chancen von Kindern aus bildungsfernen Schichten auf eine weiterführende Bildung verbessern sollten (vgl. die Diskussion über den Strukturwandel des Schulsystems und die Zukunft des zweigliedrigen Schulsystems von u. a. Caruso & Ressler, 2013; Hurrelmann, 2013; Zymek, 2013; und Edelstein & Nikolai, 2013; in einem Themenheft der Zeitschrift für Pädagogik). Eine ähnliche Zielsetzung ist bereits zu einem früheren Zeitpunkt mit der Einführung der integrierten Gesamtschule mit einem Kurssystem auf unterschiedlichem Anforderungsniveau oder der kooperativen Gesamtschule mit Hauptschul-, Realschul- und Gymnasialklassen *unter einem Dach* verfolgt worden. Ein Wechsel der Schullaufbahn, d. h. ein *Up- oder Downgrading*, sollte in diesen Schulen leichter möglich sein als in denen des klassischen dreigliedrigen Schulsystems, denn ein Wechsel der Schulform ist hier nicht erforderlich (vgl. dazu und zur Debatte um die Gesamtschule insgesamt Oelkers, 2006, S. 55–64 und 96–107). Hinzu kommt, dass Grundschullehrkräfte in ihren Empfehlungen stets auch die Erfolgswahrscheinlichkeiten der Kinder an Schulen der Sekundarstufe I in Abhängigkeit von ihrer sozialen Herkunft miteinbeziehen (vgl. Link, 2011, S. 118–125 oder die Ausführungen im Theoriekapitel). Aus diesem Grund soll es zutreffen, dass in Anbetracht von sozialhistorisch entstandenen und begründeten Traditionen, frühen Reformen und Umstrukturierungen in den Bildungssystemen der neuen Bundesländer in den 1990er und 2000er Jahren nach Kontrolle des familialen sozioökonomischen Hintergrundes der Schüler(innen) die Grundschulempfehlungen dort günstiger ausfallen als in den alten Ländern. In anderen Worten ausgedrückt: Die Grundschulempfehlungen seien dort weniger stark an die soziale Herkunft der Schüler(innen) gekoppelt und damit weniger sozial selektiv als diejenigen in den alten Ländern. Die nachfolgenden Ergebnisse aus Kruskal-Wallis-Tests können diese Vermutung auf deskriptivem Niveau bestätigen, aber teststatistisch nicht vollkommen absichern (Chi²-Test als Teststatistik). Für diese Analysen zur Feststellung von Differenzen in den Grundschulempfehlungen zwischen den Bildungssystemen der neuen und alten Länder sind je Sozialschicht ein Kruskal-Wallis-Test mit den Grundschulempfehlungen als abhängige Variablen und dem regionalen Parameter *neue versus alte Bundesländer* als Splitt- und unabhängige Variable berechnet worden, um so durch vergleichende Analyse und Ergebnisinterpretation den Einfluss des sozialen Hintergrundes der Schüler(innen) auf die Bildungsempfehlungen ermitteln und kontrollieren zu können (vgl. Tabelle 9: Mittlere Ränge; Kruskal-Wallis-Test auch als Rangvarianzanalyse oder H-Test aufgrund des ordinalen Messniveaus der abhängigen Variablen bezeichnet, siehe dazu an früherem Ort). Allerdings ist im Hinblick auf die nachfolgenden Befunde stets eine Schieflage in der Verteilung der Analysestichprobe nach der Splitt-Variable West-Ost zugunsten eines weitaus höheren Anteils von Familien aus den alten als den neuen Ländern der BRD zu berücksichtigen.

Tabelle 9: Unterschiede in den Grundschulempfehlungen zwischen den Bildungssystemen der neuen und alten Bundesländer je Schicht: Ergebnisse aus Kruskal-Wallis-Tests (Mittlerer Rang je Region und Schicht, Chi²-Test)

| | **Grundschulempfehlungen** | | |
|---|---|---|---|
| Unterschicht | mittlerer Rang Ost: 18,44 bei N=9; | mittlerer Rang West: 16,46 bei N=24 | chi² 0,349 (df = 1) n.sign. |
| Untere Mittelschicht | mittlerer Rang Ost: 58,50 bei N=10 | mittlerer Rang West: 55,20 bei N=100 | chi² 0,118 (df = 1) n.sign. |
| Mittlere Mittelschicht | mittlerer Rang Ost: 93,38 bei N=16 | mittlerer Rang West: 75,09 bei N=137 | chi² 3,132 (df = 1) n.sign. |
| Obere Mittelschicht | mittlerer Rang Ost: 65,32 bei N=19 | mittlerer Rang West: 55,32 bei N=94 | chi² 1,982 (df = 1) n.sign. |
| Oberschicht | mittlerer Rang Ost: 38,50 bei N=4 | mittlerer Rang West: 34,78 bei N=65 | chi² 0,471 (df = 1) n.sign. |

Quelle: DJI-Kinderpanel, 3. Welle, eigene Berechnungen, N gesamt=511, N=69 aus den neuen und N=442 aus den alten Bundesländern, N=478 Grundschulempfehlungen

**Zusammenfassend** ist zur Verteilung der Übergangskriterien nach dem sozioökonomischen Status der Familien der Kinder zu sagen, wobei sich die Muster der einzelnen Übergangskriterien dahingehend nicht wesentlich voneinander unterscheiden: Die dargelegten Befunde zur sozialen Herkunft der Schüler(innen) im mittleren Schulwesen stellen hier zum Teil ein Novum dar, denn sowohl frühere als auch gegenwärtige Untersuchungen können vielfach nachweisen, dass Schulen des mittleren Schulwesens, wie beispielsweise die klassische Realschule, von Kindern aus den mittleren Sozialschichten häufiger besucht werden als von denjenigen aus den unteren oder oberen Sozialschichten (vgl. an früherem Ort[269]). In der vorliegenden Untersuchung auf der Grundlage einer überregionalen Stichprobe sind es dagegen die Kinder aus den beiden unteren Schichten, die in mittleren Schullaufbahnen wie auch in der Hauptschullaufbahn überproportional häufiger vertreten sind, sofern von den Verteilungen innerhalb der Sozialschichten ausgegangen wird. Daraus ist zu schließen, dass sich die bekannte und klassische Bildungsungleichheit nach sozioökonomischen Aspekten im schulischen Sektor heute in erster Linie zwischen dem mittleren Schulwesen und dem Gymnasium abzeichnet, worauf schon im Theoriekapitel vielfach hingewiesen worden ist. Deutliche Sprünge in der Verteilung der Kinder in den einzelnen Schullaufbahnen nach ihrer sozialen Herkunft sind in den vorgestellten Graphiken zwischen der unteren und mittleren Mittelschicht sowie auch zwischen der oberen Mittelschicht und Oberschicht zu erkennen. In den beiden unteren Sozialschichten einerseits sowie in den beiden mittleren andererseits zeichnen sich dagegen ähnliche Muster ab: Die Kinder erreichen in relativer Hinsicht jeweils in etwa ein ähnliches schulisches Niveau mit nur geringen graduellen Unterschieden (vgl. z. B. Maaz, Baumert & Cortina, 2008, S. 218 und 226). Die Verteilung der sozioökonomischen Herkunft der Kinder in der Hauptschullaufbahn oder den mittleren Schullaufbahnen unterscheidet sich in allen Übergangskriterien daher nur im Niveau, nicht aber im Muster. Ein komplett anderes sozialstrukturelles Muster ergibt sich im Gegensatz dazu, wenn die Gymnasiallaufbahn betrachtet wird.[270] Insgesamt gesehen, weisen diese Ergebnisse darauf hin, dass die Bildungsexpansion und die Schulstrukturreformen in den vergangenen Jahrzehnten in erster Linie zu einem *Fahrstuhleffekt* oder besser *Niveaueffekt* im mittleren Schulwesen geführt haben, wovon letztendlich alle Sozialschichten profitiert haben. In der sozialstrukturellen Verteilung der Schülerschaft an Gymnasium bzw. in gymnasialen Schullaufbahnen hat sich dagegen nur wenig getan (vgl. Becker, 2017, zur Diskussion über Niveau- und Struktureffekte und den vielfach zitierten und umstrittenen *Fahrstuhleffekt* im Zuge der Bildungsexpansion, S. 105/106).

269 Vgl. die Untersuchungen von Ditton et al. auf Basis der Daten aus dem KOALA-S-Projekt.

270 Im Hinblick auf diese Schulfolgerungen ist das soziale *Bias* in der DJI-Kinderstichprobe zu berücksichtigen, wobei in den Interpretaionen von relativen und nicht von absoluten Anteilen innerhalb der Schichten ausgegangen wird, somit dieses Bias vernachlässigt werden kann.

In den weiteren deskriptiven Analysen werden Abweichungen zwischen jeweils zwei Übergangskriterien nach sozialer Schichtzugehörigkeit der Haushalte bzw. Familien der Kinder anhand von absoluten und relativen Anteilen untersucht. Ein Vergleich zwischen den Grundschulempfehlungen und Übertrittsentscheidungen der Eltern zeigt, dass, abgesehen von der Oberschicht, in allen Sozialschichten Eltern in ihrer Bildungsentscheidung häufiger nach unten als nach oben von der Grundschulempfehlung abweichen mit folgender Tendenz: Je höher die Schicht, desto geringer die Differenzen zwischen den Elternentscheidungen und Grundschulempfehlungen nach unten oder oben (vgl. Abbildung 9). Das bedeutet in anderen Worten, dass die Abweichungen der Elternentscheidungen von den Grundschulempfehlungen nach unten in relativer Hinsicht mit der Höhe des sozioökonomischen Hintergrundes der Familie abnehmen.[271] Im Gegensatz dazu nimmt ab der unteren Mittelschicht der relative Anteil der Abweichungen der Eltern nach oben bedeutend zu. In der Oberschicht überwiegen sogar die relativen Abweichungen nach oben diejenigen nach unten. Allerdings liegt in Bezug darauf kein linearer Zuwachs mit der Höhe der Schicht vor, denn in der oberen Mittelschicht weichen ebenso viele Eltern nach oben ab wie in der Unterschicht. Für die Oberschicht ist hingegen zu konstatieren, dass in der Analysestichprobe mehr Eltern ihre Kinder für höhere bzw. weiterführende Schullaufbahnen angemeldet, als dies die Grundschulempfehlungen zugelassen haben bzw. danach zu erwarten gewesen wäre. In Anbetracht ihrer hohen Aspirationen gelingt es Ihnen offenbar besser als Eltern aus anderen Schichten, den eigenen Willen gegenüber der Grundschule durchzusetzen, worauf schon mehrfach hingewiesen worden ist (vgl. an anderen Orten). In der Zusammenschau zeigen diese in der nächsten Graphik veranschaulichten Ergebnisse, dass die Bildungsentscheidungen der Eltern je nach sozioökonomischem Hintergrund mehr oder weniger sozial distinktiv oder selektiv im Vergleich zu den Grundschulempfehlungen ausfallen.

271 Abweichungen der Bildungsentscheidungen der Eltern nach unten bedeuten in diesem Sinne, dass ein Kind für eine Schullaufbahn unterhalb der von der Grundschule empfohlenen (eine Stufe oder zwei Stufen darunter) an einer entsprechenden Schulform von den Eltern angemeldet wird. Das Gegenteil trifft für Abweichungen nach oben zu.

Abbildung 12: Übertrittsentscheidungen der Eltern und Grundschulempfehlungen nach sozialem Hintergrund der Familien (Schichtzugehörigkeit der Haushalte bzw. Familien der Kinder am dritten Messzeitpunkt) im Vergleich: Abweichungen zwischen beiden Übergangskriterien nach unten und oben, Ergebnisse deskriptiver Analysen (relative und absolute Anteile)

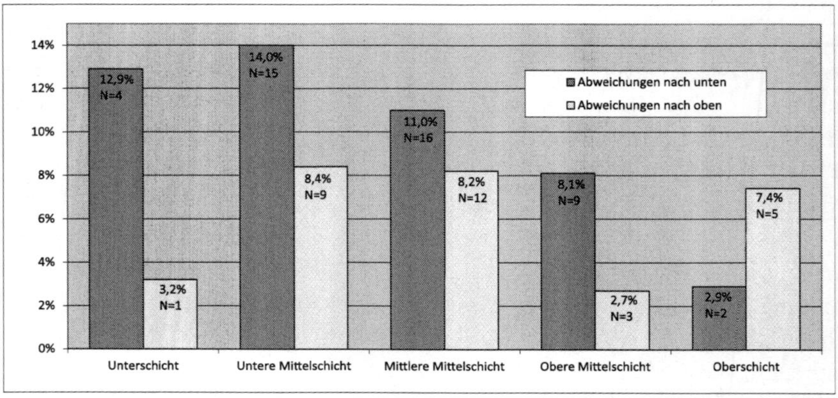


Quelle: DJI-Kinderpanel; 3. Welle; eigene Berechnungen; Mutterinterview; N=511; valide Angaben: Grundschulempfehlungen N=463, Übertrittsentscheidungen der Eltern N=463; Elternentscheidungen als hell unterlegte, Grundschulempfehlungen als dunkel unterlegte Balken dargestellt.

Die Analyse der relativen Abweichungen der Schulwünsche der Kinder (Ambitionen) von den Übertrittsentscheidungen der Eltern, d. h. von den Schulanmeldungen und von den Kindern vollzogenen Übergängen in Schullaufbahnen der Sekundarstufe I, und auch umgekehrt betrachtet, verdeutlicht (vgl. Abbildung 10), dass sich einige Kinder aus den beiden unteren Schichten am Ende ihrer Grundschulzeit den Besuch einer weiterführenden Schulen haben vorstellen können, die Eltern das aber für sie nicht in Erwägung gezogen haben, und damit diese Kinder ambitionierter sind als ihre Eltern. Dementsprechend weicht in der Unterschicht kein einziger Schulwunsch eines Kindes von der Elternentscheidung nach unten ab. Im Gegensatz dazu sind in der unteren Mittelschicht auch einige wenige Fälle bei den Kindern mit einer Abweichung von der Elternentscheidung nach unten festzustellen. Diese Befundlage zu den Differenzen zwischen den Schulwünschen der Kinder und den Elternentscheidungen in der Unterschicht und unteren Mittelschicht deutet jeweils für die Mehrheit der Fälle darauf hin, falls Kinder mit der Schulwahlentscheidung ihrer Eltern nicht einverstanden gewesen sind, ist für sie nur der Besuch weiterführender Schullaufbahnen in Frage gekommen, unter der Voraussetzung, dass sich die Eltern für eine niedrigere Schullaufbahn als der von den Kindern gewünschten entschieden haben. Ab der mittleren Mittelschicht zeichnet sich hinsichtlich dessen ein anderes Muster ab: Hier weichen die Schulwünsche der Kinder von den Elternentscheidungen schon häufiger nach unten als nach oben ab. In der oberen Mittelschicht lässt sich diesbezüglich sogar keine Abweichung nach oben finden. In Anbetracht der teils geringen und unterschiedlichen Fallzahlen in den Teilgruppen ist diese Befundlage unter Vorbehalt dahingehend zu interpretieren, dass ab der mittleren Mittelschicht die Elternentscheidungen eine höhere soziale Selektivität im Vergleich zu den Schulwünschen der Kinder kennzeichnet. Damit setzt sich der Trend, wie er in der Gegenüberstellung der Elternentscheidungen und Grundschulempfehlungen schon beschrieben worden ist, hier ebenso fort: Eltern aus den beiden höheren Mittelschichten und der Oberschicht versuchen, nicht nur gegenüber der Institution Schule, sondern auch gegenüber ihren Kindern ihre Interessen im Hinblick auf Statusvererbung durchzusetzen. Dagegen können sich die Kinder in der DJI-Stichprobe teils durchaus auch den Besuch einer niedrigeren Schulform bzw. eine weniger ambitionierte Schullaufbahn als die von den Eltern präferierte in einigen Fällen in diesen Schichten vorstellen. Daraus ist zu schließen, dass das Motiv des Statuserhalts und damit verbunden womöglich ein Konfliktpotenzial vor allem in Familien höherer sozialer Schichten zum Tragen kommen. In den beiden unteren Schichten zeigt dagegen ein Teil der Kinder höhere Ambitionen als ihre Eltern. Letztere verlieren aber nichts und nehmen keinen Statusverlust in Kauf, wenn sie sich für eine niedrigere Schullaufbahn als die mögliche, von den Kindern gewünschte und von der Grundschule empfohlene entscheiden. Sie gewinnen bestenfalls an Sicherheit hinzu und reduzieren ihr Investitionsrisiko, auch wenn ihre Kinder hinter ihrem Leistungsvermögen zurückbleiben, sie damit aber ihr vertrautes soziales *Terrain* nicht verlassen müssen.

Abbildung 13: Übertrittsentscheidungen der Eltern und Schulwünsche der Kinder nach sozialem Hintergrund der Familien (Schichtzugehörigkeit der Haushalte bzw. Familien der Kinder am dritten Messzeitpunkt) im Vergleich: Abweichungen zwischen beiden Übergangskriterien nach unten und oben, Ergebnisse deskriptiver Analysen (relative und absolute Anteile)

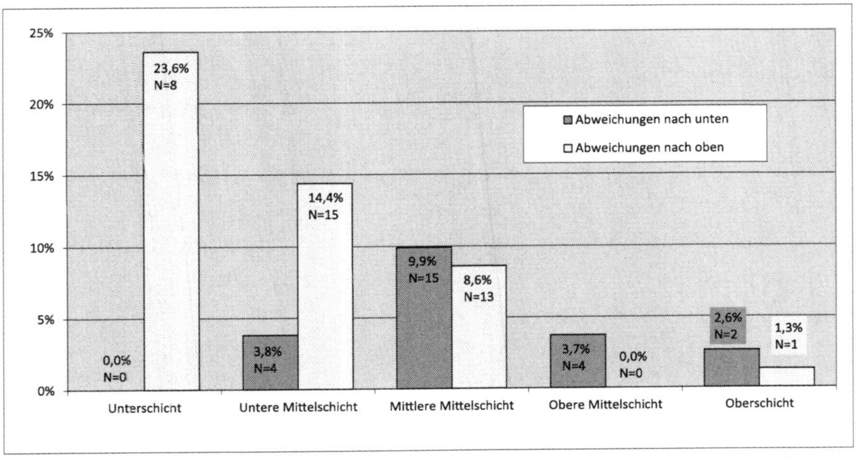


Quelle: DJI-Kinderpanel; 3. Welle; eigene Berechnungen; Mutter- und Kinderinterview; N=511; valide Angaben: Schulwünsche der Kinder N=473, Übertrittsentscheidungen der Eltern N=473; Schulwünsche der Kinder als hell unterlegte, Übertrittsentscheidungen der Eltern als dunkel unterlegte Balken dargestellt.

Abbildung 14: Grundschulempfehlungen und Schulwünsche der Kinder nach sozialem Hintergrund der Familien (Schichtzugehörigkeit der Haushalte bzw. Familien der Kinder am dritten Messzeitpunkt) im Vergleich: Abweichungen zwischen beiden Übergangskriterien nach unten und oben, Ergebnisse deskriptiver Analysen (relative und absolute Anteile)

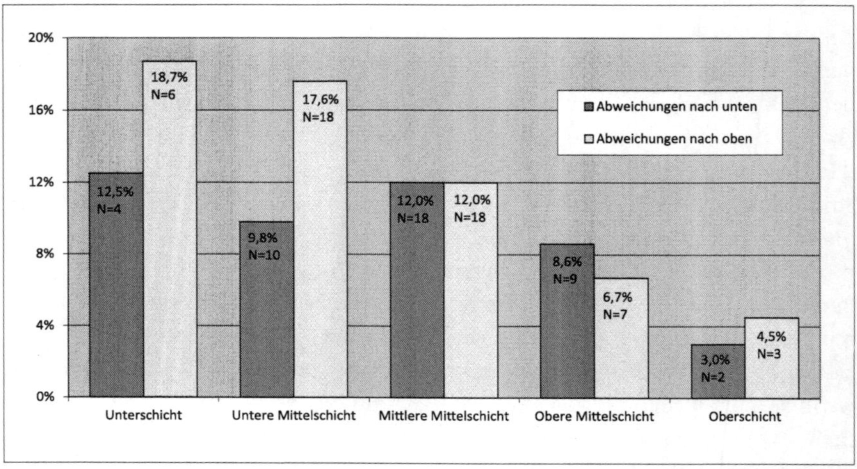


Quelle: DJI-Kinderpanel; 3. Welle; eigene Berechnungen; Mutter- und Kinderinterview; N=511; valide Angaben: Grundschul-empfehlungen N=455, Schulwünsche der Kinder N=455; Schulwünsche der Kinder als hell unterlegte, Grundschulempfehlungen als dunkel unterlegte Balken dargestellt.

Die Ergebnisse aus der Analyse der relativen Abweichungen der Schulwünsche der Kinder von den Grundschulempfehlungen und *vice versa* weisen darauf hin, dass die Schulwünsche der Kinder in den beiden unteren Schichten, anteilig gesehen, weitaus häufiger nach oben als nach unten von den Grundschulempfehlungen abweichen im Vergleich zu denen der Kinder aus den anderen Sozialschichten (vgl. Abbildung 14). In der mittleren Mittelschicht liegen diesbezüglich dagegen in etwa gleich viele Abweichungen nach unten wie nach oben, in der oberen Mittelschicht sogar mehr Abweichungen nach unten als nach oben und in der Oberschicht wiederum mehr Abweichungen nach oben als nach unten vor. Diese Verteilungen sind jedoch, generell gesehen, vor dem Hintergrund der teils geringen absoluten Fallzahlen in den einzelnen Teilgruppen in diesen Analysen hier zu interpretieren, belegen aber trotzdem, dass Kinder aus bildungsfernen Schichten ambitionierter sind, als dies die Grundschulempfehlungen erwarten lassen und ermöglichen. Dennoch gelingt es diesen Kindern offenbar nicht, ihre Ambitionen unter *ceteris paribus* zu realisieren. Im Gegensatz dazu sind die Differenzen zwischen den Schulwünschen der Kinder aus bildungsnahen Schichten und den Grundschulempfehlungen in relationaler Hinsicht weit weniger stark ausgeprägt. Insgesamt betrachtet, fallen die Abweichungen zwischen den Kinderwünschen und den Grundschulempfehlungen weniger gravierend aus als diejenigen zwischen den Elternentscheidungen und

Kinderwünschen, was vermuten lässt, dass Kinder ihre schulische Situation und ihr schulisches Leistungsvermögen realistischer antizipieren als ihre Eltern.

Als **Fazit** aus den dargestellten Befunden zu den Abweichungen zwischen den Übergangskriterien nach dem sozialen Hintergrund der Familien der Kinder ist zu schließen, dass die Elternentscheidungen eine höhere soziale Selektivität auszeichnet als die Schulwünsche der Kinder oder die Grundschulempfehlungen, und dass damit Eltern sozial selektiver entscheiden als ihre Kinder oder die Grundschullehrkräfte, wobei von allen Übergangskriterien die Empfehlungen der Grundschule vergleichsweise am geringsten mit der sozialen Herkunft der Kinder in der Stichprobe korrespondieren. Diese Tendenzen sind vor allem in Familien ab der mittleren Mittelschicht zu beobachten. Das bedeutet, dass allen voran Mittelschicht- und Oberschichteltern um den Erhalt ihres sozialen Status in der nächsten Generation bemüht sind, d. h. um die Weitergabe und Vererbung des sozialen Status der Familie an die Kinder. Dies ist auch deutlich daran zu erkennen, dass die Übergangskriterien in den meisten Fällen ab der mittleren Mittelschicht häufig kongruent miteinander kovariieren, was an den Abweichungen zwischen den relativen Anteilen der Schullaufbahnen nach unten oder oben im Vergleich zwischen zwei Übergangskriterien je Schicht ersichtlich ist, konkret an der Höhe der Balken in den dargelegten Graphiken. In Übereinstimmung damit ist zu konstatieren, dass, wenn Elternentscheidungen und Grundschulempfehlungen miteinander verglichen werden, nur in der Oberschicht ein Übergewicht an Abweichungen nach oben vorliegt, woraus zu schließen ist, wie schon mehrfach angesprochen, dass diese Eltern versuchen, ihren Willen gegenüber der Institution Schule durchzusetzen. Damit kennzeichnet diese Familien auch ein gewisses Konfliktpotenzial. Eltern aus den Sozialschichten darunter können sich dagegen häufiger auch mit einer Bildungsentscheidung unterhalb der Grundschulempfehlung arrangieren, wenn auch in diesen Schichten sehr wohl ebenso Abweichungen nach oben zu ermitteln sind. Zu dieser Situation könnte u. a. beitragen, dass Kinder aus bildungsnahen Mittelschicht- und Oberschichtfamilien die Aspirationen ihrer Eltern in die Schule hineintragen und dort vermitteln. Deutlich werden die beschriebenen Konfliktlinien und die zunehmende Kongruenz zwischen den Übergangskriterien mit der Höhe der Schicht der Familien vor allem auch dann, wenn die Abweichungen der Schulwünsche der Kinder von den Elternentscheidungen und Grundschulempfehlungen betrachtet werden, d. h. diesbezüglich die absoluten und relativen Anteile der Abweichungen und damit die Höhe der Balken in den entsprechenden Graphiken in den Blick genommen werden. Für einen Großteil der „abweichenden" Kinder aus der Unterschicht und unteren Mittelschicht ist dahingehend eine relativ große Differenz festzuhalten, sofern Abweichungen nach oben überwiegen. Die Ambitionen der Kinder aus diesen Familien kommen weder in den Elternentscheidungen noch in den Grundschulempfehlungen wesentlich zum Tragen. Jedoch sollte im Hinblick auf diese Befundlage stets auch der Realitätsbezug der Kinder, wenn nach ihren Wünschen gefragt wird, im Sinne von idealistischen oder zu optimistischen Einstellungen, Selbstüberschätzungen oder Gruppennormen bei solchen Einschätzungen und Beurteilungen bedacht und reflektiert werden. Da aber in diesen Sozialschichten sowohl die Elternentscheidungen als auch die Grundschulempfehlungen substantiell mehr nach unten als nach oben von den Schulwünschen der Kinder abweichen, wäre der Annahme unter *ceteris paribus*, dass die Ambitionen der Kinder aus diesen Schichten, relativ betrachtet, weniger Nachhaltigkeit erfahren und auf weniger Resonanz stoßen im Vergleich zu denen der Kinder aus den beiden höheren Mittelschichten oder der Oberschicht, tendenziell zuzustimmen. So überwiegen in einigen Fällen in der mittleren und oberen Mittelschicht sowie auch in der Oberschicht die Abweichungen der Kinderwünsche von den Elternentscheidungen und teils auch den Grundschulempfehlungen nach unten. In Bezug auf letztere trifft dagegen auch zu, dass einige Kinder aus der Oberschicht ihre Wünsche gegenüber der Grundschule durchsetzen möchten. Diskrepante Fälle liegen vor allem am unteren, aber auch am oberen Rand der sozialen Hierarchie vor: In den beiden unteren Sozialschichten streben die Kinder häufiger nach höheren Schullaufbahnen, als es die Eltern vorsehen und die Grundschulen empfehlen. In wenigen Fällen aus der Oberschicht ist aber auch beides in den Schulwünschen der Kinder im Verhältnis zu den Elternentscheidungen und Grundschulempfehlungen zu erkennen: Kinder streben weniger als die Eltern, aber mehr als die Grundschule an. Trotz dieser Befundlage gilt, dass bei einem überwiegenden Großteil der Fälle keine Differenzen zwischen den Elternentscheidungen, Grundschulempfehlungen und Schulwünschen der Kinder in bilateralen Vergleichen vorhanden sind.[272]

Im Weiteren sind bivariate Zusammenhänge einerseits zwischen den Übergangskriterien untereinander, andererseits zwischen den Übergangskriterien und dem sozialen Hintergrund der Familien der Kinder, jeweils mit dem Rangkorrelationskoeffizient Kendalls-Tau-b sowie mit dem symmetrischen und asymmetrischen Maß Somers-d, geprüft worden (vgl. Ergebnisse in Tabelle 10, zu den statistischen Verfahren an früherem Ort). Folgende Verknüpfungen haben sich dafür ergeben: Die Zusammenhänge der Übergangskriterien untereinander lassen auf sehr starke und hoch signifikante Assoziationen dieser in positiver Richtung schließen. Im Vergleich dazu korrelieren die Übergangskriterien mit der sozialen Herkunft der Kinder (Schichtzugehörigkeit ihrer Fami-

---

272 Im Hinblick auf die Einschätzung der Ergebnisse zu den beschriebenen Abweichungen sind stets die teils geringen Fallzahlen in den einzelnen Gruppen zu berücksichtigen, worauf schon hingewiesen worden ist.

lien bzw. Haushalte) zwar ebenso auf einem hoch signifikanten Niveau, jedoch aber nur mit weniger als der halben Valenz, d. h. mit mittlerer Stärke, absolut betrachtet, als die Übergangskriterien untereinander. Diese Befunde verdeutlichen relativ sehr hohe, aber nicht perfekte Korrelationen der Übergangskriterien untereinander, Zusammenhänge auf mittlerem Niveau dagegen zwischen den Übergangskriterien und der Schichtzugehörigkeit der Familien der Kinder. Den relativ stärksten Zusammenhang davon zeigen die Schulwünsche der Kinder mit den Übertrittsentscheidungen der Eltern, den relativ schwächsten die Grundschulempfehlungen mit den Schulwünschen der Kinder. Die Stärke der Korrelation zwischen den Elternentscheidungen und den Grundschulempfehlungen liegt in der Mitte zwischen den beiden vorher genannten Zusammenhängen. Demnach gleichen sich die Vorstellungen der Eltern und Lehrkräfte in der Phase der Anbahnung und Vorbereitung der Schullaufbahnwahl vor dem Übergang möglichweise im Sinne von wechselseitigen Anpassungsprozessen wechselseitig an. Ersteres Ergebnis unterstreicht die vermuteten familialen Transmissionen in Bezug auf den Statuserhalt und die Statusvererbung bei der Wahl einer geeigneten Schullaufbahn für das Kind am ersten Bildungsübergang. Allerdings handelt es sich bei diesen Ergebnissen mehr um graduelle als um fundamentale Unterschiede. Das bedeutet, dass, insgesamt betrachtet, dennoch von einer hohen Übereinstimmung zwischen den Übergangskriterien auszugehen ist. Die schichtspezifischen Zusammenhänge aller Übergangskriterien fallen annähernd identisch aus, allerdings die Übertrittsentscheidung der Eltern mit ihrem sozioökonomischen Status vergleichsweise und erwartungsgemäß am stärksten verknüpft ist in dem Sinne, je höher die Schicht, desto häufiger entscheiden sich Eltern für weiterführende Schullaufbahnen für ihre Kinder. Auf der Grundlage dieser Ergebnisse sind jedoch Aussagen über Richtung und Kausalität dieser Zusammenhänge nicht möglich.

Tabelle 10: Rangkorrelationen (Kendalls-Tau-b/c, Somers-d) zwischen den Grundschulempfehlungen, Schulwünschen der Kinder, Übertrittsentscheidungen der Eltern und dem sozialen Hintergrund der Familien (Schichtzugehörigkeit der Haushalte bzw. Familien der Kinder am dritten Messzeitpunkt, Übergangskriterien als AV's bei asymmetrischem Somers-d)

| | Schicht | Grundschulempfehlungen | Schulwünsche der Kinder |
|---|---|---|---|
| **Grundschulempfehlungen (AV)** | 0,34 (Somers-d 0,294)***, N=478 | | |
| **Schulwünsche der Kinder (AV)** | 0,34 (Somers-d 0,295)***, N=481 | 0,70 (Somers-d 0,685)***, N=455 | |
| **Übertrittsentscheidungen (AV)** | 0,38 (Somers-d 0,335)***, N=495 | 0,79 (Somers-d 0,803)***, N=463 | 0,82 (Somers-d 0,842)***, N=466 |

Quelle: DJI-Kinderpanel, 3. Welle, eigene Berechnungen; Korrelationen der Übergangskriterien untereinander mit asymmetrischem Somers-d: Grundschulempfehlungen (AV) und Schulwünsche der Kinder: Somers-d 0,707***, N=455; Übertrittsentscheidungen und Schulwünsche der Kinder (AV): Somers-d 0,798***, N=466; Übertrittsentscheidung und Grundschulempfehlungen (AV): Somers-d 0,786***, N=463.

Anmerkungen: *p<0,05 **p<0,01 ***p<0,001; Signifikanzen 2-seitig

Zum Abschluss dieses Analyseabschnitts werden Ergebnisse aus Untersuchungen regionaler Unterschiede in den Übergangskriterien vor dem Hintergrund der jeweiligen Messniveaus mit dem Kruskal-Wallis-Test (Rangvarianzanalyse) sowie Ergebnisse aus korrelativen Zusammenhangsanalysen zwischen verschiedenen regionalen Indikatoren und den Übergangskriterien mittels Kreuztabellenanalyse vorgestellt und beschrieben (vgl. zu den statistischen Analyseverfahren an anderem Ort). Im Hinblick darauf werden sowohl West-Ost-Unterschiede und -zusammenhänge (alte vs. neue Bundesländer) als auch Unterschiede zwischen Ländergruppen mit verschiedenen gesetzlichen Übertrittsregelungen und Assoziationen dieses Indikators (Schulrecht vor Elternrecht vs. Elternrecht vor Schulrecht) sowie Stadt-Land-Unterschiede und -verknüpfungen in den Blick genommen (vgl. Tabelle 11): Signifikante West-Ost-Unterschiede mit mäßigen Zusammenhängen sind für die beiden Übergangskriterien Schulwünsche der Kinder und Übertrittsentscheidungen der Eltern zugunsten der neuen Länder zu ermitteln in der Richtung, dass Kinder und Eltern aus den neuen Ländern höhere Ambitionen bzw. Aspirationen zeigen und damit häufiger weiterführende Schullaufbahnen oder Schulformen anstreben, bzw. für ihre Kinder vorsehen, als Kinder und Eltern aus den alten Ländern. Als weniger überraschend und teils theoriekonform erweist sich hingegen der Befund, dass in Ländern mit der Gesetzeslage *Elternrecht vor Schulrecht* die Grundschulempfehlungen, Schulwünsche der Kinder und ebenso die Übertrittsentscheidungen der Eltern signifikant höher ausfallen als in Ländern mit der Übertrittsregelung *Schulrecht vor Elternrecht*. Das bedeutet, dass in den Ländern der ersten Gruppe weiterführende Schulen und Laufbahnen häufiger von den Lehrkräften empfohlen, von den Kindern gewünscht und den Eltern gewählt werden als in denen der zweiten Gruppe. Allerdings korrelieren diese bisher genannten regionalen Parameter mit den Übergangskriterien jeweils nur in einem eher geringen Maße. Bedeutende Stadt-Land-Unterschiede liegen nur in den Übertrittsentscheidungen der Eltern vor: Eltern aus städtischen Regionen entscheiden sich in der Regel häufiger für weiterführende Bildungslaufbahnen für ihre Kinder als Eltern auf dem Lande, wobei auch hinsichtlich dieses Unterschiedes ein nur eher mäßiger Zusammenhang besteht.

Als **Resümee** ist aus den genannten regionalen Befunden und der Annahme von Wechselwirkungen zwischen den jeweiligen regionalen Indikatoren und Hintergrundfaktoren, letztere jedoch nach den Ergebnissen aus den Kruskal-Wallis-Tests ohne substantielle Niveaus verbleiben, zu schließen, dass sich Eltern aus städtischen Regionen in den neuen Ländern mit der gesetzlichen Übertrittsregelung *Elternrecht vor Schulrecht* für höhere bzw. weiterführende Schullaufbahnen für ihre Kinder am Ende der Grundschule entscheiden als Eltern aus ländlichen Regionen der Länder der alten BRD mit der Übertrittsregelung *Schulrecht vor Elternrecht*. Zur ersten Gruppe zählen Eltern aus den Ländern Berlin, Brandenburg, Mecklenburg-Vorpommern, Sachsen-Anhalt und mit Vorbehalt auch Eltern aus Thüringen, zur letzten Gruppe Eltern aus den Ländern Bayern, Baden-Württemberg oder dem Saarland. Erstere Länder sind diejenigen mit frühen weitreichenden Reformen in den Bildungssystemen, in denen entweder die sechsjährige Grundschule eingeführt worden ist und/ oder die Haupt- und Realschule zu Schulverbünden zusammengelegt worden sind, ohne damit die einzelnen Bildungsgänge, d. h. den Haupt- und Realschulzweig, faktisch abzuschaffen.

Tabelle 11: Unterschiede (mit Kruskal-Wallis-Tests ermittelt) in den Grundschulempfehlungen, Übertrittsentscheidungen der Eltern und Schulwünschen der Kinder nach regionalen Parametern (West-Ost: Alte vs. neue Bundesländer; Bundesländer nach Übertrittsregelung: Elternrecht vs. Schulrecht, Stadt-Land: Städtische vs. ländliche Regionen) und Zusammenhänge zwischen den Übergangskriterien und den regionalen Parametern (Kreuztabellenanalyse mit Chi²-Tests, Cramers-V und Unsicherheitskoeffizient U)

| | **Grundschul-empfehlungen** | **Schulwünsche der Kinder** | **Übertrittsentscheidungen der Eltern** |
|---|---|---|---|
| **Alte–Neue Bundesländer** | $chi^2$ (df=1, N=478) 1,913<br>Rang: West < Ost<br>$chi^2$ nach Pearson<br>(df=2, N=478) 5,379;<br>V=0,106 U=0,9% | $chi^2$ (df=1, N=481) 4,273*<br>Rang: West < Ost<br>$chi^2$ nach Pearson<br>(df=2, N=481) 6,308*;<br>V=0,115* U=1,2% | $chi^2$ (df=1, N=495) 6,609*<br>Rang: West < Ost<br>$chi^2$ nach Pearson<br>(df=2, N=495) 9,313**;<br>V=0,137** U=1,4% |
| **Bundesländer nach Übertrittsregelungen** | $chi^2$ (df=1, N=478) 4,277*<br>Rang: Schulrecht < Elternrecht<br>$chi^2$ nach Pearson<br>(df=2, N=478) 8,486*;<br>V=0,133* U=0,9% | $chi^2$ (df=1, N=481) 5,686*<br>Rang: Schulrecht < Elternrecht<br>$chi^2$ nach Pearson<br>(df=2, N=481) 6,205*;<br>V=0,114* U=0,7% | $chi^2$ (df=1, N=495) 10,174**<br>Rang: Schulrecht < Elternrecht<br>$chi^2$ nach Pearson<br>(df=2, N=495) 10,197**;<br>V=0,144** U=1,1% |
| **Stadt-Land** | $chi^2$ (df=1, N=478) 0,676<br>Rang: Land < Stadt<br>$chi^2$ nach Pearson<br>(df=2, N=478) 3,771;<br>V=0,089 U=0,4% | $chi^2$ (df=1, N=481) 3,493<br>Rang: Land < Stadt<br>$chi^2$ nach Pearson<br>(df=2, N=481) 4,982;<br>V=0,102 U=0,6% | $chi^2$ (df=1, N=495) 5,436*<br>Rang: Land < Stadt<br>$chi^2$ nach Pearson<br>(df=2, N=495) 5,591;<br>V=0,106 U=0,6% |

Quelle: DJI-Kinderpanel, Wellen 1–3, eigene Berechnungen

Anmerkungen: *p<0,05 **p<0,01 ***p<0,001; Signifikanzen 2-seitig; West (alte Bundesländer): N=442 (86,5%) und Ost (neue Bundesländer): N=69 (13,5%); Bundesländer nach Übertrittsregelungen: Schulrecht vor Elternrecht: N=184 (36,0%) und Elternrecht vor Schulrecht: N=327 (64,0%); Stadt: N=301 (58.9%) und Land: N=210 (41,1%). Die Ergebnisse aus den Kruskal-Wallis-Tests und Kreuztabellenanalysen zu den beschriebenen Zusammenhängen sind vor dem Hintergrund ungleich verteilter Fallzahlen in den Teilstichproben zu interpretieren, jedoch gelten diese Verfahren als relativ stabil (vgl. dazu an früherem Ort). Explorative Analysen, deren Befunde hier nicht ausführlich dargestellt werden können, verdeutlichen ebenso, dass zwischen den Übergangskriterien, regionalen Parametern und der Schichtzugehörigkeit der Familien auf der Basis von dreifachen Kreuztabellen mit $chi^2$-Tests nach Pearson keine signifikanten Zusammenhänge vorhanden sind. Aufgrund dessen kann behauptet werden, dass zwischen diesen Parametern keine nennenswerten Wechselwirkungen vorliegen. Darüber hinaus ist daraus abzuleiten, dass der soziale Hintergrund der Familien in den verschiedenen regionalen Kontexten jeweils dieselben oder ähnliche Effekte in den Übergangskriterien zeitigt.

### 4.6.3. Schichtspezifische Unterschiede in den Gründen der Übertrittsentscheidungen der Eltern und der Mitwirkung verschiedener Akteure daran aus Kindersicht

Im DJI-Kinderpanel ist am dritten Messzeitpunkt in den Mutterinterviews nach den ausschlaggebenden Gründen für die Übertrittsentscheidung der Eltern, d. h. für ihre Wahl einer Schullaufbahn für das Kind am Ende seiner Grundschulzeit, gefragt worden, wozu den Müttern eine Reihe relevanter Gründe vorgetragen worden ist, die sie auf einer Skala von sehr wichtig bis nicht wichtig einschätzen sollten. In der folgenden Graphik sind die deskriptiven Ergebnisse dazu (relative Anteile und absolute Fallzahlen) abgebildet (vgl. Abbildung 15). Die beiden Antwortvorgaben sehr wichtig und wichtig sind für diese Analyse zusammengefasst worden, denn im Falle von Einschätzskalen sind bedeutende und aussagekräftige Unterschiede oftmals nur in den höheren positiven Rängen zu erkennen. Die jeweiligen Prozentwerte beziehen sich auf die Anteile der Mütter mit den Zustimmungstendenzen sehr wichtig und wichtig.

Die Ergebnisse verdeutlichen, dass die beruflichen Möglichkeiten (91,45%), die Noten bzw. Schulleistungen (88,3%) und der Schulwunsch des Kindes (87,9%) die Übertrittsentscheidungen der Eltern maßgeblich beeinflusst haben. Bedeutende Parameter dieser Entscheidung sind außerdem die Belastung oder Überforderung des Kindes in der Schule (78,3%), d. h. sein Leistungsvermögen, das Einkommen (76,3%), das das Kind mit dem angestrebten Abschluss an der jeweiligen Schulform später womöglich einmal erreichen wird, oder das Urteil der Lehrerin oder des Lehrers über das Kind (75,0%). Im Gegensatz dazu erweisen sich die Faktoren Hausaufgabenunterstützung in der Familie (43,4%), die Nähe der Schule zur Wohnung (41,9%) oder die Freundschaftsbeziehungen des Kindes in der Grundschule (39,7%) als weniger relevant für die elterlichen Übertrittsentscheidungen, verbleiben aber nicht ganz ohne Einfluss darauf. Eine relativ geringe Bedeutung für diese Entscheidung zeigen die finanziellen Belastungen der Familie durch den Besuch des Kindes einer weiterführenden Schule (19,8%) oder der Umstand, dass ältere Geschwister die gewünschte Schule besuchen (15,3%) (vgl. dazu auch die Untersuchung von Helbig, 2013, zu den Einflüssen von Geschwistern auf den Schulerfolg: Positiver Effekt des Gymnasialbesuchs oder der Hochschulreife eines älteren Geschwisters auf den Übertritt eines jüngeren Geschwisters in ein Gymnasium; oder die Analysen von Teubner, 2005, auf der Grundlage der Daten der ersten Erhebungswelle des DJI-Kinderpanels zu Unterschieden in der Entwicklung von Einzel- und Geschwisterkindern[273]).

273 In der Familie (Familiennetzwerk, Qualität der Eltern- und Geschwisterbeziehung und Familienklima), in Peerbeziehungen (Anzahl der Freunde, Kontaktaufnahme, Wunsch nach

Abbildung 15: Gründe der Eltern für die Übertrittsentscheidung: Prozentuale Verteilung der Zustimmungstendenzen der Mütter sehr wichtig und wichtig (zusammengefasst) zu den Items und absolute Fallzahlen der Nennungen dieser Antwortvorgaben je Entscheidungsgrund in der Analysestichprobe

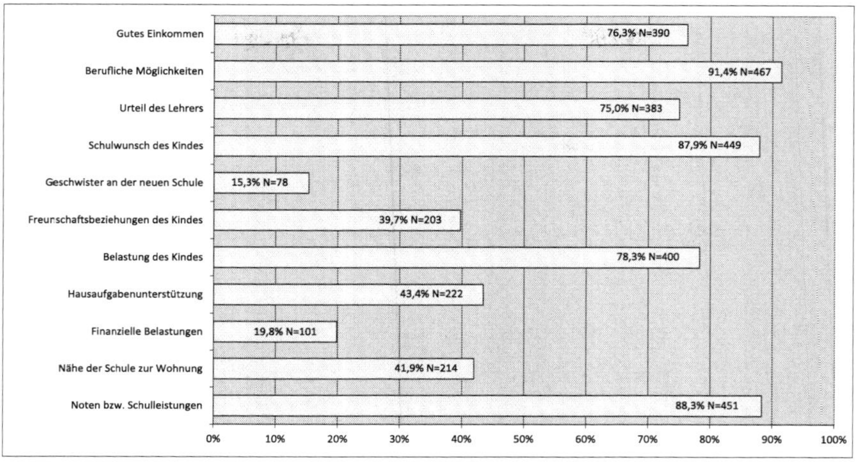


Quelle: DJI-Kinderpanel, 3. Welle, eigene Berechnungen, Mutterinterview,
N gesamt = 334 bis 510 je nach Item

Tabelle 12: Gründe der Eltern für die Übertrittsentscheidung: Ergebnisse aus deskriptiven Analysen der Items (Mittelwerte, Standardabweichungen, Fallzahlen)

| | Mittelwerte | Standardabweichungen | N |
|---|---|---|---|
| Noten bzw. Schulleistungen | 3,33 | 0,74 | 508 |
| Nähe der Schule zur Wohnung | 2,33 | 0,96 | 503 |
| Finanzielle Belastungen | 1,80 | 0,90 | 463 |
| Hausaufgabenunterstützung | 2,24 | 0,99 | 504 |
| Belastung des Kindes | 3,05 | 0,90 | 505 |
| Freundschaftsbeziehungen des Kindes | 2,26 | 0,96 | 500 |
| Geschwister an der neuen Schule | 1,81 | 0,96 | 334 |
| Schulwunsch des Kindes | 3,37 | 0,79 | 505 |
| Urteil der Lehrerin bzw. des Lehrers | 2,95 | 0,88 | 503 |
| Berufliche Möglichkeiten | 3,41 | 0,73 | 510 |
| Gutes Einkommen | 3,03 | 0,84 | 506 |

Quelle: DJI-Kinderpanel, 3. Welle, eigene Berechnungen, Mutterinterview, Itemintensität aufsteigend, Antwortskala (Kodierung 1–4): Nicht wichtig, weniger wichtig, wichtig, sehr wichtig.

Die deskriptiven Kennwerte der Einschätzungen der Mütter der Entscheidungsgründe für die Übertrittsentscheidung spiegeln im Wesentlichen die Ergebnisse der Prozentwertanalyse wider (vgl. die Mittelwerte als Maße der zen-

mehr Spielkameraden) oder in der Schule (Beliebtheit bei den Mitschülerinnen und Mitschülern, Einflüsse der Qualität der Geschwisterbeziehung auf die Beliebtheit bei Mitschülerinnen und Mitschülern und auf die Selbsteinschätzung der schulischen Leistungen).

tralen Tendenz und die Standardabweichungen als Streuungsmaße in Tabelle 12)[274]. Unterschiede in Richtung einer Zustimmung oder Ablehnung ergeben sich in dieser Analyse nach der Höhe der Mittelwerte. Im Hinblick darauf entspricht die Rangordnung der Entscheidungsgründe hier größtenteils derjenigen nach der Prozentwertanalyse. Die Standardabweichungen fallen bei den meisten Items, relativ gesehen, ähnlich aus und lassen, absolut betrachtet, auf eine recht hohe Streuung schließen, wobei die Streuung bei den Entscheidungsgründen Noten, Schulwunsch des Kindes und berufliche Möglichkeiten, d. h. der drei wichtigsten Motive der hier fokussierten Bildungsentscheidung, jeweils vergleichsweise gering erscheint. Daraus ist zu schließen, dass die Einschätzungen der Mütter bezüglich dieser Aspekte in der Tendenz nur wenig voneinander abweichen.

Im Kinderinterview ist als Gegenstück zur Frage nach den Entscheidungsgründen im Mutterinterview nach der Mitwirkung verschiedener Akteure bzw. Personen an der Übertrittsentscheidung gefragt worden. Die Kinder haben im Kinderinterview am dritten Messzeitpunkt ihre Zustimmung oder Ablehnung dazu zum Ausdruck bringen sollen. Als Entscheidungsträger sind das Kind selbst, der Vater, die Mutter oder die Klassenlehrerin oder der Klassenlehrer in Frage gekommen. In der nächsten Graphik sind dazu die relativen Anteile der Zustimmungstendenz *sehr stark* je Entscheidungsträger abgebildet (vgl. Abbildung 16). Auch in den Befunden zu dieser Skala ist wiederum zu erkennen, dass substantielle Unterschiede zwischen den Antworten der befragten Kinder nur im höheren Wertebereich vorliegen: 71,2% der Kinder haben ihre eigene Mitwirkung, 68,1% diejenige ihrer Mutter, 51,1% die Mitsprache des Vaters und nur 34,8% die Mitwirkung der Klassenlehrerin oder des Klassenlehrer bei der sie betreffenden Übertrittsentscheidung am ersten Bildungsübergang für sehr bedeutend gehalten.

274 Vgl. dazu auch die Ergebnisse aus der Analyse von Haunberger und Teubner (2008) dazu für die gesamte Stichprobe des DJI-Kinderpanels, die sich geringfügig von den eigenen Befunden unterscheiden.

Abbildung 16: Bedeutung der Mitwirkung verschiedener Akteure an der Übertrittsentscheidung: Relativer Anteil (in %) der Antwortvorgabe sehr stark und Fallzahl je Entscheidungsträger in der Analysestichprobe (absolut)

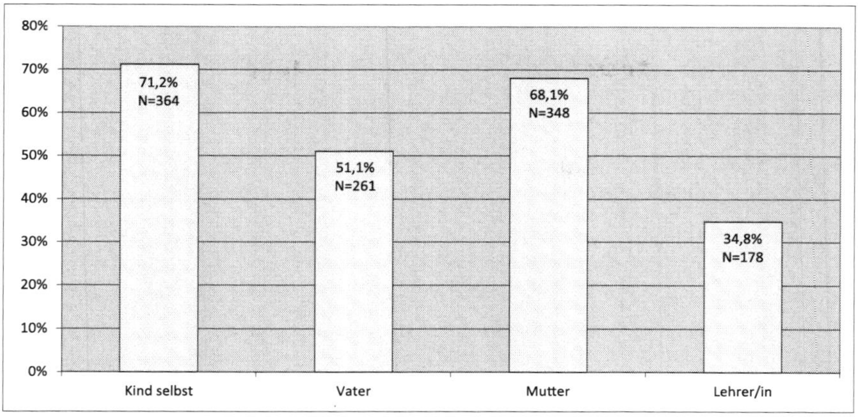


Quelle: DJI-Kinderpanel, 3. Welle, eigene Berechnungen, Kinderinterview,
N gesamt = 465 bis 487 je nach Item

Die deskriptiven Kennwerte der einzelnen Entscheidungsträger, wie Mittelwerte und Standardabweichungen im Folgenden, bestätigen auch hier die Befunde der Prozentwertanalyse zur Rangordnung der Bedeutung der Mitwirkung verschiedener Akteure an der Übertrittsentscheidung (vgl. Ergebnisse in Tabelle 13). Augenfällig sind dazu in der nächsten Übersicht die relativ geringe Standardabweichung bei den Müttern und die relativ hohe bei den Lehrkräften, wonach die Kindereinschätzungen zur Mitwirkung der Mütter bei der Übertrittsentscheidung weit weniger stark streuen als dieselben zur Mitwirkung der Lehrkräfte daran. Demnach kommt aus Sicht der Kinder den Müttern hier die Funktion der wichtigsten Entscheidungsperson in der Familie zu, den Lehrkräften hingegen schreiben die Kinder in der Tendenz eine eher marginale Rolle zu. Zumindest scheinen die Kindereinschätzungen zur Mitwirkung der Lehrkräfte bei der Übertrittsentscheidung mehr auseinanderzudriften als dies dieselben zur Rolle der Mütter dabei tun.

Tabelle 13: Übertrittsentscheidung: Wer hat entschieden?: Ergebnisse aus deskriptiven Analysen (Mittelwerte, Standardabweichungen, Fallzahlen)

| | Mittelwert | Standardabweichung | N |
|---|---|---|---|
| Kind selbst | 3,64 | 0,72 | 487 |
| Vater | 3,35 | 0,89 | 465 |
| Mutter | 3,66 | 0,64 | 480 |
| Lehrer(in) | 2,98 | 1,00 | 473 |

Quelle: DJI-Kinderpanel, 3. Welle, eigene Berechnungen, Kinderinterview, Itemintensität aufsteigend, Antwortskala (Kodierung 1–4): Sehr, ein wenig, eher nicht, überhaupt nicht.

Abschließend werden wiederum Ergebnisse aus Analysen schichtspezifischer Unterschiede und Zusammenhänge hier nun bezüglich der Gründe der Eltern für ihre Übertrittsentscheidung und der Mitwirkung verschiedener Akteure daran aus Kinderperspektive vorgestellt, beschrieben und interpretiert. Substantielle Befunde dazu liegen in folgenden Aspekten vor, die entweder mit der Varianzanalyse oder dem Kruskal-Wallis-Test, letzteres statistisches Verfahren sofern die Voraussetzungen für ersteres nicht erfüllt gewesen sind, festgestellt worden sind[275] (vgl. Befunde in Tabelle 14 und ausführliche Ergebnisse dazu im Anhang; zu den statistischen Verfahren an früherem Ort):

- Je niedriger der soziale Hintergrund der Familie, desto ausschlaggebender sind die finanziellen Belastungen der Familie für die Schulwahlentscheidung der Eltern am ersten Bildungsübergang.
- Je höher der soziale Hintergrund der Familie, desto häufiger berücksichtigen Eltern bei ihrer Bildungsentscheidung den Schulwunsch des Kindes.
- Je niedriger der soziale Hintergrund der Familie, desto seltener wirkt das Kind selbst an der Übertrittsentscheidung mit.

Tabelle 14: Gründe der Eltern für die Übertrittsentscheidung (Mutterinterview) und Mitwirkung verschiedener Akteure an der Übertrittsentscheidung (Kinderinterview), jeweils am dritten Messzeitpunkt: Ergebnisse aus einfaktoriellen Varianzanalysen oder Kruskal-Wallis-Tests nach sozialem Hintergrund der Familien (Schicht)

| Merkmal | Effekt | Signifikanzniveau Richtung | part. Eta² | korr. R² |
|---|---|---|---|---|
| Finanzielle Belastungen | Schicht | --- S*² | 4,7% | 3,9% |
| Schulwunsch des Kindes | Schicht | ++ S** | 3,8% | 3,8% |
| Kind als Mitentscheider | Schicht | ++ S** | 4,9% | 4,9% |

Anmerkungen: Zu Beginn der Spalte Signifikanzniveau mit +/- $p<0,05$ ++/-- $p<0,01$ +++/--- $p<0,001$; *monoton fallend, **monoton steigend; nicht korrigiertes $R^2$ jeweils gleich groß wie part. $Eta^2$ und größer als korr. $R^2$; ¹Varianzheterogenität (im einfaktoriellen Modell: Kruskal-Wallis-Test, $R^2$ nicht korrigiert); Mädchen (w) = 1, Jungen (m) = 2; Effektrichtung: + = aufsteigend, – = absteigend; ²post-hoc-Test nach Scheffé: Unterschicht > Oberschicht bei $p<0,01$; untergleiche Stichproben.

Die genannten schichtspezifischen Unterschiede in den Einschätzungen der Mütter der Gründe der Eltern für ihre Bildungsentscheidung sowie in denjenigen der Kinder zur Mitwirkung verschiedener Akteure daran verdeutlichen, dass in Familien mit höherem sozialem Status der Fokus viel stärker auf das Kind als Entscheidungsträger und -grund bei der Schullaufbahnwahl am Ende der Grundschulzeit des Kindes gerichtet ist als in Familien aus niedrigeren Sozialschichten. Das bedeutet, dass in ersteren Familien den Kindern wesentlich mehr Entscheidungsspielraum und Selbstbestimmung von ihren Eltern

275 Der Schichtindikator aus der dritten Erhebungswelle wurde hierfür verwendet.

eingeräumt wird als in letzteren, in denen dagegen materielle Überlegungen bei der Übertrittsentscheidung eine weitaus größere Rolle spielen als in gut situierten Familien. Hinsichtlich des letzteren Aspektes und Ergebnisses liegt eine recht akzeptable Teststärke und ebenso eine passable Korrelation mit der Schichtzugehörigkeit der Familien der Kinder vor. Im Vergleich dazu fallen jedoch die Verknüpfungen der Faktoren *Kind als Entscheidungsträger* und *-grund* und *Schulwunsch des Kindes* mit dem sozialen Hintergrund der Familien der Kinder wesentlich bedeutender aus.

Als **Fazit** aus den Ergebnissen in diesem Abschnitt bleibt festzuhalten, dass die Grundschulempfehlungen, Übertrittsentscheidungen der Eltern und Schulwünsche der Kinder in einem relativ hohen Maße wechselseitig übereinstimmen und bedeutend, wenn auch jeweils nur im halben Maße wie diese Übergangsparameter untereinander, mit dem sozioökonomischen Status der Haushalte bzw. Familien der Kinder korrelieren. Im Hinblick auf die relativen Anteile der Sozialschichten in den einzelnen Schullaufbahnen ist in der Analyse eines jeden Übergangskriteriums von der sozialen Herkunft der Kinder als Basis ausgegangen worden und nicht von der Schulform bzw. -laufbahn. Damit befinden sich die Chancen innerhalb der einzelnen Sozialschichten und nicht die Verteilungen der Schüler(innen) nach sozialer Herkunft auf die einzelnen Schulformen bzw. -laufbahnen im Vordergrund des Interesses und der Analyse. Dementsprechend ist durchwegs das klassische Muster zu erkennen, dass Kinder aus der Unterschicht im Vergleich zu denjenigen aus höheren Sozialschichten proportional häufiger, bezogen auf ihre eigene Gruppe, in Hauptschulen oder Hauptschulzweigen von Verbundschulen zu finden sind. Das Gegenteil ist in Gymnasien oder gymnasialen Zweigen kooperativer Schulformen festzustellen. In absoluter Hinsicht besuchen heute nur noch sehr wenige Kinder Hauptschulen oder Hauptschulzweige von Schulen mit mehreren Bildungsgängen. Im mittleren Schulwesen, wie den Realschulen, Mittelschulen, Verbundschulen etc., ist ein ähnliches Verteilungsmuster zum sozioökonomischen Hintergrund der Schüler(innen) (Schichtzugehörigkeit) wie in den Hauptschulen oder Hauptschulzweigen, allerdings auf einem höheren absoluten Niveau festzustellen. Gravierende Sprünge in diesen schulspezifischen, sozialstrukturellen Verteilungen sind vor allem zwischen der unteren und mittleren Mittelschicht sowie zwischen der oberen Mittelschicht und Oberschicht zu erkennen. Darüber hinaus sind auch verschiedene regionale Ungleichheiten in den Übergangskriterien ermittelt worden, allen voran in Bezug auf die Übertrittsregelungen der Länder, aber auch bezogen auf West-Ost- oder Stadt-Land-Unterschiede, wobei die zuletzt genannten weniger von Bedeutung sind als die zuerst erwähnten. Eltern mit einem höheren Sozialstatus orientieren sich bei ihren Bildungsentscheidungen vor allem am Kind, Eltern mit einem niedrigeren hingegen eher an den antizipierten finanziellen Belastungen für die Familie, die mit dem Besuch einer weiterführenden Schule angenommen werden. Kinder nehmen in erster Linie die Familie und weniger die Schule als dominanten Akteur bei der sie betreffenden Bildungsentscheidung wahr.

## 4.7. Bivariate Zusammenhänge zwischen den Übergangsparametern, der Schichtzugehörigkeit und den Prädiktoren

In diesem Abschnitt werden die Ergebnisse bivariater Korrelationsanalysen zwischen den Übergangsparametern (Grundschulempfehlungen, Schulwünsche der Kinder und Übertrittsentscheidungen der Eltern)[276], dem sozialen Hintergrund der Kinder und allen für die Erklärung der Übergangsparameter ausgewählten und theoretisch bedeutsamen Prädiktoren aus den Bereichen *Persönlichkeit* und *familiale* und *institutionelle Sozialisationsbedingungen des Kindes* sowie *Bildungsverhalten der Eltern* und *Kinder* referiert (vgl. Ergebnistabellen 57 bis 64 im Anhang). Die soziale Herkunft der Zielkinder wird im DJI-Kinderpanel mit der Schichtzugehörigkeit des Haushalts bzw. der Familie operationalisiert. Dafür wird je Messzeitpunkt ein Index aus drei Indikatoren des schulischen und beruflichen Ausbildungsniveaus und der beruflichen Position der Eltern mit jeweils der höchsten Ausprägung im Haushalt, d. h. entweder der Mutter oder des Vaters, sowie des Haushaltsnettoeinkommens gebildet, wobei vor allem die beiden letzten Parameter im zeitlichen Verlauf variieren (vgl. an früherem Ort). In weiteren Analysen fließen nicht nur die Schichtindizes der Familien oder Haushalte an allen drei Messzeitpunkten ein, sondern ebenso auch Indikatoren und Konstrukte aus den oben genannten Domänen, die in den Mutter- oder Kinderinterviews an den ersten beiden Messzeitpunkten erhoben worden sind. Damit soll ermittelt werden, inwieweit zeitlich zurückliegende Faktoren mit den Übergangsparametern zusammenhängen, d. h. langfristige Effekte auf den Schulerfolg zeitigen, sich die Einflüsse der Erklärungsfaktoren über die Zeit hinweg kumulieren, d. h. Merkmale des Kindes und der Familie je nach Messzeitpunkt Unterschiede in den Zusammenhängen hervorrufen, oder die prädiktiven Merkmale eine Schichtspezifik aufweisen, d. h. schichtspezifische Zusammenhänge bilden und damit von der sozialen Herkunft geprägt sind.

Aufgrund des ordinalen Messniveaus der Übergangsparameter und einiger Indikatoren einschließlich der Schichtindizes wird für die bivariaten Korrela-

---

276 Zur Vereinfachung der sprachlichen Darstellung wird im Folgenden stets von Übergangsparametern oder -kriterien im Allgemeinen gesprochen, wenn die Grundschulempfehlungen, Schulwünsche der Kinder oder Übertrittsentscheidungen der Eltern gemeint sind.

tionsanalysen als Zusammenhangsmaß jeweils der Koeffizient *Kendalls-Tau-b* (und auch das *asymmetrische Maß Somers-d*) gewählt, wobei in Bezug darauf von der Regel ausgegangen wird, dass das niedrigste Messniveau zweier Variablen die Art des Zusammenhangsmaßes bestimmt. Liegt ein nominales Messniveau einer Variablen mit beispielsweise binärem Format vor, so wird der Koeffizient *Cramers-V* berechnet. Da sich die Ergebnisse von *Kendalls-Tau-b* und dem *asymmetrischen Maß Somers-d* meist nur geringfügig voneinander unterscheiden, werden im Weiteren nur die Korrelationen nach *Kendalls-Tau-b* benannt und interpretiert (vgl. Ergebnistabellen 57 bis 64 im Anhang). Die nachfolgend referierten Zusammenhänge sind jeweils als Tendenzen zu verstehen.

Mit den bivariaten Analysen werden verschiedene Ziele verfolgt: Aufgrund des Kohorten-Längsschnittdesigns des DJI-Kinderpanels liegen Daten von zwei Kinderkohorten vor, die an drei verschiedenen Messzeitpunkten und in intergenerationaler Hinsicht bei drei verschiedenen Personengruppen (Mutter, Kind und Vater als Datenquellen) erhoben worden sind. Je nach Merkmalsbereich und Entwicklung in den Lebenslagen der Kinder sind zum Teil identische oder ähnliche Konstrukte und Indikatoren an allen drei Messzeitpunkten bei allen drei Befragtengruppen erfasst worden. Dieser Einzigartigkeit des DJI-Kinderpanels wird in diesen und den folgenden Analysen Rechnung getragen, um das Potenzial des Kohorten-Längsschnitts dieser Studie auszuschöpfen. Vor dem Hintergrund der im Vergleich zu den Kinder- und Mutterfallzahlen geringeren Fallzahlen an Vätern, die im Rahmen einer Fragebogenerhebung in allen Erhebungswellen erreicht werden konnten, werden im Weiteren nur die Angaben der Kinder und Mütter berücksichtigt, um den Stichprobenumfang für die zentralen Analysen nicht zu schmälern.

Nach der Darstellung und Diskussion der bivariaten Zusammenhänge wird eine Auswahl an Prädiktoren für die multiplen Analysen zur Erklärung der Übergangsparameter vorgestellt und begründet. Dafür werden Entscheidungen hinsichtlich der inhaltlichen Gegenstandsbereiche, der Messzeitpunkte (erste oder zweite Welle) und Datenquellen (Kinder- oder Mutterinterview) der Prädiktoren getroffen. Indikatoren und Konstrukte kommen nur dann als Determinanten der Übergangsparameter vor dem Hintergrund der Theorie in Frage, wenn sie sowohl mit diesen, gemeint den Übergangsparametern, als auch mit dem sozialen Hintergrund der Familie assoziiert sind. Das Augenmerk wird dabei, im Hinblick auf Kausaleinflüsse von Schicht, auf die Verknüpfungen der Schichtindizes aus den Wellen eins und zwei mit den an diesen Messzeitpunkten erhobenen Indikatoren und Konstrukten gerichtet sein. Auf eine kausale Wirkrichtung des sozialen Hintergrunds auf die mögliche Schichtspezifik von Konstrukten und Indikatoren aus den Bereichen Persönlichkeit und familiale und institutionelle Sozialisation des Kindes sowie Bildungsverhalten der Eltern und Kinder ist nur dann rückzuschließen, wenn die entsprechenden Schichtindizes[277] zeitlich vor diesen Konstrukten und Indikatoren liegen oder zumindest simultan mit diesen erfasst worden sind.[278] Indikatoren und Konstrukte sind als Prädiktoren für die Erklärung der Übergangsparameter von Relevanz, wenn sie in Welle eins oder zwei gemessen worden sind, denn die Kinder sind bekanntermaßen zwischen dem zweiten und dritten Messzeitpunkt in die Sekundarstufe I übergetreten. Zusammenhänge werden nur dann als substantiell und relevant betrachtet und nachfolgend benannt und beschrieben, wenn sie einen signifikanten Wert mit einer Stärke von mindestens 0,1 erreichen (als kritische Marke im Weiteren definiert).

Von besonderer Relevanz im Hinblick auf die Forschungsfragen sind die Zusammenhänge der Facetten der Persönlichkeitsstruktur des Kindes aus Mutter- und Kindersicht und der sozial-emotionalen Kompetenzen des Kindes aus seiner Perspektive (Ärgerregulierungsstrategien in Freundschaften) mit den Übergangsparametern und Schichtindizes aus den ersten beiden Erhebungswellen (vgl. Tabellen 57 und 58 im Anhang).

Die Einschätzungen der Kinder ihrer eigenen Persönlichkeitseigenschaften und sozial-emotionalen Kompetenzen am ersten Messzeitpunkt zeigen im Wesentlichen schwache, faktisch keine Zusammenhänge mit den Übergangsparametern und ihrer sozialen Herkunft (Schicht) an diesem Messzeitpunkt. Ähnliche Muster liegen ebenso für die Muttereinschätzungen der Persönlichkeitsstruktur des Kindes am gleichen Messzeitpunkt vor. Dennoch sind einige singulär bedeutende Zusammenhänge zu erkennen: Die sozial-kognitive Aufgeschlossenheit des Kindes aus seiner Sicht in Welle eins korrespondiert hoch signifikant positiv mit den Grundschulempfehlungen (Kendalls-Tau-b .13 $p<0{,}01$) und den Übertrittsentscheidungen der Eltern (Kendalls-Tau-b .12 $p<0{,}01$). Dasselbe Merkmal am gleichen Messzeitpunkt aus Muttersicht hängt mit den Schulwünschen der Kinder (Kendalls-Tau-b .10 $p<0{,}05$) und den elterlichen Übertrittsentscheidungen (Kendalls-Tau-b .12 $p<0{,}01$) ebenso hoch signifikant in positiver Richtung zusammen, desgleichen die Muttereinschätzung der Selbstwirksamkeit des Kindes in Welle eins in Bezug auf die späteren

277 Abgesehen von Weiter- und Höherqualifizierungen der Eltern ihrer schulischen und beruflichen Ausbildung beispielsweise auf dem zweiten Bildungsweg sind die im DJI-Kinderpanel verwendeten Indikatoren für Schicht größtenteils invariant, aber auch variabel, vor allem das Einkommen und die berufliche Position der Eltern betreffend. Letztere Indikatoren können sich in der Biographie durchaus auch kurzfristig ändern und damit einen Wandel der sozioökonomischen Position einer Familie verursachen.

278 Das bedeutet, dass insbesondere die Zusammenhänge des Schichtindizes aus Welle eins mit schichtnahen Konstrukten und Indikatoren aus den Wellen eins und zwei, sowie diejenigen des Schichtindizes aus Welle zwei mit schichtnahen Konstrukten und Indikatoren aus derselben Welle betrachtet werden.

Übertrittsentscheidungen der Eltern (Kendalls-Tau-b .13 $p<0{,}001$).[279] Diese Ergebnisse besagen: Je sozial-kognitiv aufgeschlossener Kinder in den ersten Grundschuljahren sind und je selbstwirksamer sie sich selbst schon früh erleben, desto wahrscheinlicher empfehlen Grundschullehrkräfte später eine weiterführende Schullaufbahn, wünschen sich Kinder den Besuch einer weiterführenden Schule und entscheiden sich Eltern für einen weiterführenden Bildungsgang. Im Gegensatz dazu sind die Grundschulempfehlungen mit der in Welle eins gemessenen Persönlichkeitsdimension *Externalisierung* aus Kindersicht (Kendalls-Tau-b -.10 $p<0{,}05$) und der am selben Messzeitpunkt beim Kind erfragten Ärgerregulierungsstrategie *konfrontieren und schädigen* (Kendalls-Tau-b -.11 $p<0{,}01$) signifikant negativ assoziiert. Gleiches trifft auf das Merkmal *motorische Unruhe des Kindes* aus Muttersicht in Bezug auf alle Übergangsparameter (Kendalls-Tau-b von -.15 $p<0{,}001$ bis -.18 $p<0{,}001$) und den Schichtindex aus Welle eins (Kendalls-Tau-b -.14 $p<0{,}001$) zu.[280] Aus letzteren Befunden ist zu schließen: Je häufiger Kinder zu extravertiertem Verhalten und zu destruktiver Ärgerregulierung neigen, desto seltener werden Grundschullehrkräfte eine weiterführende Schullaufbahn aufgrund persönlicher Defizite empfehlen. Die *motorische Unruhe des Kindes* aus Muttersicht ist deutlich mit allen Übergangsparametern und dem sozialen Hintergrund der Familie verknüpft: Je häufiger Kinder *motorische Unruhe* zeigen, desto ungünstiger die Grundschulempfehlungen, Schulwünsche der Kinder oder Übertrittsentscheidungen der Eltern. Motorische Unruhe (nicht stillsitzen können) zeigen tendenziell vor allem Kinder aus den unteren sozialen Schichten. Diese Ergebnisse zu den Mutter- und Kindereinschätzungen der Persönlichkeitsstruktur des Kindes am ersten Messzeitpunkt in Zusammenhang mit den Übergangsparametern und der sozialen Herkunft deuten darauf hin, dass die Effekte einzelner Persönlichkeitsdimensionen des Kindes von Dauer sind, sich schon früh abzeichnen und vermutlich im zeitlichen Verlauf akkumulieren.

Im Gegensatz zu den bisher dargelegten Korrelationsergebnissen der Merkmale der Persönlichkeitsstruktur der Kinder sind die Zusammenhänge der Kin-

---

279 Signifikant, aber mit einer geringen und daher wenig substantiellen und aussagekräftigen Effektstärke, unterhalb der kritischen Marke von 0,1, korrelieren folgende am ersten Messzeitpunkt erhobenen Verhaltensmerkmale und Eigenschaften des Kindes mit den Übergangsparametern: *Motorische Unruhe* aus Kindersicht mit den Grundschulempfehlungen, *sozial-kognitive Aufgeschlossenheit* aus Kindersicht mit den Schulwünschen des Kindes, *Externalisierung* aus Muttersicht mit den Grundschulempfehlungen und den Übertrittsentscheidungen der Eltern, *sozial-kognitive Aufgeschlossenheit* aus Mutterperspektive mit den Grundschulempfehlungen.

280 Zwischen den Persönlichkeitsdimensionen *sozial-kognitive Aufgeschlossenheit* aus Kindersicht sowie *Externalisierung* und *positives Selbstbild* aus Muttersicht einerseits und dem Schichtindex andererseits, jeweils in Welle eins erhoben, sind signifikante Zusammenhänge festzustellen, deren Effektgrößen jedoch unter der kritischen Marke von 0,1 liegen.

der- und Muttereinschätzungen davon am zweiten Messzeitpunkt mit den Übergangsparametern und den Schichtindizes aus den Wellen eins und zwei als essentieller einzustufen (vgl. Tabellen 57 und 58 im Anhang). Insgesamt betrachtet, ist dazu festzustellen, dass die Muttereinschätzungen der Verhaltensmerkmale und Eigenschaften des Kindes mit den Übergangsparametern bedeutender korrelieren als die Kindereinschätzungen davon. In der Richtung unterscheiden sich die Zusammenhänge aller Dimensionen der Persönlichkeit des Kindes aus beiden Perspektiven im Vergleich jedoch nicht. So sind die Merkmale *Internalisierung*, *Externalisierung* und *motorische Unruhe* jeweils signifikant negativ mit den Übergangsparametern assoziiert, sowohl aus Kindersicht (Kendalls-Tau-b von -.11 $p<0{,}01$ bis -.17 $p<0{,}001$) als auch aus Muttersicht (Kendalls-Tau-b von -.14 $p<0{,}001$ bis -.27 $p<0{,}001$): Je häufiger Kinder diese Verhaltensmerkmale zeigen, desto ungünstiger fallen die Grundschulempfehlungen, Schulwünsche der Kinder oder Übertrittsentscheidungen der Eltern aus. Gleiches gilt für die Ärgerregulierungsstrategie *konfrontieren und schädigen*, die hier mit den Grundschulempfehlungen und Schulwünschen des Kindes substantiell negativ verknüpft ist: Je häufiger sich Kinder bei Ärger in Freundschaften destruktiv verhalten, desto eher werden Grundschullehrkräfte keine weiterführende oder höhere Schullaufbahn am Ende der Grundschule empfehlen und desto seltener wünschen sich Kinder den Besuch einer weiterführenden Schule (Kendalls-Tau-b jeweils -.10 $p<0{,}05$).[281] Im Gegensatz dazu sind die Dimensionen *sozial-kognitive Aufgeschlossenheit* aus Kinder- und Mutterperspektive (Kind: Kendalls-Tau-b von .17 $p<0{,}001$ bis .21 $p<0{,}001$; Mutter: Kendalls-Tau-b von .16 $p<0{,}001$ bis .20 $p<0{,}001$) und auch die *Selbstwirksamkeit des Kindes* aus Muttersicht (Kendalls-Tau-b von .16 $p<0{,}001$ bis .21 $p<0{,}001$) mit den Übergangsparametern jeweils signifikant positiv korreliert. Diese Befunde bedeuten: Je sozial-kognitiv aufgeschlossener sich Kinder präsentieren und je höher ihr Selbstwirksamkeitserleben ist, desto besser sind ihre Chancen am ersten Bildungsübergang. Höhere Ausprägungen in diesen Dimensionen ziehen in der Tendenz günstigere Grundschulempfehlungen, ambitioniertere Schulwünsche der Kinder und Übertrittsentscheidungen der Eltern für weiterführende Schulen nach sich.

Die Zusammenhänge der Mutter- und Kindereinschätzungen der Eigenschaften und Verhaltensmerkmale des Kindes aus dem Spektrum der *Big-Five* des Kindes mit den Übergangsparametern erweisen sich größtenteils als bedeutender als derselben mit den Schichtindizes aus den ersten beiden Wellen.

281 Diese am zweiten Messzeitpunkt erfasste Ärgerregulierungsstrategie *konfrontieren und schädigen* erreicht in Bezug auf die Übertrittsentscheidungen der Eltern zwar ein signifikantes Ergebnis, das jedoch eine Zusammenhangsstärke unterhalb der kritischen Schwelle von 0,1 zeigt.

Allerdings kovariieren die Muttereinschätzungen davon mit den Schichtindizes an diesen Messzeitpunkten stärker als die Kindereinschätzungen. Aus letzterer Perspektive ist die Dimension *sozial-kognitive Aufgeschlossenheit* mit den Schichtindizes am ersten und zweiten Messzeitpunkt signifikant positiv verknüpft (Kendalls-Tau-b jeweils .10 $p<0{,}01$), die ungünstigen Verhaltenseigenschaften *motorische Unruhe* (Kendalls-Tau-b -.10 $p<0{,}01$) und *Externalisierung* (Kendalls-Tau-b -.11 $p<0{,}01$) dagegen nur mit dem Schichtindex aus Welle eins signifikant negativ.[282] Diese Ergebnisse geben zu verstehen: Je höher die Schicht, desto mehr sozial-kognitiv aufgeschlossen präsentieren sich Kinder und desto weniger zeigen sie motorische Unruhe oder Externalisierungen. Die Korrelationen der Persönlichkeitsfaktoren des Kindes aus Welle zwei mit dem Schichtindex aus Welle eins deuten im Hinblick auf das Längsschnittdesign der Studie auf einen Einfluss der sozialen Herkunft auf die Persönlichkeitsentwicklung des Kindes hin, der damit aber keineswegs im kausalen Sinne vollständig belegt ist, auch wenn die jeweiligen Zusammenhänge ähnlich hoch oder zum Teil noch höher liegen als die Verknüpfungen zwischen dem Schichtindizes und diesen Merkmalen aus Welle zwei.[283] Diese Wechselbeziehungen sind ebenso in den Zusammenhängen der Muttereinschätzungen der Eigenschaften und Verhaltensmerkmale des Kindes am zweiten Messzeitpunkt mit dem sozialen Hintergrund der Familie in ähnlicher Richtung zu erkennen. Mit den Schichtindizes am ersten oder zweiten Erhebungszeitpunkt sind folgende Eigenschaften und Verhaltensmerkmale des Kindes jeweils hoch signifikant negativ verknüpft: *Internalisierung* (mit Schicht aus Welle eins und zwei Kendalls-Tau-b jeweils -.12 $p<0{,}001$), *Externalisierung* (mit Schicht aus Welle zwei: Kendalls-Tau-b -.11 $p<0{,}01$; mit Schicht aus Welle eins: Kendalls-Tau-b -.10 $p<0{,}001$) und *motorische Unruhe* (mit Schicht aus Welle zwei: Kendalls-Tau-b -.19 $p<0{,}001$; mit Schicht aus Welle eins: Kendalls-Tau-b -.17 $p<0{,}001$). Die Dimension *sozial-kognitive Aufgeschlossenheit* ist hingegen mit Schicht signifikant positiv assoziiert (mit Schicht aus Welle zwei: Kendalls-Tau-b .10 $p<0{,}01$; mit Schicht aus Welle eins: Kendalls-Tau-b .12 $p<0{,}01$): Diese Zusammenhänge zwischen den Muttereinschätzungen der Dimensionen der Persönlichkeit des Kindes am zweiten Messzeitpunkt und dem sozialen Hintergrund der Familie lassen sich in gleicher Weise interpretieren wie dieselben Zusammenhänge der korrespondierenden Kindereinschätzungen. Zusätzlich ist

282 Die Faktoren *Internalisierung*, *Externalisierung* und *motorische Unruhe* aus Kindersicht am zweiten Messzeitpunkt sind mit dem Schichtindex am gleichen Messzeitpunkt zwar substantiell, hinsichtlich der Zusammenhangsstärke jedoch unterhalb der kritischen Schwelle von 0,1 korreliert.

283 Die Ärgerregulierungsstrategie, *erklären und sich zurücknehmen*, am zweiten Messzeitpunkt kovariiert mit dem Schichtindex aus Welle zwei signifikant negativ mit geringer Zusammenhangsstärke (< 0,10).

zu konstatieren: Je niedriger die Schicht, desto mehr neigen Kinder zu Internalisierungen. Darüber hinaus ist in der Befundlage augenfällig, dass der Faktor *Selbstwirksamkeit des Kindes* aus Muttersicht in Welle zwei mit den Schichtindizes aus Welle eins und zwei in keiner Weise substantiell korreliert, somit behauptet werden kann, dass dieser Resilienzfaktor von der sozialen Herkunft nicht geprägt ist und offensichtlich nur in Zusammenhang mit Bildungsergebnissen zum Tragen kommt. Gleiches gilt für die Ärgerregulierungsstrategie *konfrontieren und schädigen*, die die sozial-emotionale Kompetenz des Kindes aus seiner Sicht indiziert. Erwähnenswert ist, dass ein Großteil der dargestellten Zusammenhänge ein hoch signifikantes Niveau erzielt.

Aufschlussreich sind auch die bivariaten Zusammenhänge der Indikatoren und Konstrukte, die die *familialen Sozialisationsbedingungen des Kindes* aus Mutter- oder Kindersicht in den Erhebungszeiträumen eins und zwei erfassen, mit den Übergangsparametern und dem sozialen Hintergrund der Familie (vgl. Tabellen 59 und 60 im Anhang). Sowohl das Konstrukt *Familienklima* als auch der Indikator *gemeinsames Mittagessen mit allen Familienmitgliedern zu Hause* als familiales Ritual und Opportunität für Interaktionen zwischen Eltern und Kindern, jeweils aus Muttersicht in Welle eins erfragt, sind signifikant negativ mit den Übergangsparametern assoziiert (Kendalls-Tau-b von -.10 $p<0{,}05$ bis -.11 $p<0{,}01$). Allerdings korreliert nur der Indikator *gemeinsames Mittagessen* bedeutsam, signifikant negativ hier, mit dem Schichtindex aus Welle eins (Kendalls-Tau-b -.11 $p<0{,}05$). Diese Befunde besagen: Je besser das Familienklima und je häufiger die Familienmitglieder zu Hause ein gemeinsames Mittagessen ritualisieren, desto ungünstiger fallen in der Tendenz die Grundschulempfehlungen und Schulwünsche der Kinder aus und umso eher entscheiden sich Eltern gegen einen weiterführenden oder höheren Bildungsgang für das Kind.[284] Die Variable *gemeinsames Mittagessen in der Familie* geht außerdem in

284 Der negative Zusammenhang zwischen dem Konstrukt *Familienklima* aus Muttersicht am ersten Messzeitpunkt und den Übergangsparametern ist überraschend. Eine mögliche Erklärung dafür könnte sein, dass mit einem eher positiven Familienklima geringere Ambitionen der Kinder und ihrer Eltern einhergehen als mit einem, relativ gesehen, eher ungünstigen. Außerdem ist festzustellen, dass dieses in Welle zwei erfasste Konstrukt aus Muttersicht nicht mit den Übergangsparametern korreliert, ebenso auch das *Familienklima* aus Kindersicht an beiden Messzeitpunkten. Zudem besteht keinerlei Zusammenhang zwischen *Familienklima* aus Kinder- oder Muttersicht und dem sozialen Hintergrund der Familie. Diese Befunde verweisen möglicherweise darauf, dass ein gutes oder schlechtes *Familienklima* nicht an den sozialen Hintergrund der Familie gebunden ist und dieses Konstrukt, nur aus Muttersicht, langfristige Effekte zeitigt. Die negative Korrelation des Indikators *gemeinsames Mittagessen in der Familie* mit dem Schichtindex aus Welle eins ist vermutlich darauf zurückzuführen, dass in Familien mit einem höheren oder auch mittleren sozialen Status meist beide Elternteile ganztags oder zumindest halbtags erwerbstätig,

einigen Fällen mit einem relativ eher niedrigen sozialen Status der Familie einher.[285] Signifikant positive Zusammenhänge liegen dagegen zwischen einerseits dem Indikator *gemeinsames Frühstück in der Familie* aus Muttersicht am ersten Messzeitpunkt und andererseits den Schulwünschen der Kinder (Kendalls-Tau-b .10 $p<0,05$) und dem Schichtindex aus Welle eins vor (Kendalls-Tau-b .11 $p<0,01$). Demnach sind Kinder aus Familien, in denen alle Familienmitglieder beim Frühstück am Morgen beisammen sind, schulisch ambitionierter als Kinder, in deren Familien ein gemeinsames Frühstück der Familienmitglieder am Morgen häufig ausfällt. Vor allem in Familien aus mittleren und höheren Schichten wird ein *Frühstück, an dem alle Familienmitglieder am Morgen beisammen sind,* häufiger praktiziert als in Familien aus den unteren sozialen Schichten. Alle bisher genannten Zusammenhänge der in Welle eins erhobenen familialen Sozialisationsbedingungen sind als gering einzustufen, erreichen aber dennoch ein signifikantes Niveau.

In Erhebungswelle zwei des DJI-Kinderpanels sind weitaus mehr Indikatoren und Konstrukte zu den familialen Sozialisationsbedingungen des Kindes im Kinder- und Mutterinterview als in der ersten Welle erfasst worden, insbesondere solche, die das Erziehungsverhalten der Eltern und Eltern-Kind-Interaktionen beschreiben. In Bezug auf die Übergangsparameter liegen folgende bedeutende, signifikant positive Zusammenhänge vor: Je kindzentrierter Mütter und Väter mit ihren Kindern kommunizieren (Muttersicht, Kendalls-Tau-b von .12 $p<0,01$ bis .20 $p<0,001$; *kindzentrierte Kommunikation der Mutter und des Vaters* aus Kindersicht Kendalls-Tau-b von .11 $p<0,01$ bis .19 $p<0,001$) und je häufiger alle Familienmitglieder am Morgen zusammen frühstücken (Mutterperspektive, Kendalls-Tau-b von .13 $p<0,01$ bis .17 $p<0,001$), desto eher empfehlen Grundschullehrkräfte eine weiterführende oder höhere Schullaufbahn und umso mehr schulisch ambitioniert sind Kinder (höhere Schulwünsche) und ihre Eltern (Entscheidungen für mittlere oder gymnasiale Schullaufbahnen). Diese Faktoren des familialen Zusammenlebens, insbesondere die *kindzentrierte Kommunikation der Mutter* aus deren Sicht und diejenige *des Vaters* aus Kindersicht sowie das *gemeinsame Frühstück in der Familie am Mor-*

---

damit tagsüber außer Haus sind und die Kinder mittags anderweitig versorgt werden. Diese Vermutung unterstreicht auch der Befund, wonach in diesen Familien am Morgen häufiger ein *gemeinsames Frühstück* stattfindet als in denen aus den beiden unteren Sozialschichten (vgl. Ausführungen dazu an späterem Ort). Auch von dem Indikator *gemeinsames Mittagessen in der Familie* sind, aufgrund der Befundlage ähnlich zum Familienklima, nur langfristige Effekte anzunehmen.

285 Gleiches gilt ebenso für den Indikator *gemeinsames Abendessen in der Familie* aus Muttersicht. Der Zusammenhang zwischen diesem Indikator und Schicht, beides am ersten Messzeitpunkt erfasst, weist aber eine nur geringe Effektstärke unterhalb der kritischen Schwelle von 0,1 auf, die aber ein signifikantes Niveau erreicht.

*gen*, sind ebenso hoch signifikant positiv mit dem sozialen Hintergrund der Familie, jeweils am zweiten Messzeitpunkt erfasst, assoziiert (Kendalls-Tau-b .11 oder .12 $p<0{,}01$). Hinsichtlich der Wirkrichtung ist das Ergebnis bemerkenswert, wonach der Schichtindex aus Welle eins mit diesen Konstrukten bzw. Indikatoren (Kendalls-Tau-b .10 oder .12 $p<0{,}01$) und auch mit dem Indikator *Teilhabe (Partizipation) des Kindes bei Entscheidungen zu Hause* (Kinderperspektive, Kendalls-Tau-b .11 $p<0{,}05$[286]), jeweils am zweiten Messzeitpunkt erfragt, signifikant positiv korreliert. Diese Befunde deuten darauf hin, dass es sich bei diesen Dimensionen überwiegend um Oberschichtenphänomene handelt, wobei auch davon auszugehen ist, dass sich auch Mittelschichteltern an diesen Erziehungs- und Interaktionspraktiken orientieren: Je höher die Schicht, desto kindzentrierter kommunizieren Eltern mit ihren Kindern, umso häufiger frühstücken alle Familienmitglieder zusammen am Morgen und umso größer ist die Teilhabe der Kinder bei Entscheidungen zu Hause. Im Gegensatz dazu sind signifikant negative Zusammenhänge der Konstrukte *strenge Kontrolle der Mutter* und *des Vaters* aus Kindersicht mit den Grundschulempfehlungen (Kendalls-Tau-b -.10 $p<0{,}05$ oder -.12 $p<0{,}01$) und den Übertrittsentscheidungen der Eltern (Kendalls-Tau-b -.10 $p<0{,}01$ oder -.11 $p<0{,}01$) festzustellen. Diese bedeuten: Je mehr strenge Kontrolle Eltern ihren Kindern gegenüber kommunizieren, desto ungünstiger die Grundschulempfehlungen und Übertrittsentscheidungen der Eltern (weniger weiterführende und höhere Bildungswege empfohlen und entschieden), wobei diese Art der Eltern-Kind-Kommunikation und Erziehungspraxis vor allem in den Familien aus den unteren sozialen Schichten vorzufinden ist. Die Korrelationen des Konstrukts *strenge Kontrolle der Eltern* aus Mutter- oder Kindersicht (im Kinderinterview differenziert nach Mutter und Vater) mit den Schichtindizes aus den Wellen eins und zwei erreichen jeweils zwar ein signifikantes Niveau, liegen aber, die Zusammenhangsstärke betreffend, knapp unterhalb der kritischen Schwelle von 0,1. Somit ist nicht von substantiellen, sondern mehr von tendenziellen Zusammenhängen dahingehend auszugehen. Insgesamt gesehen, sind die Indikatoren und Konstrukte, die das familiale Zusammenleben charakterisieren, mit den Übergangsparametern etwas stärker verknüpft als mit den Schichtindizes aus den ersten beiden Erhebungswellen.

Indikatoren und Konstrukte aus dem Bereich des *Bildungsverhaltens der Eltern und Kinder* sind mit den Übergangsparametern und Schichtindizes in folgender

---

286 Mit dem Schichtindex aus Welle zwei korreliert dieser Indikator zwar signifikant, aber nur mit geringer Zusammenhangsstärke (unterhalb der kritischen Marke von 0,1). Dasselbe betrifft ebenso das Konstrukt *kindzentrierte Kommunikation der Mutter* aus Kindersicht am zweiten Messzeitpunkt in Bezug auf die Schichtindizes aus beiden Wellen.

Weise bivariat verknüpft (vgl. Tabellen 61 und 62 im Anhang): Die *Anzahl außerschulischer Unterrichtsstunden pro Woche*, die Eltern ihren Kindern bieten, sowie die *finanziellen Investitionen der Eltern dafür im Jahr*, jeweils an den ersten beiden Messzeitpunkten erfasst, weisen, insgesamt betrachtet, mit den Übergangsparametern und den Schichtindizes aus den ersten beiden Erhebungswellen vergleichsweise hohe positive Zusammenhänge auf hohem signifikanten Niveau auf, wobei davon die *außerschulischen Unterrichtsstunden pro Woche* bedeutender mit den Übergangsparametern assoziiert sind (Kendalls-Tau-b in Welle eins: von .25 p<0,001 bis .28 p<0,001; Kendalls-Tau-b in Welle zwei: von .27 p<0,001 bis .33 p<0,001) als die *finanziellen Investitionen der Eltern dafür im Jahr* (Kendalls-Tau-b in Welle eins: von .20 bis .24 p<0,001; Kendalls-Tau-b in Welle zwei: von .22 bis .28 p<0,001), was domänenspezifisch richtig und sinngemäß plausibel erscheint. Darüber hinaus zeigen diese Befunde erwartungskonform und richtungsweisend, dass die in Welle zwei erhobenen beiden Indikatoren der Bildungsinvestition mit den Übergangsparametern, insbesondere mit den Übertrittsentscheidungen der Eltern und Schulwünschen der Kinder (Kendalls-Tau-b von .22 bis .33 jeweils p<0,001) tendenziell stärker signifikant positiv korrelieren als dieselben in Welle eins erfassten Indikatoren (Kendalls-Tau-b von .20 bis .28 jeweils p<0,001). Das bedeutet: Je mehr *außerschulische Unterrichtsstunden pro Woche* Eltern ihren Kindern ermöglichen und je mehr Geld sie dafür im Jahr ausgeben, desto wahrscheinlicher werden Grundschullehrkräfte eine weiterführende oder höhere Schullaufbahn empfehlen, sich Kinder den Besuch einer weiterführenden oder höheren Schule wünschen und sich Eltern eher für einen gehobenen Bildungsgang für das Kind entscheiden. Ausschlaggebend dafür sind mehr die *außerschulischen Unterrichtsstunden pro Woche* als die *finanziellen Investitionen der Eltern dafür im Jahr*. Je zeitnaher zum Übergang diese Investitionen getätigt werden, desto größer deren Effizienz (vgl. die Zusammenhänge der Investitionen in Welle zwei im Vergleich zu Welle eins).

Die *finanziellen Investitionen der Eltern in außerschulische Unterrichtsstunden pro Jahr* sind mit dem Schichtindex am ersten Messzeitpunkt stärker signifikant positiv verknüpft (Kendalls-Tau-b .23 p<0,001) als die *außerschulischen Unterrichtsstunden pro Woche* (Kendalls-Tau-b .19 p<0,001). Das Gegenteil ist am zweiten Messzeitpunkt festzustellen: Hier sind es die *außerschulischen Unterrichtsstunden pro Woche* (Kendalls-Tau-b .27 p<0,001), die mit dem Schichtindex aus Welle zwei in positiver Richtung auf hohem signifikanten Niveau stärker zusammenhängen als die *finanziellen Investitionen der Eltern dafür im Jahr* (Kendalls-Tau-b .22 p<0,001). Allerdings handelt es sich bei letzteren Ergebnissen stets um graduelle Unterschiede. Desgleichen liegen auch substantielle und bedeutend positive Zusammenhänge zwischen dem Schichtindex aus Welle eins und den späteren *finanziellen Bildungsinvestitionen der Eltern im Jahr* (Kendalls-Tau-b .19 p<0,001) und den *außerschulischen Unterrichtsstun-*

*den pro Woche*, beides in Welle zwei erhoben, vor (Kendalls-Tau-b .25 p<0,001).[287] Vor dem Hintergrund dieser Ergebnisse ist anzunehmen, dass der soziale Status das Bildungsinvestitionsverhalten der Eltern im Wesentlichen determiniert, weshalb eine bedeutende kausale Wirkrichtung von Schicht auf Bildungsinvestitionen vermutet wird. Diese Befunde zur Schichtspezifik von Bildungsinvestitionen zeigen damit: Je höher die soziale Schicht, desto mehr Geld investieren Eltern in die Bildung ihrer Kinder schon in den ersten Schuljahren (Welle eins). In späteren Schuljahren (Welle zwei) sind es im Vergleich zu den *finanziellen Investitionen* die *außerschulischen Unterrichtsstunden*, die mit dem sozialen Hintergrund der Familie stärker verbunden sind. Das heißt, je höher die soziale Schicht, desto höher fallen die *finanziellen Bildungsinvestitionen* der Eltern am ersten Messzeitpunkt aus und desto mehr *zusätzliche Unterrichtsstunden pro Woche* erhalten die Kinder am zweiten. Erklärt wird diese Befundlage damit, dass Eltern mit einem höheren sozioökonomischen Status aufgrund ihres Interesses am Schulerfolg ihrer Kinder (Statuserhalt) und ihres Systemwissens Bildungsinvestitionen früher tätigen als Eltern aus unteren sozialen Schichten, was zu kumulativen Effekten im Schulerfolg führt. Ferner signalisieren sie damit ihren Kindern ein Bildungsinteresse, womit sie die Lernmotivation ihrer Kinder fördern. Eltern aus unteren sozialen Schichten erhöhen dagegen ihre *finanziellen Bildungsinvestitionen* tendenziell eher an einem späteren Zeitpunkt im Verlauf der Jahre des Kindes an der Grundschule, oftmals auch zu spät, nämlich kurz vor dem Übergang des Kindes in die Sekundarstufe I (Messzeitpunkt zwei). An diesem Zeitpunkt bieten Eltern aus mittleren und gehobenen sozialen Schichten ihren Kindern mehr zusätzlichen Unterricht in der Woche, ohne jedoch dafür finanziell mehr zu investieren. Eine mögliche Ursache dieses schichtspezifischen Bildungsinvestitionsverhaltens könnte sein, dass Familien wie bereits erwähnt aus unteren sozialen Schichten über ein geringeres finanzielles Budget für Bildungsausgaben sowie über weniger Systemwissen verfügen als Eltern aus mittleren und gehobenen Schichten. Andererseits erkennen letztere den Nutzen außerschulischen Unterrichts für ihre Kinder im Allgemeinen und einen gelingenden Übertritt des Kindes in die Sekundarstufe I im Spezifischen in Richtung sozialer Reproduktion, der sich vor allem in der zweiten Hälfte der Grundschulzeit in schulischen Ergebnissen effektiv bemerkbar macht. In Bezug darauf spielen sicherlich auch Qualitäts- und Quantitätsaspekte außerschulischen Unterrichts eine Rolle, worüber Mittel- und Oberschichteltern mehr Systemwissen besitzen, weshalb sie aufgrund ihrer Erfahrungen gezielter in den Schulerfolg ihrer Kinder investieren als Eltern aus unteren sozialen Schichten. Unter die Kategorie Bildungsinvestitionen fällt

287 Im Hinblick auf dieses Ergebnis ist zu bemerken, dass die Schichtindizes aller Messzeitpunkte jeweils bedeutend untereinander korrelieren.

auch der Indikator *Geld für gute Schulnoten* (binäres Format) als extrinsischer Wert und Anreiz der Eltern zur Förderung der Lernmotivation des Kindes, der im Kinderinterview in Welle eins erfasst wurde. Dafür sind weder in Bezug auf die Übergangsparameter noch in Bezug auf die Schichtindizes aus allen Wellen substantielle Korrelationen zu ermitteln.

Ähnlich hohe Zusammenhänge, wie sie für die Bildungsinvestitionen der Eltern mit den Schichtindizes und Übergangskriterien festzustellen sind, lassen sich ebenso für die Indikatoren *Lerninteresse* und *kulturelle Praktiken* der Kinder (z. B. Bücher aus der Bibliothek holen) jeweils aus deren Perspektive ermitteln (vgl. Tabellen 61 und 62 im Anhang). Diese an den ersten beiden Messzeitpunkten erhobenen Indikatoren korrespondieren hoch signifikant positiv sowohl mit den Übergangsparametern (Kendalls-Tau-b von .19 bis .31 jeweils $p<0{,}001$) als auch mit den Schichtindizes aus den Wellen eins und zwei (Kendalls-Tau-b von .11 bis .21 jeweils $p<0{,}001$), wobei das *Lerninteresse der Kinder* am zweiten Messzeitpunkt bedeutender mit den Übergangsparametern assoziiert ist (Kendalls-Tau-b von .25 bis .31 jeweils $p<0{,}001$) als dasselbe Konstrukt am ersten Messzeitpunkt (Kendalls-Tau-b von .22 bis .25 jeweils $p<0{,}001$). Daraus ist zu schließen: Je höher das Lerninteresse der Kinder, desto günstiger die Grundschulempfehlungen, Schulwünsche der Kinder und Übertrittsentscheidungen der Eltern, jeweils in Richtung weiterführende oder höhere Bildungslaufbahnen oder Schulen. Außerdem weisen diese Befunde darauf hin, dass die Lernmotivation der Kinder in der Zeit vor dem Übertritt in die Sekundarstufe I zunimmt, genau genommen in den letzten beiden Grundschuljahren, um den Übergang in die Sekundarstufe I positiv zu beeinflussen. Im Gegensatz dazu sind die *kulturellen Praktiken des Kindes*, in Welle eins erfasst, mit den Übergangsparametern stärker hoch signifikant positiv verknüpft (Kendalls-Tau-b von .22 bis .25 jeweils $p<0{,}001$) als die in Welle zwei erfragten *kulturellen Praktiken des Kindes* (Kendalls-Tau-b von .19 bis .21 jeweils $p<0{,}001$). Diese Befundlage lässt sich dahingehend interpretieren: Je mehr *kulturelles Kapital* Kinder besitzen und je früher sie ein solches erwerben, desto wahrscheinlicher sprechen Grundschullehrkräfte eine weiterführende oder höhere Schullaufbahn aus, wünschen sich Kinder den Besuch einer Realschule oder eines Gymnasiums und umso wahrscheinlicher entscheiden sich Eltern für einen weiterführenden Bildungsgang für das Kind. Im Gegensatz zu *Lerninteresse* und im Hinblick auf das beschriebene Korrelationsmuster ist anzunehmen, dass sich *kulturelles Kapital* meist auf lange Sicht hin positiv auf Schulerfolg auswirkt. Außerdem ist die *kulturelle Praxis der Kinder* stärker in signifikant positiver Richtung von der sozialen Herkunft der Kinder geprägt, wenn die querschnittlichen Zusammenhänge mit Schicht an beiden Messzeitpunkten betrachtet werden (Kendalls-Tau-b mit Schichtindex aus Welle eins .20; mit Schichtindex aus Welle zwei .21; jeweils $p<0{,}001$), als ihr *Lerninteresse* (Kendalls-Tau-b mit Schichtindex aus Welle eins: .11; mit Schichtindex aus Welle zwei: .14 jeweils

$p<0,001$). Im Hinblick auf die kausale Wirkrichtung der Herkunftseffekte sind in der längsschnittlichen Perspektive die signifikant positiven Zusammenhänge zwischen dem Schichtindex aus Welle eins und den *kulturellen Praktiken des Kindes* (Kendalls-Tau-b .18 $p<0,001$) und dem *Lerninteresse des Kindes* (Kendalls-Tau-b .14 $p<0,001$), beides in Welle zwei erhoben, bezeichnend. Diese letzteren Befunde bringen zum Ausdruck: Je höher die Schicht, desto häufiger unternehmen Kinder in ihrer Freizeit kulturelle Aktivitäten und interessierter sind sie am Lernen, wobei die *kulturelle Praxis der Kinder* tendenziell stärker mit der sozialen Herkunft korrespondiert als das *Lerninteresse*, letzteres am zweiten Messzeitpunkt dagegen stärker mit Schulerfolg, d. h. den Übergangsparametern hier.

Für die Indikatoren des *Schoolbased Involvements* der Eltern (z. B. Besuch von Elternabende, Mitwirkung bei Schulaktivitäten[288], Gespräche mit Lehrkräften, Bildungs- und Schulinteresse im Allgemeinen), jeweils im Mutter- oder Kinderinterview in Welle eins und zwei erfragt, ergeben sich folgende Zusammenhänge mit den Übergangskriterien und dem sozialen Hintergrund der Familie ((vgl. Tabellen 59 und 60 im Anhang): Der am ersten Messzeitpunkt erfragte Indikator *Besuch von Elternabenden* korreliert signifikant positiv mit den Grundschulempfehlungen und Übertrittsentscheidungen der Eltern (Kendalls-Tau-b jeweils .11 $p<0,001$), nicht jedoch derselbe am zweiten Messzeitpunkt erfasste Indikator. Ersteres Ergebnis bedeutet: Je häufiger Eltern den Elternabend an der Schule schon an einem frühen Zeitpunkt in den Schulkarrieren der Kinder besuchen, desto wahrscheinlicher empfehlen Lehrkräfte und entscheiden sich Eltern am Ende der Grundschulzeit des Kindes für weiterführende oder höhere Schullaufbahnen. Der Indikator *Mitwirkung der Eltern bei Schulaktivitäten* am ersten Messzeitpunkt hängt dagegen mit allen drei Übergangsparametern essentiell positiv zusammen (binäres Format, Cramers-V von .25 $p<0,001$ bis .30 $p<0,001$): Demnach gehen mit dem *freiwilligen Engagement der Eltern in der Schule* in den ersten beiden Grundschuljahren des Kindes später günstigere Übertrittsempfehlungen der Lehrkräfte und Übertrittsentscheidungen der Eltern sowie höhere Ambitionen der Kinder einher, jeweils zugunsten weiterführender oder höherer Schullaufbahnen oder Schulen. Erwartungskonform ist auch eine signifikant positive Beziehung zwischen dem *Bildungs- und Schulinteresse der Eltern* am zweiten Messzeitpunkt (Kindersicht) und den späteren Bildungsentscheidungen der Eltern (Kendalls-Tau-b .13 $p<0,01$) zu erkennen in der Richtung, je höher die *Bildungsorientierung* der Eltern, desto eher entscheiden sie sich für einen weiterführenden Bildungsgang auf der Sekundarstufe I für das Kind. Im Gegensatz dazu bestehen signifikant negative Zusammenhänge zwischen dem Indikator *Gespräche der Eltern mit*

288 Zur Erinnerung: Dieser Indikator ist nur in der ersten Welle erfasst worden.

*Lehrkräften* am zweiten Erhebungszeitpunkt und allen Übergangsparametern (Kendalls-Tau-b von -.10 p<0,05 bis -.17 p<0,001), die besagen: Je häufiger Eltern in den letzten beiden Grundschuljahren des Kindes mit den Lehrkräften sprechen, umso häufiger empfehlen Grundschullehrkräfte und wünschen sich Kinder keine weiterführende oder höhere Schullaufbahn oder Schule und entscheiden sich Eltern ebenso dagegen. In Bezug darauf wird vermutet, dass Eltern vor allem dann das Gespräch mit den Lehrkräften vor dem Übertritt des Kindes in die Sekundarstufe I suchen, wenn Schulschwierigkeiten oder schlechte schulische Leistungen des Kindes vorliegen und infolge dessen die Grundschulempfehlungen, Schulwünsche des Kindes oder die zu erwartende Schulanmeldung hinter den Ansprüchen der Eltern zurückbleiben und diesen nicht genügen. Eltern versuchen dann in Gesprächen mit den Lehrkräften, die Situation zu klären oder sie gegebenenfalls in ihrem Sinne noch zu beeinflussen. Hinsichtlich des Zusammenhangs zwischen der *Mitwirkung der Eltern bei Schulaktivitäten* zu Beginn des Grundschulbesuchs des Kindes, d. h. am ersten Erhebungszeitpunkt, und den späteren Grundschulempfehlungen und Übertrittsentscheidungen der Eltern ist anzunehmen, dass Eltern im Rahmen ihres Engagements in der Schule die Gelegenheit nutzen, die Schule und ihre Angebote, die institutionellen Regelungen und die Lehrkräfte ihres Kindes kennenzulernen und mit letzteren für einen Informations- und Interessensaustausch ins Gespräch zu kommen.[289]

Mit dem sozialen Hintergrund der Familie (Schichtindex aus Welle eins) kovariieren in signifikant positiver Richtung die Indikatoren *Mitwirkung der Eltern bei Schulaktivitäten* (binäres Format, aus Welle eins, Cramers-V .27 p<0,001) und *Besuch von Elternabenden* (aus Welle eins, Kendalls-Tau-b .16 p<0,01). Diese Befunde zur Schichtspezifik des *Schoolbased Involvements* der Eltern bringen zum Ausdruck, dass vor allem Eltern mit einem höheren sozioökonomischen Status während der ersten Grundschuljahre des Kindes Elternabende an der Schule besuchen oder sich an Aktivitäten der Schule beteiligen, um vermutlich möglichst frühzeitig mit der Schule des Kindes in Kontakt zu kommen. Dies tun Eltern aus unteren sozialen Schichten nicht im gleichen Maße wie Eltern aus mittleren und höheren sozialen Schichten. Entgegen den

289 Substantiell, aber mit nur geringer Zusammenhangsstärke, d. h. unterhalb der kritischen Schwelle von 0,1, sind folgende Indikatoren des familialen Bildungsverhaltens auf die Übergangsparameter und auch Schichtindizes bezogen: Das *Bildungs- und Schulinteresse der Eltern* aus Kindersicht am ersten Messzeitpunkt mit den Grundschulempfehlungen in signifikant positiver Richtung, die Häufigkeit der *Gespräche der Eltern mit Lehrkräften* aus Muttersicht am gleichen Messzeitpunkt mit den Grundschulempfehlungen in signifikant negativer Weise, das *Bildungs- und Schulinteresse der Eltern* aus Kindersicht in Welle zwei mit den Grundschulempfehlungen, Schulwünschen der Kinder und dem Schichtindex, ebenso aus Welle zwei, in signifikant positiver Richtung.

Erwartungen liegen darüber hinaus keine bemerkenswerten Zusammenhänge zwischen den Indikatoren des *Schoolbased Involvements* der Eltern oder ihrem *Bildungs-* und *Schulinteresse* und dem sozialen Hintergrund der Familie, jeweils in Welle eins oder zwei erfasst, in der angenommenen Kausalrichtung vor.[290]

Insgesamt betrachtet, ist zu konstatieren, dass die Zusammenhänge der Indikatoren des familialen Bildungsverhaltens vor allem mit den Übergangsparametern, aber auch mit den Schichtindizes von allen Erhebungszeitpunkten bedeutend ausfallen und fast ausschließlich ein hoch signifikantes Niveau erreichen.

Die institutionellen bzw. schulischen Sozialisationsbedingungen des Kindes werden mit den Konstrukten *Wohlbefinden* und *Problemverhalten des Kindes in der Schule* aus Mutterperspektive sowie mit *Schulerleben, Opfer- und Tätererfahrungen* im schulischen Kontext und *Partizipation im Unterricht und in der Schule*, letztere drei Konstrukte aus Kinderperspektive, als Output-Variablen operationalisiert. *Partizipation im Unterricht und in der Schule* bezieht sich darauf, inwieweit den Schülerinnen und Schülern in der Klasse und Schule des befragten Kindes Mitsprache- und Mitbestimmungsmöglichkeiten von den Lehrkräften und Schulleitungen gewährt werden. Damit wird das Ausmaß an sozialer Selbstbestimmung und Autonomie der Kinder im Schulalltag und Unterricht erfasst. Die zu diesen schulbezogenen Konstrukten ermittelten bivariaten Zusammenhänge verdeutlichen, insgesamt betrachtet ((vgl. Tabellen 63 und 64 im Anhang), dass diese Konstrukte mit den Übergangsparametern stärker assoziiert sind als mit den Schichtindizes aus den ersten beiden Erhebungen. Dies erscheint hinsichtlich der Domänenspezifik plausibel. Im Detail fallen die Zusammenhänge der in Welle zwei in den Mutter- oder Kinderinterviews erfassten schulischen Konstrukten mit den Übergangskriterien im Vergleich zu den Zusammenhängen derselben in Welle eins erhobenen Konstrukten mit den Übergangsparametern höher aus. Gleiches gilt ebenso für alle Muttereinschätzungen aus diesem Bereich in Bezug auf alle Übergangsparameter und teils auch in Bezug auf die Schichtindizes aus den ersten beiden Wellen gegenüber den Korrelationen der analogen Kindereinschätzungen damit.

Folgende Konstrukte kovariieren signifikant positiv mit den Übergangsparametern: *Schulisches Wohlbefinden* des Kindes aus Muttersicht am ersten und zweiten Messzeitpunkt (Kendalls-Tau-b von .15 bis .28 jeweils $p<0{,}001$), *Schulerleben* aus Kindersicht am zweiten Messzeitpunkt (Kendalls-Tau-b von .21 bis .24 jeweils $p<0{,}001$) und *Unterrichtserleben* des Kindes als Faktor des Schulerle-

290 Lediglich zwischen dem Indikator *Bildungs- und Schulinteresse der Eltern* und dem Schichtindex, beides aus Welle zwei, besteht ein geringer, aber signifikanter Zusammenhang (d. h. Effektstärke unterhalb der kritischen Marke von 0,1).

bens aus Kindersicht am ersten Messzeitpunkt nur mit den Grundschulempfehlungen (Kendalls-Tau-b .12 p<0,01).[291] Diese Befunde verdeutlichen: Je wohler sich Kinder in der Schule fühlen und je positiver sie die Schule erleben, desto höher rangieren die Grundschulempfehlungen, Schulwünsche der Kinder oder Übertrittsentscheidungen der Eltern, zugunsten weiterführender Schullaufbahnen und höherer Schulen. Die beiden Skalen, *schulisches Wohlbefinden* aus Muttersicht und *Schulerleben* aus Kindersicht, messen in inhaltlicher Hinsicht fast identische Phänomene. Allerdings zeigen davon die Muttereinschätzungen aus den ersten beiden Wellen höhere Zusammenhänge mit den Übergangsparametern als die korrespondierenden Kindereinschätzungen.

Im Gegensatz dazu gehen mit *schulbezogenem Problemverhalten* und *Opfererfahrungen in der Schule* in signifikant negativer Weise ungünstige Grundschulempfehlungen, Schulwünsche der Kinder und Übertrittsentscheidungen der Eltern einher: Lehrkräfte, Kinder und Eltern sprechen sich dann eher gegen eine weiterführende Schullaufbahn oder den Besuch einer höheren Schulform aus, je häufiger Kinder problematische Verhaltensweisen in der Schule zeigen oder von Opfererfahrungen in der Schule betroffen sind (Problemverhalten in Welle eins: Kendalls-Tau-b von -.11 p<0,01 bis -.17 p<0,001; in Welle zwei: Kendalls-Tau-b von -.20 bis -.25 jeweils p<0,001; Opfererfahrungen in Welle zwei: Kendalls-Tau-b von -.11 p<0,01 bis -.17 p<0,001; signifikant nur mit den Übertrittsentscheidungen der Eltern in Welle eins korreliert: Kendalls-Tau-b von -.12 p<0,01). Das Konstrukt *schulisches Problemverhalten* des Kindes, gemessen am zweiten Messzeitpunkt, ist allerdings mit den Übergangsparametern stärker verknüpft als dasselbe am ersten Messzeitpunkt erhobene Konstrukt.

Im Hinblick auf die signifikanten Zusammenhänge zwischen einigen der genannten Konstrukte zur schulischen Sozialisation des Kindes aus Welle eins und den Übergangsparametern ist anzunehmen, dass diese Konstrukte nicht nur punktuell wirksam sind, sondern kumulative Effekte im Schulerfolg im zeitlichen Verlauf hervorrufen.

Die Korrelationen aller schulbezogenen Konstrukte mit dem sozialen Hintergrund der Familie fallen wesentlich schwächer aus als die Korrelationen derselben mit den Übergangsparametern. Somit ist nur von einer mäßigen Schichtspezifik dieser Konstrukte auszugehen, was in Hinblick auf die unterschiedlichen kontextuellen Settings sinngemäß naheliegt: Das Konstrukt *schulbezogenes Problemverhalten* des Kindes aus Welle zwei hängt mit dem Schichtindex mit gleichem Messzeitpunkt signifikant negativ (Kendalls-Tau-b -.17 p<0,001), das *schulische Wohlbefinden* des Kindes dagegen signifikant positiv

291 Der Zusammenhang zwischen dem *Unterrichtserleben* aus Kindersicht am ersten Messzeitpunkt und den späteren Übertrittsentscheidungen der Eltern bleibt unterhalb der kritischen Schwelle von 0,1, erzielt aber dennoch ein einfach signifikantes Ergebnis.

zusammen (Kendalls-Tau-b .10 p<0,01); beide Konstrukte spiegeln die Mutterperspektive wider.[292] Diese Befunde verdeutlichen: Je höher die Schicht, desto weniger Problemverhalten und umso höher das Wohlbefinden des Kindes in der Schule. Die signifikanten Verknüpfungen zwischen dem Schichtindex aus Welle eins und dem *schulischen Problemverhalten* (Kendalls-Tau-b -.17 p<0,001) und *Wohlbefinden* des Kindes (Kendalls-Tau-b .10 p<0,01), jeweils in Welle zwei gemessen, geben einen Hinweis darauf, dass die soziale Herkunft in einem kausalen Sinne durchaus mit dem Befinden des Kindes in der Schule zusammenhängt, wobei im Hinblick darauf anzunehmen ist, dass es sich dabei um einen indirekten Herkunftseffekt handelt, der über andere Konstrukte wie beispielsweise Kompetenzen oder Bewältigungsstrategien vermittelt wird. Keine essentiellen Zusammenhänge liegen dagegen zwischen dem Konstrukt *Partizipation im Unterricht* und *in der Schule* und den Übergangsparametern oder den Schichtindizes vor.

Im **Resümee** ist auf der Grundlage der dargelegten bivariaten Zusammenhänge zwischen einerseits den Übergangsparametern und Schichtindizes, andererseits den als Prädiktoren in Frage kommenden Indikatoren und Konstrukte aus den Bereichen *Persönlichkeit, familiale und institutionelle Sozialisationsbedingungen des Kindes* sowie *Bildungsverhalten der Eltern und Kinder* für die weiteren Analysen zusammenzufassen: Global und durchschnittlich betrachtet, liegen fast alle Korrelationen im unteren Bereich. Selten erreichen sie Werte über 0,3. In Bezug auf die Übergangsparameter fallen sie in der Regel höher aus als in Bezug auf die Schichtindizes, was sich als ein Hinweis auf die soziale Reproduktion am ersten Bildungsübergang interpretieren lässt. Die am zweiten Messzeitpunkt erfassten Indikatoren und Konstrukte korrespondieren größtenteils stärker mit den Übergangsparametern und Schichtindizes als die am ersten gemessenen. Dies ergibt sich allein schon daraus, dass sie, zeitlich gesehen, näher am ersten Bildungsübergang liegen und daher in der Wahrnehmung der Entscheidungsträger wesentlich präsenter sind als Faktoren, die zeitlich weiter zurückliegen, d. h. am ersten Messzeitpunkt erfasst wurden. Dies unterstreicht auch die Tatsache, dass die Entwicklung der Kinder in den hier betrachteten Altersstufen stets schnell voranschreitet. Hinzu kommt häufig ein Wechsel der Lehrkräfte während der Grundschuljahre, insbesondere der Klassenlehrkräfte meist von der zweiten auf die dritte Jahrgangsstufe, letztere in der Regel Emp-

292 Außerdem korrelieren das *schulische Problemverhalten* des Kindes (Muttersicht) am ersten Messzeitpunkt signifikant negativ sowie das *Schulerleben* des Kindes (Kindersicht) am zweiten Messzeitpunkt signifikant positiv mit dem Schichtindex aus Welle eins. Die Stärke beider Zusammenhänge liegt jedoch unter der kritischen Marke von 0,1, dennoch sich beide Korrelationen auf einem einfach substantiellen Niveau befinden.

fehlungen aussprechen, so dass Konstrukte und Indikatoren, die unmittelbar vor oder zumindest in zeitlicher Nähe zur Grundschulempfehlung erfasst wurden, entscheidend sind. Der zweite Messzeitpunkt lag größtenteils in der zweiten Hälfte der Grundschulzeit der Kinder. Essentielle Unterschiede in den schichtspezifischen Zusammenhängen der Indikatoren und Konstrukte zwischen den Messzeitpunkten bestehen nicht. Insofern solche vorhanden sind, kann tendenziell von einer kausalen Wirkrichtung von Schicht auf die potenziellen Prädiktoren gesprochen werden (vgl. die Zusammenhänge zwischen Schichtindizes aus Welle eins und den Indikatoren und Konstrukten aus Welle zwei). Meist korrelieren die Muttereinschätzungen mit den Übergangsparametern und Schichtindizes stärker als die Kindereinschätzungen. Dies trifft jedoch nicht immer zu: So sind beispielsweise die Einschätzungen der elterlichen Erziehungspraktiken aus Kindersicht aufgrund der differentiellen Perspektive und ihrer Wirkung auf das Verhalten der Kinder für die Erklärung der Übergangsparameter bedeutender als die Muttereinschätzungen derselbigen (vgl. Marjoribanks, 1994, S. 445–446; oder Wild & Lorenz, 2010, S. 130–131). Außerdem zeigen diese Merkmale aus Kindersicht ebenso wie aus Muttersicht größtenteils eine Schichtspezifik an. Verschiedene Indikatoren und Konstrukte aus Welle eins wie das *Familienklima*, das *gemeinsame Mittagessen zu Hause* oder auch einige Indikatoren des *Schoolbased Involvements* der Eltern am ersten Messzeitpunkt (der *Besuch des Elternabends in der Schule* oder die *Mitwirkung der Eltern bei Aktivitäten der Schule*) sowie die *kulturellen Praktiken* des Kindes hängen wesentlich stärker mit den Übergangsparametern und auch mit dem sozialen Hintergrund zusammen, weshalb anzunehmen ist, dass sich deren Wirkeffekte nicht unmittelbar und zeitnah einstellen und diese Merkmale ausschließlich Langzeiteffekte auf den Schulerfolg und die Bildungsentscheidungen zeitigen.

Bivariate Zusammenhänge, wie sie hier dargestellt sind, erfordern stets weitergehende inhaltliche Interpretationen und Brückenannahmen, worauf im Wesentlichen an den jeweiligen relevanten Textstellen eingegangen wird. Dies gilt insbesondere für Konstrukte und Indikatoren, die im Kern von den zu erklärenden Phänomenen sinngemäß weiter entfernt liegen.

Welche Indikatoren und Konstrukte aus den ersten beiden Erhebungswellen sind nun vor dem Hintergrund der bivariaten Zusammenhänge, der Hypothesen zur Erklärung der Übergangsparameter in Verknüpfung mit der sozialen Herkunft der Kinder und der theoretischen Grundlage im Einzelnen von Bedeutung? Im Hinblick darauf werden Merkmale aus den genannten Bereichen ausgewählt, die mit den Übergangsparametern und/oder Schichtindizes in Verbindung stehen, wobei die höchsten Zusammenhänge dahingehend für ihre Selektion ausschlaggebend sind. In Bezug darauf ist ebenso die Wahl der richtigen Messzeitpunkte und Datenquellen der Variablen (Mutter- oder Kindereinschätzungen) von Belang, denn es liegen längsschnittliche und multiperspektivische Messungen von ein und demselben Merkmal vor, die trotz identischer Inhalte durchaus verschiedene Wirkeffekte, Validitäten oder Deskriptionen erzielen können. Insofern handelt es sich bei der folgenden Auswahl von Indikatoren und Konstrukten als Prädiktoren der Übergangsparameter um multifaktorielle empirische Entscheidungen auf theoretischem Fundament:

Abgesehen von dem Merkmal *positives Selbstbild* gehen alle Dimensionen der Persönlichkeitsstruktur des Kindes aus Muttersicht am zweiten Messzeitpunkt in die weiteren multiplen Analysen zur Determinierung der Übergangsparameter ein: Ungünstige Persönlichkeitsmerkmale des Kindes wie bereits erwähnt *Internalisierung*, *Externalisierung* oder *motorische Unruhe* korrespondieren jeweils signifikant negativ mit den Übergangsparametern oder der sozialen Herkunft des Kindes, günstige Eigenschaften wie die *sozial-kognitive Aufgeschlossenheit* hingegen signifikant positiv. Letzteres gilt auch für den Resilienzfaktor *Selbstwirksamkeit* des Kindes aus Muttersicht am zweiten Messzeitpunkt, der ebenso in den nachfolgenden Analysen berücksichtigt wird aufgrund seiner Bedeutung für Lernprozesse im schulischen Kontext als Schutzfaktor für die Bewältigung schwieriger psychosozialer Anforderungssituationen und die Widerstandsfähigkeit bzw. Resilienz eines Kindes als stärkender Faktor. Allerdings ist dieses Konstrukt nicht explizit mit der sozialen Herkunft assoziiert. Zusätzlich wird zur Erklärung der Grundschulempfehlungen die Ärgerregulierungsstrategie *konfrontieren und schädigen* am zweiten Messzeitpunkt aus Kinderperspektive als Indikator der sozial-emotionalen Kompetenzen des Kindes hinzugezogen[293], obwohl auch dieses Konstrukt an sich keine Schichtspezifik charakterisiert. Dies wird damit begründet, dass in die Beurteilungen und Empfehlungen der Lehrkräfte stets auch das soziale Betragen der Schülerin oder des Schülers einfließt (vgl. dazu Ausführungen an anderen Orten). Dieses Verhalten von Kindern wirkt sich auf die Grundschulempfehlungen signifikant negativ aus. Die Muttereinschätzungen der Persönlichkeit des Kindes in Welle zwei werden in Betracht gezogen, weil sie mit den Übergangsparametern und Schichtindizes wesentlich stärker zusammenhängen als die Kindereinschätzungen dazu am selben Messzeitpunkt oder die Muttereinschätzungen am ersten. Auch die Skalenmittelwerte und Standardabweichungen lassen in der Tendenz auf ein weitaus differenzierteres Bild und eine höhere Stabilität und Validität der Mutter- als der Kindereinschätzungen schließen (vgl. Tabellen 6 und 7 im Anhang und *Projektgruppe DJI-Kinderpanel*, 2006d).

---

293 Diese in Welle eins erfasste Strategie korreliert mit den Grundschulempfehlungen zwar etwas stärker als dasselbe in Welle eins gemessene Konstrukt. Dennoch wird letzteres als Prädiktor verwendet, weil das Verhalten des Kindes am zweiten Messzeitpunkt, d. h. in den späteren Grundschuljahren und unmittelbar vor dem Übergang in die Sekundarstufe I, als Kriterium für die Empfehlungen der Lehrkräfte ausschlaggebend ist (vgl. die dazu oben genannten Argumente).

Von den Konstrukten und Indikatoren, die das familiale Zusammenleben beschreiben, werden das *Familienklima* und das *gemeinsame Mittagessen in der Familie*, jeweils aus Muttersicht am ersten Messzeitpunkt erfasst, als Prädiktoren der Übergangskriterien in die weiteren Analysen miteingeplant (vgl. Wild & Wild, 1997, S. 66: Signifikant positiver Zusammenhang mit mäßiger Stärke zwischen dem kindperzipierten harmonischen Familienklima und hoher Lernmotivation; Schauenberg, 2007, S. 224–226: In der Tendenz, ist wie bereits beschrieben ein gutes Familienklima mit höheren Grundschulempfehlungen verknüpft und ein signifikanter Unterschied zwischen einem weniger guten, mittleren und sehr guten Familienklima und einer Notenverbesserung in den letzten beiden Grundschuljahren; Zartler, 2010). Beide Indikatoren, *Familienklima* und *gemeinsames Mittagessen*, an diesem Messzeitpunkt sind mit den Übergangskriterien essentiell negativ verknüpft, jedoch nur letzteres (*gemeinsames Mittagessen*) mit dem Schichtindex aus Welle eins: Je niedriger die Schicht, desto häufiger findet zu Hause ein *gemeinsames Mittagessen* statt, an dem alle Familienmitglieder beisammen sind. Von beiden Faktoren werden langfristige und keine unmittelbaren Einflüsse auf Bildungsergebnisse angenommen. In inhaltlicher Perspektive erscheint es durchaus plausibel, dass der Prädiktor *gemeinsames Mittagessen* mit signifikant negativen Chancen auf eine weiterführende Bildung verbunden ist. Dies ist möglicherweise vor allem bei Kindern der Fall, die ohne Frühstück in die Schule gehen, aber nach der Schule zu Hause das Mittagessen mit anderen Familienmitgliedern zusammen einnehmen. In diesen Zusammenhang ist vermutlich die Schichtspezifik dieses Indikators des familialen Zusammenlebens und der familialen Sozialisation des Kindes eingebettet, der mit hoher Wahrscheinlichkeit mit dem sozialen Status des Haushalts und der Erwerbssituation beider Eltern, insbesondere der Mütter[294], verknüpft ist und insofern den sozialen Hintergrund der Familie auf Prozessebene indiziert. Eltern, die aufgrund ihrer Erwerbssituation häufig oder immer zu Hause sind, werden ihre Kinder selbst nach der Schule betreuen und versorgen. Es ist vorstellbar, dass in diesen Familien das *gemeinsame Frühstück* keine große Rolle spielt. Außerdem können in Bezug darauf auch schichtspezi-

294 Die Ergebnisse deskriptiver Analysen, die an dieser Stelle nicht ausführlich beschrieben werden können, verdeutlichen, dass Mütter aus den beiden unteren sozialen Schichten prozentual gesehen häufiger geringfügig beschäftigt waren als diejenigen aus den mittleren und höheren Sozialschichten (vgl. dazu die Befunde von Vorheyer, 2005; Anteile der geringfügig beschäftigten Mütter innerhalb der Sozialschichten in Welle eins: 50% aus der Unterschicht; 25,9% aus der unteren Mittelschicht; 22,7% aus der mittleren Mittelschicht; 14,5% aus der oberen Mittelschicht; 7,8% aus der Oberschicht; in Welle zwei: 25% aus der Unterschicht; 50% aus der unteren Mittelschicht; 24% aus der mittleren Mittelschicht; 19% aus der oberen Mittelschicht; 6,7% aus der Oberschicht; in Welle eins 25% der Mütter aus der Unterschicht arbeitslos gemeldet oder in Null-Kurzarbeit; in Welle zwei 52,9% davon).

fische Einstellungen zur Erziehungspraxis und Fremdbetreuung nach der Schule oder schichtspezifisches Bildungsverhalten zum Tragen kommen, aufgrund dessen Mütter aus unteren sozialen oder bildungsfernen Schichten für ihre Kinder vermutlich erst dann eine Ganztagsbetreuung nach dem Schulunterricht beanspruchen, wenn sie älter sind oder schulische Probleme vorliegen. Die Befunde deskriptiver Analysen zur non-formalen Bildung und Betreuung nach dem Unterricht lassen auf solche Zusammenhänge jedenfalls nicht schließen (vgl. an früherem Ort). Der negative Zusammenhang zwischen Familienklima und den Übergangsparametern entspricht nicht der Erwartung und wurde bereits erläutert: Je besser das Familienklima, desto geringer die Bildungsambitionen in der Familie. Ein intuitiv angenommener positiver Zusammenhang zwischen diesen Variablen hat sich hier somit nicht bestätigt.

Der gegenüber dem Indikator *gemeinsames Mittagessen in der Familie* komplementäre Indikator ist das *gemeinsame Frühstück in der Familie*, der aus Muttersicht am zweiten Messzeitpunkt in die weiterführenden Analysen aufgrund seiner relativ hohen und signifikant positiven Assoziationen mit den Übergangsparametern und Schichtindizes aus den ersten beiden Wellen eingeht.[295] Von einem komplementären Verhältnis zwischen diesen Indikatoren wird deswegen gesprochen, da entgegengesetzte Tendenzen für beide Indikatoren vorliegen. Im Vergleich zu den Korrelationen des Indikators *gemeinsames Mittagessen* gilt hier: Je höher die Schicht, desto häufiger frühstücken die Familienmitglieder am Morgen zusammen. Dieser Zusammenhang ist ähnlich wie derjenige zwischen sozialem Status und *gemeinsamem Mittagessen* möglicherweise auf die Erwerbssituation der Eltern und den Stellenwert des *gemeinsamen Frühstücks* oder *Mittagessens in der Familie* in mittleren und gehobenen sozialen Schichten sowie auf die Erkenntnis der Eltern über seine Bedeutung für gute schulische Ergebnisse und die Qualität des familialen Zusammenlebens zurückzuführen (vgl. Krinninger & Bahr, 2013; Zartler, 2010). Konstrukte, die sich auf das Erziehungsverhalten der Eltern im engeren Sinne beziehen wie die *kindzentrierte Kommunikation* oder die *strenge Kontrolle der Eltern*, werden aus Kindersicht in die Analysen zur Determination der Übergangskriterien einfließen, weil sie einerseits im Kinderinterview differenzierter (nach Mutter und Vater) als im Mutterinterview abgefragt wurden, andererseits mit den Übergangsparametern ebenso hoch und teilweise noch höher korrelieren als dieselben Konstrukte in der Wahrnehmung der Mütter. Außerdem weisen sie eine im Vergleich zu den korrespondierenden Muttereinschätzungen ähnliche, je-

---

295 Derselbe Indikator aus Welle eins korreliert bedeutend von allen Übergangsparametern nur mit den Schulwünschen der Kinder sowie mit Schicht am gleichen Messzeitpunkt. Aufgrund substantieller Zusammenhänge mit allen Übergangsparametern wird jedoch der Indikator *gemeinsames Frühstück* aus Welle zwei in den weiteren Analysen verwendet.

doch differenziertere Schichtspezifik auf. Vor allem die kindzentrierte Kommunikation aus Muttersicht oder diejenige des Vaters aus Kindersicht stellen Konstrukte dar, die mit dem sozialen Hintergrund der Familie in Verbindung stehen: Je höher die Schicht, desto kindzentrierter kommunizieren Eltern mit ihren Kindern. Verschiedene Untersuchungen und Autoren belegen (vgl. Marjoribanks, 1994, S. 445–446; oder Wild & Lorenz, 2010, S. 130–131), dass vor allem die Kinder- und nicht nur die Elternperspektive von Erziehungsstilen für Kinder verhaltenswirksam sind. Dies unterstreicht auch der Befund, wonach die Dimension *strenge Kontrolle der Mutter* oder *des Vaters* aus Kindersicht und nicht aus Muttersicht mit den Grundschulempfehlungen oder Übertrittsentscheidungen der Eltern bedeutend in entgegengesetzter, d. h. negativer, Richtung kovariiert. Vor dem Hintergrund dieses Ergebnisses wird dieses Konstrukt in der Analyse zur Erklärung der Schulwünsche der Kinder jedoch nicht berücksichtigt. All diese Konstrukte, die den Erziehungsstil oder das Erziehungsverhalten der Eltern charakterisieren, sind erstmalig am zweiten Messzeitpunkt erfasst worden. In inhaltlicher Hinsicht spiegelt das Konstrukt *kindzentrierte Kommunikation der Eltern* die positive Dimension des elterlichen Erziehungsstils, nämlich Unterstützung, emotionale Wärme oder Responsivität, das Konstrukt *strenge Kontrolle der Eltern* die negative Dimension davon, nämlich Kontrolle und Forderung, gemäß der Typologie der Erziehungsstile nach Diana Baumrind (1971) oder Maccoby und Martin (1983) wider. Von beiden Dimensionen sind je nach Ausprägung Effekte auf den Schulerfolg (Noten und/oder (schulrelevante) Kompetenzen) in der einschlägigen Forschung nachgewiesen (vgl. dazu das Forschungsprogramm und die Befunde der Forschergruppe um Steinberg et al. an einem früheren Ort in Bezug auf Jugendliche: z. B. Gray & Steinberg, 1999; Steinberg, Elmen & Mounts, 1989; Steinberg, Lamborn, Darling, Mounts & Dornbusch, 1994; Steinberg, Lamborn, Dornbusch, Darling; 1992; Steinberg, Mounts, Lamborn & Dornbusch, 1991; oder Lamborn, Mounts, Steinberg & Dornbusch, 1991; oder Schauenberg, 2007, S. 238–243: Eine hohe Akzeptanz, Beteiligung und Unterstützung der Eltern und ein mäßiges mütterliches Monitoring (dritte Dimensionen des elterlichen Erziehungsverhaltens) bedingen signifikant bessere Schulnoten und Testleistungen in der dritten und vierten Grundschulklasse, nicht jedoch starre Regeln und Strukturen in der Familie). *Teilhabechancen* der Kinder zu Hause in Form von *Autonomie*, *Abhängigkeit* oder *Partizipation* sind mit der Erziehung und Entwicklung des Kindes hin zu Selbständigkeit, Selbstbestimmtheit und Handlungskompetenz (*Agency*) verknüpft (vgl. Kreppner & Klöckner, 2002; und Deci & Ryan, 1993) und stellen damit auch ein Fundament der Lernmotivation und Persönlichkeitsentwicklung des Kindes dar, stehen hier aber in keinem Verhältnis zu den Übergangsparametern. Lediglich die partizipative Teilhabe des Kindes bei Entscheidungen zu Hause, die es betreffen, korreliert mit dem

Schichtindex aus Welle eins, weshalb dieser Indikator in den weiteren Untersuchungen berücksichtigt wird.

Beide Indikatoren des Bildungsverhaltens der Kinder, ihre *kulturelle Praxis* und ihr *Bildungs-* bzw. *Lerninteresse*, sind für die multiplen Analysen zur Erklärung der Übergangsparameter von großer Bedeutung. Ersteres davon aus Welle eins und letzteres aus Welle zwei sind mit den Übergangsparametern und korrespondierenden Schichtindizes signifikant positiv und vergleichsweise stark assoziiert. Die Zusammenhänge dieser Indikatoren aus den genannten Wellen erscheinen plausibel, denn es ist davon auszugehen, dass sich *kulturelle Praktiken* auf lange Sicht hin auf Schulerfolg positiv auswirken, weil sie in der Regel nicht direkt und unmittelbar auf den aktuellen Unterrichtsstoff in der Schule bezogen sind und mehr allgemeine Fähigkeiten und Allgemeinwissen fördern, womit die soziale Position und Interessenslage der Kinder und ihrer Eltern zum Ausdruck gebracht und signalisiert werden. Beispielsweise verbessern Kinder durch Lesen ihre sprachliche Ausdrucksfähigkeit und erweitern durch Museumsbesuche ihren Sinn für Kultur und Kunst sowie ihr Wissen darüber, das von den Schülerinnen und Schülern durchaus in den Unterricht eingebracht werden kann. Das *Lerninteresse* als motivationaler Faktor ist dagegen als Lernvoraussetzung und Bedingungsfaktor schulischer Leistungen mit diesen und auch mit Schulnoten direkt und unmittelbar in einem kausalen Sinne verknüpft (vgl. Helmke, Schrader, Wagner, Nold & Schröder, 2008, zur Beziehung zwischen fachbezogenem Selbstkonzept, fachbezogener Motivation (Lerninteresse) und Englischleistungen auf der Sekundarstufe I in der DESI-Studie (*D*eutsch *E*nglisch *S*chülerleistungen *I*nternational)). Von den auf das Bildungsverhalten der Eltern bezogenen Indikatoren gehen im Hinblick auf das Investment-Modell der Humankapitaltheorie (vgl. Helberger & Palamidis, 1989) die *Anzahl außerschulischer Unterrichtsstunden pro Woche*, die Eltern ihren Kindern für deren Förderung zur Verfügung stellen, und ihre *finanziellen Investitionen im Jahr* dafür sowie im Hinblick auf das *schoolbased Involvement* der Eltern die *Häufigkeit der Gespräche der Eltern mit Lehrkräften im laufenden Schuljahr* in die nachfolgenden Analysen der Übergangsparameter ein, jeweils am zweiten Messzeitpunkt erfasst. Gegenüber den Korrelationen dieser Indikatoren aus Welle eins fallen die Zusammenhänge derselben mit den Übergangsparametern oder Schicht, jeweils aus Welle zwei, durchwegs höher aus. Daraus ist zu abzuleiten, dass vor allem die Bildungsinvestitionen am zweiten Messzeitpunkt, d. h. diejenigen nahe dem Übertritt des Kindes in die Sekundarstufe I, unmittelbar effektiv und effizient sind und dahingehend zum Tragen kommen, auch wenn von frühen Bildungsinvestitionen nachhaltige und kumulative Effekte auf den Schulerfolg zu erwarten sind. Es ist anzunehmen, dass Eltern im laufenden Schuljahr vor dem Übertritt ihres Kindes in die Sekundarstufe I diese Investitionen anheben, um den Übergang möglichst positiv zu beeinflussen. Beide Indikatoren des Investitionsverhaltens der Eltern sind sowohl mit den Übergangsparametern als auch mit dem sozialen Hintergrund signifikant positiv verbunden. Dagegen weist die Variable *Gespräche der Eltern mit Lehrkräften im laufenden Schuljahr* zwar keine Schichtspezifik auf, korreliert aber dennoch mit allen Übergangsparametern, insbesondere mit den Grundschulempfehlungen, beachtlich signifikant negativ. Dieser Zusammenhang wurde bereits schon erklärt (vgl. an früherem Ort): Eltern suchen das Gespräch mit den Lehrkräften ihres Kindes immer dann, wenn der nahende Übertritt des Kindes in eine Schulform auf der Sekundarstufe I hinter ihren Erwartungen zurückbleibt oder schlechte Noten drohen. Es ist anzunehmen, dass Eltern im Gespräch versuchen, die Lehrkräfte bei einer ungünstigen oder nicht erwarteten Empfehlung umzustimmen oder die Gründe für das Ausbleiben der gewünschten Empfehlung in Erfahrung zu bringen. Im Anschluss daran werden sie und ihre Kinder ihre Ambitionen anpassen müssen. In Anbetracht dessen erscheint dieser Indikator für den Übergangsprozess von hoher Relevanz zu sein. Aus der ersten Erhebungswelle werden die Indikatoren des *Schoolbased Involvements* der Eltern *Mitwirkung der Eltern bei Aktivitäten der Schule* und *Besuch des Elternabends in der Schule* in die Analysen zur Determinierung der Übergangsparameter aufgenommen, denn beide Variablen sind mit den Übergangsparametern und dem Schichtindex aus Welle eins signifikant positiv assoziiert. Sie indizieren eine Schichtspezifik und signalisieren der Institution Schule das Bildungsinteresse der Eltern schon an einem frühen Zeitpunkt in den Schulkarrieren ihrer Kinder. Zugleich erweitern Eltern durch solche Kontakte ihr Systemwissen und lernen die Schule und die Lehrkräfte ihrer Kinder kennen und richtig einzuschätzen, worauf schon an früherer Stelle hingewiesen wurde. Beide Indikatoren sind jedoch in erster Linie für die Grundschulempfehlungen und Übertrittsentscheidungen der Eltern wesentlich, die *Mitwirkung der Eltern bei Aktivitäten der Schule* auch für die Schulwünsche der Kinder. Die häuslichen Bildungsorientierungen der Eltern aus Kindersicht am zweiten Messzeitpunkt (*Schul-* und *Bildungsinteresse*) korrelieren erwartungskonform signifikant positiv und über dem kritischen deklarierten Cut-Off-Wert mit den Übertrittsentscheidungen der Eltern, aber nur knapp darunter mit ihrem sozialen Hintergrund an diesem Messzeitpunkt und werden deshalb nur in die Analysen zur Erklärung der elterlichen Übertrittsentscheidungen einfließen.

Von den Konstrukten, die die schulischen bzw. institutionellen Sozialisationsbedingungen des Kindes beschreiben, sind aufgrund ihrer Schichtspezifik und relativ hohen Zusammenhänge mit den Übergangsparametern das *schulische Wohlbefinden* und *Problemverhalten* des Kindes (vgl. an früheren Orten), jeweils aus Muttersicht am zweiten Messzeitpunkt gemessen, für die weiteren multiplen Analysen zur Determination der Übergangsparameter von Bedeutung. Ersteres kovariiert mit den Übergangsparametern und Schichtindizes aus den ersten beiden Erhebungen in signifikant positiver, letzteres dagegen in signifikant negativer Richtung. Die Auswahl wird folgendermaßen begründet: Die

Korrelationen des Konstrukts *schulisches Wohlbefindens* des Kindes aus Muttersicht am zweiten Messzeitpunkt mit den Übergangsparametern fallen sowohl im Vergleich zu denjenigen der korrespondierenden Kindereinschätzungen (*Schulerleben*) an beiden Messzeitpunkten mit diesen Kriterien als auch im Vergleich zu denjenigen dieser Muttereinschätzungen am ersten Messzeitpunkt damit jeweils günstiger aus. Ferner lassen die Befunde der Analysen zur Qualität dieser Skalen auf eine höhere Validität der Mutter- als der Kindereinschätzungen schließen (vgl. an früherem Ort). Darüber hinaus ist dieses Konstrukt aus Muttersucht in Welle zwei mit den Schichtindizes aus beiden Wellen jeweils signifikant positiv assoziiert. Dies weist darauf hin, dass sich die Herkunftseinflüsse auf das schulische Wohlbefinden des Kindes vor dem Hintergrund seiner Entwicklung in der Schule auf der Basis einer Vielfalt an Faktoren mit kumulativen Effekten im zeitlichen Verlauf, letztere ebenso in Abhängigkeit der sozialen Herkunft des Kindes, weniger in den ersten als vielmehr in den späteren Schuljahren bemerkbar machen. Gleiches, mit umgekehrten Vorzeichen, trifft auch auf das komplementäre Konstrukt des *schulischen Problemverhaltens* des Kindes aus Muttersicht in Welle zwei zu, das Schulschwierigkeiten des Kindes anzeigt und mit den Übergangsparametern sowie den Schichtindizes an den ersten beiden Erhebungszeitpunkten signifikant negativ korreliert. Dieses im zweiten und nicht das im ersten Erhebungszeitraum gemessene Konstrukt wird gewählt, weil ersteres mit den Übergangsparametern stärker korreliert als letzteres. Aus all diesen Befunden lässt sich ableiten, dass sich der Einfluss des *schulischen Wohlbefindens* und *Problemverhaltens* des Kindes mehr in den späteren Grundschuljahren als im Anfangsunterricht für erwachsene Personen oder Entscheidungsträger am ersten Bildungsübergang als salient herauskristallisiert, obgleich kumulative Zusammenhänge im zeitlichen Verlauf in Bezug auf frühere Messungen dieser Merkmale sicherlich vorliegen. Neben diesen beiden Konstrukten, die sich auf das schulische Erleben des Kindes beziehen und von denen ein Einfluss auf die Entscheidungssituation am ersten Bildungsübergang anzunehmen ist, wird außerdem das Konstrukt *Opfererfahrungen* des Kindes in der Schule aus Kindersicht am zweiten Messzeitpunkt wegen seiner bedeutenden, signifikant negativen, Zusammenhänge mit allen drei Übergangskriterien gleichfalls in die weiteren Untersuchungen miteinbezogen, auch wenn es mit der sozialen Herkunft faktisch nicht substantiell korreliert. Dies wird damit begründet, dass dieses Konstrukt negative Erfahrungen des Kindes in seinen sozialen Bezügen und Beziehungen mit Mitschülerinnen und Mitschülern, d. h. Mobbing- oder Bullyingerfahrungen, zum Ausdruck bringt, die, abgesehen von Herkunftseinflüssen, ursächlich negative Konsequenzen auf die schulischen Leistungen eines Kindes und damit zuletzt auch auf den Übertritt in die Sekundarstufe I nach sich ziehen können (vgl. dazu die Übersicht des Forschungsstandes bei Alsaker, 2004, S. 153–155).

## 4.8. Ergebnisse aus multiplen ordinalen logistischen Regressionsanalysen der Übergangsparameter

In diesem Kapitel werden die Ergebnisse multipler Analysen zu den Einflussgrößen der Übergangsparameter, d. h. der Grundschulempfehlungen, Übertrittsentscheidungen der Eltern und Schulwünsche der Kinder, referiert. Multiple Analyse bedeutet, dass mehrere Prädiktorvariablen gleichzeitig in die Analyse eingehen. Für die Prüfung der Forschungsfragen wurde eine zweistufige Analysestrategie gewählt: Um eine optimale Vorhersage der Determination der zu erklärenden Übergangsparameter (abhängige Variablen bzw. Kriterien) auf der Basis möglichst weniger Konstrukte und Indikatoren zu erzielen, sind zuerst explorative multiple Analysen mit den Prädiktoren durchgeführt worden, die sich im Rahmen der bivariaten Korrelationsanalysen in Bezug auf ihre Schichtspezifik und die Kriterien (Übergangsparameter) als relevant erwiesen haben. Dafür wird je Prädiktorenset eines Bereiches, Persönlichkeitsstruktur des Kindes, familiale und institutionelle Sozialisationsbedingungen des Kindes oder Bildungsverhalten der Eltern und Kinder, ein Modell zusammen mit dem Schichtindex aus der dritten Erhebungswelle als Prädiktor und Indikator des sozialen Hintergrundes einer Familie berechnet, um festzustellen, welche Faktoren die Übergangsparameter (Kriterien) am stärksten determinieren (*erster Auswertungsschritt*). Damit wird geprüft, inwieweit die jeweiligen Prädiktorenbündel Schichteinflüsse auf die Übergangsparameter erklären können und welche Merkmale davon die stärksten Effekte zeigen. Für den günstigsten Fall wird angenommen, dass durch diese Prozedur die Schichteffekte abnehmen. Darüber hinaus wird mit diesem multiplen Auswertungsschritt ein zweites Ziel verfolgt, die Menge relevanter Erklärungsfaktoren der Kriterien innerhalb eines Bereichs weitergehend zu reduzieren (*Selektion von Prädiktoren*), um für die sich daran anschließenden zentralen schrittweisen Regressionsanalysen der Kriterien nur essentielle Prädiktoren mit substantiellen Effekten zu erhalten, die *sparsame Modelle* ermöglichen. Im Hinblick auf den letzten Aspekt und im Einklang mit dem Forschungsstand auf diesem Feld werden im Weiteren für jedes Kriterium mehrere Modelle berechnet, worin jeweils zuerst die Schichtindizes allein (**Modell eins**) und in den **folgenden Modellen** zugleich die reduzierten bereichsspezifischen Prädiktorensets nacheinander und simultan in die Modelle aufgenommen worden sind (*zweiter Auswertungsschritt*). Das bedeutet: In jedem Modell kommt ein neues reduziertes Prädiktorenset hinzu, wobei die Prädiktoren aus den vorhergehenden Modellen beibehalten werden. Hohe erwartete Konfundierungen zwischen den einzelnen bereichsspezifischen Merkmalen untereinander sowie hohe Zusammenhänge dieser mit Bildungsergebnissen und Schicht machen diesen Auswertungsschritt erforderlich, um so die relativ *eigenständigen Effekte* der jeweiligen Indikatoren und Konstrukte

(Regressionsgewichte oder Logits bzw. Odd-Ratios in der (ordinalen) logistischen Regressionsanalyse) mit einer möglichst hohen Stabilität ermitteln zu können. Mit Blick auf die Forschungshypothesen ist dabei ein besonderes Augenmerk auf die Wirkeffekte der *kulturellen Praktiken der Kinder* als Index auf die Übergangsparameter gerichtet, wofür ein separates Modell im Rahmen der Analysen zu den Einflussgrößen aus dem *Bereich des Bildungsverhaltens der Eltern und Kinder* vorgesehen ist. Dahingehend werden je Kriterium **zwei Modelle** veranschlagt: In das *erste Modell* gehen außer dem *kulturellen Kapital der Kinder alle Indikatoren aus diesem Bereich* ein, in das *zweite Modell* dann auch das *kulturelle Kapital der Kinder* zusammen mit allen anderen Indikatoren. Damit lassen sich die inkrementellen Anteile dieser Kapitalsorte an der Erklärung der Kriterien sowie ihre eigenständigen Wirkeffekte darauf vor dem Hintergrund einer Vielzahl möglicher Konfundierungen dieses Konzepts mit anderen Indikatoren und Konstrukten aus verschiedenen Bereichen genau abschätzen.

Als moderierende Variablen oder Kontrollvariablen dienen, je nach Kriterium und Relevanz unterschiedlich, die Deutsch- und Mathematiknote der Kinder als schulische Leistungsparameter, ihr Geschlecht oder ihre Schulwünsche[296], die Bildungsaspirationen der Eltern, die Grundschulempfehlungen[297] sowie eine Reihe regionaler Einflussfaktoren auf den Übergang in die Sekundarstufe I. Zu letzteren zählen die gesetzlichen Übertrittsregelungen der Bundesländer (Schulrecht vor Elternrecht vice versa), altes vs. neues Bundesland (West-Ost) und städtische vs. ländliche Region (Stadt-Land).[298] Als statistisches Analyseverfahren ist aufgrund des korrespondierenden Messniveaus der Übergangsparameter jeweils die ordinale logistische Regression gewählt worden (vgl. Janssen & Laatz, 2013, S. 455–481; Baltes-Götz, 2012, S. 72–88; oder Kühnel & Krebs, 2010, S. 857–864, 864–872 und 879–886; als eine der wenigen Quellen zu dieser Analyseform im Allgemeinen; oder Urban, 1993, S. 92–93; Fromm, 2012, S. 116–117 zur Auswahl der Referenzkategorie im Spezifischen).

Aufgrund der Vielzahl an Befunden werden in den weiteren Darstellungen nur die bedeutenden, d. h. signifikanten, Effekte oder Regressionsgewichte der Prädiktoren beschrieben. Dahingehend werden die Chancen der Schüler/innen in der Stichprobe dafür, eine höhere als eine niedrigere Schullaufbahn in den Grundschulempfehlungen zu erhalten vergleichend anhand von Odds-Ratios oder Logits interpretiert. Dieses Interpretationsmuster wird in den Analysen der Übertrittsentscheidungen der Eltern, d. h. in Bezug auf die Chancen der

---

296 Nur für die Grundschulempfehlungen und Übertrittsentscheidungen der Eltern von Bedeutung.

297 Nur für die Übertrittsentscheidungen der Eltern und Schulwünsche der Kinder relevant.

298 Diese regionalen Indikatoren sind vor allem für die Elternentscheidung bedeutsam.

Kinder darauf, für einen höheren als einen niedrigeren Bildungsgang auf der Sekundarstufe I von den Eltern angemeldet zu werden, sowie in den Chancen, die sich die Kinder selbst geben, d. h. im Hinblick auf die Wahrscheinlichkeit, dass sich Kinder den Besuch einer weiterführenden Schule als der Hauptschule wünschen (Schulwünsche der Kinder), fortgesetzt. Außerdem werden jeweils die Werte der Determinationskoeffizienten ($chi^2$, Nagelkerkes $R^2$ und Anzahl der Fälle) und teils auch die Schwellenwerte (oder Regressionskonstanten; vgl. Kühnel & Krebs, 2010, S. 870 und 880) erklärt. Je höher die Schwellenwerte bei einem signifikanten Niveau auf der Y-Achse liegen, desto besser die Vorhersage oder Erklärung des Kriteriums, d. h. auch, desto besser das Analysemodell (Kühnel & Krebs, 2010, S. 880).

Den Voraussetzungen der ordinalen logistischen Regressionsanalyse zufolge wurden vor dem Hintergrund der Messniveaus (ordinales Rangreihe) die Kategorien der drei Kriterien, Grundschulempfehlungen, Übertrittsentscheidungen der Eltern und Schulwünsche der Kinder, abwärts kodiert, so dass die niedrigste Schulform (bzw. Schullaufbahn oder niedrigster Schulzweig) jeweils die Referenzkategorie darstellt. Somit ergaben sich folgende Kategorien in allen drei Übergangsparameter: Gymnasium/gymnasiale(r) Schullaufbahn/Zweig, mittlere Schullaufbahnen (Realschule, Verbundschulen etc.), Hauptschule/Hauptschullaufbahn/-zweig als Referenz mit höchster Ausprägung. Im Hinblick darauf ist jeweils der höchsten Kategorie, Gymnasium bzw. gymnasiale Schullaufbahn, die niedrigste Ausprägung (Wert eins) und der niedrigsten Kategorie, Hauptschule bzw. Hauptschullaufbahn, die höchste Ausprägung (Wert drei) zugewiesen worden. In gleicher Weise wurden Prädiktorvariablen mit ordinalem Messniveau wie der Schichtindex aus der dritten Erhebungswelle (Unterschicht als Referenz mit der höchsten Ausprägung) und die Bildungsaspirationen der Eltern (Hauptschulabschluss als Referenz mit der höchsten Ausprägung) kodiert sowie die finanziellen Bildungsinvestitionen der Eltern im Jahr, die zu vier Bündel einschließlich der Kategorie *Keine Ausgaben* kategorisiert sind (keine Ausgaben als Referenz mit der höchsten Ausprägung). In Anbetracht dieser Kodierungen ist bei der Interpretation der Ergebnisse stets zu beachten, dass Regressionsgewichte mit positivem Vorzeichen negative Effekte und in umgekehrter Weise solche mit negativem Vorzeichen positive Effekte bedeuten. Dies gilt ebenso für die Schwellenwerte der Ausprägungen gymnasiale oder mittlere Schullaufbahn (Abschnitte auf der Y-Achse), die die Güte eines Modells indizieren und stets im Verhältnis zur Hauptschullaufbahn, -empfehlung oder zum Hauptschulwunsch zu interpretieren sind. Variablen auf Konstruktebene oder Indikatoren mit metrischem Messniveau (gleiche Abständen zwischen den Ausprägungen) gehen gemäß ihrer natürlichen Ausprägungen im Wert aufsteigend in die Analysen ein, auch die beiden Schulnoten, so dass in Bezug auf diese Variablen ebenso gilt: Ein Regressionsgewicht mit positivem Vorzeichen impliziert einen negativen Einfluss und umgekehrt.[299] Bei kategorialen Variablen mit binärem Format (Ja-/Nein-Antwort, weiblich-männlich) stellt die Ausprägung Null jeweils die Referenz dar (nein/weiblich). Bei den regionalen Indikatoren werden die Kategorien *Schulrecht vor Elternrecht* (Übertrittsregelungen der Bundesländer: Elternrecht vor Schulrecht), *Ost* (alte vs. neue Bundesländer: Ost) und *Land* (städtische vs. ländliche Regionen: Stadt) als Referenzkategorien gewählt.

## 4.8.1. Individuelle, familiale und institutionelle Bedingungen der Grundschulempfehlungen

### *4.8.1.1. Explorative Analysen zur Selektion von Prädiktoren der Grundschulempfehlungen*

Im Weiteren werden die Ergebnisse explorativer ordinaler logistischer Regressionsanalysen zur Erklärung und Determination der Grundschulempfehlungen und Selektion geeigneter Prädiktoren für die danach folgenden schrittweisen Analysen vorgestellt (*erster Auswertungsschritt*, vgl. Ergebnisse in Tabelle 15, Schichtindex aus Welle drei). Die Befunde in **Modell eins** zur Determinierung der Grundschulempfehlungen durch die Schichtzugehörigkeit der Schüler/innen verdeutlichen, dass die Chance auf eine Empfehlung für weiterführende Schulen bei Kindern aus der Oberschicht im Vergleich zu denen aus der Unterschicht um mehr als das Dreifache signifikant höher ausfällt (Exp(b)=-3,29***). Für Kinder aus der oberen und mittleren Mittelschicht gegenüber denen aus der Unterschicht beträgt dieses Chancenverhältnis etwa das Eineinhalbfache (obere Mittelschicht Exp(b)=-1,55***; mittlere Mittelschicht Exp(b)=-1,35***). Kein signifikanter Unterschied liegt diesbezüglich zwischen Kindern aus der unteren Mittelschicht (Exp(b)=-0,29) und Unterschicht vor. Die soziale Herkunft der Schüler/innen klärt 19,5% (Nagelkerkes $R^2$) der Varianzen in den Grundschulempfehlungen auf ($chi^2$=86,21***; N=478). Der Schwellenwert für das Gymnasium bzw. die gymnasiale Schullaufbahn in Schulen mit mehreren Bildungsgängen liegt bei -1,13**, derjenige für mittlere Schullaufbahnen bei

299 Die Antwortmöglichkeiten der Befragten bei den jeweiligen Fragen wurden jeweils aufsteigend mit Null als niedrigstem Wert (d. h. keine Ausprägung vorhanden) kodiert. Die Tatsache, dass die Vorzeichen der Regressionsgewichte bei der ordinalen logistischen Regression in umgekehrter Weise interpretiert werden müssen, kommt dadurch zustande, dass die höchste (oder niedrigste) Ausprägung einer Variablen die Referenzkategorie darstellt (vgl. Kühnel & Krebs, 2010, S. 882). Im Hinblick darauf werden sowohl die Kriterien als auch Prädiktoren mit ordinalem Messniveau nominell absteigend, im Wert jedoch aufsteigend kodiert. Bei den Variablen mit metrischem Messniveau hängt die Wertigkeit des Vorzeichens von der Verteilungshäufigkeit der Werte in Abhängigkeit der Referenz in Form des höchsten Wertes ab.

1,13** (Hauptschule/Hauptschulabschluss als Referenz), womit dieses Vorhersagemodell als gut einzustufen ist. Diese Ergebnisse sind in ähnlicher Form auch in vergleichbaren Untersuchungen zu finden.[300]

Welchen Einfluss hat die Persönlichkeitsstruktur des Kindes auf die Übertrittsempfehlungen der Grundschule? Welche Dimensionen davon bieten dafür einen Orientierungsrahmen? Die bivariaten Korrelationsanalysen haben zum Ergebnis, dass die Eigenschaften *Internalisierung*, *Externalisierung*, *motorische Unruhe* und *sozial-kognitive Aufgeschlossenheit* sowie der Resilienzfaktor *Selbstwirksamkeit*, jeweils aus Muttersicht am zweiten Messzeitpunkt erfasst, mit der sozialen Herkunft der Kinder und den Grundschulempfehlungen bedeutend kovariieren. Ebenso ist ein Zusammenhang zwischen den Grundschulempfehlungen und der Ärgerregulierungsstrategie *Konfrontieren und schädigen* (Kindersicht in Welle zwei) nachgewiesen worden. Die Schichtindizes und alle Persönlichkeitsmerkmale (metrisches Niveau) gingen simultan in ordinale logistische Regressionsanalyse ein. Die Ergebnisse in **Modell zwei** zu den Einflüssen dieser Merkmale lassen erkennen, dass die Effekte der einzelnen Sozialschichten auf die Grundschulempfehlungen durch die Hinzunahme der Dimensionen der Persönlichkeitsstruktur des Kindes etwas reduziert werden, aber dennoch hoch signifikant bleiben (Oberschicht Exp(b)=-2,99***; oberer Mittelschicht Exp(b)=-1,48**; mittlere Mittelschicht Exp(b)=-1,25**; kein signifikanter Effekt der unteren Mittelschicht Exp(b)=-0,23). Von Bedeutung in diesem Modell ist auch die Zunahme der Varianzaufklärung durch die beiden Prädiktorensets soziale Herkunft und Persönlichkeit des Kindes gegenüber *Modell eins* (30,6%; $chi^2$=121,65***; N=409). Die Persönlichkeitsmerkmale allein klären zusammen 11,1% der Varianzen in den Grundschulempfehlungen auf. Davon wirken sich folgende Dimensionen merklich auf die Grundschulempfehlungen aus: *Internalisierung* (Exp(b)=0,50*) und *motorische Unruhe* (Exp(b)=0,67***) mit jeweils signifikant negativen Einflüssen, die *sozial-kognitive Aufgeschlossenheit* (Exp(b)=-0,70*) dagegen mit einem signifikant positiven Effekt. Die einzelnen Logits (Regressionsgewichte) besagen, dass ein Punkt mehr auf der Skala dieser Prädiktoren die Chance auf eine Empfehlung für eine höhere als für eine niedrigere Schullaufbahn um den Betrag des jeweiligen Regressionsgewichtes signifikant erhöht (negatives Gewicht der *sozial-kognitiven Aufgeschlossenheit*) oder mindert (positives Gewicht der *Internalisierung* und *motorischen Unruhe*). Der Resilienzfaktor *Selbstwirksamkeit des Kindes* sowie die Ärgerregulierungsstrategie *konfrontieren und schädigen* weisen keine substantiellen Effekte auf die Empfehlungen auf. Die Schwellenwerte erhöhen sich zwar in diesem Modell gegenüber denen in *Modell eins*, erzielen aber kein signifikantes Niveau, wes-

300 Signifikanzniveaus: * p<0,5 **p<0,1 ***p<0,01.

halb dieses Modell das Kriterium nicht optimal schätzen kann (für das Gymnasium/die gymnasiale Schullaufbahn -1,25; für mittlere Schullaufbahnen 1,16).

In der nächsten Analyse werden die Einflüsse der familialen Sozialisationsbedingungen des Kindes auf die Lehrerempfehlungen am Ende der Grundschule untersucht (**Modell drei**). Dies sind folgende Einflussgrößen: Elterlicher Erziehungsstil, Familienklima, Eltern-Kind-Interaktionen, die Partizipation des Kindes bei Entscheidungen zu Hause und gemeinsames Frühstück oder Mittagessen zu Hause. Von diesen Faktoren wird angenommen, dass sie die häusliche Lernumwelt des Kindes, damit sein Lernverhalten zu Hause und letztendlich auch die Grundschulempfehlungen maßgeblich beeinflussen und schichtspezifisch geprägt sind. In der betreffenden Analyse sind wiederum die einzelnen Sozialschichten und diese Bedingungen (metrische Konstrukte bzw. Indikatoren) simultan berücksichtigt worden, die sich auf der Basis der bivariaten Korrelationen als relevant herausstellten. Augenfällig ist in der Ergebnistabelle, dass sich die Schichteffekte hier im Vergleich zu denen in *Modell eins* zum Teil geringfügig etwas verstärkt haben (Oberschicht Exp(b)=-3,25***; obere Mittelschicht Exp(b)=-1,57***; mittlere Mittelschicht Exp(b)=-1,49***; untere Mittelschicht Exp(b)=-0,50). Dazu wird vermutet, dass die genannten familialen Konstrukte und Indikatoren in der Tendenz in einem geringen Maße irrelevante Varianzen der Schichtindizes in Verknüpfung mit den Grundschulempfehlungen unterdrücken (evtl. *Suppressoreffekte*). Dies legen *primäre Herkunftseffekte* der familialen Sozialisationsbedingungen nahe, die über schulische Leitungen mediiert werden. Genau das Gegenteil trifft hingegen auf einzelne Dimensionen des Merkmalbereichs Persönlichkeit des Kindes zu, die Schichteinflüsse aufklären und mit dem Kriterium bedeutend verbunden sind. Die Schichtindizes und familialen Sozialisationsbedingungen können, zusammen betrachtet, 26,6% der Varianzen der Grundschulempfehlungen erklären ($chi^2$=112,54***; N=443), 7,1% davon allein die familialen Sozialisationsbedingungen. Von den Konstrukten und Indikatoren aus diesem Bereich reduziert der Faktor *Familienklima* (Muttersicht in Welle eins), den bivariaten Befunden entsprechend, signifikant die Chancen der Kinder auf eine Empfehlung für eine weiterführende Bildung, ebenso der Faktor *gemeinsames Mittagessen der Familienmitglieder zu Hause* (Muttersicht in Welle eins). Dagegen beeinflussen die Prädiktoren *kindzentrierte Kommunikation der Mutter* (Kinderperspektive in Welle zwei) und *gemeinsames Frühstück der Familienmitglieder am Morgen* (Muttersicht in Welle zwei) diese Chance positiv: Je besser das *Familienklima* (Exp(b)=0,70*) und je häufiger ein *gemeinsames Mittagessen der Familienmitglieder* (Exp(b)=0,29*), desto geringer die Wahrscheinlichkeit, dass eine Lehrkraft eine höhere als eine niedrigere Schullaufbahn vorschlägt. Im Gegensatz dazu gilt: Je kindzentrierter Mütter mit ihrem Nachwuchs kommunizieren (Exp(b)=-0,75**) und je häufiger die Familienmitglieder am Morgen zusammen frühstücken (Exp(b)=-0,27*), desto höher diese Wahrscheinlichkeit. Beide

Schwellen sinken in diesem Modell und nur der Wert der zweiten Schwelle weist ein signifikantes Niveau auf (Gymnasialempfehlung -0,31; Empfehlung mittlerer Schullaufbahnen 2,11*), aufgrund dessen nur auf eine optimale Schätzung der Empfehlung mittlerer Schullaufbahnen durch dieses Modell zu schließen ist.

In der nächsten explorativen multiplen Analyse werden die Einflüsse der Merkmale des Bildungsverhaltens der Eltern und Kinder auf die Grundschulempfehlungen untersucht (vgl. **Modell vier** in Tabelle 15). In den bivariaten Korrelationsanalysen haben sich folgende Faktoren als dafür maßgeblich erwiesen:[301]

- die *Mitwirkung der Eltern bei Aktivitäten der Schule* (binär, mit Referenz keine Mitwirkung, Muttersicht, erster Messzeitpunkt),
- der *Besuch von Elternabenden* (metrisches Messniveau, Muttersicht, erster Messzeitpunkt),
- *Gespräche mit den Lehrkräften* (metrisches Messniveau) und *finanzielle Investitionen der Eltern in außerschulische Unterrichtsstunden für das Kind* (letzteres mit ordinalem Messniveau, jeweils Muttersicht am zweiten Messzeitpunkt), kulturelle Praktiken des Kindes (Kindersicht in Welle eins, metrisches Messniveau) und das Bildungsinteresse des Kindes (Kindersicht in Welle zwei, metrisches Messniveau).

Wie in den vorangegangenen Berechnungen gehen auch hier die Schichtindikatoren und die jeweiligen Konstrukte und Indikatoren aus diesem Bereich simultan in die Analyse ein. Augenfällig ist in diesem Modell, dass die Schichteffekte auf die Übertrittsempfehlungen durch Hinzunahme dieser Konstrukte und Indikatoren erheblich reduziert werden (Oberschicht Exp(b)=-2,28***; obere Mittelschicht Exp(b)=-0,84 mit p=0,052; mittlere Mittelschicht Exp(b)=-0,67; untere Mittelschicht Exp(b)=0,28). Signifikant bessere Chancen auf eine Empfehlung für eine höhere als für eine niedrigere Schullaufbahn haben hier nur noch Kinder aus der Oberschicht im Vergleich zu denen aus der Unterschicht. Bei der oberen Mittelschicht erzielt dieses Chancenverhältnis nicht mehr (ganz) ein signifikantes Niveau. Außerdem erreicht der Schwellenwert für das Gymnasium bzw. den gymnasialen Zweig ein signifikantes Niveau (-2,92***), derjenige für die mittleren Schullaufbahnen dagegen nicht (-0,30), jedoch erhöhen sich beide Schwellenwerte gegenüber *Modell eins*. Der Anteil

301 Der Indikator *Anzahl außerschulischer Unterrichtsstunden pro Woche* ist in die explorative ordinale logistische Regressionsanalyse trotz seines Zusammenhangs mit dem Kriterium auf bivariater Ebene nicht miteinbezogen worden, da er eine schlechte Modellanpassung in einer ersten Berechnung bedingt hat.

aufgeklärter Varianz liegt in diesem Modell bei 37,9% ($chi^2$=175,90***; N=454). Davon entfallen ausschließlich auf die Indikatoren des Bildungsverhaltens der Eltern und Kinder 18,4% (Differenz zu *Modell eins*). Signifikant positive Effekte auf die Grundschulempfehlungen besitzen die Faktoren *Mitwirkung der Eltern bei Aktivitäten der Schule* (Exp(b)=-0,70**) sowie die *kulturellen Aktivitäten der Kinder* (Exp(b)=-0,76**) und ihr *Bildungsinteresse* (Exp(b)=-0,46***). Damit begünstigen diese Faktoren um den jeweiligen Betrag die Chancen der Kinder, eine Empfehlung für eine weiterführende Schule zu erhalten. Im Gegensatz dazu wirkt sich der Faktor *Gespräche der Eltern mit Lehrkräften* ungünstig darauf aus mit einer verringerten Chance (Exp(b)=0,69***). Dieser Befund unterstreicht die an früherer Stelle dargelegte Interpretation dieses Faktors.

In **Modell fünf** werden die Einflüsse der Konstrukte aus dem Bereich der institutionellen Sozialisation des Kindes auf die Grundschulempfehlungen explorativ, wiederum mit einer multiplen ordinalen logistischen Regression, untersucht (siehe Ergebnisse in Tabelle 15). In der bivariaten Korrelationsanalyse haben sich davon die Konstrukte *schulisches Wohlbefinden* und *Problemverhalten des Kindes*, jeweils aus Muttersicht am zweiten Messzeitpunkt, sowie das Konstrukt *Opfererfahrungen des Kindes in der Schule* aus eigener Sicht am gleichen Messzeitpunkt als maßgeblich für die Empfehlungen herausgestellt. Diese Faktoren klären zusammen mit den Schichtindikatoren 32,5% der Varianzen der Übertrittsempfehlungen auf ($chi^2$=153,26***; N=476). Der inkrementelle und nicht unerhebliche Anteil dieser Faktoren daran beträgt in Relation zur Varianzaufklärung in *Modell eins* 13,0%. Die Schichteffekte reduzieren sich hier etwas im Vergleich zu denen in *Modell eins* (Oberschicht Exp(b)=-3,04***; obere Mittelschicht Exp(b)=-1,54***; mittlere Mittelschicht Exp(b)=-1,25**; untere Mittelschicht Exp(b)=-0,29). Dagegen erhöhen sich beide Schwellenwerte bedeutend auf ein hohes und einfach signifikantes Niveau (Gymnasialempfehlung -4,23***; Empfehlung für mittlere Schullaufbahnen -1,69*). Damit bietet dieses Modell mit seinen Prädiktoren eine gute Vorhersage der Grundschulempfehlungen. Die Schichteffekte werden von den hier fokussierten institutionellen Faktoren geringfügig erklärt; dies ist vor allem am Effekt der Oberschicht zu beobachten. Es ist deshalb davon auszugehen, dass auch institutionelle Faktoren in einem geringen Maße an die soziale Herkunft der Schüler(innen) gebunden, d. h. schichtspezifisch geprägt sind. Die Ursache dafür könnte in der Schule selbst zu suchen sein, beispielsweise im Verhalten der Lehrkräfte gegenüber den Schülerinnen und Schülern oder im Sozialverhalten letzterer untereinander (vgl. dazu Oswald & Krappmann, 2004, oder Hössl & Vossler, 2006, oder Thies, 2010, jeweils an früheren Orten). Alle drei Konstrukte, die die institutionelle oder schulische Sozialisation des Kindes indizieren, weisen signifikante und direkte Effekte auf die Grundschulempfehlungen auf, wovon das *schulische Wohlbefinden des Kindes* den stärksten positiven Einfluss ausübt: Die Chance auf eine günstigere als auf eine ungünstigere

Grundschulempfehlung verdoppelt sich (und mehr) immer dann, je wohler sich Schülerinnen und Schüler in der Schule fühlen (Exp(b)=-1,38***). Bei *problematischen Verhaltensweisen* und *Opfererfahrungen des Kindes in der Schule* (Exp(b)=0,71**) halbiert sich jeweils diese Chance.

Die Ergebnisse (**Fazit**) in diesem Abschnitt haben gezeigt, dass, einmal abgesehen von Leistungsaspekten wie Noten und schulischen Leistungen, Lehrkräfte vor allem auch Merkmale der Persönlichkeitsstruktur des Kindes (*Internalisierung* und *motorische Unruhe* mit negativen Effekten, *sozial-kognitive Aufgeschlossenheit* mit positivem Effekt) oder auch das Bildungsverhalten der Eltern und Kinder (*Schulinvolvement der Eltern* (*Mitwirkung der Eltern bei Aktivitäten der Schule* mit positivem Effekt, *Häufigkeit der Gespräche der Eltern mit Lehrkräften* mit negativem Effekt), *kulturelle Praktiken* und *Lern- bzw. Bildungsinteresse der Kinder* mit positiven Effekten) im Hinblick auf ihre Empfehlungen am Ende der Primarstufe im Blick haben. Sie berücksichtigen dabei aber auch das *Wohlbefinden des Kindes in der Schule* (positiver Effekt) oder sein schulbezogenes problematisches Verhalten wie Prüfungsangst (negativer Effekt) sowie seine *Opfererfahrungen in der Schule*, was in Zusammenhang mit *Mobbing* des Kindes in der Schule zu sehen ist und als Ausdruck seines sozialen Durchsetzungsvermögens oder seiner Ich-Stärke und sozialen Position in den Beurteilungen und Empfehlungen der Lehrkräfte zur Geltung kommt (negativer Effekt). Einige der Einflussgrößen aus dem Bereich der familialen Sozialisationsbedingungen zeigen ebenso signifikante Effekte auf die Grundschulempfehlungen, jedoch ist von ihnen ein mehr indirekter Einfluss anzunehmen, weil sie der direkten Wahrnehmung der Lehrkräfte nicht zugänglich sind und vermutlich über schulische Leistungen vermittelt werden (Stichwort *primäre Herkunftseffekte*: *Familienklima* und *Häufigkeit des gemeinsamen Mittagessens in der Familie* mit jeweils negativen Effekten, *kindzentrierte Kommunikation der Mutter* und *Häufigkeit des gemeinsamen Frühstücks in der Familie* mit jeweils positiven Effekten).

#### *4.8.1.2. Determination und Erklärung der Grundschulempfehlungen*

Das Ziel der explorativen ordinalen logistischen Regressionsanalysen im letzten Abschnitt war u. a. eine engere Auswahl an Konstrukten und Indikatoren aus den fokussierten Bereichen als Prädiktoren in den weiterführenden schrittweisen Regressionsanalysen (ordinal logistisch) zur Erklärung und Determination der Grundschulempfehlungen. Damit sollte eine präzise Schätzung des Kriteriums auf der Basis möglichst weniger Variablen erzielt werden (*sparsames Erklärungsmodell im zweiten Auswertungsschritt*).

Folgende Konstrukte und Indikatoren sind dafür von Relevanz: *Internalisierung*, *motorische Unruhe* und *sozial-kognitive Aufgeschlossenheit* des Kindes aus dem Bereich der Persönlichkeitsstruktur des Kindes; das *Familienklima*, die *kindzentrierte Kommunikation der Mutter*, das *gemeinsame Frühstück* und *Mittagessen der Familienmitglieder zu Hause* aus dem Bereich der familialen Sozialisationsbedingungen; die *Mitwirkung der Eltern bei Aktivitäten der Schule*, die *Gespräche der Eltern mit Lehrkräften* sowie die *kulturelle Praxis* und das *Bildungs-* bzw. *Lerninteresse des Kindes* als Indikatoren des Bildungsverhaltens der Eltern und Kinder; das *schulische Wohlbefinden, Problemverhalten und die Opfererfahrungen des Kindes in der Schule* als Indikatoren der institutionellen bzw. schulischen Sozialisation des Kindes. Als Kontrollvariablen dienen zusätzlich die *Schulwünsche* und das *Geschlecht der Kinder*, die *Bildungsaspirationen der Eltern* sowie die *Deutsch-* und *Mathematiknote* als schulische Leistungsparameter und Kriterien der Grundschulempfehlungen, die daher mit den Noten hoch konfundiert sind. Die Ambitionen der Eltern und Kinder sind insofern von Interesse, als sich Grundschullehrkräfte für ihre Empfehlungen im Hinblick auf die Erfolgsaussichten der Schüler(innen) auf der Sekundarstufe I daran orientieren (vgl. Ditton & Krüsken, 2006a, S. 368). Regionale Parameter sind für die Erklärung der Grundschulempfehlungen weniger von Relevanz, da sie keine direkte Einflussgrößen der Beurteilungen und Empfehlungen der Grundschullehrkräfte darstellen, so die Annahme hier, sondern sich vielmehr auf die Elternentscheidung und Schulanmeldung, d. h. den tatsächlich vollzogenen Übergang, im Hinblick auf die gesetzlichen Übertrittsregelungen der Schulsysteme der Länder der BRD auswirken (vgl. die Ausführungen zu den Empfehlungen des Sekretariat der Ständigen Konferenz der Kultusminister der Länder in der Bundesrepublik Deutschland, 2006, an früheren Orten). In den weiterführenden Untersuchungen wurden zehn Modelle mit unterschiedlichen inhaltlichen Schwerpunkten analysiert, deren Ergebnisse im Weiteren beschrieben werden.

Im Zentrum des ersten Modells (vgl. **Modell eins** in Tabelle 16 und die weiteren Modelle in Tabellen 16 und 17) befindet sich nur die Analyse der Effekte der Schichtindizes auf die Grundschulempfehlungen. Die Ergebnisse dazu entsprechen im Wesentlichen denjenigen im *ersten Modell* der explorativen Analyse dieser Empfehlungen im vorhergehenden Abschnitt und werden hier deshalb nicht weiter interpretiert.

In das sich daran anschließende **zweite Modell** fließen neben den Schichtindizes auch Merkmale der Persönlichkeitsstruktur des Kindes ein. Die Varianzaufklärung in diesem Modell beträgt 30,2% ($chi^2$=141,09***; N=477). Daraus ergibt sich ein Erklärungszuwachs von 10,7% durch diese Merkmale des Kindes allein gegenüber der Varianzaufklärung in *Modell eins* (19,5%). Dieser Anteil ist ähnlich hoch wie in dem korrespondierenden Modell in der explorativen Analyse im letzten Abschnitt und als bedeutend einzustufen, obwohl hier nur noch drei von sechs Dimensionen der Persönlichkeitsstruktur des Kindes berücksichtigt werden. Die Schwellenwerte sind in diesem Modell gegenüber denen in *Modell eins* angestiegen, wobei nur die Schwelle der Gymnasialempfehlung ein signifikantes Niveau erreicht (Gymnasialempfehlung bei -1,95*; Empfehlung mittlerer Schullaufbahnen 0,53). Die Schwellenwerte sind in Bezug auf die Hauptschulempfehlung (Referenz) zu interpretieren, und bedeuten, dass *Modell zwei* für die Gymnasialempfehlung eine gute Schätzung bietet, für die Empfehlung mittlerer Schullaufbahn hingegen nicht. Die Effekte der sozialen Herkunft auf die Übertrittsempfehlungen haben sich durch die Hinzunahme der Persönlichkeitsmerkmale des Kindes in diesem Modell etwas verringert, bleiben aber dennoch auf einem hoch signifikanten Niveau (Oberschicht Exp(b)=-2,95***; obere Mittelschicht Exp(b)=-1,35**; mittlere Mittelschicht Exp(b)=-1,27**; untere Mittelschicht Exp(b)=-0,36). Die Schichteffekte auf das Kriterium werden damit nur in einem geringen Maße durch personale Eigenschaften des Kindes erklärt. Alle drei Persönlichkeitsdimensionen üben einen bedeutenden Einfluss auf die Grundschulempfehlungen aus, denn sie weisen jeweils signifikante Regressionsgewichte bzw. Logits auf: *Internalisierung* (Exp(b)=0,43*) und *motorische Unruhe* (Exp(b)=0,63***) als problematische Verhaltenszüge eines Kindes reduzieren die Chance einer Empfehlung für eine höhere Schullaufbahn um beinahe die Hälfte oder mehr. Dagegen verdoppelt sich fast das Merkmal *sozial-kognitive Aufgeschlossenheit* dieses Chancenverhältnis (Exp(b)=-0,94***).

In **Modell drei** kommen neben den Schichtindizes und Persönlichkeitsmerkmalen des Kindes Konstrukte und Indikatoren der familialen Sozialisationsbedingungen des Kindes in die Analyse hinzu. Diese Variablenbündel können zusammen 34,6% der Varianzen der Grundschulempfehlungen aufklären, davon entfallen 4,2% auf die familialen Sozialisationsbedingungen allein im Vergleich zu *Modell zwei* ($chi^2$=164,15***; N=473). Die Schätzer beider Schwellen nehmen in diesem Modell erheblich ab und nur für den zweiten liegt ein signifikanter Wert vor (Gymnasialempfehlung 0,04; Empfehlung für mittlere Schullaufbahnen -2,65*). Damit bieten die Konstrukte und Indikatoren der familialen Sozialisationsbedingungen kein gutes Erklärungsmodell für die Grundschulempfehlungen und wenn, dann auch nur für die Empfehlung für mittlere Schullaufbahnen. Dies hat sich ebenso in der explorativen Analyse herausgestellt, denn es ist davon auszugehen, dass diese Bedingungen mehr indirekt auf schulische Ergebnisse wirken, wozu auch Übertrittsempfehlungen zählen, und in der bewussten Wahrnehmung und den direkten Überlegungen von Lehrkräften im Hinblick auf ihre Empfehlungen keine Rolle spielen. Die Schichteffekte auf die Empfehlungen reduzieren sich auch in diesem Modell weiter, dennoch bleibt ihr signifikantes Niveau jeweils erhalten (Oberschicht Exp(b)=-2,71***; obere Mittelschicht Exp(b)=-1,21**; mittlere Mittelschicht Exp(b)=-1,27**; untere Mittelschicht Exp(b)=-0,29). Ähnlich verändern sich die Logits der personalen Eigenschaften des Kindes durch die Hinzunahme von Merkmalen familialer Sozialisation nur unwesentlich (*Internalisierung* (Exp(b)=0,48*; *motorische Unruhe* (Exp(b)=0,63***; *sozial-kognitive Aufge-*

*schlossenheit* (Exp(b)=-0,84***). Von den Faktoren, die das familiale Zusammenleben beschreiben, mindern das *Familienklima* (Exp(b)=0,97**) und *gemeinsame Mittagessen zu Hause* (Exp(b)=0,31*) die Wahrscheinlichkeit für eine günstige Grundschulempfehlung, d. h. für eine höhere als für eine niedrigere Schullaufbahnempfehlung. Diese Minderung fällt für das Konstrukt *Familienklima* dreifach größer aus als für den Indikator *gemeinsames Mittagessen zu Hause*. Im Gegensatz dazu erhöht die *kindzentrierte Kommunikation der Mutter*, als positive Dimension des elterlichen Erziehungsstil, diese Wahrscheinlichkeit um fast die Hälfte (Exp(b)=-0,45*).[302]

Im Folgenden werden die Einflüsse der *Indikatoren des Bildungsverhaltens der Eltern und Kinder* auf die Grundschulempfehlungen näher untersucht, wozu **zwei Modelle** veranschlagt und analysiert werden: Gegenstand von **Modell vier** sind die Effekte aller Indikatoren aus diesem Bereich außer dem *kulturellen Kapital* der Kinder, das erst in **Modell fünf** in die Analyse eingefügt wird, um so den eigenständigen Effekt dieser Kapitalsorte auf die Empfehlungen genau ermitteln zu können. Die Schichtindizes, die personalen Merkmale der Kinder sowie die Faktoren des familialen Zusammenlebens gehen jeweils simultan in die Analysen ein. 42,2% der Varianzen des Kriteriums werden durch die Prädiktoren in **Modell vier** aufgeklärt ($chi^2$=201,76***; N=455) und 43,9% durch diejenigen in **Modell fünf** ($chi^2$=209,10***; N=450). Der inkrementelle Anteil der Indikatoren des Bildungsverhaltens der Eltern und Kinder in **Modell vier** liegt damit in Relation zur Varianzaufklärung in *Modell drei* bei 7,6% (ohne *kulturelles Kapital*), derjenige der *kulturellen Praxis der Kinder* bei 1,7% in **Modell fünf** im Verhältnis zur Varianzaufklärung im vorhergehenden *Modell (vier)*. Beide Anteile sind nicht als besonders erheblich groß einzustufen. Die Schichteffekte nehmen sowohl in **Modell vier** als auch in **Modell fünf** im Vergleich zu denen in *Modell drei* fortwährend ab (in **Modell vier**: Oberschicht Exp(b)=-2,37***; obere Mittelschicht Exp(b)=-1,02*; mittlere Mittelschicht Exp(b)=-0,90*; untere Mittelschicht Exp(b)=-0,04; in **Modell fünf**: Oberschicht Exp(b)=-2,15***; obere Mittelschicht Exp(b)=-0,85 mit p=0,05; mittlere Mittelschicht Exp(b)=-0,78 mit p=0,06; untere Mittelschicht Exp(b)=0,09). Ein Teil der Herkunftseffekte auf die Grundschulempfehlungen ist damit auf die Indikatoren des Bildungsverhaltens in der Familie (**Modell vier**) und die *kulturelle Praxis der Kinder* (**Modell fünf**) zurückzuführen, so dass nur noch in **Modell fünf** ein hoch signifikanter Herkunftseffekt bei der Oberschicht zu erkennen ist. Dieses Ergebnis bedeutet einmal mehr, dass Grundschullehrkräfte Kindern aus der Oberschicht im Vergleich zu denen aus der Unterschicht signifikant bessere Empfehlungen aussprechen bei ansonsten gleichen personalen und

302 Dem Prädiktor *gemeinsames Frühstück der Familienmitglieder am Morgen* entgeht hier knapp ein signifikantes Niveau (Exp(b)=-0,18 mit p=0,083).

familialen Ausgangsbedingungen. Die Schwellen fallen in **Modell vier** gegenüber denen in *Modell drei* weiter ab, steigen in **Modell fünf** jedoch wieder an, weisen aber in beiden Modellen kein signifikantes Niveau aus, so dass beide Modelle keine guten Erklärungsmodelle der Grundschulempfehlungen darstellen (in **Modell vier**: Gymnasialempfehlung -0,85; Empfehlung mittlerer Schullaufbahnen 1,94; in **Modell fünf**: Gymnasialempfehlung -1,15; Empfehlung mittlerer Schullaufbahnen 1,70). Im Vergleich zu den Effektgrößen in *Modell drei* modifizieren die Indikatoren des Bildungsverhaltens in der Familie in den **Modellen vier** und **fünf** etwas die Effekte der personalen Merkmale des Kindes, nämlich die *motorische Unruhe* (in **Modell vier**: Exp(b)=0,46**; in **Modell fünf**: Exp(b)=0,42**) und *sozial-kognitiven Aufgeschlossenheit* (in **Modell vier**: Exp(b)=-0,79**; in **Modell fünf**: Exp(b)=-0,80**).[303] Dies gilt ebenso für die Effekte des Konstrukts *Familienklima* (in **Modell vier**: Exp(b)=0,86**; in **Modell fünf**: Exp(b)=0,88**) aus dem Bereich der familialen Sozialisationsbedingungen sowie für diejenigen des Indikators *gemeinsames Mittagessen zu Hause*, die im Wesentlichen konstant bleiben (in **Modell vier**: Exp(b)=0,32**; in **Modell fünf**: Exp(b)=0,33**). Der in *Modell drei* signifikante Effekt des familialen Konstrukts *kindzentrierte Kommunikation der Mutter* verschwindet in **Modell vier** gänzlich. An den Wirkrichtungen der zuletzt genannten Konstrukte und Indikatoren ändert sich jedoch durch die Hinzunahme der Indikatoren des Bildungsverhaltens in der Familie in die Analyse nichts. Gleiches ist ebenfalls in **Modell fünf** zu beobachten. Die Regressionsgewichte (Logits) der personalen und familialen Merkmale werden durch den Indikator der *kulturellen Praxis des Kindes* gegenüber denen dieser Merkmale in **Modell vier** nur geringfügig verändert. Gleichfalls besitzen auch alle Logits der Indikatoren des Bildungsverhaltens der Kinder und Eltern ein hoch signifikantes Niveau. Davon stellen folgende Indikatoren signifikant positive Einflussgrößen auf die Grundschulempfehlungen dar:

- die *Mitwirkung der Eltern bei Aktivitäten der Schule* (in **Modell vier**: Exp(b)=-0,79***; in **Modell fünf**: Exp(b)=-0,70**),
- das *Bildungs-* bzw. *Lerninteresse des Kindes* (in **Modell vier**: Exp(b)=-0,36***; in **Modell fünf**: Exp(b)=-0,34***) sowie
- die *kulturelle Praxis des Kindes* (in **Modell fünf**: Exp(b)=-0,74**).

Der Effekt des *Bildungs-* bzw. *Lerninteresses des Kindes* fällt dabei in etwa nur halb so groß aus wie die Effekte der beiden anderen Indikatoren. Diese Befunde

303 Dem Effekt der Persönlichkeitsdimension *Internalisierung* in den **Modellen vier** (Exp(b)=0,37 mit p=0,08) und **fünf** (Exp(b)=0,39 mit p=0,07) entgeht nur knapp ein signifikantes Niveau.

bringen zum Ausdruck: Kinder von Eltern, die sich in der Schule ihrer Kinder schon frühzeitig engagieren, haben bessere Chancen auf eine Empfehlung für eine weiterführende Schulbildung, d. h. für eine höhere als für eine niedrigere Schullaufbahn bei gleichen personalen und familialen Ausgangsbedingungen, gegenüber Kindern von weniger oder nicht engagierten Eltern. In ähnlicher Weise ist gleichfalls festzustellen: Je lern- und wissbegieriger sich Kinder in der Schule zeigen und je häufiger sie kulturelle Aktivitäten in der Freizeit unternehmen, desto günstiger stehen ihre Chancen auf weiterführende Schullaufbahnen. Im Gegensatz dazu ist der Indikator *Gespräche der Eltern mit Lehrkräften* mit signifikant ungünstigen Grundschulempfehlungen, d. h. in negativer Art und Weise verknüpft (in **Modell vier**: Exp(b)=0,74***; in **Modell fünf**: Exp(b)=0,71**). Erwartungskonform und wie schon mehrfach in inhaltlich interpretativer Hinsicht hervorgehoben, verringert dieser Faktor die Chance auf eine Empfehlung für eine weiterführende Bildung bei gleichen familialen und personalen Ausgangsbedingungen. Abgesehen von den bemerkenswert signifikanten Effekten der Konstrukte *sozial-kognitive Aufgeschlossenheit* und *Familienklima* sowie dem Herkunftseffekt der Oberschicht stellt die *kulturelle Praxis des Kindes*, gemessen an ihrer Effektgröße (Logit), einen bedeutenden Faktor der Grundschulempfehlungen dar, erklärt aber die einzelnen Schichteffekte darauf nur in einem geringen Maße im Vergleich zu den Effekten der jeweils anderen Prädiktorensets. Desgleichen werden die Effekte der anderen Prädiktoren auf das Kriterium in **Modell fünf** nur in einem geringen Umfang durch die kulturelle Praxis der Kinder erklärt, weshalb ein relativ unabhängiger Effekt dieser Einflussgröße auf die Grundschulempfehlungen anzunehmen ist.[304]

Gegenstand von **Modell sechs** sind neben den Schichteffekten auf die Empfehlungen die Einflüsse von Faktoren, die die institutionellen Sozialisationsbedingungen des Kindes widerspiegeln. Auf der Grundlage der Ergebnisse aus den explorativen Analysen haben sich dafür die Konstrukte *schulisches Wohlbefinden* und *Problemverhalten* sowie *Opfererfahrungen des Kindes in der Schule* als relevant erwiesen. Die Ergebnisse dazu sind identisch mit denen im *Modell fünf* in der explorativen Analyse und werden hier deshalb nicht weiter erläutert. Im Gegensatz zu den vorhergehenden Modellen, die ausschließlich familiale und personale Einflüsse auf die Grundschulempfehlungen thematisieren, beinhaltet dieses Modell neben den Schichtindizes ausschließlich Konstrukte der schulischen Sozialisation des Kindes.

---

304 Die Effekte der Indikatoren *Mitwirkung der Eltern bei Aktivitäten der Schule*, *Gespräche der Eltern mit Lehrkräften* und *Bildungs-* bzw. *Lerninteresse des Kindes* nehmen infolge der Hinzunahme des Indikators der *kulturellen Praxis des Kindes* in einem nur sehr geringen Maße ab.

In **Modell sieben** werden alle bisher behandelten Konstrukte und Indikatoren aus den Bereichen Persönlichkeit, familiale und institutionelle Sozialisation des Kindes sowie Bildungsverhalten in der Familie zusammengeführt, um ihre relativen Effekte auf die Grundschulempfehlungen simultan bestimmen zu können. Die Varianzaufklärung beträgt in diesem Modell, im Gesamten betrachtet, 46,5% ($chi^2$=224,85***; N=449). Aufgrund von Konfundierungen zwischen den fokussierten Prädiktoren kann deswegen nicht von einer additiven Zusammensetzung der im Kriterium durch die Prädiktorensets aufgeklärten inkrementellen Varianzen in den vorhergehenden Analysen ausgegangen werden. Gegenüber *Modell fünf*, das abgesehen von den Schichtindizes ausschließlich personale Merkmale des Kindes und familiale Einflussfaktoren beinhaltet, ist die Varianzaufklärung in **Modell sieben** nur um 0,5 Prozentpunkte, gegenüber *Modell sechs*, das ausschließlich institutionelle Faktoren enthält, um 11,6 Prozentpunkte höher. In Relation zu **Modell sieben** ist ein beachtlicher im Kriterium aufgeklärter Varianzanteil den Bildungsaspirationen der Eltern und Ambitionen der Kinder (Schulwünsche) zuzuschreiben (19,3% in **Modell acht**), ein verschwindend geringer dagegen dem Geschlecht des Kindes (0,3% in **Modell neun**) und ein geringer den Noten in beiden Kernfächern, wenn alle veranschlagten Prädiktoren in der Analyse berücksichtigt werden (4,8% in **Modell zehn**).[305]

Die einzelnen Schichteffekte in **Modell sieben** sind vergleichbar mit denen in *Modell fünf* (Oberschicht Exp(b)=-2,10***; obere Mittelschicht Exp(b)=-0,95*; mittlere Mittelschicht Exp(b)=-0,78 mit p=0,064; untere Mittelschicht Exp(b)=0,07). Sie reduzieren sich in den weiteren Modellen und erreichen kein signifikantes Niveau mehr.[306] Somit können die Herkunftseffekte in den Grundschulempfehlungen durch die vorgeschlagenen Prädiktoren weitgehend aufgeklärt werden.

Die Schätzer der Schwellen der Empfehlungen für weiterführende Schulen sinken in **Modell sieben** gegenüber denen in *Modell sechs* deutlich und weisen keine Signifikanzen mehr aus, sind aber vergleichbar mit denen in *Modell fünf*, weshalb **Modell sieben** ebenso eine eher ungünstige Schätzung der Grund-

---

305 Varianzaufklärung in **Modell acht**: 65,8%; $chi^2$=342,94***; N=426; in **Modell neun**: 66,1%; $chi^2$=344,06***; N=426; in **Modell acht**: 70,9%; $chi^2$=355,00***; N=395.

306 Schichteffekte in **Modell acht**: Oberschicht Exp(b)=-0,38; obere Mittelschicht Exp(b)=-0,42; mittlere Mittelschicht Exp(b)=-0,11; untere Mittelschicht Exp(b)=0,39; in **Modell neun**: Oberschicht Exp(b)=-0,37; obere Mittelschicht Exp(b)=-0,40; mittlere Mittelschicht Exp(b)=-0,08; untere Mittelschicht Exp(b)=0,39; in **Modell zehn**: Oberschicht Exp(b)=-0,85; obere Mittelschicht Exp(b)=-0,82; mittlere Mittelschicht Exp(b)=-0,49; untere Mittelschicht Exp(b)=0,05. Diese Ergebnisse verdeutlichen, dass die Effekte der Schichtindizes von **Modell neun** zu **Modell zehn** wieder an Bedeutung gewinnen, wenn auch nicht auf einem signifikanten Niveau, was womöglich auf die Hinzunahme der Noten in die Analyse zurückzuführen ist.

schulempfehlungen auf der Grundlage der darin enthaltenen Prädikatoren beizumessen ist (Gymnasialempfehlung -2,40; Empfehlung mittlerer Schullaufbahnen 0,55). Die Schwellenwerte erhöhen sich in den nachfolgenden Analysen stetig und erreichen im letzten Modell einen Höchststand. In diesem Modell sind die Werte der Schätzer beider Empfehlungen hoch signifikant, woraus sich eine bestmögliche Vorhersage der Grundschulempfehlungen durch dieses Modell ableiten lässt.[307] Aus dem Befund, dass in den **Modellen acht** und **neun** nur der Schwellenwert der Gymnasialempfehlung ein signifikantes Niveau erzielt, ist zu schließen, dass dafür nicht allein die Noten in den beiden Kernfächern wie bei der Empfehlung für mittlere Schullaufbahnen maßgeblich sind, sondern ebenso weitere Faktoren wie die Aspirationen der Eltern und Ambitionen der Kinder.

In Bezug auf die Effekte der Prädiktoren auf die Grundschulempfehlungen in den letzten vier Modellen, beginnend mit denen in **Modell sieben**, können folgende Ergebnisse und Tendenzen referiert werden: Von allen Faktoren, die die institutionelle Sozialisation des Kindes widerspiegeln, mindert der Prädiktor *Opfererfahrungen des Kindes in der Schule* die Chance, eine Empfehlung für eine weiterführende Schullaufbahn zu erhalten, um den Faktor 0,5 (Exp(b)=0,55*). Der Effekt dieses Konstrukts nimmt durch die weiteren Prädiktoren in **Modell sieben** gegenüber demjenigen in *Modell sechs* (Exp(b)=0,71**) zwar gemindert, gewinnt in den Folgemodellen jedoch an Stärke wieder hinzu und erweist sich im Endmodell als ein hoch signifikanter Prädiktor der Grundschulempfehlungen (in **Modell acht**: Exp(b)=0,61*; in **Modell neun**: Exp(b)=0,61*; in **Modell zehn**: Exp(b)=0,71**). Außer den *Opfererfahrungen des Kindes in der Schule* leistet auch das *Wohlbefinden des Kindes in der Schule* einen hoch signifikanten Beitrag für die Erklärung der Grundschulempfehlungen: Je wohler sich Kinder in der Schule fühlen, desto wahrscheinlicher wird eine weiterführende Schullaufbahn unter ansonsten gleichen Bedingungen empfohlen (Exp(b)=-0,82**). Dieser Zusammenhang ist allerdings nur in **Modell sieben** und nicht mehr in den sich daran anschließenden Modellen zu finden. Das Konstrukt *Problemverhalten des Kindes in der Schule* verbleibt hingegen ab **Modell sieben** ohne einen erwähnenswerten Effekt auf die Grundschulempfehlungen.

Betrachtet man die Effekte (Logits) der Indikatoren des Bildungsverhaltens der Eltern und Kinder, so ist festzustellen, dass das frühe *Schulinvolvement der Eltern* (*Mitwirkung der Eltern bei Aktivitäten der Schule* mit Exp(b)=-0,68**)

---

307 Schwellenwerte in **Modell acht**: Gymnasialempfehlung -4,88*; Empfehlung mittlerer Schullaufbahnen -0,78; in **Modell neun**: Gymnasialempfehlung -4,84*; Empfehlung mittlerer Schullaufbahnen -0,72; in **Modell zehn**: Gymnasialempfehlung -12,59*; Empfehlung mittlerer Schullaufbahnen -7,87**.

und das *Bildungs- bzw. Lerninteresse des Kindes* (in **Modell sieben**: Exp(b)=-0,25**; in **Modell neun**: Exp(b)=-0,19 mit p=0,09), beides nur in **Modell sieben**, hoch signifikant positive Effekte auf die Grundschulempfehlungen zeitigen und zu besseren Empfehlungen führen, dann aber nicht mehr, wenn Aspirationen der Eltern, Ambitionen der Kinder oder Leistungsaspekte in Form von Noten in der Analyse kontrolliert werden. Indessen ist der Indikator des elterlichen Schulinvolvements *Häufigkeit der Gespräche der Eltern mit Lehrkräften* mit signifikant schlechteren Grundschulempfehlungen verbunden und dies vor allem dann, wenn Eltern hohe Aspirationen und Kinder hohe Ambitionen hegen, oder unter Berücksichtigung des Geschlechts des Kindes (in **Modell sieben**: Exp(b)=0,64**; in **Modell acht**: Exp(b)=0,48*; in **Modell neun**: Exp(b)=0,50*). Werden die Noten des Kindes in Rechnung gestellt, so verschwindet jedoch der signifikante Effekt dieses Prädiktors (**Modell zehn**). Im Gegensatz zu all diesen Einflüssen sind signifikante Effekte des Indikators des Bildungsverhaltens der Kinder, die *Häufigkeit kultureller Praktiken des Kindes*, auf die Grundschulempfehlungen in den letzten vier Modellen durchgängig und unter Berücksichtigung der Kontrollvariablen mit einer mehr oder weniger stabilen Stärke festzustellen (in **Modell sieben**: Exp(b)=-0,73**; in **Modell acht**: Exp(b)=-0,80*; in **Modell neun**: Exp(b)=-0,81*; in **Modell zehn**: Exp(b)=-0,76*). Diese Effekte erreichen immerhin eine ähnliche Größe wie diejenige der Effekte der beiden Fachnoten und erhöhen bedeutend die Wahrscheinlichkeit, dass ein Kind eine Empfehlung für eine weiterführende Schullaufbahn bekommt. Die Signifikanzen erreichen hier im Vergleich zu den Effekten der Fachnoten in **Modell zehn** jedoch nur ein einfaches Niveau.

Von den das familiale Zusammenleben beschreibenden Konstrukten und Indikatoren ist der Prädiktor *Häufigkeit des gemeinsamen Mittagessens zu Hause* (Exp(b)=0,35**) mit den Grundschulempfehlungen signifikant negativ assoziiert, wobei diese Verknüpfung nur noch im **Modell sieben** besteht. Überraschend ist der relativ stabile Effekt des Konstrukts *Familienklima* mit gleicher Wirkweise wie derjenige des vorher genannten Indikators. Allerdings erreicht der Effekt des Familienklimas in **Modell neun** nicht mehr ganz ein substantielles Niveau und weist im **Endmodell** kein signifikantes Ergebnis auf (in **Modell sieben**: Exp(b)=0,93**; in **Modell acht**: Exp(b)=0,73*; in **Modell neun**: Exp(b)=0,68 mit p=0,054). Damit besitzt dieser Faktor zwar einen wirkungsvollen, wenn auch negativen Effekt auf den Schulerfolg über die Einflüsse der elterlichen Aspirationen, Ambitionen des Kindes und des Bildungsverhaltens in der Familie hinaus, aber keinen substantiellen Effekt jenseits der Fachnoten. Es ist anzunehmen, dass sich verschiedene familiale Einflussgrößen auf den Schulerfolg in Abhängigkeit des Familienklimas erst entfalten können. Beide Faktoren, *gemeinsames Mittagessen zu Hause* und *Familienklima*, verringern die Chance auf eine Empfehlung für eine weiterführende Schullaufbahn, im Ausmaß aber unterschiedlich. Die positiv konnotierten Dimensionen aus dem

Bereich der familialen Sozialisationsbedingungen wie das Konstrukt *kindzentrierte Kommunikation der Mutter* oder der Indikator *Häufigkeit des gemeinsamen Frühstücks in der Familie*, zeigen hingegen keinerlei substantielle Auswirkungen auf die Empfehlungen in den **Modellen sieben** bis **zehn**.

Abgesehen von einigen Differenzen gehen relativ stabile Effekte auf die Grundschulempfehlungen auch von den beiden Persönlichkeitseigenschaften *motorische Unruhe* und *sozial-kognitive Aufgeschlossenheit* des Kindes in den letzten vier Modellen aus (motorische Unruhe: in **Modell sieben** Exp(b)=0,34*; in **Modell acht** Exp(b)=0,37*; in **Modell neun** Exp(b)=0,31 mit p=0,07; in **Modell zehn** Exp(b)=0,32 mit p=0.10; sozial-kognitive Aufgeschlossenheit: in **Modell sieben** Exp(b)=-0,61*; in **Modell acht** Exp(b)=-0,76*; in **Modell neun** Exp(b)=-0,70 mit p=0,05; in **Modell zehn** Exp(b)=-0,79*). Erstere Eigenschaft davon schlägt sich negativ in den Beurteilungen der Lehrkräfte nieder, zweitere dagegen wie immer positiv. Allerdings erzielen die Effekte dieser beiden Eigenschaften in den letzten vier Modellen nicht mehr durchgängig ein substantielles Niveau und bedeuten Folgendes: Bei motorischer Unruhe des Kindes neigen Lehrkräfte dazu, eher eine niedrigere als eine höhere Schullaufbahn unter ansonsten gleichen Bedingungen zu empfehlen, bei sozial-kognitiver Aufgeschlossenheit dagegen eine weiterführende. Diese Ergebnisse liegen in ähnlicher Form in früheren Analysen vor. Demnach spielen für die Empfehlungen der Grundschullehrkräfte auch Verhaltensmerkmale der Schüler/innen im Zweifelsfall eine Rolle, wie schon mehrfach betont wurde.

Als Prädiktoren mit herausragenden Effekten auf die Grundschulempfehlungen in den **Modellen acht** bis **zehn** erweisen sich die *Schulwünsche der Kinder* (mit Hauptschule als Referenz). In Bezug darauf ist allerdings die kausale Beziehung zwischen Prädiktor und Kriterium vor dem Hintergrund des Analyseverfahrens und Studiendesigns unklar, was schon mehrfach kritisch reflektiert und in verschiedenen anderen Zusammenhängen angemerkt wurde. Darüber hinaus ist auf der Ebene der Effekte zu konstatieren, dass der Wunsch des Kindes, ein Gymnasium zu besuchen, die Wahrscheinlichkeit, eine weiterführende Schulbildung empfohlen zu bekommen, mehr als vervierfacht, der Wunsch des Kindes, eine mittlere Schullaufbahn einzuschlagen, dagegen fast nur verzweifacht, wobei die Effekte dieser Indikatoren in den letzten drei Modellen mehr oder weniger eine gleiche oder ähnliche Größe besitzen.[308] Zusätzlich sind die *Bildungsaspirationen der Eltern* in Form des für das Kind gewünschten Schulabschlusses als weitere Kontrollvariablen in **Modell acht** be-

308 Effekte der Schulwünsche der Kinder: Gymnasiale Schullaufbahn in **Modell acht** Exp(b)=-4,47***; in **Modell neun** Exp(b)=-4,50***; in **Modell zehn** Exp(b)=-4,10***; mittlere Schullaufbahn in **Modell acht** Exp(b)=-1,90***; in **Modell neun** Exp(b)=-1,89***; in **Modell zehn** Exp(b)=-1,93***.

rücksichtigt (Hauptschulabschluss als Referenz). Der Effekt der Aspiration der Eltern für das Abitur bzw. Fachabitur überragt den Effekt der Aspiration der Eltern für einen mittleren Schulabschluss, insbesondere in den **Modellen acht** und **neun**. Allerdings erzielen die Effekte beider Aspirationen in allen Modellen kein signifikantes Niveau und liegen in ihrer Größe weit unter denen der Schulwünsche der Kinder, jedoch in ähnlicher Relation jeweils zueinander.[309] Einzig und allein verfehlt der Effekt der Aspiration für das Abitur im letzten Modell knapp ein signifikantes Ergebnis. Aus dieser Befundlage ist zu schließen, dass die Einflüsse der *Bildungsaspirationen der Eltern* über diejenigen der *Schulwünsche der Kinder* nicht hinausgehen und erstere in letztere vermutlich einfließen. Jungen erhalten keine signifikant schlechteren Empfehlungen als Mädchen bei gleichen Ausgangsbedingungen (*Geschlecht* als Kontrollvariable in den **Modellen neun** und **zehn** mit Mädchen als Referenz). Im letzten **Modell** (**zehn**) wurden die *Noten in den beiden Kernfächern, Deutsch und Mathematik*, als schulische Leistungsparameter und zentrale Kriterien der Grundschulempfehlungen in die Analyse eingefügt. Beide *Fachnoten* wirken sich mit bedeutenden Einflüssen auf die Grundschulempfehlungen aus und stellen im Wesentlichen die Grundlage und das Argument der Entscheidungen der Lehrkräfte im Hinblick auf die Leistungsfähigkeit der Schülerinnen und Schüler in weiterführenden Bildungsgängen der Sekundarstufe I dar.[310] Der Effekt der *Deutschnote* (Exp(b)=-0,88***) fällt allerdings etwas stärker aus als derjenige der *Mathematiknote* (Exp(b)=-0,77***), wonach Grundschullehrkräfte den sprachlichen Fähigkeiten der Kinder ein etwas höheres Gewicht für ihre Erfolgsprognose beimessen. Beide Effekte befinden sich allerdings auf einem hoch signifikanten Niveau.

Die Ergebnisse und Ausführungen zur Determination und Erklärung der Grundschulempfehlungen in den letzten beiden Abschnitten lassen sich als **Resümee** auf folgende Aspekte zusammenfassen: Entgegen den Erwartungen üben, gemessen an den Regressionsgewichten bzw. Effektstärken, die *Schulwünsche der Kinder* einen herausragenden Einfluss auf die Empfehlungen der Grundschule aus. In Anbetracht dessen, dass die Schulwünsche der Kinder retrospektiv bei den Kindern in Welle drei erhoben worden sind, d. h. an einem Zeitpunkt, an dem sie sich schon in einer Schule der Sekundarstufe I befanden haben, sowie der verwendeten Analyseverfahren können hinsichtlich des kau-

309 Effekte der Bildungsaspirationen der Eltern: Abitur/Fachabitur in **Modell acht** Exp(b)=-1,21; in **Modell neun** Exp(b)=-1,23; in **Modell zehn** Exp(b)=-1,87 mit p=0,06; mittlerer Schulabschluss in **Modell acht** Exp(b)=-0,40; in **Modell neun** Exp(b)=-0,41; in **Modell zehn** Exp(b)=-1,48.

310 Die beiden Fachnoten werden jeweils als metrische Variable behandelt.

salen Zusammenhangs zwischen den *Schulwünschen der Kinder* und den *Grundschulempfehlungen* (Einflussrichtung) keine validen Schlussfolgerungen gezogen werden. Hierfür sind Strukturgleichungsmodelle mit multivariaten Verfahren zu analysieren.[311] Die Effekte der sozialen Herkunft der Schülerinnen und Schüler auf die Grundschulempfehlungen konnten durch die ausgewählten Prädiktoren aufgeklärt werden. Neben den *Schulwünschen der Kinder* haben sich auch wie bereits mehrfach erwähnt die *Noten in den beiden Kernfächern* als einflussreiche Determinanten der Grundschulempfehlungen herausgestellt, desgleichen auch die kulturellen Praktiken der Kinder, wenn auch letzteres nicht mit demselben hohen signifikanten Niveau wie die beiden Fachnoten. Lehrkräfte achten eben immer bei ihren Empfehlungen neben den Leistungsaspekten auch auf die personalen Merkmale der Schülerinnen und Schüler im Sinne des sozialen Betragens (*sozial-kognitive Aufgeschlossenheit*), wenn sie Empfehlungen aussprechen, oder auf Verhaltensmerkmale (*motorische Unruhe*) im Hinblick auf Erfolgsaussichten auf der Sekundarstufe I oder ihre bisherigen Erfahrungen in der Schule (*Opfererfahrungen des Kindes in der Schule*). Damit korrespondiert die Eigenschaft *motorische Unruhe* mit Lernvoraussetzungen auf psychologischer Ebene und das Konstrukt *Opfererfahrungen in der Schule* mit psycho-sozialer Widerstandsfähigkeit, d. h. Resilienz, in schwierigen sozialen Situationen (Mobbing) und Durchsetzungsvermögen. Die Einflüsse der *Bildungsaspirationen der Eltern* sind schwach und meist nicht substantiell. Lediglich der Effekt der *Aspiration der Eltern für das Abitur* erreicht im Endmodell, d. h. unter Berücksichtigung der beiden Fachnoten, ein fast signifikantes Niveau. Im Verhältnis zwischen den *Aspirationen der Eltern* und den *Ambitionen der Kinder* kommen vermutlich intergenerationale Transmissionen zum Tragen, weshalb die *Aspirationen der Eltern* keine bedeutenden Effekte über die *Schulwünsche der Kinder* hinaus hervorrufen. Ebenso ist auch hier die kausale Beziehung zwischen diesen Indikatoren unklar vor dem Hintergrund der oben genannten Argumente. Ohne Berücksichtigung der Kontrollvariablen in der Untersuchung sind auch nach wie vor das *Familienklima* und das *Mittagessen zu Hause zusammen mit den Familienmitgliedern*, beide Faktoren mit negativer Konnotation, das *Schulinvolvement der Eltern* sowie das *Lerninteresse und Wohlbefinden des Kindes in der Schule* als Prädiktoren der Grundschulempfehlungen von Relevanz. In dieser Analyse liegen noch ebenso signifikante Herkunftseffekte bei den beiden obersten Schichten vor, die jedoch dann nicht

311 Vor dem Hintergrund der Messniveaus der Kriterien konnten derartige Analyseverfahren mit der verfügbaren Software nicht durchgeführt werden, denn die Voraussetzungen dafür waren nicht gegeben. Für die Anwendung multivariater Analyseverfahren mit ordinal skalierten Kriterien ist eine spezifische Software erforderlich, die Berechnungen auf der Basis von Rangkorrelationen vornimmt.

mehr vorhanden sind wie auch die Effekte anderer Prädiktoren (*Lerninteresse* und *schulisches Wohlbefinden des Kindes, schulisches Engagement der Eltern*), wenn die *Aspirationen* und *Ambitionen in der Familie* kontrolliert werden. Das Konstrukt *Familienklima* verliert dann seinen signifikanten negativen Einfluss auf die Empfehlungen, wenn das *Geschlecht des Kindes* in die Analyse miteinbezogen wird, ebenso der Indikator *Häufigkeit der Gespräche der Eltern mit Lehrkräften*, wenn die *Noten in den beiden Kernfächern* in die Analyse aufgenommen werden. Die Vorhersage der Grundschulempfehlungen gewinnt aber erst mit Berücksichtigung der beiden Fachnoten ein optimales Niveau. Die familialen Einflussgrößen bedingen hingegen eine suboptimale Schätzung der Grundschulempfehlungen, woraus auf eine indirekte Wirkung dieser Prädiktoren zu schließen ist.

Tabelle 15: Regression (ordinal logistisch) der Grundschulempfehlungen (Gymnasialempfehlung (Gymnasium/gymnasialer Zweig), mittlere Schullaufbahnen, retrospektiv erhoben in Welle 3, Ref. Hauptschule/Hauptschulzweig) nach Schicht, Schicht und Persönlichkeitsstruktur des Kindes, Schicht und familialen Sozialisationsbedingungen, Schicht und Bildungsverhalten der Eltern und Kinder sowie Schicht und institutionellen Sozialisationsbedingungen, fünf Modelle

| | **Modell 1** | Modell 2 | **Modell 3** | Modell 4 | **Modell 5** |
|---|---|---|---|---|---|
| | **Schätzer** | Schätzer | **Schätzer** | Schätzer | **Schätzer** |
| **Gymnasialempfehlung (Schwelle)** | **-1,13**** | -1,25 | -0,31 | **-2,92***** | **-4,23***** |
| **Empfehlung mittlerer Schullaufbahnen (Schwelle)** | **1,13**** | 1,16 | **2,11*** | -0,30 | **-1,69*** |
| **Schichtindex, Ref. Unterschicht** | | | | | |
| Oberschicht (3. Welle) | **-3,29***** | **-2,99***** | **-3,25***** | **-2,28***** | **-3,04***** |
| Obere Mittelschicht (3. Welle) | **-1,55***** | **-1,48**** | **-1,57***** | -0,84 | **-1,54***** |
| Mittlere Mittelschicht (3. Welle) | **-1,35***** | **-1,25**** | **-1,49***** | -0,67 | **-1,25**** |
| Untere Mittelschicht (3. Welle) | -0,29 | -0,23 | -0,50 | 0,28 | -0,29 |
| **Merkmale der Persönlichkeitsstruktur des Kindes** | | | | | |
| Internalisierung (Muttersicht, 2. Welle) | | **0,50*** | | | |
| Externalisierung (Muttersicht, 2. Welle) | | -0,17 | | | |
| Motorische Unruhe (Muttersicht, 2. Welle) | | **0,67***** | | | |
| Sozial-kognitive Aufgeschlossenheit (Muttersicht, 2. Welle) | | **-0,70*** | | | |
| Selbstwirksamkeit (Muttersicht, 2. Welle) | | -0,01 | | | |
| Ärgerregulierung: Konfrontieren und schädigen (Kindersicht, 2. Welle) | | 0,25 | | | |
| **Familiale Sozialisationsbedingungen** | | | | | |
| Familienklima (Muttersicht, 1. Welle) | | | **0,70*** | | |
| Kindzentrierte Kommunikation der Mutter (Kindersicht, 2. Welle) | | | **-0,75**** | | |
| Kindzentrierte Kommunikation des Vaters (Kindersicht, 2. Welle) | | | 0,12 | | |
| Strenge Kontrolle der Mutter (Kindersicht, 2. Welle) | | | 0,07 | | |
| Strenge Kontrolle des Vaters (Kindersicht, 2. Welle) | | | 0,28 | | |

| | Modell 1 | Modell 2 | Modell 3 | Modell 4 | Modell 5 |
|---|---|---|---|---|---|
| | Schätzer | Schätzer | Schätzer | Schätzer | Schätzer |
| Partizipation des Kindes bei Entscheidungen (Kindersicht, 2. Welle) | | | 0,05 | | |
| Häufigkeit des gemeinsamen Frühstücks (Muttersicht, 2. Welle) | | | **-0,27*** | | |
| Häufigkeit des gemeinsamen Mittagessens (Muttersicht, 1. Welle) | | | **0,29*** | | |
| **Bildungsverhalten der Eltern und Kinder** | | | | | |
| Mitwirkung der Eltern bei Aktivitäten der Schule seit Januar (Muttersicht, 1. Welle; Ref. keine Mitwirkung) | | | | **-0,70**** | |
| Häufigkeit des Besuchs des Elternabends in der Schule seit Januar (Muttersicht, 1. Welle) | | | | -0,05 | |
| Häufigkeit der Gespräche der Eltern mit Lehrkräften im laufenden Schuljahr (Muttersicht, 2. Welle) | | | | **0,69***** | |
| Finanzielle Investitionen der Eltern in außerschulische Unterrichtsstunden im Jahr (gruppiert, Muttersicht, 2. Welle, Ref. keine finanziellen Investitionen) | | | | | |
| 504 bis 970 € | | | | -0,47 | |
| 250 bis 500 € | | | | -0,52 | |
| Bis 240 € | | | | -0,04 | |
| Häufigkeit kultureller Praktiken des Kindes (Kindersicht, 1. Welle) | | | | **-0,76**** | |
| Bildungs- bzw. Lerninteresse des Kindes (Kindersicht, 2. Welle) | | | | **-0,46***** | |
| **Institutionelle Sozialisationsbedingungen** | | | | | |
| Wohlbefinden in der Schule (Muttersicht, 2. Welle) | | | | | **-1,38***** |
| Problemverhalten in der Schule (Muttersicht, 2. Welle) | | | | | **0,46*** |
| Opfererfahrungen in der Schule (Kindersicht, 2. Welle) | | | | | **0,71**** |
| Chi² | **86,21***** | **121,65***** | **112,54***** | **175,90***** | **153,26***** |
| Nagelkerkes $R^2$ | 19,5% | 30,6% | 26,6% | 37,9% | 32,5% |
| N | 478 | 409 | 443 | 454 | 476 |

Anmerkungen: * p<0,5 **p<0,1 ***p<0,01

Quelle: DJI-Kinderpanel, Wellen 1–3, eigene Berechnungen

Tabelle 16: Schrittweise Regression (ordinal logistisch) der Grundschulempfehlungen (Gymnasialempfehlung (Gymnasium/gymnasialer Zweig), mittlere Schullaufbahnen, retrospektiv erhoben in Welle 3, Ref. Hauptschule/Hauptschulzweig) nach Schicht, Persönlichkeitsstruktur des Kindes, familialen Sozialisationsbedingungen, Bildungsverhalten der Eltern und Kinder sowie institutionellen Sozialisationsbedingungen und Kontrollvariablen, zehn Modelle sparsam

| | Modell 1 | Modell 2 | Modell 3 | Modell 4 | Modell 5 |
|---|---|---|---|---|---|
| | Schätzer | Schätzer | Schätzer | Schätzer | Schätzer |
| **Gymnasialempfehlung (Schwelle)** | **-1,13**** | **-1,95*** | 0,04 | -0,85 | -1,15 |
| **Empfehlung mittlerer Schullaufbahnen (Schwelle)** | **1,13**** | 0,53 | **-2,65*** | 1,94 | 1,70 |
| **Schichtindex, Ref. Unterschicht** | | | | | |
| Oberschicht (3. Welle) | **-3,29***** | -2,95*** | **-2,71***** | -2,37*** | **-2,15***** |
| Obere Mittelschicht (3. Welle) | **-1,55***** | -1,35** | **-1,21**** | -1,02* | -0,85 |
| Mittlere Mittelschicht (3. Welle) | **-1,35***** | -1,27** | **-1,19**** | -0,90* | -0,78 |
| Untere Mittelschicht (3. Welle) | -0,29 | -0,36 | -0,29 | -0,04 | 0,09 |
| **Merkmale der Persönlichkeitsstruktur des Kindes** | | | | | |
| Internalisierung (Muttersicht, 2. Welle) | | 0,43* | **0,48*** | 0,37 | 0,39 |
| Motorische Unruhe (Muttersicht, 2. Welle) | | 0,63*** | **0,63***** | 0,46** | **0,42**** |
| Sozial-kognitive Aufgeschlossenheit (Muttersicht, 2. Welle) | | -0,94*** | **-0,84**** | -0,79** | **-0,80**** |
| **Familiale Sozialisationsbedingungen** | | | | | |
| Familienklima (Muttersicht, 1. Welle) | | | **0,97**** | 0,86** | **0,88**** |
| Kindzentrierte Kommunikation der Mutter (Kindersicht, 2. Welle) | | | **-0,45*** | -0,27 | -0,28 |
| Häufigkeit des gemeinsamen Mittagessens (Muttersicht, 1. Welle) | | | **0,31**** | 0,32** | **0,33**** |
| Häufigkeit des gemeinsamen Frühstücks (Muttersicht, 2. Welle) | | | -0,18 | -0,11 | -0,08 |
| **Bildungsverhalten der Eltern und Kinder** | | | | | |
| Mitwirkung der Eltern bei Aktivitäten der Schule seit Januar (Muttersicht, 1. Welle; Ref. keine Mitwirkung) | | | | -0,79*** | **-0,70**** |
| Häufigkeit der Gespräche der Eltern mit Lehrkräften im laufenden Schuljahr (Muttersicht, 2. Welle) | | | | 0,74*** | **0,71**** |
| Bildungs- bzw. Lerninteresse des Kindes (Kindersicht, 2. Welle) | | | | -0,36*** | **-0,34***** |
| Häufigkeit kultureller Praktiken des Kindes (Kindersicht, 1. Welle) | | | | | **-0,74**** |
| **Institutionelle Sozialisationsbedingungen** | | | | | |
| Wohlbefinden in der Schule (Muttersicht, 2. Welle) | | | | | |
| Problemverhalten in der Schule (Muttersicht, 2. Welle) | | | | | |
| Opfererfahrungen in der Schule (Kindersicht, 2. Welle) | | | | | |
| **Schulwünsche der Kinder, Ref. Hauptschule** | | | | | |
| Gymnasium (Kindersicht, 3. Welle) | | | | | |
| Mittlere Schullaufbahnen (Kindersicht, 3. Welle) | | | | | |

| | Modell 1 | Modell 2 | Modell 3 | Modell 4 | Modell 5 |
|---|---|---|---|---|---|
| | Schätzer | Schätzer | Schätzer | Schätzer | Schätzer |
| **Bildungsaspirationen der Eltern, Ref. Hauptschulabschluss** | | | | | |
| Abitur/Fachabitur (Muttersicht, 3. Welle) | | | | | |
| Mittlerer Schulabschluss (Muttersicht, 3. Welle) | | | | | |
| **Geschlecht des Kindes, Ref. Mädchen** | | | | | |
| Jungen (Muttersicht, 1. Welle) | | | | | |
| **Leistungsparameter** | | | | | |
| Deutschnote (Kindersicht, 2. Welle) | | | | | |
| Mathematiknote (Kindersicht, 2. Welle) | | | | | |
| Chi² | **86,21*** ** | **141,09*** ** | **164,15*** ** | **201,76*** ** | **209,10*** ** |
| Nagelkerkes R² | 19,5% | 30,2% | 34,6% | 42,2% | 43,9% |
| N | 478 | 477 | 473 | 455 | 450 |

Anmerkungen: * p<0,5 **p<0,1 ***p<0,01

Quelle: DJI-Kinderpanel, Wellen 1–3, eigene Berechnungen

Tabelle 17: Schrittweise Regression (ordinal logistisch) der Grundschulempfehlungen (Gymnasialempfehlung (Gymnasium/gymnasialer Zweig), mittlere Schullaufbahnen, retrospektiv erhoben in Welle 3, Ref. Hauptschule/Hauptschulzweig) nach Schicht, Persönlichkeitsstruktur des Kindes, familialen Sozialisationsbedingungen, Bildungsverhalten der Eltern und Kinder sowie institutionellen Sozialisationsbedingungen und Kontrollvariablen, zehn Modelle sparsam, Fortsetzung

| | Modell 6 | Modell 7 | Modell 8 | Modell 9 | Modell 10 |
|---|---|---|---|---|---|
| | Schätzer | Schätzer | Schätzer | Schätzer | Schätzer |
| **Gymnasialempfehlung (Schwelle)** | **-4,23*** ** | -2,40 | **-4,88*** | **-4,84*** | **-12,59*** ** |
| **Empfehlung mittlerer Schullaufbahnen (Schwelle)** | **-1,69*** | 0,55 | -0,78 | -0,72 | **-7,87*** ** |
| **Schichtindex, Ref. Unterschicht** | | | | | |
| Oberschicht (3. Welle) | **-3,04*** ** | **-2,10*** ** | -0,38 | -0,37 | -0,85 |
| Obere Mittelschicht (3. Welle) | **-1,54*** ** | **-0,95*** | -0,42 | -0,40 | -0,82 |
| Mittlere Mittelschicht (3. Welle) | **-1,25*** ** | -0,78 | -0,11 | -0,08 | -0,49 |
| Untere Mittelschicht (3. Welle) | -0,29 | 0,07 | 0,39 | 0,39 | 0,05 |
| **Merkmale der Persönlichkeitsstruktur des Kindes** | | | | | |
| Internalisierung (Muttersicht, 2. Welle) | | 0,28 | 0,02 | 0,03 | -0,01 |
| Motorische Unruhe (Muttersicht, 2. Welle) | | **0,34*** | **0,37*** | 0,31 | 0,32 |
| Sozial-kognitive Aufgeschlossenheit (Muttersicht, 2. Welle) | | **-0,61*** | **-0,76*** | -0,70 | **-0,79*** |
| **Familiale Sozialisationsbedingungen** | | | | | |
| Familienklima (Muttersicht, 1. Welle) | | **0,93*** ** | **0,73*** | 0,68 | 0,54 |
| Kindzentrierte Kommunikation der Mutter (Kindersicht, 2. Welle) | | -0,28 | 0,11 | 0,09 | 0,48 |
| Häufigkeit des gemeinsamen Mittagessens (Muttersicht, 1. Welle) | | **0,35*** ** | 0,15 | 0,16 | 0,11 |
| Häufigkeit des gemeinsamen Frühstücks (Muttersicht, 2. Welle) | | -0,08 | 0,06 | 0,05 | 0,09 |

| | Modell 6 | Modell 7 | Modell 8 | Modell 9 | Modell 10 |
|---|---|---|---|---|---|
| | **Schätzer** | Schätzer | **Schätzer** | Schätzer | **Schätzer** |
| **Bildungsverhalten der Eltern und Kinder** | | | | | |
| Mitwirkung der Eltern bei Aktivitäten der Schule seit Januar (Muttersicht, 1. Welle; Ref. keine Mitwirkung) | | **-0,68**** | -0,10 | -0,09 | -0,06 |
| Häufigkeit der Gespräche der Eltern mit Lehrkräften im laufenden Schuljahr (Muttersicht, 2. Welle) | | **0,64**** | **0,48*** | **0,50*** | 0,14 |
| Bildungs- bzw. Lerninteresse des Kindes (Kindersicht, 2. Welle) | | **-0,25**** | -0,18 | -0,19 | -0,11 |
| Häufigkeit kultureller Praktiken des Kindes (Kindersicht, 1. Welle) | | **-0,73**** | **-0,80*** | **-0,81*** | **-0,76*** |
| **Institutionelle Sozialisationsbedingungen** | | | | | |
| Wohlbefinden in der Schule (Muttersicht, 2. Welle) | **-1,38***** | **-0,82**** | -0,48 | -0,47 | 0,14 |
| Problemverhalten in der Schule (Muttersicht, 2. Welle) | **0,46*** | 0,09 | 0,23 | 0,26 | 0,05 |
| Opfererfahrungen in der Schule (Kindersicht, 2. Welle) | **0,71**** | **0,55*** | **0,61*** | **0,61*** | **0,71**** |
| **Schulwünsche der Kinder, Ref. Hauptschule** | | | | | |
| Gymnasium (Kindersicht, 3. Welle) | | | **-4,47***** | **-4,50***** | **-4,10***** |
| Mittleres Schulwesen (Kindersicht, 3. Welle) | | | **-1,90***** | **-1,89***** | **-1,93***** |
| **Bildungsaspirationen der Eltern, Ref. Hauptschulabschluss** | | | | | |
| Abitur/Fachabitur (Muttersicht, 3. Welle) | | | -1,21 | -1,23 | -1,87 |
| Mittlerer Schulabschluss (Muttersicht, 3. Welle) | | | -0,40 | -0,41 | -1,48 |
| **Geschlecht des Kindes, Ref. Mädchen** | | | | | |
| Jungen (Muttersicht, 1. Welle) | | | | 0,28 | 0,07 |
| **Leistungsparameter** | | | | | |
| Deutschnote (Kindersicht, 2. Welle) | | | | | **-0,88***** |
| Mathematiknote (Kindersicht, 2. Welle) | | | | | **-0,77***** |
| Chi² | **153,26***** | 224,85*** | **342,94***** | 344,06*** | **355,00***** |
| Nagelkerkes $R^2$ | 32,5% | 46,5% | 65,8% | 66,1% | 70,9% |
| N | 476 | 449 | 426 | 424 | 395 |

Quelle: DJI-Kinderpanel, Wellen 1–3, eigene Berechnungen

Anmerkungen: * p<0,5 **p<0,1 ***p<0,01

## 4.8.2. Individuelle, familiale und institutionelle Bedingungen der Übertrittsentscheidungen der Eltern

### *4.8.2.1. Explorative Analysen zur Selektion von Prädiktoren der Übertrittsentscheidungen der Eltern*

Die folgenden Analysen zur Feststellung der Determination und Erklärungsfaktoren der Übertrittsentscheidungen der Eltern, d. h. der Anmeldungen der Kinder an Schulformen oder für Schullaufbahnen der Sekundarstufe I am Ende der Grundschule, entsprechen im Wesentlichen den dazu korrespondierenden Analysen der Grundschulempfehlungen. Dafür werden zunächst im Rahmen explorativer logistischer ordinaler Regressionsanalysen Prädiktorvariablen aus den fokussierten Erhebungsbereichen (Persönlichkeit, familiale und institutionelle Sozialisationsbedingungen des Kindes, Bildungsverhalten der Eltern und Kinder) für die weiterführenden Analysen selektiert (*erster Auswertungsschritt*). In Bezug darauf werden in **Modell eins** ausschließlich die Schichtindizes als Prädiktoren der Übertrittsentscheidungen der Eltern und in den **weiteren Modellen** diese Indizes zusammen mit jeweils einem weiteren bereichsspezifischen Variablenset analysiert, um so das Ausmaß der Determination und Erklärung der Schichteffekte auf die Übertrittsentscheidungen der Eltern durch diese jeweiligen Faktorensets genau bestimmen zu können. Diese Prozedur kommt ebenso im *zweiten Auswertungsschritt* mit nur noch den in der explorativen Analyse essentiellen bereichsspezifischen Prädiktoren zur Anwendung. Die Prädiktoren werden in dieser Auswertungsprozedur schrittweise, d. h. nacheinander und domänenspezifisch gebündelt, in die Analyse eingefügt, wobei die Variablensets aus dem vorhergehenden Modell jeweils beibehalten werden (vgl. dazu die Darstellungen in den nächsten Abschnitten und die folgenden Ergebnistabellen). Um den eigenständigen Wirkeffekt des zentralen Indikators der *kulturellen Praxis der Kinder* auf die Kriterien genau bemessen zu können, wird ein **separates Modell** dafür analysiert. Im Unterschied zu den Analysen der Grundschulempfehlungen werden nach den Modellen mit personalen, familialen und bildungsrelevanten Einflussgrößen **drei Modelle** zu den Effektgrößen *institutioneller Faktoren* auf die Übertrittschancen analysiert: Zuerst ein Modell nur mit den Konstrukten zum Verhalten, Befinden und zu den Erfahrungen des Kindes in der Schule, danach ein Modell zusätzlich mit den *Fachnoten* in *Deutsch* und *Mathematik* und abschließend ein drittes Modell mit den *Grundschulempfehlungen*, die in der Analyse hier schon an früherer Stelle einfließen. Darüber hinaus werden alle bis dorthin untersuchte Konstrukte und Indikatoren in ein **Modell (neun)** zusammengeführt, um deren Effekte auf die Übertrittsentscheidungen der Eltern simultan zu untersuchen. In den **letzten drei Modellen** werden die Effekte verschiedener Moderatoren wie die *Bildungsaspirationen der Eltern* oder *Schulwünsche der Kinder* sowie unterschiedlicher Kontrollvariablen wie das *Geschlechts des Kindes* auf die Kriterien bestimmt (vgl. die Analysen von Wohlkinger & Ditton, 2012; und Ditton & Krüsken, 2009). Von Bedeutung in diesem Zusammenhang sind ebenso regionale Parameter: Dies sind zum einen die gesetzlichen Übertrittsregelungen in den Schulsystemen der Länder der BRD (*Schulrecht vor Elternrecht* und vice versa), worin die Bindekraft der Grundschulempfehlungen zum Tragen kommen und festgeschrieben sind (vgl. dazu an früherem Ort oder Gresch, Baumert & Maaz, 2009, S. 231–234; im Gegensatz zu dieser Autorengruppe werden Schulnoten hier als für Eltern und Schulen rechtlich verbindliche Kriterien angesehen). Zum anderen gibt der empirische Forschungsstand Hinweise darauf, dass sich Eltern aus städtischen oder ländlichen Regionen oder aus den *neuen* oder *alten* Bundesländern unter sonst konstanten Bedingung jeweils im Hinblick auf die Schullaufbahnen ihrer Kinder unterschiedlich verhalten und entscheiden, gemäß ihren Opportunitäten, Einstellungen, Kalkülen oder Traditionen (vgl. Sixt, 2013: Einflüsse regionaler Faktoren auf das Schulwahlverhalten (Schulbesuch auf der Sekundarstufe I); Baumert, Watermann & Schümer, 2003: Geringere herkunftsbedingte Unterschiede in den Kompetenzen der Schüler/innen der Sekundarstufe I aus den *neuen* Ländern als in den Kompetenzen der Schüler/innen aus den *alten* Ländern im Spiegel der PISA-Daten; Merkens, Wessel, Dohle & Classen, 1997: Zu den Spezifika des Schulwahlverhaltens von Eltern in den *neuen* Ländern mit historischen Bezügen).

Die Befunde aus den explorativen ordinalen logistischen Regressionsanalysen zur Auswahl essentieller Prädiktorvariablen für die weiterführenden Untersuchungen der Übertrittsentscheidungen der Eltern sind in der nächsten Tabelle dargestellt (*erster Auswertungsschritt*, vgl. Tabelle 18). In den folgenden Ausführungen werden, der Vereinfachung der Darstellung wegen, wiederum nur die Effekte (Regressionsgewichte bzw. Logits) der Konstrukte und Indikatoren mit substantieller Bedeutung für die Erklärung der Kriterien beschrieben und erklärt. Als bedeutende Prädiktoren erweisen sich in den explorativen Analysen hier im Großen und Ganzen dieselben Variablen wie in den korrespondierenden Analysen der Grundschulempfehlungen mit zwei Ausnahmen: Die bivariaten Korrelationsanalysen zu den Elternentscheidungen haben ergeben, dass die sozial-emotionalen Kompetenzen des Kindes, hier in Form der destruktiven Ärgerregulierungsstrategie *konfrontieren und schädigen*, u. a. für die Grundschulempfehlungen ausschlaggebend sind, nicht jedoch für die Übertrittsentscheidungen der Eltern. Dagegen spielt das *Bildungs-* bzw. *Schulinteresse der Eltern* eine wichtige Rolle in deren Bildungsentscheidungen für das Kind.[312]

In das **erste Modell** gehen einzig und allein die Schichtindizes als Prädiktoren der Übertrittsentscheidungen der Eltern in die Analyse ein. Die Varianzaufklärung fällt hier mit 24,8% beachtlich und wesentlich höher aus als im ent-

312 Die Berücksichtigung des Konstrukts *Opfererfahrungen in der Schule* aus dem Spektrum der schulischen Sozialisationsbedingungen des Kindes im institutionellen Modell ergibt in einer ersten Analyse der Schullaufbahnentscheidungen der Eltern mit der ordinalen logistischen Regression eine gerade noch hinreichende Passung dieses Modells im Hinblick auf seine Güte, weshalb dieses Konstrukt in die explorative Analyse aufgenommen worden ist, im Gegensatz zu dem Indikator *Anzahl außerschulischer Unterrichtsstunden pro Woche* im Modell mit den Indikatoren des Bildungsverhaltens der Eltern und Kinder, der vermutlich mit den *finanziellen Investitionen der Eltern in außerschulische Unterrichtsstunden für das Kind im Jahr* konfundiert ist.

sprechenden Modell in den explorativen Analysen der Grundschulempfehlungen (N=495; $chi^2$=118,28***). Gleiches gilt ebenso für die Effekte (Logits) der Schichtindizes mit ähnlicher Richtung (Oberschicht Exp(b)=-4,23***; obere Mittelschicht Exp(b)=-1,96***; mittlere Mittelschicht Exp(b)=-1,71***; untere Mittelschicht Exp(b)=-0,68 mit p=0,06). Diese ersten Befunde legen die Annahme nahe, dass die Elternentscheidungen wesentlich stärker als die Grundschulempfehlung an den sozialen Hintergrund der Familie geknüpft sind: So ist die Wahrscheinlichkeit dafür, dass sich Eltern eher für eine höhere als für eine niedrigere Schullaufbahn für ihr Kind entscheiden, in der Oberschicht um mehr als das Vierfache höher als in der Unterschicht (Referenz). Diese Wahrscheinlichkeit verringert sich bei Eltern aus der oberen und mittleren Mittelschicht im Vergleich zu Eltern aus der Oberschicht, ist aber dennoch ebenso bedeutend auf einem hoch signifikanten Niveau und bei Eltern aus den beiden Mittelschichten ähnlich ausgeprägt. Im Gegensatz dazu unterscheiden sich Eltern aus der unteren Mittelschicht und Unterschicht in Bezug darauf nicht wesentlich voneinander.[313] Nur der Schwellenwert der gymnasialen Schullaufbahn erzielt in diesem *ersten Modell* ein hoch signifikantes Ergebnis (bei -1,60***). Daraus ist zu schließen, dass die soziale Herkunft als einziger Prädiktor im Modell eine gute Vorhersage der Entscheidung für diese Laufbahn, nicht jedoch für die mittlere Schullaufbahn bietet, wozu offenbar noch weitere ausschlaggebende Faktoren hinzukommen müssen (bei 0,57).[314]

Gegenstand von **Modell zwei** sind neben den Effekten der Schichtindizes auf die Kriterien auch diejenigen der Persönlichkeitseigenschaften und Resilienz des Kindes. Die Schwellenwerte beider weiterführender Schullaufbahnen erhöhen sich in diesem Modell gegenüber *Modell eins*, jedoch weist wiederum nur der Schwellenwert der gymnasialen Schullaufbahn ein hoch signifikantes Niveau aus (bei -3,84***; Schwellenwert mittlere Schullaufbahn bei -1,45). Die Varianzaufklärung erhöht sich in diesem Modell im Vergleich zur Determination in *Modell eins* auf 34,0% ($chi^2$=169,32***; N=492), wovon der Varianzanteil in den Übertrittsentscheidungen der Eltern, der allein von den Persönlich-

313 Diesem Unterschied entgeht nur knapp ein signifikantes Niveau.

314 Dieses Ergebnis bedeutet, dass dieses Modell keine genaue Differenzierung zwischen der Entscheidung für eine mittlere Schullaufbahn und einer Schullaufbahn auf Hauptschulniveau in der Vorhersage der Schullaufbahnwahl ermöglicht. Eine Ursache dafür könnte sein, dass in den Bildungssystemen einiger Länder die Schulform Hauptschule aufgelöst und die Hauptschullaufbahn als Schulzweig in andere Schultypen oder -formen, wie z. B. in der regionalen Schule oder Mittelschule, integriert worden ist. Diese Schulformen oder -typen mit mehreren Bildungsgängen sind unter der Kategorie mittlere Schullaufbahnen subsumiert. Jedoch ist im DJI-Kinderpanel auch nach dem besuchten Schulzweig gefragt worden, wonach die Kinder in Schulen mit mehreren Bildungsgängen in (nicht) eindeutigen Fällen den drei maßgeblichen Bildungspfaden in vorbereitenden Rekodierungen zugeordnet werden konnten.

keitsfaktoren aufgeklärt wird, bei 9,2% liegt. Die einzelnen Schichteffekte nehmen in diesem Modell gegenüber *Modell eins* etwas ab, lassen aber dennoch hoch signifikante Effekte in gleicher Richtung wie im *ersten Modell* erkennen (Oberschicht Exp(b)=-4,04***; obere Mittelschicht Exp(b)=-1,80***; mittlere Mittelschicht Exp(b)=-1,62***; untere Mittelschicht Exp(b)=-0,70 mit p=0,061). Damit ändert sich an der Interpretation dieser Effekte wenig und ein nur sehr geringer Anteil der Schichteffekte in den Bildungsentscheidungen der Eltern ist auf die Persönlichkeit des Kindes zurückzuführen. Folgende Eigenschaften des Kindes sind für die Übertrittsentscheidung von Bedeutung: Die *motorische Unruhe* senkt die Chance der Kinder darauf, dass sich die Eltern eher für eine höhere als für eine niedrigere Schullaufbahn entscheiden, um mehr als die Hälfte (Exp(b)=0,59***). Die *sozial-kognitive Aufgeschlossenheit* eines Kindes (Exp(b)=-0,59*) sowie seine *Selbstwirksamkeit* (Exp(b)=–0,85**) erhöhen dagegen diese Chance um mehr als die Hälfte. Diese Ergebnisse besagen: Ein Punkt höher auf der jeweiligen Skala verbessert oder verschlechtert die Chance eines Kindes auf eine weiterführende Bildung nach der Grundschule um den jeweils angegebenen Betrag.

In **Modell drei** befinden sich die Einflüsse der familialen Sozialisationsbedingungen des Kindes auf die Übertrittsentscheidungen der Eltern in Kombination mit den Schichtindizes im Fokus der Analyse. Der inkrementelle Anteil aufgeklärter Varianzen der Konstrukte und Indikatoren aus diesem Bereich in den Elternentscheidungen in Relation zur Determination in *Modell eins* beträgt 10,3% (absolut bei 35,1%; $chi^2$=162,52***; N=458), ein beachtlicher Anteil. Im Vergleich zu *Modell zwei* nehmen die beiden Schwellenwerte in diesem Modell ab, gegenüber *Modell eins* jedoch zu (Gymnasiale Schullaufbahn bei -2,52*; mittlere Schullaufbahn bei -0,04), wobei wiederum nur der Schwellenwert der gymnasialen Schullaufbahn ein einfach signifikantes Niveau erreicht. Somit ist mit diesem Modell ebenso nur eine gute Vorhersage dieser Schullaufbahn möglich. Die Schichteffekte verstärken sich in diesem Modell etwas gegenüber denen in den vorherigen Modellen und erzielen weiterhin ein hoch signifikantes Niveau (Oberschicht Exp(b)=-4,55***; obere Mittelschicht Exp(b)=-2,00***; mittlere Mittelschicht Exp(b)=-1,85***; untere Mittelschicht Exp(b)=-0,92*), was sich jedoch nicht wesentlich auf die Interpretation dieser Effekte auswirkt. Hier liegt sogar ein signifikanter Unterschied zwischen der unteren Mittelschicht und Unterschicht vor. Ähnlich wie in den entsprechenden Analysen der Grundschulempfehlungen wird vermutet, dass die leichte Zunahme der Schichteffekte ursächlich auf dahinter liegende *Suppressionen* oder indirekte Einflüsse von den in diesem Modell fokussierten Prädiktoren (*primäre Herkunftseffekte*) zurückzuführen ist, die sich nicht direkt auf die Elternentscheidungen auswirken, sondern über näher am Schulerfolg liegende Erklärungsfaktoren, wie z. B. die schulischen Leistungen, vermittelt werden. Von allen Faktoren des familialen und intergenerationalen Zusammenlebens zeigen die

Effekte (Logits) des Konstrukts *kindzentrierte Kommunikation der Mutter* (Exp(b)=-1,24***) und der beiden Indikatoren *gemeinsames Mittagessen* (Exp(b)=0,25*) und *Frühstück der Familienmitglieder zu Hause* (Exp(b)=-0,38**) jeweils ein signifikantes Niveau mit beachtlichen Stärken und bedeuten: Je kindzentrierter, d. h. unterstützend und responsiv, Mütter mit ihren Kindern kommunizieren und je häufiger die Familienmitglieder am Morgen zusammen frühstücken, desto mehr verbessern sich die Chancen darauf, dass Eltern ihre Kinder in der zweiten Hälfte des letzten Grundschuljahres in einer weiterführenden Schule oder für eine weiterführende Schullaufbahn auf der Sekundarstufe I anmelden. Die *kindzentrierte Kommunikation der Mutter* erhöht diese Wahrscheinlichkeit um beinahe das Eineinhalbfache, das *gemeinsame Frühstück* um mehr als ein Viertel. Im Gegensatz dazu senkt der Indikator *gemeinsames Mittagessen* diese Wahrscheinlichkeit um ein Viertel.

Von wesentlicher Relevanz für die Determination und Erklärung der Übertrittsentscheidungen der Eltern sind allerdings die Indikatoren des Bildungsverhaltens der Eltern und Kinder (**Modell vier**). Die Schichteffekte reduzieren sich in diesem Modell gegenüber denen in den *Modellen zuvor* deutlich (Oberschicht Exp(b)=-2,98***; obere Mittelschicht Exp(b)=-1,02**; mittlere Mittelschicht Exp(b)=-0,89*; untere Mittelschicht Exp(b)=0,08). Die Chance auf eine weiterführende Schulbildung erhöht sich hier für Kinder aus der Oberschicht im Vergleich zu denen aus der Unterschicht um fast das Dreifache, bei Kindern aus der oberen und mittleren Mittelschicht um rund das Einfache. Diese Reduktion lässt erschließen, dass wesentliche Anteile der Herkunftseffekte in den Schulwahlentscheidungen der Eltern den Indikatoren des Bildungsverhaltens in der Familie zuzuschreiben sind. Im Gegensatz dazu nehmen die beiden Schwellenwerte in diesem Modell bedeutend zu, vor allem im Vergleich zu *Modell eins* und *drei*, wobei der Schwellenwert der mittleren Schullaufbahnen hier erstmals ein substantielles Niveau vorweisen kann (Gymnasiale Schullaufbahn bei -3,93***; mittlere Schullaufbahn bei -1,44*). Damit handelt es sich bei diesem Modell mit seinen Prädiktoren um eine gute Vorhersage der Elternentscheidung für beide Schullaufbahnen. Der Varianzanteil in den Kriterien, der von den Indikatoren in diesem Modell in Relation zur Determination in *Modell eins* allein getragen wird, beträgt 16,8% (absolut bei 41,6%; N=471; $chi^2$=206,62***). Positive und zum Teil hoch signifikante Effekte (Logits) sind bei folgenden Indikatoren festzustellen: *Mitwirkung der Eltern bei Aktivitäten der Schule* (Exp(b)=-0,77**), sehr hohe und hohe *finanzielle Investitionen der Eltern in außerschulische Unterrichtsstunden für das Kind im Jahr* (von 250 bis 500 € Exp(b)=-1,22***; von 504 bis 970 € Exp(b)=-1,04**), das *Bildungs-* bzw. *Lerninteresse des Kindes* (Exp(b)=-0,39***) und seine *kulturelle Praxis* (Exp(b)=-0,52*). Ein negativer Effekt (Logit) wird dagegen für den Indikator *Häufigkeit der Gespräche der Eltern mit Lehrkräften* ermittelt (Exp(b)=0,43*): Je häufiger Eltern im laufenden Schuljahr vor dem Übergang in die Sekundarstufe

I mit den Lehrkräften des Kindes Gespräche führen, desto mehr verringert sich die Wahrscheinlichkeit einer weiterführenden oder höheren Schulbildung gegenüber der Grundbildung auf der Sekundarstufe I für das Kind. Dieser Indikator halbiert beinahe diese Wahrscheinlichkeit. Dagegen ist diese Chance dann umso größer, je interessierter Kinder an schulischer Bildung im Allgemeinen und je lernwilliger sie vor dem Übergang in die Sekundarstufe I sind (um den Faktor von rund 0,4), je mehr kulturelle Aktivitäten sie schon frühzeitig unternehmen (um den Faktor von mehr als 0,5), je engagierter Eltern in der Schule ab der Einschulung des Kindes sind (um den Faktor von mehr als 0,75) sowie je mehr Geld Eltern in den außerschulischen Unterricht für das Kind investieren, wobei bei hohen und sehr hohen Ausgaben dafür, d. h. in den Bereichen von 250 bis 500 € oder von 504 bis 970 € im Jahr, im Vergleich zur Referenz (keine Ausgaben) sich die genannte Chance für das Kind jeweils auf einem sehr hohen signifikanten Niveau mehr als verdoppelt. Insofern handelt es sich dabei um rentable Investitionen der Eltern, die ihre Bildungsausgaben ihren Bildungsentscheidungen als Maßstäbe zugrunde legen.

Im **fünften Modell** werden die Einflüsse der Konstrukte zum Verhalten, Erleben und zu den Erfahrungen des Kindes in der Schule, sein schulbezogenes *Wohlbefinden, Problemverhalten* und seine *Opfererfahrungen in der Schule*, auf die Schulwahlentscheidungen der Eltern untersucht. Diese Konstrukte indizieren die institutionelle bzw. schulische Sozialisation des Kindes. Der inkrementelle Varianzanteil dieser Faktoren am Kriterium bemisst sich im Verhältnis zur Varianzaufklärung in *Modell eins* auf 10,2% (absolut 35,0%; $chi^2$=175,53***; N=493). Die Vorzeichen der Effekte der hier fokussierten Konstrukte lassen darauf schließen: Je wohler sich Schülerinnen und Schüler in der Schule fühlen und je weniger sie problematisches schulbezogenes Verhalten zeigen (z. B. Prüfungsangst) oder je weniger sie zum Opfer ihrer Mitschülerinnen und Mitschüler geworden sind, desto eher sind Eltern dazu geneigt und gewillt, eine weiterführende Schule oder einen höheren als einen niedrigeren Bildungsgang für ihre Kinder zu wählen. Der Faktor *schulisches Wohlbefinden* verdoppelt diese Chance mit einem hoch signifikanten Effekt (Exp(b)=-1,27***). Dagegen halbieren die beiden Faktoren *schulbezogenes Problemverhalten* (Exp(b)=0,47*) und *Opfererfahrungen in der Schule* (Exp(b)=0,50*) diese Chance mit jeweils einem einfach signifikanten Effekt. Diese Einflüsse weisen darauf hin, dass Eltern unabhängig von schulischen Leistungsparametern durchaus auch das Befinden, Verhalten und die Erfahrungen ihres Kindes in der Schule in ihre Bildungsentscheidung miteinplanen. Die Schichteffekte verringern sich etwas in diesem Modell infolge der Hinzunahme der schulbezogenen Konstrukte in die Analyse im Vergleich zu den Herkunftseffekten in *Modell eins*, bleiben aber dennoch weiterhin auf einem hoch signifikanten Niveau (Oberschicht: Exp(b)=-3,96***; obere Mittelschicht: Exp(b)=-1,80***; mittlere Mittelschicht: Exp(b)=-1,45***; untere Mittelschicht Exp(b)=-0,54). Damit ist nur ein sehr geringer Anteil der Herkunftseffekte in den Übertrittsentscheidungen der Eltern auf das Verhalten und Befinden oder die Erfahrungen des Kindes in der Schule zurückzuführen. Die beiden Schwellenwerte erhöhen sich dagegen in diesem Modell gegenüber denen in *Modell eins* bedeutend, wobei hier auch der Schwellenwert für die mittlere Schullaufbahn signifikant wird, woraus eine gute Schätzung des Kriteriums von *Modell fünf* zu schließen ist (Gymnasiale Schullaufbahn bei -4,31***; mittlere Schullaufbahn bei -1,94*).

Die Ergebnisse aus den explorativen Analysen der Übertrittsentscheidungen der Eltern zeigen richtungsweisend, dass für die Schullaufbahnentscheidungen der Eltern neben ihrem sozialen Hintergrund (positive Effekte) im Wesentlichen die *sozial-kognitive Aufgeschlossenheit* als günstige Persönlichkeitseigenschaft des Kindes und seine *Selbstwirksamkeit* als Resilienzfaktor mit jeweils positiven Effekten entscheidend sind, wenngleich Eltern dabei auch die *motorische Unruhe* als problematischen Verhaltenszug des Kindes in ihren Entscheidungsprozess miteinbeziehen (negativer Effekt). Des Weiteren spielen die Sozialisationsbedingungen des Kindes in der Familie wie die *kindzentrierte Kommunikation der Mutter* als ein unterstützendes und responsives Erziehungsverhalten der Mutter und das *gemeinsame Frühstück* (positiver Effekt) oder *Mittagessen der Familienmitglieder zu Hause* (negativer Effekt) dafür eine Rolle. Dies gilt zugleich für verschiedene Indikatoren des Bildungsverhaltens der Familie wie das *Schulinvolvement der Eltern*, d. h. die *Mitwirkung der Eltern bei Aktivitäten der Schule* mit einem positiven oder die *Häufigkeit der Gespräche der Eltern mit Lehrkräften* mit einem negativen Effekt, wie auch für die *finanziellen Bildungsinvestitionen der Eltern in außerschulische Unterrichtsstunden für das Kind im Jahr* mit positiven Effekten sowie die *kulturellen Interessen* oder die *Bildungs-* bzw. *Lernmotivation des Kindes* selbst mit jeweils positiven Effekten. Außerdem nehmen Eltern bei ihren Bildungsentscheidungen stets auch das *Wohlbefinden des Kindes in der Schule* (positiver Einfluss), sein *schulbezogenes Problemverhalten* (negativer Einfluss) oder *seine Opfererfahrungen in der Schule*, d. h. Mobbingerfahrungen, letzterer Bedingungsfaktor von Schulerfolg mit negativem Einfluss darauf, in den Blick.

#### *4.8.2.2. Determination und Erklärung der Übertrittsentscheidungen*

In diesem Abschnitt werden die Befunde aus dem *zweiten Analyseschritt* zur Determination und Erklärung der Übertrittsentscheidungen der Eltern vorgestellt und beschrieben, wobei sich die Darstellungen jeweils auf die wichtigsten und substantiellen Ergebnisse beschränken (vgl. Tabellen 19 und 20). Das methodische Prozedere in Bezug darauf wurde bereits im letzten Abschnitt eingehend erklärt. Ebenso sind die ausgewählten Prädikatoren genannt worden: In den **Modellen eins** bis **fünf** werden die Effekte der Persönlichkeitseigenschaften und Resilienz des Kindes sowie der Einflussgrößen aus dem Spektrum der familialen Sozialisationsbedingungen einschließlich der Indikatoren des Bildungsverhaltens der Familie auf die Übertrittsentscheidungen der Eltern untersucht, in den **Modellen sechs** bis **neun** die Effekte von Konstrukten zum Befinden, Verhalten und zu den Erfahrungen des Kindes in der Schule als Resultate seiner institutionellen bzw. schulischen Sozialisation. Desgleichen werden in **Modell neun** die Effekte institutioneller Übergangsparameter wie Schulnoten und Grundschulempfehlungen auf die Kriterien analysiert. Im **zehnten Modell** werden alle bis dahin untersuchten Prädiktoren der Bildungsentscheidungen der Eltern in einer Analyse zusammengeführt, um ihre relativen Gewichte genau bestimmen zu können, bevor in den **Modellen elf** und **zwölf** die genannten Kontroll- und Moderatorvariablen in die Untersuchung eingehen, um auch deren Einflüsse auf die Kriterien und die Stabilität der Prädiktoren zu prüfen.

Auf der Grundlage der Befunde aus den explorativen ordinalen logistischen Regressionsanalysen zu den Prädiktoren der elterlichen Übertrittsentscheidungen im letzten Abschnitt sind folgende Faktoren für die weiterführenden Analysen vorgesehen (*zweiter Auswertungsschnitt*): Die *motorische Unruhe*, *sozialkognitive Aufgeschlossenheit* und *Selbstwirksamkeit des Kindes* aus dem Bereich der Merkmale der Persönlichkeitsstruktur des Kindes; die *kindzentrierte Kommunikation der Mutter* sowie die *Häufigkeit des gemeinsamen Frühstücks* und *Mittagessens in der Familie* aus dem Set der familialen Sozialisationsbedingungen; die *Häufigkeit der Gespräche der Eltern mit Lehrkräften im laufenden Schuljahr*, die *Mitwirkung der Eltern bei Aktivitäten der Schule seit Januar*, die *finanziellen Investitionen der Eltern in außerschulische Unterrichtsstunden für das Kind im Jahr* sowie das *Bildungs-* bzw. *Lerninteresse* und die *kulturelle Teilhabe des Kindes (Häufigkeit kultureller Praktiken)* aus dem Repertoire der Indikatoren des Bildungsverhaltens in der Familie; das *Wohlbefinden*, *Problemverhalten* und *die Opfererfahrungen des Kindes in der Schule* als Indikatoren seines Befindens und Verhaltens in der Schule, d. h. seiner schulischen Sozialisation. Trotz dieser Auswahl von Prädiktoren auf der Basis erster Analysen werden Änderungen an diesen Prädiktorensets in zwei Aspekten vorgenommen: Die Eigenschaft des Kindes *Internalisierung* kommt in Modell zwei hinzu, wodurch sich die Modellanpassung wesentlich verbessert. Aus demselben Grund wird der Indikator des familialen Zusammenlebens, das *gemeinsame Frühstück in der Familie am Morgen*, in Modell drei nicht weiter berücksichtigt.

Im **ersten Modell** werden die Übertrittsentscheidungen der Eltern ausschließlich mit den Schichtindizes als einzige Prädiktoren erklärt. Die Ergebnisse dazu sind wiederum identisch mit denen im **ersten Modell** der explorativen Analysen im letzten Abschnitt und werden aus diesem Grund hier nicht nochmalig interpretiert und diskutiert (vgl. dazu die Ausführungen im vorhergehenden Abschnitt).

In das **zweite Modell** werden neben den Schichtindizes auch Merkmale der Persönlichkeit des Kindes, mit bedeutenden Effekten in der explorativen Analyse, eingefügt.[315] Letztere erklären, zusammen mit den Schichtindizes, 33,8% der Varianzen der Übertrittsentscheidungen der Eltern, d. h. der tatsächlich stattgefundenen Übergänge in Schulformen oder Schullaufbahnen der Sekundarstufe I. Davon gehen 9,0% auf die Persönlichkeitskonstrukte allein in Relation zur Varianzaufklärung in *Modell eins* zurück ($chi^2$=167,99***; N=492). Signifikant positive Effekte (Logits) auf die Elternentscheidungen zeigen die Dimensionen *Selbstwirksamkeit* (Exp(b)=-0,84**) und *sozial-kognitive Aufgeschlossenheit* des Kindes (Exp(b)=-0,56*), ein hoch signifikant negativer Effekt (Logit) ist dagegen der Eigenschaft *motorische Unruhe* des Kindes (Exp(b)=0,48***) zuzuschreiben. Diese Effekte verdeutlichen unter sonst gleichen sozioökonomischen Bedingungen: Je höher das *Selbstwirksamkeitserleben* des Kindes und seine *sozial-kognitive Aufgeschlossenheit*, desto wahrscheinlicher, um die jeweils angegebenen Beträge, fällt die Chance aus, dass sich Eltern eher für eine höhere als für eine niedrigere Schullaufbahn für das Kind nach der Grundschule entscheiden. Bei Kindern, die zu motorischer Unruhe neigen, ist diese Chance dagegen um den Faktor von fast 0,5 reduziert: Je motorisch unruhiger ein Kind ist, desto geringer die Wahrscheinlichkeit, dass es für einen höheren oder weiterführenden als für einen niedrigeren oder einfachen Bildungsgang auf der Sekundarstufe I angemeldet wird. Die Schichteffekte nehmen in diesem Modell gegenüber denen in *Modell eins* zwar etwas ab (Unterschicht als Referenz), bleiben aber dennoch auf einem hoch signifikanten Niveau (Oberschicht mit Exp(b)=-4,01***; obere Mittelschicht mit Exp(b)=-1,81***; mittlere Mittelschicht mit Exp(b)=-1,60***). Eltern aus der unteren Mittelschicht unterscheiden sich von denjenigen aus der Unterschicht in ihrem Schulwahlverhalten hier nicht signifikant (untere Mittelschicht mit Exp(b)=-0,70 mit p=0,06). Die in diesem Modell ermittelten Schichteffekte besagen: Kinder aus der Oberschicht haben im Verhältnis zu denen aus der Unterschicht unter Berücksichtigung ihrer Persönlichkeitseigenschaften eine viermal größere Aussicht darauf, zu Beginn der Sekundarstufe I eine weiterführende Schule zu besuchen, d. h. eine höhere als eine niedrigere Schullaufbahn einzuschlagen. Dieses Chancenverhältnis ist bei Kindern aus der oberen und mittleren Mittelschicht zwar deutlich reduziert, trotzdem aber stehen auch ihre Chancen auf eine weiterführende Schulbildung am Anfang der Sekundarstufe I wesentlich günstiger im Vergleich zu Kindern aus der Unterschicht. Beide Schwellenwerte in **Modell zwei** sind gegenüber denen in *Modell eins* nachhaltig angestiegen (Gymnasiale

---

315 Wie bereits erwähnt, hat die explorative Analyse im Hinblick darauf zum Ergebnis, dass die *motorische Unruhe*, die *Selbstwirksamkeit* und *sozial-kognitive Aufgeschlossenheit* des Kindes in Bezug auf die Bildungsentscheidungen der Eltern in Zusammenhang mit dem sozialen Hintergrund von Relevanz sind. Um die Modellanpassung zu verbessern (signifikante Residualwerte), ist hier zusätzlich die Persönlichkeitsdimension *Internalisierung* in die Analyse mitaufgenommen worden.

Schullaufbahn bei -3,66***; mittlere Schullaufbahn bei -1,27). Allerdings weist nur der Schwellenwert der gymnasialen Schullaufbahn ein signifikantes Niveau auf, sodass nur diese Schullaufbahn durch das Modell gut vorhergesagt wird. Insgesamt betrachtet, ist ein eher geringer Anteil des Schichteffektes in den Bildungsentscheidungen der Eltern auf die Persönlichkeit des Kindes zurückzuführen. Im Unterschied zu den Empfehlungen der Grundschullehrkräfte üben hier die günstigen Persönlichkeitsmerkmale des Kindes einen größeren Einfluss auf die Elternentscheidung aus als die ungünstigen. Insbesondere spielt bei Eltern die psychosoziale Robustheit des Kindes, hier in Form des Resilienzfaktors *Selbstwirksamkeit*, eine zentrale Rolle in ihren Bildungsplanungen.

In das **dritte Modell** gehen neben den Schichtindizes und Dimensionen der Persönlichkeit des Kindes ein familiales Konstrukt, die *kindzentrierte Kommunikation der Mutter*, das die responsive und unterstützende Dimension des elterlichen Erziehungsstils widerspiegeln soll, und ein Indikator des familialen Zusammenlebens, das *gemeinsame Mittagessen in der Familie*, in die Analyse ein.[316] Der durch diese beiden Faktoren einzig und allein aufgeklärte Varianzanteil im Kriterium liegt im Verhältnis zur Varianzaufklärung in *Modell zwei* bei 3,3% (absolut 36,4%; $chi^2$=181,79***; N=488). Für die beiden familialen Einflussgrößen ergaben sich folgende Effekte: Die *kindzentrierte Kommunikation der Mutter* (d. h. je mehr davon) erhöht die Chance eines Kindes für den Einstieg in eine weiterführende Schullaufbahn, d. h. des Übertritts in eine höhere als in eine niedrigere Schulform der Sekundarstufe I, um den Faktor von fast 0,8 auf einem hoch signifikanten Niveau unter sonst konstanten weiteren Bedingungen (Exp(b)=-0,76***). Dies trifft jedoch nicht für den Indikator *gemeinsames Mittagessen in der Familie* zu. Sein signifikantes Niveau in der Analyse hier reicht nicht (ganz) aus, um von einem substantiellen Effekt sprechen zu können (Exp(b)=0,18 bei p=0,09). Die Schichteffekte ändern sich in **Modell drei** größenmäßig gegenüber *Modell zwei* kaum (Oberschicht mit Exp(b)=-4,02***; obere Mittelschicht mit Exp(b)=-1,81***; mittlere Mittelschicht mit Exp(b)=-1,62***; untere Mittelschicht mit Exp(b)=-0,71 mit p=0,06). Ähnliches gilt für die Effekte der Persönlichkeitsmerkmale des Kindes wie *motorische Unruhe* (Exp(b)=0,43*) und *Selbstwirksamkeit* (Exp(b)=-0,79**) mit leicht abnehmenden Tendenzen. Der in *Modell zwei* signifikante Effekt der günstigen Eigenschaft *sozial-kognitive Aufgeschlossenheit* verschwindet allerdings in **Modell drei**. Die Schwellenwerte steigen hier deutlich an, wobei derjenige für mittlere Schullaufbahnen erstmalig signifikant wird (Gymnasiale Schullaufbahn bei -4,59***; mittlere Schullaufbahn bei -2,13*), was auf eine gute Vorhersage beider Schullaufbahnen auf der Basis dieses Modells schließen lässt. *Suppressio-*

316 Zur Erinnerung: Der Indikator *gemeinsames Frühstück in der Familie am Morgen* ist für diese Analyse nicht geeignet, weil er keine hinreichende Modellanpassung bedingte.

*nen* der Konstrukte und Indikatoren aus dem Bereich der familialen Sozialisation, wie sie tendenziell für die Ergebnisse dafür in der explorativen Analyse der Schullaufbahnentscheidungen der Eltern oder auch der Grundschulempfehlungen mit familialen Einflussfaktoren vermutet werden (vgl. die Ergebnisinterpretationen in früheren Abschnitten), bestehen hier in Anbetracht dessen nicht, dass durch die Hinzunahme familialer Merkmale in das Modell die Schichtindizes auf einem relativ konstanten Niveau bleiben, auch wenn diese Prädiktoren in der Analyse hinzukommen. Ein unterstützendes Kommunikationsverhalten der Mutter gegenüber dem Kind wirkt sich demnach in direkter und günstiger Weise auf die Übertrittsentscheidungen der Eltern aus und geht damit in einem positiven Sinne einher.

Im Weiteren werden die Einflüsse der Indikatoren des familialen Bildungsverhaltens auf die Übertrittsentscheidungen der Eltern zusätzlich zu denen des sozialen Hintergrunds, der Persönlichkeit und der familialen Sozialisationsbedingungen des Kindes in der schrittweisen Analyse, d. h. unter *ceteris paribus*, untersucht, wozu zwei **Modelle** (**vier** und **fünf**) veranschlagt werden. In **Modell fünf** wird ausschließlich der Effekt der *Häufigkeit kultureller Praktiken des Kindes* auf die Elternentscheidungen bestimmt, in **Modell vier** werden die Effekte aller anderen Indikatoren aus diesem Bereich darauf quantifiziert.[317] Der Varianzanteil im Kriterium, der einzig und allein auf die ausgewählten Prädiktoren in **Modell vier** zurückzuführen ist, umfasst einen relativen Betrag von 9,3% im Verhältnis zur Determination im Modell zuvor (absolut 45,7%; $chi^2$=233,24***; N=471). Dieser relative Anteil ist vergleichsweise als nicht unerheblich einzustufen. Im Gegensatz dazu fällt der Varianzanteil des Kriteriums, den der Indikator *Häufigkeit kultureller Praktiken des Kindes* in **Modell fünf** mit 0,7% erklärt, doch eher sparsam aus (absolut 46,4%; $chi^2$=235,32***; N=466). Die Effekte der Schichtindizes verringern sich in **Modell vier** merklich im Vergleich zu denjenigen in den **ersten drei Modellen** (Oberschicht mit Exp(b)=-3,13***; obere Mittelschicht mit Exp(b)=-1,16**; mittlere Mittelschicht mit Exp(b)=-1,05**; untere Mittelschicht mit Exp(b)=-0,20). Daraus ist zu abzuleiten, dass die Indikatoren des familialen Bildungsverhaltens einen bemerkenswerten Anteil der Herkunftseffekte in den Übertrittsentscheidungen auf sich verbuchen können. In **Modell fünf** reduzieren sich die Schichteffekte erneut (Oberschicht mit Exp(b)=-3,01***; obere Mittelschicht mit Exp(b)=-1,06*; mittlere Mittelschicht mit Exp(b)=-0,99*; untere Mittelschicht mit Exp(b)=-0,10). Dagegen nehmen die Schwellenwerte beider Schullaufbahnen in beiden

---

317 Die Bildungsaspirationen der Eltern als Prädiktoren ihrer Schulwahlentscheidungen hätten gut in die Reihe dieser Indikatoren gepasst, haben aber in einer ersten statistischen Analyse dieser beiden Modelle eine nicht hinreichende Modellanpassung ergeben, weshalb sie erst in einem späteren Modell berücksichtigt werden.

Modellen zu (in **Modell vier** gymnasiale Schullaufbahn bei -5,29***; mittlere Schullaufbahn bei -2,62*; in **Modell fünf** gymnasiale Schullaufbahn bei -5,68***; mittlere Schullaufbahn bei -2,99**). Von den Persönlichkeitseigenschaften des Kindes erwirkt nur noch die *Selbstwirksamkeit des Kindes* in den **Modellen vier** (Exp(b)=-0,68**) und **fünf** (Exp(b)=-0,66**) einen zwar noch hoch signifikanten, in der Stärke aber reduzierten Effekt auf die Bildungsentscheidungen der Eltern gegenüber dem Effekt in *Modell drei.* Dasselbe trifft ebenso auf das Konstrukt der *kindzentrierten Kommunikation der Mutter* aus dem Bereich der Facetten der familialen Sozialisation zu (in **Modell vier** mit Exp(b)=-0,59**; in **Modell fünf** mit (Exp(b)=-0,60**). Dem Verhaltensmerkmal *motorische Unruhe* des Kindes entgeht in **Modell vier** nur knapp ein signifikantes Niveau (Exp(b)=0,23 bei p=0,10), desgleichen dem Indikator familialer Riten und Opportunitäten, *gemeinsames Mittagessen in der Familie,* in beiden Modellen (in **Modell vier** mit Exp(b)=0,22 bei p=0,06; in **Modell fünf** mit Exp(b)=0,22 bei p=0,06). Die Effektgrößen und Wirkrichtungen der einzelnen Indikatoren des familialen Bildungsverhaltens in den **Modellen vier** und **fünf** sind ähnlich gerichtet wie in der entsprechenden explorativen Analyse, weshalb sie in diesem Abschnitt nicht eigens besprochen und diskutiert werden (vgl. die Ausführungen dazu im vorhergehenden Abschnitt): *Gespräche der Eltern mit Lehrkräften im laufenden Schuljahr* mit negativen Effekten (in **Modell vier** mit Exp(b)=0,47*; in **Modell fünf** mit Exp(b)=0,43*), *Mitwirkung der Eltern bei Aktivitäten der Schule* mit positiven Effekten (in **Modell vier** mit Exp(b)=-0,75**; in **Modell fünf** mit Exp(b)=-0,70**), *finanzielle Investitionen der Eltern in außerschulische Unterrichtsstunden im Jahr* mit positiven Effekten (von *504* bis *970 €* in **Modell vier** mit Exp(b)=-1,12**; in **Modell fünf** mit Exp(b)=-1,07**; von *250* bis *500 €* in **Modell vier** mit Exp(b)=-1,27***; in **Modell fünf** mit Exp(b)=-1,18**), *Bildungs- bzw. Lerninteresse des Kindes* mit positiven Effekten (in **Modell vier** mit Exp(b)=-0,31***; in **Modell fünf** mit (Exp(b)=-0,30***). Überraschend ist der Befund, dass der Indikator *Häufigkeit kultureller Praktiken des Kindes* keinen (vollständig) signifikanten Effekt auf die Schulwahlentscheidung der Eltern in **Modell fünf** hervorruft (Exp(b)=-0,44 bei p=0,079), obwohl sich dafür ein bedeutender in der explorativen Analyse nachweisen lässt. Die Effekte der vorher untersuchten Indikatoren des familialen Bildungsverhaltens auf die Elternentscheidung werden in einem nur sehr geringen Maße durch die *kulturelle Praxis der Kinder* in **Modell fünf** erklärt.

In den folgenden **Modellen** (**sechs** bis **acht**) werden ausschließlich die Einflüsse institutioneller Faktoren auf die Bildungsentscheidungen der Eltern betrachtet. Die Effekte der Konstrukte zum schulischen Verhalten und Befinden sowie zu den Erfahrungen des Kindes in der Schule als Elemente der institutionellen Sozialisation der Schüler/innen im engeren Sinne werden im **sechsten Modell** behandelt. In Anbetracht dessen, dass dieses Modell und *Modell fünf* in der explorativen Analyse identisch sind und gleiche Befunde beinhalten, werden auch diese hier nicht nochmalig vorgestellt und erläutert (vgl. dazu die Ausführungen im vorhergehenden Abschnitt).

Die Bedeutung der *Zensuren in den beiden Kernfächern, Deutsch und Mathematik*, für die Übertrittsentscheidungen der Eltern ist unbestritten und befindet sich im Fokus von **Modell sieben** neben den Schichteffekten und den Effekten der Konstrukte zur schulischen Sozialisation.[318] Die beiden *Fachnoten* allein erklären 24,8% der Varianzen in den Übertrittsentscheidungen der Eltern im Verhältnis zur Determination in *Modell sechs* (nur Konstrukte zur schulischen Sozialisation und Schichtindizes) und 35% im Verhältnis zu *Modell eins* (nur Schichtindizes; absolut 59,8%; $chi^2$=326,30***; N=457). Die beiden Schwellenwerte steigen in diesem Modell essentiell an (Gymnasiale Schullaufbahn bei -13,63***; mittlere Schullaufbahn bei -10,27***). Das bedeutet, dass

---

318 Diese beiden *Fachnoten* stellen bekanntlich u. a. die wichtigsten Kriterien der Grundschulempfehlungen und Elternentscheidungen dar. Schulnoten und Kompetenzen zeichnen sich auf konzeptueller Ebene durch eine große Schnittmenge aus, d. h. Kompetenzen oder Testleistungen sind richtungsweisend stets prädiktiv für Schulnoten (vgl. Maaz & Nagy, 2009, an früherem Ort; oder Ditton & Krüsken, 2009a, S. 77: Zum Verhältnis von Testleistungen und Noten und zur Diskussion über die diagnostische und prognostische Validität von Fachnoten in der Grundschule für Schulleistungen auf der Primarstufe und Schulerfolg auf der Sekundarstufe I). Dennoch sind sie nicht als identisch oder konvergent bzw. kongruent in Anbetracht unterschiedlicher, aber dennoch überlappender interner Konsistenzen zu behandeln, denn in Noten fließen stets noch weitere Beurteilungsmaßstäbe wie beispielsweise soziale, personale oder institutionelle Faktoren (z. B. Niveauunterschiede zwischen Klassen) oder bedingt auch Merkmale des Unterrichts ein (vgl. Maaz & Nagy, 2009; oder Kuhn & Fischer, 2011, an früherem Ort; sowie Klieme, 2003, S. 201–209; oder Milek, Lüdtke, Trautwein, Maaz & Stubbe, 2009, S. 285, in Anlehnung an Baumert, Trautwein & Artelt, 2003: Moderater Zusammenhang zwischen Testleistungen und Schulnoten, u. a. auch im Hinblick auf Unvollständigkeit ihrer Reliabilität und Validität; Hülür, Wilhelm & Robitzsch, 2011: Mittlerer Zusammenhang zwischen Schülerleistungen in standardisierten Leistungstests und Schulnoten im selbigen Fach; Ziegenspeck, 1999, zur Entwicklung von Zeugnissen und Schulnoten im Allgemeinen und schichtspezifische Differenzen in Bezug darauf, S. 150–156). Zudem werden Fachnoten oftmals auch unterschiedliche Bezugsnormorientierungen wie die individuellen, sozialen oder sachlichen zugrunde gelegt (vgl. Klieme, 2003, S. 198; Jung, 2013, S. 48–50 zu Normen von Benotungen; Peter, Donat, Umlauft & Dalbert, 2013, S. 18–21 zu Fragen der Notengerechtigkeit und Normen von Schulnoten). Bekanntermaßen sind die Leistungen von Schülerinnen und Schülern, insbesondere in den ersten Grundschuljahren, in vielerlei Hinsicht abhängig von personalen Merkmalen oder Unterrichtsstilen der Lehrkräfte. Schulische Beurteilungen in Form von Noten unterliegen in den meisten Fällen zum Teil auch einem subjektiven Faktor seitens der Lehrkräfte. So fließt das soziale Betragen der Schüler(innen), d. h. ihre sozial-emotionalen Kompetenzen im weitesten Sinne, stets auch in die Beurteilungen der Lehrer(innen) mit ein (vgl. z. B. Jung, 2013, S. 89–92 zur Polyvalenz und Fehlerquellen von Schulnoten; Sacher, 2009, S. 22–31 zu Funktionen von Prüfungen, Zeugnissen und Zensuren; und die Ausführungen zu den Empfehlungen der Kultusministerkonferenz zur Benotungspraxis an früherem Ort). Diese Einflüsse lassen sich allerdings nur schwer überprüfen und kontrollieren.

dieses Modell eine gute Schätzung der elterlichen Bildungsentscheidungen bzw. der Übergänge liefert, was die Relevanz der beiden *Fachnoten* dafür unterstreicht. Gegenüber *Modell eins* sind die Schichteffekte in **Modell sieben** durch Hinzunahme der beiden *Fachnoten* in die Analyse deutlich reduziert und ebenso auch, aber nur in einem geringeren Maße, gegenüber *Modell sechs* (Oberschicht mit Exp(b)=-3,49***; obere Mittelschicht mit Exp(b)=-1,78**; mittlere Mittelschicht mit Exp(b)=-1,57**; untere Mittelschicht mit Exp(b)=-0,49). Abgesehen von der unteren Mittelschicht besitzen sie aber dennoch ein hoch signifikantes Niveau. Dies bedeutet: Die Wirkeffekte der beiden *Fachnoten* auf die Bildungsentscheidungen der Eltern sind nicht ausschließlich an den sozialen Hintergrund geknüpft. Demnach orientieren sich Eltern bei ihrer Schulwahl nicht nur an den beiden *Fachnoten*, sondern überdies auch an ihrem sozialen Status. Damit sind Herkunftseffekte in den Elternentscheidungen über die Einflüsse der *Noten des Kindes*, seines *schulbezogenen Wohlbefindens*, *Problemverhaltens* und seiner *Erfahrungen in der Schule darauf* hinaus zu konstatieren. Die Effekte (Logits) der beiden *Leistungsparameter* (*Fachnoten*) sind hier hinsichtlich ihrer Größe fast identisch (Deutschnote mit Exp(b)=-1,28***; Mathematiknote mit Exp(b)=-1,16***) und bringen Folgendes zum Ausdruck: Eine höhere Stufe auf der Notenskala, unter Berücksichtigung der Polung, verdoppelt die Chance eines Kindes darauf, dass es auf der Sekundarstufe I eine höhere als eine niedrigere Schullaufbahn aufnehmen wird. Die vormals signifikanten Effekte der Konstrukte des *schulischen Wohlbefindens*, *Problemverhaltens* und der *Opfererfahrungen des Kindes in der Schule* verschwinden in **Modell sieben** gänzlich. Gleiches ist ebenso im nächsten **achten Modell** festzustellen. Es ist anzunehmen, dass deren Effekte auf die Schulwahl der Eltern über die beiden *Fachleistungen*, die *Deutsch-* und *Mathematiknote*, vermittelt werden bzw. damit konfundiert sind.

In **Modell acht** werden die *Grundschulempfehlungen*, die *Gymnasialempfehlung* und *Empfehlung für mittlere Schullaufbahnen* mit der *Hauptschulempfehlung* als Referenz, in den Blick genommen. Sie werden zusätzlich zu den bereits genannten schulbezogenen Prädiktoren aus der letzten Untersuchung in die Analyse mitaufgenommen. Der inkrementelle Varianzanteil in den Elternentscheidungen, der auf die Grundschulempfehlungen allein zurückzuführen ist, umfasst in Relation zu *Modell sieben* 14,8% (absolut 74,6%; $chi^2$=432,81***; N=430). Die Effektstärken (Logits) der beiden *Empfehlungen* sind als erheblich und hoch signifikant einzustufen. Schüler/innen mit einer *Gymnasialempfehlung* haben nach der Elternentscheidung im Vergleich zu denjenigen mit einer *Hauptschulempfehlung* eine fast sechsfach höhere Chance darauf, an eine weiterführende Schule nach der Grundschule überzutreten oder eine höhere als eine niedrigere Schullaufbahn einzuschlagen (Exp(b)= -5,75***). Dieses Chancenverhältnis beträgt für Kinder mit einer *Empfehlung für mittlere Schullaufbahnen* (Realschule etc.) nur noch die Hälfte (Exp(b)=-2,65***). Im Vergleich zu *Modell sieben* werden die beiden Schwellenwerte in diesem Modell etwas dezimiert, weisen aber dennoch jeweils ein hoch signifikantes Ergebnis auf (Gymnasiale Schullaufbahn bei -11,21***; mittlere Schullaufbahn bei -6,71***). Somit ist auch hier von einer guten Schätzung des Kriteriums auszugehen. Desgleichen verringern sich die Schichteffekte in **Modell acht** gegenüber *Modell sieben* bedeutend. Überraschend ist der Befund, dass ein signifikanter Herkunftseffekt in den Bildungsentscheidungen der Eltern aus der oberen Mittelschicht (fast) nicht mehr vorliegt. Lediglich bei der Oberschicht und mittleren Mittelschicht ist ein solcher noch zu finden (Oberschicht mit Exp(b)=-2,98**; obere Mittelschicht mit Exp(b)=-1,00 bei p=0,06; mittlere Mittelschicht mit Exp(b)=-1,10*; untere Mittelschicht mit Exp(b)=-0,23). Demnach unterscheiden sich die Bildungschancen der Kinder aus der oberen Mittelschicht dann nicht mehr signifikant von denen der Kinder aus der Unterschicht, wenn neben subjektiven Parametern wie *schulisches Wohlbefinden, Problemverhalten* und *Opfererfahrungen des Kindes in der Schule* auch die beiden *Fachnoten in Deutsch und Mathematik* und die *Grundschulempfehlungen* in die Analyse einfließen. Die Wahrscheinlichkeit des Besuchs einer weiterführenden Schulform auf der Sekundarstufe I nach der Grundschule oder der Anmeldung eines Kinder für eine höhere als für eine niedrigere Schullaufbahn ist demzufolge für Kinder aus der Oberschicht um fast das Dreifache höher als für Kinder aus der Unterschicht bei gleichen Ausgangsbedingungen. Außerdem weisen die Befunde in der Ergebnistabelle darauf hin (vgl. Tabelle 19), dass die Effekte der beiden *Grundschulempfehlungen* einen wesentlichen Anteil des Einflusses der beiden *Fachnoten* auf die Schulwahl der Eltern auf sich verbuchen können, denn die Effekte letzterer auf die Elternentscheidungen haben sich im **achten Modell** gegenüber *Modell sieben* deutlich verkleinert (Deutschnote mit Exp(b)=-0,53*; Mathematiknote mit Exp(b)=-0,82***), was vor allem am Einfluss der Deutschnote auf die Kriterien zu erkennen ist, deren Effektgröße auf weniger als die Hälfte geschrumpft ist.

Diese Ergebnisse lassen sich folgendermaßen interpretieren (vgl. Gresch, Baumert & Maaz, 2009): *Grundschulempfehlungen* sind für den Übertritt in weiterführende Schulen in einigen Bundesländern rechtlich bindend (*Schulrecht vor Elternrecht*), in anderen stellen sie lediglich eine Orientierung für die Bildungsentscheidung der Eltern dar (*Elternrecht vor Schulrecht*). Dies erklärt im Wesentlichen die erhebliche Größe ihrer Effekte darauf: Grundschulempfehlungen gelten und fungieren als feste und nicht veränderbare Konstanten bzw. Determinanten von Übertrittsentscheidungen in allen Schulsystemen der BRD. In Übereinstimmung mit dem empirischen Forschungsstand entscheiden aber Eltern (und auch die Grundschulen) in der Regel nicht punktuell, allein und unmittelbar vor dem Übertritt eines Kindes am Ende des letzten Grundschuljahres auf die Sekundarstufe I über eine geeignete Schullaufbahn für ein Kind (vgl. Ditton & Krüsken, 2009a, S. 76 und 78–79, oder Wohlkinger & Ditton, 2012, S. 45)[319]. Dieser Entscheidung geht faktisch und in den meisten Fällen ein wechselseitiger Anpassungsprozess zwischen dem Elternwillen und den Vorstellungen der Grundschullehrkräfte voraus, d. h. die Entscheidungsformation erstreckt sich binnen eines längeren Zeitraums (vgl. dazu Kapitel 2.1 im Theoriekapitel). Insofern sind die rechtlichen Bestimmungen hierzu in ihrer unmittelbaren Bedeutung und Wirksamkeit als relativ einzustufen und zu bewerten. Darüber hinaus legen die Forschungsergebnisse hier die Annahme nahe, dass die *Grundschulempfehlungen die Herkunftseffekte in den Bildungsentscheidungen der Eltern wesentlich erklären*. Dies ist insbesondere in der oberen Mittelschicht zu beobachten. Es ist anzunehmen, dass sich Eltern aus dieser Schicht, ähnlich wie diejenigen aus der Unterschicht, vermutlich stärker an die Vorgaben der Grundschule anpassen und diese mehr assimilieren als Eltern aus der Oberschicht oder mittleren Mittelschicht unter sonst konstanten Bedingungen.[320] Zwar sind auch subjektive Faktoren (Befinden, Verhalten und Erfahrungen des Kindes in der Schule) und Leistungsaspekte (*Fachnoten*) für die Elternentscheidungen ausschlaggebend, die mit hoher Wahrscheinlichkeit, zusammengenommen oder jedes Faktorenbündel für sich, einen Anteil der Herkunftseffekte in den Elternentscheidungen aufklären können, aber im Vergleich zur Wirkweise der *Grundschulempfehlungen* einen eben nur geringen. Dennoch gibt es auch eine Elterngruppe, nämlich diejenigen aus der Oberschicht und mittleren Mittelschicht, die ihren Willen gegenüber den *Empfehlungen der Grundschullehrkräfte* durchzusetzen vermögen und die beiden *Fachnoten* mehr oder weniger akzeptieren oder ignorieren (*soziales Bias*). Der signifikante Herkunftseffekt bei der Oberschicht und mittleren Mittelschicht deutet darauf hin. Sicherlich ist dies in besonderen Fällen bei schulischen Leistungen im Grenzbereich des Möglichen, wenn diese eine Gymnasial- oder Realschulempfehlung gerade noch zulassen und eine Realschul- oder Hautschulempfehlung wahrscheinlich machen, oder in zweifelhaften Fällen denkbar.[321]

---

319 Vgl. Ditton & Krüsken, 2009a, S. 76 und 78–79, oder Wohlkinger & Ditton, 2012, S. 45: Zu Abstimmungsprozesse, Beratungen und konfligierende Interessen zwischen Grundschullehrkräften und Eltern sowie zur Anbahnung von Bildungsentscheidungen, zu Vorüberlegungen, Vorentscheidungen, Entscheidungsverläufen und zur Kritik an Modellen rationaler Wahl als punktuelles Ereignis der Güterabwägung am Entscheidungszeitpunkt der Schullaufbahnwahl am Ende der Grundschulzeit des Kindes.

320 Allerdings verfehlt dieser Unterschied nur knapp ein signifikantes Niveau.

321 Vgl. dazu die Befunde von Ditton & Krüsken, 2006a, S. 363–364 und 368 für Grundschulempfehlungen in Bayern: Ein hoher Entscheidungsspielraum und ein relativ hoch eingeschätzter Schwierigkeitsgrad von Lehrkräften, eine Entscheidung zu finden bei einem Notendurchschnitt von 2,33 (Cut-Off, Trennlinie bzw. Grenzbereich zwischen Gymnasial- und Realschulempfehlung) oder 2,66 (Cut-Off, Trennlinie bzw. Grenzbereich zwischen Realschul- und Hauptschulempfehlung): Bei diesen Notendurchschnitten kommen nichtleistungsrelevante Merkmale wie der Bildungsstatus, die Aspirationen, der sozioökonomi-

Aus dem hoch signifikanten Effekt der Oberschicht in **Modell acht** ist außerdem zu schließen, dass Kindern aus dieser Schicht offenbar mehr zugetraut wird als denen aus anderen Schichten bei gleichen Voraussetzungen, Leistungen und Bedingungen, in Anbetracht des sozialen Hintergrunds und der damit verbundenen Möglichkeiten sowie der erwarteten Erfolgsaussichten dieser Kinder auf der Sekundarstufe I in Abhängigkeit davon.[322] Ferner kommt hinzu, dass selbst Noten nicht immer eindeutig objektiv sind, das Kompetenzniveau eines Kindes präzise widerspiegeln und oftmals einem sozialen Kriterium unterliegen.[323] Umso mehr erstaunt aber ein solches *Bias* zugunsten der Kinder aus der Oberschicht jenseits der Fachnoten. Unbestritten ist auch, dass die beiden hier fokussierten *Fachnoten* in den Kernfächern als zentrale Kriterien in den Grundschulempfehlungen Berücksichtigung finden, was in den jeweiligen gesetzlichen Bestimmungen der Schulsysteme der Bundesländer zum Übertritt

---

sche Hintergrund oder die bildungsrelevanten Unterstützungsleistungen der Eltern sowie das Sozialverhalten und die Arbeitsweise des Kindes in den Grundschulempfehlungen zum Tragen.

322 Im Hinblick auf Erfolgsaussichten gehen Grundschullehrkräfte häufig davon aus, dass Kinder aus gehobenen sozialen Schichten mehr Unterstützung und Förderung von ihren Familien erfahren, um in der Schule erfolgreich sein zu können.

323 Ein *Bias* in den Noten aufgrund der sozialen Herkunft der Schüler(innen) oder ihres Betragens im Unterricht wird hier vermutet (vgl. dazu die Untersuchung von Maaz & Nagy, 2009, zur Abschätzung der primären und sekundären Herkunftseffekte in den Schulnoten in der Grundschule: Sekundäre Herkunftseffekte in den Leistungsbeurteilungen, d. h. den Fachnoten, resultieren aus direkten Effekten der sozialen Herkunft auf die Fachnoten bei Kontrolle der jeweiligen schulischen Leistungen und Kompetenzen im Pfadmodell, S. 171–173 und 178: Schlechtere Beurteilungen der Schulleistungen von Kindern aus sozial weniger begünstigten Familien im Vergleich zur Benotung der Schulleistungen von Kindern aus sozial bevorteilten Familien bei gleichem Niveau in den Schulleistungen; zu den Determinanten von Schulnoten vgl. die Zusammenfassung des Forschungsstandes von Kuhn & Fischer, 2011, S. 146; zum *sozialen Bias* in Schulnoten und Übertrittsempfehlungen in Zusammenhang mit diagnostischen und prognostischen Kompetenzen von Grundschullehrkräften, den Anforderungen und Profilen weiterführender Schulen, dem Zeitpunkt der Urteilsbildung von Lehrkräften sowie zur Allokations- und Verteilungspraxis und -problematik in Schulsystemen und zu Entscheidungslogiken am ersten Bildungsübergang vor dem Hintergrund von Angebot und Nachfrage und begrenzter Kapazitäten an weiterführenden Schulen vgl. Ditton & Krüsken, 2009a, S. 77–78; oder die Studien von Maaz, Baeriswyl & Trautwein, 2013, zu Effekte der sozialen Herkunft in der Leistungsdiagnostik; vgl. die Übersicht des Forschungsstandes zur Funktionalität von Schulnoten bei Milek, Lüdtke, Trautwein, Maaz & Stubbe, 2009, S. 285: Schulnoten erfüllen neben leistungsdiagnostischen Gesichtspunkten auch pädagogische Funktionen, insofern als auch individuelle Merkmale von Schülerinnen und Schülern wie die Lernmotivation, Lernentwicklung und der Leistungsfortschritt darin angerechnet werden oder das Leistungsniveau auf Klassen- oder Schulebene als Referenzgruppeneffekt in Rechnung gestellt wird; Singer, 1981, zu theoretischen Grundlagen des normativen Referenzgruppeneffektes).

in weiterführende Schulen nach der Grundschule festgeschrieben ist.[324] Vor diesem Hintergrund erklären die *Grundschulempfehlungen* einen Großteil der Effekte der beiden in dieser Analyse betrachteten *Fachnoten* auf die Bildungsentscheidungen der Eltern. Das heißt, Noten sind mit Empfehlungen fast perfekt konfundiert. Trotzdem zeigen sie über die Effekte der *Grundschulempfehlungen* hinausgehende, unabhängige und eigenständige Effekte auf die Elternentscheidungen. Dies gilt in erster Linie für die *Mathematiknote*, aber auch in einem vergleichsweise etwas geringeren Maße für die *Deutschnote*. Eltern messen damit der *Mathematiknote* offenbar ein größeres Gewicht in ihren Bildungsentscheidungen als der *Deutschnote* bei. Aufgrund dessen ist mutzumaßen, dass Eltern oder auch Lehrkräfte davon ausgehen, dass eine mathematische Begabung nicht erworben werden könne und die Förderung mathematischer Kompetenzen Aufgabe der Schule sei, sprachliche Kompetenzen dagegen auch außerhalb der Schule, insbesondere im häuslichen Kontext, erworben werden können oder sich im zeitlichen Verlauf per se verbessern. Zudem sind Eltern die Inhalte von Lehrplänen in Mathematik meist unbekannt. Es wird vermutet, dass außer dem sozialen Status die *Fachnoten* in beiden Kernfächern die Grundlage der Bildungsentscheidungen der Eltern aus der Oberschicht darstellen. Dies soll vor allem dann der Fall sein und gelten, wenn der Elternwillen und die Grundschulempfehlung auseinanderklaffen. Außerdem fließen in die *Grundschulempfehlungen* neben Leistungsaspekten wie den *Fachnoten* bekanntlich noch weitere Beurteilungskriterien ein wie beispielsweise das soziale Betragen und die Arbeitshaltung einer Schülerin oder eines Schülers (Persönlichkeitsmerkmale) oder die Erfolgsaussichten auf der Sekundarstufe I. Es ist anzunehmen, dass Schüler(innen) aus sozial bevorteilten Elternhäusern mehr darüber verfügen, wenn auch sich diese individuellen Merkmale und ebenso familiale wie sozioökonomische und sozialstrukturelle Merkmale in der

324 Vgl. dazu die Ausführungen zu den schulrechtlichen Übertrittsbestimmungen der Länder an früherem Ort (vgl. Übersicht 1 im Anhang) oder die Übersicht bei Wagner, Helmke & Schrader, 2009, S. 185: Größere Bedeutung der Deutsch- als der Mathematiknote in den Empfehlungen und für den Übertritt an weiterführende Schulen; sowie im Hinblick darauf die Forschungsergebnisse von Ditton, Krüsken & Schauenberg, 2005, oder Ditton & Krüsken, 2009a, S. 76: Neben den Fachnoten in den beiden Kernfächern Deutsch und Mathematik geht ebenso die Fachnote im Sachkundeunterricht in den für den Besuch einer weiterführenden Schule erforderlichen Notendurchschnitt als zentrales Kriterium der Grundschulempfehlung ein. Wie jedoch die schulrechtlichen Bestimmungen in Bayern und auch anderen Bundesländern verdeutlichen, liegt ein besonderes Augenmerk in den Empfehlungen jedoch auf den Fachnoten in den beiden Kernfächern, weshalb nur diese beiden als Leistungsparameter in die Analysen miteinbezogen wurden. In allen schulrechtlichen Rahmenbedingungen des Übergangs von der Grundschule in die Sekundarstufe I spielen die Deutsch- und Mathematiknote eine herausragende Rolle. In den weiteren zentralen Bedingungen und auch Nebenbedingungen dafür unterscheiden sich die gesetzlichen Bestimmungen in den Schulsystemen der Länder jedoch zum Teil erheblich.

Praxis in einem eher geringeren Maße im Vergleich zu den *Fachnoten* in den beiden Kernfächern und Sachkunde in den Empfehlungen niederschlagen.[325] Sowohl in den Empfehlungen der Kultusministerkonferenz als auch in den gesetzlichen Bestimmungen der Schulsysteme der Länder wird explizit darauf hingewiesen, auch personale und soziale Merkmale der Schüler/innen in der Empfehlungspraxis zu berücksichtigen. Damit wird Lehrkräften für ihre Empfehlungspraxis ein jenseits von *Noten* erweiterter Ermessens- und Entscheidungsspielraum eingeräumt. Die Befunde aus den Analysen der *Grundschulempfehlungen* können diese Aspekte und Zusammenhänge im Wesentlichen bestätigen. Gleichfalls ist anzumerken, dass die *Grundschulempfehlungen* eine entscheidende Determinante der Übertrittsentscheidungen der Eltern darstellen und Eltern in ihrer Funktion eine Orientierung für ihre Überlegungen unabhängig von den gesetzlichen Rahmenbedingungen zur Verfügung stellen.

Im **neunten Modell** werden alle bisher behandelten und besprochenen Prädiktoren aus den *Modellen eins bis acht* in eine Analyse zusammengeführt und simultan analysiert, um so deren relative Einflüsse auf die Bildungsentscheidungen der Eltern abschätzen und genau bestimmen zu können. In **Modell zehn** kommen die *Bildungsaspirationen der Eltern* und die *Schulwünsche der Kinder* als Moderator- bzw. Kontrollvariablen in die Analyse hinzu, in **Modell elf** das *Geschlecht des Kindes* als weitere Kontrollvariable und in **Modell zwölf** verschiedene *regionale Parameter*: Übertrittsregelung der Länder (*Elternrecht vor Schulrecht* und vice versa als Referenz), *neues* oder *altes Bundesland* (Ost als Referenz) und *städtische* oder *ländliche Region* (Land als Referenz). Die Schwellenwerte der beiden weiterführenden Schullaufbahnen in diesen Analysen verdeutlichen infolge kontinuierlicher Erhöhungen eine stetige Verbesserung der Schätzung der elterlichen Bildungsentscheidungen auf der Basis dieser Modelle.[326] Lediglich im **zwölften Modell** ist dahingehend ein leichter Trend abwärts durch die Hinzunahme der regionalen Parameter in die Untersuchung festzustellen. Ebenso nehmen die Varianzaufklärungen von Modell zu Modell fortwährend zu, wobei bedeutende Zuwächse dafür nur bis einschließlich **Mo-**

325 Vgl. die Empfehlungen der Kultusministerkonferenz an früherem Ort, oder die Übersicht bei Ditton & Krüsken, 2009a, S. 77–78 oder Wohlkinger & Ditton, 2012, S. 45, sowie Ditton, Krüsken & Schauenberg, 2005, zu den relativen Effekten der Fachnoten in Deutsch, Mathematik und Sachkunde auf die Gymnasial- und Hauptschulempfehlung im Vergleich zu den Bildungsaspirationen von Eltern.

326 Schätzer der Schwellenwerte in **Modell neun**: Gymnasiale Schullaufbahn bei -13,54***; mittlere Schullaufbahn bei -8,75***; in **Modell zehn**: Gymnasiale Schullaufbahn bei -20,19***; mittlere Schullaufbahn bei -12,39***; in **Modell elf**: Gymnasiale Schullaufbahn bei -20,69***; mittlere Schullaufbahn bei -12,71***; in **Modell zwölf**: Gymnasiale Schullaufbahn bei -18,87***; mittlere Schullaufbahn bei -10,39***.

**dell zehn** zu ermitteln sind[327] und darüber hinaus die weiteren als eher gering einzustufen sind (**Modell elf** und **zwölf**).[328] Über die Effekte der einzelnen Prädiktoren in den **Modellen neun** bis **zwölf** lassen sich folgende Erkenntnisse zusammenfassen: Es liegt nur noch in **Modell neun** ein signifikanter Herkunftseffekt der Oberschicht vor (Exp(b)=-2,59**), der eine ähnliche, aber etwas reduzierte, Größe wie in **Modell acht** aufweist und in den **Modellen elf** und **zwölf** ein signifikantes Niveau verfehlt (in **Modell zehn** mit Exp(b)=-1,78 bei p=0,11; **Modell elf** mit Exp(b)=-1,94 bei p=0,09; in **Modell zwölf** mit Exp(b)=-2,28 bei p=0,06). Demnach besteht nur noch in **Modell neun** ein essentieller Unterschied zwischen Eltern aus der Oberschicht und Unterschicht in ihren Schulwahlentscheidungen bei überdies konstanten Bedingungen. Das bedeutet, dass für Kinder aus der Oberschicht die Chance, nach der Grundschule eine weiterführende Schule zu besuchen oder in eine höhere als in eine niedrigere Schullaufbahn zu wechseln, um das Zweieinhalbfache höher ausfällt im Vergleich zu Kindern aus der Unterschicht. Darüber hinaus sind in den weiteren Modellen keine substantiellen Schichteffekte in den Elternentscheidungen festzustellen, was darauf hindeutet, dass die ausgewählten Prädiktoren und ebenso die Moderator-/Kontrollvariablen die Herkunftseffekte in den elterlichen Übertrittsentscheidungen im Großen und Ganzen aufklären können.

Von den Dimensionen der Persönlichkeit des Kindes übt allein noch der Resilienzfaktor *Selbstwirksamkeit* einen signifikant positiven Einfluss auf die Elternentscheidungen in **Modell neun** aus mit fast doppelt so großer Effektstärke im Vergleich zu *Modell fünf*, was wiederum *Suppressoreffekte*, von anderen Prädiktoren ausgehend, vermuten lässt. Demzufolge verdoppeln sich die Bildungschancen von Kindern immer dann, je *selbstwirksamer* sie von anderen Personen wahrgenommen werden. Die Effektstärke dieser Eigenschaft bleibt im Weiteren größtenteils stabil, erreicht allerdings in **Modell zehn** nicht (ganz) ein signifikantes Niveau und legt in den **Modellen elf** und **zwölf** an Substanz wie-

327 In **Modell neun** beträgt die gesamte Varianzaufklärung 77,2% ($chi^2$=431,16***; N=404). Daraus ergibt sich ein Zuwachs an in den Kriterien aufgeklärten Varianzen in Relation zu **Modell acht** mit nur institutionellen Faktoren von 2,6%, der ausschließlich auf die personalen Merkmale der Kinder, die familialen Sozialisationsbedingungen und das familiale Bildungsverhalten zurückzuführen ist. Dieser Anteil ist als eher gering einzustufen und höchstwahrscheinlich aufgrund von Konfundierungen zwischen allen beteiligten Prädiktoren zustande gekommen. Wesentlich mehr Varianzen in den Kriterien können dagegen die beiden Moderatoren bzw. Kontrollvariablen *Bildungsaspirationen der Eltern* und *Schulwünsche der Kinder* mit 10,4% in **Modell zehn** gegenüber der Varianzaufklärung in **Modell neun** aufklären (absolut 87,6%; $chi^2$=507,26***; N=383).

328 Der inkrementelle Varianzanteil der Kontrollvariable *Geschlecht des Kindes* in den Kriterien liegt in **Modell elf** bei 0,2% (absolut 87,8%; $chi^2$=509,28***; N=382), derjenige der *regionalen Parameter* (Moderator/-Kontrollvariablen) in **Modell zwölf** bei 0,7% (absolut 88,5%; $chi^2$=518,03***; N=382), jeweils in Relation zur Determination im Modell davor.

der zu, was womöglich auf die Kontrollvariable *Geschlecht des Kindes* zurückzuführen ist (*Suppression*).[329]

Von den Prädiktoren des familialen Zusammenlebens lässt sich nur noch für das Konstrukt *kindzentrierte Kommunikation der Mutter* ein hoch signifikant positiver Effekt auf die elterlichen Übertrittsentscheidungen in **Modell neun** nachweisen (Exp(b)=-0,89**), der darin vergleichsweise mehr Stärke zeigt als in den *Modellen drei* bis *fünf*, in den **Modellen zehn** bis **zwölf** aber an Größe und Substanz deutlich verliert, was wohl im Wesentlichen auf die beiden Moderator-/Kontrollvariablen *Bildungsaspirationen der Eltern* und *Schulwünsche der Kinder* in **Modell zehn** zurückzuführen ist.

Desgleichen ist von den Indikatoren des familialen Bildungsverhaltens nur noch einer, nämlich Bildungsinvestitionen, in den letzten vier **Modellen** (**neun** bis **zwölf**) für die Schullaufbahnentscheidungen der Eltern mit sehr substantiellen, herausragend positiven Effekten ausschlaggebend: *Sehr hohe* und *hohe Bildungsausgaben der Eltern*[330] in einem Umfang *von 250 bis 500 €* oder *von 504 bis 970 € im Jahr* während der Grundschuljahre des Kindes führen im Vergleich zur Referenz *keine finanziellen Bildungsausgaben* zu einer signifikant höheren Wahrscheinlichkeit dazu, dass sich Eltern eher für eine höhere als für eine niedrigere Schullaufbahn für ihr Kind entscheiden.[331] Die jeweiligen Effekte bringen zum Ausdruck: Die Chance des Besuchs einer weiterführenden Schule nach der Grundschule oder der Anmeldung eines Kindes für eine höhere als für eine niedrigere Schullaufbahn verdoppelt bis verdreifacht sich immer dann, je mehr Bildungsausgaben, d. h. *hohe* oder *sehr hohe Bildungsinvestitionen*, Eltern tätigen. Diese Zusammenhänge sind wenig überraschend, entsprechen weitgehend den Erwartungen und fallen allesamt in den **Modellen neun** bis **zwölf** bedeutend größer aus als in *Modell fünf*. Vor allem in **Modell zehn** nehmen die Effektstärken beider Möglichkeiten von Bildungsinvestitionen erheblich zu, was

329 Der Resilienzfaktor *Selbstwirksamkeit des Kindes* erzielt folgende Effektgrößen: In **Modell fünf** mit Exp(b)=-0,66*; in **Modell neun** mit Exp(b)=-1,17**; in **Modell zehn** mit Exp(b)=-1,21 mit p=0,05; in **Modell elf** bei Exp(b)=-1,46*; in **Modell zwölf** bei Exp(b)=-1,44*.

330 Dies betrifft den Indikator *finanzielle Investitionen der Eltern in außerschulische Unterrichtsstunden für das Kind im Jahr*. Für die ordinale logistische Regressionsanalyse sind die Angaben der Eltern dazu in € zu vier Kategorien, in der Größenordnung abwärts, gruppiert worden.

331 Im Detail ergeben sich dafür folgende Effekte: In **Modell neun** Ausgaben von 504 bis 970 € im Jahr mit Exp(b)=-1,76*; Ausgaben von 250 bis 500 € im Jahr mit Exp(b)=-1,42**; in **Modell zehn** Ausgaben von 504 bis 970 € im Jahr mit Exp(b)=-1,97*; Ausgaben von 250 bis 500 € im Jahr mit Exp(b)=-2,61**; in **Modell elf** Ausgaben von 504 bis 970 € im Jahr mit Exp(b)=-1,99*; Ausgaben von 250 bis 500 € im Jahr mit Exp(b)=-2,66**; in **Modell zwölf** Ausgaben von 504 bis 970 € im Jahr mit Exp(b)=-1,96*; Ausgaben von 250 bis 500 € im Jahr mit Exp(b)=-2,94**.

möglicherweise den *Aspirationen der Eltern* und *Ambitionen der Kinder* in ihrer Funktion als Moderator-/Kontrollvariablen ursächlich geschuldet ist und *Suppressionen* durch diese Variablen nahelegt. In den **Modellen elf** und **zwölf** bleiben die Effekte beider Kategorien im Wesentlichen auf einem konstant hohen Niveau, legen sogar noch etwas zu. Insbesondere die hoch signifikanten Effektgrößen *hoher Bildungsausgaben (Bildungsausgaben von 250 bis 500 € im Jahr)* sind auffällig und hervorzuheben. Ein weiterer Anstieg der Effektstärke dieser Kategorie ist zudem in **Modell zwölf** infolge der Hinzunahme *regionaler Parameter* (Angebotsstruktur) als Moderator-/Kontrollvariablen in die Analyse festzustellen. Es ist anzunehmen, dass letztere Faktoren und ebenso die beiden *Fachnoten* und *Grundschulempfehlungen* als institutionelle Parameter einen Anteil der Effekte der *Bildungsausgaben der Eltern* auf die Schullaufbahnentscheidungen auf sich verbuchen können (*Suppressionen*), wie auch die Aspirationen der Eltern oder Ambitionen des Kindes (*Konfundierungen*), wenn auch nicht in dem Maße wie letztere Indikatoren.

Von den institutionellen Sozialisationsbedingungen erreicht nur das Konstrukt *Opfererfahrungen des Kindes in der Schule* annehmbare Effekte auf die Elternentscheidungen mit jeweils negativer Wirkrichtung in den **Modellen zehn** und **elf** (in **Modell zehn** mit Exp(b)=0,76 bei p=0,08; in **Modell elf** mit Exp(b)=0,74 bei p=0,10), die jedoch aufgrund der fehlenden Signifikanz nicht ins Gewicht fallen.

Die Effekte der *Deutsch-* und *Mathematiknote* sowie der *Grundschulempfehlungen (Gymnasialempfehlung* und *Empfehlung mittlerer Schullaufbahnen* mit *Hauptschulempfehlung* oder *Empfehlung des Hauptschulzweigs als Referenz*) in den **Modellen neun** bis **zwölf** bleiben, abgesehen von einigen unregelmäßigen Schwankungen, auf einem relativ konstanten Niveau. Tendenziell sind sogar leichte Zuwächse in den Effektgrößen dieser Indikatoren je nach Modell zu ermitteln, insbesondere bei beiden *Fachnoten* und der *Grundschulempfehlung für mittlere Schullaufbahnen*, die hier jedoch nicht weitergehend interpretiert werden.[332] Der Effekt der *Deutschnote* erzielt in den **Modellen zehn** und **elf**

332 Folgende Ergebnisse liegen zu den Effekten der *Grundschulempfehlungen* vor: In **Modell neun** *Gymnasialempfehlung* mit Exp(b)=-6,06***; *Empfehlung für mittlere Laufbahnen* mit Exp(b)=-2,87***; in **Modell zehn** *Gymnasialempfehlung* mit Exp(b)=-5,06***; *Empfehlung für mittlere Schullaufbahnen* mit Exp(b)=-2,87***; in **Modell elf** *Gymnasialempfehlung* mit Exp(b)=-5,24***; *Empfehlung für mittlere Schullaufbahnen* mit Exp(b)=-2,91***; in **Modell zwölf** *Gymnasialempfehlung* mit Exp(b)=-5,44***; *Empfehlung für mittlere Schullaufbahnen* mit Exp(b)=-2,75***. Die Effekte beider Grundschulempfehlungen nehmen in **Modell neun** gegenüber **Modell acht** etwas zu. Der Effekt der *Gymnasialempfehlung* sinkt jedoch in **Modell zehn** und steigt in den letzten beiden **Modellen** (**elf** und **zwölf**) wieder an. Im Gegensatz dazu ist für die Effektgröße der *Empfehlung mittlerer Schullaufbahnen* in **Modell elf** eine Tendenz nach oben, in **Modell zwölf** eine Tendenz nach unten festzustellen. Für die beiden *Fachnoten* sind folgende Ergebnisse festzuhalten: In **Modell neun** *Deutschnote*

nicht mehr (ganz) ein substantielles Ergebnis und verfehlt in **Modell zwölf** gänzlich ein solches. Die *Gymnasialempfehlung* erhöht im Verhältnis zur *Hauptschulempfehlung* (Referenz) die Elternentscheidung für eine weiterführende Schullaufbahn in den **Modellen zehn** bis **zwölf** um mehr als das Fünffache, in **Modell neun** sogar um das Sechsfache. Für die *Empfehlung für eine mittlere Schullaufbahn* beträgt diese Chance knapp das Dreifache (**Modelle neun** bis **zwölf**). Eine gute Mathematiknote verbessert die Aussicht auf eine höhere Bildung um den Faktor von mehr als 0,7 (**Modelle neun** bis **zwölf**), eine gute Deutschnote um den Faktor von mehr als 0,5 (**Modell neun**).

Ferner sind dem *Abiturwunsch der Eltern* (*Aspiration*) in den **Modellen zehn** bis **zwölf** bedeutsame und hoch signifikante Effekte auf die Übertrittsentscheidungen beizumessen. Der Einfluss dieses Indikators gewinnt bei Berücksichtigung *regionaler Parameter* an Bedeutung sogar noch hinzu (*Suppression*). Diese Befunde verdeutlichen: Die *Aspiration der Eltern für das Abitur* führt zu einer vierfach bis sogar fünffach höheren Wahrscheinlichkeit unter sonst gleichen Bedingungen und Voraussetzungen dazu, dass Eltern ihre Kinder am Ende der Grundschule für eine höhere als für eine niedrigere Schullaufbahn auf der Sekundarstufe I anmelden, im Vergleich zur *Aspiration Hauptschulabschluss* als Referenz.[333] Für die *Aspiration der Eltern für einen mittleren Schulabschluss* ist nur in **Modell zwölf** ein substantieller Effekt festzustellen, der in den *vorherigen Modellen* nur annähernd ein signifikantes Ergebnis zeigt: Im Vergleich zum *Wunsch Hauptschulabschluss* liegt hier die genannte Chance um mehr als das Dreifache höher.

Überragende und hoch signifikante Einflüsse auf die Übertrittsentscheidungen der Eltern üben die *Schulwünsche der Kinder* in den **Modellen zehn** bis **zwölf** aus, denen sogar ein größeres Gewicht dafür als den *Grundschulempfehlungen* beizumessen ist: Wünschen sich Kinder, wenn sie retrospektiv gefragt werden, den *Besuch eines Gymnasiums*, so ist es sechs- bis siebenmal wahrscheinlicher unter sonst gleichen Bedingungen, dass sie für eine höhere als für eine niedrigere Schullaufbahn auf der Sekundarstufe I von ihren Eltern angemeldet werden, als wenn Sie sich den *Besuch einer Hauptschule* wünschen. Im Unterschied dazu fällt dieses Chancenverhältnis um fast das Dreifache höher

---

mit Exp(b)=-0,54*; *Mathematiknote* mit Exp(b)=-0,73**; in **Modell zehn** *Deutschnote* mit Exp(b)=-0,61 bei p=0,08; *Mathematiknote* mit Exp(b)=-0,76*; in **Modell elf** *Deutschnote* mit Exp(b)=-0,67 bei p=0,06; *Mathematiknote* mit Exp(b)=-0,77*; in **Modell zwölf** *Deutschnote* mit Exp(b)=-0,49; *Mathematiknote* mit Exp(b)=-0,92**.

333 Für den Indikator *Bildungsaspirationen der Eltern* sind folgende Ergebnisse festzuhalten: Die *Aspiration der Eltern für das Abitur* in **Modell zehn** mit Exp(b)=-4,30**; in **Modell elf** mit Exp(b)=-4,16**; in **Modell zwölf** mit Exp(b)=-5,09**; die *Aspiration der Eltern für einen mittleren Schulabschluss* in **Modell zehn** mit Exp(b)=-2,44 bei p=0,07; in **Modell elf** mit Exp(b)=-2,36 bei p=0,08; in **Modell zwölf** mit Exp(b)=-3,26*.

aus, wenn sich Kinder den *Besuch einer Schule im mittleren Schulsektor* wünschen im Verhältnis zum Wunsch des *Besuchs einer Hauptschule*.[334] Die Effektstärken beider *Schulwünsche der Kinder* gewinnen in **Modell zwölf** in einem geringen Maße hinzu, was *Suppressionen* der Kontroll- bzw. Moderatorvariablen *Geschlecht des Kindes* und *regionale Parameter* vermuten lässt. Von letzteren Indikatoren geht nur von dem Faktor *altes Bundesland* mit Referenz *neues Bundesland* ein hoch signifikant negativer Effekt auf die Elternentscheidung aus (Exp(b)=2,65**, positives Vorzeichen). Dieser Effekt ist in ähnlicher Form in anderen empirischen Untersuchungen zu der Thematik hier zu finden (vgl. Baumert, Cortina & Leschinsky, 2003, S. 59–66) und besagt, dass die Wahrscheinlichkeit, dass sich Eltern für weiterführende Schullaufbahnen entscheiden, für Kinder aus den *alten Ländern* um mehr als das Zweieinhalbfache gemindert ist im Verhältnis zu Kindern aus den *neuen Ländern*, was die Traditionen in West- und Ostdeutschland und vor allem den geringeren Einfluss sozioökonomischer Faktoren in den Bildungsentscheidungen der Eltern aus den *neuen* als in denjenigen der Eltern aus den *alten Ländern* vor dem Hintergrund der ehemals unterschiedlichen politischen Systeme widerspiegelt (vgl. Baumert, Cortina & Leschinsky, 2003, S. 59–66). Für die Variable *Geschlecht des Kindes* sowie die weiteren *regionalen Parameter*, *Übertrittsregelung der Länder* und *Stadt-Land-Unterschied*, liegen dagegen keine signifikanten Effekte und Unterschiede in den Elternentscheidungen vor.

Aus den geschilderten Befunden zur Determination und Erklärung der Übertrittsentscheidungen der Eltern ist als **Zusammenfassung** festzuhalten: Die Herkunftseffekte in den Übertrittsentscheidungen der Eltern werden durch die ausgewählten Prädiktoren im Wesentlichen aufgeklärt. Die zu Beginn erheblichen Herkunftseffekte in den Schullaufbahnentscheidungen der Eltern werden von Modell zu Modell kleiner und besitzen in den letzten drei Modellen kein signifikantes Niveau und keine bedeutende Effektgröße mehr. Tendenziell liegt nur noch bei Eltern aus der Oberschicht ein *soziales Bias* unter Berücksichtigung einer Vielzahl von erklärenden Indikatoren und Konstrukten dahingehend vor, dass sie ihren Willen zugunsten höherer Schullaufbahnen für ihre Kinder, auch gegen die Empfehlungen der Schule, durchsetzen möchten, um ihren sozialen Status in der nächsten Generation sicherzustellen oder in anderen Worten, ihre soziale Position an ihre Kinder weiterzugeben bzw. zu vererben. Neben ihrem sozialen Hintergrund orientieren sich Eltern aber auch am

334 Für die *Schulwünsche der Kinder* werden folgende Effekte ermittelt: *Gymnasiale Schullaufbahn* in **Modell zehn** mit Exp(b)=-6,41***; in **Modell elf** mit Exp(b)=-6,40***; in **Modell zwölf** mit Exp(b)=-6,77***; *mittlere Schullaufbahn* in **Modell zehn** mit Exp(b)=-2,77**; in **Modell elf** mit Exp(b)=-2,78**; in **Modell zwölf** mit Exp(b)=-2,98**.

Kind, vor allem an der *psychosozialen Robustheit* des Kindes, d. h. seiner *Resilienz*, wenn sie sich für eine Schullaufbahn für das Kind entscheiden im Hinblick darauf, ob es den Anforderungen höherer Bildungslaufbahnen psychosozial gewachsen ist und über die dafür nötigen personalen Merkmale verfügt. Außerdem bieten wichtige Anhaltspunkte für ihre Entscheidungen ebenso ihre vorgelagerten *monetären Bildungsinvestitionen in außerschulische Unterrichtsstunden* für das Kind. Damit folgen sie in erster Linie dem *Investmentmodell der Humankapitaltheorie*. Entgegen den Erwartungen spielt für sie das *kulturelle Kapital* ihres Kindes, d. h. seine *kulturellen Praktiken*, keine Rolle für ihre Bildungsentscheidungen. Deutliche Effekte auf die Schulwahlentscheidungen der Eltern gehen jedoch von ihren eigenen Bildungsaspirationen für ihr Kind, von den Schulwünschen und damit den Ambitionen des Kindes selbst sowie erwartungskonform von den Grundschulempfehlungen aus. In Bezug auf die letzteren drei Aspekte ist jedoch von Konfundierungen aufgrund des Untersuchungsdesigns der Studie auszugehen, denn alle drei Faktoren wurden retrospektiv am dritten Erhebungszeitpunkt, d. h. nach dem Übergang in die Sekundarstufe I erfasst, weshalb dazu hier keine eindeutigen Aussagen zur kausalen Wirkrichtung möglich sind. Ferner kommt ebenso der Mathematiknote ein wesentlich determinierender Beitrag und Bezugspunkt für die Elternentscheidung zu, tendenziell, aber in einem schwächeren Maße, auch der Deutschnote. Die Zusammenhänge dazu sind auf interpretativer Ebene schon an früherem Ort ausgeführt worden. Eltern aus den neuen Bundländern entscheiden sich weitaus häufiger für höhere als für niedrigere Schullaufbahnen für das Kind, diejenigen aus den alten Bundesländern sind diesbezüglich weitaus vorsichtiger und zurückhaltender als erstere. Offenbar liegt den Bildungsentscheidungen der Eltern aus den neuen und alten Ländern in sozio-kultureller und soziogeschichtlicher Hinsicht ein unterschiedliches Kalkül zugrunde. Es ist anzunehmen, dass sich Eltern aus den alten Bundesländern stärker nach sozioökonomischen Gesichtspunkten entscheiden und sich damit stärker sozial selektiv im Sinne einer Selbstselektion verhalten als Eltern aus den neuen Ländern.

Tabelle 18: Regression (ordinal logistisch) der Übertrittsentscheidungen der Eltern (gymnasiale Schullaufbahn (Gymnasium oder gymnasialer Zweig), mittlere Schullaufbahn, retrospektiv erhoben in Welle 3, Ref. Hauptschule/Hauptschulzweig) nach Schicht, Schicht und Persönlichkeitsstruktur des Kindes, Schicht und familialen Sozialisationsbedingungen, Schicht und Bildungsverhalten der Eltern und Kinder sowie Schicht und institutionellen Sozialisationsbedingungen, fünf Modelle

| | Modell 1 | Modell 2 | Modell 3 | Modell 4 | Modell 5 |
|---|---|---|---|---|---|
| | Schätzer | Schätzer | Schätzer | Schätzer | Schätzer |
| **Gymnasiale Schullaufbahn (Schwelle)** | **-1,60*** ** | -3,84*** | **-2,52*** | -3,93*** | **-4,31*** ** |
| **Mittlere Schullaufbahn (Schwelle)** | 0,57 | -1,45 | -0,04 | -1,44* | **-1,94*** |
| | | | | | |
| **Schichtindex, Ref. Unterschicht** | | | | | |
| Oberschicht (3. Welle) | **-4,23*** ** | -4,04*** | **-4,55*** ** | -2,98*** | **-3,96*** ** |
| Obere Mittelschicht (3. Welle) | **-1,96*** ** | -1,80*** | **-2,00*** ** | -1,02** | **-1,80*** ** |
| Mittlere Mittelschicht (3. Welle) | **-1,71*** ** | -1,62*** | **-1,85*** ** | -0,89* | **-1,45*** ** |
| Untere Mittelschicht (3. Welle) | -0,68 | -0,70 | **-0,92*** | 0,08 | -0,54 |
| | | | | | |
| **Merkmale der Persönlichkeitsstruktur des Kindes** | | | | | |
| Internalisierung (Muttersicht, 2. Welle) | | 0,18 | | | |
| Externalisierung (Muttersicht, 2. Welle) | | -0,25 | | | |
| Motorische Unruhe (Muttersicht, 2. Welle) | | **0,59*** ** | | | |
| Sozial-kognitive Aufgeschlossenheit (Muttersicht, 2. Welle) | | **-0,59*** | | | |
| Selbstwirksamkeit (Muttersicht, 2. Welle) | | **-0,85*** * | | | |
| | | | | | |
| **Familiale Sozialisationsbedingungen** | | | | | |
| Familienklima (Muttersicht, 1. Welle) | | | 0,51 | | |
| Kindzentrierte Kommunikation der Mutter (Kindersicht, 2. Welle) | | | **-1,24*** ** | | |
| Kindzentrierte Kommunikation des Vaters (Kindersicht, 2. Welle) | | | 0,25 | | |
| Strenge Kontrolle der Mutter (Kindersicht, 2. Welle) | | | -0,10 | | |
| Strenge Kontrolle des Vaters (Kindersicht, 2. Welle) | | | 0,30 | | |
| Partizipation des Kindes bei Entscheidungen (Kindersicht, 2. Welle) | | | 0,07 | | |
| Häufigkeit des gemeinsamen Mittagessens (Muttersicht, 1. Welle) | | | **0,25*** | | |
| Häufigkeit des gemeinsamen Frühstücks (Muttersicht, 2. Welle) | | | **-0,38*** * | | |
| | | | | | |
| **Bildungsverhalten der Eltern und Kinder** | | | | | |
| Bildungsinteresse der Eltern (Kindersicht, 2. Welle) | | | | -0,17 | |
| Häufigkeit des Besuchs des Elternabends in der Schule seit Januar (Muttersicht, 1. Welle) | | | | -0,01 | |
| Häufigkeit der Gespräche der Eltern mit Lehrkräften im laufenden Schuljahr (Muttersicht, 2. Welle) | | | | **0,43*** | |
| Mitwirkung der Eltern bei Aktivitäten der Schule seit Januar (Muttersicht, 1. Welle; Ref. keine Mitwirkung) | | | | **-0,77*** * | |

| | Modell 1 | Modell 2 | Modell 3 | Modell 4 | Modell 5 |
|---|---|---|---|---|---|
| | Schätzer | Schätzer | Schätzer | Schätzer | Schätzer |
| Finanzielle Investitionen der Eltern in außerschulische Unterrichtsstunden im Jahr (gruppiert, Muttersicht, 2. Welle, Ref. keine finanziellen Investitionen) | | | | | |
| 504 bis 970 € | | | | -1,04** | |
| 250 bis 500 € | | | | -1,22*** | |
| Bis 240 € | | | | 0,02 | |
| Bildungs- bzw. Lerninteresse des Kindes (Kindersicht, 2. Welle) | | | | -0,39*** | |
| Häufigkeit kultureller Praktiken des Kindes (Kindersicht, 1. Welle) | | | | -0,52* | |
| **Institutionelle Sozialisation** | | | | | |
| Wohlbefinden in der Schule (Muttersicht, 2. Welle) | | | | | -1,27*** |
| Problemverhalten in der Schule (Muttersicht, 2. Welle) | | | | | 0,47* |
| Opfererfahrungen in der Schule (Kindersicht, 2. Welle) | | | | | 0,50* |
| Chi² | 118,28*** | 169,32*** | 162,52*** | 206,62*** | 175,53*** |
| Nagelkerkes R² | 24,8% | 34,0% | 35,1% | 41,6% | 35,0% |
| N | 495 | 492 | 458 | 471 | 493 |

Quelle: DJI-Kinderpanel, Wellen 1–3, eigene Berechnungen

Anmerkungen: * p<0,5 **p<0,1 ***p<0,01

Tabelle 19: Schrittweise Regression (ordinal logistisch) der Übertrittsentscheidungen der Eltern (gymnasiale Schullaufbahn (Gymnasium oder gymnasialer Zweig), mittlere Schullaufbahn, retrospektiv erhoben in Welle 3, Ref. Hauptschule/Hauptschulzweig) nach Schicht, Persönlichkeitsstruktur des Kindes, familialen Sozialisationsbedingungen, Bildungsverhalten der Eltern und Kinder sowie institutionellen Sozialisationsbedingungen und Kontrollvariablen, zwölf Modelle sparsam

| | Modell 1 | Modell 2 | Modell 3 | Modell 4 | Modell 5 | Modell 6 | Modell 7 | Modell 8 |
|---|---|---|---|---|---|---|---|---|
| | Schätzer | Schätzer | Schätzer | Schätzer | Schätzer | Schätzer | Schätzer | Schätzer |
| **Gymnasiale Schullaufbahn (Schwelle)** | -1,60*** | -3,66*** | -4,59*** | -5,29*** | -5,68*** | -4,31*** | -13,63*** | -11,21*** |
| **Mittlere Schullaufbahn (Schwelle)** | 0,57 | -1,27 | -2,13* | -2,62* | -2,99** | -1,94* | -10,27*** | -6,71*** |
| **Schichtindex, Ref. Unterschicht** | | | | | | | | |
| Oberschicht (3. Welle) | -4,23*** | -4,01*** | -4,02*** | -3,13*** | -3,01*** | -3,96*** | -3,49*** | -2,98** |
| Obere Mittelschicht (3. Welle) | -1,96*** | -1,81*** | -1,81*** | -1,16** | -1,06* | -1,80*** | -1,78** | -1,00 |
| Mittlere Mittelschicht (3. Welle) | -1,71*** | -1,60*** | -1,62*** | -1,05** | -0,99* | -1,45*** | -1,57** | -1,10* |
| Untere Mittelschicht (3. Welle) | -0,68 | -0,70 | -0,71 | -0,20 | -0,10 | -0,54 | -0,49 | -0,23 |
| **Merkmale der Persönlichkeitsstruktur des Kindes** | | | | | | | | |
| Internalisierung (Muttersicht, 2. Welle) | | 0,16 | 0,14 | 0,15 | 0,13 | | | |
| Motorische Unruhe (Muttersicht, 2. Welle) | | 0,48*** | 0,43** | 0,23 | 0,20 | | | |
| Sozial-kognitive Aufgeschlossenheit (Muttersicht, 2. Welle) | | -0,56* | -0,40 | -0,44 | -0,49 | | | |
| Selbstwirksamkeit (Muttersicht, 2. Welle) | | -0,84** | -0,79** | -0,68* | -0,66* | | | |

| | Modell 1 | Modell 2 | Modell 3 | Modell 4 | Modell 5 | Modell 6 | Modell 7 | Modell 8 |
|---|---|---|---|---|---|---|---|---|
| | Schätzer | Schätzer | Schätzer | Schätzer | Schätzer | Schätzer | Schätzer | Schätzer |
| **Familiale Sozialisationsbedingungen** | | | | | | | | |
| Kindzentrierte Kommunikation der Mutter (Kindersicht, 2. Welle) | | | -0,76*** | -0,59** | -0,60** | | | |
| Häufigkeit des gemeinsamen Mittagessens (Muttersicht, 1. Welle) | | | 0,18 | 0,22 | 0,22 | | | |
| **Bildungsverhalten der Eltern und Kinder** | | | | | | | | |
| Häufigkeit der Gespräche der Eltern mit Lehrkräften im laufenden Schuljahr (Muttersicht, 2. Welle) | | | | 0,47* | 0,43* | | | |
| Mitwirkung der Eltern bei Aktivitäten der Schule seit Januar (Muttersicht, 1. Welle; Ref. keine Mitwirkung) | | | | -0,75** | -0,70** | | | |
| Finanzielle Investitionen der Eltern in außerschulische Unterrichtsstunden im Jahr (gruppiert, Muttersicht, 2. Welle, Ref. keine finanziellen Investitionen) | | | | | | | | |
| 504 bis 970 € | | | | -1,12** | -1,07** | | | |
| 250 bis 500 € | | | | -1,27*** | -1,18** | | | |
| Bis 240 € | | | | -0,11 | -0,04 | | | |
| Bildungs- bzw. Lerninteresse des Kindes (Kindersicht, 2. Welle) | | | | -0,31*** | -0,30*** | | | |
| Häufigkeit kultureller Praktiken des Kindes (Kindersicht, 1. Welle) | | | | | -0,44 | | | |
| **Institutionelle Sozialisationsbedingungen** | | | | | | | | |
| Wohlbefinden in der Schule (Muttersicht, 2. Welle) | | | | | | -1,27*** | -0,38 | 0,11 |
| Problemverhalten in der Schule (Muttersicht, 2. Welle) | | | | | | 0,47* | 0,05 | -0,05 |
| Opfererfahrungen in der Schule (Kindersicht, 2. Welle) | | | | | | 0,50* | 0,27 | -0,00 |
| **Leistungsparameter** | | | | | | | | |
| Deutschnote (Kindersicht, 2. Welle) | | | | | | | -1,28*** | -0,53* |
| Mathematiknote (Kindersicht, 2. Welle) | | | | | | | -1,16*** | -0,82*** |
| **Grundschulempfehlungen, Ref. Hauptschule** | | | | | | | | |
| Gymnasium (Muttersicht, 3. Welle) | | | | | | | | -5,75*** |
| Mittlere Schullaufbahnen (Muttersicht, 3. Welle) | | | | | | | | -2,65*** |
| Chi² | 118,28*** | 167,99*** | 181,79*** | 233,24*** | 235,32*** | 175,53*** | 326,30*** | 432,81*** |
| Nagelkerkes $R^2$ | 24,8% | 33,8% | 36,4% | 45,7% | 46,4% | 35,0% | 59,8% | 74,6% |
| N | 495 | 492 | 488 | 471 | 466 | 493 | 457 | 430 |

Quelle: DJI-Kinderpanel, Wellen 1–3, eigene Berechnungen

Anmerkungen: * p<0,5 **p<0,1 ***p<0,01

Tabelle 20: Schrittweise Regression (ordinal logistisch) der Übertrittsentscheidungen der Eltern (gymnasiale Schullaufbahn (Gymnasium oder gymnasialer Zweig), mittlere Schullaufbahn, retrospektiv erhoben in Welle 3, Ref. Hauptschule/Hauptschulzweig) nach Schicht, Persönlichkeitsstruktur des Kindes, familialen Sozialisationsbedingungen, Bildungsverhalten der Eltern und Kinder sowie institutionellen Sozialisationsbedingungen und Kontrollvariablen, zwölf Modelle sparsam, Fortsetzung

| | Modell 9 | Modell 10 | Modell 11 | Modell 12 |
|---|---|---|---|---|
| | Schätzer | Schätzer | Schätzer | Schätzer |
| **Gymnasiale Schullaufbahn (Schwelle)** | **-13,54*** ** | **-20,19*** ** | **-20,69*** ** | **-18,87*** ** |
| **Mittlere Schullaufbahn (Schwelle)** | **-8,75*** ** | **-12,39*** ** | **-12,71*** ** | **-10,39** ** |
| | | | | |
| **Schichtindex, Ref. Unterschicht** | | | | |
| Oberschicht (3. Welle) | **-2,59** ** | -1,78 | -1,94 | -2,28 |
| Obere Mittelschicht (3. Welle) | -0,77 | -0,86 | -0,99 | -1,03 |
| Mittlere Mittelschicht (3. Welle) | -0,85 | -0,36 | -0,42 | -0,66 |
| Untere Mittelschicht (3. Welle) | 0,07 | 0,13 | 0,18 | -0,02 |
| | | | | |
| **Merkmale der Persönlichkeitsstruktur des Kindes** | | | | |
| Internalisierung (Muttersicht, 2. Welle) | -0,21 | -0,32 | -0,37 | -0,36 |
| Motorische Unruhe (Muttersicht, 2. Welle) | 0,00 | -0,01 | -0,00 | -0,11 |
| Sozial-kognitive Aufgeschlossenheit (Muttersicht, 2. Welle) | 0,27 | 0,01 | 0,08 | 0,29 |
| Selbstwirksamkeit (Muttersicht, 2. Welle) | **-1,17** ** | -1,21 | **-1,46* ** | **-1,44* ** |
| | | | | |
| **Familiale Sozialisationsbedingungen** | | | | |
| Kindzentrierte Kommunikation der Mutter (Kindersicht, 2. Welle) | **-0,89** ** | -0,04 | -0,00 | 0,10 |
| Häufigkeit des gemeinsamen Mittagessens (Muttersicht, 1. Welle) | 0,12 | -0,10 | -0,09 | -0,06 |
| | | | | |
| **Bildungsverhalten der Eltern und Kinder** | | | | |
| Häufigkeit der Gespräche der Eltern mit Lehrkräften im laufenden Schuljahr (Muttersicht, 2. Welle) | 0,05 | -0,28 | -0,31 | -0,24 |
| Mitwirkung der Eltern bei Aktivitäten der Schule seit Januar (Muttersicht, 1. Welle; Ref. keine Mitwirkung) | -0,34 | 0,50 | 0,50 | 0,46 |
| Finanzielle Investitionen der Eltern in außerschulische Unterrichtsstunden im Jahr (gruppiert, Muttersicht, 2. Welle, Ref. keine finanziellen Investitionen) | | | | |
| 504 bis 970 € | **-1,76* ** | **-1,97* ** | **-1,99* ** | **-1,96* ** |
| 250 bis 500 € | **-1,42** ** | **-2,61** ** | **-2,66** ** | **-2,94** ** |
| Bis 240 € | -0,15 | -0,58 | -0,37 | -0,41 |
| Bildungs- bzw. Lerninteresse des Kindes (Kindersicht, 2. Welle) | 0,09 | 0,22 | 0,23 | 0,21 |
| Häufigkeit kultureller Praktiken des Kindes (Kindersicht, 1. Welle) | 0,21 | 0,11 | 0,27 | 0,28 |
| | | | | |
| **Institutionelle Sozialisationsbedingungen** | | | | |
| Wohlbefinden in der Schule (Muttersicht, 2. Welle) | 0,44 | 0,49 | 0,46 | 0,58 |
| Problemverhalten in der Schule (Muttersicht, 2. Welle) | -0,12 | 0,31 | 0,27 | 0,46 |
| Opfererfahrungen in der Schule (Kindersicht, 2. Welle) | 0,05 | 0,76 | 0,74 | 0,64 |

| | Modell 9 | Modell 10 | Modell 11 | Modell 12 |
|---|---|---|---|---|
| | Schätzer | Schätzer | Schätzer | Schätzer |
| **Leistungsparameter** | | | | |
| Deutschnote (Kindersicht, 1. Welle) | **-0,54*** | -0,61 | -0,67 | -0,49 |
| Mathematiknote (Kindersicht, 1. Welle) | **-0,73**** | **-0,76*** | **-0,77*** | **-0,92**** |
| **Grundschulempfehlungen, Ref. Hauptschule** | | | | |
| Gymnasium (Muttersicht, 3. Welle) | **-6,06***** | **-5,06***** | **-5,24***** | **-5,44***** |
| Mittlere Schullaufbahnen (Muttersicht, 3. Welle) | **-2,87***** | **-2,87***** | **-2,91***** | **-2,75***** |
| **Bildungsaspirationen der Eltern, Ref. Hauptschulabschluss** | | | | |
| Abitur/Fachabitur (Muttersicht, 3. Welle) | | **-4,30**** | **-4,16**** | **-5,09**** |
| Mittlerer Schulabschluss (Muttersicht, 3. Welle) | | -2,44 | -2,36 | **-3,26*** |
| **Schulwünsche der Kinder, Ref. Hauptschule** | | | | |
| Gymnasium (Kindersicht, 3. Welle) | | **-6,41***** | **-6,40***** | **-6,77***** |
| Mittlere Schullaufbahnen (Kindersicht, 3. Welle) | | **-2,77**** | **-2,78**** | **-2,98**** |
| **Geschlecht des Kindes, Ref. Mädchen** | | | | |
| Jungen (Muttersicht, 1. Welle) | | | 0,31 | 0,48 |
| **Übertrittsregelung der Länder, Ref. Schulrecht vor Elternrecht** | | | | |
| Elternrecht vor Schulrecht | | | | -0,52 |
| **Alte/Neue Bundesländer, Ref. Ost** | | | | |
| West | | | | **2,65**** |
| **Stadt-Land, Ref. Land** | | | | |
| Stadt | | | | -0,01 |
| Chi² | **431,16***** | **507,26***** | **509,28***** | **518,03***** |
| Nagelkerkes $R^2$ | 77,2% | 87,6% | 87,8% | 88,5% |
| N | 404 | 383 | 382 | 382 |

Quelle: DJI-Kinderpanel, Wellen 1–3, eigene Berechnungen

Anmerkungen: * p<0,5 **p<0,1 ***p<0,01

## 4.8.3. Individuelle, familiale und institutionelle Bedingungen der Schulwünsche der Kinder

### *4.8.3.1. Explorative Analysen zur Selektion von Prädiktoren der Schulwünsche der Kinder*

Die Analysen der Grundschulempfehlungen und Übertrittsentscheidungen der Eltern haben jeweils zum Ergebnis, dass den Schulwünschen der Kinder eine sehr große Bedeutung im Übergangsgeschehen beizumessen ist und sie entscheidende Erklärungsfaktoren der Grundschulempfehlungen und Elternentscheidungen darstellen. Daran schließt sich die Frage, wodurch die Schulwünsche der Kinder selbst determiniert sind und erklärt werden, an.

Im Hinblick auf diese Frage kommen im Weiteren dieselben Analysestrategien, *erster* und *zweiter Auswertungsschritt* (vgl. dazu die Ausführungen zu Beginn dieses Kapitels), wie in den Untersuchungen der Grundschulempfehlungen und Übertrittsentscheidungen der Eltern zur Anwendung: In den explorativen ordinalen logistischen Regressionsanalysen werden zu Beginn ausschließlich die Schichtindizes, daran anschließend diese Indizes in Verknüpfung mit bereichsspezifischen Prädiktorensets in verschiedenen Modellen berücksichtigt, um die Schichtspezifik letzterer für die Schulwünsche der Kinder zu bestimmen. Das bedeutet in anderen Worten, inwieweit die ausgewählten Prädiktoren die Herkunftseffekte in den Schulwünschen der Kinder erklären können. Auf der Grundlage der Ergebnisse aus diesen Analysen werden essentielle Prädiktoren der Schulwünsche der Kinder für die weiteren Untersuchungen ausgewählt (*erster Auswertungsschritt*). Im *zweiten Auswertungsschritt* werden wiederum nach den Schichtindizes die Prädiktoren, die sich in der explorativen Analyse als relevant und substantiell für die Vorhersage der Schulwünsche der Kinder erwiesen haben, in verschiedenen bereichsspezifischen Modellen schrittweise und nacheinander in die ordinale logistische Regressionsanalyse eingeführt, wobei die Prädiktoren aus den vorhergehenden Modellen stets beibehalten werden, um deren Stabilitäten zu ermitteln. In die **Modelle eins** bis **fünf** gehen neben den Schichtindizes personale Merkmale der Kinder, Konstrukte und Indikatoren aus dem Bereich der familialen Sozialisationsbedingungen der Kinder sowie Indikatoren des familialen Bildungsverhaltens ein. In den **Modellen sechs** bis **acht** kommen institutionelle Faktoren hinzu (*Befinden* der *Kinder in der Schule*, *Noten in den Kernfächern Deutsch* und *Mathematik*, *Grundschulempfehlungen*). Im **neunten Modell** werden die Effekte der Prädiktoren aus allen bisher genannten Bereichen auf die Schulwünsche der Kinder simultan analysiert, bevor in den **Modellen zehn** und **elf** die Effekte der Moderator- bzw. Kontrollvariablen (*Bildungsaspirationen der Eltern* und *Geschlecht des Kindes*) geprüft werden.[335]

In den folgenden explorativen Analysen werden im Wesentlichen dieselben Konstrukte und Indikatoren wie in den vergleichbaren Analysen der Übertrittsentscheidungen der Eltern berücksichtigt. Unterschiede ergeben sich dahingehend, dass die beiden Konstrukte *strenge Kontrolle des Vaters* und *der Mutter* aus dem Spektrum der Faktoren des familialen Zusammenlebens sowie die beiden Indikatoren des Bildungsverhaltens der Eltern *Bildungs-* bzw. *Schulinteresse* und *Häufigkeit des Besuchs der Eltern von Elternabenden in der Schule* vor dem Hintergrund der geringen Korrelationen dieser Merkmale mit den Schulwünschen der Kinder in der bivariaten Analyse für das Kriterium hier nicht von Bedeutung sind. Im Gegensatz dazu haben sich der bildungsrelevante Indikator *Anzahl außerschulischer Unterrichtsstunden des Kindes pro Woche* (Bildungsinvestition der Eltern) sowie die *Opfererfahrungen des Kindes in der Schule* als

335 Regionale Parameter als Moderator- oder Kontrollvariablen werden in diesen Analysen nicht miteinbezogen, denn es ist davon auszugehen, dass diese Indikatoren für die Schulwünsche der Kinder nicht ausschlaggebend sind.

Konstrukt aus dem Bereich der institutionellen Sozialisationsbedingungen des Kindes, das negative Erfahrungen des Kindes in der Schule widerspiegelt, als für das Kriterium von Belang erwiesen.[336] In Tabelle 21 sind die Ergebnisse aus den explorativen ordinalen logistischen Regressionsanalysen der Schulwünsche der Kinder dargestellt.

Das **erste Modell** beinhaltet abermals ausschließlich die Schichtindizes als Prädiktoren der Schulwünsche der Kinder. Die jeweils niedrigste Kategorie des Kriteriums und Prädiktors, d. h. hier der Hauptschulwunsch des Kindes und die Unterschicht, bilden die beiden Referenzen.[337] Die einzelnen Schichteffekte (Logits) erreichen in dieser Untersuchung ein nicht so hohes Niveau wie in der entsprechenden Analyse der Bildungsentscheidungen der Eltern, jedoch ein etwas höheres Niveau als im vergleichbaren Modell in der Analyse der Grundschulempfehlungen. Dies ist vor allem bei der Oberschicht und oberen Mittelschicht, nicht hingegen bei der mittleren Mittelschicht zu erkennen (Oberschicht Exp(b)=-3,52***; obere Mittelschicht Exp(b)=-1,68***; mittlere Mittelschicht Exp(b)=-1,29***; untere Mittelschicht Exp(b)=-0,42). Daraus lässt sich ein etwas stärkeres *soziales Bias* in den Schulwünschen der Kinder aus der Oberschicht und oberen Mittelschicht im Vergleich zu den Effekten der sozialen Herkunft der Schüler(innen) in den Grundschulempfehlungen ableiten. Die Wirkrichtungen der Schichteffekte jeweils im *ersten Modell* der Analysen aller Kriterien unterscheiden sich nicht (positiv, d. h. mit negativem Vorzeichen), ebenso nicht bezüglich ihrer Signifikanzen: Oberschicht, obere Mittelschicht und mittlere Mittelschicht mit jeweils einem hoch signifikanten Ergebnis gegenüber der Unterschicht, untere Mittelschicht dagegen ohne Substanz. Der Determinationskoeffizient liegt in der Analyse hier bei 20,4% Varianzaufklärung im Kriterium (N=481; $chi^2$=88,47***). Damit sind die Schulwünsche der Kinder etwas mehr als die Grundschulempfehlungen, jedoch weniger als die Übertrittsentscheidungen der Eltern durch den sozialen Hintergrund der Familie determiniert. Beide Schwellen erzielen ein hoch signifikantes Ergebnis (Wunsch einer gymnasialen Schullaufbahn bei -1,13**; Wunsch einer mittleren Schullaufbahn bei 1,65***). Somit ist von einer guten Vorhersage der Schulwünsche der Kinder mit ausschließlich den Schichtindizes auszugehen. Die Schichteffekte (Logits) lassen sich folgendermaßen deuten: Die Wahrscheinlichkeit dafür, dass sich ein Kind den Besuch einer höheren als einer niedrigeren Schulform auf der Sekundarstufe I im Rückblick wünscht, ist bei Kindern aus der Oberschicht um mehr als das Dreieinhalbfache höher als bei Kindern

---

336 Im Unterschied zur explorativen Analyse der Übertrittsentscheidungen der Eltern zeigen diese beiden Faktoren hier eine gute Modellanpassung, d. h. keine signifikanten Residualwerte.

337 Das bedeutet im Hinblick auf die Kodierung die höchste Kategorie.

aus der Unterschicht. Bei Kindern aus der oberen Mittelschicht reduziert sich dieses Verhältnis auf den Faktor 1,68, bei denen aus der mittleren Mittelschicht auf 1,29. Kein signifikanter Effekt ist hingegen bei der unteren Mittelschicht zu verzeichnen, womit sich Kinder aus der unteren Mittelschicht und Unterschicht in ihren Schulwünschen nicht substantiell unterscheiden. Diese Ergebnisse verdeutlichen, dass sich die hier ermittelten Schichteffekte in ihrer Größe zwischen denen in den vergleichbaren Analysen der Grundschulempfehlungen und Übertrittsentscheidungen der Eltern einordnen lassen, jedoch näher an ersteren als an letzteren liegen.[338] Insgesamt betrachtet, handelt es sich dabei aber nicht um allzu große Differenzen. Bei diesen und den folgenden Analysen ist im Hinblick auf die Interpretation der Befunde stets zu beachten, dass Schulformen[339] und nicht Schullaufbahnen analysiert werden und die Schulwünsche der Kinder retrospektiv im Kinderinterview in der dritten Welle erfragt worden sind, d. h. an einem Zeitpunkt, an dem sie sich schon auf der Sekundarstufe I befanden, weshalb mit Konfundierungen zwischen den Schulwünschen der Kinder und der tatsächlich besuchten Schulform auf der Sekundarstufe I zu rechnen ist.

Im nächsten **zweiten Modell** werden neben den Schichtindizes auch die Eigenschaften der Kinder berücksichtigt. Insgesamt werden in diesem Modell 26,7% der Varianzen in den Schulwünschen der Kinder durch die beiden Prädiktorensets, soziale Herkunft und Persönlichkeit der Kinder, aufgeklärt (N=478; $chi^2$=118,52***), davon 6,3% durch die Eigenschaften der Kinder allein in Relation zur Varianzaufklärung in *Modell eins*. Dieser Anteil ist in etwa vergleichbar mit den Befunden in den entsprechenden Analysen der Grundschulempfehlungen und Übertrittsentscheidungen der Eltern, fällt hier allerdings am geringsten aus. Beide Schwellenwerte erhöhen sich in diesem Modell gegenüber *Modell eins*, jedoch erreicht nur der Schwellenwert des Gymnasialwunsches ein hoch signifikantes Niveau (Gymnasialwunsch bei -2,93**; Wunsch einer Schule des mittleren Schulsektors bei 0,04). Insofern stellt dieses Modell lediglich für ersteren Wunsch eine gute Schätzung zur Verfügung. Die Schichteffekte sind in diesem Modell im Vergleich zum vorherigen in ihrer Größe etwas reduziert zu setzen, bleiben aber dennoch bei den oberen drei Schichten auf einem hoch signifikanten Niveau (Oberschicht Exp(b)=-3,28***; obere Mittelschicht Exp(b)=-1,51***; mittlere Mittelschicht Exp(b)=-1,17**; untere Mittelschicht Exp(b)=-0,40).[340] Dieser Befund verdeutlicht einerseits, dass auf die Eigenschaf-

338 Dies gilt im Übrigen auch für die Ergebnisse zur Determination der Schulwünsche der Kinder (Varianzaufklärung).

339 Wie schon mehrfach darauf hingewiesen, gibt es Schulen mit verschiedenen Bildungsgängen (z. B. die Gesamtschule).

340 Aufgrund der nicht essentiellen Änderung der Schichteffekte in **Modell zwei** gegenüber *Modell eins* werden die einzelnen Gewichte hier nicht interpretiert.

ten der Kinder nur ein sehr geringer Anteil der Schichteffekte in den Schulwünschen der Kinder zurückgeht, andererseits aber auch, dass Persönlichkeitsmerkmale der Kinder auch eigenständige, von der sozialen Herkunft unabhängige, Einflüsse auf das Kriterium ausüben. Ein bedeutender und signifikant positiver Effekt auf die Schulwünsche der Kinder ist allerdings nur bei dem Resilienzfaktor *Selbstwirksamkeit des Kindes* zu erkennen (Exp(b)=-0,74*; hier mit negativem Vorzeichen), der besagt, dass Kinder mit einem höheren *Selbstwirksamkeitserleben* um den Faktor von rund 0,7 ambitionierter sind als diejenigen mit einem niedrigeren, d. h. sich eher den Besuch einer höheren als einer niedrigeren Schulform auf der Sekundarstufe I retrospektiv wünschten. Alle anderen in dieser Untersuchung verwendeten Merkmale der Persönlichkeitsstruktur des Kindes *(little Five(s))* zeitigen hingegen keine bedeutenden und signifikanten Effekte auf die Schulwünsche des Kindes.

In das **dritte Modell** gehen neben den Schichtindizes Konstrukte und Indikatoren aus dem Bereich der familialen Sozialisationsbedingungen des Kindes und des familialen Zusammenlebens in die Analyse ein. Der Determinationskoeffizient, der hier einen absoluten Anteil von 28,3% Varianzaufklärung umfasst (N=451; $chi^2$=119,68***), besagt im Verhältnis zur Varianzaufklärung in *Modell eins*, dass sich die familialen Sozialisationsbedingungen allein mit einem Anteil von 1,6% Varianzaufklärung in den Schulwünschen der Kinder niederschlagen. Dieser Betrag ist eher als gering einzustufen. Zudem befinden sich die beiden Schwellenwerte in diesem Modell nicht mehr auf einem signifikanten Niveau wie in *Modell eins* (Gymnasialwunsch bei -1,55; Wunsch einer Schule im mittleren Schulsektor bei 1,47). Somit ist die Schätzung des Kriteriums auf der Basis dieses Modell als suboptimal zu bewerten. Außerdem verstärken sich in diesem Modell die Schichteffekte, wenn auch nur in einem sehr geringen Maße, im Vergleich zu den beiden ersten *Modellen*, was in ähnlicher Form schon in den korrespondierenden Analysen der Grundschulempfehlungen und Elternentscheidungen festgestellt worden ist, so dass auch hier *Suppressionen* der Schichteffekte oder, in anderen Worten, indirekte Effekte der Indikatoren und Konstrukte des familialen Zusammenlebens auf das Kriterium vorliegen (Oberschicht Exp(b)=-3,56***; obere Mittelschicht Exp(b)=-1,77***; mittlere Mittelschicht Exp(b)=-1,42***; untere Mittelschicht Exp(b)=-0,60).[341] Substantielle Einflüsse auf das Kriterium üben lediglich drei Faktoren aus dem Bereich familialer Lebensbedingungen aus: Positive und hoch signifikante Effekte der *kindzentrierten Kommunikation der Mutter* (Exp(b)=-0,81**; negatives Vorzeichen) und des *gemeinsamen Frühstücks in der Familie am Morgen* (Exp(b)=-0,39**;

341 Die Gewichte der Schichtindizes in **Modell drei** im Vergleich zu den *beiden vorherigen Modellen* haben sich nicht gravierenden verändert, so dass auch hier von einer nochmaligen Interpretation abgesehen wird.

negatives Vorzeichen) sowie ein negativer und einfach signifikanter Effekt des *Familienklimas* (Exp(b)=0,64*, positives Vorzeichen). Diese Werte bringen zum Ausdruck: Je *kindzentrierter Mütter* mit ihrem Nachwuchs *kommunizieren* und je häufiger die *Familienmitglieder am Morgen gemeinsam frühstücken*, desto ambitionierter sind Kinder, d. h. die Wahrscheinlichkeit dafür, dass sich ein Kind den Besuch einer weiterführenden Schule wünscht, erhöht sich bei beiden Faktoren um den Wert von rund 0,8 bzw. 0,4 je Einheit der betreffenden Skala. Im Gegensatz dazu gilt: Je besser das *Familienklima*, desto weniger ambitioniert sind Kinder hinsichtlich ihrer Schulwünsche. Die Minderung dieser Wahrscheinlichkeit beträgt hier mit rund 0,4 fast die Hälfte bei jeder Einheit dieser Skala.

Im **vierten Modell** befinden sich die Indikatoren des familialen Bildungsverhaltens neben den Schichtindizes im Mittelpunkt des Interesses und der weiteren Untersuchung. Im Wesentlichen sind dafür auf der Basis bivariater Korrelationen dieser Indikatoren mit dem hier fokussierten Kriterium und den Schichtindizes dieselben aus diesem Bereich wie in den Analysen der Grundschulempfehlungen und Elternentscheidungen in Frage gekommen.[342] Im Unterschied dazu hat sich jedoch der Indikator *Anzahl außerschulischer Unterrichtsstunden des Kindes pro Woche* für die Schulwünsche der Kinder als relevant erwiesen, nicht hingegen die *Häufigkeit des Besuchs der Eltern von Elternabenden in der Schule* oder das *Bildungs- bzw. Schulinteresse der Eltern*. Die Varianzaufklärung liegt in diesem Modell absolut bei 36,5% (N=456; $chi^2$=162,48***), relativ bei 16,1% im Verhältnis zu *Modell eins*. Der inkrementelle Varianzanteil dieses Prädiktorensets im Kriterium ist beträchtlich, zugleich aber auch wenig überraschend, sieht man von direkten Einflussgrößen auf Schulerfolg wie Fachkompetenzen und -noten oder Übergangsparametern einmal ab, da es sich bei diesen Indikatoren um Prädiktoren handelt, die in inhaltlicher Hinsicht nahe an schul- und bildungsrelevanten Ergebnissen liegen. Außerdem ist dieser relative Varianzanteil vergleichbar mit dem jeweils entsprechenden Anteil in den korrespondierenden explorativen Analysen der Grundschulempfehlungen und Übertrittsentscheidungen der Eltern. Der Schwellenwert des Gymnasialwunsches steigt in diesem Modell gegenüber den *Modellen eins* und *drei* merklich an und erzielt ein hoch signifikantes Niveau, nicht so aber im Vergleich zu *Modell zwei*, was die Höhe betrifft. Der Schwel-

342 Im Detail sind dies folgende, teils summierte, Indikatoren (die jeweiligen Erhebungszeitpunkte und Datenquellen sind in Tabelle 72 im Anhang dargestellt): Die Häufigkeit der Gespräche der Eltern mit den Lehrkräften im laufenden Schuljahr, die Mitwirkung der Eltern bei Aktivitäten der Schule, die Anzahl außerschulischer Unterrichtsstunden des Kindes pro Woche, die finanziellen Investitionen der Eltern in außerschulischen Unterricht im Jahr (gruppiert), das Bildungsinteresse bzw. die Lernmotivation des Kindes und die kulturellen Praktiken des Kindes für kulturelle Teilhabe.

lenwert des Wunsches einer Schule des mittleren Bildungssektors verharrt dagegen auf einem niedrigeren Niveau ohne Substanz wie in den *Modellen eins* und *drei (in drei ebenso ohne Signifikanz)*, jedoch auf einem höheren wie in *Modell zwei, desgleichen ohne Signifikanz* (Gymnasialwunsch bei -2,71***; Wunsch einer Schule des mittleren Schulsektors bei 0,47[343]). Damit liefert dieses Modell nur für den Gymnasialwunsch eine gute Schätzung. Die einzelnen Schichteffekte nehmen in **Modell vier** gegenüber *Modell eins* in ihrer Stärke deutlich ab. Nur noch bei der Oberschicht ist ein sehr hoch signifikantes und bei der oberen Mittelschicht ein einfach signifikantes Niveau zu erkennen (Oberschicht Exp(b)=-2,29***; obere Mittelschicht Exp(b)=-0,90*; mittlere Mittelschicht Exp(b)=-0,58; untere Mittelschicht Exp(b)=-0,16). Demnach fällt in diesem Modell die Wahrscheinlichkeit, dass sich ein Kind eine weiterführende Schule gewünscht hat, bei Kindern aus der Oberschicht um mehr als das Zweifache, bei denen aus der oberen Mittelschicht um den Faktor von 0,9 signifikant höher aus als bei Kindern aus den Schichten darunter. Das bedeutet, dass die Indikatoren des familialen Bildungsverhaltens einen bedeutenden Teil der Herkunftseffekte in den Schulwünschen der Kinder vermitteln. Als Einflussgrößen mit positiven Wirkrichtungen darauf, d. h. mit negativen Vorzeichen, und hoch signifikanten Niveaus haben sich folgende Indikatoren herausgestellt: Die *Mitwirkung der Eltern bei Aktivitäten der Schule* (Exp(b)=-0,65**), das *Bildungs-* bzw. *Lerninteresses des Kindes* (Exp(b)=-0,40***) und die *Anzahl außerschulischer Unterrichtsstunden des Kindes pro Woche* (Exp(b)=-0,28**). Als Einflussgrößen mit negativen Wirkeffekte, d. h. mit positiven Vorzeichen, und einfach signifikanten Niveaus haben sich die Indikatoren *Häufigkeit der Gespräche der Eltern mit Lehrkräften im laufenden Schuljahr* (Exp(b)=0,46*) und die *finanziellen Ausgaben der Eltern bis 240 € im Jahr für außerschulischen Unterricht für das Kind* (Exp(b)=0,76*) erwiesen. Diese Ergebnisse verdeutlichen: Kinder wünschen sich immer dann den Besuch einer weiterführenden Schule im Vergleich zur Hauptschule, je mehr sich Eltern in der Schule ihres Kindes freiwillig engagieren (*Mithilfe bei Aktivitäten der Schule*), je interessierter und lernmotivierter das Kind selbst ist (*Bildungs- und Lerninteresse*) und je mehr *außerschulische Unterrichtsstunden in der Woche* dem Kind von den Eltern zur Verfügung gestellt werden. Weniger ambitioniert sind die Kinder im Hinblick auf den Wunsch des Besuchs einer weiterführenden Schule in der Regel dann, wenn die Eltern häufiger mit den Lehrkräften ihres Kindes Gesprä-

343 Bis einschließlich Modell vier weisen die Schwellenwerte für den Wunsch einer Schule des mittleren Bildungssektors ein positives Ergebnis aus, das hinsichtlich der Kodierung in negativer Richtung zu interpretieren ist.

che führen[344] oder nur einen minimalen finanziellen Betrag im Jahr für *außerschulische Unterrichtsstunden* für ihr Kind aufwenden im Vergleich zu keinen Aufwendungen dafür. Letzteres Ergebnis wird damit erklärt: Sofern bei Kindern aufgrund ihrer schulischen Leistungen ein Bedarf an außerschulischem Unterricht (Nachhilfe) festgestellt wird, signalisieren Eltern ihren Kindern bei einem minimalen finanziellen Aufwand dafür im Jahr ein geringes Interesse am Bildungserfolg ihrer Kinder, was sich vermutlich negativ in den schulischen Ambitionen der Kinder niederschlägt. Überraschend und nicht erwartungskonform ist der Befund in dieser Analyse, dass der Effekt der kulturellen Teilhabe des Kindes keine Signifikanz ausweist (*Häufigkeit kultureller Praktiken*).

Im **letzten** und **fünften Modell** werden die Effekte der Konstrukte des schulischen Erlebens und der schulischen Erfahrungen der Kinder (*Wohlbefinden*, *Problemverhalten* und *Opfererfahrungen*) auf ihre Schulwünsche am Ende der Grundschulzeit in Abhängigkeit von ihrer sozialen Herkunft untersucht. Diese Konstrukte determinieren allein 9,3% der Varianzen des Kriteriums im Verhältnis zur Determination in *Modell eins* (absolut 29,7%; N=480; $chi^2$=134,73***). Dieser Anteil fällt hier wesentlich geringer aus als in der entsprechenden Analyse der Grundschulempfehlungen und nur etwas geringer als in der korrespondierenden Analyse der Übertrittsentscheidungen der Eltern. Dies weist darauf hin, dass für die Beurteilungen der Lehrkräfte schulische Faktoren eine größere Rolle spielen als für die Entscheidungen der Eltern oder Ambitionen der Kinder. In Vergleich zu *Modell eins* gesetzt werden die Schichteffekte durch diese institutionellen Sozialisationsbedingungen nur in einem geringen Maße reduziert (Oberschicht Exp(b)=-3,22***; obere Mittelschicht Exp(b)=-1,51***; mittlere Mittelschicht Exp(b)=-1,02*; untere Mittelschicht Exp(b)=-0,24). Dies lässt schlussfolgern, dass diese Konstrukte per se nicht an die soziale Herkunft der Kinder gebunden sind, sondern tendenziell unabhängig davon sich in der Institution Schule entwickeln und wirken. Dagegen erhöhen sich beide Schwellenwerte in *Modell fünf* gegenüber *Modell eins*, wobei auch hier wie im letzten Modell nur der Wert des Wunsches einer gymnasialen Schullaufbahn hoch signifikant wird und somit dieser Wunsch durch das Modell bestmöglich vorhergesagt wird (Wunsch einer gymnasialen Schullaufbahn bei -4,45***; Wunsch einer mittleren Schullaufbahn bei -1,44 mit p=0,06). Von den drei Konstrukten, die das schulische Erleben und die schulischen Erfahrungen des Kindes beschreiben, geht ausschließlich von dem *schulischen Wohlbefinden* ein überragender und hoch signifikanter Einfluss auf die Schulwünsche der Kinder aus (Exp(b)=-1,44***), der zum Ausdruck bringt: Je wohler sich Kinder in der Schule fühlen, desto ambitionierter sind ihre Schul-

344 Dieser negative Zusammenhang zwischen der Häufigkeit der Gespräche der Eltern mit Lehrkräften und Schulerfolg wurde an früheren Orten bereits erörtert.

wünsche, wobei sich diese Wünsche bei einem guten schulischen Wohlbefinden mehr als verdoppeln.[345]

Als **Resümee** bleibt festzuhalten: Für hohe schulische Ambitionen von Kindern in Form des Wunsches des Besuchs einer weiterführenden Schule nach der Grundschule sind neben der sozialen Herkunft mit positiven Effekten folgende Faktoren ausschlaggebend: Die Resilienz der Kinder in Form der *Selbstwirksamkeit* mit positivem Effekt, ein gutes *Familienklima* mit negativem Effekt, ein unterstützendes und responsives Erziehungsverhalten der Eltern in Form der *kindzentrierten Kommunikation der Mutter* mit günstigem Einfluss, Routinen im familialen Zusammenleben indiziert mit dem *gemeinsamen Frühstück der Familienmitglieder am Morgen* mit positivem Einfluss, das *Schulinvolvement der Eltern* in Form ihrer *Mitwirkung an Aktivitäten der Schule* mit positivem und die *häufigen Gespräche der Eltern mit Lehrkräften* mit negativem Effekt, die *außerschulischen Unterrichtsstunden des Kindes pro Woche* mit positivem Effekt, wenige *finanzielle Bildungsinvestitionen der Eltern in außerschulische Unterrichtsstunden für das Kind im Jahr* mit negativem Effekt, ein hohes *Lern-* und *Bildungsinteresse der Kinder* selbst und ihr *Wohlbefinden in der Schule*, beides mit positivem Effekt.

#### *4.8.3.2. Determination und Erklärung der Schulwünsche der Kinder*

In diesem Abschnitt werden nun die Ergebnisse des *zweiten Auswertungsschrittes* im Rahmen der Analysen der Schulwünsche der Kinder mit bereichsspezifischen Prädiktoren, die sich im ersten Auswertungsschritt als essentiell für die Erklärung und Determination dieses Kriteriums herausgestellt haben, beschrieben (vgl. Tabellen 22 und 23). Die Befunde aus den explorativen ordinalen logistischen Regressionsanalysen haben zum Resultat, dass außer den Schichtindizes folgende Faktoren eine wesentliche Rolle dafür spielen, wenn Kinder am Ende ihrer Grundschulzeit nach ihren Schulwünschen für die Sekundarstufe I gefragt werden und sie selbst darüber entscheiden können: Die *Selbstwirksamkeit des Kindes* (Resilienzfaktor als Persönlichkeitsmerkmal), aus dem Bereich der familialen Sozialisationsbedingungen des Kindes das *Familienklima*, die *kindzentrierte Kommunikation der Mutter* (positive Dimension des Erziehungsverhaltens der Eltern) und die *Häufigkeit des gemeinsamen Frühstückstücks der Familienmitglieder am Morgen* (Indikator für Opportunitäten für Interaktionen in der Familie und Rituale), aus dem Bereich des Bildungsverhaltens der Eltern und Kinder das Schulinvolvement der Eltern (die *Häufigkeit*

---

345 Die Effekte der beiden anderen Konstrukte aus diesem Bereich erreichen folgende Größen: Problemverhalten in der Schule Exp(b)=0,21; Opfererfahrungen in der Schule Exp(b)=0,37 mit p 0,09.

*derer Gespräche mit Lehrkräften* und *ihre Mitwirkung an Aktivitäten der Schule*) sowie die Bildungsinvestitionen der Eltern für das Kind (*Anzahl außerschulischer Unterrichtsstunden in der Woche* und die *finanziellen Investitionen der Eltern dafür im Jahr*) und das eigene *Bildungs-* bzw. *Lerninteresse des Kindes* sowie sein *Wohlbefinden in der Schule*. Auch wenn sich der Indikator für *kulturelle Teilhabe des Kindes* (*Häufigkeit kultureller Praktiken*) nicht von signifikanter Bedeutung für die Schulwünsche der Kinder in der explorativen Analyse erwiesen hat, so wird dieser Faktor dennoch in die weiteren Analysen vor dem Hintergrund des Forschungsschwerpunkts integriert. Wie zu Beginn dieses Kapitels bereits dargelegt, werden in den **ersten fünf Modellen** die Einflüsse sozioökonomischer, personaler, familialer und bildungsrelevanter Faktoren auf die Schulwünsche der Kinder untersucht, bevor institutionelle Faktoren wie das subjektive Befinden der Kinder in der Schule, ihre schulischen Leistungen in Form der Noten in Kernfächern und ihre Grundschulempfehlungen für den Übertritt in eine Schulform auf der Sekundarstufe I am Ende ihrer Grundschulzeit in Bezug auf ihre Schulwünsche in den Blick genommen werden (**Modelle sechs**, **sieben**, **acht**). Im **neunten Modell** werden die Effekte aller bisher genannten Faktoren auf die Schulwünsche der Kinder simultan analysiert. Abschließend werden Kontrollvariablen (Bildungsaspirationen der Eltern und das Geschlecht des Kindes) in die **Modelle zehn** und **elf** eingeführt.

In das **erste Modell** gehen wie in den entsprechenden Analysen der beiden anderen Kriterien nur die Schichtindizes (Dummy-Variablen) als Prädiktoren der Schulwünsche der Kinder ein. Die Ergebnisse dazu sind auch hier mit denen im **ersten Modell** der explorativen Analysen dieses Kriteriums identisch, weshalb sie an dieser Stelle nicht nochmalig beschrieben und interpretiert werden (vgl. dazu die Ausführungen im letzten Abschnitt).

Im Weiteren ist der Resilienzfaktor *Selbstwirksamkeit des Kindes* als einziger für die Schulwünsche der Kinder relevanter Faktor aus dem Bereich der Persönlichkeitsmerkmale des Kindes in der explorativen Analyse neben den Schichtindizes in **Modell zwei** eingefügt worden. Der Effekt (Logit) dieses Merkmals fällt hier gegenüber der explorativen Analyse wesentlich größer aus und erlangt ein hoch signifikantes Niveau (Exp(b)=-1,18***), woraus zu schließen ist, dass in letzterer Analyse sich die Persönlichkeitsmerkmale des Kindes im engeren Sinne (d. h. die *little Five(s)*) auf einen Teil des Einflusses dieses Resilienzfaktors auf das Kriterium auswirken, zumal Zusammenhänge zwischen diesen Merkmalen zu erwarten sind. Die Schichteffekte werden durch diesen Faktor kaum reduziert. Das bedeutet, dass seine Wirksamkeit per se nicht an die soziale Herkunft geknüpft ist. Der Effekt des Konstrukts der *Selbstwirksamkeit* besagt: Die Wahrscheinlichkeit dafür, dass sich Kinder am Ende der Grundschulzeit den Besuch einer weiterführenden Schule auf der Sekundarstufe I, d. h. eines Gymnasiums oder einer Realschule statt der Hauptschule oder eines Gymnasiums statt einer Schule des mittleren Sektors, retrospektiv gewünscht haben, erhöht sich bei denjenigen mit höherem als mit geringerem *Selbstwirksamkeitserleben* um mehr als das Doppelte. In Relation zu *Modell eins* liegt der Anteil aufgeklärter Varianzen des Kriteriums durch diesen Faktor allein bei 4,7% (absolut 25,1%; N=479; $chi^2$=110,88***). Die Schichteffekte nehmen in diesem Modell nur geringfügig ab (Oberschicht Exp(b)=-3,45***; obere Mittelschicht Exp(b)=-1,67***; mittlere Mittelschicht Exp(b)=-1,27**; untere Mittelschicht Exp(b)=-0,41), die Schwellenwerte hingegen zu, wobei die Schwelle des Wunsches einer Schule des mittleren Sektors kein signifikantes Niveau mehr erreicht und damit dieses Modell keine gute Vorhersage dafür bietet im Gegensatz zum Gymnasialwunsch, der mit diesem Modell gut vorhergesagt wird (Gymnasialwunsch bei -3,41***; Wunsch einer Schule des mittleren Sektors bei -0,48).[346] Im Verhältnis zu allen Schichtindizes wird der Effekt der Oberschicht durch die *Selbstwirksamkeit* am stärksten erklärt.

In **Modell drei** kommen neben den Schichtindizes und dem Resilienzfaktor *Selbstwirksamkeit des Kindes* zwei Konstrukte und ein Indikator aus dem Bereich der Facetten des familialen Zusammenlebens und der Eltern-Kind-Interaktionen in die Analyse hinzu (Konstrukte: *Familienklima* und *kindzentrierte Kommunikation der Mutter*, Indikator: *Häufigkeit des gemeinsamen Frühstücks in der Familie am Morgen*). In Bezug zu *Modell zwei* ergeben sich folgende Änderungen und Einflüsse dieser Faktoren auf die Schulwünsche der Kinder: Der Varianzanteil, der im Kriterium durch diese Faktoren allein aufgeklärt wird, beträgt 3,8% und ist als gering einzustufen (absolut 28,9%; N=476; $chi^2$=129,66***). Die beiden Schwellen bleiben, mit tendenziell leicht ansteigenden Werten, weitestgehend auf einem konstanten Niveau (Gymnasialwunsch bei -3,49***; Wunsch einer Schule des mittleren Schulsektors bei -0,45). Die beiden signifikanten Herkunftseffekte der oberen und mittleren Mittelschicht verstärken sich auch hier, jeweils aber nur in einem sehr geringen Maße, nicht jedoch der Effekt der Oberschicht, der leicht abnimmt und dadurch an Bedeutung verliert (Oberschicht Exp(b)=-3,39***; obere Mittelschicht Exp(b)=-1,69***; mittlere Mittelschicht Exp(b)=-1,33**; untere Mittelschicht Exp(b)=-0,52). In Anbetracht dessen sind auch in diesem Modell in der Tendenz indirekte Einflüsse familialer Prozessmerkmale auf die Schulwünsche der Kinder anzunehmen, d. h. möglicherweise *Suppressionen* der Schichteinflüsse auf das Kriterium durch diese Faktoren in den beiden mittleren Schichten. Aber auch hier ist festzustellen, dass der Effekt der Oberschicht von den familialen Faktoren vergleichsweise am stärksten erklärt wird. Der Effekt der *Selbstwirksamkeit*

346 Aufgrund der geringen Änderungen der Schichteffekte *in diesem Modell* gegenüber *Modell eins* werden ihre Logits hier nicht nochmalig interpretiert. Der Schwellenwert des Wunsches einer Schule aus dem mittleren Sektor nimmt hier insofern zu, als sich das Vorzeichen umkehrt.

*des Kindes* verbleibt auf einem hoch signifikanten Niveau mit einer leicht reduzierten Effektstärke (Exp(b)=-1,09***). Die Effektgrößen (Logits) der familialen Prozessmerkmale weisen auf folgende Richtungen hin: Je besser das Familienklima, desto geringer die Ambitionen der Kinder (Exp(b)=0,59*), d. h. die Wahrscheinlichkeit dafür, dass sich Kinder den Besuch einer weiterführenden Schule wünschen, reduziert sich hier um den Faktor von rund 0,6 mit einem einfach signifikanten Niveau. Dagegen, je häufiger Mütter mit ihrem Nachwuchs kindzentriert kommunizieren (Exp(b)=-0,52*), desto höher diese Wahrscheinlichkeit um den Faktor von 0,5, ebenso mit einem einfach signifikanten Niveau. Desgleichen gilt, je häufiger in der Familie ein gemeinsames Frühstück am Morgen stattfindet (Exp(b)=-0,29**), desto mehr erhöht sich die genannte Wahrscheinlichkeit um den Faktor von rund einem Drittel, hier mit einem hoch signifikanten Niveau. Trotz der signifikanten Ergebnisse sind diese Effekte nicht als besonders substantiell einzustufen und bestehen nur in diesem Modell, nicht mehr jedoch in den Folgemodellen.

Im Zentrum der Analyse in den **Modellen vier** und **fünf** befinden sich die Einflüsse der Indikatoren des familialen Bildungsverhaltens auf die Schulwünsche der Kinder. Die Indikatoren und Konstrukte aus den vorherigen Modellen, die *Schichtindizes*, die *Selbstwirksamkeit des Kindes* und die *Faktoren des familialen Zusammenlebens*, sind ebenso in dieser Analyse berücksichtigt. Der Indikator der *kulturellen Teilhabe der Kinder* (*Häufigkeit kultureller Praktiken*) spielt erst in **Modell fünf** eine Rolle. Gegenüber *Modell drei* sind folgende Modifikationen festzuhalten: Beide Schwellenwerte nehmen deutlich zu, insbesondere in **Modell fünf** im Vergleich zu **Modell vier**. Allerdings zeigt in **beiden Modellen** ausschließlich der Schwellenwert des Gymnasialwunsches ein signifikantes Niveau, was bedeutet, dass sich dieses Modell nur für die Vorhersage des Gymnasialwunsches gut eignet (in **Modell vier** Gymnasialwunsch bei -4,39***; Wunsch einer Schule des mittleren Sektors bei -1,05; in **Modell fünf** Gymnasialwunsch bei -4,57***; Wunsch einer Schule des mittleren Sektors bei -1,20). Im Gegensatz dazu nehmen die Schichteffekte in beiden Modellen deutlich ab, vor allem in **Modell fünf** im Vergleich zu **Modell vier**. Nur noch für die beiden oberen Schichten lässt sich ein signifikantes Niveau nachweisen (in **Modell vier** Oberschicht Exp(b)=-2,41***; obere Mittelschicht Exp(b)=-1,07*; mittlere Mittelschicht Exp(b)=-0,73; untere Mittelschicht Exp(b)=-0,03; in **Modell fünf** Oberschicht Exp(b)=-2,32***; obere Mittelschicht Exp(b)=-1,00*; mittlere Mittelschicht Exp(b)=-0,71; untere Mittelschicht Exp(b)=0,03). Diese Reduktion der Schichteffekte ist auf die Indikatoren des familialen Bildungsverhaltens zurückzuführen, die einen Teil davon erklären können. Dies belegt die Annahme, dass das familiale Bildungsverhalten wesentlich durch den sozialen Hintergrund der Familie geprägt ist, und lässt vermuten, dass die Schichteffekte auf die Schulwünsche der Kinder von diesen Faktoren zum Teil vermittelt werden. Dennoch verbleibt ein *soziales Bias* zugunsten der beiden höheren

Schichten, der besagt, dass sich im Vergleich zu Kindern aus der Unterschicht Kinder aus der Oberschicht um mehr als das Doppelte häufiger den Besuch einer weiterführenden Schule als der Hauptschule am Ende der Grundschule wünschen unter sonst gleichen personalen, familialen und bildungsrelevanten Bedingungen. Dabei handelt es sich um ein hoch signifikantes Ergebnis. Dieses Chancenverhältnis beträgt bei Kindern aus der oberen Mittelschicht im Verhältnis zu denen aus der Unterschicht das Doppelte mit einem einfach signifikanten Niveau. Die Effekte des Resilienzfaktors *Selbstwirksamkeit des Kindes* ändern sich in **beiden Modellen** unmerklich und verharren damit auf einem fast konstanten Niveau (in **Modell vier** Exp(b)=-1,06***; in **Modell fünf** Exp(b)=-1,04***). Die Einflüsse der Prädiktoren aus dem Bereich des familialen Zusammenlebens verschwinden hier hingegen gänzlich. Von den Indikatoren des Bildungsverhaltens der Eltern und Kinder sind folgende für die Schulwünsche der Kinder von signifikanter Bedeutung: Je häufiger *Eltern im laufenden Schuljahr Gespräche mit Lehrkräften führen*, desto geringer die Ambitionen der Kinder: Die Chance, dass sich Kinder den Besuch eines Gymnasium oder einer Realschule wünschen im Vergleich zur Hauptschule oder mittleren Schule, reduziert sich hier um nahezu die Hälfte auf einem einfach signifikanten Niveau. (in **Modell vier** Exp(b)=0,51*; in **Modell fünf** Exp(b)=0,46*). Anders dagegen erhöht sich diese Chance bei einem *freiwilligen Engagement der Eltern in der Schule* schon an einem frühen Zeitpunkt in den schulischen Karrieren der Kinder um mehr als die Hälfte (in **Modell vier** Exp(b)=-0,69**; in **Modell fünf** Exp(b)=-0,62**). Gleiches gilt für die *Anzahl außerschulischer Unterrichtsstunden der Kinder in der Woche* (in **Modell vier** Exp(b)=-0,27**; in **Modell fünf** Exp(b)=-0,26*) und das *Bildungs-* bzw. *Lerninteresse der Kinder* selbst (in **Modell vier** Exp(b)=-0,30**; in **Modell fünf** Exp(b)=-0,30**), jedoch auf einem niedrigeren Niveau in Relation zu den beiden vorherigen Indikatoren mit einer Erhöhung der genannten Chancen um (fast) rund ein Drittel bei einem in (fast) jedem Modell hoch signifikantem Niveau. Keine substantielle Rolle für die Schulwünsche der Kinder spielt die *kulturelle Teilhabe der Kinder* (Häufigkeit kultureller Praktiken) in **Modell fünf** (Exp(b)=-0,38). Jedoch reduziert dieser Indikator in geringem Maße die Gewichte des *Schulinvolvements der Eltern* und erklärt allein einen Anteil von 0,5% der Varianzen im Kriterium (absolut 40,2%; N=452; $chi^2$=180,66***). Die Determination der weiteren Indikatoren des familialen Bildungsverhaltens liegt in **Modell vier** im Verhältnis in *Modell drei* bei 10,8% der Varianzen im Kriterium, was einen nicht unerheblichen Anteil darstellt (absolut 39,7%; N=457; $chi^2$=180,75***). Insgesamt betrachtet, übt aber kein Faktor aus dem in **Modell vier** und **fünf** fokussierten Inhaltsbereich einen bedeutenden Einfluss auf die Schulwünsche der Kinder aus. Dies zeigt sich u. a. darin, dass abgesehen von den *außerschulischen Unterrichtsstunden in der Woche* kein weiterer bereichsspezifischer Indikator in *Modell neun* eine Signifikanz ausweist. Die Effektgrößen liegen allerdings in diesem Modell wie auch in dem Modell davor jeweils unter eins.

In den **nächsten drei Modellen** befinden sich vor allem die Einflüsse institutioneller, d. h. schulischer, Faktoren auf die Schulwünsche der Kinder im Vordergrund des Interesses und der Analyse. Im Hinblick darauf wird zunächst in **Modell sechs** der Effekt des *Wohlbefindens in der Schule*, das sich als einziges Konstrukt aus dem Bereich der institutionellen Sozialisationsbedingungen des Kindes in der explorativen Analyse als bedeutsam für die Schulwünsche der Kinder erwiesen hat, neben den Effekten der Schichtindizes untersucht. Die Effektstärke (Logit) dieses Prädiktors hat sich hier gegenüber *Modell fünf* der explorativen Analyse auf einem sehr signifikanten Niveau etwas erhöht, was möglicherweise daran liegt, dass die anderen bereichsspezifischen Konstrukte (*schulisches Problemverhalten* und *Opfererfahrungen*) aufgrund ihrer geringen Effekte in der explorativen Analyse hier nicht mehr berücksichtigt sind (Exp(b)=-1,56***). Dieser Effekt weist darauf hin, je wohler sich Kinder in der Schule fühlen, desto höher die Wahrscheinlichkeit, hier das rund 1,5-fache, dass sich Kinder für den Besuch eines Gymnasiums oder einer Schule des mittleren Bildungssektors statt einer Hauptschule bzw. eines Gymnasiums statt einer Schule aus dem mittleren Sektor entscheiden. Im Vergleich zu *Modell eins* sind die beiden Schwellenwerte in **Modell sechs** merklich angestiegen, wobei hier auch die Schwelle des Wunsches einer Schule aus dem mittleren Bildungssektor ein hoch signifikantes Niveau erzielt (Gymnasialwunsch bei -5,04***; Wunsch einer Schule aus dem mittleren Bereich bei -2,04**). Die Effekte der Schichtindizes haben sich gegenüber *Modell eins* etwas reduziert, was sich jedoch kaum in deren Gewichten niederschlägt (Oberschicht Exp(b)=-3,30***; obere Mittelschicht Exp(b)=-1,53***; mittlere Mittelschicht Exp(b)=-1,08**; untere Mittelschicht Exp(b)=-0,27). Diese Befunde implizieren einerseits, dass das institutionelle Modell eine gute Schätzung der Schulwünsche ermöglicht, andererseits aber Herkunftseffekte durch den subjektiven Parameter *Wohlbefinden in der Schule* kaum erklärt werden. Bemerkenswert ist aber der relativ hohe inkrementelle Anteil dieses Konstrukts in der Determination des Kriteriums mit 8,2% Varianzaufklärung in Relation zu *Modell eins* (absolut 28,6%; N=481; $chi^2$=129,32***).

**Modell sieben** umfasst neben den Prädiktoren in *Modell sechs* auch die Noten der Kinder in den beiden Kernfächern Deutsch und Mathematik. Die beiden Schwellenwerte verdoppeln bzw. verdreifachen sich und erzielen die höchsten Werte, woraus eine sehr gute Vorhersage der Schulwünsche der Kinder in diesem Modell abzuleiten ist (Gymnasialwunsch bei -10,84***; Wunsch einer Schule des mittleren Sektors bei -7,18***). Die Schichteffekte verringern sich dagegen weiterhin und verlieren zum Teil an Substanz (Oberschicht Exp(b)=-2,61***; obere Mittelschicht Exp(b)=-1,13**; mittlere Mittelschicht Exp(b)=-0,85*; untere Mittelschicht Exp(b)=-0,04). Letzteres gilt ebenso für den

Einfluss des *Wohlbefindens des Kindes in der Schule*, dessen Bedeutung sich hier im Vergleich zu *Modell sechs* mehr als halbiert hat (Exp(b)=-0,71*). Daraus ist zu schließen, dass die beiden Schulnoten einen Teil der *Herkunftseffekte* und des Effekts des *Wohlbefindens des Kindes in der Schule* auf die Schulwünsche der Kinder auf sich verbuchen. Der inkrementelle Varianzanteil dieses Modells im Kriterium beträgt 18,6% (absolut 47,2%; N=446; $chi^2$=219,31***). Diese Determination ist überragend und beinhaltet in Anbetracht der sehr substantiellen Effekte beider Fachnoten, dass diese Noten zentrale Einflussgrößen der Schulwünsche der Kinder darstellen, wobei die Deutschnote (Exp(b)=-1,02***) dafür ausschlaggebender ist als die Mathematiknote (Exp(b)=-0,77***). Die Effektgrößen (Logits) der beiden Fachnoten verdeutlichen: Je besser diese Noten in der dritten oder vierten Klasse, desto häufiger wünschen sich die Kinder den Besuch einer weiterführenden Schule statt der Hauptschule oder eines Gymnasiums statt einer Schule aus dem mittleren Schulbereich aus retrospektiver Sicht. Die Wahrscheinlichkeit dafür verdoppelt sich bei der Deutschnote, bei der Mathematiknote nimmt sie um den Faktor von rund 0,8 zu, jeweils bei einer Stufe höher auf der Notenskala. Trotz der essentiellen Reduktion der Schichteinflüsse in diesem Modell und der deutlichen Effekte beider Noten ist dennoch zu erkennen, dass Kinder aus der Oberschicht sowie der oberen und mittleren Mittelschicht signifikant höhere Ambitionen hegen als Kinder aus der Unterschicht und dies selbst dann noch, wenn die schulischen Leistungen hier in Form der Deutsch- und Mathematiknote gleich sind oder in anderen Worten in der Analyse konstant gehalten werden. Somit ist auch hier festzustellen, dass die schulischen Ambitionen der Kinder einem *sozialen Bias* unterliegen. Bei gleichen Ausgangsbedingungen ist die Wahrscheinlichkeit höherer als niedrigere Ambitionen bei Kindern aus der Oberschicht um das 2,6-fache, bei Kindern aus der oberen Mittelschicht um das 1,1-fache und bei denen aus der mittleren Mittelschicht um das 0,8-fache höher im Vergleich zu Kindern aus der Unterschicht.

Die hohen Varianzaufklärungen und die zum Teil hohen Regressionsgewichte, insbesondere der Grundschulempfehlungen, in diesem und den folgenden Modellen sind auf die in den Schulgesetzen der Länder verankerten Übertrittsbestimmungen zurückzuführen, worin den Noten und Grundschulempfehlungen ein entscheidendes Gewicht für den Übertritt in weiterführende Schulen zukommt. Dies spiegelt den Stellenwert dieser Einflussgrößen als *starre und unüberwindbare Stellgrößen* in den Bildungsentscheidungen, Beurteilungen und Wünschen am ersten Übergang wider. Dementsprechend sind die vorgestellten Ergebnisse weniger überraschend und ebenso in ähnlicher Form in den vorhergehenden Analysen der Grundschulempfehlungen und Übertrittsentscheidungen der Eltern sowie auch in anderen Studien festzustellen.

Im **achten Modell** werden zusätzlich zu den bisher besprochenen institutionellen Faktoren die Grundschulempfehlungen hinzugefügt. Gegenüber *Modell* *sieben* sind hier folgende Modifikationen festzustellen: Die beiden Schwellen liegen deutlich unter denen im *letzten Modell* (Gymnasialwunsch bei -7,93***; Wunsch einer Schule des mittleren Bildungssektors bei -3,71**). Das bedeutet, dass sich die Schätzung der Schulwünsche der Kinder durch Hinzunahme der Grundschulempfehlungen in die Analyse wesentlich verschlechtert hat. Dennoch kann sie als sehr gut beurteilt werden, denn die Schätzer beider Schwellen bleiben auf einem hoch signifikanten Niveau mit bedeutenden Effektstärken. Von den Schichteffekten erzielt nur noch der Effekt der Oberschicht ein hoch signifikantes Ergebnis, was darauf hinweist, dass sich Oberschichtkinder selbst bei gleichen Noten und Grundschulempfehlungen und unter sonstigen konstanten Bedingungen als signifikant ambitionierter von Unterschichtkindern unterscheiden (Oberschicht Exp(b)=-1,92**; obere Mittelschicht Exp(b)=-0,47; mittlere Mittelschicht Exp(b)=-0,47; untere Mittelschicht Exp(b)=-0,09). Daraus folgt, dass die Wahrscheinlichkeit dafür, dass sich Kinder den Besuch eines Gymnasiums oder einer Realschule statt einer Hauptschule oder eines Gymnasiums statt einer Schule aus dem mittleren Schulsektor wünschen, bei Kindern aus der Oberschicht fast um das Zweifache höher liegt im Vergleich zu Kindern aus der Unterschicht unter der Voraussetzung gleicher Leistungen und Empfehlungen. Das Konstrukt *Wohlbefinden in der Schule* übt in diesem Modell keinen signifikanten Einfluss auf die Schulwünsche der Kinder aus. Gleiches ist ebenso für den Effekt der Mathematiknote zu bemerken, der ein signifikantes Niveau hier knapp verfehlt (p=0,05). Der Effekt der Deutschnote, dessen Größe hier gegenüber *Modell sieben* mehr als halbiert ist, weist dagegen noch ein signifikantes, wenn auch nur ein einfaches Niveau aus (Exp(b)=-0,43*). Demnach bewirkt eine Note besser in Deutsch eine größere Wahrscheinlichkeit für höhere schulische Ambitionen der Kinder um den Faktor von rund 0,4. Die Einflüsse der Grundschulempfehlungen auf die Schulwünsche der Kinder sind in diesem Modell besonders auffällig und folgendermaßen zu interpretieren: Die Wahrscheinlichkeit dafür, dass sich Kinder den Besuch einer weiterführenden oder höheren als einer niedrigeren oder einfachen Schulform auf der Sekundarstufe I im Rückblick wünschen, ist bei einer Gymnasialempfehlung um mehr als das Vierfache (Exp(b)=-4,45***) und bei einer Empfehlung für eine mittlere Schullaufbahn um fast das Zweifache (Exp(b)=-1,99***) höher als bei einer Hauptschulempfehlung, jeweils auf einem hoch signifikanten Niveau und bei konstant gleichen Voraussetzungen. Insofern die Noten in beiden Kernfächern, Deutsch und Mathematik, in die Grundschulempfehlungen als Grundlage der Entscheidungen der Lehrkräfte einfließen, belegen der signifikante Effekt der Deutschnote und der fast substantielle Effekt der Mathematiknote in diesem Modell den bereits erwähnten eigenständigen Einfluss dieser Noten auf die Schulwünsche der Kinder, der über die Effekte der Grundschulempfehlungen hinaus wirkt. Diesem Befund zufolge orientieren sich Kinder offenbar mehr an ihrem sprachlichen Vermögen, wenn es um ihre schulischen Ambitionen geht, als Eltern und Grundschullehrkräfte in ihren Entscheidungen bzw. Beurteilungen. Letztere legen, im Gegensatz zu den Kindern, ein stärkeres Gewicht auf die Mathematiknote, d. h. auf die logischen Fähigkeiten der Kinder, die sie vermutlich mehr als ein Teil deren Begabung subjektiv ansehen und aus ihrer Sicht weniger außerschulisch erlernbar sind, zumal mathematisches Wissen und rechnerisches Können größtenteils im Schulunterricht vermittelt werden. Dort werden diese Kompetenzen geübt, nicht so hingegen sprachliche Fähigkeiten, die sich auch im Alltag außerhalb der Schule durchaus weiterentwickeln und für deren Förderung sich Eltern selbst mehr unterstützend einbringen können als zum Teil für die Förderung mathematischer und rechnerischer Kompetenzen ihrer Kinder, wofür sie häufig Nachhilfeunterricht vorsehen. Dies trifft insbesondere dann zu, wenn Rechnen und Mathematik Eltern weniger liegen und sie deshalb die Förderung mathematischer und rechnerischer Fähigkeiten ihrer Kinder mehr an Professionelle delegieren. Darüber hinaus ist anzunehmen, dass sie über den Unterrichtsstoff im Fach Mathematik von ihren Kindern oftmals schlecht informiert sind. Kinder halten hingegen Lesen und Schreiben im Hinblick auf ihre Schulwünsche für hinreichend, was sicherlich aus deren Sicht auch mit der zum Teil geringen Beliebtheit des Unterrichtsfachs Mathematik, dem subjektiv eher gering empfundenen Nutzen rechnerischer und mathematischer Fähigkeiten im Kindes- und Jugendalter und dem eher hohen sozialen Prestige sprachlicher Kompetenz zusammenhängt. Die Noten in beiden Kernfächern stellen die wichtigsten Argumente der Grundschulempfehlungen dar, worauf bereits mehrfach hingewiesen wurde. Dennoch liegen bedeutende, über die Effekte der Grundschulempfehlungen hinausgehende, Effekte der beiden Noten auf die Schulwünsche der Kinder vor, woraus sich folgern lässt, dass in die Grundschulempfehlungen weitere Faktoren und Merkmale als nur leistungsrelevante wie die Fachnoten einfließen, beispielsweise das Arbeitsverhalten oder persönliche Merkmale der Kinder oder ihre Erfolgsaussichten auf der Sekundarstufe I je nach sozialem Hintergrund oder kulturellem Kapital, und damit die Schulwünsche der Kinder in Anbetracht ihrer schulischen Leistungen und ihres Notenspiegels nicht immer mit den Grundschulempfehlungen einhergehen. Die Ergebnisse aus den Analysen der Grundschulempfehlungen geben darüber hinaus Hinweise darauf. Die Varianzaufklärung nimmt in **Modell acht** im Vergleich zu *Modell sieben* deutlich zu (60,5%; N=423; $chi^2$=290,81***). Die Differenz diesbezüglich zwischen beiden Modellen zeigt auf, dass 13,3% der Varianzen des Kriteriums auf die Grundschulempfehlungen allein zurückzuführen sind.

Im **neunten Modell** werden die Schichtindizes und personalen Merkmale der Kinder sowie die familialen, bildungsrelevanten und institutionellen Faktoren zusammengeführt und deren Effekte auf die Schulwünsche der Kinder simultan untersucht. Im Vergleich zu *Modell acht* nehmen in diesem Modell die Schwellenwerte abermals merklich zu, woraus sich eine sehr gute Schätzung des Kriteriums schließen lässt (Gymnasialwunsch bei -9,92***; Wunsch einer Schule des mittleren Sektors bei -5,31**). Außerdem wird ein relativ großer Varianzanteil des Kriteriums durch dieses Modell determiniert (64,4%; N=397; $chi^2$=297,58***). Der Varianzzuwachs durch die Hinzunahme der personalen und familialen Merkmale in die Analyse umfasst einen Anteil von 3,9% in Relation zur Varianzaufklärung in *Modell acht*, der im Verhältnis zur Varianzaufklärung dieser Faktoren in *Modell fünf* (19,8%) verschwindend gering erscheint. Dieser Befund legt nahe, dass alle Prädiktoren untereinander in irgendeiner Art und Weise weitestgehend konfundiert sind. Insofern verschieben sich die Gewichte der einzelnen Prädiktoren in den simultanen Analysen oder heben sich zum Teil auf. Desgleichen addieren sich die Varianzaufklärungen der einzelnen Modelle nicht einfach auf. Die Gewichte und Wirkeffekte institutioneller Faktoren scheinen hier im Vergleich zu den weiteren bereichsspezifischen Prädiktoren zu überwiegen. Signifikante Schichteffekte sind in diesem *Modell neun* nicht mehr vorhanden. Zudem haben sich ihre Regressionsgewichte weitergehend reduziert (Oberschicht Exp(b)=-1,43 mit p=0,059; obere Mittelschicht Exp(b)=-0,32; mittlere Mittelschicht Exp(b)=-0,39; untere Mittelschicht Exp(b)=0,02).[347] Weder die Effekte der familialen Sozialisationsbedingungen des Kindes noch der Effekt des Konstrukts *Wohlbefinden in der Schule* zeigen ein signifikantes Niveau. Abgesehen von dem Indikator der *Anzahl außerschulischer Unterrichtsstunden pro Woche* gilt dies ebenso für die Effekte aller Indikatoren des familialen Bildungsverhaltens auf die Schulwünsche der Kinder in **Modell neun.**[348] Der Indikator der *Anzahl außerschulischer Unterrichtsstunden pro Woche* erreicht hier ein ähnliches Regressionsgewicht wie in den *Modellen vier* und *fünf* auf einem einfach signifikanten Niveau mit positiver Ausrichtung (Exp(b)=-0,29*), was auf eine hohe Effektstabilität dieses Indikators verweist. Dieser Effekt bedeutet: Je mehr außerschulische Unterrichtsstunden in der Woche Kinder erhalten, umso höher fallen ihre schulischen Ambitionen aus. Das heißt, dass eine Stunde außerschulischer Unterricht in der Woche mehr bewirkt unter konstanten Bedingungen und dass die Wahrscheinlichkeit um ein Drittel zunimmt, dass die Kinder den Besuch einer höheren oder weiterführenden als einer niedrigeren oder einfachen Schulform auf der Sekundarstufe I bevorzugen. In ähnlicher Weise ist für den Resilienzfaktor *Selbstwirksamkeit* ein signifikant positiver Effekt auf die Schulwünsche der Kinder mit geringerer Stärke und einfach signifikantem Niveau im Vergleich zu den *Modellen vier* und *fünf* zu verzeichnen (Exp(b)=-0,75*), der besagt: Unter der Bedingung

347 Der Effekt der Oberschicht verfehlt hier knapp ein signifikantes Niveau.

348 Eine Ausnahme ist zu erwähnen: Die Bildungsausgaben der Eltern im Jahr in Höhe von *bis zu 240€* erreichen in dieser Analyse im Vergleich zur Referenz *keine Ausgaben* einen Effekt mit einem fast signifikanten Niveau und negativer Wirkrichtung (Exp(b)=0,84 bei p=0,08).

*ceteris paribus* hat ein höheres *Selbstwirksamkeitserleben* eine um den Faktor von 0,7 höhere Wahrscheinlichkeit des Wunsches von Kindern am Ende ihrer Grundschulzeit zur Folge, in eine höhere als eine niedrigere Schulform auf der Sekundarstufe I zu wechseln. Die Effekte der beiden Fachnoten bleiben in **Modell neun** gegenüber *Modell acht* größtenteils unverändert, wobei auch hier nur der Effekt der Deutschnote ein signifikantes Ergebnis hervorbringt, das aufgrund der geringen Änderung des Gewichts im Vergleich zu *Modell acht* nicht eigens interpretiert wird (Deutschnote Exp(b)=-0,47*; Mathematiknote Exp(b)=-0,31). Im Unterschied dazu sind etwas zunehmende Effekte bei den Grundschulempfehlungen zu erkennen, wenn deren Regressionsgewichte in den *Modellen acht* und **neun** miteinander verglichen werden (Gymnasialempfehlung Exp(b)=-4,51***; Empfehlung für mittlere Schullaufbahnen Exp(b)=-2,22***), die möglicherweise wiederum auf *Suppressionen* zurückzuführen sind. Die Interpretation der Effekte der beiden Fachnoten und Grundschulempfehlungen auf die Schulwünsche der Kinder in **Modell neun** entspricht im Wesentlichen den Erläuterungen dazu in *Modell acht* (vgl. die Ausführungen zu *Modell acht*).

In **Modell zehn** und **elf** kommen Moderator- bzw. Kontrollvariablen wie die Bildungsaspirationen der Eltern (Abitur/Fachabitur, mittlerer Schulabschluss und Hauptschulabschluss als Referenz) und das Geschlecht des Kindes (Jungen mit Referenz Mädchen) in die Analysen hinzu, um einerseits die Effekte dieser Variablen auf die Schulwünsche der Kinder, andererseits damit auch die Stabilitäten der anderen Prädiktoren zu prüfen, jedoch erreicht kein Effekt davon ein signifikantes Niveau. Lediglich dem Effekt des Abiturwunsches der Eltern entgeht in **beiden Modellen** knapp ein signifikantes Niveau (in **Modell zehn** und **elf** jeweils Exp(b)=-1,87; p=0,06).[349] Die beiden Schwellenwerte erhöhen sich in **Modell zehn** erneut auf ein sehr signifikant hohes, aber nicht so hohes Niveau wie in *Modell sieben* (Gymnasialwunsch bei -10,75***; Wunsch einer Schule des mittleren Bildungssektors bei -5,84**) und bleiben in **Modell elf** auf einem relativ stabilen Niveau mit unwesentlichen Änderungen gegenüber **Modell zehn** bestehen (Gymnasialwunsch bei -10,79***; Wunsch einer Schule des mittleren Schulwesens bei -5,83**). Damit bieten auch diese **beiden Modelle** eine sehr gute Vorhersage des Kriteriums. 2,1% der Varianzen in den Schulwünschen der Kinder gehen auf die Bildungsaspirationen der El-

---

349 Die elterlichen Aspirationen erzielen in **Modell elf** dasselbe bzw. ein ähnliches Regressionsgewicht wie in **Modell zehn**, jeweils ohne signifikantes Niveau (in **Modell zehn** Abitur/Fachabitur Exp(b)=-1,87; mittlerer Schulabschluss Exp(b)=-0,64; in **Modell elf** Abitur/Fachabitur Exp(b)=-1,87; mittlerer Schulabschluss Exp(b)=-0,66). Das Geschlecht des Kindes zeigt sowohl das Regressionsgewicht als auch die Signifikanz betreffend in beiden Modellen keine Bedeutung für die Schulwünsche der Kinder (Exp(b)=-0,10), wonach sich Jungen und Mädchen in ihren Schulwünschen nicht unterscheiden.

tern allein zurück (**Modell zehn**: Absolut 66,5%; N=396; $chi^2$=311,68***), im Gegensatz dazu nur 0,5% dieser Varianzen ausschließlich auf den Faktor Geschlecht des Kindes (**Modell elf**: Absolut 67,0%; N=395; $chi^2$=314,78***). Beide Anteile aufgeklärter Varianzen im Kriterium sind als gering einzustufen. In Bezug auf die Einflüsse entscheidender Prädiktoren sind folgende Aspekte festzuhalten: Der in den vorausgehenden Analysen ermittelte signifikante Effekt der *Selbstwirksamkeit des Kindes* ist auch in den **Modellen zehn** (Exp(b)=-0,84*) und **elf** (Exp(b)=-0,95*) zu finden. Im Vergleich zu *Modell neun* nimmt dieser Effekt in den letzten beiden Modellen in geringem Maße noch etwas zu, weshalb auch hier *Suppressoreffekte* der beiden Kontrollvariablen vermutet werden, was sich allerdings nicht wesentlich auf das Regressionsgewicht dieses Indikators auswirkt, weshalb dieses nicht nochmalig interpretiert wird. Die Einflüsse der beiden Fachnoten auf die Schulwünsche der Kinder ändern sich in diesen Modellen nur unwesentlich (in **Modell zehn** Deutschnote Exp(b)=-0,41; Mathematiknote Exp(b)=-0,29; in **Modell elf** Deutschnote Exp(b)=-0,47*; Mathematiknote Exp(b)=-0,24). Die Mathematiknote verliert gegenüber den vorherigen Analysen etwas an Gewicht und verbleibt weiterhin ohne signifikantes Niveau. Die Deutschnote erzielt in **Modell zehn** nicht ganz ein substantielles Niveau mit einer etwas reduzierten Effektstärke als in *Modell neun* (p=0,07), gewinnt aber in **Modell elf** an Effektstärke und Substanz wieder hinzu, sodass sich in den beiden letzten Modellen an der Bedeutung der beiden Fachnoten für das Kriterium nichts Wesentliches ändert und eine erneute Beschreibung deren Effekte nicht erforderlich ist. Für die Regressionsgewichte der Grundschulempfehlungen im **zehnten** und **elften Modell** ist im Vergleich zu *Modell neun* zum Teil eine abnehmende Tendenz in sehr geringem Umfang infolge der Kontrollvariablen in der Analyse festzustellen, die sich jedoch auf die Bedeutung dieser Prädiktoren für das Kriterium nicht besonders auswirkt (in **Modell zehn** Gymnasialempfehlung Exp(b)=-4,30***; Empfehlung für mittlere Schullaufbahnen Exp(b)=-2,19***; in **Modell elf** Gymnasialempfehlung Exp(b)=-4,35***; Empfehlung für mittlere Schullaufbahnen Exp(b)=-2,17***). Desgleichen verringert sich etwas der Effekt der *Anzahl außerschulischer Unterrichtsstunden des Kindes pro Woche* in den **Modellen zehn** und **elf** in Vergleich gesetzt zu *Modell neun* und verfehlt knapp ein substantielles Niveau (jeweils Exp(b)=-0,25 mit p=0,05 in **Modell zehn** und p=0,06 in **Modell elf**).[350] Im Hinblick auf die Relevanz aller anderen Prädiktoren, einschließlich der Schichtindizes, ist zu konstatieren: Ihre Effekte nehmen in **Modell zehn** in Vergleich zu

350 Ähnliches ist ebenso für die Effekte der Bildungsausgaben der Eltern in Höhe von bis zu 240€ im Jahr im Vergleich zur Referenzkategorie (keine Ausgaben) mit jeweils negativer Wirkrichtung festzustellen (in **Modell zehn** mit Exp(b)=0,82 bei p=0,09; in **Modell elf** mit Exp(b)=0,92 bei p=0,06).

*Modell neun* gesetzt größtenteils deutlich ab, bleiben in einigen wenigen Fällen auch auf einem konstanten Niveau oder steigen geringfügig sogar etwas an, weisen aber in allen Fällen kein substantielles Ergebnis für das Kriterium aus. Gleiches ist ebenso für deren Regressionsgewichte in **Modell elf** im Verhältnis zu **Modell zehn** zu ermitteln. Auch für die Variable Geschlecht des Kindes liegt kein signifikantes Ergebnis in **Modell elf** vor.

Als **Fazit** aus den Befunden zur Erklärung und Determination der Schulwünsche der Kinder in diesem Kapitel ist festzuhalten: Die Ergebnisse in den letzten Modellen der weiterführenden Analyse (*zweiter Auswertungsschritt*) ergeben, dass institutionelle Faktoren wie die *Noten in beiden Kernfächern*, insbesondere aber die *Grundschulempfehlungen*, die Schulwünsche der Kinder maßgeblich mit nachhaltigen Effekten determinieren und erklären. Diese Zusammenhänge sind aber vor dem Hintergrund institutioneller Bestimmungen und der damit verbundenen Bedeutung dieser Faktoren für den Übertritt in weiterführende Schulformen der Sekundarstufe I und die schulische Entwicklung der Kinder im Allgemeinen wenig überraschend (vgl. dazu die Forschungsergebnisse von Wohlkinger und Ditton, 2012). Gerade deshalb sollte das Augenmerk auch auf Faktoren darüber hinaus gerichtet werden, die sich jenseits von institutionellen Einflussgrößen als *Stellschrauben* in der schulischen Entwicklung der Kinder und für deren schulische Ambitionen erweisen, d. h. auf Einflussfaktoren mit Veränderungspotenzial im Hinblick auf außerschulische Interventionen. Vorweg sei schon genommen, dass im Hinblick auf die angewandten Analyseverfahren in Zusammenhang mit dem Studiendesign und der retrospektiv gestellten Frage zu den Schulwünschen der Kinder am letzten Messzeitpunkt nach dem Übertritt keine konkrete Antwort auf die Frage nach der Kausalität zwischen den *Schulwünschen der Kinder*, den *Grundschulempfehlungen* oder *Fachnoten* und den *Bildungsaspirationen der Eltern* gegeben werden kann. Erstaunlich ist deswegen der maßgebliche Effekt des *Selbstwirksamkeitserlebens des Kindes* auf seine Schulwünsche. Demnach scheinen resiliente Kinder ambitionierter zu sein, denn sie trauen sich mehr zu als Kinder mit wenig psychosozialer Robustheit und Widerstandsfähigkeit. Trotz des in den letzten beiden Modellen nicht mehr (ganz) vorhandenen signifikanten Niveaus des Effekts des Indikators *Anzahl außerschulischer Unterrichtsstunden pro Woche* kann dennoch behauptet werden, dass auch die Bildungsinvestitionen der Eltern in die Zukunft ihrer Kinder, hier in Form *außerschulischer Unterrichtsstunden*, einen Orientierungsrahmen für die Schulwünsche und Ambitionen der Kinder bieten. Es ist anzunehmen, dass diese Investitionen in der Wahrnehmung der Kinder ein Bildungsinteresse der Eltern im Hinblick auf familiale Transmissionen und der sozialen Reproduktion der Familie signalisieren, abgesehen von der Förderung der Kompetenzen durch solchen Unterricht per se. Desgleichen ist ein Einfluss der *Aspiration der Eltern für das Abitur* auf die schulischen Ambitionen der Kinder festzustellen, wenn auch dieser auf einem knapp verfehlten substantiellen Niveau. Mit Sicherheit ist davon auszugehen, dass verschiedene Prädiktoren in einem bedeutenden Maße miteinander konfundieren, z. B. die *Noten in beiden Kernfächern* mit den *Grundschulempfehlungen* oder *Aspirationen der Eltern* oder auch die letzteren beiden Faktoren untereinander. Derartige Konfundierungen haben sich aufgrund der angewandten Analyseverfahren und des Studiendesigns (zum Teil ex-post-facto-Design, d. h. die retrospektive Erhebung von Indikatoren im Querschnitt im Rahmen einer Survey-Studie, vgl. Diekmann, 2011, S. 329–331) nicht entflechten lassen. Insgesamt betrachtet, konnten die Herkunftseffekte in den Schulwünschen der Kinder durch die in den vorgestellten Analysen verwendeten Prädiktoren aufgeklärt werden: Je mehr Prädiktoren in der Analyse und je bedeutender diese, desto stärker verringerten sich die zu Beginn bedeutenden Schichteffekte, sodass in den letzten drei Modellen kein einziger Herkunftseffekt mehr ein substantielles Niveau erreichte.

Den referierten Befunden zufolge orientieren sich Kinder unmittelbar und direkt an ihrer eigenen Persönlichkeit, dabei vor allem an ihrer *Selbstwirksamkeit* oder ihrem schulischen Erfolg, insbesondere an den *Grundschulempfehlungen* und mehr an der *Deutsch-* als an der *Mathematiknote* (sprachliche Domäne), sowie an der ihnen entgegengebrachten Aufmerksamkeit, in Form hoher *Bildungsaspiration* und *-investitionen der Eltern*, wenn es um ihre Schulwünsche geht. *Sozioökonomischen Faktoren*, *kulturelles Kapital*, *Lernmotivation* und *-interesse*, *schulisches Wohlbefinden* oder die *Aufwachsensbedingungen zu Hause* und das *Schulinvolvement der Eltern*, wie ihre *Gespräche mit Lehrkräften* oder ihr *freiwilliges Engagement bei Aktionen der Schule*, womit und wodurch Eltern den Lehrkräften gegenüber vermutlich ihre Aspirationen zum Ausdruck bringen und vermitteln, um die soziale Position an ihre Nachkommen weiterzugeben, verlieren im Verlauf der Analyse an Bedeutung für die Schulwünsche der Kinder, insbesondere dann, wenn institutionelle Faktoren in der Analyse hinzukommen. Dennoch ist dazu anzumerken, dass diese Faktoren im Hintergrund durchaus eine Rolle für die Schulwünsche der Kinder, zumindest indirekt, spielen und eine entsprechende Funktion ausüben. Die Ergebnisse der ersten Analysemodelle haben dies jedenfalls gezeigt.

Tabelle 21: Regression (ordinal logistisch) der Schulwünsche der Kinder (Wunsch des Besuchs eines Gymnasiums, Wunsch des Besuchs einer Schule des mittleren Bildungssektors, retrospektiv erhoben in Welle 3, Ref. Hauptschulwunsch) nach Schicht, Schicht und Persönlichkeitsstruktur des Kindes, Schicht und familialen Sozialisationsbedingungen, Schicht und Bildungsverhalten der Eltern und Kinder sowie Schicht und institutionellen Sozialisationsbedingungen, fünf Modelle

| | Modell 1 | Modell 2 | Modell 3 | Modell 4 | Modell 5 |
|---|---|---|---|---|---|
| | Schätzer | Schätzer | Schätzer | Schätzer | Schätzer |
| **Wunsch des Besuchs eines Gymnasiums (Schwelle)** | **-1,13**** | -2,93** | -1,55 | -2,71*** | **-4,45***** |
| **Wunsch des Besuchs einer Schule im mittleren Sektor (Schwelle)** | **1,65***** | 0,04 | 1,47 | 0,47 | -1,44 |
| **Schichtindex Ref. Unterschicht** | | | | | |
| Oberschicht (3. Welle) | **-3,52***** | **-3,28***** | **-3,56***** | **-2,29***** | **-3,22***** |
| Obere Mittelschicht (3. Welle) | **-1,68***** | **-1,51***** | **-1,77***** | **-0,90*** | **-1,51***** |
| Mittlere Mittelschicht (3. Welle) | **-1,29***** | **-1,17**** | **-1,42***** | -0,58 | **-1,02*** |
| Untere Mittelschicht (3. Welle) | -0,42 | -0,40 | -0,60 | -0,16 | -0,24 |
| **Merkmale der Persönlichkeitsstruktur des Kindes** | | | | | |
| Internalisierung (Muttersicht, 2. Welle) | | 0,24 | | | |
| Externalisierung (Muttersicht, 2. Welle) | | 0,08 | | | |
| Motorische Unruhe (Muttersicht, 2. Welle) | | 0,22 | | | |
| Sozial-kognitive Aufgeschlossenheit (Muttersicht, 2. Welle) | | -0,47 | | | |
| Selbstwirksamkeit (Muttersicht, 2. Welle) | | **-0,74*** | | | |
| **Familiale Sozialisationsbedingungen** | | | | | |
| Familienklima (Muttersicht, 1. Welle) | | | **0,64*** | | |
| Kindzentrierte Kommunikation der Mutter (Kindersicht, 2. Welle) | | | **-0,81**** | | |
| Kindzentrierte Kommunikation des Vaters (Kindersicht, 2. Welle) | | | 0,01 | | |
| Häufigkeit des gemeinsamen Mittagessens (Muttersicht, 1. Welle) | | | 0,23 | | |
| Häufigkeit des gemeinsamen Frühstücks (Muttersicht, 2. Welle) | | | **-0,39**** | | |
| Partizipation des Kindes bei Entscheidungen (Kindersicht, 2. Welle) | | | 0,11 | | |
| **Bildungsverhalten der Eltern und Kinder** | | | | | |
| Häufigkeit der Gespräche der Eltern mit Lehrkräften im laufenden Schuljahr (Muttersicht, 2. Welle) | | | | **0,46*** | |
| Mitwirkung der Eltern bei Aktivitäten der Schule seit Januar (Muttersicht, 1. Welle; Ref. keine Mitwirkung) | | | | **-0,65**** | |
| Anzahl außerschulischer Unterrichtsstunden pro Woche (Muttersicht, 2. Welle) | | | | **-0,28**** | |
| Finanzielle Investitionen der Eltern in außerschulische Unterrichtsstunden im Jahr (gruppiert, Muttersicht, 2. Welle, Ref. keine finanziellen Investitionen) | | | | | |
| 504 bis 970 € | | | | -0,43 | |
| 250 bis 500 € | | | | -0,38 | |
| Bis 240 € | | | | **0,76*** | |

| | Modell 1 | Modell 2 | Modell 3 | Modell 4 | Modell 5 |
|---|---|---|---|---|---|
| | Schätzer | Schätzer | Schätzer | Schätzer | Schätzer |
| Häufigkeit kultureller Praktiken des Kindes (Kindersicht, 1. Welle) | | | | -0,45 | |
| Bildungs- bzw. Lerninteresse des Kindes (Kindersicht, 2. Welle) | | | | **-0,40*** ** | |
| **Institutionelle Sozialisationsbedingungen** | | | | | |
| Wohlbefinden in der Schule (Muttersicht, 2. Welle) | | | | | **-1,44*** ** |
| Problemverhalten in der Schule (Muttersicht, 2. Welle) | | | | | 0,21 |
| Opfererfahrungen in der Schule (Kindersicht, 2. Welle) | | | | | 0,37 |
| Chi² | **88,47*** ** | **118,52*** ** | **119,68*** ** | **162,48*** ** | **134,73*** ** |
| Nagelkerkes R² | 20,4% | 26,7% | 28,3% | 36,5% | 29,7% |
| N | 481 | 478 | 451 | 456 | 480 |

Quelle: DJI-Kinderpanel, Wellen 1–3, eigene Berechnungen

Anmerkungen: * p<0,05 **p<0,01 ***p<0,001

Tabelle 22: Schrittweise Regression (ordinal logistisch) der Schulwünsche des Kindes (Wunsch des Besuchs eines Gymnasiums, Wunsch des Besuchs einer Schule des mittleren Bildungssektors, retrospektiv erhoben in Welle 3, Ref. Hauptschulwunsch) nach Schicht, Persönlichkeitsstruktur des Kindes, familialen Sozialisationsbedingungen, Bildungsverhalten der Eltern und Kinder sowie institutionellen Sozialisationsbedingungen und Kontrollvariablen, elf Modelle sparsam

| | Modell 1 | Modell 2 | Modell 3 | Modell 4 | Modell 5 | Modell 6 | Modell 7 |
|---|---|---|---|---|---|---|---|
| | Schätzer | Schätzer | Schätzer | Schätzer | Schätzer | Schätzer | Schätzer |
| **Wunsch des Besuchs eines Gymnasiums (Schwelle)** | -1,13** | -3,41*** | -3,49*** | -4,39*** | -4,57*** | -5,04*** | -10,84*** |
| **Wunsch des Besuchs einer Schule im mittleren Sektor (Schwelle)** | 1,65*** | -0,48 | -0,45 | -1,05 | -1,20 | -2,04** | -7,18*** |
| **Schichtindex Ref. Unterschicht** | | | | | | | |
| Oberschicht (3. Welle) | **-3,52*** ** | **-3,45*** ** | **-3,39*** ** | **-2,41*** ** | **-2,32*** ** | **-3,30*** ** | **-2,61*** ** |
| Obere Mittelschicht (3. Welle) | **-1,68*** ** | **-1,67*** ** | **-1,69*** ** | **-1,07*** | **-1,00*** | **-1,53*** ** | **-1,13** ** |
| Mittlere Mittelschicht (3. Welle) | **-1,29*** ** | **-1,27** ** | **-1,33** ** | -0,73 | -0,71 | **-1,08** ** | **-0,85*** |
| Untere Mittelschicht (3. Welle) | -0,42 | -0,41 | -0,52 | -0,03 | 0,03 | -0,27 | -0,04 |
| **Merkmale der Persönlichkeitsstruktur des Kindes** | | | | | | | |
| Selbstwirksamkeit (Muttersicht, 2. Welle) | | **-1,18*** ** | **-1,09*** ** | **-1,06*** ** | **-1,04*** ** | | |
| **Familiale Sozialisationsbedingungen** | | | | | | | |
| Familienklima (Muttersicht, 1. Welle) | | | **0,59*** | 0,33 | 0,34 | | |
| Kindzentrierte Kommunikation der Mutter (Kindersicht, 2. Welle) | | | **-0,52*** | -0,35 | -0,38 | | |
| Häufigkeit des gemeinsamen Frühstücks (Muttersicht, 2. Welle) | | | **-0,29** ** | -0,17 | -0,17 | | |
| **Bildungsverhalten der Eltern und Kinder** | | | | | | | |
| Häufigkeit der Gespräche der Eltern mit Lehrkräften im laufenden Schuljahr (Muttersicht, 2. Welle) | | | | **0,51*** | **0,46*** | | |
| Mitwirkung der Eltern bei Aktivitäten der Schule seit Januar (Muttersicht, 1. Welle; Ref. keine Mitwirkung) | | | | **-0,69** ** | **-0,62** ** | | |

| | Modell 1 | Modell 2 | Modell 3 | Modell 4 | Modell 5 | Modell 6 | Modell 7 |
|---|---|---|---|---|---|---|---|
| | Schätzer | Schätzer | Schätzer | Schätzer | Schätzer | Schätzer | Schätzer |
| Anzahl außerschulischer Unterrichtsstunden pro Woche (Muttersicht, 2. Welle) | | | | -0,27** | -0,26* | | |
| Finanzielle Investitionen der Eltern in außerschulische Unterrichtsstunden im Jahr (gruppiert, Muttersicht, 2. Welle, Ref. keine finanziellen Investitionen) | | | | | | | |
| 504 bis 970 € | | | | -0,41 | -0,38 | | |
| 250 bis 500 € | | | | -0,37 | -0,31 | | |
| Bis 240 € | | | | 0,67 | 0,71 | | |
| Häufigkeit kultureller Praktiken des Kindes (Kindersicht, 1. Welle) | | | | | -0,38 | | |
| Bildungs- bzw. Lerninteresse des Kindes (Kindersicht, 2. Welle) | | | | -0,30** | -0,30** | | |
| **Institutionelle Sozialisationsbedingungen** | | | | | | | |
| Wohlbefinden in der Schule (Muttersicht, 2. Welle) | | | | | | -1,56*** | -0,71* |
| **Leistungsparameter** | | | | | | | |
| Deutschnote (Kindersicht, 2. Welle) | | | | | | | -1,02*** |
| Mathematiknote (Kindersicht, 2. Welle) | | | | | | | -0,77*** |
| **Grundschulempfehlungen Ref. Hauptschule** | | | | | | | |
| Gymnasium (Muttersicht, 3. Welle) | | | | | | | |
| Mittlere Schullaufbahnen (Muttersicht, 3. Welle) | | | | | | | |
| Chi² | 88,47*** | 110,88*** | 129,66*** | 180,75*** | 180,66*** | 129,32*** | 219,31*** |
| Nagelkerkes R² | 20,4% | 25,1% | 28,9% | 39,7% | 40,2% | 28,6% | 47,2% |
| N | 481 | 479 | 476 | 457 | 452 | 481 | 446 |

Quelle: DJI-Kinderpanel, Wellen 1–3, eigene Berechnungen

Anmerkungen: * p<0,05 **p<0,01 ***p<0,001

Tabelle 23: Schrittweise Regression (ordinal logistisch) der Schulwünsche der Kinder (Wunsch des Besuchs eines Gymnasiums, Wunsch des Besuchs einer Schule des mittleren Bildungssektors, retrospektiv erhoben in Welle 3, Ref. Hauptschulwunsch) nach Schicht, Persönlichkeitsstruktur des Kindes, familialen Sozialisationsbedingungen, Bildungsverhalten der Eltern und Kinder sowie institutionellen Sozialisationsbedingungen und Kontrollvariablen, elf Modelle sparsam, Fortsetzung

| | Modell 8 | Modell 9 | Modell 10 | Modell 11 |
|---|---|---|---|---|
| | Schätzer | Schätzer | Schätzer | Schätzer |
| **Wunsch des Besuchs eines Gymnasiums (Schwelle)** | -7,93*** | -9,92*** | -10,75*** | -10,79*** |
| **Wunsch des Besuchs einer Schule im mittleren Sektor (Schwelle)** | -3,71** | -5,31** | -5,84** | -5,83** |
| **Schichtindex Ref. Unterschicht** | | | | |
| Oberschicht (3. Welle) | -1,92** | -1,43 | -0,96 | -0,97 |
| Obere Mittelschicht (3. Welle) | -0,47 | -0,32 | -0,05 | -0,09 |
| Mittlere Mittelschicht (3. Welle) | -0,47 | -0,39 | -0,15 | -0,17 |
| Untere Mittelschicht (3. Welle) | -0,09 | 0,02 | 0,18 | 0,22 |
| **Merkmale der Persönlichkeitsstruktur des Kindes** | | | | |
| Selbstwirksamkeit (Muttersicht, 2. Welle) | | -0,75* | -0,84* | -0,95* |

| | Modell 8 | Modell 9 | Modell 10 | Modell 11 |
|---|---|---|---|---|
| | Schätzer | Schätzer | Schätzer | Schätzer |
| **Familiale Sozialisationsbedingungen** | | | | |
| Familienklima (Muttersicht, 1. Welle) | | 0,09 | 0,03 | 0,09 |
| Kindzentrierte Kommunikation der Mutter (Kindersicht, 2. Welle) | | -0,40 | -0,26 | -0,22 |
| Häufigkeit des gemeinsamen Frühstücks (Muttersicht, 2. Welle) | | -0,13 | -0,11 | -0,09 |
| **Bildungsverhalten der Eltern und Kinder** | | | | |
| Häufigkeit der Gespräche der Eltern mit Lehrkräften im laufenden Schuljahr (Muttersicht, 2. Welle) | | 0,14 | 0,13 | 0,10 |
| Mitwirkung der Eltern bei Aktivitäten der Schule seit Januar (Muttersicht, 1. Welle; Ref. keine Mitwirkung) | | -0,46 | -0,27 | -0,26 |
| Anzahl außerschulischer Unterrichtsstunden pro Woche (Muttersicht, 2. Welle) | | **-0,29*** | -0,25 | -0,25 |
| Finanzielle Investitionen der Eltern in außerschulische Unterrichtsstunden im Jahr (gruppiert, Muttersicht, 2. Welle, Ref. keine finanziellen Investitionen) | | | | |
| 504 bis 970 € | | 0,06 | 0,10 | 0,09 |
| 250 bis 500 € | | -0,06 | -0,21 | -0,24 |
| Bis 240 € | | 0,84 | 0,82 | 0,92 |
| Häufigkeit kultureller Praktiken des Kindes (Kindersicht, 1. Welle) | | -0,19 | -0,29 | -0,26 |
| Bildungs- bzw. Lerninteresse des Kindes (Kindersicht, 2. Welle) | | 0,07 | 0,09 | 0,09 |
| **Institutionelle Sozialisationsbedingungen** | | | | |
| Wohlbefinden in der Schule (Muttersicht, 2. Welle) | -0,28 | -0,17 | -0,23 | -0,20 |
| **Leistungsparameter** | | | | |
| Deutschnote (Kindersicht, 2. Welle) | **-0,43*** | **-0,47*** | -0,41 | **-0,47*** |
| Mathematiknote (Kindersicht, 2. Welle) | -0,36 | -0,31 | -0,29 | -0,24 |
| **Grundschulempfehlungen Ref. Hauptschule** | | | | |
| Gymnasium (Muttersicht, 3. Welle) | **-4,45***** | **-4,51***** | **-4,30***** | **-4,35***** |
| Mittlere Schullaufbahnen (Muttersicht, 3. Welle) | **-1,99***** | **-2,22***** | **-2,19***** | **-2,17***** |
| **Bildungsaspirationen der Eltern Ref. Hauptschulabschluss** | | | | |
| Abitur/Fachabitur (Muttersicht, 3. Welle) | | | -1,87 | -1,87 |
| Mittlerer Schulabschluss (Muttersicht, 3. Welle) | | | -0,63 | -0,65 |
| **Geschlecht des Kindes Ref. Mädchen** | | | | |
| Jungen (Muttersicht, 1. Welle) | | | | -0,11 |
| $Chi^2$ | **290,81***** | **297,58***** | **311,68***** | **314,78***** |
| Nagelkerkes $R^2$ | 60,5% | 64,4% | 66,5% | 67,0% |
| N | 423 | 397 | 396 | 395 |

Quelle: DJI-Kinderpanel, Wellen 1–3, eigene Berechnungen

Anmerkungen: * p<0,05 **p<0,01 ***p<0,001

## 4.9. Gesamtdiskussion der Forschungsergebnisse

Gegenstand dieser Forschungsarbeit stellt der Übergang von der Grundschule in die Sekundarstufe I dar, der erste Bildungsübergang oder in anderen Worten die Entscheidung einer geeigneten Schullaufbahn für ein Kind am Ende seiner Grundschulzeit. Dabei handelt es sich um ein klassisches und prominentes Thema in der empirischen Bildungsforschung, zumal dieser Übergang entscheidende Weichen für die gesamte Schulkarriere und darüber hinausstellt, vor allem in den Schulsystemen der Bundesrepublik Deutschland. Ein Novum ist hier, dass dieser Übergang in einen breiteren familialen und institutionellen Rahmen eingebettet und nicht isoliert als Resultat der Entscheidung eines einzelnen Akteurs an einem spezifischen Zeitpunkt angesehen wird. Damit richtet sich der Fokus hier auf familiale und institutionelle Sozialisationseinflüsse auf den Übergang und die Prozesse des Übergangsgeschehens, insbesondere auf die Funktionalität des kulturellen Kapitals dafür. Unbestritten sind in diesem Zusammenhang die Effekte der sozialen Herkunft der Schüler(innen).

Im deutschen Schulsystem existieren vor dem Hintergrund der Kulturhoheit der Länder, als föderales konstitutives Element der BRD, 16 verschiedene Schulsysteme in Koordination der Kultusministerkonferenz, größtenteils mit vielen strukturellen Gemeinsamkeiten, aber auch Unterschieden, insbesondere in der Gesetzeslage zum Übertritt in die Sekundarstufe I. Gemeinsam ist allen Schulsystemen, dass verschiedene Akteure an der Entscheidung am ersten Bildungsübergang beteiligt sind: Dies sind zum einen die Eltern als Erziehungsberechtigte der Kinder, die stets im eigenen und familialen Interesse oder in dem der Kinder handeln, zum anderen die Institution Schule *in persona* der Lehrkräfte und Schulleitungen oder in Form der Schulbehörden, die im öffentlichen Interesse agieren und Bildungsstandards festlegen und bewahren. Letzteren Akteuren unterliegt damit die *fachliche Richtlinienkompetenz*. In allen Schulsystemen der BRD sprechen sie eine Übertrittsempfehlung auf der Grundlage teils unterschiedlicher Kriterien aus. Neuerdings spielen in diesem Entscheidungsprozess zunehmend mehr auch die Kinder eine Rolle (vgl. Büchner & Koch, 2001; Schauenberg, 2007; Wohlkinger & Ditton, 2012), zumindest in der Wahrnehmung der Forschung, denn den Kindern wird heute in Anbetracht der Diskussion um Kinderrechte mehr Gehör geschenkt als früher, wenn es um Entscheidungen geht, die sie betreffen, wie der erste Bildungsübergang, so dass nunmehr auch ihre Wünsche im Sinne der Selbstbestimmung Berücksichtigung finden.

Die ersten beiden bedeutenden Akteure, Schule und Eltern, sind je nach Gesetzeslage in den Ländern an der hier fokussierten Bildungsentscheidung, der eine weitreichende Bedeutung für den Bildungsverlauf und den *Status-Attainment-Prozess* zukommt (vgl. *Wisconsin-Studie* z. B. Sewell, Haller & Portes,

1969; oder das Forschungsprogramm von Majoribanks, 1998), mit unterschiedlichen Gewichtungen beteiligt (Elternrecht vor Schulrecht und vice versa oder Bindekraft der Grundschulempfehlung) und werden vor diesem Hintergrund in den Analysen als zu erklärende Phänomene in Form empfohlener oder entschiedener Schullaufbahnen, jeweils für die Sekundarstufe I typische Schullaufbahnen oder -formen, behandelt.

Dabei ist als weitere institutionelle Rahmenbedingung stets zu beachten, dass das öffentliche Interesse oder die Schule als Akteur in diesem Fall Grenzen in der Auswahl von Schullaufbahnen nach oben, nicht aber nach unten setzt, und Zugangsbedingungen zu weiterführenden Schullaufbahnen deklariert. Eine Grundbildung ist dagegen im Rahmen der gesetzlichen Schulpflicht immer garantiert. Damit tritt der Gesetzgeber als Bewahrer der sozialen Hierarchie auf, indem er Selektionskriterien nach oben, nicht aber nach unten bezeichnet. Dies hängt mit den Besonderheiten des deutschen Bildungssystems zusammen, das relativ früh selektiert und auf der Sekundarstufe I zwei- bzw. noch dreigegliedert organisiert ist und sukzessiv Übergangsentscheidungen mit jeweils teils unterschiedlichen Spezifika und Entscheidungsgewalten einfordert. Es bleibt die Frage offen, ob der Struktur des deutschen Schulsystems ein intentionales öffentliches Interesse in Richtung sozialer Stratifizierung zugrunde liegt. Somit würde neben der Familie, die stets frei, gegebenenfalls noch schichtspezifisch, entscheidet, auch das Schulsystem an der Reproduktion des gesellschaftlichen Systems mitwirken, was in theoretischer und empirischer Hinsicht mittlerweile gut belegt ist. Zwischen beiden Systemen, Familie und Schule, wird ein antagonistisches Verhältnis angenommen.

Kurzum, die Grundschulempfehlung als ausschlaggebendes Kriterium der Institution Schule, die Elternentscheidung in Form der Schulanmeldung und die Schulwünsche der Kinder, als neu hinzugekommene Dimension im *Status-Attainment-Prozess*, werden im Hinblick auf die genannten Schullaufbahnen in komplexen Analysemodellen schrittweise erklärt. Dabei handelt es sich um retrospektiv erhobene Kriterien.

Zusammenfassend, die Grundschulempfehlungen als ausschlaggebende Kriterien der Institution Schule, die Elternentscheidungen in Form der Schulanmeldungen und die Schulwünsche der Kinder, als neu hinzugekommene Dimension im Status-Attainment-Prozess, werden in den Analysen dieser Forschungsarbeit auf der Grundlage der Daten des DJI-Kinderpanels im Hinblick auf die klassischen Schullaufbahnen, Hauptschul-, Realschul- und Gymnasiallaufbahn, in komplexen Modellen schrittweise erklärt. Dabei handelt es sich um retrospektiv erhobene Kriterien. Analysiert werden hier Schullaufbahnen und nicht Schulformen oder -typen aus verschiedenen Gründen: Im Zuge von Schulreformen in den vergangenen beiden Dekaden wurden entweder sogenannte Verbundschulen aus Haupt- und Realschulen in den meisten Schulsystemen der BRD in vielfältigen Formen mit unterschiedlichen Labels geschaffen oder die Hauptschule erhielt ein neues Etikett mit einem breiten Angebot an möglichen Schulabschlüssen (auch Mittlere Reife). Trotz dieser Schulreformen (Schulform als „gemeinsames Dach") und der Möglichkeit, weiterführende Abschlüsse erwerben zu können, bleibt die klassische Dreigliedrigkeit der Schulzweige oder Bildungslaufbahnen zu Beginn der Sekundarstufe I faktisch unverändert. Zudem besteht in den Schulsystemen der BRD ein hoher Zusammenhang zwischen der nach der Grundschule eingeschlagenen Bildungslaufbahn und dem erreichten Bildungsniveau am Ende der Schulzeit, wenn auch Entwicklungen in Richtung einer Lockerung dieses Zusammenhangs festzustellen sind.

Das zentrale Thema dieser Forschungsarbeit stellt die Funktionalität kulturellen Kapitals am ersten Bildungsübergang dar, d. h. bei der Entscheidung einer geeigneten Schullaufbahn für ein Kind am Ende seiner Grundschulzeit, eingebettet in einen familialen und institutionellen Rahmen. Damit stehen im Wesentlichen die Übertrittsentscheidungen der Eltern am Ende der vierten Grundschulklasse bzw. der Übertritt der Kinder an sich in eine der typischen Schulformen der Sekundarstufe I im Mittelpunkt der Untersuchungen, ebenso auch die Effekte familialer und institutioneller Einflussfaktoren darauf. In Anbetracht verschiedener länderspezifischer Schulreformen in den vergangenen Jahren wird dahingehend in den Analysen zwischen der Hauptschullaufbahn, den Schullaufbahnen im mittleren Bildungssektor und der gymnasialen Schullaufbahn differenziert.

In der Theorie wie auch im empirischen Forschungsstand ist es zwischenzeitlich gut belegt, dass sämtliche Outcomes schulischer Bildung wie Kompetenzen, Übergänge etc. durch den sozialen Hintergrund der Kinder und ihrer Familien determiniert sind, unabhängig davon, wie die Prozesse dafür zustande kommen (vgl. Baumert, Watermann & Schümer, 2003; Maaz, Baumert & Trautwein, 2009). Diese Tatsache spiegelt eine Dimension sozialer Ungleichheit, die Bildungsungleichheit, wider. In diesem Sinne zieht sich die schichtspezifische und reproduktionstheoretische Perspektive wie ein roter Faden durch diese Dissertation im Hinblick auf die Frage, wie soziale Ungleichheit im und durch das Bildungssystem reproduziert wird. Dementsprechend wird die soziale Herkunft der Kinder als Schichtzugehörigkeit ihrer Familien oder Haushalte dargestellt, die es als zentrale Größe in Bezug auf den ersten Bildungsübergang in den Analysen zu erklären gilt. Da nun dieser soziologisch relevante Strukturierungsindex aus sozioökonomischen Faktoren besteht, hinter denen sich ein Konglomerat an Merkmalen auf der Prozessebene verbirgt, wird in die jeweiligen Analysemodelle eine Reihe an Merkmalen auf Konstruktebene, Indikatoren und Strukturparameter als erklärende Faktoren eingefügt, die die familialen und institutionellen Sozialisationsbedingungen eines Kindes sowie seine personalen Eigenschaften abbilden und beschreiben. Von diesen Prädiktoren wird angenommen, dass sie auf der Prozessebene Herkunftseffekte im Schulerfolg moderieren oder mediieren, d. h. eine Schichtspezifik aufweisen und Bildungsungleichheit reproduzieren. Dazu zählen Persönlichkeitsmerkmale eines Kindes (Little-Big-Five, Resilienz), Merkmale der familialen Sozialisationsbedingungen eines Kindes (Eltern-Kind-Interaktionen, Familienklima, Teilhabe oder familiale Rituale), Merkmale des Bildungsverhaltens der Eltern und Kinder (Schulinvolvement der Eltern, Bildungsinvestitionen, bildungsrelevante Aktivitäten des Kindes) sowie Merkmale der Sozialisation des Kindes in der Schule (schulbezogene Outcomes wie Wohlbefinden und Problemverhalten, Täter- und Opfererfahrungen). Merkmale auf diesen Ebenen werden größtenteils mit bereichsspezifischen Indikatoren und Konstrukten validiert und im Hinblick auf ihre Schichtspezifik geprüft. Darüber hinaus werden abschließend in die Analyse verschiedene Kontrollvariablen wie städtische vs. ländliche Region (Stadt-Land), alte vs. neue Bundesländer (West-Ost), Geschlecht des Kindes oder die gesetzlichen Übertrittsregelungen der Länder (Elternrecht vs. Schulrecht vice versa) oder Moderatorvariablen wie die Bildungsaspirationen der Eltern (Schulabschlusswunsch für das Kind), Noten in den beiden Kernfächern, Deutsch und Mathematik, oder die Grundschulempfehlungen und Schulwünsche der Kinder eingefügt, letztere wechselseitig, die mit der Bildungsentscheidung am ersten Übergang in Zusammenhang stehen, wobei davon ausgegangen wird, dass die Elternentscheidung im Entscheidungsprozess in der Kette an letzter Stelle steht.

Im Hinblick auf Konfundierungen in den Ergebnissen aufgrund einer Vielzahl an ähnlichen Konstrukten und Indikatoren, werden die Analysen zur Prüfung der Forschungsfragen mehrstufig durchgeführt: Nach einer ersten Auswahl aufgrund substantieller bivariater Zusammenhänge mit den Kriterien und dem sozialen Hintergrund der Familien werden in ersten explorativen multiplen Analysen je Merkmalsbereich Konstrukte und Indikatoren ermittelt, die die Herkunftseffekte in den Kriterien signifikant bedeutend erklären können. Im nächsten Analyseschritt werden die sich daraus als relevant erweisenden Konstrukte und Indikatoren, je Merkmalsbereich gebündelt, schrittweise in die multiplen Endanalysen zur Erklärung der Kriterien in Bezug auf Herkunftseinflüsse eingefügt.

Darüber hinaus werden in vorbereitenden Analysen schichtspezifische Unterschiede in den Schulverläufen der Kinder während ihrer Grundschuljahre, in der Inanspruchnahme der Eltern vorschulischer Bildungs- und Betreuungseinrichtungen im Vorschulalter der Kinder sowie außerschulischer Betreuungs- und Bildungseinrichtungen nach dem Unterricht im Grundschulalter der Kinder untersucht, um Effekte des Besuchs dieser Einrichtungen auf die schulische Entwicklung und den schulischen Erfolg der Kinder ausschließen zu können. Faktisch ergeben sich dafür keine wesentlichen Unterschiede zwischen Familien nach Sozialschichten. Somit können diese Einflüsse im Hinblick auf die

Interpretation der Wirkeffekte des kulturellen Kapitals der Kinder und anderer Prädiktoren auf die Übertrittsentscheidung am Ende des Grundschulbesuchs vernachlässigt werden. Diese Arbeitsschritte werden als notwendig erachtet, um die Vielzahl an möglichen Kontroll- oder Moderatorvariablen in den Endanalysen hinsichtlich des bereits erwähnten Problems von Konfundierungen zu reduzieren.

Dieser Forschungsarbeit werden im Wesentlichen **zwei theoretische Paradigmen** oder Säulen in der soziologischen Bildungsforschung zugrunde gelegt, die in der Forschung größtenteils als gegensätzlich wahrgenommen, hier aber zusammen betrachtet werden Dies sind zum einen die klassischen Modelle und theoretischen Ansätze und ihre Weiterentwicklungen in der Tradition der rationalen Wahl nach Boudon (1974: Primäre und sekundäre Herkunftseffekte), hier nun in Bezug auf die Bildungsentscheidung, wozu die einzelnen Modelle und der entsprechende internationale empirische Forschungsstand beschrieben werden (Helberger & Palamidis, 1989: Humankapitaltheorie; Gambetta, 1996: Push- und Pull-Faktoren in Zusammenhang mit subkulturellen Trägheitseffekten; Erikson & Jonsson, 1996: Primat primärer Herkunftseffekte (vgl. Nash, 2003, oder Stocké, 2007a); Breen & Goldthorpe, 1997: Primat sekundärer Herkunftseffekte (vgl. Neugebauer, 2010; Jackson, Erikson, Goldthorpe & Yaish, 2005; oder Maaz & Nagy, 2009: beide Effekte in etwa gleich stark); Esser, 1999: Statusverlustmotiv, Bildungsmotivation und Investitionsrisiko; Becker, 2000: Bedeutung der Selektionsentscheidungen der Schule). Zum anderen stellen die Kapitalsorten nach Bourdieu (Bourdieu, 1983, oder Georg, 2011, in Anlehnung an Bourdieu; vgl. Tabelle 1 im Theoriekapitel als Übersicht zu konzeptuellen Weiterentwicklungen) und die Reproduktionstheorie im Sinne der sozialen Reproduktion durch kulturelle Reproduktion nach Bourdieu zentrale Fundamente dieser Forschungsarbeit (1973a; Bourdieu & Passeron, 1973). Ein besonderes Augenmerk wird dabei auch auf die Forschungsarbeiten und konzeptuellen wie theoretischen Abhandlungen von Lareau gerichtet (2003), deren Kindheitsforschung mit einem qualitativen Forschungsansatz von den theoretischen Ausführungen bei Bourdieu inspiriert worden sind, vor allem werden ihre Überlegungen zum Konzept des kulturellen Kapitals in Anschluss an Bourdieu (Lareau & Weininger, 2003) und zur Signalfunktion dieser Kapitalsorte (Lamont & Lareau, 1988) in den Blick genommen. Neben der ausführlichen Darstellung und Beschreibung der theoretischen Annahmen und Modelle dieser beiden Paradigmen wird jeweils auch der internationale empirische Forschungsstand dazu behandelt.

Andere Forscher wie beispielsweise DiMaggio (1982; DiMaggio & Mohr, 1985) haben die theoretischen Überlegungen von Bourdieu aufgegriffen, insbesondere diejenigen zum kulturellen Kapital, behaupten aber, dass es vielmehr zur sozialen Mobilität als zur sozialen Reproduktion beiträgt und können dies anhand von verschiedenen empirischen Untersuchungen auch belegen. Demnach erklärt kulturelles Kapital nicht direkt Herkunftseffekte, sondern dieser Kapitalsorte kommt ein additiver Effekt zum Herkunftseffekt als eigenständiges Strukturmerkmal hinzu. Diese Überlegungen beinhalten somit eine erweiterte Problemstellung, die in diese Forschungsarbeit ebenso integriert wird. DiMaggio und Kollegen haben damit eine Gegenposition, die *intergenerationale Mobilitätsthese*, zur Reproduktionsthese von Bourdieu entwickelt, haben aber infolge der Entkoppelung von sozialer Herkunft und kulturellem Kapital den Bezug zu intergenerationalen Transmissionsprozessen zum Teil aufgegeben, die gerade den Theoriekomplex von Bourdieu auszeichnen. Die zentrale Fragestellung lautet deshalb, ob kulturelles Kapital zu einer sozialen Mobilität oder sozialen Reproduktion beiträgt. Verschiedene Untersuchungen, insbesondere diejenigen der Forschergruppe um den Niederländer De Graaf, liefern für die Annahme der sozialen Mobilität in zahlreichen Studien empirische Belege (vgl. De Graaf, 1986; De Graaf, 1988; De Graaf, De Graaf & Kraaykamp, 2000; De Graaf & De Graaf, 2002; Aschaffenburg & Maas, 1997). Andere Autorinnen und Autoren ermitteln dagegen Belege, die die Annahmen von Bourdieu zur sozialen Reproduktion durch *kulturelles Kapital* stützen (vgl. Robinson & Garnier, 1985; Teachman, 1987; Kalmijn & Kraaykamp, 1996; Sullivan, 2001; Rössel & Beckert-Zieglschmid, 2002; Nagel & Ganzeboom, 2002; Jungbauer-Gans, 2004; Georg, 2004 und 2011; Szczesny & Watermann, 2011).

Den eigenen Überlegungen zufolge, handelt es sich bei der Debatte zur Funktionalität *kulturellen Kapitals*, nämlich soziale Reproduktion oder soziale Mobilität, jedoch mehr um eine empirische Fragestellung als um eine theoretische und darüber hinaus (vgl. die Diskussionen dazu bei Farkas, 1996; Kingston, 2001; Sullivan, 2001 und 2002; Barone, 2006; oder Goldthorpe, 2007a und 2007b).

Das kulturelle Kapital von Kindern wird in dieser Forschungsarbeit nicht im Sinne von *beaux arts*, sondern als kulturelle Aktivitäten der Kinder in der Freizeit operationalisiert (vgl. Sullivan 2001 & 2002; Dumais, 2002), womit die Betonung hier stärker auf der alltäglichen kulturellen Praxis der Kinder (z. B. in einem Chor singen, Bücher aus der Bibliothek ausleihen und lesen; vgl. Anmerkungen von Tabelle 4 im Anhang) und dem Agency-Konzept liegt als auf den hochkulturellen Aktivitäten von Kindern zusammen mit den Eltern im Sinne von Transmissionen und sozialer Reproduktion (z. B. Museums- und Theaterbesuch). Intergenerationale Transmissionen kulturellen Kapitals im engen Sinne und deren Effekte lassen sich damit allerdings nicht unmittelbar und direkt abbilden und prüfen, weil ausschließlich die eigenständige kulturelle Praxis der Kinder ins Auge gefasst wird.

Vor dem Hintergrund der theoretischen Konzeptionen und der Empirie wird eine Reihe an forschungsleitenden Fragestellungen mit komplexen schrittweisen Analysen empirisch geprüft. Im Mittelpunkt der Analysen befindet sich jeweils die Erklärung der Schullaufbahnentscheidung der drei wichtigen Entscheidungsträger am ersten Bildungsübergang, die Schule in Person der Lehrkräfte, die Eltern und Kinder. Nachfolgend werden die Befunde aus den Analysen zur Erklärung der Grundschulempfehlungen, Elternentscheidungen und Schulwünsche der Kinder in Abhängigkeit des sozialen Hintergrundes der Familie, dem Schichtindex, und weiterer bereichsspezifischer Prädiktoren, Konstrukte und Indikatoren, dargestellt.

Die zentrale Frage lautet: Welche Faktoren sind für die Grundschulempfehlungen, Elternentscheidungen oder Schulwünsche der Kinder ausschlaggebend und können diese essentiell erklären?

Für die **Grundschulempfehlungen** werden bedeutende Herkunftseffekte in erwarteter Richtung festgestellt: Je höher der soziale Hintergrund der Familie, desto höher die empfohlene Schullaufbahn. Die Herkunftseffekte reduzieren sich immer dann und werden größtenteils aufgeklärt, wenn personale Merkmale der Kinder, Merkmale der familialen Sozialisationsbedingungen der Kinder oder des familialen Zusammenlebens oder Merkmale des Bildungsverhaltens der Kinder und Eltern in die Analysemodelle eingefügt werden. Lediglich ein signifikanter Effekt der Oberschicht bleibt zuletzt erhalten. Von allen diesen Merkmalen sind jedoch mehr indirekte Einflüsse auf die Grundschulempfehlungen anzunehmen, insofern diese Merkmale mehr oder weniger der Wahrnehmung der Lehrkräfte zugänglich sind, wie beispielsweise die personalen Merkmale der Kinder oder das schulbezogene Engagement der Eltern. Dies gilt ebenso für Merkmale, die die institutionellen oder schulischen Sozialisationsbedingungen der Kinder widerspiegeln. Die Berücksichtigung verschiedener sogenannter Moderatoren oder Kontrollvariablen in der Analyse wie die Schulwünsche der Kinder oder Bildungsaspirationen der Eltern, das Geschlecht des Kindes oder die Schulnoten in den beiden Kernfächern Deutsch und Mathematik bewirkt, dass die Herkunftseffekte kein signifikantes Niveau mehr erreichen und auch die Bedeutung der Effekte der Persönlichkeitseigenschaften der Kinder, der familialen und schulischen Sozialisationsbedingungen weiter abnehmen. Zuletzt zeigen sich dann nur noch signifikante Effekte oder Regressionsgewichte der sozial-kognitiven Aufgeschlossenheit als ein Merkmal der Persönlichkeitsstruktur der Kinder, des kulturellen Kapitals, der Opfererfahrungen in der Schule und der Schulwünsche der Kinder sowie der Noten in den beiden Kernfächern Deutsch und Mathematik als Leistungsparameter. Für die bedeutenden Effekte der Schulwünsche des Kindes wird vermutet, dass Kinder die Bildungsaspirationen der Eltern in der Schule vermitteln.

Diese Ergebnisse geben Hinweise darauf, dass das kulturelle Kapital des Kindes wie auch sein Habitus in der Schule in Form sozial-kognitiver Aufgeschlossenheit als inkorporiertes kulturelles Kapital und Disposition oder seiner Opfererfahrungen in der Schule, als negativ konnotierte Disposition zu verstehen, in den Grundschulempfehlungen mit jeweils signifikanten Einflüssen zum Ausdruck kommen. Diese Befundlage könnte damit als ein Beleg für die Signalfunktion kulturellen Kapitals in institutionellen Entscheidungsprozessen, hier in den Grundschulempfehlungen am ersten Bildungsübergang, bewertet werden, wie es in den forschungsleitenden Annahmen formuliert und von Lamont und Lareau (1988) postuliert wird. Damit gilt die Kernhypothese dieser Forschungsarbeit, die Signalfunktion des kulturellen Kapitals von Kindern im schulischen Setting, hinsichtlich der Empfehlungspraxis der Grundschule als bestätigt. Diese Befundlage wird damit erklärt, dass diese Kapitalsorte und auch der Habitus der Kinder in der Schule für Lehrkräfte wahrnehmbar sind, nicht jedoch unmittelbar der sozioökonomische Hintergrund der Familie, zumal Entscheidungsprozesse nach meritokratischen Prinzipien und nicht nach askriptiven Merkmalen eigentlich erfolgen sollten, formal gedacht. Dennoch ist davon auszugehen, dass der sozioökonomische Hintergrund der Familie bei solchen Entscheidungsprozessen, zumindest indirekt, eine Rolle spielt. In den meisten Untersuchungen werden stets Leistungsmerkmale und die soziale Herkunft der Schüler(innen) berücksichtigt (vgl. Ditton & Krüsken, 2009a) oder auch schulklassenspezifische Merkmale (vgl. Wagner, Helmke & Schrader, 2009; Milek, Lüdtke, Trautwein, Maaz & Stubbe, 2009), weniger dagegen familiale Prozessmerkmale oder individuelle Merkmale der Kinder im Sinne primärer Sozialisationsbedingungen (vgl. Boudon, 1974; Erikson & Jonsson, 1996). Obwohl bekanntermaßen in Fällen, die für institutionelle Entscheidungsträger schwierig zu entscheiden sind, wenn das Leistungsniveau nicht eindeutig beurteilbar ist oder die Noten im Grenzbereich liegen, die für eine Gymnasial- oder Realschulempfehlung gerade noch akzeptabel und ausreichend sind, sich Lehrkräfte auch an Begabungsurteilen, Eigenschaften der Schüler(innen) wie Motivation, Persönlichkeit u. a., Überzeugungen oder am sozialen Hintergrund als Unterstützungs- und Erfolgsfaktoren orientieren (vgl. Ditton & Krüsken, 2009a, S. 99). Insofern stellen die Befunde hier ein Novum dar: Kinder mit kulturellem Kapital oder einem bildungsaffinen Habitus werden demnach von Lehrkräften belohnt.

Im Gegensatz zu den Grundschulempfehlungen werden die Herkunftseffekte im Elternmodell, d. h. in den **Übertrittsentscheidungen der Eltern**, durch Merkmale der Persönlichkeit der Kinder, der familialen Sozialisationsbedingungen und des Bildungsverhaltens der Kinder und Eltern nicht in dem Maße erklärt wie in den Analysen zur Determination und Erklärung der Grundschulempfehlungen. Die erwartete Richtung der Herkunftseffekte bestätigt sich hier zwar auch, es werden sogar stärkere Effekte im Vergleich zu den Analysen der Grundschulempfehlungen erzielt, von herausragender Bedeutung für die Elternentscheidungen erweisen sich aber, abgesehen von Leistungsmerkmalen des Kindes, die finanziellen Ausgaben der Eltern im Jahr für außerschulischen

Unterricht für das Kind, d. h. ihre Bildungsinvestitionen. Die Effekte oder Regressionsgewichte dieser Investitionen können jedoch die Herkunftseffekte nicht essentiell reduzieren, weshalb anzunehmen ist, dass es sich dabei mehr um additive Einflüsse handelt, d. h. um solche, die unabhängig von der Schichtzugehörigkeit der Familie wirken und deshalb davon zum Teil entkoppelt sind. Die Effekte schulbezogener Dispositionen der Kinder wie schulisches Wohlbefinden oder Problemverhalten auf die Elternentscheidung gehen vollständig in den Effekten der Schulnoten auf, ebenso auch letztere in den Effekten der Grundschulempfehlungen, aber nicht vollständig, so dass signifikante Einflüsse der Noten in Deutsch und Mathematik auf die Elternentscheidungen über denjenigen der Grundschulempfehlungen erhalten bleiben. Die Leistungsparameter (Noten) und Grundschulempfehlungen erklären damit einen erheblichen Anteil der Herkunftseffekte in den Elternentscheidungen. Lediglich für die Oberschicht und mittlere Mittelschicht sind noch Herkunftseffekte mit einem substantiellen Niveau zu konstatieren. Eine Zusammenführung der Merkmale aus allen Bereichen inklusive der Schulnoten und Grundschulempfehlungen in ein Modell ergibt eine weitere Reduktion der Herkunftseffekte, aber auch eine Verstärkung der Effekte der Resilienz des Kindes, seiner Selbstwirksamkeit, des Erziehungsverhaltens der Eltern in Form der kindzentrierten Kommunikation der Mutter, der Bildungsausgaben der Eltern für das Kind sowie der Grundschulempfehlungen, was auf *Suppressionseffekte* schließen lässt. Eine schrittweise Hinzunahme der Moderatoren und Kontrollvariablen wie die Bildungsaspirationen der Eltern, die Schulwünsche und das Geschlecht des Kindes, die Übertrittsregelungen der Länder (Elternrecht vor Schulrecht oder Schulrecht vor Elternrecht) oder regionale Faktoren wie alte vs. neue Bundesländer oder Stadt-Land in ein Analysemodell mit den Konstrukten und Indikatoren aus den vorhergehenden Analysen zeigt, dass nur noch ein substantieller Effekt des Resilienzfaktors Selbstwirksamkeit der Kinder, sehr bedeutsame Effekte mit teils hoher Signifikanz sehr hoher und hoher Bildungsausgaben der Eltern, ein mäßiger Effekt mit hoher Signifikanz der Mathematiknote sowie sehr starke, größtenteils hoch signifikante Effekte der Bildungsaspiration der Eltern für das Abitur und mittlere Schulabschlüsse, des Wunsches der Kinder des Besuchs eines Gymnasiums oder einer Schule des mittleren Bildungssektors und der Gymnasialempfehlung oder Empfehlung einer mittleren Schullaufbahn erhalten bleiben (vgl. ähnliche Befunde bei Schauenberg, 2007). Der signifikante Effekt des regionalen Indikators Bundesland (alte vs. neue) bedeutet, dass sich Eltern aus den neuen Ländern stets für höhere Schullaufbahnen für ihr Kind entscheiden als diejenigen aus den alten, was Traditionen in den neuen Ländern in Bezug auf von der sozialen Herkunft eher unabhängigen Bildungsentscheidungen vor dem Hintergrund des einst sozialistischen politischen Systems widerspiegelt. Herkunftseffekte liegen in den letzten Modellen nicht mehr vor.

Diese Befunde verdeutlichen eindrucksvoll, dass sich Eltern in der Schullaufbahnwahl für ihr Kind am ersten Bildungsübergang vor allem im Sinne der Humankapitaltheorie an ihren Bildungsinvestitionen und -aspirationen orientieren, aber auch an den Empfehlungen der Grundschule sowie den Schulwünschen der Kinder, die in ihre Entscheidung integriert werden. Für die letzten beiden Faktoren sind überragende Effekte ermittelt worden. Das kulturelle Kapital der Kinder stellt im Elternmodell keine substantielle Einflussgröße dar, weshalb die Hypothese der Signalfunktion des Kulturkapitals der Kinder in diesem Modell nicht zutrifft. Vielmehr folgen die Bildungsentscheidungen der Eltern der Logik der Humankapitaltheorie (vgl. Helberger & Palamidis, 1989; Wilson, 2001; auch Beattie, 2002; Coleman & DeLire, 2003) und Rational-Choice-Theorie (vgl. Boudon, 1974: Übergewicht sekundärer Herkunftseffekte) im weitesten Sinne. Darüber hinaus orientieren sich Eltern auch an psychosozialen Merkmalen ihres Kindes, wie seine Resilienz, oder seine Bildungswünsche, wenn sie eine Schullaufbahn für ihr Kind entscheiden. Letztere Befunde sind, nach Reichweite der eigenen Recherchen, in keiner anderen Untersuchung zu finden und im Rahmen von Kausalanalysen noch eingehend zu prüfen.

Die **Schulwünsche der Kinder** sind wie folgt determiniert: Zu Beginn sind wiederum substantielle Herkunftseffekte in erwarteter Richtung festzustellen, die jedoch etwas schwächer als in der Analyse der Elternentscheidungen, teils aber etwas stärker als in der Analyse der Grundschulempfehlungen ausfallen. Der Resilienzfaktor Selbstwirksamkeit der Kinder erreicht durchgängig ein substantielles Niveau, erklärt aber kaum die Herkunftseffekte. Gleiches gilt ebenso für die signifikanten Einflüsse familialer Sozialisationsbedingungen der Kinder wie die kindzentrierte Kommunikation der Mutter oder das gemeinsame Frühstück in der Familie, deren Bedeutung für die Schulwünsche unter Berücksichtigung der Indikatoren des familialen Bildungsverhaltens schwindet. Letztere Prädiktoren erklären größtenteils die Herkunftseffekte wie das Schulinvolvement der Eltern (Mitwirkung der Eltern bei Schulaktivitäten), die Anzahl außerschulischer Unterrichtswochenstunden pro Woche oder das Bildungs- und Lerninteresse der Kinder, die maßgeblich dazu beitragen, nicht jedoch das kulturelle Kapital der Kinder, das hier ohne signifikantes Niveau verbleibt. Auch der zu Beginn substantielle Einfluss des schulischen Wohlbefindens als Indikator der schulischen Sozialisationsbedingungen der Kinder nimmt durch die schrittweise Hinzunahme der Noten in Deutsch und Mathematik und der Grundschulempfehlungen in die Analyse ab. Desgleichen verringern sich weiter die Herkunftseffekte und ebenso die Effekte der Noten, wenn die Grundschulempfehlungen in der Analyse berücksichtigt werden, sodass am Ende neben dem signifikanten Effekt der Oberschicht von den institutionellen Faktoren nur noch die Deutschnote und wesentlich die Grundschulempfehlungen mit substantiellen Einflüssen verbleiben. Nach der Zusammenführung aller bereichsspezifischer Prädiktoren, der elterlichen Bildungsaspirationen und des Geschlechts des Kindes, letztere als Moderatoren oder Kontrollvariable, in ein Analysemodell erreichen nur noch die Effekte des Resilienzfaktors Selbstwirksamkeit, der sich im Verlauf der Analysen noch etwas verstärkt, sowie diejenigen der Deutschnote und der Grundschulempfehlungen ein substantielles Niveau. Diese Befundlage lässt schlussfolgern, dass in den Schulwünschen der Kinder in erster Linie ihre psychosoziale Widerstandsfähigkeit und Robustheit sowie ihre Leistungen zum Ausdruck kommen und sich die Kinder vor allem aber auch an den Lehrkräften orientieren, wenn sie nach ihren Schulwünschen gefragt werden (vgl. ähnliche Ergebnisse bei Wohlkinger & Ditton, 2012). Die prägnanten Effekte dieser drei Prädiktoren erweisen sich in dieser Studie insoweit als bedeutsam, als Leistungsmerkmale, personale Merkmale und die Lehrkräfte wesentliche Quellen der Kinderwünsche darstellen und weniger die Aspirationen der Eltern. Einen endgültigen Aufschluss darüber können jedoch nur Kausalanalysen liefern. Die Signalfunktion des kulturellen Kapitals von Kindern für deren Schulwünsche wird jedoch nicht bestätigt, da diese Kapitalsorte hier keinen Einfluss ausübt.

Insgesamt betrachtet, werden gute Schätzungen der Übergangskriterien, gemessen an substantiellen Schwellenwerten, in den Analysen immer dann erreicht, wenn die jeweiligen Modelle Leistungsparameter, zumindest institutionelle Faktoren als Prädiktoren oder ausschließlich die Schichtindizes beinhalten. Dies ist vor allem in den Analysen der Grundschulempfehlungen und weniger in denjenigen der Übertrittsentscheidungen der Eltern oder der Schulwünsche der Kinder ersichtlich. Die Vorhersagen fallen unter diesen Bedingungen jeweils am besten aus.

Die referierten Ergebnisse zeigen in ihrer **Quintessenz** eindrucksvoll, dass kulturelles Kapital in erster Linie in Entscheidungen auf institutioneller Ebene, hier in den Grundschulempfehlungen, in seiner Signalwirkung mit einem essentiellen, positiven und persistenten Effekt (vgl. Lamont & Lareau, 1988) und weniger in familialen Entscheidungsprozessen zum Tragen kommt, letztere hingegen stringenter der Logik rationaler Entscheidungen und weniger der kulturellen Logik folgen (vgl. Helberger & Palamidis, 1989). Ähnliche simultane Effekte des kulturellen Kapitals von Kindern und der Rational-Choice-Indikatoren sind in den Untersuchungen von Schneider (2004) und van de Werfhorst und Hofstede (2007) in Bezug auf Bildungsübergänge zu finden. Dadurch dass Grundschulempfehlungen, Übertrittsentscheidungen der Eltern und Schulwünsche der Kinder zusammen analysiert werden, lassen sich, im Gegensatz zu früheren Studien, in der Untersuchung hier differentielle Effekte des kulturellen Kapitals und der Bildungsinvestitionen der Eltern ermitteln. Indem kulturelles Kapital von Kindern in der Funktion als Vorhersagevariable als Index aus verschiedenen kulturellen Alltagspraktiken des Kindes und nicht als Transmission des elterlichen kulturellen Kapitals als Vorhersagevariable abgebildet wird und auch verschiedene Zieldimensionen, d. h. Kriterien, gewählt werden, kann behauptet werden, dass eine Untersuchung, die sich in der hier vorgestellten spezifischen Art und Weise den Annahmen von Bourdieu widmet, mit vergleichbaren Vorhersagevariablen und Zieldimensionen bisher noch nicht vorliegt.

Die kulturelle Praxis der Kinder kann die Herkunftseffekte der mittleren und oberen Mittelschicht im Analysemodell, das ausschließlich Vorhersagevariablen auf familialer Ebene berücksichtigt, im Wesentlichen erklären, weshalb in der Tendenz davon auszugehen ist, dass dieses Kapital mehr der sozialen Reproduktion als der sozialen Mobilität dient (vgl. Bourdieu, 1973a; Bourdieu & Passeron, 1973), was auch die Mittelschichtorientierung der Institution Schule widerspiegelt (vgl. Erikson & Jonsson, 1996; Dravenau & Groh-Samberg, 2013). Einzig und allein bleibt ein signifikanter Residualeffekt der Oberschicht in den Grundschulempfehlungen bestehen, was auf das Konfliktpotenzial der Familien aus dieser Schicht in ihren Bestrebungen, ihren Willen gegenüber der Institution Schule im Hinblick auf soziale Reproduktion und Statuserhalt durchsetzen, oder auch auf subkulturelle Trägheitseffekte von Familien aus bildungsfernen Schichten verweist (vgl. Gambetta, 1996; Boudon, 1974; Breen & Goldthorpe, 1997; Esser, 1999; oder die Ergebnisse aus der KOALA-S-Studie von Ditton u. a. z. B. Ditton, Krüsken & Schauenberg, 2005; vgl. auch Paulus & Blossfeld, 2007, zu den Bildungsaspirationen von Eltern). Eine eindeutig richtungsweisende Antwort auf die Frage, ob kulturelles Kapital mehr zur sozialen Reproduktion als zur kulturellen Mobilität beiträgt, kann auf Basis der Befundlage hier jedoch nicht gegeben werden. Die vorgestellten Ergebnisse sind vor dem Hintergrund der Operationalisierung kulturellen Kapitals mit nur wenigen Indikatoren zur kulturellen Praxis von Kindern zu würdigen und sprechen in der Tendenz für beide Ansätze zur Funktionalität kulturellen Kapitals, nämlich der sozialen Reproduktion und sozialen Mobilität (vgl. vergleichbare Schlussfolgerung bei Scherger & Savage, 2010, in Bezug auf das erreichte Bildungsniveau; bei Maaz & Watermann, 2007, in Bezug auf die Studienintention).

Trotz dieses zentralen Befundes bleibt auch in dieser Forschungsarbeit der Anspruch einer umfassenden und vielschichtigen Operationalisierung kulturellen Kapitals aufgrund der begrenzten Anzahl relevanter Indikatoren und Konstrukte, die für eine Sekundäranalyse einer Surveystudie meist verfügbar sind, hinter den Möglichkeiten zurück, möchte man die differentiellen Effekte unterschiedlicher Indikatoren und Konstrukte dieses theoretischen Konzepts auf verschiedene Dimensionen des Schulerfolgs wie Bildungsentscheidungen, Kompetenzen, Noten oder andere bildungsrelevante Dimensionen im Allgemeinen als Kriterienbereich ermitteln. Weiter gilt es, das Konzept des kulturellen Kapitals von ähnlichen Konzepten wie den familiale Anregungsgehalt (vgl.

dazu das Forschungsprogramm von Bradley, Caldwell & Rock, 1988) abzugrenzen und deren Wirkeffekte jeweils auf unterschiedliche Kriterienbereiche vergleichend zu prüfen, was letztendlich zur Theorieentwicklung beitragen könnte. Dies bedarf aber auch Lebensverlaufsstudien. Ferner besteht Forschungsbedarf dahingehend, die Kommunikationsstrukturen zwischen Familien und institutionellen Akteuren und den Vermittlungsprozess, worin sich die Wirkung kulturellen Wissens entfaltet, eingehend zu untersuchen (vgl. dazu die qualitativen Studien von Vryonides, 2007; Symeou, 2007; McDonough, 1997; Reay, 1998; Smrekar, 1996; Blackledge, 2001; Lareau & McNamara Horvat, 1999; Carter, 2003 u. a.). Hier spielt Habitus vermutlich eine entscheidende Rolle (vgl. dazu die Studie von Helsper, Kramer, Thiersch & Ziems, 2009).

Die Erwartungen und forschungsleitenden Annahmen in Bezug auf die Einflüsse aller weiterer struktureller Kovariaten und Merkmale, d. h. die primären Herkunftseinflüsse im Sinne von Boudon (1974) oder Erikson und Jonsson (1996) oder die schulbezogenen *Outcomes*, auf die Übergangskriterien wie die Grundschulempfehlungen, Elternentscheidungen und Schulwünsche der Kinder bestätigen sich im Wesentlichen: Günstige Merkmale zeitigen Effekte darauf in positiver Richtung, die in früheren Untersuchungen in ähnlicher Form vorliegen. Dies ist für folgende Dimensionen, Merkmalsbereiche, Konstrukte und Indikatoren festzustellen:

- Dimensionen der Persönlichkeitsstruktur des Kindes wie die *sozial-kognitive Aufgeschlossenheit* oder der *Resilienzfaktor des Selbstwirksamkeitserlebens des Kindes* (vgl. Asendorpf & van Aken, 2003; Heaven, Mak, Barry & Ciarrochi, 2002; Uhlig, Solga & Schupp, 2009, für die günstigen *Little-Fives*; Krapp & Ryan, 2002, für die Selbstwirksamkeit).
- Dimensionen des familialen Zusammenlebens und der familialen Sozialisationsbedingungen des Kindes wie die *kindzentrierte Kommunikation der Mutter* als positive, unterstützende und responsive Dimension des elterlichen Erziehungsstils und der Eltern-Kind-Interaktionen sowie die Häufigkeit familialer Rituale wie *das gemeinsame Frühstück aller Familienmitglieder am Morgen* (vgl. dazu das Forschungsprogramm von Steinberg u. a. an früherem Ort wie Gray & Steinberg, 1999, für die förderlichen Dimensionen des elterlichen Erziehungsstils; Brake & Büchner, 2012, für den inzidentellen Modus familialer Bildungsleistungen; Bauer & Grundmann, 2007, für den Stellenwert von Sozialisationsprozesse für Bildungsleistungen im Allgemeinen).
- Indikatoren des Bildungsverhaltens der Eltern und Kinder wie das Schulinvolvement der Eltern in Form der *Mitwirkung der Eltern bei Schulaktivitäten* oder das *Bildungs- und Lerninteresse des Kindes* (vgl. Helberger & Palamidis, 1989, für Bildungsinvestitionen; Kaufmann, 2008, für motiva-

tionale Orientierungen von Kindern; Schneider, 2011; Jeynes, 2005 und 2007; Hill & Tyson, 2009; Kloosterman, Notten, Tolsma & Kraaykamo, 2011, und Wild & Hofer, 2002, für das Schulinvolvement der Eltern; Bourdieu, 1983; Coleman, 1988; Lee & Bowen, 2006; Teachman, Paasch & Carber, 1997; Stecher, 2001 oder 1998, u. a. in Anlehnung an Zinnecker; Stocké 2010b; Roth, Salikutluk & Kogan, 2010; oder McNeal, 1999 und 2001; für das Sozialkapital der Kinder in Form des Schulinvolvements der Eltern).

- Merkmale der schulischen Sozialisationsbedingungen des Kindes wie *das schulische Wohlbefinden* des Kindes als Outcome-Variable mit positiver Dimension davon (vgl. Hascher, Hagenauer & Albrecht-Schaffer, 2011, für das schulische Wohlbefinden der Kinder).

Lediglich für ein *positives Familienklima* und das *Schulinvolvement der Eltern* in Form *zahlreicher Gespräche mit Lehrkräften* werden negative Effekte auf die Übergangskriterien ermittelt, die sich folgendermaßen erklären lassen: Eltern suchen vor allem dann häufig das Gespräch mit der Lehrkraft in einem individuellen Rahmen auf, wenn die schulischen Leistungen des Kindes schlecht sind (vgl. Hofer & Wild, 2002). Konflikte und Reibungen in der Familie in einem verträglichen Maße, d. h. ein nicht so ganz harmonisches Familienklima, könnten die Persönlichkeitsbildung und Entwicklung des Kindes im Allgemeinen voranbringen und dafür förderlich sein (vgl. dagegen Wild & Wild, 1997, positive Effekte eines harmonischen Familienklimas auf Schulerfolg). Auch das familiale Ritual des *Mittagessens, an dem alle Familienmitglieder vollzählig beisammen sind*, erweist sich als dysfunktional für Schulerfolg im Gegensatz zum gemeinsamen Frühstück, was vermutlich auf die Erwerbssituation und sozioökonomische Lage der Familie zurückzuführen ist.

Ungünstige Merkmale rufen Wirkungen auf die Übergangskriterien in negativer Richtung hervor, wofür sich ebenso empirische Belege in früheren Untersuchungen in der Literatur finden lassen:

- Dimensionen der Persönlichkeitsstruktur des Kindes wie *Internalisierung, Externalisierung, motorische Unruhe* oder die Ärgerregulierungsstrategie *konfrontieren und schädigen* (vgl. Gloger-Tippelt & Vetter, 2005, für ungünstige *Little-Fives*).
- Merkmale der schulischen Sozialisationsbedingungen des Kindes wie das *schulische Problemverhalten* und die *Opfererfahrungen des Kindes in der Schule* als Outcome-Variable mit negativer Dimension davon (vgl. Jacobs & Strittmatter, 1979, und Melfsen & Walitza, 2013, für das schulbezogenes Problemverhalten der Kinder; Alsaker, 2004; Tillmann, Holler-Nowitzki, Holtappels, Meier & Popp, 2009, für Opfererfahrungen in der Schule).

Zu Effekten der Kontrollvariablen, wie Stadt-Land, West-Ost, Geschlecht des Kindes und Schulrecht-Elternrecht, oder der Moderatoren, wie den Grundschulempfehlungen, elterlichen Bildungsaspirationen, Schulwünschen der Kinder und Noten, auf die Übergangskriterien in Zusammenhang mit den Herkunftseffekten sind zusammenfassend folgende Befunde erwähnenswert: Ein bedeutender Stadt-Land-Unterschied in den Elternentscheidungen bleibt, wie erwartet, aus (vgl. Sixt, 2013), nicht jedoch ein signifikanter Unterschied in den Bildungsentscheidungen der Eltern aus den neuen und alten Bundesländern im Vergleich, wonach sich Eltern aus den neuen Ländern eher für höhere Bildungswege ihrer Kinder entscheiden als Eltern aus den alten (vgl. von Below, 2002; Müller-Hartmann, 2002). Regionale Differenzen werden für die beiden anderen Übergangskriterien, den Grundschulempfehlungen und Schulwünschen der Kinder, aufgrund deren Eigenlogiken nicht angenommen. Ein den Erwartungen gegenläufiges Ergebnis stellt sich allerdings in der empirischen Analyse geschlechtsspezifischer Unterschiede im Bildungserfolg dahingehend ein, dass solche hier nicht vorhanden sind und demnach nicht mehr Mädchen höhere Schullaufbahnen aufnehmen als Jungen (vgl. Helbig, 2012). Dies ist nicht nur in den Elternentscheidungen, sondern ebenso in den Grundschulempfehlungen und Schulwünschen der Kinder festzustellen. Auch der erwartete signifikante Effekt der gesetzlichen Regelungen der Länder für den Übertritt in die Sekundarstufe I (Elternrecht vor Schulrecht vice versa bzw. die Bindekraft der Grundschulempfehlung) spiegelt sich in den Elternentscheidungen nicht wider (vgl. Bellenberg, Hovestadt & Klemm, 2004; Gresch, Baumert & Maaz, 2009; oder Lohmann & Groh-Samberg, 2010). Für die Grundschulempfehlungen und Schulwünsche der Kinder wird vorab angenommen, dass diese Regelungen irrelevant sind aufgrund von Konfundierungen. Dieser ausbleibende Effekt wird damit erklärt, dass es sich bei der Übertrittsentscheidung nicht um eine punktuelle Entscheidung handelt, sondern um einen wechselseitigen und vorgelagerten Anpassungsprozess zwischen Elternwunsch und Grundschulempfehlung, der sich in der Regel über einen längeren Zeitraum erstreckt und sich bereits schon in der dritten Jahrgangsstufe ankündigt und anbahnt (vgl. Ditton und Krüsken, 2006a und 2009a), weshalb sich die gesetzlichen Übertrittsbestimmungen der Länder in den Analysen hier nicht signifikant zu Buche schlagen (vgl. Wohlkinger & Ditton, 2012). Letzteres Argument könnte den ausbleibenden Effekt der Gesetzeslage zu den Übergangsbestimmungen in den Analysen erklären.

Darüber hinaus zeigt sich in den Analysen, dass die Effekte der Outcomes der schulischen Sozialisationsbedingungen eines Kindes wie Wohlbefinden, Problemverhalten oder Opfererfahrungen in der Schule auf die Übergangskriterien von den Schulnoten und Grundschulempfehlungen aufgeklärt werden (vgl. Wohlkinger & Ditton, 2012). Für die Schulnoten wird ein ähnlicher Wirkzusammenhang vermutet: Deren Effekte auf die Kriterien sollen durch diejenigen der Grundschulempfehlungen aufgehoben werden. Diese Erwartung stellt sich in den Analysen jedoch nur zum Teil ein, denn die Einflüsse der Schulnoten auf die Kriterien werden von denjenigen der Grundschulempfehlungen darauf nicht vollständig aufgeklärt (vgl. Schauenberg, 2008, S. 273). So bleibt bei den Elternentscheidungen ein über die substantiellen Effekte der Grundschulempfehlungen hinausgehender signifikanter Effekt der Mathematiknote (vgl. Ditton, Krüsken & Schauenberg, 2005: Bedeutendes Gewicht der Mathematiknote für die gymnasiale Aspiration), bei den Schulwünschen der Kinder ein signifikanter Effekt der Deutschnote über die Effekte der Grundschulempfehlungen hinaus bestehen. Warum bei beiden Akteuren unterschiedliche Noten von Bedeutung sind, wurde bereits an einem früheren Ort erläutert. Die Annahme der Determination der Schulnoten durch schulische Faktoren allein kann damit nur zum Teil akzeptiert werden, da die empirischen Belege dafür nicht ausreichend sind. Die signifikanten Effekte der Outcomes der schulischen Sozialisation eines Kindes auf die Grundschulempfehlungen werden, entgegen der Vermutung, durch die Effekte der Schulwünsche der Kinder kompensiert. Nur die den schulischen Habitus eines Kindes prägenden Opfererfahrungen in der Schule tragen substantiell zur Erklärung der Grundschulempfehlungen über die Einflüsse der Leistungsmerkmale, Schulwünsche der Kinder und Bildungsaspirationen der Eltern hinaus bei. Erwartungsgemäß stellen die Deutsch- und Mathematiknote mit jeweils eigenständigen signifikanten Effekten zentrale Einflussgrößen der Grundschulempfehlungen dar (vgl. Wohlkinger & Ditton, 2012). Dennoch kann die Annahme der Determinierung der Grundschulempfehlungen mit ausschließlich institutionellen Faktoren nur teilweise als zutreffend angenommen werden. Diese Ausführungen belegen, dass einige der beschriebenen Effekte und Wirkzusammenhänge auch in anderen Studien zu finden sind, andere hingegen nicht und stellen damit neuartige Befunde dar.

Die Befunde zu den angenommenen Wirkzusammenhängen zwischen Grundschulempfehlungen, Bildungsaspirationen der Eltern und Schulwünschen der Kinder verdeutlichen richtungsweisend und erwartungskonform, dass die Bildungsaspirationen der Eltern keine, über die Effekte der Schulwünsche der Kinder hinausgehende, substantielle Effekte auf die Grundschulempfehlungen erzielen (vgl. Schauenberg, 2008, S. 285 und S. 288 in Bezug auf die Schulanmeldung), die Grundschulempfehlungen, Schulwünsche der Kinder und Bildungsaspirationen der Eltern dagegen jeweils signifikant eigenständige und additive Effekte auf die Elternentscheidungen zeigen (vgl. Schauenberg, 2008, S. 286). Letztere haben jedoch kaum einen bedeutenden Einfluss auf die Schulwünsche der Kinder, jenseits der Effekte der Grundschulempfehlungen darauf, was vermutlich auf die zeitliche und strukturelle Abfolge der einzelnen Entscheidungen im Prozessgefüge zurückzuführen ist (vgl. Ditton & Krüsken,

2006a, S. 361), zumal Grundschulempfehlungen und Schulwünsche der Kinder den Elternentscheidungen vorausgehen.

Im Hinblick auf die Hypothesen zu den Schichteffekten ist festzuhalten, dass sich die forschungsleitenden Annahmen dazu in den Ergebnissen aller Analysen größtenteils widerspiegeln, weshalb sie angenommen werden können. Bedeutende Schichteffekte oder Kovariationen liegen in allen Übergangskriterien in erwarteter Richtung jeweils vor, die sich durch die schrittweise Hinzunahme weiterer Erklärungsfaktoren in die Modelle reduzieren und reproduzieren, wobei die Moderatoren (vgl. an früherem Ort) am stärksten dazu beitragen, was als ein Beleg für das Zusammenspiel zwischen Grundschulempfehlungen, Bildungsaspirationen der Eltern und Schulwünschen der Kinder zu bewerten ist (vgl. Ditton & Krüsken, 2006a und 2009a; Wohlkinger & Ditton, 2012) und auf die Bedeutung sekundärer Herkunftseffekte hinweist (vgl. Boudon, 1974). Erwartungsgemäß ist zu konstatieren: Je gehobener die Schicht, desto höher die von der Grundschule empfohlenen, von den Eltern gewählten und von den Kindern gewünschten Schullaufbahnen (vgl. Ditton, Krüsken & Schauenberg, 2005). Wie vorhergesagt, fallen die Herkunftseffekte relativ am stärksten bei den Elternentscheidungen und am geringsten bei den Grundschulempfehlungen aus (vgl. Wohlkinger & Ditton, 2012). Entgegen der Erwartung bleibt kein residualer Herkunftseffekt bei den Elternentscheidungen bestehen. Als Resümee kann behauptet werden, dass die Schichteinflüsse auf die Übergangskriterien durch die gewählten Prädiktoren, Kontrollvariablen und Moderatoren in allen Analysen vollständig erklärt werden.

Die Vermutung, dass die ausgewählten Bündel an Prädiktoren- bzw. Vorhersagevariablen domänenspezifisch wirken, d. h. Faktoren, die näher am Konstrukt des Schulerfolgs liegen, größere Einflüsse auf die Übergangskriterien ausüben und damit die Herkunftseffekte darauf stärker erklären als Faktoren, die auf keine unmittelbare Spezifik für Schulerfolg schließen lassen, bestätigt sich nicht. Außerdem verdeutlichen die Ergebnisse, dass in der Tendenz von additiven und nicht kompensatorischen Effekten oder Konfundierungen der jeweiligen Sets an Erklärungsfaktoren der Übergangskriterien auszugehen ist. Lediglich die Effekte der Merkmale des familialen Zusammenlebens auf die Übergangskriterien lassen sich teilweise auf die Merkmale des Bildungsverhaltens der Eltern und Kinder zurückführen. Ähnliches gilt für die Effekte der Persönlichkeitseigenschaften der Kinder auf die Kriterien, die bedeutend von den Merkmalen des familialen Zusammenlebens oder den Indikatoren des Bildungsverhaltens der Kinder und Eltern erklärt werden. Aufgrund der Vielzahl und Vielfalt an Prozessvariablen, die für die Analysen ausgewählt worden sind, liegen vergleichbare Befunde aus anderen Studien bisher nicht vor. Lediglich in den Analysen von Schauenberg (2008) werden ähnliche Merkmale und Indikatoren, wie in den Untersuchungen hier, berücksichtigt, die die familialen Lebensbedingungen von Grundschulkindern gut beschreiben.

Ein zentrales Ergebnis dieser Forschungsarbeit mit hoher gesellschaftlicher Relevanz ist die Integration der beiden theoretischen Paradigmen in der Bildungssoziologie, die hier nebeneinander stehen und nicht als etwas Gegensätzliches und Inkommensurables behandelt werden, indem aufgezeigt wird, dass institutionelle und familiale Entscheidungen Eigenlogiken beinhalten, womit ein Beitrag zur Boudon-Bourdieu-Debatte geliefert wird. Konkret bedeutet dies, dass in institutionellen Settings vor allem die Signalfunktion kulturellen Kapitals, aber auch habituelle Dispositionen und soziale Kapitalien zur kulturellen und sozialen Reproduktion und in familialen Settings das Investment-Modell für Statusverhalt und individuelle Merkmale zum Tragen kommen, woraus sich Interventions- und Handlungsmöglichkeiten für die Praxis ableiten lassen.

### 4.9.1. Ausblick in die Praxis und Zukunft

Welche Schlussfolgerungen lassen sich aus den Befunden dieser Forschungsarbeit und deren Diskussion als Ausblick für die Praxis ziehen?

Was kann Eltern oder Lehrkräften empfohlen werden, um die Chancen von Kindern in den Bildungssystemen zu verbessern? In Anbetracht der referierten Ergebnisse im Allgemeinen und der relativ hohen Bedeutung des kulturellen Kapitals und schulischen Habitus von Kindern für die Grundschulempfehlungen am ersten Bildungsübergang ist Eltern zu raten, ihren Kindern einen Sinn für Kultur und einen Bildungshabitus zu vermitteln, indem sie beispielsweise mit ihnen zusammen ein Museum besuchen, sie zum Lesen eines Buches anregen oder das Mitsingen ihres Kindes in einem Chor befürworten. Sofern sie dazu nicht willens oder fähig sind oder über die dafür notwendigen Voraussetzungen nicht verfügen, könnte das pädagogische Fachpersonal in außer- und vorschulischen Betreuungs- und Bildungseinrichtungen wie die Kinder- und Jugendhilfe derartige Funktionen von Eltern ausfüllen, dahingehend geschult oder durch entsprechende Bildungspläne und Curricula befähigt werden, so dass begabten Kindern aus bildungsfernen Schichten mehr Chancen für ihre schulischen Laufbahnen eingeräumt werden kann im Sinne der These der sozialen Mobilität durch kulturelles Kapital in Anbetracht der teils sozialstrukturellen Entkoppelung dieser Kapitalsorte.

In Verknüpfung damit stellt eine weitere wichtige Voraussetzung für die Aneignung kulturellen Kapitals die Handlungskompetenz von Kindern, d. h. ihre Agency und Rolle als eigenständige Akteure, zu stärken und fördern dar, ebenso auch ihre psychosoziale Robustheit und Widerstandsfähigkeit, d. h. ihre Resilienz.

Eine andere Interventionsmöglichkeit würde darin bestehen, die diagnostischen Kompetenzen der Lehrkräfte im Hinblick auf ihr Urteilsvermögen, ihre Empfehlungspraxis und Habitussensibilität zu schärfen (vgl. zum Konzept der Habitussensibilität im Allgemeinen Sander, 2014; zu Habitussensibilität von Lehrkräften im schulischen Kontext und zu Passungsverhältnissen zwischen Lehrkräften und Schülerinnen und Schülern Lange-Vester & Teiwes-Kügler, 2014; Borke, Döge & Kärntner, 2011: Leitfaden zu kulturellen Pfaden in der Entwicklung für frühpädagogische Fachkräfte aus entwicklungspsychologischer Perspektive). Vielfach wird in den Darstellungen im empirischen Kapitel aus verschiedenen disziplinären Perspektiven darauf hingewiesen, dass in den Übertrittsempfehlungen der Lehrkräfte am Ende der Grundschulzeit und auch in den Schulnoten nicht nur leistungsrelevante Merkmale wie Kompetenzen und Leistungen nach meritokratischem Prinzip zum Tragen kommen, sondern auch personale und nicht-leistungsrelevante Eigenschaften von Kindern oder familiale Hintergrundmerkmale wie der sozioökonomische Status der Eltern oder sonstige askriptive Merkmale (vgl. Maaz & Nagy, 2009; Kuhn & Fischer, 2011; Ditton & Krüsken, 2009a; Maaz, Baeriswyl & Trautwein, 2013; Milek, Lüdtke, Trautwein, Maaz & Stubbe, 2009). Letztere Merkmalsbereiche befinden sich jedoch meist nicht im Vordergrund von Entscheidungen oder Leistungsbeurteilungen, üben aber dennoch einen Einfluss darauf aus, wenn auch meist einen den Leistungskriterien nachgeordneten, auf unbewusste Art und Weise oder im Verborgenen, insbesondere an Relaisstellen im Schulsystem (vgl. Lamont & Lareau, 1988). Dennoch sind auch diese Merkmale nicht weniger wirkungsvoll als meritokratische, vor allem im Hinblick auf kumulative Effekte in den schulischen Biographien und im Lebensverlauf.

In diesem Sinne untersuchen Gräsel, Krolak-Schwerdt, Nölle und Höstermann (2010) im Rahmen einer quasi-experimentellen Studie (Expertise: Erfahrene Lehrkräfte vs. Novizen: Lehramtsstudierende[351]) die Mechanismen der Entscheidungsfindung von Grundschullehrkräften bei Übertrittsempfehlungen vor dem Hintergrund zweier theoretischer Prozessmodelle, der informationsgenerierenden und der heuristischen Informationsverarbeitungsstrategie, in Zusammenhang mit Befunden aus der sozialen Kognitionsforschung. Ihre Ergebnisse verdeutlichen, dass die Verantwortlichkeit und Falltypikalität (In/konsistenz der Informationen über Schüler/innen) den Entscheidungsprozess maßgeblich determinieren (vgl. Befunde bei Böhmer, Gräsel, Höstermann, Krolak-

351 Vgl. dazu auch die Befunde aus der quasiexperimentellen Untersuchung von van Ophuysen (2006): Experten (erfahrene Lehrer(innen)) beurteilen differenzierter und ändern ihre Urteile häufiger als Novizen (Lehramtsstudierende). Nach einer Einschätzung der Wichtigkeit verschiedener Merkmale der Schüler(innen) sollen sie eine Empfehlung aussprechen (experimentelle Variation: Eine Empfehlung vs. zwei Empfehlungen (die erste davon nach den ersten drei Statements) zur Prüfung der Bestätigungstendenz).

Schwerdt, 2012: Positive Effekte der Expertise (Abruf von mehr und leistungsfernen Informationen ohne Expertise) und Fallkonsistenz (Abruf von mehr Informationen bei Inkonsistenz); vgl. auch die Befunde von Tetlock, Lerner & Boettger, 1996[352]). In einer Vorstudie ermitteln die Autorinnen und der Autor, dass neben den Noten in den Kernfächern auch langfristige Leistungsentwicklungen und die Selbständigkeit der Kinder, die verfügbare Unterstützung der Eltern, aber auch Ängstlichkeit, Ausdauer und Fleiß seitens der Kinder sowie deren Beteiligung im Unterricht und Kooperationsbereitschaft maßgebende Einflussgrößen der Entscheidungsfindung von Lehrkräften bei Übertrittsempfehlungen darstellen. In einer weiteren quasi-experimentellen Untersuchung dieser Arbeitsgruppe (Krolak-Schwerdt, Böhmer & Gräsel, 2012) werden die Ziele der Probanden (Eindruck vs. Vorhersage) bei der Beurteilung der Leistungen der Schüler/innen variiert. Unter der Bedingung *Vorhersage* orientieren sich die Lehrkräfte stärker an individuellen Merkmalen der Schüler/innen, unter der Bedingung *Eindrucksbildung* dagegen entlang von sozialen Kategorien wie dem sozioökonomischen Hintergrund der Kinder. In diesem Zusammenhang sprechen Nisbett, Zukier und Lemley (1981) in ihrer experimentellen Studie von einem *Dilution-Effekt* (*Verwässerungseffekt*) nicht-diagnostischer Informationen bei Entscheidungsfindungen auf der Grundlage diagnostischer Informationen, der sich dann reduziert, wenn Versuchspersonen individuelle Merkmale von zu beurteilenden Personen dargeboten werden. Die Ergebnisse dieser experimentellen pädagogisch-psychologischen Studien zum Entscheidungsprozess von Lehrkräften bei Übertrittsempfehlungen sind mit den Befunden aus bildungssoziologischen Feldstudien in der Tradition von Bourdieu mit einer hohen ökologischen Validität, wie sie im Theoriekapitel referiert wurden, durchaus vergleich- und vereinbar.

Diese Perspektive, die Beurteilungen von Lehrkräften jenseits von exakten meritokratischen Prinzipien sowie Passungsverhältnisse zwischen Schule und Elternhaus (vgl. Kramer & Helsper, 2011, in Bezug auf Habitus), bedarf aus eigener Sicht weiterer Forschungsbemühungen, vor allem auf nationalem Feld, wenn auch in internationalen Reviews dazu schon eine Reihe an Untersuchungen vorliegt:

---

352 Tetlock, Lerner und Boettger (1996) prüfen in ihrer experimentellen Untersuchung die beiden Hypothesen, ob der Vorhersage von Noten eine heuristische Informationsverarbeitungsstrategie oder eine Konversationsnorm zugrunde liegt, wozu sie die Versuchsbedingungen Verantwortung, Konversationsnormen (Ausmaß der Verwässerung diagnostischer Informationen durch irrelevante Informationen) und Aktivierung von Schemata manipuliert haben. Die Ergebnisse sprechen in der Tendenz für beide Annahmen.

- Z. B. *Williams, 1976*: Selbsterfüllende Prophezeiungen (*Beliefs* oder Erwartungen) der Lehrkräfte als Vermittlungsmechanismen der Effekte der sozialen Herkunft der Schüler/innen auf deren Schulleistungen. Ein zentrales Ergebnis dieser Untersuchung ist darüber hinaus, dass Lehrkräfte keine direkte und bewusste Diskriminierung anstreben, sondern ihre Erwartungen an die Leistungen der Schüler/innen anpassen, und sich diese mehr in den Schulnoten als in Leistungstests widerspiegeln. In dieser Studie werden die Erwartungen der Lehrkräfte mit Konstrukten auf normativer und kognitiver Ebene operationalisiert. Sowohl die Ergebnisse aus objektiven Leistungstests als auch die Beurteilungen der Lehrkräfte werden in die Analysen miteinbezogen und miteinander verglichen.
- *Natriello & Dornbusch, 1983*: Das Verhalten der Schüler/innen im Unterricht ist für die Beurteilungen der Lehrkräfte entscheidender als askriptive Merkmale der Schüler/innen.
- *Alexander, Entswile & Thompson, 1987*: Statusunterschiede zwischen Lehrkräften und Schülerinnen und Schülern üben nach dieser Untersuchung einen deutlichen Einfluss auf das Schulleistungsniveau und die Leistungsbeurteilungen (Noten) der Schüler/innen aus Familien mit einem niedrigen sozioökonomischen Hintergrund oder Minoritätsstatus aus. Außerdem richten Lehrkräfte keine hohen Leistungserwartungen an diese Schüler/innen, beurteilen sie eher als unreif und schätzen die Zusammenarbeit mit ihnen als eher unangenehm ein.
- *Alvidrez & Weinstein, 1999*: Lehrkräfte schätzen die Begabung von Kindern aus Familien mit einem höheren sozialen Status oder mit günstigen personalen Merkmalen (durchsetzungsfähig und unabhängig) positiver ein als das Fähigkeitsniveau von Kindern aus sozial benachteiligten Familien oder von unreifen Kindern, jeweils anhand von ihren IQ-Testwerten im Vergleich. Darüber hinaus weisen die Einschätzungen der Lehrer/innen signifikant hohe Zusammenhänge mit den Noten und Testleistungen derselben Schüler/innen an einem späteren Zeitpunkt auf (14 Jahre später), insbesondere in den Fällen mit einer Unterschätzung der kognitiven Fähigkeiten der Schüler/innen im Kindesalter.
- *Stipek, 2004*: Die Autorin ermittelt Unterschiede in den Unterrichtsmethoden von Lehrkräften je nach ethnischer und sozialer Komposition von Schulen und Schulklassen und auch in deren Einschätzungen des Sozialklimas an Schulen.
- *Hauser-Cram, Sirin & Stipek (2003)*: Vorschullehrkräfte beurteilen die erwarteten sprachlichen und mathematischen Fähigkeiten von Kindern in Abhängigkeit von der Übereinstimmung zwischen ihren erzieherischen Wertvorstellungen und denen der Eltern der Kinder. Der sozioökonomische Hintergrund und das Fähigkeitsniveau der Kinder sind in dieser Studie konstant gehalten.

- *Ready & Wright, 2011*: Lehrkräfte nehmen in dieser Studie Unterschiede in den Lesefähigkeiten der Schüler/innen je nach Gender, Ethnie und sozialem Hintergrund wahr. Ein Teil dieser Ungenauigkeiten ist auf den ethnischen Hintergrund der Lehrkräfte selbst, vor allem aber auch auf das Klassenklima zurückzuführen. In Schulkontexten mit einem durchschnittlich niedrigen sozioökonomischen Niveau und Leistungsniveau werden die Lesefähigkeiten der Schüler/innen systematisch unterschätzt.

Abschließend sei zu erwähnen, dass, ausgehend von der zeitlichen Struktur des Studiendesigns des DJI-Kinderpanels und der in diesem Survey enthaltenen Informationen zum Lebensalter der Kinder, sich mit hoher Wahrscheinlichkeit ein Großteil der Kinder in der DJI-Kinderstichprobe gegenwärtig an Universitäten und Hochschulen befindet und dort studiert. In Bezug darauf wäre es sicherlich von sehr großem Interesse, die Entwicklungen und Lebensverläufe dieser Kinder und jetzt junger Erwachsener über ihre Kindheit und frühe Jugendzeit hinaus weiter zu verfolgen und zu untersuchen, wozu die Stichprobe nochmals aufgegriffen und aktiviert werden müsste und die Studienteilnehmer/innen mit retrospektiven Fragen zu ihrer Entwicklung und Biographie bis dato sowie mit Fragen zur gegenwärtigen Situation und Entwicklung und zu Erwartungen für die Zukunft abermals befragt werden müssten, so dass sich daraus eine umfangreiche Lebensverlaufsstudie mit einem echten Längsschnittdesign über einen relativ langen biographischen Zeitrahmen ergeben würde.

# 5. Literaturverzeichnis


Achenbach, Thomas M.; Edelbrock, Craig S. (1981): Behavioral problems and competencies reported by parents of normal and disturbed children aged four through sixteen. Chicago, Illinois (Monographs of the Society for Research in Child Development: Monographs., 46 (1, Serial No. 188)).

Aden-Grossmann, Wilma (2011): Der Kindergarten: Geschichte – Entwicklung – Konzepte. Weinheim und Basel: Beltz Verlag (Frühpädagogik).

Ajzen, Icek (1991): The Theory of Planned Behavior. In: *Organizational Behavior and Human Decision Processes* 50 (2), S. 179–211.

Alexander, Karl L.; Cook, Martha A. (1979): The Motivational Relevance of Educational Plans: Questioning the Conventional Wisdom. In: *Social Psychology Quarterly* 42 (3), S. 202–213.

Alexander, Karl L.; Eckland, Bruce K.; Griffin, Larry J. (1975): The Wisconsin Model of Socioeconomic Achievement: A Replication. In: *American Journal of Sociology* 81 (2), S. 324–342.

Alexander, Karl L.; Entwisle, Doris R. (1996): Schools and Children At Risk. In: Alan Booth (Hrsg.): Family-School Links. How do they affect educational outcomes? Mahwah, NJ: Erlbaum, S. 67–88.

Alexander, Karl L.; Entwisle, Doris R.; Thompson, Maxine S. (1987): School Performance, Status Relations, and the Structure of Sentiment: Bringing the Teacher Back In. In: *American Sociological Review* 52(2), S. 665–682.

Alsaker, Françoise D. (2004): Quälgeister und ihre Opfer. Mobbing unter Kindern – und wie man damit umgeht. Nachdruck. Bern, Göttingen, Toronto, Seattle: Verlag Hans Huber.

Alt, Christian (2005): Das Kinderpanel. Eine Einführung. In: Christian Alt (Hrsg.): Kinderleben – Aufwachsen zwischen Familie, Freunden und Institutionen. Band 1: Aufwachsen in Familien, 1. Auflage. Wiesbaden: VS Verlag für Sozialwissenschaften (Schriften des Deutschen Jugendinstituts: Kinderpanel, Band 1), S. 7–22.

Alt, Christian (2006): Grundlagen und Design der Kinderpanel-Zusatzuntersuchung bei türkischen und russlanddeutschen Familien mit Grundschulkindern. In: Christian Alt (Hrsg.): Kinderleben – Integration durch Sprache? Band 4: Bedingungen des Aufwachsens von türkischen, russlanddeutschen und deutschen Kindern. 1. Auflage. Wiesbaden: VS Verlag für Sozialwissenschaften (Schriften des Deutschen Jugendinstituts: Kinderpanel, Band 4), S. 7–21.

Alt, Christian (2007): Die Grundschulkinder im Kinderpanel. In: Christian Alt (Hrsg.): Kinderleben – Start in die Grundschule. Band 3: Ergebnisse aus der zweiten Welle. 1. Auflage. Wiesbaden: VS Verlag für Sozialwissenschaften (Schriften des Deutschen Jugendinstituts: Kinderpanel, Band 3), S. 7–17.

Alt, Christian; Gloger-Tippelt, Gabriele (2008): Persönlichkeitsentwicklung und Sozialstruktur. Überlegungen zu einer modernen Kindheitsforschung. In: Christian Alt (Hrsg.): Kinderleben – Individuelle Entwicklungen in sozialen Kontexten. Band 5: Persönlichkeitsstrukturen und ihre Folgen. 1. Auflage. Wiesbaden: VS Verlag für Sozialwissenschaften (Schriften des Deutschen Jugendinstituts: Kinderpanel, Band 5), S. 7–26.

Alt, Christian; Lange, Andreas (2012): Implikationen und Grenzen einer modernen Sozialberichterstattung – am Beispiel des Kinderpanels. Historischer Wandel – Kindheitsforschung einst. In: Friederike Heinzel (Hrsg.): Methoden der Kindheitsforschung. Ein Überblick über Forschungszugänge zur kindlichen Perspektive. 2., überarbeitete Auflage. Weinheim und München: Betz Juventa (Kindheiten), S. 371–385.

Alt, Christian; Quellenberg, Holger (2005): Daten, Design und Konstrukte. Grundlagen des DJI-Kinderpanels. In: Christian Alt (Hrsg.): Kinderleben – Aufwachsen zwischen Familie, Freunden und Institutionen. Band 1: Aufwachsen in Familien. 1. Auflage. Wiesbaden: VS Verlag für Sozialwissenschaften (Schriften des Deutschen Jugendinstituts: Kinderpanel, Band 1), S. 277–303.

Alvidrez, Jennifer; Weinstein, Rhona S. (1999): Early teacher perceptions and later student academic achievement. In: *Journal of Educational Psychology* 91 (4), S. 731–746.

Anders, Yvonne (2013): Stichwort: Auswirkungen frühkindlicher institutioneller Betreuung und Bildung. In: *Zeitschrift für Erziehungswissenschaft* 16 (2), S. 237–275.

Andresen, Sabine; Schneekloth, Ulrich (2014): Wohlbefinden und Gerechtigkeit. Konzeptionelle Perspektiven und empirische Befunde der Kindheitsforschung am Beispiel der World Vision Kinderstudie 2013. In: *Zeitschrift für Pädagogik* 60 (4), S. 535–551.

Andresen, Sabine; Richter, Martina; Otto, Hans-Uwe (2011): Familien als Akteure der Ganztagsschule. Zusammenhänge und Passungsverhältnisse. In: Ludwig Stecher, Heinz-Hermann Krüger und Thomas Rauschenbach (Hrsg.): Ganztagsschule – Neue Schule? Eine Forschungsbilanz. Zeitschrift für Erziehungswissenschaft, Sonderheft 15/2011. Wiesbaden: VS Verlag für Sozialwissenschaften, S. 205–219.

Anger, Silke; Heineck, Guido (2010): Do smart parents raise smart children? The intergenerational transmission of cognitive abilities. In: *Journal of Population Economics* 23 (3), S. 1105–1132.

Antonovsky, Aaron (1997): Salutogenese. Zur Entmystifizierung der Gesundheit. Deutsche erweiterte Herausgabe. Unter Mitarbeit von Alexa Franke. Tübingen: DGVT-Verlag (Forum für Verhaltenstherapie und psychosoziale Praxis, 36).

Arbeitsgemeinschaft für Kinder- und Jugendhilfe (2010): Erster Kinder- und Jugendreport. Zur UN-Berichterstattung über die Umsetzung der UN-Kinderrechtskonvention in Deutschland. Ein Zeugnis für die Kinderrechte in Deutschland 2010. AGJ. Berlin. Online verfügbar unter: http://kinder-jugendreport.de/documents/UN-KinderJugendreport_2010.pdf, Abruf am 10.03.2014.

Arbuckle, James L. (2012): IBM® SPSS® Amos™ 21. User's Guide. Hrsg. v. IBM®. Amos Development Corporation. Crawfordville, FL. Online verfügbar unter: ftp://public.dhe.ibm.com/software/analytics/spss/documentation/amos/21.0/en/Manuals/IBM_SPSS_Amos_Users_Guide.pdf, Abruf am 12.11.2014.

Arnoldt, Bettina; Steiner, Christine (2010): Partizipation an Ganztagsschulen. In: Tanja Betz, Wolfgang Gaiser und Liane Pluto (Hrsg.): Partizipation von Kindern und Jugendlichen. Forschungsergebnisse, Bewertungen, Handlungsmöglichkeiten. Schwalbach am Taunus: Wochenschau Verlag, S. 155–177.

Aschaffenburg, Karen; Maas, Ineke (1997): Cultural and Educational Careers: The Dynamics of Social Reproduction. In: *American Sociological Review* 62 (4), S. 573–587.

Asendorpf, Jens; Hasselhorn, Marcus (2004): Differentielle Psychologie der Entwicklung. In: Kurt Pawlik (Hrsg.): Enzyklopädie der Psychologie. Theorien und Anwendungsfelder der Differentiellen Psychologie. Göttingen, Bern, Toronto, Seattle: Hogrefe (Themenbereich C: Theorie und Forschung; Serie VIII: Differentielle Psychologie und Persönlichkeitsforschung, Band 5: Theorien und Anwendungsfelder der Differentiellen Psychologie), S. 489–531.

Asendorpf, Jens B.; Neyer, Franz J. (2012): Psychologie der Persönlichkeit. 5., vollständig überarbeitete Auflage. Berlin, Heidelberg: Springer-Verlag (Springer-Lehrbuch).

Asendorpf, Jens B.; van Aken, Marcel A. G. (2003): Validity of Big Five personality judgements in childhood: a 9 year longitudinal study. In: *European Journal of Personality* 17 (1), S. 1–17.

Avenarius, Hermann; Füssel, Hans-Peter (2008): Schulrecht im Überblick. 2. Auflage. Darmstadt: WGB (Wissenschaftliche Buchgesellschaft).

Bacher, Johann; Gürtler, Christoph; Leonhardi, Angelika; Wenzig, Claudia; Wittenberg, Reinhard (1999): Das Nürnberger Kinderpanel. Zielsetzungen, theoretisches Ausgangsmodell, methodische Vorgehensweise sowie wissenschaftliche und praktische Relevanz. Nürnberg: Friedrich-Alexander-Universität Erlangen-Nürnberg, Wirtschafts- und Sozialwissenschaftliche Fakultät, Sozialwissenschaftliches Institut, Lehrstuhl für Soziologie und empirische Sozialforschung (Hrsg.): Arbeits- und Diskussionspapiere, 1999-3. Online verfügbar unter: http://www.ssoar.info/ssoar/bitstream/handle/document/31804/ssoar-1999-bacher_et_al-Das_Nurnberger_Kinderpanel_Zielsetzungen_theoretisches.pdf?sequence=1, Abruf am 15.11.2014.

Bacher, Johann; Winklhofer, Ursula; Teubner, Markus (2007): Partizipation von Kindern in der Grundschule. In: Christian Alt (Hrsg.): Kinderleben – Start in die Grundschule. Band 3: Ergebnisse aus der zweiten Welle. 1. Auflage. Wiesbaden: VS Verlag für Sozialwissenschaften (Schriften des Deutschen Jugendinstituts: Kinderpanel, Band 3), S. 271–298.

Backhaus, Axel; Knorre, Simone (2008): Demokratische Grundschule. Mitbestimmung von Kindern über ihr Leben und Lernen. Unter Mitarbeit von Hans Brügelmann und Elena Schiemann. 1. Auflage. Siegen: Arbeitsgruppe Primarstufe Fachbereich 2 der Universität Siegen.

Baer, Udo; Barnowski-Geiser, Waltraut (2010): Keine Angst vor der Schule. Was Eltern tun können. 1. Auflage. Weinheim u. a.: Beltz.

Baeriswyl, Franz; Trautwein, Ulrich; Wandeler, Christian; Lüdtke, Oliver (2009): Wie gut prognostizieren subjektive Lehrerempfehlungen und schulische Testleistungen beim Übertritt die Mathematik- und Deutschleistung in der Sekundarstufe I? In: Jürgen Baumert, Kai Maaz und Ulrich Trautwein (Hrsg.): Bildungsentscheidungen. Zeitschrift für Erziehungswissenschaft. Sonderheft 12/2009. Wiesbaden: VS Verlag für Sozialwissenschaften, S. 352–372.

Baeriswyl, Franz; Wandeler, Christian; Trautwein, Ulrich; Oswald, Katrin (2006): Leistungstest, Offenheit von Bildungsgängen und obligatorische Beratung der Eltern. Reduziert das Deutschfreiburger Übergangsmodell die Effekte des sozialen Hintergrunds bei Übergangsentscheidungen? In: *Zeitschrift für Erziehungswissenschaft* 9 (3), S. 373–392.

Bakermans-Kranenburg, Marian J.; van IJzendoorn, Marinus H.; Bradley, Robert H. (2005): Those Who Have, Receive: The Matthew Effect in Early Childhood Intervention in the Home Environment. In: *Review of Educational Research* 75 (1), S. 1–26.

Baltes, Paul B.; Staudinger, Ursula M.; Lindenberger, Ulman (1999): Lifespan Psychology: Theory and Application to Intellectual Functioning. In: *Annual Review of Psychology* 50 (1), S. 471–507.

Baltes-Götz, Bernhard (2012): Logistische Regressionsanalyse mit SPSS. Trier: Universität Trier (Zentrum für Informations-, Medien- und Kommunikationstechnologie (ZIMK)). Online verfügbar unter http://www.uni-trier.de/fileadmin/urt/doku/logist/logist.pdf, Abruf am 18.10.2014.

Bamler, Vera; Werner, Jillian; Wustmann, Cornelia (2010): Lehrbuch Kindheitsforschung. Grundlagen, Zugänge und Methoden. Weinheim und München: Juventa (Studium Elementarpädagogik).

Bandura, Albert (1986): Social Foundations of Thought and Action. A Social Cognitive Theory. Englewood Cliffs, NJ: Prentice Hall (Prentice-Hall series in social learning theory).

Barber, Brian K. (1996): Parental Psychological Control: Revisting a Neglected Construct. In: *Child Development* 67 (6), S. 3296–3319.

Barber, Brian K. (1997): Introduction: Adolescent Socialization in Context-the Role of Connection, Regulation, and Autonomy in the Family. In: *Journal of Adolescent Research* 12 (1), S. 5–11.

Barone, Carlo (2006): Cultural Capital, Ambition and the Explanation of Inequalities in Learning Outcomes: A Comparative Analysis. In: *Sociology* 40 (6), S. 1039–1058.

Bastian, Hans Günther; Kormann, Adam (2002). Musik(erziehung) und ihre Wirkung. Eine Langzeitstudie an Berliner Grundschulen. Mainz u. a.: Schott.

Bauer, Ullrich; Grundmann, Matthias (2007): Sozialisation und Selektion – die Wiederentdeckung sozialer Ungleichheit in der Sozialisationsforschung. Zur Einführung in den Themenschwerpunkt. In: *Zeitschrift für Soziologie der Erziehung und Sozialisation* 27 (2), S. 115–127.

Baumert, Jürgen; Cortina, Kai S.; Leschinsky, Achim (2003): Grundlegende Entwicklungen und Strukturprobleme im allgemein bildenden Schulwesen. In: Kai S. Cortina, Jürgen Baumert, Achim Leschinsky, Karl Ulrich Mayer und Luitgard Trommer (Hrsg.): Das Bildungswesen in der Bundesrepublik Deutschland. Strukturen und Entwicklungen im Überblick. Reinbek bei Hamburg: Rowohlt Taschenbuch Verlag, S. 52–147.

Baumert, Jürgen; Schümer, Gundel (2001): Familiäre Lebensverhältnisse, Bildungsbeteiligung und Kompetenzerwerb. In: Jürgen Baumert, Eckhard Klieme, Michael Neubrand, Manfred Prenzel, Ulrich Schiefele, Wolfgang Schneider und Petra Stanat (Deutsches PISA-Konsortium) (Hrsg.): PISA 2000. Basiskompetenzen von Schülerinnen und Schülern im internationalen Vergleich. OECD PISA. Opladen: Leske und Budrich, S. 323–407.

Baumert, Jürgen; Schümer, Gundel (2002): Familiäre Lebensverhältnisse, Bildungsbeteiligung und Kompetenzerwerb im nationalen Vergleich. In: Jürgen Baumert, Eckhard Klieme, Michael Neubrand, Manfred Prenzel, Ulrich Schiefele, Wolfgang Schneider und Petra Stanat (Deutsches PISA-Konsortium) (Hrsg.): PISA 2000 – die Länder der Bundesrepublik Deutschland im Vergleich. Opladen: Leske + Budrich (OECD, PISA), S. 159–202.

Baumert, Jürgen; Stanat, Petra; Demmrich, Anke (2001): PISA 2000: Untersuchungsgegenstand, theoretische Grundlagen und Durchführung der Studie. In: Jürgen Baumert, Eckhard Klieme, Michael Neubrand, Manfred Prenzel, Ulrich Schiefele, Wolfgang Schneider und Petra Stanat (Deutsches PISA-Konsortium) (Hrsg.): PISA 2000. Basiskompetenzen von Schülerinnen und Schülern im internationalen Vergleich. Opladen: Leske und Budrich, S. 15–68.

Baumert, Jürgen; Trautwein, Ulrich; Artelt, Cordula (2003): Schulumwelten – institutionelle Bedingungen des Lehrens und Lernens. In: Jürgen Baumert, Cordula Artelt, Eckhard Klieme, Michael Neubrand, Manfred Prenzel, Ulrich Schiefele, Wolfgang Schneider, Klaus-Jürgen Tillmann und Manfred Weiß (Deutsches PISA-Konsortium, Hrsg.): PISA 2000. Ein differenzierter Blick auf die Länder der Bundesrepublik Deutschland. OECD PISA. Opladen: Leske und Budrich, S. 261–331.

Baumert, Jürgen; Watermann, Rainer; Schümer, Gundel (2003): Disparitäten der Bildungsbeteiligung und des Kompetenzerwerbs. Ein institutionelles und individuelles Mediationsmodell. In: *Zeitschrift für Erziehungswissenschaft* 6 (1), S. 46–72.

Baumrind, Diana (1971): Current Patterns of Parental Authority. Published by the American Psychological Association. In: *Developmental Psychology Monograph* 4 (1, Part 2).

Bayerisches Staatsministerium für Bildung und Kultus, Wissenschaft und Kunst (ohne Jahr): Abschlüsse der Mittelschule in Bayern. Bayerisches Staatsministerium für Bildung und Kultus, Wissenschaft und Kunst. München. Online verfügbar unter http://www.km.bayern.de/schueler/abschluesse/abschluesse-der-mittelschule.html, Abruf am 23.05.2015.

Beattie, Irenee R. (2002): Are All "Adolescent Econometricians" Created Equal? Racial, Class, and Gender Differences in College Enrollment. In: *Sociology of Education* 75 (1), S. 19–43.

Becker, Birgit (2010a): The transfer of cultural knowledge in the early childhood: social and ethnic disparities and the mediating role of familial activities. In: *European Sociological Review* 26 (1), S. 17–29.

Becker, Birgit (2010b): Who profits most from early parental investments? The effects of activities inside and outside the family on German and Turkish children's language development. In: *Child Indicators Research* 3 (1), S. 29–46.

Becker, Birgit (2012): Ethnische Bildungsungleichheit in der frühen Kindheit: Ergebnisse aus dem Projekt ESKOM-V. In: *Frühe Bildung* 1 (3), S. 150–158.

Becker, Birgit (2014): How often do you play with your child? The influence of parents' cultural capital on the frequency of familial activities from age three to six. In: *European Early Childhood Education Research Journal* 22 (1), S. 4–13.

Becker, Birgit; Biedinger, Nicole (2006): Ethnische Bildungsungleichheit zu Schulbeginn. In: *Kölner Zeitschrift für Soziologie und Sozialpsychologie* 58 (4), S. 660–684.

Becker, Gary S. (1993): Human capital. A theoretical and empirical analysis, with special reference to education. 3. Auflage. Chicago: University of Chicago Press.

Becker, Rolf (2000): Klassenlage und Bildungsentscheidungen. Eine empirische Anwendung der Wert-Erwartungstheorie. In: *Kölner Zeitschrift für Soziologie und Sozialpsychologie* 52 (3), S. 450–474.

Becker, Rolf (2003): Educational Expansion and Persistent Unequalities of Education. Utilizing Subjective Expected Utility Theory to Explain Increasing Participation Rates in Upper Secondary School in the Federal Republic of Germany. In: *European Sociological Review* 19 (1), S. 1–24.

Becker, Rolf (2011): Bildungssoziologie – Was sie ist, was sie will, was sie kann. In: Rolf Becker (Hrsg.): Lehrbuch der Bildungssoziologie. 2., überarbeitete und erweiterte Auflage. Wiesbaden: VS Verlag für Sozialwissenschaften, S. 9–36.

Becker, Rolf (2017): Entstehung und Reproduktion dauerhafter Bildungsungleichheiten. In: Rolf Becker (Hrsg.): Lehrbuch der Bildungssoziologie. 3., aktualisierte und überarbeitete Auflage. Wiesbaden: Springer VS, S. 89–150.

Becker, Rolf; Hecken, Anna Etta (2009): Higher Education or Vocational Training? An Empirical Test of the Rational Action Model of Educational Choices Suggested by Breen and Goldthorpe and Esser. In: *Acta Sociological* 52 (1), S. 25–45.

Becker, Rolf; Lauterbach, Wolfgang (2010): Bildung als Privileg – Ursachen, Mechanismen, Prozesse und Wirkungen. In: Rolf Becker und Wolfgang Lauterbach (Hrsg.): Bildung als Privileg. Erklärungen und Befunde zu den Ursachen der Bildungsungleichheit. 4., aktualisierte Auflage. Wiesbaden: Springer VS Verlag für Sozialwissenschaften, S. 11–49.

Bellenberg, Gabriele (1999): Individuelle Schullaufbahnen. Eine empirische Untersuchung über Bildungsverläufe von der Einschulung bis zum Abschluß. Weinheim und München: Juventa Verlag (Veröffentlichungen der Max-Traeger-Stiftung, 30).

Bellenberg, Gabriele; Hovestadt, Gertrud; Klemm, Klaus (2004): Selektivität und Durchlässigkeit im allgemein bildenden Schulsystem. Rechtliche Regelungen und Daten unter besonderer Berücksichtigung der Gleichwertigkeit von Abschlüssen. Unter Mitarbeit von Nicole Keßler, Eva Museller, Katrin Rudolph und Anja Tummes. Arbeitsgruppe Bildungsforschung/Bildungsplanung Universität Duisburg-Essen, Standort Essen. Essen. Online verfügbar unter http://www.gew.de/Binaries/Binary34032/Studie_Selektivitaet_und_Durchlaessigkeit.pdf oder https://hamburger-illustrierte.de/content/htm/tic/2004/11/18/Studie_Selektivitaet_und_Durchlaessigkeit.pdf, Abruf am 08.02.2014.

Below von, Susanne (2000): Regionale Ungleichheiten der Bildungschancen in den neuen Bundesländern. In: Hans Bertram, Bernhard Nauck und Thomas Klein (Hrsg.): Solidarität, Lebensformen und regionale Entwicklung. Opladen: Leske und Budrich, S. 199–223.

Ben-Arieh, Asher (2014): Social Policy and the Changing Concept of Child Well-Being. The role of international studies and children as active participants. In: *Zeitschrift für Pädagogik* 60 (4), S. 569–581.

Benninghaus, Hans (2007): Deskriptive Statistik. Eine Einführung für Sozialwissenschaftler. 11. Auflage. Wiesbaden: VS Verlag für Sozialwissenschaften (Lehrbuch, Studienskripten zur Soziologie).

Bentler, Peter M. (1990): Comparative Fit Indexes in Structural Models. In: *Psychological Bulletin* 107 (2), S. 238–246.

Bertelsmann Stiftung (2005): Kinder- und Jugendpartizipation in Deutschland. Daten, Fakten, Perspektiven. Unter Mitarbeit von Reinhard Fatke und Helmut Schneider. Hrsg. von der Bertelsmann-Stiftung. Gütersloh (Themenfeld Bildung). Online verfügbar unter http://www.bertelsmann-stiftung.de/bst/de/media/xcms_bst_dms_17946_17947_2.pdf, Abruf am 10.03.2014.

Best, John R.; Miller, Patricia H. (2010): A Developmental Perspective on Executive Function. In: *Child Development* 81(6), S. 1641–1660.

Betz, Tanja (2009): „Ich fühl' mich wohl" – Zustandsbeschreibungen ungleicher Kindheiten der Gegenwart. In: *Diskurs Kindheits- und Jugendforschung* 4 (4), S. 457–470.

Betz, Tanja; Andresen, Sabine (2014): Child Well-being. Potenzial und Grenzen eines Konzepts. Einführung in den Thementeil. In: *Zeitschrift für Pädagogik* 60 (4), S. 499–504.

Betz, Tanja; Lange, Andreas; Alt, Christian (2007): Das Kinderpanel als Beitrag zur Sozialberichterstattung über Kinder – Theoretisch-konzeptionelle Rahmung sowie methodologische und methodische Implikationen. In: Christian Alt (Hrsg.): Kinderleben – Start in die Grundschule. Band 3: Ergebnisse aus der zweiten Welle. 1. Auflage. Wiesbaden: VS Verlag für Sozialwissenschaften (Schriften des Deutschen Jugendinstituts: Kinderpanel, Band 3), S. 19–59.

Biedinger, Nicole (2009): Der Einfluss von elterlichen Investitionen auf die Entwicklung deutscher und türkischer Kinder. In: *Berlin Journal für Soziologie* 19 (2), S. 268–294.

Biedinger, Nicole (2011): The Influence of Education and Home Environment on the Cognitive Outcomes of Preschool Children in Germany. In: *Child Development Research* 2011 (2), S. 1–10.

Biedinger, Nicole (2013): „Was für mich selbst gut ist, kann meinen Kindern nicht schaden". Der Einfluss der elterlichen Freizeitaktivitäten auf die Eltern-Kind-Aktivitäten. In: *Zeitschrift für Familienforschung* 25 (3), S. 347–364.

Biedinger, Nicole; Becker, Birgit (2006): Der Einfluss des Vorschulbesuchs auf die Entwicklung und den langfristigen Bildungserfolg von Kindern. Ein Überblick über internationale Studien im Vorschulbereich. Mannheimer Zentrum für Europäische Sozialforschung (MZES, Hrsg.). Arbeitspapiere – Mannheimer Zentrum für Europäische Sozialforschung, Nummer 97. Mannheim. Online verfügbar unter http://www.mzes.uni-mannheim.de/publications/wp/wp-97.pdf, Abruf am 16.03.2014.

Biedinger, Nicole; Klein, Oliver (2010): Der Einfluss der sozialen Herkunft und des kulturellen Kapitals auf die Häufigkeit entwicklungsfördernder Eltern-Kind-Aktivitäten. In: *Diskurs Kindheits- und Jugendforschung* 5 (2), S. 195–208.

Bischof-Köhler, Doris (2011): Von Natur aus anders. Die Psychologie der Geschlechtsunterschiede. 4., überarbeitete und erweiterte Auflage. Stuttgart: Kohlhammer.

Bittlingmayer, Uwe H.; Bauer, Ullrich (2007): Aspirationen ohne Konsequenzen. In: *Zeitschrift für Soziologie der Erziehung und Sozialisation* 27 (2), S. 160–180.

Blackledge, Adrian (2001): The wrong sort of capital? Bangladeshi women and their children's schooling in Birmingham, U.K. In: *International Journal of Bilingualism* 5 (3), S. 345–369.

Blaskó, Zsuzsa (2003): Cultural Reproduction or Cultural Mobility? In: *Review of Sociology* 9 (1), S. 5–26.

Blau, David M. (1999): The Effect of Income on Child Development. In: *Review of Economics & Statistics* 81(2), S. 261–276.

Blau, Peter Michael; Duncan, Otis Dudley (1967): The American occupational structure. New York: Wiley.

Blossfeld, Hans-Peter (1993): Changes in Educational Opportunities in the Federal Republic of Germany. A Longitudinal Study of Cohorts Born Between 1916 and 1965. In: Yossi Shavit und Hans-Peter Blossfeld (Hrsg.): Persistent inequality. Changing Educational Attainment in Thirteen Countries. Boulder u. a.: Westview Press, S. 51–74.

Blossfeld, Hans-Peter (2007): Bildungsgerechtigkeit. Wiesbaden: VS Verlag für Sozialwissenschaften (Aktionsrat Bildung: Jahresgutachten, 2007).

Blossfeld, Hans-Peter; Shavit, Yossi (1993): Dauerhafte Ungleichheiten. Zur Veränderung des Einflusses der sozialen Herkunft auf die Bildungschancen in dreizehn industrialisierten Ländern. In: *Zeitschrift für Pädagogik – ohne Beihefte* 39 (1), S. 25–52.

Böhmer, Ines; Gräsel, Cornelia; Höstermann, Thomas; Krolak-Schwerdt, Sabine (2012): Die Informationssuche bei der Erstellung der Übergangsempfehlung – Die Rolle von Fallkonsistenz und Expertise. In: *Unterrichtswissenschaft* 40 (2), S. 140–154.

Bohnsack, Fritz (2013): Wie Schüler die Schule erleben. Zur Bedeutung der Anerkennung, der Bestätigung und der Akzeptanz von Schwäche. Opladen: Verlag Barbara Budrich.

Bolay, Eberhard; Walther, Andreas (2014): Möglichkeiten außerschulischer Hilfen in der Bearbeitung von Bildungsbenachteiligung: Potenziale und Grenzen ausgewählter Handlungsfelder der Jugendsozialarbeit. In: Kai Maaz, Marko Neumann und Jürgen Baumert (Hrsg.): Herkunft und Bildungserfolg von der frühen Kindheit bis ins Erwachsenenalter. Forschungsstand und Interventionsmöglichkeiten aus interdisziplinärer Perspektive. Zeitschrift für Erziehungswissenschaft, Sonderheft 24/2014. Wiesbaden: Springer VS, S. 369–392.

Bolte, Karl Martin; Hradil, Stefan (1988): Soziale Ungleichheit in der Bundesrepublik Deutschland. 6. Auflage. Opladen: Leske und Budrich.

Borke, Jörn; Döge, Paula; Kärtner, Joscha (2011): Kulturelle Vielfalt bei Kindern in den ersten drei Lebensjahren. Anforderungen an frühpädagogische Fachkräfte. Eine Expertise der Weiterbildungsinitiative Frühpädagogische Fachkräfte (WiFF). Deutsches Jugendinstitut e.V. München (Hrsg.). Weiterbildungsinitiative Frühpädagogische Fachkraft, WIFF Expertise 16. München. Online verfügbar unter http://www.weiterbildungsinitiative.de/uploads/media/WiFF_Expertise_Nr_16_Borke_Doege_Kaertner_Internet_PDF.pdf, Abruf am 17.09.2015.

Börner, Nicole (2011): Ganztagsschule und ihre Auswirkungen auf Familien. In: Ludwig Stecher, Heinz-Hermann Krüger und Thomas Rauschenbach (Hrsg.): Ganztagsschule – Neue Schule? Eine Forschungsbilanz. Zeitschrift für Erziehungswissenschaft, Sonderheft 15/2011. Wiesbaden: VS Verlag für Sozialwissenschaften, S. 221–236.

Bortz, Jürgen; Döring, Nicola (2005 (Nachdruck von 2002)): Forschungsmethoden und Evaluation für Human- und Sozialwissenschaftler. 3., überarbeitete Auflage. Berlin, Heidelberg, New York: Springer (Springer-Lehrbuch).

Bortz, Jürgen; Lienert, Gustav A.; Boehnke, Klaus (2008): Verteilungsfreie Methoden in der Biostatistik. 3., korrigierte Auflage. Heidelberg: Springer Medizin Verlag (Bachelor/Master).

Bortz, Jürgen; Schuster, Christof (2010): Statistik für Human- und Sozialwissenschaftler. 7., vollständig überarbeitete und erweiterte Auflage. Berlin, Heidelberg, New York: Springer (Springer-Lehrbuch).

Bos, Wilfried; Lankes, Eva-Maria; Prenzel, Manfred; Schwippert, Knut; Walther, Gerd; Valtin, Renate (2003): Erste Ergebnisse aus IGLU. Schülerleistungen am Ende der vierten Jahrgangsstufe im internationalen Vergleich. Münster, New York, München, Berlin: Waxmann.

Bos, Wilfried; Pietsch, Marcus (2006): KESS 4 – Kompetenzen und Einstellungen von Schülerinnen und Schülern am Ende der Jahrgangsstufe 4 in Hamburger Grundschulen. [Ergebnisse der Studie \„Kompetenzen und Einstellungen von Schülerinnen und Schülern – Jahrgangsstufe 4\“ (KESS 4)]. Münster, New York, München, Berlin: Waxmann (HANSE – Hamburger Schriften zur Qualität im Bildungswesen, Nummer 1).

Bosenius, Jürgen; Wedekind, Hartmut (2004): „Mitpestümmen“. Schülerstudie 2004 des Deutschen Kinderhilfswerkes und Super RTL zur Partizipation von Viertklässlern. In: Deutsches Kinderhilfswerk e.V. (Hrsg.): Kinderreport Deutschland 2004. Daten, Fakten, Hintergründe. München: kopaed, S. 287–309.

Boudon, Raymond (1974): Education, Opportunity, and Social Inequality: Changing Prospects in Western Society. New York u. a.: Wiley (Wiley series in urban research).

Boudon, Raymond (2014): What is Context? In: Jürgen Friedrichs und Alexandra Nonnenmacher (Hrsg.): Soziale Kontexte und Soziale Mechanismen. Kölner Zeitschrift für Soziologie und Sozialpsychologie, Sonderheft 54/2014. Wiesbaden: Springer VS, S. 17–45.

Bourdieu, Pierre (1973a): Kulturelle Reproduktion und soziale Reproduktion. 1. Auflage. Frankfurt am Main: Suhrkamp.

Bourdieu, Pierre (1973b): Cultural Reproduction and Social Reproduction. In: Richard Brown (Hrsg.): Knowledge, education, and cultural change. Papers in the sociology of education. London: Tavistock, S. 71–112.

Bourdieu, Pierre (1976): Kulturelle Reproduktion und soziale Reproduktion. In: Karl Hörning (Hrsg.): Soziale Ungleichheit. Strukturen und Prozesse sozialer Schichtung. Darmstadt u. a.: Luchterhand, S. 223–230.

Bourdieu, Pierre (1977): Cultural Reproduction and Social Reproduction. In: Albert Henry Halsey und Jerome Karabel (Hrsg.): Power and ideology in education. Oxford: Oxford University Press, S. 487–511.

Bourdieu, Pierre (1982): Die feinen Unterschiede. Kritik der gesellschaftlichen Urteilskraft. 1. Auflage. Frankfurt am Main: Suhrkamp.

Bourdieu, Pierre (1983): Ökonomisches Kapital, kulturelles Kapital, soziales Kapital. In: Reinhard Kreckel (Hrsg.): Soziale Ungleichheiten. Soziale Welt, Sonderband Nummer 2. Göttingen: Schwartz, S. 183–198.

Bourdieu, Pierre (1993): Sozialer Sinn. Kritik der theoretischen Vernunft. Frankfurt am Main: Suhrkamp.

Bourdieu, Pierre (2001): Science de la science et réflexivité. Cours du Collège de France 2000–2001. Paris: Raisons d'Agir.

Bourdieu, Pierre; Passeron, Jean Claude (1964): Les héritiers. Les étudiants et la culture. Paris: Les Éditions De Minuit.

Bourdieu, Pierre; Passeron, Jean Claude (1973): Grundlagen einer Theorie der symbolischen Gewalt. Fondements d'une théorie de la violence symbolique; Kulturelle Reproduktion und soziale Reproduktion. 1. Auflage. Frankfurt am Main: Suhrkamp.

Bourdieu, Pierre; Passeron, Jean Claude (1990): Reproduction in Education, Society, and Culture. 2. Auflage. London, Newbury Park, New Delhi: Sage (Reihe: Theory, Culture & Society).

Bradley, Robert H. (2004): Chaos, Culture, and Covariance Structures: A Dynamic Systems View of Children's Experiences at Home. In: *Parenting: Science and Practice* 4 (2–3), S. 243–257.

Bradley, Robert H.; Caldwell, Bettye M.; Rock, Stephen L. (1988): Home Environment and School Performance: A Ten-Year Follow-Up and Examination of Three Models of Environmental Action. In: *Child Development* 59 (4), S. 852–867.

Bradley, Robert H.; Corwyn, Robert F. (2000): Moderating effect of perceived amount of family conflict on the relation between home environmental processes and the well-being of adolescents. In: *Journal of Family Psychology* 14 (3), S. 349–364.

Bradley, Robert H.; Corwyn, Robert F. (2001): Home Environment and Behavioral Development During Early Adolescence: The Mediating and Moderating Roles of Self-Efficacy Beliefs. In: *Merrill-Palmer Quarterly* 47 (2), S. 165–187.

Bradley, Robert H.; Corwyn, Robert F. (2005): Caring for children around the world: A view from HOME. In: *International Journal of Behavioral Development* 29 (6), S. 468–478.

Bradley, Robert H.; Corwyn, Robert F.; Burchinal, Margaret; McAdoo, Harriette Pipes; Garcia Coll, Cynthia (2001): The Home Environments of Children in the United States Part II: Relations with Behavioral Development through Age Thirteen. In: *Child Development* 72 (6), S. 1868–1886.

Bradley, Robert H.; Corwyn, Robert F.; Caldwell, Bettye M.; Whiteside-Mansell, Leanne; Wasserman, Gail A.; Mink, Iris T. (2000): Measuring the Home Environments of Children in Early Adolescence. In: *Journal of Research on Adolescence* 10 (3), S. 247–288.

Bradley, Robert H.; Corwyn, Robert F.; McAdoo, Harriette Pipes; Garcia Coll, Cynthia (2001): The Home Environments of Children in the United States Part I: Variations by Age, Ethnicity, and Poverty Status. In: *Child Development* 72 (6), S. 1844–1867.

Brake, Anna; Büchner, Peter (2003): Bildungsort Familie: Die Transmission von kulturellem und sozialem Kapital im Mehrgenerationenzusammenhang. Überlegungen zur Bildungsbedeutsamkeit der Familie. In: *Zeitschrift für Erziehungswissenschaft* 6 (4), S. 618–638.

Brake, Anna; Büchner, Peter (2012): Bildung und soziale Ungleichheit: Eine Einführung. Stuttgart: Kohlhammer (Grundriss der Pädagogik, Erziehungswissenschaft).

Brake, Anna; Büchner, Peter (2013): Stichwort: Familie, Peers und (informelle) Bildung im Kindes- und Jugendalter. In: *Zeitschrift für Erziehungswissenschaft* 16 (3), S. 481–502.

Breen, Richard; Goldthorpe, John H. (1997): Explaining Educational Differentials. Towards a Formal Rational Action Theory. In: *Rationality and Society* 9 (3), S. 275–305.

Breen, Richard; Luijkx, Ruud; Müller, Walter; Pollak, Reinhard (2012): Bildungsdisparitäten nach sozialer Herkunft und Geschlecht im Wandel. Deutschland im internationalen Vergleich. In: Rolf Becker und Heike Solga (Hrsg.): Soziologische Bildungsforschung. Kölner Zeitschrift für Soziologie und Sozialpsychologie, Sonderheft 52/2012. Wiesbaden: Springer Fachmedien Springer VS, S. 346–373.

Bronfenbrenner, Uri (1981): Die Ökologie der menschlichen Entwicklung. 1. Auflage. Stuttgart: Klett-Cotta.

Brooks-Gunn, Jeanne; Berlin, Lisa J.; Leventhal, Tama; Fuligni, Allison Sidle (2000): Depending on the Kindness of Strangers: Current National Data Initiatives and Developmental Research. In: *Child Development* 71 (1), S. 257–268.

Brooks-Gunn, Jeanne; Duncan, Greg J.; Klebanov, Pamela Kato; Sealand, Naomi (1993): Do Neighborhoods Influence Child and Adolescent Development? In: *American Journal of Sociology* 99 (2), S. 353–395.

Brown, Phillip (1995): Cultural Capital and Social Exclusion: Some Observations on Recent Trends in Education, Employment and the Labour Market. In: *Work Employment and Society* 9 (1), S. 29–51.

Browne, Michael W.; Cudeck, Robert (1993): Alternative Ways of Assessing Model Fit. In: Kenneth A. Bollen und J. Scott Long (Hrsg.): Testing Structural Equation Models. Newbury Park, Ca.; London; New Delhi: Sage (Sage focus edition), S. 136–162.

Brunnbauer, Bettina; Riedel, Birgit (2007): Neue Nutzer, heterogene Bedürfnisse? Inanspruchnahme von Tageseinrichtungen bei Kindern unter drei Jahren. In: Walter Bien, Thomas Rauschenbach und Birgit Riedel (Hrsg.): Wer betreut Deutschlands Kinder? DJI-Kinderbetreuungsstudie. 2. Auflage. Berlin, Düsseldorf, Mannheim: Cornelsen Verlag Scriptor (Frühe Kindheit, Eltern- & Familienbildung), S. 43–59.

Büchner, Peter; Brake, Anna (Hrsg.) (2006): Bildungsort Familie. Transmission von Bildung und Kultur im Alltag von Mehrgenerationenfamilien. 1. Auflage. Wiesbaden: VS Verlag für Sozialwissenschaften.

Büchner, Peter; Brake, Anna (2007): Die Familie als Bildungsort: Strategien der Weitergabe und Aneignung von Bildung und Kultur im Alltag von Mehrgenerationenfamilien. Forschungsbericht über ein abgeschlossenes DFG-Projekt. In: *Zeitschrift für Soziologie der Erziehung und Sozialisation* 27 (2), S. 197–213.

Büchner, Peter; Du Bois-Reymond, Manuela; Ecarius, Jutta; Fuhs, Burkhard; Krüger, Heinz-Hermann (1998): Teenie-Welten. Aufwachsen in drei europäischen Regionen. Opladen: Leske und Budrich (Studien zur Jugendforschung, Band 16).

Büchner, Peter; Koch, Katja (2001): Von der Grundschule in die Sekundarstufe. Band 1: Der Übergang aus Kinder- und Elternsicht. Opladen: Leske und Budrich.

Büchner, Peter; Koch, Katja (2002): Von der Grundschule in die Sekundarstufe – Übergangsprozesse aus der Sicht von SchülerInnen und Eltern. In: *Deutsche Schule* 94 (2), S. 234–246.

Büchner, Peter; Wahl, Katrin (2005): Die Familie als informeller Bildungsort. Über die Bedeutung familialer Bildungsleistungen im Kontext der Entstehung und Vermeidung von Bildungsarmut. In: *Zeitschrift für Erziehungswissenschaft* 8 (3), S. 356–373.

Bühl, Achim (2012): SPSS 20. Einführung in die moderne Datenanalyse. 13., aktualisierte Auflage. München u. a.: Pearson (Scientific tools).

Bühler-Niederberger, Doris (2011): Lebensphase Kindheit. Theoretische Ansätze, Akteure und Handlungsräume. Weinheim und München: Juventa Verlag (Grundlagentexte Soziologie).

Bühner, Markus (2011): Einführung in die Test- und Fragebogenkonstruktion. 3., aktualisierte und erweiterte Auflage. München u. a.: Pearson Studium (PS Psychologie).

Bühner, Markus; Ziegler, Matthias (2009): Statistik für Psychologen und Sozialwissenschaftler. München u. a.: Pearson Studium (PS Psychologie).

Bundesministerium für Bildung und Forschung (Hrsg.) (2004): Konzeptionelle Grundlagen für einen Nationalen Bildungsbericht – Non-formale und informelle Bildung im Kindes- und Jugendalter. Unter Mitarbeit von Thomas Rauschenbach, Hans Rudolph Leu, Sabine Lingenauber, Wolfgang Mack, Matthias Schilling, Kornelia Schneider, Ivo Züchner. Berlin: BMBF (Bildungsreform Band 6).

Burzan, Nicole (2011): Soziale Ungleichheit. Eine Einführung in die zentralen Theorien. 4. Auflage. Wiesbaden: VS Verlag für Sozialwissenschaften.

Bus, Adriana G.; van IJzendoorn, Marinus H.; Pellegrini, Anthony D. (1995): Joint Book Reading Makes for Success in Learning to Read. A Meta-Analysis on Intergenerational Transmission of Literacy. In: *Review of Educational Research* 65 (1), S. 1–21.

Busato, Vittorio V.; Prins, Frans J.; Elshout, Jan J.; Hamaker, Christiaan (2000): Intellectual ability, learning style, personality, achievement motivation and academic success of psychology students in higher education. In: *Personality and Individual Differences* 29 (6), S. 1057–1068.

Byrne, Barbara M. (2010): Structural Equation Modeling with AMOS. Basic Concepts, Applications, and Programming. 2. Auflage. New York und Hove: Routledge (Multivariate applications series).

Campbell, Donald T.; Fiske, Donald W. (1959): Convergent and Discriminant Validation by the Multitrait-Multimethod Matrix. In: *Psychological Bulletin* 56 (2), S. 81–105.

Carter, Prudence L. (2003): "Black" Cultural Capital, Status Positioning, and Schooling Conflicts for Low-Income African American Youth. In: *Social Problems* 50 (1), S. 136–155.

Caruso, Marcelo; Ressler, Patrick (2013): Zweigliedrigkeit: Strukturwandel des Schulsystems? Einführung in den Thementeil. In: *Zeitschrift für Pädagogik* 59 (4), S. 451–454.

Caspi, Avshalom; Roberts, Brent W.; Shiner, Rebecca L. (2005): Personality Development: Stability and Change. In: *Annual Review of Psychology* 56, S. 453–484.

Chamorro-Premuzic, Tomas; Furnham, Adrian (2003a): Personality traits and academic examination performance. In: *European Journal of Personality* 17 (3), S. 237–250.

Chamorro-Premuzic, Tomas; Furnham, Adrian (2003b): Personality predicts academic performance: Evidence from two longitudinal university samples. In: *Journal of Research in Personality* 37 (4), S. 319–338.

Chan, Tak Wing; Goldthorpe, John H. (2005): The social stratification of theatre, dance and cinema attendance. In: *Cultural Trends* 14 (3), S. 193–212.

Chan, Tak Wing; Goldthorpe, John H. (2007): The Social Stratification of Cultural Consumption. Some Policy Implications of a Research Project. In: *Cultural Trends* 16 (4), S. 373–384.

Cohen, Jacob (1988): Statistical Power Analysis for the Behavioral Sciences. 2. Auflage. New York und London: Taylor & Francis Group (Psychology Press).

Coleman, James S. (1988): Social Capital in the Creation of Human Capital. In: *American Journal of Sociology* 94 (Supplement: Organizations and Institutions: Sociological and Economic Approaches to the Analysis of Social Structure), S. 95–120.

Coleman, James S. (1990): Foundations of Social Theory. Cambridge, Mass: Belknap Press of Harvard University Press.

Coleman, James Samuel (1991): Grundlagen der Sozialtheorie. Handlungen und Handlungssysteme. München: Oldenbourg.

Coleman, Margo; DeLeire, Thomas (2003): An Economic Model of Locus of Control and the Human Capital Investment Decision. In: *The Journal of Human Resources* 39 (3), S. 701–721.

Collins, Randall (1971): Functional and Conflict Theories of Educational Stratification. In: *American Sociological Review* 36 (6), S. 1002–1019.

Collins, Randall (1979): The credential society. An historical sociology of education and stratification. New York: Academic Press.

Conger, Rand D.; Donnellan, M. Brent (2007): An Interactionist Perspective on the Socioeconomic Context of Human Development. In: *Annual Review of Psychology* 58, S. 175–199.

Conzelmann, Achim; Schmidt, Mirko; Valkanover, Stefan (2011): Persönlichkeitsentwicklung durch Schulsport. Theorie, Empirie und Praxisbausteine der Berner Interventionsstudie Schulsport (BISS). 1. Auflage. Bern: Huber (Programmbereich Psychologie).

Cook, Thomas D.; Campbell, Donald T. (1979): Quasi-Experimentation. Design & Analysis Issues for Field Settings. Boston u.a: Houghton Mifflin.

Crook, Christopher J. (1997): Cultural Practices and Socioeconomic Attainment. The Australian Experience. Westport, Connecticut, London: Greenwood Press.

Darling, Nancy; Steinberg, Laurence (1993): Parenting Style as Context: An Integrative Model. In: *Psychological Bulletin* 113 (3), S. 487–496.

Das Europäische Parlament und Der Rat der Europäischen Union (2006): Empfehlung des Europäischen Parlaments und des Rates vom 18. Dezember 2006 zu Schlüsselkompetenzen für lebensbegleitendes Lernen (2006/962/EG). In: *Amtsblatt der Europäischen Union, Ausgabe in deutscher Sprache, Rechtsvorschriften* 49 (L 394/10), S. 10–18. Online verfügbar unter: http://eur-lex.europa.eu/legal-content/DE/TXT/?uri=uriserv:OJ.L_.2006.394.01.0010.01.DEU, Abruf am 05.06.2014.

De Graaf, Nan Dirk; De Graaf, Paul M. (2002): Formal and Popular Dimensions of Cultural Capital: Effects on Children's Educational Attainment. In: *The Netherlands' Journal of Social Sciences* 38 (2), S. 167–186.

De Graaf, Nan Dirk; De Graaf, Paul M.; Kraaykamp, Gerbert (2000): Parental Cultural Capital and Educational Attainment in the Netherlands: A Refinement of the Cultural Capital Perspective. In: *Sociology of Education* 73 (2), S. 92–111.

De Graaf, Paul M. (1986): The Impact of Financial and Cultural Resources on Educational Attainment in the Netherlands. In: *Sociology of Education* 59 (4), S. 237.

De Graaf, Paul M. (1988): Parents' financial and cultural resources, grades, and transition to secondary school in the Federal Republic of Germany. In: *European Sociological Review* 4 (3), S. 209–221.

De Graaf, Paul M.; De Graaf, Nan Dirk (2006): Hoch- und populärkulturelle Dimensionen kulturellen Kapitals: Auswirkungen auf den Bildungsstand der Kinder. In: Werner Georg (Hrsg.): Soziale Ungleichheit im Bildungssystem. Eine empirisch-theoretische Bestandsaufnahme. Konstanz: UVK Verlagsgesellschaft, S. 147–173.

De Raad, Boele; Schouwenburg, Henri C. (1996): Personality in learning and education: a review. In: *European Journal of Personality* 10 (5), S. 303–336.

De Vries, Jannes; De Graaf, Paul M. (2008): Is the intergenerational transmission of high cultural activities biased by the retrospective measurement of parental high cultural activities? In: *Social Indicators Research* 85 (2), S. 311–327.

Dearing, Eric; Wimer, Christopher; Simpkins, Sandra D.; Lund, Terese; Bouffard, Suzanne M.; Caronongan, Pia et al. (2009): Do neighborhood and home contexts help explain why low-income children miss opportunities to participate in activities outside of school? In: *Developmental Psychology* 45 (6), S. 1545–1562.

Deci, Edward L.; Ryan, Richard M. (1993): Die Selbstbestimmungstheorie der Motivation und ihre Bedeutung für die Pädagogik. In: *Zeitschrift für Pädagogik* 39 (2), S. 223–238.

Dees, Werner und Wenzig, Claudia (2003): Das Nürnberger Kinderpanel. Untersuchungsdesign und Deskription der Untersuchungspopulation. Nürnberg: Friedrich-Alexander-Universität Erlangen-Nürnberg, Wirtschafts- und Sozialwissenschaftliche Fakultät, Sozialwissenschaftliches Institut, Lehrstuhl für Soziologie und empirische Sozialforschung (Hrsg.): Arbeits- und Diskussionspapiere, 2003-5. Online verfügbar unter: http://www.soziologie.wiso.uni-erlangen.de:2165/archiv/publikationen/a-u-d-papiere/a_03-05.pdf, Abruf am 15.11.2014.

Denissen, Jaap J. A.; van Aken, Marcel A. G.; Roberts, Brent W. (2011): Personality Development across the Life Span. In: Tomas Chamorro-Premuzic, Sophie von Stumm und Adrian Furnham (Hrsg.): The Wiley-Blackwell Handbook of Individual Differences. 1. Auflage. Chichester: Wiley-Blackwell (The Wiley-Blackwell Handbooks of Personality and Individual Differences), S. 77–100.

Deutsches Jugendinstitut e.V. (1992): Was tun Kinder am Nachmittag? Ergebnisse einer empirischen Studie zur mittleren Kindheit. München: Verlag Deutsches Jugendinstitut.

Deutsches Jugendinstitut e.V. (2012): Forschungsdatenbank Beta. Themenbereich DJI-Studien. Studiengruppe Familiensurveys 1988–2000. Deutsches Jugendinstitut e.V. München (Forschungsdatenbank beta – DJI-Studien). Online verfügbar unter: http://surveys.dji.de/index.php?m=msg,0&fID=2, Abruf am 03.09.2014.

Deutsches Jugendinstitut e.V. (2014): Projekt DJI-Regionaldatenbank. Daten aus der amtlichen Statistik. Laufzeit: 01.07.1986 – 30.06.2009. Unter Mitarbeit von Hiltrud Bayer. Deutsches Jugendinstitut e.V. München (Projekt Regionaldatenbank: Daten aus der Amtlichen Statistik, Download Familienatlas I: Karte der Bundesrepublik Deutschland und Kreiskennziffern (Stand 1989)). Online verfügbar unter: http://www.dji.de/2_rdb/atlas1/_13_Kreiskarte.pdf, Abruf am 03.09.2014.

Deutsches PISA-Konsortium (Hrsg.) (2001): PISA 2000. Basiskompetenzen von Schülerinnen und Schülern im internationalen Vergleich. Jürgen Baumert, Eckhard Klieme, Michael Neubrand, Manfred Prenzel, Ulrich Schiefele, Wolfgang Schneider und Petra Stanat (Hrsg.). OECD PISA. Opladen: Leske und Budrich.

Diamond, Adele (2006): The Early Development of Executive Functions. In: Ellen Bialystok und Fergus I. M. Craik (Hrsg.): Lifespan Cognition. Mechanisms of Chance. Oxford u. a.: Oxford University Press, S. 70–95.

Diefenbach, Heike (2010): Kinder und Jugendliche aus Migrantenfamilien im deutschen Bildungssystem. Erklärungen und empirische Befunde. 3. Auflage. Wiesbaden: VS Verlag für Sozialwissenschaften.

Diekmann, Andreas (2011): Empirische Sozialforschung. Grundlagen, Methoden, Anwendungen. 5. Auflage, vollständig überarbeitete und erweiterte Neuausgabe August 2007. Reinbek bei Hamburg: Rowohlt Taschenbuch Verlag (rororo, Rowohlts Enzyklopädie).

Dirk, Jan-Michael; Sommer, Gert; Heinrigs, Sonja (2002): Soziale Kompetenz und Circumplexmodell interpersonalen Verhaltens. Zum Zusammenhang der Konstrukte. In: *Zeitschrift für Differentielle und Diagnostische Psychologie* 23 (1), S. 67–81.

DiMaggio, Paul (1982): Cultural Capital and School Success: The Impact of Status Culture Participation on the Grades of U.S. High School Students. In: *American Sociological Review* 47 (2), S. 189–201.

DiMaggio, Paul; Mohr, John (1985): Cultural Capital, Educational Attainment, and Marital Selection. In: *American Journal of Sociology* 90 (6), S. 1231–1261.

DiMaggio, Paul; Mukhart, Toqir (2004): Arts Participation as Cultural Capital in the United States, 1982–2002: Signs of Decline? In: *Poetics* 32 (2), S. 169–194.

DiMaggio, Paul; Ostrower, Francie (1990): Participation in the Arts by Black and White Americans. In: *Social Forces* 68 (3), S. 753–778.

Ditton, Hartmut (1989): Determinanten für elterliche Bildungsaspirationen und für Bildungsempfehlungen des Lehrers. In: *Empirische Pädagogik* 3 (3), S. 215–231.

Ditton, Hartmut (1992): Ungleichheit und Mobilität durch Bildung. Theorie und empirische Untersuchung über sozialräumliche Aspekte von Bildungsentscheidungen. Weinheim und München: Juventa Verlag (Juventa Materialien).

Ditton, Hartmut (2006): Der Beitrag Urie Bronfenbrenners für die Erziehungswissenschaft. In: *Zeitschrift für Soziologie der Erziehung und Sozialisation* 26 (3), S. 268–281.

Ditton, Hartmut (2007): Schulübertritte, Geschlecht und soziale Herkunft. In: Hartmut Ditton (Hrsg.): Kompetenzaufbau und Laufbahnen im Schulsystem. Ergebnisse einer Längsschnittuntersuchung an Grundschulen. Münster, New York, München, Berlin: Waxmann, S. 63–87.

Ditton, Hartmut (2010): Wie viel Ungleichheit durch Bildung verträgt eine Demokratie? In: *Zeitschrift für Pädagogik* 56 (1), S. 53–68.

Ditton, Hartmut; Krüsken, Jan (2006a): Der Übergang von der Grundschule in die Sekundarstufe I. In: *Zeitschrift für Erziehungswissenschaft* 9 (3), S. 348–372.

Ditton, Hartmut; Krüsken, Jan (2006b): Sozialer Kontext und schulische Leistungen – zur Bildungsrelevanz segregierter Armut. In: *Zeitschrift für Soziologie der Erziehung und Sozialisation* 26 (2), S. 135–157.

Ditton, Hartmut; Krüsken, Jan (2009a): Bildungslaufbahnen im differenzierten Schulsystem – Entwicklungsverläufe von Laufbahnempfehlungen und Bildungsaspirationen in der Grundschulzeit. In: Jürgen Baumert, Kai Maaz und Ulrich Trautwein (Hrsg.): Bildungsentscheidungen. Zeitschrift für Erziehungswissenschaft. Sonderheft 12/2009. Wiesbaden: VS Verlag für Sozialwissenschaften, S. 74–102.

Ditton, Hartmut; Krüsken, Jan (2009b): Denn wer hat, dem wird gegeben werden? Eine Längsschnittstudie zur Entwicklung schulischer Leistungen und den Effekten der sozialen Herkunft in der Grundschulzeit. In: *Journal für Bildungsforschung Online* 1 (1), S. 33–61.

Ditton, Hartmut; Krüsken, Jan; Schauenberg, Magdalena (2005): Bildungsungleichheit – der Beitrag von Familie und Schule. In: *Zeitschrift für Erziehungswissenschaft* 8 (2), S. 285–304.

Diewald, Martin; Jürgen Schupp (2004): Soziale Herkunft, Beziehung zu den Eltern und die Ausbildung von kulturellem und sozialem Kapital bei Jugendlichen. In: Marc Szydlik (Hrsg.): Generation und Ungleichheit. Reihe: Sozialstrukturanalyse, Band 19 (hrsg. von Stefan Hradil). 1. Auflage. Wiesbaden: VS Verlag für Sozialwissenschaften, S. 104–127.

Dohmen, Günther (2001): Das informelle Lernen. Die internationale Erschließung einer bisher vernachlässigten Grundform menschlichen Lernens für das lebenslange Lernen aller. Bundesministerium für Bildung und Forschung bmb+f (Hrsg.). Reihe: BMBF Publik. Bonn: Bundesministerium für Bildung und Forschung (BMBF). Online verfügbar unter: https://web.archive.org/web/20070203060538/http://www.bmbf.de/pub/das_informelle_lernen.pdf, Abruf am 05.06.2014.

Dollase, Rainer (2010): Gewalt in der Schule. Stuttgart: Verlag W. Kohlhammer (Praxiswissen Bildung).

Dravenau, Daniel; Groh-Samberg, Olaf (2013): Bildungsbenachteiligung als Institutioneneffekt. Zur Verschränkung kultureller und institutioneller Diskriminierung. In: Peter A. Berger und Heike Kahlert (Hrsg.): Institutionalisierte Ungleichheiten. Wie das Bildungswesen Chancen blockiert. 3. Auflage. Weinheim und Basel: Beltz Juventa (Bildungssoziologische Beiträge), S. 103–129.

Dresel, Markus; Schober, Barbara; Ziegler, Albert (2007): Golem und Pygmalion. Scheitert die Chancengleichheit von Mädchen im mathematisch-naturwissenschaftlich-technischen Bereich am geschlechtsstereotypen Denken der Eltern? In: Peter H. Ludwig (Hrsg.): Erwartungen in himmelblau und rosarot. Effekte, Determinanten und Konsequenzen von Geschlechterdifferenzen in der Schule. Weinheim und München: Juventa Verlag (Materialien), S. 61–81.

Dumais, Susan A. (2002): Cultural Capital, Gender, and School Success: The Role of Habitus. In: *Sociology of Education* 75 (1), S. 44–68.

Dumais, Susan A. (2006a): Early childhood cultural capital, parental habitus, and teachers' perceptions. In: *Poetics* 34 (2), S. 83–107.

Dumais, Susan A. (2006b): Elementary School Students' Extracurricular Activities: The Effects of Participation on Achievement and Teachers' Evaluations. In: *Sociological Spectrum* 26 (2), S. 117–147.

Dumais, Susan A.; Ward, Aaryn (2010): Cultural capital and first-generation college success. In: *Poetics* 38 (3), S. 245–265.

Duncan, Greg J. (1994): Families and Neighbors as Sources of Disadvantage in the Schooling Decisions of White and Black Adolescents. In: *American Journal of Education* 103 (1), S. 20–53.

Eccles, Jacquelynne (1983): Expectancies, Values, and Academic Behaviors. In: Janet T. Spence (Hrsg.): Achievement and Achievement Motives. Psychological and Sociological Approaches. San Francisco: W.H. Freeman and Company, S. 75–146.

Edelstein, Benjamin; Nikolai, Rita (2013): Strukturwandel im Sekundarbereich. Determinanten schulpolitischer Reformprozesse in Sachsen und Hamburg. In: *Zeitschrift für Pädagogik* 59 (4), S. 482–495.

Eder, Ferdinand (2004): Der Einfluss einzelner Lehrpersonen auf das Befinden von Schülerinnen und Schülern. In: Tina Hascher (Hrsg.): Schule positiv erleben. Ergebnisse und Erkenntnisse zum Wohlbefinden von Schülerinnen und Schülern. Reihe: Schulpädagogik – Fachdidaktik – Lehrerbildung, Band 10. Bern u. a.: Haupt Verlag, S. 91–112.

Ehmke, Timo; Jude, Nina (2010): Soziale Herkunft und Kompetenzerwerb. In: Eckhard Klieme, Cordula Artelt, Johannes Hartig, Nina Jude, Olaf Köller, Manfred Prenzel et al. (Hrsg.): PISA 2009. Bilanz nach einem Jahrzehnt. Münster, New York, München, Berlin: Waxmann, S. 231–254.

Ehmke, Timo; Siegle, Thilo (2005): ISEI, ISCED, HOMEPOS, ESCS. Indikatoren der sozialen Herkunft bei der Quantifizierung von sozialen Disparitäten. In: *Zeitschrift für Erziehungswissenschaft* 8 (4), S. 521–539.

Ehrler, David J.; Evans, J. Gary; McGhee, Ron L. (1999): Extending Big-Five Theory Into Childhood: A Preliminary Investigation Into The Relationship Between Big-Five Personality Traits And Behavior Problems In Children. In: *Psychology in the Schools* 36 (6), S. 451–458.

Einsiedler, Wolfgang; Martschinke, Sabine; Kammermeyer, Gisela (2008): Die Grundschule zwischen Heterogenität und gemeinsamer Bildung. In: Kai S. Cortina, Jürgen Baumert, Achim Leschinsky, Karl Ulrich Mayer und Luitgard Trommer (Hrsg.): Das Bildungswesen in der Bundesrepublik Deutschland. Strukturen und Entwicklungen im Überblick. Der neue Bericht des Max-Planck-Instituts für Bildungsforschung. Originalausgabe, vollständig überarbeitete Neuausgabe. Reinbek: Rowohlt Taschenbuch Verlag (Rororo Sachbuch, Band 62339), S. 325–374.

Engfer, Anette; Schneewind, Klaus A.; Hinderer, Jürgen (1978): Zur faktoriellen Struktur der Familien-Klima-Skalen nach R. H. Moos. München: Ludwig-Maximilians-Universität München (Arbeitsbericht 17 aus dem EKB-Projekt an der Universität München (ehemals Trier)).

Epstein, Joyce L.; Lee, Seyong (1995): National Patterns of School and Family Connections in the Middle Grades. In: Bruce A. Ryan, Gerald R. Adams, Thomas P. Gullotta, Roger P. Weissberg und Robert L. Hampton (Hrsg.): The Family School Connection. Theory, Research, and Practice. Thousand Oaks u. a.: Sage (Issues in children's and families' lives, 2), S. 108–154.

Erikson, Robert; Goldthorpe, John H. (1993): The Constant Flux. A Study of Class Mobility in Industrial Societies. Oxford: Clarendon Press.

Erikson, Robert; Goldthorpe, John H.; Portocarero, Lucienne (1979): Intergenerational Class Mobility in Three Western European Societies: England, France and Sweden. In: *The British Journal of Sociology* 30 (4, Sonderheft: Current Research on Social Stratification), S. 415–441.

Erikson, Robert; Jonsson, Jan O. (1996): Explaining Class Inequality in Education: The Swedish Test Case. In: Robert Erikson & Jan O. Jonsson (Hrsg.): Can Education Be Equalized? The Swedish Case in Comparative Perspective. Boulder, Col.: Westview Press, S. 1–63.

Esser, Hartmut (1999): Situationslogik und Handeln. Studienausgabe. Frankfurt am Main u. a.: Campus Verlag.

Euler, Harald A. (2009): Geschlechtsspezifische Unterschiede und die nicht erzählte Geschichte in der Gewaltforschung. In: Heinz Günter Holtappels, Wilhelm Heitmeyer, Wolfgang Melzer und Klaus-Jürgen Tillmann (Hrsg.): Forschung über Gewalt an Schulen. Erscheinungsformen und Ursachen, Konzepte und Prävention. 5. Auflage. Weinheim und München: Juventa Verlag (Jugendforschung), S. 191–206.

Evans, M. D. R.; Kelley, Jonathan; Sikora, Joanna; Treiman, Donald J. (2010): Family scholarly culture and educational success: Books and schooling in 27 nations. In: *Research in Social Stratification and Mobility* 28(2), S. 171–197.

Fan, Xitao; Chen, Michael (2001): Parental Involvement and Students' Academic Achievement: A Meta-Analysis. In: *Educational Psychology Review* 13 (1), S. 1–22.

Farkas, George (1996): Human Capital or Cultural Capital? Ethnicity and Poverty Groups in an Urban School District. New York: A. de Gruyter.

Farkas, George (2003): Cognitive Skills and Noncognitive Traits and Behaviors in Stratification Processes. In: *Annual Review of Sociology* 29, S. 541–562.
Farkas, George; Grobe, Robert P.; Sheehan, Daniel; Shuan, Yuan (1990): Cultural Resources and School Success: Gender, Ethnicity, and Poverty Groups Within An Urban District. In: *American Sociological Review* 55 (1), S. 127–142.
Farsides, Tom; Woodfield, Ruth (2003): Individual differences and undergraduate academic success: the roles of personality, intelligence, and application. In: *Personality and Individual Differences* 34 (7), S. 1225–1243.
Fatke, Reinhard (2007): Kinder- und Jugendpartizipation im wissenschaftlichen Diskurs. In: Bertelsmann Stiftung (Hrsg.): Kinder- und Jugendbeteiligung in Deutschland. Entwicklungsstand und Handlungsansätze. Unter Mitarbeit von F. Klaus Koopmann. Gütersloh: Verlag Bertelsmann-Stiftung, S. 19–38.
Fatke, Reinhard; Schneider, Helmut (2005): Kinder- und Jugendpartizipation in Deutschland. Daten, Fakten, Perspektiven. Bertelsmann Stiftung (Hrsg.). Gütersloh: Bertelsmann Stiftung. Online verfügbar unter: https://www.bertelsmann-stiftung.de/fileadmin/files/Projekte/Jungbewegt/Downloads/Beteiligung/Kurzbericht_Druckversion_3._Auflage_heruntergerechnet.pdf https://www.uni-augsburg.de, Abruf am 10.03.2014.
Fatke, Reinhard; Schneider, Helmut (2007): Die Beteiligung junger Menschen in Familie, Schule und am Wohnort. In: Bertelsmann Stiftung (Hrsg.): Kinder- und Jugendbeteiligung in Deutschland. Entwicklungsstand und Handlungsansätze. Unter Mitarbeit von F. Klaus Koopmann. Gütersloh: Verlag Bertelsmann-Stiftung, S. 59–84.
Fauser, Richard (1984): Der Übergang auf weiterführende Schulen. Soziale und schulische Bedingungen der Realisierung elterlicher Bildungserwartungen. Konstanz (Projekt: Bildungsverläufe in Arbeiterfamilien: Abschlussbericht Bandnummer 1).
Faust, Gabriele (2006): Zum Stand der Einschulung und der neuen Schuleingangsstufe in Deutschland. In: *Zeitschrift für Erziehungswissenschaft,* 9 (3), S. 328–347.
Faust, Gabriele (2013): Forschungsstand zur Einschulung und Beitrag der BiKS-Einschulungsuntersuchungen. In: Gabriele Faust (Hrsg.): Einschulung. Ergebnisse aus der Studie „Bildungsprozesse, Kompetenzentwicklung und Selektionsentscheidungen im Vorschul- und Schulalter (BiKS)". Münster, New York, München, Berlin: Waxmann, S. 9–31.
Faust, Gabriele; Roßbach, Hans-Günther (2014): Herkunft und Bildungserfolg beim Übergang vom Kindergarten in die Grundschule. In: Kai Maaz, Marko Neumann und Jürgen Baumert (Hrsg.): Herkunft und Bildungserfolg von der frühen Kindheit bis ins Erwachsenenalter. Forschungsstand und Interventionsmöglichkeiten aus interdisziplinärer Perspektive. Zeitschrift für Erziehungswissenschaft, Sonderheft 24/2014. Wiesbaden: Springer VS, S. 119–140.
Faust, Gabriele; Wehner, Franziska; Kratzmann, Jens (2013): Kooperation von Kindergarten und Grundschule. In: Gabriele Faust (Hrsg.): Einschulung. Ergebnisse aus der Studie „Bildungsprozesse, Kompetenzentwicklung und Selektionsentscheidungen im Vorschul- und Schulalter (BiKS)". Münster, New York, München, Berlin: Waxmann, S. 137–152.
Federer, Matthias (2004): Prüfungsangst. In: Silvia Schneider (Hrsg.): Angststörungen bei Kindern und Jugendlichen. Grundlagen und Behandlung. Berlin u. a.: Springer, S. 345–369.
Fehm, Lydia; Fydrich, Thomas (2011): Prüfungsangst. Göttingen u. a.: Hogrefe (Fortschritte der Psychotherapie, 44).
Fend, Helmut; Sandmeier, Anita (2004): Wohlbefinden in der Schule: „Wellness" oder Indiz für gelungene Pädagogik. In: Tina Hascher (Hrsg.): Schule positiv erleben. Ergebnisse und Erkenntnisse zum Wohlbefinden von Schülerinnen und Schülern. Reihe: Schulpädagogik – Fachdidaktik – Lehrerbildung, Band 10. Bern u. a.: Haupt Verlag, S. 161–183.
Fischer, Natalie; Holtappels, Heinz-Günter; Klieme, Eckhard; Rauschenbach, Thomas; Stecher, Ludwig; Züchner, Ivo (Hrsg.) (2011): Ganztagsschule: Entwicklung, Qualität, Wirkungen. Längsschnittliche Befunde der Studie zur Entwicklung von Ganztagsschulen (StEG). Weinheim u. a.: Beltz Juventa (Studien zur ganztägigen Bildung).

Fischer, Natalie; Kuhn, Hans Peter; Klieme, Eckhard (2009): Was kann die Ganztagsschule leisten? Wirkungen ganztägiger Beschulung auf die Entwicklung von Lernmotivation und schulischer Performanz nach dem Übergang in die Sekundarstufe. In: Ludwig Stecher, Cristina Allemann-Ghionda, Werner Helsper und Eckhard Klieme: Ganztägige Bildung und Betreuung. Zeitschrift für Pädagogik, 54. Beiheft. Weinheim und Basel: Beltz Verlag, S. 143–167.

Fishbein, Martin; Ajzen, Icek (1975): Belief, Attitude, Intention and Behavior. An Introduction to Theory and Research. Reading, Mass. u. a.: Addison-Wesley (Addison-Wesley series in social psychology).

Fried, Lilian (2008): Pädagogische Sprachdiagnostik für Vorschulkinder – Dynamik, Stand und Ausblick. In: Hans-Günther Roßbach und Hans-Peter Blossfeld (Hrsg.): Frühpädagogische Förderung in Institutionen. Zeitschrift für Erziehungswissenschaft, 10. Jahrgang, Sonderheft 11/2008. Wiesbaden: VS Verlag für Sozialwissenschaften, S. 63–78.

Friedrichs, Jürgen (2014): Kontexteffekte von Wohngebieten. In: Jürgen Friedrichs und Alexandra Nonnenmacher (Hrsg.): Soziale Kontexte und Soziale Mechanismen. Kölner Zeitschrift für Soziologie und Sozialpsychologie, Sonderheft 54/2014. Wiesbaden: Springer VS, S. 287–316.

Fries, Stefan (2002): Kinder und ihre Freizeit. In: LBS-Initiative Junge Familie (Hrsg.): Kindheit 2001 – Das LBS-Kinderbarometer. Was Kinder wünschen, hoffen und befürchten. Opladen: Leske und Budrich, S. 169–191.

Fröhlich-Gildhoff, Klaus (2009): Resilienz. München u. a.: Reinhardt (UTB, Bandnummer 3290).

Fröhlich-Gildhoff, Klaus (2013): Angewandte Entwicklungspsychologie der Kindheit. Begleiten, Unterstützen und Fördern in Familie, Kita und Grundschule. Unter Mitarbeit von Carolin Eichin. Stuttgart: Verlag W. Kohlhammer.

Fromm, Sabine (2012): Datenanalyse mit SPSS für Fortgeschrittene 2: Multivariate Verfahren für Querschnittsdaten. 2. Auflage. Wiesbaden: VS Verlag für Sozialwissenschaften.

Fthenakis, Wassilios E.; Nagel, Bernhard; Eirich, Hans; Mayr, Toni (1997): Neue Konzepte für Kindertageseinrichtungen: eine empirische Studie zur Situations- und Problemdefinition der beteiligten Interessengruppen. Endbericht Band 1 u. 2. München.

Fuchs, Heinz-Werner (2009): Strukturen und Strukturreformen im allgemein bildenden Schulwesen der deutschen Bundesländer. In: *DDS – Die Deutsche Schule* 101 (1), S. 7–19.

Fuchs, Kristen; Peucker, Christian (2007): „… und raus bist du!“. Welche Kinder besuchen nicht den Kindergarten und warum? In: Walter Bien, Thomas Rauschenbach und Birgit Riedel (Hrsg.): Wer betreut Deutschlands Kinder? DJI-Kinderbetreuungsstudie. 2. Auflage. Berlin, Düsseldorf, Mannheim: Cornelsen Verlag Scriptor (Frühe Kindheit, Eltern- & Familienbildung), S. 61–81.

Fuchs, Marek (2009): Ausländische Schüler und Gewalt an Schulen. Ergebnisse einer Lehrer- und Schülerbefragung. In: Heinz Günter Holtappels, Wilhelm Heitmeyer, Wolfgang Melzer und Klaus-Jürgen Tillmann (Hrsg.): Forschung über Gewalt an Schulen. Erscheinungsformen und Ursachen, Konzepte und Prävention. 5. Auflage. Weinheim und München: Juventa Verlag (Jugendforschung), S. 119–136.

Fuchs, Marek; Lamnek, Siegfried; Luedtke, Jens (2001): Tatort Schule: Gewalt an Schulen 1994–1999. Opladen: Leske und Budrich.

Fuchs, Marek; Sixt, Michaela (2007): Zur Nachhaltigkeit von Bildungsaufsteigern. Soziale Vererbung von Bildungserfolgen über mehrere Generationen. In: *Kölner Zeitschrift für Soziologie und Sozialpsychologie* 59 (1), S. 1–29.

Fuchs-Heinritz, Werner; Lautmann, Rüdiger; Rammstedt, Otthein; Wienold, Hanns (2007): Lexikon zur Soziologie. Unter Mitarbeit von Eva Bärlosius, Daniela Klimke, Urs Stäheli und Christoph Weischer. 4., grundlegend überarbeitete Auflage. Wiesbaden: VS Verlag für Sozialwissenschaften.

Fuchs-Rechlin, Kirsten; Bergmann, Christian (2014): Der Abbau von Bildungsbenachteiligung durch Kindertagesbetreuung für unter 3-Jährige – zwischen Wunsch und Wirklichkeit. In: Kai Maaz, Marko Neumann und Jürgen Baumert (Hrsg.): Herkunft und Bildungserfolg von der frühen Kindheit bis ins Erwachsenenalter. Forschungsstand und Interventionsmöglichkeiten aus interdisziplinärer Perspektive. Zeitschrift für Erziehungswissenschaft, Sonderheft 24/2014. Wiesbaden: Springer VS, S. 95–118.

Fuhrer, Urs (2005): Was macht gute Erziehung aus und wie können Eltern gute Erzieher werden? In: *Zeitschrift für Soziologie der Erziehung und Sozialisation* 25 (3), S. 231–247.

Fuhrer, Urs (2009): Lehrbuch Erziehungspsychologie. 2., überarbeitete Auflage. Bern: Huber (Psychologie-Lehrbuch).

Funk, Walter; Passenberger, Jürgen (2009): Determinanten der Gewalt an Schulen. Mehrebenenanalytische Ergebnisse aus der Nürnberger Schüler-Studie 1994. In: Heinz Günter Holtappels, Wilhelm Heitmeyer, Wolfgang Melzer und Klaus-Jürgen Tillmann (Hrsg.): Forschung über Gewalt an Schulen. Erscheinungsformen und Ursachen, Konzepte und Prävention. 5. Auflage. Weinheim und München: Juventa Verlag (Jugendforschung), S. 243–260.

Furtner-Kallmünzer, Maria; Hössl, Alfred; Janke, Dirk; Kellermann, Doris; Lipski, Jens (2002): In der Freizeit für das Leben lernen. Eine Studie zu den Interessen von Schulkindern. München: DJI-Verlag.

Gaddis, S. Michael (2013): The influence of habitus in the relationship between cultural capital and academic achievement. In: *Social Science Research* 42 (1), S. 1–13.

Galster, George (2014): Nonlinear and Threshold Aspects of Neighborhood Effects. In: Jürgen Friedrichs und Alexandra Nonnenmacher (Hrsg.): Soziale Kontexte und Soziale Mechanismen. Kölner Zeitschrift für Soziologie und Sozialpsychologie, Sonderheft 54/2014. Wiesbaden: Springer VS, S. 117–133.

Gambetta, Diego (1987): Were they pushed or did they jump? Individual decision mechanisms in education. Studies in Rationality and Social Change. First published. Cambridge u. a.: Cambridge University Press.

Gambetta, Diego (1996): Were they pushed or did they jump? Individual decision mechanisms in education. Boulder, Colo. u. a.: Westview Press.

Ganzeboom, Harry B. G. (1982): Explaining Differential Participation in High-Cultural Activities – A Confrontation of Information-Processing and Status-Seeking Theories. In: Werner Raub (Hrsg.): Theoretical Models and Empirical Analyses. Contributions to the Explanation of Individual Actions and Collective Phenomena. Utrecht: E.S.-Publications, S. 186–205.

Ganzenboom, Harry B. G.; De Graaf, Paul M.; Robert, Peter (1990): Cultural Reproduction Theory on Socialist Ground: Intergenerational Transmission of Inequalities in Hungary. In: *Research in Social Stratification and Mobility* 9, S. 79–104.

Ganzeboom, Harry B. G.; De Graaf, Paul M.; Treiman, Donald J.; De Leeuw, Jan (1992): A Standard International Socio-Economic Index of Occupational Status. In: *Social Science Research* 21 (1), S. 1–56.

Gaylord, Noni K.; Kitzmann, Katherine M.; Coleman, Jennifer K. (2003): Parents' and Children's Perceptions of Parental Behavior: Associations with Children's Psychosocial Adjustment in the Classroom. In: *Parenting: Science and Practice* 3 (1), S. 23–47.

Gebesmair, Andreas (2004): Renditen der Grenzüberschreitung. Zur Relevanz der Bourdieuschen Kapitaltheorie für die Analyse sozialer Ungleichheiten. In: *Soziale Welt* 55 (2), S. 181–204.

Geier, Boris; Riedel, Birgit (2008): Ungleichheiten der Inanspruchnahme öffentlicher frühpädagogischer Angebote. Einflussfaktoren und Restriktionen elterlicher Betreuungsentscheidungen. In: Hans-Günther Roßbach und Hans-Peter Blossfeld (Hrsg.): Frühpädagogische Förderung in Institutionen. Zeitschrift für Erziehungswissenschaft, 10. Jahrgang, Sonderheft 11/2008. Wiesbaden: VS Verlag für Sozialwissenschaften, S. 11–28.

Geißler, Rainer (2014): Die Sozialstruktur Deutschlands. Mit einem Beitrag von Thomas Meyer. 7., grundlegend überarbeitete Auflage. Wiesbaden: Springer VS.

Georg, Werner (2004): Cultural Capital and Social Inequality in the Life Course. In: *European Sociological Review* 20 (4), S. 333–344.

Georg, Werner (2006): Kulturelles Kapital und Statusvererbung. In: Werner Georg (Hrsg.): Soziale Ungleichheit im Bildungssystem. Eine empirisch-theoretische Bestandsaufnahme. Konstanz: UVK Verlagsgesellschaft, S. 123–146.

Georg, Werner (2011): Soziale Ungleichheit und kulturelles Kapital in der PISA-2000-Studie. In: *Zeitschrift für Soziologie der Erziehung und Sozialisation* 31 (4), S. 393–408.

Georgiou, Stelios N. (2007): Parental involvement: beyond demographics. In: *Journal für Bildungsforschung Online* 1 (0), S. 59–62.

Gerlach, Erin; Kussin, Uli; Brandl-Bredenbeck, Hans Peter; Brettschneider, Wolf-Dietrich (2006): Der Sportunterricht aus Schülerperspektive. In: Wolf-Dietrich Brettschneider und Jörg Becker (Hrsg.): DSB-Sprint-Studie. Eine Untersuchung zur Situation des Schulsports in Deutschland. Aachen: Meyer & Meyer (Sportunterricht in Deutschland, Sprint), S. 107–144.

Gerrig, Richard J.; Zimbardo, Philip G. (2008): Psychologie. Aus dem Amerikanischen von Ralf Graf, Dagmar Mallett, Markus Nagler und Brigitte Ricker (Deutsche Bearbeitung von Ralf Graf). 18., aktualisierte Auflage. München u. a.: Pearson Studium (PS Psychologie).

GESIS – Leibniz-Institut für Sozialwissenschaften (2002): ALLBUS. Allgemeine Bevölkerungsumfrage. Köln. Online verfügbar unter http://www.gesis.org/allbus, Abruf am 10.03.2012.

Gesthuizen, Maurice; De Graaf, Paul M.; Kraaykamp, Gerbert (2005): The Changing Family Background of the Low-Educated in the Netherlands: Socio-Economic, Cultural, and Socio-Demographic Resources. In: *European Sociological Review* 21 (5), S. 441–452.

Ginther, Donna; Haveman, Robert; Wolfe, Barbara (2000): Neighborhood Attributes as Determinants of Children's Outcomes. How Robust Are the Relationships? In: *The Journal of Human Resources* 35 (4), S. 603–642.

Giroux, Henry (1983): Theories of Reproduction and Resistance in the New Sociology of Education: A Critical Analysis. In: *Harvard Educational Review* 53 (3), S. 257–293.

Gläser-Zikuda, Michaela; Fuß, Stefan (2004): Wohlbefinden von Schülerinnen und Schülern im Unterricht. In: Tina Hascher (Hrsg.): Schule positiv erleben. Ergebnisse und Erkenntnisse zum Wohlbefinden von Schülerinnen und Schülern. Reihe: Schulpädagogik – Fachdidaktik – Lehrerbildung, Band 10. Bern u. a.: Haupt Verlag, S. 27–48.

Gloger-Tippelt, Gabriele; Vetter, Jürgen (2005): Ein kleiner Unterschied. Geschlechtstypische schulische Entwicklung aus der Sicht von Müttern und ihren 8- bis 9-jährigen Töchtern und Söhnen. In: Christian Alt (Hrsg.): Kinderleben – Aufwachsen zwischen Familie, Freunden und Institutionen. Band 2: Aufwachsen zwischen Freunden und Institutionen. 1. Auflage. Wiesbaden: VS Verlag für Sozialwissenschaften (Schriften des Deutschen Jugendinstituts : Kinderpanel, 2), S. 231–256.

Gnahs, Dieter (2010): Kompetenzen – Erwerb, Erfassung, Instrumente. 2., aktualisierte und überarbeitete Auflage. Reihe Studium: Studientexte für Erwachsenenbildung. Deutsches Institut für Erwachsenenbildung – Leibniz Zentrum für Lebenslanges Lernen (wbv DIE) (Hrsg.). Bielefeld: Bertelsmann.

Gogolin, Ingrid (2008): Förderung von Kindern mit Migrationshintergrund im Elementarbereich. In: Hans-Günther Roßbach und Hans-Peter Blossfeld (Hrsg.): Frühpädagogische Förderung in Institutionen. Zeitschrift für Erziehungswissenschaft, 10. Jahrgang, Sonderheft 11/2008. Wiesbaden: VS Verlag für Sozialwissenschaften, S. 79–90.

Goldberg, Lewis R. (1992): The Development of Markers for the Big-Five Factor Structure. In: *Psychological Assessment* 4 (1), S. 26–42.

Goldthorpe, John H. (2007a): "Cultural Capital": Some Critical Observations. In: *Sociologica* (2), S. 1–23.

Goldthorpe, John H. (2007b): "Cultural capital": some critical observations. In: Stefani Scherer, Reinhard Pollak, Gunnar Otte und Markus Gangl (Hrsg.): From Origin to Destination. Trends and Mechanisms in Social Stratification Research. Essays in honour of Walter Müller. Frankfurt am Main, New York, Chicago: Campus Verlag, S. 78–101.

Göllner, Richard (2014): Psychische Störungen und ihre Bedeutung für die Entstehung sozialer Ungleichheit: Ein Überblick. In: Kai Maaz, Marko Neumann und Jürgen Baumert (Hrsg.): Herkunft und Bildungserfolg von der frühen Kindheit bis ins Erwachsenenalter. Forschungsstand und Interventionsmöglichkeiten aus interdisziplinärer Perspektive. Zeitschrift für Erziehungswissenschaft, Sonderheft 24/2014. Wiesbaden: Springer VS, S. 281–297.

Gorman, Thomas J. (1998): Social Class and Parental Attitudes toward Education. Resistance and Conformity to Schooling in the Family. In: *Journal of Contemporary Ethnography* 27 (1), S. 10–44.

Gräsel, Cornelia; Krolak-Schwerdt, Sabine; Nölle, Ines; Hörstermann, Thomas (2010): Diagnostische Kompetenz von Grundschullehrkräften bei der Erstellung der Übergangsempfehlung. Eine Analyse aus der Perspektive der sozialen Urteilsbildung. Projekt Diagnostische Kompetenz. In: Eckhard Klieme, Detlef Leutner und Martina Kenk (Hrsg.): Kompetenzmodellierung. Zwischenbilanz des DFG Schwerpunktprogramms und Perspektiven des Forschungsansatzes. Zeitschrift für Pädagogik, 56. Beiheft. Weinheim und Basel: Beltz Verlag, S. 286–295.

Gray, Marjory Roberts; Steinberg, Laurence (1999): Unpacking Authoritative Parenting: Reassessing a Multidimensional Construct. In: *Journal of Marriage and Family* 61 (3), S. 574–587.

Gray, Matthew; Smart, Diana (2009): Growing Up in Australia: The Longitudinal Study of Australian Children: A Valuable New Data Source for Economists. In: *Australian Economic Review* 42 (3), S. 367–376.

Gresch, Cornelia; Baumert, Jürgen; Maaz, Kai (2009): Empfehlungsstatus, Übergangsempfehlung und der Wechsel in die Sekundarstufe I: Bildungsentscheidungen und soziale Ungleichheit. In: Jürgen Baumert, Kai Maaz und Ulrich Trautwein (Hrsg.): Bildungsentscheidungen. Zeitschrift für Erziehungswissenschaft. Sonderheft 12/2009. Wiesbaden: VS Verlag für Sozialwissenschaften, S. 230–256.

Grob, Alexander; Lüthi, Ruth; Kaiser, Florian G.; Flammer, August; Mackinnon, Andrew; Wearing, Alex J. (1991): Berner Fragebogen zum Wohlbefinden Jugendlicher. In: *Diagnostica* 37 (1), S. 66–75.

Grolnick, Wendy S. (2009): The role of parents in facilitating autonomous self-regulation for education. In: *Theory and Research in Education* 7 (2), S. 164–173.

Grundmann, Gunhild; Kötters, Catrin; Krüger, Heinz-Hermann (2000): Schulische Partizipationsstrukturen und -möglichkeiten. In: Heinz-Hermann Krüger, Gunhild Grundmann und Catrin Kötters (Hrsg.): Jugendliche Lebenswelten und Schulentwicklung. Ergebnisse einer quantitativen Schüler- und Lehrerbefragung in Ostdeutschland. Unter Mitarbeit von Nicolle Pfaff. Opladen: Leske und Budrich (Studien zur Schul- und Bildungsforschung, Nummer 10), S. 257–274.

Grundmann, Matthias; Bittlingmayer, Uwe H.; Dravenau, Daniel; Groh-Samberg, Olaf (2004): Die Umwandlung von Differenz in Hierarchie? Schule zwischen einfacher Reproduktion und eigenständiger Produktion sozialer Bildungsungleichheit. In: *Zeitschrift für Soziologie der Erziehung und Sozialisation* 24 (2), S. 124–145.

Grundmann, Matthias; Hoffmeister, Dieter (2007): Die Verwobenheit von Sozialisation und Selektion: Eine kritische Bestimmung des Verhältnisses von Sozialisation, Bildung und Erziehung. In: *Zeitschrift für Soziologie der Erziehung und Sozialisation* 27 (2), S. 128–142.

Grunert, Cathleen; Krüger, Heinz-Hermann (2012): Quantitative Methoden in der Kindheitsforschung. Ein Überblick. In: Friederike Heinzel (Hrsg.): Methoden der Kindheitsforschung. Ein Überblick über Forschungszugänge zur kindlichen Perspektive. 2., überarbeitete Auflage. Weinheim und Basel: Beltz Juventa (Kindheiten), S. 36–51.

Grusec, Joan E.; Goodnow, Jacqueline J. (1994): Impact of parental discipline methods on the child's internalization of values: A reconceptualization of current points of view. In: *Developmental Psychology* 30 (1), S. 4–19.

Guay, Frédéric; Ratelle, Catherine F.; Chanal, Julien (2008): Optimal Learning in Optimal Contexts: The Role of Self-Determination in Education. In: *Canadian psychology* 49 (3), S. 233–240.

Hacker, Hartmut (2008): Bildungswege vom Kindergarten zur Grundschule. 3., neubearbeitete Auflage von „Vom Kindergarten zur Grundschule". Bad Heilbrunn: Verlag Julius Klinkhardt (Studientexte zur Grundschulpädagogik und -didaktik).

Hadjar, Andreas (2008): Meritokratie als Legitimationsprinzip. Die Entwicklung der Akzeptanz sozialer Ungleichheit im Zuge der Bildungsexpansion. 1. Auflage. Wiesbaden: VS Verlag für Sozialwissenschaften.

Hagen-Demszky von der, Alma (2006): Familiale Bildungswelten. Theoretische Perspektiven und empirische Explorationen. Hrsg. v. Deutsches Jugendinstitut e.V. und Abteilung Familie. München (Materialien zum Thema Familie und Bildung I). Online verfügbar unter: http://www.dji.de/fileadmin/user_upload/bibs/359_7486_Hagen_Demszky_Familiale_Bildungswelten.pdf, Abruf am 23.02.2014.

Hair, Joseph F.; Black, Bill; Babin, Barry; Anderson, Rolph E.; Tatham, Ronald L. (2006): Multivariate Data Analysis. 6. Auflage. Upper Saddle River, N.J.: Pearson Prentice Hall.

Haller, Archibald O.; Portes, Alejandro (1973): Status Attainment Processes. In: *Sociology of Education* 46 (1), S. 51–91.

Halsey, Albert H.; Heath, Anthony F.; Ridge, John M. (1980): Origins and Destinations. Family, Class, and Education in Modern Britain. Oxford: Clarendon Press.

Hannover, Bettina; Kessels, Ursula (2011): Sind Jungen die neuen Bildungsverlierer? Empirische Evidenz für Geschlechterdisparitäten zuungunsten von Jungen und Erklärungsansätze. In: *Zeitschrift für Pädagogische Psychologie* 25 (2), S. 89–103.

Hanson, Marci J.; Miller, Angela D.; Diamond, Karen; Odom, Samuel; Lieber, Joan; Butera, Gretchen et al. (2011): Neighborhood Community Risk Influences on Preschool Children's Development and School Readiness. In: *Infants & Young Children* 24 (1), S. 87–100.

Harazd; Bea (2007): Die Bildungsentscheidung. Zur Ablehnung der Schulformempfehlung am Ende der Grundschulzeit. Münster, München u. a.: Waxmann (Empirische Erziehungswissenschaft).

Hart, Roger A. (1992): Children's Participation. From Tokenism to Citizenship. Hrsg. v. UNICEF International Child Development Centre. Unicef, United Nations Children's Fund. Florence, Italy (Innocenti Essays, Nr. 4). Online verfügbar unter: http://www.unicef-irc.org/publications/pdf/childrens_participation.pdf, Abruf am 10.03.2014.

Hart, Roger A. (1997): Children's Participation. The Theory and Practice of Involving Young Citizens in Community Development and Environmental Care. Unicef, United Nations Children's Fund. Unter Mitarbeit von Maria Fernanda Espinosa, Selim Iltus und Raymond Lorenzo. London, New York: Earthscan.

Harwardt-Heinecke, Elena; Ahnert, Liselotte (2013): Bindungserfahrungen in Kindergarten und Schule in ihrer Wirkung auf die Schulbewährung. Zusammenfassende Ergebnisse aus der BSB-Studie. In: *Zeitschrift für Pädagogik* 59 (6), S. 817–825.

Hascher, Tina (2004a): Wohlbefinden in der Schule – Eine Einführung. In: Tina Hascher (Hrsg.): Schule positiv erleben. Ergebnisse und Erkenntnisse zum Wohlbefinden von Schülerinnen und Schülern. Reihe: Schulpädagogik – Fachdidaktik – Lehrerbildung, Band 10. Bern u. a.: Haupt Verlag, S. 7–23.

Hascher, Tina (2004b): Wohlbefinden in der Schule. Münster, New York, München, Berlin: Waxmann (Pädagogische Psychologie und Entwicklungspsychologie, Bandnummer 40).

Hascher, Tina (2008): Quantitative and qualitative research approaches to assess student wellbeing. In: *International Journal of Educational Research* 47 (2), S. 84–96.

Hascher, Tina; Baillod, Jürg (2004): Soziale Integration in der Schulklasse als Prädiktor für Wohlbefinden. In: Tina Hascher (Hrsg.): Schule positiv erleben. Ergebnisse und Erkenntnisse zum Wohlbefinden von Schülerinnen und Schülern. Reihe: Schulpädagogik – Fachdidaktik – Lehrerbildung, Band 10. Bern u. a.: Haupt Verlag, S. 133–158.

Hascher, Tina; Hagenauer, Gerda (2011a): Schulisches Wohlbefinden im Jugendalter – Verläufe und Einflussfaktoren. In: Angela Ittel, Hans Merkens und Ludwig Stecher (Hrsg.): Jahrbuch Jugendforschung. 10. Ausgabe 2010. Wiesbaden: VS Verlag für Sozialwissenschaften, S. 15–45.

Hascher, Tina; Hagenauer, Gerda (2011b): Wohlbefinden und Emotionen in der Schule als zentrale Elemente des Schulerfolgs unter der Perspektive geschlechtsspezifischer Ungleichheiten. In: Andreas Hadjar (Hrsg.): Geschlechtsspezifische Bildungsungleichheiten. Wiesbaden: VS Verlag für Sozialwissenschaften, S. 285–308.

Hascher, Tina; Hagenauer, Gerda; Albrecht-Schaffer, Angelika (2011): Wohlbefinden in der Grundschule. In: *Erziehung und Unterricht* 11 (3–4), S. 381–392.

Hascher, Tina; Lobsang, Karma (2004): Das Wohlbefinden von SchülerInnen. Faktoren, die es stärken und solche, die es schwächen. In: Tina Hascher (Hrsg.): Schule positiv erleben. Ergebnisse und Erkenntnisse zum Wohlbefinden von Schülerinnen und Schülern. Reihe: Schulpädagogik – Fachdidaktik – Lehrerbildung, Band 10. Bern u. a.: Haupt Verlag, S. 203–228.

Hasselhorn, Marcus; Kuger, Susanne (2014): Wirksamkeit schulrelevanter Förderung in Kindertagesstätten. In: Kai Maaz, Marko Neumann und Jürgen Baumert (Hrsg.): Herkunft und Bildungserfolg von der frühen Kindheit bis ins Erwachsenenalter. Forschungsstand und Interventionsmöglichkeiten aus interdisziplinärer Perspektive. Zeitschrift für Erziehungswissenschaft, Sonderheft 24/2014. Wiesbaden: Springer VS, S. 299–314.

Haunberger, Sigrid (2005): Interviewer und Befragte im Kinderpanel. Interviewdauer und Panelbereitschaft. In: Christian Alt (Hrsg.): Kinderleben – Aufwachsen zwischen Familie, Freunden und Institutionen. Band 2: Aufwachsen zwischen Freunden und Institutionen. 1. Auflage. Wiesbaden: VS Verlag für Sozialwissenschaften (Schriften des Deutschen Jugendinstituts: Kinderpanel, Band 2), S. 285–316.

Haunberger, Sigrid (2007): Wenn Kinder antworten: Erfahrungen mit der standardisierten Befragung von 8- bis 9-Jährigen. In: Christian Alt (Hrsg.): Kinderleben – Start in die Grundschule. Band 3: Ergebnisse aus der zweiten Welle. 1. Auflage. Wiesbaden: VS Verlag für Sozialwissenschaften (Schriften des Deutschen Jugendinstituts: Kinderpanel, Band 3), S. 325–344.

Haunberger, Sigrid; Teubner, Markus (2008): Bildungswünsche von Eltern und Kindern im Vergleich. Eine empirische Analyse anhand der drei Wellen des DJI-Kinderpanels. In: Christian Alt (Hrsg.): Kinderleben – Individuelle Entwicklungen in sozialen Kontexten. Band 5: Persönlichkeitsstrukturen und ihre Folgen. 1. Auflage. Wiesbaden: VS Verlag für Sozialwissenschaften (Schriften des Deutschen Jugendinstituts: Kinderpanel, Band 5), S. 293–316.

Hauser, Robert M. (2005): Survey Response in the Long Run: The Wisconsin Longitudinal Study. In: *Field Methods* 17 (1), S. 3–29.

Hauser-Cram, Penny; Sirin, Selcuk R.; Stipek, Deborah (2003): When Teachers' and Parents' Values Differ: Teachers' Ratings of Academic Competence in Children From Low-Income Families. In: *Journal of Educational Psychology* 95(4), S. 813–820.

Haveman, Robert; Wolfe, Barbara (1995): The Determinants of Children's Attainments: A Review of Methods and Findings. In: *Journal of Economic Literature* 33 (4), S. 1829–1878.

Heaven, Patrick C. L.; Ciarrochi, Joseph (2008): Parental Styles, Conscientiousness, and Academic Performance in High School: A Three-Wave Longitudinal Study. In: *Personality and Social Psychology Bulletin* 34 (4), S. 451–461.

Heaven, Patrick C. L.; Mak, Anita; Barry, Jocelyn; Ciarrochi, Joseph (2002): Personality and family influences on adolescent attitudes to school and self-rated academic performance. In: *Personality and Individual Differences* 32 (3), S. 453–462.

Hedman, Lina (2014): Compositional or contextual effects? Neighbourhoods and teenage parenthood in Stockholm, Sweden. In: Jürgen Friedrichs und Alexandra Nonnenmacher (Hrsg.): Soziale Kontexte und Soziale Mechanismen. Kölner Zeitschrift für Soziologie und Sozialpsychologie, Sonderheft 54/2014. Wiesbaden: Springer VS, S. 67–90.

Heinzel, Friederike (2000): Methoden der Kindheitsforschung. Ein Überblick über Forschungszugänge zur kindlichen Perspektive. Weinheim und München: Juventa Verlag (Kindheiten, Band 18).

Heinzel, Friederike (2012): Methoden der Kindheitsforschung. Ein Überblick über Forschungszugänge zur kindlichen Perspektive. 2., überarbeitete Auflage. Weinheim und Basel: Beltz Juventa (Kindheiten).

Heitmeyer, Wilhelm; Hagan, John (2002): Gewalt. Zu den Schwierigkeiten einer systematischen internationalen Bestandsaufnahme. In: Wilhelm Heitmeyer und John Hagan (Hrsg.): Internationales Handbuch der Gewaltforschung. 1. Auflage. Wiesbaden: VS Verlag für Sozialwissenschaften, S. 15–25.

Heitmeyer, Wilhelm; Ulbrich-Herrmann, Matthias (2009): Verschärfung sozialer Ungleichheit, soziale Milieus und Gewalt. Zur Kritik der Blickverengungen schulbezogener Gewaltforschung. In: Heinz Günter Holtappels, Wilhelm Heitmeyer, Wolfgang Melzer und Klaus-Jürgen Tillmann (Hrsg.): Forschung über Gewalt an Schulen. Erscheinungsformen und Ursachen, Konzepte und Prävention. 5. Auflage. Weinheim und München: Juventa-Verlag (Jugendforschung), S. 45–62.

Helberger, Christof; Palamidis, Helene (1989): Der Beitrag der Humankapitaltheorie zur Erklärung der Bildungsnachfrage. In: Peter A. Döring, Horst Weishaupt und Manfred Weiß (Hrsg.): Bildung in sozioökonomischer Sicht. Festschrift für Hasso von Recum zum 60. Geburtstag. Köln u. a.: Böhlau Verlag, S. 205–220.

Helbig, Marcel (2010): Neighborhood does matter! Soziostrukturelle Nachbarschaftscharakteristika und Bildungserfolg. In: *Kölner Zeitschrift für Soziologie und Sozialpsychologie* 62 (4), S. 655–679.

Helbig, Marcel (2012): Sind Mädchen besser? Der Wandel geschlechtsspezifischen Bildungserfolgs in Deutschland. Frankfurt am Main: Campus Verlag (Campus-Forschung, 959).

Helbig, Marcel (2013): Der positive und negative Einfluss von Geschwistern auf den Gymnasialübergang. In: *Kölner Zeitschrift für Soziologie und Sozialpsychologie* 65 (4), S. 623–644.

Helbig, Marcel; Schneider, Thorsten (2014): Auf der Suche nach dem katholischen Arbeitermädchen vom Lande. Religion und Bildungserfolg im regionalen, historischen und internationalen Vergleich. Unter Mitarbeit von Julia Dohrmann und Andrea Palasciano. Wiesbaden: Springer VS.

Helmke, Andeas; Weinert, Franz E. (1997): Bedingungsfaktoren schulischer Leistungen. In: Franz E. Weinert (Hrsg.): Psychologie des Unterrichts und der Schule. Göttingen: Hogrefe (Enzyklopädie der Psychologie, Themenbereich D: Praxisgebiete; Serie I: Pädagogische Psychologie; Band 3: Psychologie des Unterrichts und der Schule), S. 71–176.

Helmke, Andreas (2003): Unterrichtsqualität erfassen, bewerten, verbessern. Seelze: Kallmeyer.

Helmke, Andreas (2007): Unterrichtsqualität erfassen, bewerten, verbessern. 5. Auflage. Seelze: Kallmeyer.

Helmke, Andreas (2009): Unterrichtsqualität und Lehrerprofessionalität. Diagnose, Evaluation und Verbesserung des Unterrichts. Neubearbeitete, 1. Auflage. Seelze-Velber: Klett und Kallmeyer.

Helmke, Andreas (2014): Unterrichtsqualität und Lehrerprofessionalität. Diagnose, Evaluation und Verbesserung des Unterrichts. Berücksichtigt die Hattie-Studie. 5., aktualisierte Auflage. Seelze-Velber: Klett und Kallmeyer (Schule weiterentwickeln, Unterricht verbessern: Orientierungsband).

Helmke, Andreas; Schrader, Friedrich-Wilhelm; Wagner, Wolfgang; Nold, Günter; Schröder, Konrad (2008): Selbstkonzept, Motivation und Englischleistung. In: Eckhard Klieme, Wolfgang Eichler, Andeas Helmke, Rainer H. Lehmann, Günter Nold, Hans-Günter Rolff, Konrad Schröder, Günther Thomé, Heiner Willenberg (DESI-Konsortium) (Hrsg.): Unterricht und Kompetenzerwerb in Deutsch und Englisch. Ergebnisse der DESI-Studie. Weinheim und Basel: Beltz Verlag (Beltz Pädagogik), S. 244–257.

Helsper, Werner; Kramer, Rolf-Torsten; Thiersch, Sven; Ziems, Carolin (2009): Bildungshabitus und Übergangserfahrungen bei Kindern. In: Jürgen Baumert, Kai Maaz und Ulrich Trautwein (Hrsg.): Bildungsentscheidungen. Zeitschrift für Erziehungswissenschaft. Sonderheft 12/2009. Wiesbaden: VS Verlag für Sozialwissenschaften, S. 126–152.

Henz, Ursula; Maas, Ineke (1995): Chancengleichheit durch die Bildungsexpansion? In: *Kölner Zeitschrift für Soziologie und Sozialpsychologie* 47 (4), S. 603–633.

Herman, M. R.; Dornbusch, S. M.; Herron, M. C.; Herting, J. R. (1997): The Influence of Family Regulation, Connection, and Psychological Autonomy on Six Measures of Adolescent Functioning. In: *Journal of Adolescent Research* 12 (1), S. 34–67.

Hill, Nancy E.; Tyson, Diana F. (2009): Parental Involvement in Middle School: A Meta-analytic Assessment of the Strategies that promote Achievement. In: *Developmental Psychology* 45 (3), S. 740–763.

Hinz, Thomas; Groß, Jochen (2006): Schulempfehlung und Leseleistung in Abhängigkeit von Bildungsherkunft und kulturellem Kapital. In: Werner Georg (Hrsg.): Soziale Ungleichheit im Bildungssystem. Eine empirisch-theoretische Bestandsaufnahme. Konstanz: UVK Verlagsgesellschaft, S. 199–225.

Holtappels; Heinz Günter (2004): Beteiligung von Kindern in der Schule. In: Deutsches Kinderhilfswerk e.V. (Hrsg.): Kinderreport Deutschland 2004. Daten, Fakten, Hintergründe. München: kopaed, S. 259–274.

Holtappels, Heinz Günter; Klieme, Eckhard; Rauschenbach, Thomas; Stecher, Ludwig (Hrsg.) (2007): Ganztagsschule in Deutschland. Ergebnisse der Ausgangserhebung der „Studie zur Entwicklung von Ganztagsschulen" (StEG). Weinheim und München: Juventa Verlag (Studien zur ganztägigen Bildung).

Holzkamp, Klaus (1995): Lernen. Subjektwissenschaftliche Grundlegung. Studienausgabe. Frankfurt am Main, New York: Campus Verlag.

Honig, Michael-Sebastian (2004): Wie bewirkt Pädagogik, was sie leistet? Ansatz und Fragestellung der Trierer Kindergartenstudie. In: Michael-Sebastian Honig, Magdalena Joos und Norbert Schreiber (Hrsg.): Was ist ein guter Kindergarten? Theoretische und empirische Analysen zum Qualitätsbegriff in der Pädagogik. Unter Mitarbeit von Tanja Betz, Sabine Bolling, Petra Jung, Andreas Krein und Kai Schmitt. Weinheim und München: Juventa Verlag (Juventa-Archiv), S. 17–37.

Hooper, Daire; Coughlan, Joseph; Mullen, Michael (2008): Structural Equation Modelling: Guidelines for Determining Model Fit. In: *Electronic Journal of Business Research Methods* 6 (1), S. 53–60. Online verfügbar unter http://arrow.dit.ie/cgi/viewcontent.cgi?article=1001&context=buschmanart, Abruf am 18.10.2014.

Hopf, Wulf (2010): Freiheit – Leistung – Ungleichheit. Bildung und soziale Herkunft in Deutschland. Weinheim und München: Juventa Verlag (Grundlagentexte Pädagogik).

Hosenfeld, Ingmar; Helmke, Andreas (2004): Wohlbefinden und Leistung – unvereinbare Ziele? Zur Rolle des Unterrichts für zwei wichtige Zielkriterien. In: Tina Hascher (Hrsg.): Schule positiv erleben. Ergebnisse und Erkenntnisse zum Wohlbefinden von Schülerinnen und Schülern. Reihe: Schulpädagogik – Fachdidaktik – Lehrerbildung, Band 10. Bern u. a.: Haupt Verlag, S. 113–132.

Hössl, Alfred (2002): Freizeitaktivitäten und Freizeitlernen. In: Maria Furtner-Kallmünzer, Alfred Hössl, Dirk Janke, Doris Kellermann und Jens Lipski (Hrsg.): In der Freizeit für das Leben lernen. Eine Studie zu den Interessen von Schulkindern. München: DJI-Verlag, S. 37–75.

Hössl, Alfred; Vossler, Andreas (2006): Bildungsverläufe in der Grundschule. Schulerfolg und Belastungen aus der Sicht von Kindern und Eltern. Bad Heilbrunn: Verlag Julius Klinkhardt.

Hradil, Stefan (2005): Soziale Ungleichheit in Deutschland. Unter Mitarbeit von Jürgen Schiener. 8. Auflage, Nachdruck. Wiesbaden: VS Verlag für Sozialwissenschaften (Lehrbuch).

Hu, Li-tze; Bentler, Peter M. (1995): Evaluating Model Fit. In: Rick H. Hoyle (Hrsg.): Structural Equation Modeling. Concepts, Issues and Applications. Thousand Oaks, London, New Delhi: Sage, S. 76–99.

Hu, Li-tze; Bentler, Peter M. (1999): Cutoff Criteria for Fit Indexes in Covariance Structure Analysis: Conventional Criteria Versus New Alternatives. In: *Structural Equation Modeling: A Multidisciplinary Journal* 6 (1), S. 1–55.

Huebner, E. Scott (1994): Preliminary Development and Validation of a Multidimensional Life Satisfaction Scale for Children. In: *Psychological Assessment* 6 (2), S. 149–158.

Hülür, Gizem; Wilhelm, Oliver; Robitzsch, Alexander (2011): Multivariate Veränderungsmodelle für Schulnoten und Schülerleistungen in Deutsch und Mathematik. In: *Zeitschrift für Entwicklungspsychologie und Pädagogische Psychologie* 43 (4), S. 173–185.

Huntsinger, Carol S.; Jose, Paul E.; Krieg, Dana Balsink; Luo, Zupei (2011): Cultural differences in Chinese American and European American children's drawing skills over time. In: *Early Childhood Research Quarterly* 26 (1), S. 34–145.

Hurrelmann, Klaus (1977): Beanspruchung von Schülern. Analyse der außerschulischen Dimensionen des Problemfeldes „Überbeanspruchung von Schülern". Bonn (BMBW-Werkstattberichte, Band 5).

Hurrelmann, Klaus (2013): Das Schulsystem in Deutschland: Das „Zwei-Wege-Modell" setzt sich durch. In: *Zeitschrift für Pädagogik* 59 (4), S. 455–468.

Hurrelmann, Klaus; Andresen, Sabine; Schneekloth, Ulrich; Pupeter, Monika (2014): Die Lebensqualität der Kinder in Deutschland: Ergebnisse der 3. World Vision Kinderstudie. In: *Diskurs Kindheits- und Jugendforschung* 9 (3), S. 383–391.

Hurrelmann, Klaus; Bründel, Heidrun (2007): Gewalt an Schulen. Pädagogische Antworten auf eine soziale Krise. 2. Auflage. Weinheim und Basel: Beltz (Beltz-Taschenbuch, 184).

Huth, Radoslaw; Weishaupt, Horst (2009): Bildung und hochkulturelle Freizeitaktivitäten. In: *Journal für Bildungsforschung Online* 1 (1), S. 224–240.

Hyman, Herbert H. (1953): The Value Systems of Different Classes: A Social Psychological Contribution to the Analysis of Stratification. In: Reinhard Bendix und Seymour Martin Lipset (Hrsg.): Class, Status, and Power. Social Stratification in Comparative Perspective. 1. Auflage. Glencoe, Illinois: Free Press, S. 426–442.

Hyman, Herbert H. (1966): The Value Systems of Different Classes. A Social Psychological Contribution to the Analysis of Stratification. In: Reinhard Bendix und Seymour Martin Lipset (Hrsg.): Class, Status, and Power. Social Stratification in Comparative Perspective. 2. Auflage. New York: The Free Press, S. 488–499.

International Labour Office (1969): International Standard Classification of Occupations. Überarbeitete Auflage 1968. Genf: International Labour Office.

International Labour Office (1990): International Standard Classification of Occupations. ISCO-88. Überarbeitete Auflage 1988. Genf: International Labour Office (International Labour Office Publications).

Isengard, Bettina (2005): Freizeitverhalten als Ausdruck sozialer Ungleichheiten oder Ergebnis individualisierter Lebensführung? Zur Bedeutung von Einkommen und Bildung im Zeitverlauf. In: *Kölner Zeitschrift für Soziologie und Sozialpsychologie* 57 (2), S. 245–277.

Itskowitz, Rivka; Navon, Rachel; Strauss, Helen (1988): Teachers' accuracy in evaluating students' self-image: Effect of perceived closeness. In: Journal of Educational Psychology 80(3), S. 337–441.

Jackson, Michelle; Erikson, Robert; Goldthorpe, John H.; Yaish, Meier (2005): Primary and Secondary Effects in Class Differentials in Educational Attainment. The Transition to A-Level Courses in England and Wales. In: *Acta Sociological* 50 (3), S. 211–229.

Jacob, Marita; Tieben, Nicole (2010): Wer nutzt die Durchlässigkeit zwischen verschiedenen Schulformen? Soziale Selektivität bei Schulformwechseln und nachgeholten Schulabschlüssen. In: Birgit Becker und David Reimer (Hrsg.): Vom Kindergarten bis zur Hochschule. Die Generierung von ethnischen und sozialen Disparitäten in der Bildungsbiographie. 1. Auflage. Wiesbaden: VS Verlag für Sozialwissenschaften, S. 145–178.

Jacobs, Bernhard; Strittmatter, Peter (1979): Der schulängstliche Schüler. Eine empirische Untersuchung über mögliche Ursachen und Konsequenzen der Schulangst. München u. a.: Urban & Schwarzenberg.
Jäncke, Lutz; Altenmüller, Eckart (2009): Macht Musik schlau? Neue Erkenntnisse aus den Neurowissenschaften und der kognitiven Psychologie. Bern: Huber (Psychologie Sachbuch).
Jæger, Mads M.; Holm, Anders (2012): Conformists or rebels? Relative risk aversion, educational decisions and social class reproduction. In: *Rationality and Society* 24 (2), S. 221–253.
Janssen, Jürgen; Laatz, Wilfried (2013): Statistische Datenanalyse mit SPSS. Eine anwendungsorientierte Einführung in das Basissystem und das Modul exakte Tests. 8. Auflage. Berlin und Heidelberg: Springer Gabler (SpringerLink: Bücher).
Jencks, Christopher; Mayer, Susann E. (1990): The Social Consequences of Growing up in a Poor Neighborhood. In: Lynn, Laurence E. Jr. und Michael G. H. McGeary (Hrsg.): Inner-City Poverty in the United States. Washington, D.C.: National Academy Press, S. 111–186.
Jerusalem, Matthias; Drössler, Stephanie; Kleine, Dietmar; Klein-Heßling, Johannes; Mittag, Waldemar; Röder, Bettina (2009): Skalen zur Erfassung von Lehrer- und Schülermerkmalen. Förderung von Selbstwirksamkeit und Selbstbestimmung im Unterricht. Skalenhandbuch. Berlin: Humboldt-Universität, Lehrstuhl für Pädagogische Psychologie und Gesundheitspsychologie. Online verfügbar unter: https://www.erziehungswissenschaften.hu-berlin.de/de/paedpsych/forschung/Skalenbuch_FoSS.pdf, Abruf am 15.06.2013.
Jeynes, William H. (2003): A Meta-Analysis: The Effects of Parental Involvement on Minority Children's Academic Achievement. In: *Education and Urban Society* 35 (2), S. 202–218.
Jeynes, William H. (2005): A Meta-Analysis of the Relation of Parental Involvement to Urban Elementary School Student Academic Achievement. In: *Urban Education* 40 (3), S. 237–269.
Jeynes, William H. (2007): The Relationship Between Parental Involvement and Urban Secondary School Student Academic Achievement. A Meta-Analysis. In: *Urban Education* 42 (1), S. 82–110.
Jeynes, William H. (2011): Parental Involvement Research: Moving to the Next Level. In: *The School Community Journal* 21 (1), Spring/Summer 2011, Academic Development Institute (Hrsg.), S. 9–18. Online verfügbar unter: http://www.adi.org/journal/resources/2011ss_scj.pdf#page=9, Abruf am 18.09.2015.
Jeynes, William H. (2012): A Meta-Analysis of the Efficacy of Different Types of Parental Involvement Programs for Urban Students. In: *Urban Education* 47 (4), S. 706–742.
Jullien, Simone (2006): Elterliches Engagement und Lern- & Leistungsemotionen. München: Utz (Psychologie).
Jung, Johannes (2013): Schülerleistungen erkennen, messen, bewerten. Stuttgart: Kohlhammer (Praxiswissen Bildung).
Jungbauer-Gans, Monika (2004): Einfluss des sozialen und kulturellen Kapitals auf die Lesekompetenz. Ein Vergleich der PISA-2000-Daten aus Deutschland, Frankreich und der Schweiz. In: *Zeitschrift für Soziologie* 33 (5), S. 375–397.
Jungbauer-Gans, Monika (2006): Kulturelles Kapital und Mathematikleistungen – eine Analyse der PISA 2003-Daten für Deutschland. In: Werner Georg (Hrsg.): Soziale Ungleichheit im Bildungssystem. Eine empirisch-theoretische Bestandsaufnahme. Konstanz: UVK Verlagsgesellschaft, S. 175–198.
Kalmijn, Matthijs; Kraaykamp, Gerbert (1996): Race, Cultural Capital, and Schooling: An Analysis of Trends in the United States. In: *Sociology of Education* 69 (1), S. 22–34.
Kanevski, Rimma; Salisch, Maria von (2011): Fördert die Ganztagsschule die Entwicklung sozialer und emotionaler Kompetenzen bei Jugendlichen? In: Ludwig Stecher, Heinz-Hermann Krüger und Thomas Rauschenbach (Hrsg.): Ganztagsschule – Neue Schule? Eine Forschungsbilanz. Zeitschrift für Erziehungswissenschaft, Sonderheft 15/2011. Wiesbaden: VS Verlag für Sozialwissenschaften, S. 237–259.

Kastillis, John; Rubinson, Richard (1990): Cultural Capital, Student Achievement, and Educational Reproduction: The Case of Greece. In: *American Sociological Review* 55 (2), S. 270–279.
Kaufman, Jason; Gabler, Jay (2004): Cultural capital and the extracurricular activities of girls and boys in the college attainment process. In: *Poetics* 32 (2), S. 145–168.
Kaufmann, Andrea (2008): Die Rolle motivationaler Schülermerkmale bei der Entstehung sozialer Disparitäten des Schulerfolgs. Eine Längsschnittuntersuchung an Grundschulen in Bayern und Sachsen. Berlin: Mensch-und-Buch-Verlag.
Kaufmann, Dagmar; Gesten, Ellis; Santa Lucia, Raymond C.; Salcedo, Octavio; Rendina-Gobioff, Gianna; Gadd, Ray (2000): The Relationship Between Parenting Style and Children's Adjustment: The Parent's Perspective. In: *Journal of Child and Family Studies* 9 (2), S. 231–245.
Keller, Suzanne; Zavalloni, Marisa (1962): Classe sociale, ambition et réussite. In: *Sociologie du Travail* 4 (1), S. 1–14.
Keller, Suzanne; Zavalloni, Marisa (1964): Ambitionen and Social Class: A Respecification. In: *Social Forces* 43 (1), S. 58–70.
Kerr, Margaret; Stattin, Hakan (2000): What Parents Know, How They Know It, and Several Forms of Adolescent Adjustment: Further Support for a Reinterpretation of Monitoring. In: *Developmental Psychology Monograph* 36 (3), S. 366–380.
Kingston, Paul W (2001): The Unfulfilled Promise of Cultural Capital Theory. In: *Sociology of Education* 74 (Extra Issue: Current of Thought: Sociology of Education at the Dawn of the 21st Century), S. 88–99.
Klafki, Wolfgang (1995): „Schlüsselprobleme" als thematische Dimension einer zukunftsbezogenen „Allgemeinbildung" – Zwölf Thesen. In: Wolfgang Münzinger und Wolfgang Klafki (Hrsg.): Schlüsselprobleme im Unterricht. Thematische Dimensionen einer zukunftsorientierten Allgemeinbildung. Die Deutsche Schule, Zeitschrift für Erziehungswissenschaft, Bildungspolitik und pädagogische Praxis, 3. Beiheft. Gewerkschaft Erziehung und Wissenschaft (Hrsg.). Weinheim: Juventa, S. 9–14.
Klein, Markus; Schindler, Steffen; Pollak, Reinhard; Müller, Walter (2009): Soziale Disparitäten in der Sekundarstufe und ihre langfristige Entwicklung. In: Jürgen Baumert, Kai Maaz und Ulrich Trautwein (Hrsg.): Bildungsentscheidungen. Zeitschrift für Erziehungswissenschaft. Sonderheft 12/2009. Wiesbaden: VS Verlag für Sozialwissenschaften, S. 47–73.
Klein, Oliver; Biedinger, Nicole (2009): Determinanten elterlicher Aktivitäten mit Vorschulkindern. Der Einfluss von Bildungsaspirationen und kulturellem Kapital. Mannheim: Mannheimer Zentrum für Europäische Sozialforschung (Arbeitspapiere – Mannheimer Zentrum für Europäische Sozialforschung, Nummer 121). Online verfügbar unter: http://www.mzes.uni-mannheim.de/publications/wp/wp-121.pdf, Abruf am 16.03.2014.
Klein, Oliver; Biedinger, Nicole; Becker, Birgit (2014): The effect of reading aloud daily-Differential effects of reading to native-born German and Turkish-origin immigrant children. In: *Research in Social Stratification and Mobility* 38, S. 43–56.
Kleine, Lydia; Paulus, Wiebke; Blossfeld, Hans-Peter (2009): Die Formation elterlicher Bildungsentscheidungen beim Übergang von der Grundschule in die Sekundarstufe I. In: Jürgen Baumert, Kai Maaz und Ulrich Trautwein (Hrsg.): Bildungsentscheidungen. Zeitschrift für Erziehungswissenschaft. Sonderheft 12/2009. Wiesbaden: VS Verlag für Sozialwissenschaften, S. 103–125.
Klieme, Eckhard (2003): Benotungsmaßstäbe an Schulen: Pädagogische Praxis und institutionelle Bedingungen. Eine empirische Analyse auf der Basis der PISA-Studie. In: Hans Döbert, Botho von Kopp, Renate Martini und Manfred Weiß (Hrsg.): Bildung vor neuen Herausforderungen. Historische Bezüge – Rechtliche Aspekte – Steuerungsfragen – Internationale Perspektiven. Hermann Avenarius zum 65. Geburtstag gewidmet. Neuwied: Luchterhand, S. 195–210.
Klieme, Eckhard (2004): Was sind Kompetenzen und wie lassen sie sich messen? In: *Pädagogik* 56 (6), S. 10–13.

Kline, Rex B. (2005): Principles and Practice of Structural Equation Modeling. 2. Auflage. New York and London: The Guilford Press (Methodology in the social sciences, David A. Kenny (Series Editor)).

Kloosterman, Rianne; Notten, Natascha; Tolsma, Jochem; Kraaykamp, Gerbert (2011): The Effects of Parental Reading Socialization and Early School Involvement on Children's Academic Performance. A Panel Study of Primary School Pupils in the Netherlands. In: *European Sociological Review* 27 (3), S. 291–306.

Kluczniok, Katharina; Anders, Yvonne; Roßbach, Hans-Günther (2015): Der Übergang vom Kindergarten in die Grundschule aus Sicht der Eltern: Wovon hängt eine positive Bewältigung ab? In: *Diskurs Kindheits- und Jugendforschung* 10 (2), S. 129–148.

Kopp, Johannes (2009): Bildungssoziologie. Eine Einführung anhand empirischer Studien. 1. Auflage. Wiesbaden: VS Verlag für Sozialwissenschaften.

Kraaykamp, Gerbert (2002): Cumulative Advantages and Inequality in Lifestyle: A Dutch Description of Distinction in Taste. In: *The Netherlands' Journal of Social Sciences* 38 (2), S. 121–143.

Kraaykamp, Gerbert (2003): Literary socialization and reading preferences. Effects of parents, the library, and the school. In: *Poetics* 31 (3–4), S. 235–257.

Kraaykamp, Gerbert; Nieuwbeerta (2000): Parental Background and Lifestyle Differentiation in Eastern Europe: Social, Political, and Cultural Intergenerational Transmission in Five Former Socialist Societies. In: *Social Science Research* 29 (1), S. 92–122.

Krais, Beate (2004): Die Reproduktion sozialer Ungleichheit und die Rolle der Schule. Zur Einführung in den Themenschwerpunkt. In: *Zeitschrift für Soziologie der Erziehung und Sozialisation* 24 (2), S. 115–123.

Kramer, Caroline (2000): Regionale Disparitäten im Bildungswesen – objektive und subjektive Indikatoren zur regionalen Ungleichheit. In: Hans Bertram, Bernhard Nauck und Thomas Klein (Hrsg.): Solidarität, Lebensformen und regionale Entwicklung. Opladen: Leske und Budrich, S. 163–198.

Kramer, Rolf-Torsten; Helsper, Werner (2011): Kulturelle Passung und Bildungsungleichheit – Potenziale einer an Bourdieu orientierten Analyse der Bildungsungleichheit. In: Heinz-Hermann Krüger, Ursula Rabe-Kleberg, Rolf-Torsten Kramer, Jürgen Budde (Hrsg.): Bildungsungleichheit revisited. Bildung und soziale Ungleichheit vom Kindergarten bis zur Hochschule. 2., durchgesehene Auflage. Wiesbaden: VS Verlag für Sozialwissenschaften (Studien zur Schul- und Bildungsforschung des ZSB, Band 30), S. 103–125.

Kramer, Rolf-Torsten; Helsper, Werner; Thiersch, Sven; Ziems, Carolin (2013): Das 7. Schuljahr. Wandlungen des Bildungshabitus in der Schulkarriere? Wiesbaden: Springer VS (Studien zur Schul- und Bildungsforschung, Band 48, Zentrum für Schul- und Bildungsforschung (ZSB) der Martin-Luther-Universität Halle-Wittenberg, Deutschland (Hrsg.)).

Kränzl-Nagl, Renate; Wilk, Liselotte (2000): Möglichkeiten und Grenzen standardisierter Befragungen unter besonderer Berücksichtigung der Faktoren soziale und personale Wünschbarkeit. In: Friederike Heinzel (Hrsg.): Methoden der Kindheitsforschung. Ein Überblick über Forschungszugänge zur kindlichen Perspektive. Weinheim und München: Juventa Verlag (Kindheiten, Band 18), S. 59–75.

Krapp, Andreas; Ryan, Richard M. (2002): Selbstwirksamkeit und Lernmotivation. Eine kritische Betrachtung der Theorie von Bandura aus der Sicht der Selbstbestimmungstheorie und der pädagogisch-psychologischen Interessenstheorie. In: Matthias Jerusalem und Diether Hopf (Hrsg.): Selbstwirksamkeit und Motivationsprozesse in Bildungsinstitutionen. Zeitschrift für Pädagogik, 44. Beiheft. Weinheim und Basel: Beltz, S. 54–82.

Krappmann, Lothar (2013): Bindung in Kinderbeziehungen? In: *Zeitschrift für Pädagogik* 59 (6), S. 837–847.

Kratzmann, Jens; Schneider, Thorsten (2009): Soziale Ungleichheiten beim Schulstart. Empirische Untersuchungen zur Bedeutung der sozialen Herkunft und des Kindergartenbesuchs auf den Zeitpunkt der Einschulung. In: *Kölner Zeitschrift für Soziologie und Sozialpsychologie* 61 (2), S. 211–234.

Krause, Christina; Lorenz, Rüdiger-Felix (2009): Was Kindern Halt gibt. Salutogenese in der Erziehung. 1. Auflage. Göttingen: Vandenhoeck & Ruprecht.

Kreckel, Reinhard; Brock, Ditmar; Thode, Hartwig (1972): Vertikale Mobilität und Immobilität in der Bundesrepublik Deutschland. Bericht einer Untersuchung im Auftrag des Bundesministeriums des Innern, Abteilung Raumordnung, Kommunalwesen, Statistik. Bonn – Bad Godesberg: Selbstverlag der Bundesforschungsanstalt für Landeskunde und Raumordnung (Mitteilungen aus dem Institut für Raumordnung, 53 Bonn – Bad Godesberg, Michaelshof, Telefon 62061, Heft 75).

Kreppner, Kurt; Klöckner, Christian (2002): Kinder in ihrer Familie. In: LBS-Initiative Junge Familie (Hrsg.): Kindheit 2001 – Das LBS-Kinderbarometer. Was Kinder wünschen, hoffen und befürchten. Opladen: Leske und Budrich, S. 211–236.

Krinninger, Dominik; Bahr, Simone (2013): Im Kern der Familienkultur: Symbol und Erfahrung. In: Meike Sophia Baader, Petra Götte und Carola Groppe (Hrsg.): Familientraditionen und Familienkulturen. Theoretische Konzeptionen, historische und aktuelle Analysen. Wiesbaden: Springer VS, S. 71–91.

Kristen, Cornelia (1999): Bildungsentscheidungen und Bildungsungleichheit. Ein Überblick über den Forschungsstand. Mannheim: Mannheimer Zentrum für Europäische Sozialforschung (Arbeitspapiere – Mannheimer Zentrum für Europäische Sozialforschung, Nummer 5). Online verfügbar unter: http://www.mzes.uni-mannheim.de/publications/wp/wp-5.pdf, Abruf am 10.05.2013.

Krohne, Heinz Walter; Hock, Michael (2001): Erziehungsstil. In: Detlef H. Rost (Hrsg.): Handwörterbuch Pädagogische Psychologie. 2., überarbeitete und erweiterte Auflage. Weinheim: Beltz Psychologie-Verlags-Union, S. 139–146.

Krohne, Heinz Walter; Kohlmann, Carl-Walter; Leidig, Stefan (1986): Erziehungsstildeterminanten kindlicher Ängstlichkeit, Kompetenzerwartungen und Kompetenzen. In: *Zeitschrift für Entwicklungspsychologie und Pädagogische Psychologie* 18 (1), S. 70–88.

Krolak-Schwerdt, Sabine; Böhmer, Matthias; Gräsel, Cornelia (2012): Leistungsbeurteilungen von Schulkindern. Welche Rolle spielen Ziele und Expertise der Lehrkraft? In: *Zeitschrift für Entwicklungspsychologie und Pädagogische Psychologie* 44 (3), S. 111–122.

Kröner, Stephan; Vock, Miriam; Robitzsch, Alexander; Köller, Olaf (2012): Highbrow cultural activities, social background, and openness in lower-secondary level students. In: *Journal für Bildungsforschung Online* 4 (2), S. 3–28.

Krüger, Heinz-Hermann; Grundmann, Gunhild; Kötters, Catrin (2000): Jugendliche Lebenswelten und Schulentwicklung. In: Heinz-Hermann Krüger, Gunhild Grundmann und Catrin Kötters (Hrsg.): Jugendliche Lebenswelten und Schulentwicklung. Ergebnisse einer quantitativen Schüler- und Lehrerbefragung in Ostdeutschland. Unter Mitarbeit von Nicolle Pfaff. Opladen: Leske und Budrich (Studien zur Schul- und Bildungsforschung, Nummer 10), S. 13–33.

Krüger, Heinz-Hermann; Kötters-König, Catrin; Pfaff, Nicolle; Schmidt, Ralf (2002): Jugend, Demokratie und Politische Bildung. In: Heinz-Hermann Krüger, Sibylle Reinhardt, Catrin Kötters-König, Nicolle Pfaff, Ralf Schmidt, Adrienne Krappidel und Frank Tillmann (Hrsg.): Jugend und Demokratie – Politische Bildung auf dem Prüfstand. Eine quantitative und qualitative Studie aus Sachsen-Anhalt. Opladen: Leske und Budrich (Studien zur Schul- und Bildungsforschung, Band 18), S. 11–40.

Krumm, Volker (2009): Methodenkritische Analyse schulischer Gewaltforschung. In: Heinz Günter Holtappels, Wilhelm Heitmeyer, Wolfgang Melzer und Klaus-Jürgen Tillmann (Hrsg.): Forschung über Gewalt an Schulen. Erscheinungsformen und Ursachen, Konzepte und Prävention. 5. Auflage. Weinheim und München: Juventa Verlag (Jugendforschung), S. 63–79.

Kruse, Leif; Petermann, Franz (2010): Erfassung reaktiver und proaktiver Aggression in der Schule: Pilotstudie zur Entwicklung und Validierung eines Fragebogens. In: *Psychologie in Erziehung und Unterricht* 57 (2), S. 107–118.

Krüsken, Jan (2007): Design und Stichprobe der Untersuchung. In: Hartmut Ditton (Hrsg.): Kompetenzaufbau und Laufbahnen im Schulsystem. Ergebnisse einer Längsschnittuntersuchung an Grundschulen. Münster, New York, München, Berlin: Waxmann, S. 25–39.

Kuger, Susanne; Kluczniok, Katharina (2008): Prozessqualität im Kindergarten – Konzept, Umsetzung und Befunde. In: Hans-Günther Roßbach und Hans-Peter Blossfeld (Hrsg.): Frühpädagogische Förderung in Institutionen. Zeitschrift für Erziehungswissenschaft, 10. Jahrgang, Sonderheft 11/2008. Wiesbaden: VS Verlag für Sozialwissenschaften, S. 159–177.

Kugler, Manfred (2012): Schulsozialarbeit in kooperativer Vernetzung: Erfahrungsstudien und handlungsorientierte Analysen zur Grundschule. München: Utz (Schriften zur interdisziplinären Bildungsdidaktik).

Kuhn, Hans Peter; Fischer, Natalie (2011): Zusammenhänge zwischen Schulnoten und problematischem Sozialverhalten in der Ganztagsschule: Entwickeln sich Ganztagsschüler/-innen besser? In: Ludwig Stecher, Heinz-Hermann Krüger und Thomas Rauschenbach (Hrsg.): Ganztagsschule – Neue Schule? Eine Forschungsbilanz. Zeitschrift für Erziehungswissenschaft, Sonderheft 15/2011. Wiesbaden: VS Verlag für Sozialwissenschaften, S. 143–162.

Kühnel, Steffen M.; Krebs, Dagmar (2010): Multinominale und ordinale Regression. In: Christof Wolf und Henning Best (Hrsg.): Handbuch der sozialwissenschaftlichen Datenanalyse. 1. Auflage. Wiesbaden: VS Verlag für Sozialwissenschaften, S. 855–886.

Kühnel, Steffen M.; Krebs, Dagmar (2007): Statistik für die Sozialwissenschaften. Grundlagen, Methoden, Anwendungen. 4. Auflage. Reinbek bei Hamburg: Rowohlt-Taschenbuch-Verlag (Rowohlts Enzyklopädie, Bandnummer 55639).

Kühnel, Wolfgang; Matuschek, Ingo (2009): Netzwerkanalysen zu Schule und Gewalt. In: Heinz Günter Holtappels, Wilhelm Heitmeyer, Wolfgang Melzer und Klaus-Jürgen Tillmann (Hrsg.): Forschung über Gewalt an Schulen. Erscheinungsformen und Ursachen, Konzepte und Prävention. 5. Auflage. Weinheim und München: Juventa Verlag (Jugendforschung), S. 261–279.

Kupfer, Antonia (2011): Bildungssoziologie. Theorien – Institutionen – Debatten. 1. Auflage. Wiesbaden: VS Verlag für Sozialwissenschaften.

Laermans, Rudi (2002): The Sociological Legacy of Pierre Bourdieu (1930–2002). In: *The Netherlands' Journal of Social Sciences* 38 (2), S. 90–101.

Lamb, Stephen (1989): Cultural Consumption and the Educational Plans of Australian Secondary School Students. In: *Sociology of Education* 62(2), S. 95–108.

Lamborn, Susie D.; Mounts, Nina S.; Steinberg, Laurence; Dornbusch, Sanford M. (1991): Patterns of Competence and Adjustment among Adolescents from Authoritative, Authoritarian, Indulgent, and Neglectful Families. In: *Child Development* 62 (5), S. 1049–1065.

Lamnek, Siegfried (2013): Theorien abweichenden Verhaltens I: „Klassische" Ansätze. Eine Einführung für Soziologen, Psychologen, Juristen, Journalisten und Sozialarbeiter. 9., durchgesehene Auflage. Paderborn: Wilhelm Fink Verlag (UTB, Band 740: Soziologie).

Lamont, Michèle; Lareau, Annette (1988): Cultural Capital: Allusions, Gaps and Glissandos in recent theoretical Developments. In: *Sociological Theory* 6 (2), S. 153–168.

Lang, Sabine (1985): Lebensbedingungen und Lebensqualität von Kindern. Frankfurt am Main u. a.: Campus Verlag.

Lange, Andreas; Xyländer, Margret (2011): Bildungswelt Familie: Disziplinäre Perspektiven, theoretische Rahmungen und Desiderate der empirischen Forschung. In: Andreas Lange und Margret Xyländer (Hrsg.): Bildungswelt Familie. Theoretische Rahmung, empirische Befunde und disziplinäre Perspektiven. Weinheim und München: Juventa Verlag, S. 23–94.

Lange, Andreas; Mierendorff, Johanna (2009): Methoden der Kindheitsforschung. Überlegungen zur kindheitssoziologischen Perspektive. In: Michael-Sebastian Honig (Hrsg.): Ordnungen der Kindheit. Problemstellungen und Perspektiven der Kindheitsforschung. Weinheim und München: Juventa Verlag, S. 183–210.

Lange-Vester, Andrea; Teiwes-Kügler, Christel (2014): Habitussensibilität im schulischen Alltag als Beitrag zur Integration ungleicher sozialer Gruppen. In: Tobias Sander (Hrsg.): Habitussensibilität. Eine neue Anforderung an professionelles Handeln. Wiesbaden: Springer VS (Research), S. 177–207.

Lareau, Annette (1987): Social Class Differences in Family-School Relationships: The Importance of Cultural Capital. In: *Sociology of Education* 60 (2), S. 73–85.

Lareau, Annette (1989): Home advantage: Social Class and Parental Intervention in Elementary Education. London, New York, Philadelphia: The Falmer Press.

Lareau, Annette (2000): Social Class and the Daily Lives of Children. A Study from the United States. In: *Childhood* 7 (2), S. 155–171.

Lareau, Annette (2002): Invisible Inequality: Social Class and Childrearing in Black Families and White Families. In: *American Sociological Review* 67 (5), S. 747–776.

Lareau, Annette (2003): Unequal childhoods. Class, Race, and Family Life. Berkeley: University of California Press.

Lareau, Annette; McNamara Horvat, Erin (1999): Moments of Social Inclusion and Exclusion. Race, Class, and Cultural Capital in Family-School Relationships. In: *Sociology of Education* 72 (1), S. 37–53.

Lareau, Annette; Weininger, Elliot B. (2003): Cultural capital in educational research: A critical assessment. In: *Theory and Society* 32 (5–6), S. 567–606.

LBS-Initiative Junge Familie (2002): Kindheit 2001 – Das LBS-Kinderbarometer. Was Kinder wünschen, hoffen und befürchten. Opladen: Leske und Budrich

Lee, Jung-Sook; Bowen, Natasha K. (2006): Parent Involvement, Cultural Capital, and the Achievement Gap among Elementary School Children. In: *American Educational Research Journal* 43 (2), S. 193–218.

Lehmann, Rainer; Lenkeit, Jenny (2008): ELEMENT. Erhebung zum Lese- und Mathematikverständnis Entwicklungen in den Jahrgangsstufen 4 bis 6 in Berlin. Abschlussbericht über die Untersuchungen 2003, 2004 und 2005 an Berliner Grundschulen und grundständigen Gymnasien. Hrsg. v. Senatsverwaltung für Bildung, Jugend und Wissenschaft. Humboldt Universität zu Berlin. Berlin (Bildungsforschung). Online verfügbar unter http://www.berlin.de/imperia/md/content/sen-bildung/schulqualitaet/element6_bericht_komplett.pdf?start&ts=1210843547&file=element6_bericht_komplett.pdf, Abruf am 13.09.2015.

Lehmann, Rainer H.; Peek, Rainer; Gänsfuß, Rüdiger (1997): Aspekte der Lernausgangslage und der Lernentwicklung von Schülerinnen und Schülern, die im Schuljahr 1996/97 eine fünfte Klasse an Hamburger Schulen besuchten. Bericht über die Erhebung im September 1996 (LAU 5). Hrsg. v. Behörde für Schule, Jugend und Berufsbildung, Amt für Schule. Hamburg. Online verfügbar unter: http://bildungsserver.hamburg.de/contentblob/2815702/data/pdf-schulleistungstest-lau-5.pdf, Abruf am 13.09.2015.

Lehrl, Simone; Ebert, Susanne; Roßbach, Hans-Günther; Weinert, Sabine (2012): Die Bedeutung der familiären Lernumwelt für Vorläufer schriftsprachlicher Kompetenzen im Vorschulalter. In: *Zeitschrift für Familienforschung* 24 (2), S. 115–133.

Leven, Ingo; Schneekloth, Ulrich (2007): Die Schule – frühe Vergabe von Lebenschancen. In: World Vision Deutschland e.V. (Hrsg.): Kinder in Deutschland 2007. 1. World-Vision-Kinderstudie. Unter Mitarbeit von Klaus Hurrelmann, Sabine Andersen und TNS Infratest Sozialforschung. Originalausgabe. Frankfurt am Main: Fischer-Taschenbuch-Verlag (Kinderstudien), S. 111–142.

Leventhal, Tama; Brooks-Gunn, Jeanne (2000): The Neighborhoods They Live in: The effects of Neighborhood Residence on Child and Adolescent Outcomes. In: *Psychological Bulletin* 126 (2), S. 309–337.

Leventhal, Tama; Selner-O'Hagan, Mary Beth; Brooks-Gunn, Jeanne; Bingenheimer, Jeffrey B.; Earls, Felton J. (2004): The Homelife Interview from the Project on Human Development in Chicago Neighborhoods: Assessment of Parenting and Home Environment for 3- to 15-Year-Olds. In: *Parenting: Science and Practice* 4 (2–3), S. 211–241.

Lewis, Charlie; Carpendale, Jeremy I. M. (2010): Introduction: Links Between Social Interaction and Executive Function. In: Charlie Lewis und Jeremy I. M. Carpendale (Hrsg.): Social Interaction and the Development of Executive Function. *New Directions in Child and Adolescent Development*, 2009(123), Sonderheft: Social Interaction and the Development of Executive Function, S. 1–15.

Leyendecker, Birgit; Schölmerich, Axel (2005): Familiale und kindliche Entwicklung im Vorschulalter: Der Einfluss von Kultur und sozioökonomischen Faktoren. In: Urs Fuhrer und Haci-Halil Uslucan (Hrsg.): Familie, Akkulturation und Erziehung. Migration zwischen Eigen- und Fremdkultur. Stuttgart: Kohlhammer, S. 17–39.

Link, Judith (2011): Schichttypische Benachteiligung im allgemeinen Bildungswesen. Ein Vergleich zwischen Kanada und Deutschland. 1. Auflage. Wiesbaden: VS Verlag für Sozialwissenschaften / Springer Fachmedien.

Linver, Miriam R.; Brooks-Gunn, Jeanne; Cabrera, Natasha (2004): The Home Observation for Measurement of the Environment (HOME) Inventory: The Derivation of Conceptually Designed Subscales. In: *Parenting* 4 (2–3), S. 99–114.

Linver, Miriam R.; Brooks-Gunn, Jeanne; Kohen, Dafna E. (2002): Family processes as pathways from income to young children's development. In: *Developmental Psychology* 38 (5), S. 719–734.

Lipski, Jens (2000): Zur Verläßlichkeit der Angaben von Kindern bei standardisierten Befragungen. In: Friederike Heinzel (Hrsg.): Methoden der Kindheitsforschung. Ein Überblick über Forschungszugänge zur kindlichen Perspektive. Weinheim und München: Juventa Verlag (Kindheiten, Band 18), S. 77–86.

Lohmann, Henning; Groh-Samberg, Olaf (2010): Akzeptanz von Grundschulempfehlungen und Auswirkungen auf den weiteren Bildungsverlauf. In: *Zeitschrift für Soziologie* 39 (6), S. 470–492.

Lösel, Friedrich; Bliesener, Thomas; Averbeck, Mechthild (2009): Erlebens- und Verhaltensprobleme von Tätern und Opfern. In: Heinz Günter Holtappels, Wilhelm Heitmeyer, Wolfgang Melzer und Klaus-Jürgen Tillmann (Hrsg.): Forschung über Gewalt an Schulen. Erscheinungsformen und Ursachen, Konzepte und Prävention. 5. Auflage. Weinheim und München: Juventa Verlag (Jugendforschung), S. 137–154.

Löw, Martina (2006): Einführung in die Soziologie der Bildung und Erziehung. 2., durchgesehene Auflage. Opladen u. a.: Verlag Barbara Budrich UTB (Einführungstexte Erziehungswissenschaft, Band 8).

LSAC Consortium (2002): Introducing the Longitudinal Study of Australian Children. The Longitudinal Study of Australian Children was initiated and funded by the Commonwealth Department of Family and Community Services. Australian Institute of Family Studies (Hrsg.): LSAC discussion paper, Nummer 1. Melbourne, Online verfügbar unter: http://www.growingupinaustralia.gov.au/pubs/discussion/dp1/discussionpaper1.pdf, Abruf am 09.09.2014.

Maaz, Kai; Baumert, Jürgen; Cortina, Kai S. (2008): Soziale und regionale Ungleichheit im deutschen Bildungssystem. In: Kai S. Cortina, Jürgen Baumert, Achim Leschinsky, Karl Ulrich Mayer und Luitgard Trommer (Hrsg.): Das Bildungswesen in der Bundesrepublik Deutschland. Strukturen und Entwicklungen im Überblick. Der neue Bericht des Max-Planck-Instituts für Bildungsforschung. Originalausgabe, vollständig überarbeitete Neuausgabe. Reinbek: Rowohlt Taschenbuch Verlag (Rororo Sachbuch, 62339), S. 205–243.

Maaz, Kai; Baumert, Jürgen; Trautwein, Ulrich (2009): Genese sozialer Ungleichheit im institutionellen Kontext der Schule: Wo entsteht und vergrößert sich soziale Ungleichheit? In: Jürgen Baumert, Kai Maaz und Ulrich Trautwein (Hrsg.): Bildungsentscheidungen. Zeitschrift für Erziehungswissenschaft. Sonderheft 12/2009. Wiesbaden: VS Verlag für Sozialwissenschaften, S. 11–46.

Maaz, Kai; Hausen, Cornelia; McElvany, Nele; Baumert, Jürgen (2006): Stichwort: Übergänge im Bildungssystem. Theoretische Konzepte und ihre Anwendung in der empirischen Forschung beim Übergang in die Sekundarstufe. In: *Zeitschrift für Erziehungswissenschaft* 9 (3), S. 299–327.

Maaz, Kai; Nagy, Gabriel (2009): Der Übergang von der Grundschule in die weiterführenden Schulen des Sekundarschulsystems: Definition, Spezifikation und Qualifizierung primärer und sekundärer Herkunftseffekte. In: Jürgen Baumert, Kai Maaz und Ulrich Trautwein (Hrsg.): Bildungsentscheidungen. Zeitschrift für Erziehungswissenschaft. Sonderheft 12/2009. Wiesbaden: VS Verlag für Sozialwissenschaften, S. 153–182.

Maaz, Kai; Nagy, Gabriel; Trautwein, Ulrich; Watermann, Rainer; Köller, Olaf (2004): Institutionelle Öffnung trotz bestehender Dreigliedrigkeit. Auswirkungen auf Bildungsbeteiligung, schulische Kompetenzen und Berufsaspirationen. In: *Zeitschrift für Soziologie der Erziehung und Sozialisation* 24 (2), S. 146–165.

Maaz, Kai; Watermann, Rainer (2007): Reproduktion oder Mobilität? Zur Wirkung familiärer Prozessmerkmale auf die Studienintention am Ende der gymnasialen Oberstufe. In: *Zeitschrift für Soziologie der Erziehung und Sozialisation* 27 (3), S. 285–303.

Maccoby, Eleanor E.; Martin, John A. (1983): Socialization in the Context of the Family: Parent-Child Interactions. In: Paul H. Mussen (Hrsg. der Reihe) und E. Mavis Hetherington (Hrsg.): Handbook of Child Psychology, Socialization, Personality, and Social Development, Band 4. 4. Auflage. New York u. a.: John Wiley & Sons, S. 1–101.

McDonough, Patricia M. (1997): Choosing Colleges. How Social Class and Schools Structure Opportunity. Albany, N.Y.: State University of New York Press.

Mahr-George, Holger (1999): Determinanten der Schulwahl beim Übergang in die Sekundarstufe I. Opladen: Leske und Budrich (Forschung / Soziologie).

Mare, Robert (75): Social Background and School Continuation Decision. In: *Journal of the American Statistical Association* 1980 (370), S. 295–305.

Marées, Nandoli von; Petermann, Franz (2008): Erhebung von Bullying im Kindergarten- und Grundschulalter: Ein Review. In: *Psychologie in Erziehung und Unterricht* 55 (3), S. 161–174.

Marjoribanks, Kevin (1991): Family educational capital, adolescents' aspirations, academic capital and young adults' occupational outcomes. In: *Zeitschrift für Pädagogische Psychologie* 5 (3), S. 215–222.

Marjoribanks, Kevin (1994): Families, schools and children's learning: A study of children's learning environments. In: *International Journal of Educational Research* 21 (5), S. 439–555.

Marjoribanks, Kevin (1997): Family Contexts, Immediate Settings, and Adolescents' Aspirations. In: *Journal of Applied Developmental Psychology* 18 (1), S. 119–132.

Marjoribanks, Kevin (1998): Family Background, Social and Academic Capital, and Adolescents' Aspirations: A Mediational Analysis. In: *Social Psychology of Education* 2 (2), S. 177–197.

Marjoribanks, Kevin (1999): Environmental and Individual Influences on Adolescents' Aspirations: A Moderation-Mediation Model. In: *Learning Environments Research* 2 (1), S. 43–64.

Marjoribanks, Kevin (2003): Family Background, Individual and Environmental Influences, Aspirations and Young Adults' Educational Attainment: A follow-up study. In: *Educational Studies* 29 (2–3), S. 233–242.

Marjoribanks, Kevin (2005): Family background, adolescents' educational aspirations, and Australian young adults' educational attainment. In: *International Education Journal* 6 (1), S. 104–112.

Mastekaasa, Arne (2006): Educational Transitions at Graduate Level. Social Origins and Enrolment in PhD Programmes in Norway. In: *Acta Sociological* 49 (4), S. 437–453.

Mateju, Peter (1990): Family Effect on Educational Attainment in Czechoslovakia, the Netherlands and Hungary. In: Jules L. Peschar (Hrsg.): Social Reproduction in Eastern and Western Europe. Nijmegen: Institute for Applied Social Sciences, S. 187–210.

Mayer, Daniela; Beckh, Kathrin; Berkic, Julia; Becker-Stoll, Fabienne (2013): Erzieherin-Kind-Beziehungen und kindliche Entwicklung. Der Einfluss von Geschlecht und Migrationshintergrund. In: *Zeitschrift für Pädagogik* 59 (6), S. 803–816.

Mayr, Toni; Ulich, Michaela (2002): Wohlbefinden im späten Kindes- und frühen Jugendalter – Wie erleben Kinder/Jugendliche Familie, Freunde und Schule? In: LBS-Initiative Junge Familie (Hrsg.): Kindheit 2001 – Das LBS-Kinderbarometer. Was Kinder wünschen, hoffen und befürchten. Opladen: Leske und Budrich, S. 45–66.
Mayring, Philipp (1987): Subjektives Wohlbefinden im Alter. Stand der Forschung und theoretische Weiterentwicklung. In: *Zeitschrift für Gerontologie* 20 (6), S. 367–376.
McElvany, Nele; Becker, Michael; Lüdtke, Oliver (2009): Die Bedeutung familiärer Merkmale für Lesekompetenz, Wortschatz, Lesemotivation und Leseverhalten. In: *Zeitschrift für Entwicklungspsychologie und Pädagogische Psychologie* 41 (3), S. 121–131.
McNeal Jr, Ralph B (1999): Parent Involvement as Social Capital: Differential Effectiveness on Science Achievement, Truancy, and Dropping Out. In: *Social Forces* 78 (1), S. 117–144.
McNeal Jr, Ralph B (2001): Differential effects of parental involvement on cognitive and behavioral outcomes by socioeconomic status. In: *Journal of Socio Economics* 30 (2), S. 171–179.
McNulty Eitle, Tamela; Eitle, David J. (2002): Race, Cultural Capital, and the Educational Effects of Participation in Sports. In: *Sociology of Education* 75 (2), S. 123–146.
Meier, Ulrich (2009): Gewalt im sozialökologischen Kontext der Schule. In: Heinz Günter Holtappels, Wilhelm Heitmeyer, Wolfgang Melzer und Klaus-Jürgen Tillmann (Hrsg.): Forschung über Gewalt an Schulen. Erscheinungsformen und Ursachen, Konzepte und Prävention. 5. Auflage. Weinheim und München: Juventa Verlag (Jugendforschung), S. 225–242.
Melfsen, Siebke; Walitza, Susanne (2013): Soziale Ängste und Schulangst. Entwicklungsrisiken erkennen und behandeln. Reihe: Risikofaktoren der Entwicklung im Kindes- und Jugendalter, Franz Resch und Michael Schulte-Markwort (Hrsg.). Weinheim und Basel: Beltz-Verlagsgruppe.
Melhuish, Edward C.; Phan, Mai B.; Sylva, Kathy; Sammons, Pam; Siraj-Blatchford, Iram; Taggart, Brenda (2008): Effects of the Home Learning Environment and Preschool Center Experience upon Literacy and Numeracy Development in Early Primary School. In: *Journal of Social Issues* 64 (1), S. 95–114.
Melzer, Wolfgang (2006): Gewaltemergenz – Reflexionen und Untersuchungsergebnisse zur Gewalt in der Schule. In: Wolfgang Melzer (Hrsg.): Gewalt an Schulen. Analyse und Prävention. Originalausgabe, erweiterte Auflage von psychosozial Heft 79 1/2000. Gießen: Psychosozial-Verlag (Edition psychosozial), S. 11–24.
Melzer, Wolfgang; Schubarth, Wilfried; Ehninger, Frank (2011): Gewaltprävention und Schulentwicklung. Analysen und Handlungskonzepte. 2., überarbeitete Auflage. Bad Heilbrunn: Verlag Julius Klinkhardt UTB (UTB, Band 3477).
Merkens, Hans; Wessel, Anne; Dohle, Karen; Classen, Gabriele (1997): Einflüsse des Elternhauses auf die Schulwahl der Kinder in Berlin und Brandenburg. In: Heinz-Elmar Tenorth: Kindheit, Jugend und Bildungsarbeit im Wandel. Ergebnisse der Transformationsforschung. Zeitschrift für Pädagogik, 37. Beiheft. Weinheim und Basel: Beltz Verlag, S. 255–276.
Michaud, Sylvie (2001): The National Longitudinal Survey of Children and Youth – Overview and Changes after three Cycles. In: *Canadian Studies in Population (Special Issue on Longitudinal Methodology)* 28 (2), S. 391–405.
Mickelson, Roslyn Arlin (1989): Why Does Jane Read and Write so Well? The Anomaly of Women's Achievement. In: *Sociology of Education* 62 (1), S. 47–63.
Mickelson, Roslyn Arlin (1990): The Attitude-Achievement Paradox Among Black Adolescents. In: *Sociology of Education* 63 (1), S. 44–61.
Milek, Anne; Lüdtke, Oliver; Trautwein, Ulrich; Maaz, Kai; Stubbe, Tobias C. (2009): Wie konsistent sind Referenzgruppeneffekte bei der Vergabe von Schulformempfehlungen? Bundeslandspezifische Analysen mit Daten der IGLU-Studie. In: Jürgen Baumert, Kai Maaz und Ulrich Trautwein (Hrsg.): Bildungsentscheidungen. Zeitschrift für Erziehungswissenschaft. Sonderheft 12/2009. Wiesbaden: VS Verlag für Sozialwissenschaften.

Mills, Carmen (2008): Reproduction and transformation of inequalities in schooling: the transformative potential of the theoretical constructs of Bourdieu. In: *British Journal of Sociology* 29 (1), S. 79–89.
Moen, Phyllis (2006): Bronfenbrenner in Context and in Motion. In: *Zeitschrift für Soziologie der Erziehung und Sozialisation* 26 (3), S. 247–261.
Mohr, John; DiMaggio, Paul (1995): The Intergenerational Transmission of Cultural Capital. In: *Research in Social Stratification and Mobility* 14, S. 167–199.
Monkman, Karen; Ronald, Margaret; Délimon Théramène, Florence (2005): Social and Cultural Capital in an Urban Latino School Community. In: *Urban Education* 40 (1), S. 4–33.
Montada, Leo (2008): Fragen, Konzepte, Perspektiven. Teil I Grundlagen der Entwicklungspsychologie. Kapitel i. In: Rolf Oerter und Leo Montada (Hrsg.): Entwicklungspsychologie. 6., vollständig überarbeitete Auflage. Weinheim und Basel: Beltz, PVU (Lehrbuch), S. 3–48.
Morgan, Stephen L. (1998): Adolescent Educational Expectations. Rationalized, Fantasized, or Both? In: *Rationality and Society* 10 (2), S. 131–162.
Morgan, Stephen L.; Sørensen, Aage B. (1999): Parental Networks, Social Closure, and Mathematics Learning: A Test of Coleman's Social Capital Explanation of School Effects. In: *American Sociological Review* 64 (5), S. 661–681.
Moriguchi, Yusuke (2014): The early development of executive function and its relation to social interaction: a brief review. In: *Frontiers in Psychology* 5, April 2014, Artikel 388. Online verfügbar unter: http://www.ncbi.nlm.nih.gov/pmc/articles/PMC4010730/pdf/fpsyg-05-00388.pdf, Abruf am 20.10.2015.
Mudiappa, Michael; Kluczniok, Katharina (2012): Nutzung kultureller Bildungsangebote in Familien mit Kindergartenkindern. In: *Zeitschrift für Soziologie der Erziehung und Sozialisation* 32 (1), S. 75–91.
Mudiappa, Michael; Kluczniok, Katharina (2015): Visits to cultural learning places in the early childhood. In: *European Early Childhood Education Research Journal* 23 (2), S. 200–212.
Mühler, Grit; Spieß, C. Katharina (2008): Informelle Förderangebote. Eine empirische Analyse ihrer Nutzung in der frühen Kindheit. In: Hans-Günther Roßbach und Hans-Peter Blossfeld (Hrsg.): Frühpädagogische Förderung in Institutionen. Zeitschrift für Erziehungswissenschaft, 10. Jahrgang, Sonderheft 11/2008. Wiesbaden: VS Verlag für Sozialwissenschaften, S. 29–46.
Müller, Christoph Michael; Begert, Thomas; Hofmann, Verena; Studer, Felix (2013): Effekte der Klassenzusammensetzung auf individuelles schulisches Problemverhalten. Welche Rolle spielt das Verhalten der Gesamtklasse, der Coolen, der Extremen und der persönlichen Freunde? In: *Zeitschrift für Pädagogik* 59 (5), S. 722–742.
Müller, Walter; Haun, Dietmar (1994): Bildungsungleichheit im sozialen Wandel. In: *Kölner Zeitschrift für Soziologie und Sozialpsychologie* 46 (1), S. 1–42.
Müller-Benedict, Volker (59): Wodurch kann die soziale Ungleichheit des Schulerfolgs am stärksten verringert werden? In: *Kölner Zeitschrift für Soziologie und Sozialpsychologie* 2007 (4), S. 615–639.
Müller-Hartmann, Irene (2000): Zur Bildungsentwicklung und intergenerationalen Bildungsmobilität in Regionen der neuen und alten Bundesländer. In: Hans Bertram, Bernhard Nauck und Thomas Klein (Hrsg.): Solidarität, Lebensformen und regionale Entwicklung. Opladen: Leske und Budrich, S. 225–250.
Nagel, Ineke; Ganzeboom, Harry B. G. (2002): Participation in Legitimate Culture: Family and School Effects from Adolescence to Adulthood. In: *The Netherlands' Journal of Social Sciences* 38 (2), S. 102–120.
Nash, Roy (2003): Inequality/difference in education: is a real explanation of primary and secondary effects possible? In: *British Journal of Sociology* 54 (4), S. 433–451.
Natriello, Gary; Dornbusch, Sandford M. (1983): Bringing Behavior Back. The Effects of Student Characteristics and Behavior on the Classroom Behavior of Teachers. In: *American Educational Research Journal* 20 (1), S. 29–43.

Nave-Herz, Rosemarie (2013): Ehe- und Familiensoziologie. Eine Einführung in Geschichte, theoretische Ansätze und empirische Befunde. 3., überarbeitete Auflage. Weinheim und Basel: Beltz Juventa.
Need, Ariana; De Jong, Uulkje (2001): Educational Differentials in the Netherlands. Testing Rational Action Theory. In: *Rationality and Society* 13 (1), S. 71–98.
Neuenschwander, Markus P.; Hascher, Tina (2003): Zufriedenheit von Schülerinnen und Schülern und ihre soziale Integration. In: *Psychologie in Erziehung und Unterricht* 50 (3), S. 270–280.
Neugebauer, Martin (2010): Bildungsungleichheit und Grundschulempfehlung beim Übergang auf das Gymnasium: Eine Dekomposition primärer und sekundärer Herkunftseffekte. In: *Zeitschrift für Soziologie* 39 (3), S. 202–214.
NICHD Early Child Care Research Network (2003): NICHD Study of Early Child Care. Contexts of Development and Developmental Outcomes over the First Seven Years of Life. In: Jeanne Brooks-Gunn, Allison Sidle Fuligni und Lisa J. Berlin (Hrsg.): Early Child Development in the 21st Century. Profiles of Current Research Initiatives. New York and London: Teachers College Press, S. 182–201.
Niemiec, Christopher P.; Ryan, Richard M. (2009): Autonomy, competence, and relatedness in the classroom: Applying self-determination theory to educational practice. In: *Theory and Research in Education* 7 (2), S. 133–144.
Niggli, Alois; Trautwein, Ulrich; Schnyder, Inge; Lüdtke, Oliver; Neumann; Marko (2007): Elterliche Unterstützung kann hilfreich sein, aber Einmischung schadet: Familiärer Hintergrund, elterliches Hausaufgabenengagement und Leistungsentwicklung. In: *Psychologie in Erziehung und Unterricht* 10 (1), S. 1–14.
Niklas, Frank; Möllers, Kristin; Schneider, Wolfgang (2013): Die frühe familiäre Lernumwelt als Mediator zwischen strukturellen Herkunftsmerkmalen und der basalen Lesefähigkeit am Ende der ersten Klasse. In: *Psychologie in Erziehung und Unterricht* 60 (2), S. 94–111.
Nisbett, Richard E.; Zukier, Henry; Lemley, Ronald E. (1981): The Dilution Effect: Nondiagnostic Information Weakens the Implications of Diagnostic Information. In: *Cognitive Psychology* 13(2), S. 248–277.
Oelkers, Jürgen (2006): Gesamtschule in Deutschland. Eine historische Analyse und ein Ausweg aus dem Dilemma. Weinheim und Basel: Beltz Verlag (Beltz Pädagogik).
Oerter, Rolf (2008): Kindheit. Teil II Entwicklungen in einzelnen Lebensabschnitten. Kapitel 7. In: Rolf Oerter und Leo Montada (Hrsg.): Entwicklungspsychologie. 6., vollständig überarbeitete Auflage. Weinheim und Basel: Beltz, PVU (Lehrbuch), S. 225–270.
Olweus, Dan (1999): Gewalt in der Schule. Was Lehrer und Eltern wissen sollten – und tun können. 2. Nachdruck 1999 der zweiten, korrigierten Auflage 1996. Bern, Göttingen, Toronto, Seattle: Verlag Hans Huber.
Olweus, Dan (2002): Bullying at school. What we know and what we can do. Reprint. Oxford u. a.: Blackwell (Understanding children's worlds).
Opp, Günther; Fingerle, Michael (2008): Was Kinder stärkt. Erziehung zwischen Risiko und Resilienz. 3. Auflage. München u. a.: Reinhardt.
Organisation for Economic Cooperation and Development (OECD) (1999): Classifying educational programmes. Manual for ISCED-97 Implementation in OECD Countries. Paris.
Organisation for Economic Cooperation and Development (OECD) (2003): Definition and Selection of Competencies: Theoretical and Conceptual Foundations (DeSeCo). Summary of the final report "Key Competencies for a Successful Life and a Well-Functioning Society". Paris.
Oswald, Hans; Krappmann, Lothar (2004): Soziale Ungleichheit in der Schulklasse und Schulerfolg. Eine Untersuchung in dritten und fünften Klassen Berliner Grundschulen. In: *Zeitschrift für Erziehungswissenschaft* 7 (4), S. 479–496.
Parcel, T. L.; Dufur, M. J. (2001): Capital at Home and at School: Effects on Student Achievement. In: *Social Forces* 79 (3), S. 881–911.

Paugh, Amy L. (2005): Learning about work at dinnertime: language socialization in dual-earner American families. In: *Discourse & Society* 16 (1), S. 55–78.

Paulus, Wiebke; Blossfeld, Hans-Peter (2007): Schichtspezifische Präferenzen oder sozioökonomisches Entscheidungskalkül? Zur Rolle elterlicher Bildungsaspirationen im Entscheidungsprozess beim Übergang von der Grundschule in die Sekundarstufe. In: *Zeitschrift für Pädagogik* 53 (4), S. 491–508.

Pekrun, Reinhard; Schiefele, Ulrich (1996): Emotions- und motivationspsychologische Bedingungen der Lernleistung. In: Franz E. Weinert (Hrsg.): Psychologie des Lernens und der Instruktion. Göttingen u. a.: Hogrefe (Enzyklopädie der Psychologie, Themenbereich D: Praxisgebiete; Serie I: Pädagogische Psychologie; Band 2: Psychologie des Lernens und der Instruktion), S. 153–180.

Pelletier, Luc G.; Sharp, Elizabeth C. (2009): Administrative pressures and teachers' interpersonal behaviour in the classroom. In: *Theory and Research in Education* 7 (2), S. 174–183.

Perna, Laura W.; Titus, Marvin A. (2005): The Relationship between Parental Involvement as Social Capital and College Enrollment: An Examination of Racial/Ethnic Group Differences. In: *The Journal of Higher Education* 76 (5), S. 485–518.

Peter, Felix; Donat, Matthias; Umlauft, Sören; Dalbert, Claudia (2013): Einführung in die Gerechtigkeitspsychologie. In: Claudia Dalbert (Hrsg.): Gerechtigkeit in der Schule. Wiesbaden: Springer VS (Lehrbuch), S. 11–32.

Petermann, Franz; Koglin, Ute (2010): Editorial zum Themenheft: Aggression und Gewalt in der Schule. In: *Psychologie in Erziehung und Unterricht* 57 (2), S. 81–87.

Petermann, Franz; Macha, Thorsten (2003): Strategien in der testgestützten allgemeinen Entwicklungsdiagnostik. In: *Monatsschrift Kinderheilkunde* 151 (1), S. 6–13.

Peuckert, Rüdiger (2008): Familienformen im sozialen Wandel. 7., vollständig überarbeitete Auflage. Wiesbaden: VS Verlag für Sozialwissenschaften (Lehrbuch).

Pfrang, Agnes; Hiebl, Petra; Schultheis, Klaudia (2013): Mit Kindern ihre Grundschule gestalten. 1. Auflage. Berlin: Cornelsen Scriptor.

Pianta, Robert C. (1997): Adult–Child Relationship Processes and Early Schooling. In: *Early Education and Development* 8 (1), S. 11–26.

Pomerantz, Eva M.; Moorman, Elizabeth A.; Litwack, Scott D. (2007): The How, Whom, and Why of Parents' Involvement in Children's Academic Lives: More Is Not Always Better. In: *Review of Educational Research* 77 (3), S. 373–410.

Popp, Ulrike (2009): Geschlechtersozialisation und Gewalt an Schulen. In: Heinz Günter Holtappels, Wilhelm Heitmeyer, Wolfgang Melzer und Klaus-Jürgen Tillmann (Hrsg.): Forschung über Gewalt an Schulen. Erscheinungsformen und Ursachen, Konzepte und Prävention. 5. Auflage. Weinheim und München: Juventa Verlag (Jugendforschung), S. 207–223.

Poropat, Arthur E. (2009): A Meta-Analysis of the Five-Factor Model of Personality and Academic Performance. In: *Psychological Bulletin* 135 (2), S. 322–338.

Prenzel, Manfred; Gogolin, Ingrid; Krüger, Heinz-Hermann (Hrsg.) (2007): Kompetenzdiagnostik. Zeitschrift für Erziehungswissenschaft, Sonderheft 8/2007. Wiesbaden: VS Verlag für Sozialwissenschaften.

Projektgruppe DJI-Kinderpanel (2006a): Beschreibung der Persönlichkeit der Kinder ABC. Unveröffentlichtes Manuskript. Deutsches Jugendinstitut e.V., München.

Projektgruppe DJI-Kinderpanel (2006b): Beschreibung der Familienbeziehungen ABC. Unveröffentlichtes Manuskript. Deutsches Jugendinstitut e.V., München.

Projektgruppe DJI-Kinderpanel (2006c): Literatur zu den Items und Skalen im Kinderpanel. Unveröffentlichtes Manuskript. Deutsches Jugendinstitut e.V., München.

Projektgruppe DJI-Kinderpanel (2006d): Stabilitäten. Kindereinschätzungen, Müttereinschätzungen und Urteilsübereinstimmung von Müttern und Kindern mit Pearson's r. Unveröffentlichtes Manuskript. Deutsches Jugendinstitut e.V., München.

Quellenberg, Holger (2010): Partizipation von Kindern in Familie und Schule – Eine Reanalyse des DJI-Kinderpanels. In: Tanja Betz, Wolfgang Gaiser und Liane Pluto (Hrsg.): Partizipation von Kindern und Jugendlichen. Forschungsergebnisse, Bewertungen, Handlungsmöglichkeiten. Schwalbach am Taunus: Wochenschau Verlag, S. 137–154.

Quenzel, Gudrun; Hurrelmann, Klaus (2010): Geschlecht und Schulerfolg: Ein soziales Stratifikationsmuster kehrt sich um. In: *Kölner Zeitschrift für Soziologie und Sozialpsychologie* 62 (1), S. 61–91.

Racherbäumer, Kathrin; Funke, Christina; van Ackeren, Isabell; Clausen, Marten (2013): Schuleffektivitätsforschung und die Frage nach guten Schulen in schwierigen Kontexten. In: Rolf Becker und Alexander Schulze (Hrsg.): Bildungskontexte. Strukturelle Voraussetzungen und Ursachen ungleicher Bildungschancen. Wiesbaden: Springer VS, S. 239–267.

Ravens-Sieberer, Ulrike; Schulte-Markwort, Michael; Bettge, Susanne; Barkmann, Claus (2002): Risiken und Ressourcen für die psychische Gesundheit von Kindern und Jugendlichen. Risk and Protective Factors for Mental Health of Children and Adolescents. In: *Gesundheitswesen 2002* 64 (1), S. 88–94.

Rammstedt, Beatrice; John, Oliver P. (2005): Kurzversion des Big Five Inventory (BFI-K): Entwicklung und Validierung eines ökonomischen Inventars zur Erfassung der fünf Faktoren der Persönlichkeit. In: *Diagnostica* 51 (4), S. 195–206.

Ready, Douglas D.; Wright, David L. (2011): Accuracy and Inaccuracy in Teachers' Perceptions of Young Children's Cognitive Abilities: The Role of Child Background and Classroom Context. In: *American Educational Research Journal* 48 (2), S. 335–360.

Reay, Diane (1998): Class work. Mothers' involvement in their children's primary schooling. London u. a.: UCL Press (Reprinted 2003 by RoutledgeFalmer) (Woman & Social Class).

Redmond, Gerry; Skattebol, Jennifer (2014): Filling in the Details. Significant events and economic disadvantage among young people in Australia. In: *Zeitschrift für Pädagogik* 60 (4), S. 552–568.

Reichle, Barbara; Franiek, Sabine (2009): Erziehungsstil aus Elternsicht. Deutsche erweiterte Version des Alabama Parenting Questionnaire für Grundschulkinder (DEAPQ-EL-GS). In: *Zeitschrift für Entwicklungspsychologie und Pädagogische Psychologie* 41 (1), S. 12–25.

Reischmann, Jost (1997): Self-directed Learning – die amerikanische Diskussion. Lebenslanges Lernen – Selbstorganisiert? In: Hannelore Faulstich-Wieland, Ekkehard Nuissl, Horst Siebert und Johannes Weinberg: Report. Literatur- und Forschungsreport Weiterbildung Nr. 39, Juni 1997, S. 125–137. Online verfügbar unter: http://www.die-bonn.de/esprid/dokumente/doc-1997/faulstich-wieland97_02.pdf#page=123, Abruf am 05.06.2014.

Rendtorff, Barbara (2003): Kindheit, Jugend und Geschlecht. Einführung in die Psychologie der Geschlechter. Weinheim, Basel, Berlin: Beltz (Beltz-Taschenbuch, Band 148: Psychologie).

Rindermann, Heiner; Neubauer, Aljoscha C. (2001): The influence of personality on three aspects of cognitive performance: processing speed, intelligence and school performance. In: *Personality and Individual Differences* 30 (5), S. 829–842.

Rinker, Burkhard; Schwarz, Beate (1998): Selbstwirksamkeit. In: Jürgen Zinnecker und Rainer K. Silbereisen (Hrsg.): Kindheit in Deutschland. Aktueller Survey über Kinder und ihre Eltern. 2. Auflage. Weinheim und München: Juventa Verlag (Kindheiten, Band 8), S. 291–302.

Roberts, Brent W.; Kuncel, Nathan R.; Shiner, Rebecca; Caspi, Avshalom; Goldberg, Lewis R. (2007): The Power of Personality. The Comparative Validity of Personality Traits, Socioeconomic Status, and Cognitive Ability for Predicting Important Life Outcomes. In: *Perspectives on Psychological Science* 2 (4), S. 313–345.

Robinson, Robert V.; Garnier, Maurice A. (1985): Class Reproduction among Men and Women in France: Reproduction Theory on Its Home Ground. In: *American Journal of Sociology* 91 (2), S. 250–280.

Rolff, Katharina (ohne Jahr): Sport und Kompetenzentwicklung. Mannschaftssport als Instrument zur Steigerung von Kompetenzen junger bildungsferner Menschen. Online verfügbar unter: http://www.iat.eu/aktuell/veroeff/jahrbuch/jahrb07/13-rolff.pdf, Abruf am 16.09.2015.

Roscigno, Vincent J.; Ainsworth-Darnell, James W. (1999): Race, Cultural Capital, and Educational Resources: Persistent Inequalities and Achievement Returns. In: *Sociology of Education* 72 (3), S. 158–178.

Roßbach, Hans-Günther; Kluczniok, Katharina; Kuger, Susanne (2008): Auswirkungen eines Kindergartenbesuchs auf den kognitiv-leistungsbezogenen Entwicklungsstand von Kindern. In: Hans-Günther Roßbach und Hans-Peter Blossfeld (Hrsg.): Frühpädagogische Förderung in Institutionen. Zeitschrift für Erziehungswissenschaft, 10. Jahrgang, Sonderheft 11/2008. Wiesbaden: VS Verlag für Sozialwissenschaften, S. 139–158.

Rössel, Jörg; Beckert-Zieglschmid, Claudia (2002): Die Reproduktion kulturellen Kapitals. In: *Zeitschrift für Soziologie* 31 (6), S. 497–513.

Rostampour, Parviz; Melzer, Wolfgang (2009): Täter-Opfer-Typologien im schulischen Gewaltkontext. Forschungsergebnisse unter Verwendung von Cluster-Analyse und multinominaler logistischer Regression. In: Heinz Günter Holtappels, Wilhelm Heitmeyer, Wolfgang Melzer und Klaus-Jürgen Tillmann (Hrsg.): Forschung über Gewalt an Schulen. Erscheinungsformen und Ursachen, Konzepte und Prävention. 5. Auflage. Weinheim und München: Juventa Verlag (Jugendforschung), S. 169–189.

Roth, Tobias; Salikutluk, Zerrin; Kogan, Irena (2010): Auf die „richtigen" Kontakte kommt es an! Soziale Ressourcen und die Bildungsaspirationen der Mütter von Haupt-, Real- und Gesamtschülern in Deutschland. In: Birgit Becker und David Reimer (Hrsg.): Vom Kindergarten bis zur Hochschule. Die Generierung von ethnischen und sozialen Disparitäten in der Bildungsbiographie. 1. Auflage. Wiesbaden: VS Verlag für Sozialwissenschaften, S. 179–212.

Roth, Tobias; Siegert, Manuel (2015): Freiheit versus Gleichheit? Der Einfluss der Verbindlichkeit der Übergangsempfehlung auf die soziale Ungleichheit in der Sekundarstufe. In: *Zeitschrift für Soziologie* 44 (2), S. 118–136.

Röthlisberger, Marianne; Neuenschwander, Regula; Michel, Eva; Roebers, Claudia Maria (2010): Exekutive Funktionen: Zugrundeliegende kognitive Prozesse und deren Korrelate bei Kindern im späten Vorschulalter. In: *Zeitschrift für Entwicklungspsychologie und Pädagogische Psychologie* 42 (2), S. 99–110.

Ryan, Bruce A.; Adams, Gerald R. (1995): The Family-School Relationships Model. In: Bruce A. Ryan, Gerald R. Adams, Thomas P. Gullotta, Roger P. Weissberg und Robert L. Hampton (Hrsg.): The Family School Connection. Theory, Research, and Practice. Thousand Oaks u. a.: Sage Publications (Issues in Children's and Families' Lives, Vol. 2), S. 3–28.

Rychen, Dominique Simone; Salganik, Laura Hersh (2003b): A holistic model of competence. In: Dominique Simone Rychen und Laura Hersh Salganik (Hrsg.): Key competencies. For a successful life and a well-functioning society. Cambridge, Göttingen: Hogrefe & Huber, S. 41–62.

Sacher, Werner (2009): Leistungen entwickeln, überprüfen und beurteilen. Bewährte und neue Wege für die Primar- und Sekundarstufe. Unter Mitarbeit von Stephan Rademacher. 5., überarbeitete und erweiterte Auflage. Bad Heilbrunn: Verlag Julius Klinkhardt.

Sacher, Werner (2014): Elternarbeit als Erziehungs- und Bildungspartnerschaft. Grundlagen und Gestaltungsvorschläge für alle Schularten. 2., vollständig überarbeitete Auflage. Bad Heilbrunn: Julius Klinkhardt.

Sacker, Amanda; Schoon, Ingrid; Bartley, Mel (2002): Social inequality in educational achievement and psychosocial adjustment throughout childhood: magnitude and mechanisms. In: *Social Science & Medicine* 55 (5), S. 863–880.

Salisch, Maria von (2005): Streit unter Freunden. Was tun Schulkinder, wenn sie sich über andere ärgern? In: Christian Alt (Hrsg.): Kinderleben – Aufwachsen zwischen Familie, Freunden und Institutionen. Band 2: Aufwachsen zwischen Freunden und Institutionen. 1. Auflage. Wiesbaden: VS Verlag für Sozialwissenschaften (Schriften des Deutschen Jugendinstituts: Kinderpanel, Band 2), S. 63–82.

Salisch, Maria von (2002a): Emotionale Kompetenz entwickeln: Hintergründe, Modellvergleich und Bedeutung für Entwicklung und Erziehung. In: Maria von Salisch (Hrsg.): Emotionale Kompetenz entwickeln. Grundlagen in Kindheit und Jugend. 1. Auflage. Stuttgart: Verlag W. Kohlhammer, S. 31–49.

Salisch, Maria von (2002b): Seine Gefühle handhaben lernen. Über den Umgang mit Ärger. In: Maria von Salisch (Hrsg.): Emotionale Kompetenz entwickeln. Grundlagen in Kindheit und Jugend. 1. Auflage. Stuttgart: Verlag W. Kohlhammer, S. 135–156.

Salisch, Maria von; Kunzmann, Ute (2005): Emotionale Entwicklung über die Lebensspanne. In: Jens Asendorpf (Hrsg.): Soziale, emotionale und Persönlichkeitsentwicklung. Unter Mitarbeit von H. Rauh. Göttingen, Bern, Wien, Toronto, Seattle, Oxford, Prag: Hogrefe (Enzyklopädie der Psychologie: Themenbereich C, Theorie und Forschung: Serie 5, Entwicklungspsychologie, Band 3), S. 1–74.

Salisch, Maria von; Pfeiffer, Iris (1998): Ärgerregulierung in den Freundschaften von Schulkindern – Entwicklung eines Fragebogens. In: *Diagnostica* 44 (1), S. 41–53.

Saltiel, John (1988): The Wisconsin Model of Status Attainment and the Occupational Choice Process: Applying a Continuous-Choice Model to a Discrete-Choice Situation. In: *Work and Occupations* 15 (3), S. 334–355.

Sammons, Pam; Anders, Yvonne; Sylva, Kathy; Melhuish, Edward; Siraj-Blatchford, Iram; Taggart, Brenda; Barreau, Sofka (2008): Children's Cognitive Attainment and Progress in English Primary Schools During Key Stage 2: Investigating the potential continuing influences of pre-school education. In: Hans-Günther Roßbach und Hans-Peter Blossfeld (Hrsg.): Frühpädagogische Förderung in Institutionen. Zeitschrift für Erziehungswissenschaft, 10. Jahrgang, Sonderheft 11/2008. Wiesbaden: VS Verlag für Sozialwissenschaften, S. 179–197.

Sander, Tobias (2014): Soziale Ungleichheit und Habitus als Bezugsgrößen professionellen Handelns: Berufliches Wissen, Inszenierung und Rezeption von Professionalität. In: Tobias Sander (Hrsg.): Habitussensibilität. Eine neue Anforderung an professionelles Handeln. Wiesbaden: Springer VS (Research), S. 9–36.

Sarason, Irwin G. (1986): Test Anxiety, Worry, and Cognitive Interference. In: Ralf Schwarzer (Hrsg.): Self-Related Cognitions in Anxiety and Motivation. Hillsdale, New Jersey: Lawrence Erlbaum Associates, S. 19–33.

Satow, Lars (2002): Unterrichtsklima und Selbstwirksamkeitsdynamik. In: Matthias Jerusalem und Diether Hopf (Hrsg.): Selbstwirksamkeit und Motivationsprozesse in Bildungsinstitutionen. Zeitschrift für Pädagogik, 44. Beiheft. Weinheim und Basel: Beltz, S. 174–191.

Savage, Mike; Bennett, Tony (2005): Editors' introduction: Cultural capital and social inequality. In: *The British Journal of Sociology* 56 (1), S. 1–12.

Savage, Mike; Warde, Alan; Devine, Fiona (2005): Capitals, assets, and resources: some critical issues. In: *The British Journal of Sociology* 56 (1), S. 31–47.

Schäfer, Mechthild; Korn, Stefan (2004): Bullying als Gruppenphänomen. Eine Adaptation des „Participant Role"-Ansatzes. In: *Zeitschrift für Entwicklungspsychologie und Pädagogische Psychologie* 36 (1), S. 19–29.

Scharenberg, Katja (2014): Schule und Schulklasse als soziale Kontexte der Entwicklung im Jugendalter. In: Jürgen Friedrichs und Alexandra Nonnenmacher (Hrsg.): Soziale Kontexte und Soziale Mechanismen. Kölner Zeitschrift für Soziologie und Sozialpsychologie, Sonderheft 54/2014. Wiesbaden: Springer VS, S. 316–348.

Schauenberg, Magdalena (2007): Übertrittsentscheidungen nach der Grundschule. Empirische Analysen zu familialen Lebensbedingungen und Rational-Choice. München: Utz (Münchner Beiträge zur Bildungsforschung).

Scheithauer, Herbert; Bull, Heike Dele (2009): Aggression und Gewalt an Schulen – erfolgreiche Handlungsansätze. In: *PÄD Forum (PF:ue)* 37 (1), S. 13–16.

Scheithauer, Herbert; Haag, Nicole; Mahlke, Jana; Ittel, Angela (2008): Gender and Age Differences in the Development of Relational/Indirect Aggression: First Results of a Meta-Analysis. In: *European Journal of Developmental Science* 1 (1/2), S. 176–189.

Scheithauer, Herbert; Hayer, Tobias; Bull, Heike Dele (2007): Gewalt an Schulen am Beispiel von Bullying. Aktuelle Aspekte eines populären Themas. In: *Zeitschrift für Sozialpsychologie* 38 (3), S. 141–152.

Scherger, Simone; Savage, Mike (2010): Cultural transmission, educational attainment and social mobility. In: *The Sociological Review* 58 (3), S. 406–428.

Scheuch, Erwin K. (1970): Sozialprestige und soziale Schichtung. Unter Mitarbeit von Hansjürgen Daheim. In: David V. Glass und René König (Hrsg.): Soziale Schichtung und soziale Mobilität. Kölner Zeitschrift für Soziologie und Sozialpsychologie, Sonderheft 5, 4. Auflage. Köln und Opladen: Westdeutscher Verlag, S. 65–103.

Schimpl-Neimanns, Bernhard (2000): Soziale Herkunft und Bildungsbeteiligung. Empirische Analysen zu herkunftsspezifischen Bildungsungleichheiten zwischen 1950 und 1989. In: *Kölner Zeitschrift für Soziologie und Sozialpsychologie* 52 (4), S. 636–669.

Schlee, Bethanne M.; Mullis, Ann K.; Shriner, Michael (2009): Parents social and resource capital: Predictors of academic achievement during early childhood. In: *Children and Youth Services Review* 31 (2), S. 227–234.

Schmidt, Martin H.; Esser, Günter (1985): Psychologie für Kinderärzte. Stuttgart: Enke (Bücherei des Pädiaters, 88).

Schmidt, Ralf (2002): Schülerpartizipation im Schulleben und Unterricht. In: Heinz-Hermann Krüger, Sibylle Reinhardt, Catrin Kötters-König, Nicolle Pfaff, Ralf Schmidt, Adrienne Krappidel und Frank Tillmann (Hrsg.): Jugend und Demokratie – Politische Bildung auf dem Prüfstand. Eine quantitative und qualitative Studie aus Sachsen-Anhalt. Opladen: Leske und Budrich (Studien zur Schul- und Bildungsforschung, Band 18), S. 103–114.

Schnabel, Kai Uwe; Schwippert, Knut (2000): Einflüsse sozialer und ethnischer Herkunft beim Übergang in die Sekundarstufe II und den Beruf. In: Jürgen Baumert, Wilfried Bos und Rainer Lehmann (Hrsg.): TIMSS/III. Dritte Internationale Mathematik- und Naturwissenschaftsstudie- Mathematische und Naturwissenschaftliche Bildung am Ende der Schullaufbahn. Band 1: Mathematische und naturwissenschaftliche Grundbildung am Ende der Pflichtschulzeit, Band 1. Opladen: Leske und Budrich, S. 261–281.

Schneekloth, Ulrich; Pupeter, Monika (2010): Wohlbefinden, Wertschätzung, Selbstwirksamkeit: Was Kinder für ein gutes Leben brauchen. In: World Vision Deutschland e.V. (Hrsg.): Kinder in Deutschland 2010. 2. World Vision Kinderstudie. Unter Mitarbeit von Klaus Hurrelmann, Sabine Andresen und TNS Infratest Sozialforschung. Originalausgabe. Frankfurt am Main: Fischer-Taschenbuch-Verlag (Kinderstudien), S. 187–221.

Schneewind, Klaus A.; Walper, Sabine; Graf, Johanna (2000): Sozialisation in der Familie als Quelle individueller Unterschiede. In: Manfred Amelang (Hrsg.): Enzyklopädie der Psychologie. Determinanten individueller Unterschiede. Göttingen, Bern, Toronto, Seattle: Hogrefe (Themenbereich C: Theorie und Forschung; Serie VIII: Differentielle Psychologie und Persönlichkeitsforschung, Band 4: Determinanten individueller Unterschiede), S. 249–343.

Schneider, Helmut; Stange, Waldemar; Roth, Roland (2009): Kinder ohne Einfluss? Eine Studie des ZDF zur Beteiligung von Kindern in Familie, Schule und Wohnort in Deutschland 2009. ZDF (Hrsg.). Mainz: ZDF. Online verfügbar unter: https://www.lpb-bw.de/fileadmin/Abteilung_III/jugend/pdf/ws_beteiligung_dings/ws10/partizipationsstudie_zdf_2009.pdf, Abruf am 11.03.2014.

Schneider, Sibylle (2011): Bildungsrelevante Unterstützungsleistungen in der Familie. Ein Literaturbericht zum internationalen, insbesondere US-amerikanischen Forschungsstand unter Berücksichtigung der interkulturellen Perspektive. In: Andreas Lange und Margret Xyländer (Hrsg.): Bildungswelt Familie. Theoretische Rahmung, empirische Befunde und disziplinäre Perspektiven. Weinheim und München: Juventa Verlag, S. 236–266.

Schneider, Thorsten (2004): Der Einfluss des Einkommens der Eltern auf die Schulwahl. In: *Zeitschrift für Soziologie* 33 (6), S. 471–492.
Schnell, Rainer; Esser, Elke; Hill, Paul B. (2013): Methoden der empirischen Sozialforschung. 10., überarbeitete Auflage. München: Oldenbourg.
Schofield, Janet Ward (2006): Migrationshintergrund, Minderheitenzugehörigkeit und Bildungserfolg. Forschungsergebnisse der pädagogischen, Entwicklungs- und Sozialpsychologie. (AKI-Forschungsbilanz, 5). In Zusammenarbeit mit Kira Alexander, Ralph Bangs und Barbara Schauenburg. Arbeitsstelle Interkulturelle Konflikte und gesellschaftliche Integration (AKI). Wissenschaftszentrum Berlin für Sozialforschung (WZB). Berlin: Wissenschaftszentrum Berlin für Sozialforschung gGmbH. Online verfügbar unter: http://edoc.vifapol.de/opus/volltexte/2009/1561/pdf/iv06_akibilanz5b.pdf, Abruf am 11.05.2013.
Schoon, Ingrid; Parsons, Samantha; Sacker, Amanda (2004): Socioeconomic Adversity, Educational Resilience, and Subsequent Levels of Adult Adaptation. In: *Journal of Adolescent Research* 19 (4), S. 383–404.
Schröder, Carsten; Spieß, C. Katharina; Storck, Johanna (2015): Private Bildungsausgaben für Kinder: Einkommensschwache Familien sind relativ stärker belastet. Hrsg. v. DIW Berlin. (DIW Wochenbericht Nr. 8 2015, Private Bildungsausgaben S. 158–169). Online verfügbar unter: https://www.diw.de/documents/publikationen/73/diw_01.c.497236.de/15-8-3.pdf, Abruf am 21.02.2015.
Schröder, Hartwig (1980): Schulangst. In: Wilhelm Arnold, Hans Jürgen Eysenck und Richard Meili (Hrsg.): Lexikon der Psychologie. Dritter Band. Psychodrama – ZZ, Band 3. Freiburg u. a.: Herder, S. 2001–2002.
Schubarth, Wilfried; Darge, Kerstin; Mühl, Manuela; Ackermann, Christoph (2009): Im Gewaltmaß vereint? Eine vergleichende Schülerbefragung in Sachsen und Hessen. In: Heinz Günter Holtappels, Wilhelm Heitmeyer, Wolfgang Melzer und Klaus-Jürgen Tillmann (Hrsg.): Forschung über Gewalt an Schulen. Erscheinungsformen und Ursachen, Konzepte und Prävention. 5. Auflage. Weinheim und München: Juventa Verlag (Jugendforschung), S. 101–118.
Schuchart, Claudia; Maaz, Kai (2007): Bildungsverhalten in institutionellen Kontexten: Schulbesuch und elterliche Bildungsaspiration am Ende der Sekundarstufe I. In: *Kölner Zeitschrift für Soziologie und Sozialpsychologie* 59 (4), S. 640–666.
Schulze, Gerhard (1992): Die Erlebnisgesellschaft. Kultursoziologie der Gegenwart. Studienausgabe. Frankfurt am Main, New York: Campus Verlag.
Schwarz, Beate; Rinker, Burkhard (1998): Temperament. In: Jürgen Zinnecker und Rainer K. Silbereisen (Hrsg.): Kindheit in Deutschland. Aktueller Survey über Kinder und ihre Eltern. 2. Auflage. Weinheim und München: Juventa Verlag (Kindheiten, Band 8), S. 159–168.
Schwarz, Beate; Silbereisen, Rainer K. (1998): Anteil und Bedeutung autoritativer Erziehung in verschiedenen Lebenslagen. In: Jürgen Zinnecker und Rainer K. Silbereisen (Hrsg.): Kindheit in Deutschland. Aktueller Survey über Kinder und ihre Eltern. 2. Auflage. Weinheim und München: Juventa Verlag (Kindheiten, Band 8), S. 229–242.
Schwarz, Beate; Walper, Sabine; Gödde, Mechthild; Jurasic, Stephanie (1997): Dokumentation der Erhebungsinstrumente der 1. Hauptbefragung (überarbeitete Version). München (Berichte aus der Arbeitsgruppe „Familienentwicklung nach der Trennung", 14/1997).
Schwarzer, Ralf; Jerusalem, Matthias (1999): Skalen zur Erfassung von Lehrer- und Schülermerkmalen. Dokumentation der psychometrischen Verfahren im Rahmen der Wissenschaftlichen Begleitung des Modellversuchs Selbstwirksame Schulen. Berlin: Freie Universität und Humboldt Universität. Online verfügbar unter: http://www.psyc.de/skalendoku.pdf, Abruf am 15.06.2013.
Schwarzer, Ralf; Jerusalem, Matthias (2002): Das Konzept der Selbstwirksamkeit. In: Matthias Jerusalem und Diether Hopf (Hrsg.): Selbstwirksamkeit und Motivationsprozesse in Bildungsinstitutionen. Zeitschrift für Pädagogik, 44. Beiheft. Weinheim und Basel: Beltz, S. 28–53.

Schweer, Martin K. W. (2008): Vertrauen im Klassenzimmer. In: Schweer, Martin K. W. (Hrsg.): Lehrer-Schüler-Interaktion. Inhaltsfelder, Forschungsperspektiven und methodische Zugänge. 2., vollständig überarbeitete Auflage. Wiesbaden: VS Verlag für Sozialwissenschaften (Schule und Gesellschaft, Band. 24), S. 547–564.

Schwenkmezger, Peter; Eid, Michael; Hank, Petra (2000): Sozioökonomischer Status und Qualität der Umgebung. In: Manfred Amelang (Hrsg.): Enzyklopädie der Psychologie. Determinanten individueller Unterschiede. Göttingen, Bern, Toronto, Seattle: Hogrefe (Themenbereich C: Theorie und Forschung; Serie VIII: Differentielle Psychologie und Persönlichkeitsforschung, Band 4: Determinanten individueller Unterschiede), S. 129–204.

Schwind, Hans-Dieter; Roitsch, Karin; Gielen, Birgit (2009): Gewalt in der Schule aus der Perspektive unterschiedlicher Gruppen. In: Heinz Günter Holtappels, Wilhelm Heitmeyer, Wolfgang Melzer und Klaus-Jürgen Tillmann (Hrsg.): Forschung über Gewalt an Schulen. Erscheinungsformen und Ursachen, Konzepte und Prävention. 5. Auflage. Weinheim und München: Juventa Verlag (Jugendforschung), S. 81–100.

Scott-Jones, Diane (1995): Parent-Child Interactions and School Achievement. In: Bruce A. Ryan, Gerald R. Adams, Thomas P. Gullotta, Roger P. Weissberg und Robert L. Hampton (Hrsg.): The Family School Connection. Theory, Research, and Practice. Thousand Oaks u. a.: Sage (Issues in children's and families' lives, 2), S. 75–107.

Sekretariat der Kultusministerkonferenz (2007): Schüler, Klassen, Lehrer und Absolventen der Schulen 1997 bis 2006. Sekretariat der Ständigen Konferenz der Kultusminister der Länder in der Bundesrepublik Deutschland (Hrsg.). Bonn: Bearbeitet im Sekretariat der Kultusministerkonferenz (Statistische Veröffentlichungen der Kultusministerkonferenz, Dokumentation Nr. 184 – November 2007). Online verfügbar unter: http://www.kmk.org/fileadmin/pdf/PresseUndAktuelles/2004/Dok184.pdf, Abruf am 16.05.2015.

Sekretariat der Ständigen Konferenz der Kultusminister der Länder in der Bundesrepublik Deutschland (2006): Übergang von der Grundschule in Schulen des Sekundarbereichs I. Informationsunterlage des Sekretariats der Kultusministerkonferenz. Stand: März 2006. Online verfügbar unter: http://www.kmk.org/doc/publ/ueberg.pdf, Abruf am 03.02.2012.

Sen, Amartya (2009): Capability and Well-Being. In: Martha C. Nussbaum und Amartya Sen (Hrsg.): The Quality of Life. A study prepared for the World Institute for Development Economics Research (WIDER) of the United Nations University. 1., veröffentliche und nachgedruckte Auflage. Oxford: Clarendon Press (Studies in development economics), S. 31–53.

Sewell, William H.; Haller, Archibald O.; Ohlendorf, George W. (1970): The Educational and Early Occupational Status Attainment Process: Replication and Revision. In: *American Sociological Review* 35 (6), S. 1014–1027.

Sewell, William H.; Haller, Archibald O.; Portes, Alejandro (1969): The Educational and Early Occupational Attainment Process. In: *American Sociological Review* 34 (1), S. 82–92.

Sewell, William H.; Hauser, Robert M. (1980): The Wisconsin Longitudinal Study of Social and Psychological Factors in Aspirations and Achievements. In: Alan C. Kerckhoff (Hrsg.): Research in Sociology of Education and Socialization. A Research Annual. Longitudinal Perspectives on Educational Attainment. Greenwich, Connecticut: Jai Press INC. (Volume 1), S. 59–99.

Seyda, Miriam (2011): Persönlichkeitsentwicklung durch Bewegung, Spiel und Sport. Die Bedeutung des Schulsports für die Selbstkonzeptentwicklung im Grundschulalter. 1. Auflage. Aachen: Meyer & Meyer (Sportforum (Dissertations- und Habilitationsschriftenreihe), Band 27).

Seyda, Susanne (2009): Kindergartenbesuch und späterer Bildungserfolg. Eine bildungsökonomische Analyse anhand des Sozio-ökonomischen Panels. In: *Zeitschrift für Erziehungswissenschaft* 12 (2), S. 233–251.

Shaw, Gordon (1999): Keeping Mozart in Mind. San Diego, Ca.: Academic Press.

Siebert, Horst (1996): Didaktisches Handeln in der Erwachsenenbildung. Didaktik aus konstruktivistischer Sicht. Neuwied, Kriftel: Hermann Luchterhand Verlag (Grundlagen der Weiterbildung).

Siebert, Horst (1999): Pädagogischer Konstruktivismus. Eine Bilanz der Konstruktivismusdiskussion für die Bildungspraxis. Neuwied, Kriftel: Hermann Luchterhand Verlag (Pädagogik – Theorie und Praxis).

Silbereisen, Rainer K. (2006): Zur Bedeutung Urie Bronfenbrenners für die Psychologie. In: *Zeitschrift für Soziologie der Erziehung und Sozialisation* 26 (3), S. 262–267.

Simons, Ronald L.; Lorenz, Frederick O.; Conger, Rand D.; Wu, Chyi-In (1992): Support from Spouse as Mediator and Moderator of the Disruptive Influence of Economic Strain on Parenting. In: *Child Development* 63 (5), S. 1282–1301.

Singer, Eleanor (1981): Reference Groups and Social Evaluations. In: Morris Rosenberg und Ralph H. Turner (Hrsg.): Social Psychology. Sociological Perspectives. New York: Basic Books, S. 66–93.

Sixt, Michaela (2013): Wohnort, Region und Bildungserfolg. Die strukturelle Dimension bei der Erklärung von regionaler Bildungsungleichheit. In: Rolf Becker und Alexander Schulze (Hrsg.): Bildungskontexte. Strukturelle Voraussetzungen und Ursachen ungleicher Bildungschancen. Wiesbaden: Springer VS, S. 457–481.

Smrekar, Claire (1996): The impact of school choice and community: In the interest of families and schools. Albany: State University of New York Press.

Solga, Heike; Becker, Rolf (2012): Soziologische Bildungsforschung – Eine kritische Bestandsaufnahme. In: Rolf Becker und Heike Solga (Hrsg.): Soziologische Bildungsforschung. Kölner Zeitschrift für Soziologie und Sozialpsychologie, Sonderheft 52/2012. Wiesbaden: Springer Fachmedien Springer VS, S. 7–43.

Soloff, Carol; Sanson, Ann; Wake, Melissa; Harrison, Linda (2007): Enhancing Longitudinal Studies by Linkage to National Databases: Growing Up in Australia, the Longitudinal Study of Australian Children. In: *International Journal of Social Research Methodology* 10 (5), S. 349–363.

Spieß, C. Katharina (2013): Effizienzanalysen frühkindlicher Bildungs- und Betreuungsprogramme. In: *Zeitschrift für Erziehungswissenschaft* 16 (2), S. 333–354.

Stahl, Nicola (2009): Der institutionelle Beitrag zur Entstehung primärer und sekundärer Herkunftseffekte. Eine Untersuchung an bayerischen Grundschulen. Berlin: mbv, Mensch-und-Buch-Verlag.

Statistisches Bundesamt (2004): Demographische Standards. Eine gemeinsame Empfehlung des Arbeitskreises Deutscher Markt- und Sozialforschungsinstitute e. V. (ADM), der Arbeitsgemeinschaft Sozialwissenschaftlicher Institute e. V. (ASI) und des Statistischen Bundesamtes. Ausgabe 2004. Hrsg. v. Statistisches Bundesamt. Destatis.wissen.nutzen. Wiesbaden (Methoden–Verfahren–Entwicklungen). Online verfügbar unter: https://www.destatis.de/DE/Methoden/DemografischeRegionaleStandards/DemografischeStandards2004.pdf?__blob=publicationFile, Abruf am 02.09.2014.

Statistisches Bundesamt (2014): Gemeindeverzeichnis-Informationssystem (GV-ISys). GV-ISys – Herausgeber: Statistische Ämter des Bundes und der Länder. Alle politisch selbständigen Gemeinden mit ausgewählten Merkmalen am 30.06.2014 (2. Quartal 2014). Wiesbaden. Online verfügbar unter: https://www.destatis.de/DE/ZahlenFakten/LaenderRegionen/Regionales/Gemeindeverzeichnis/Gemeindeverzeichnis.html, Abruf am 03.09.2014.

Stecher, Ludwig (1998): Schulhabitus und soziales Kapital in der Familie. In: Jürgen Zinnecker und Rainer K. Silbereisen (Hrsg.): Kindheit in Deutschland. Aktueller Survey über Kinder und ihre Eltern. 2. Auflage. Weinheim und München: Juventa Verlag (Kindheiten, Band 8), S. 267–289.

Stecher, Ludwig (1999): Bildungsehrgeiz der Eltern, soziale Lage und Schulbesuch der Kinder. In: Rainer K. Silbereisen und Jürgen Zinnecker (Hrsg.): Entwicklung im sozialen Wandel. Weinheim: Beltz Psychologie-Verlags-Union, S. 337–356.

Stecher, Ludwig (2001): Die Wirkung sozialer Beziehungen. Empirische Ergebnisse zur Bedeutung sozialen Kapitals für die Entwicklung von Kindern und Jugendlichen. Weinheim: Juventa Verlag.

Steele, Kenneth M.; Dalla Bella, Simone; Peretz, Isabelle; Dunlop, Tracey; Dawe, Lloyd A.; Humphrey, G. Keith; Shannon, Roberta A.; Kirby Jr., Johnny L.; Olmstead, C. G. (1999): Prelude or requiem for the 'Mozart effect'? In: *Nature* 400 (6747), S. 826–828.

StEG-Konsortium (2010): Ganztagsschule: Entwicklungen und Wirkungen. Ergebnisse der Studie zur Entwicklung von Ganztagsschulen (StEG) 2005–2010. Pressekonferenz, Berlin, 11. November 2010. Unter Mitarbeit von Eckhard Klieme, Natalie Fischer, Thomas Rauschenbach, Heinz Günter Holtappels und Ludwig Stecher. Deutsches Institut für Internationale Pädagogische Forschung (DIPF, Frankfurt am Main). Frankfurt am Main. Online verfügbar unter http://www.dipf.de/de/forschung/projekte/pdf/biqua/StEG_Presskonferenz_Folien.pdf, Abruf am 20.07.2014.

Steinberg, Laurence; Elmen, Julie D.; Mounts, Nina S. (1989): Authoritative Parenting, Psychosocial Maturity, and Academic Success among Adolescents. In: *Child Development* 60 (6), S. 1424–1436.

Steinberg, Laurence; Lamborn, Susie D.; Darling, Nancy; Mounts, Nina S.; Dornbusch, Sanford M. (1994): Over-Time Changes in Adjustment and Competence among Adolescents from Authoritative, Authoritarian, Indulgent, and Neglectful Families. In: *Child Development* 65 (3), S. 754–770.

Steinberg, Laurence; Lamborn, Susie D.; Dornbusch, Sanford M.; Darling, Nancy (1992): Impact of Parenting Practices on Adolescent Achievement: Authoritative Parenting, School Involvement, and Encouragement to Succeed. In: *Child Development* 63 (5), S. 1266–1281.

Steinberg, Laurence; Mounts, Nina S.; Lamborn, Susie D.; Dornbusch, Sanford M. (1991): Authoritative Parenting and Adolescent Adjustment across Varied Ecological Niches. In: *Journal of Research on Adolescence* 1 (1), S. 19–36.

Steiner, Christine (2009): Mehr Chancengleichheit durch die Ganztagsschule? In: Ludwig Stecher, Cristina Allemann-Ghionda, Werner Helsper und Eckhard Klieme: Ganztägige Bildung und Betreuung. Zeitschrift für Pädagogik, 54. Beiheft. Weinheim und Basel: Beltz Verlag, S. 81–105.

Steiner, Christine; Fischer, Natalie (2011): Wer nutzt Ganztagsangebote und warum? In: Ludwig Stecher, Heinz-Hermann Krüger und Thomas Rauschenbach (Hrsg.): Ganztagsschule – Neue Schule? Eine Forschungsbilanz. Zeitschrift für Erziehungswissenschaft, Sonderheft 15/2011. Wiesbaden: VS Verlag für Sozialwissenschaften, S. 185–203.

Stern, Elsbeth (2006): Was Hänschen nicht lernt, lernt Hans hinterher. Der Erwerb geistiger Kompetenzen bei Kindern und Erwachsenen aus kognitionspsychologischer Perspektive. Kinder lernen neu, Erwachsene knüpfen an oder lernen um. Zunehmendes Alter bedeutet keine prinzipiellen Effizienzverluste beim Lernen. In: Ekkehard Nuissl (Hrsg.): Vom Lernen zum Lehren. Lern- und Lehrforschung für die Weiterbildung. Bielefeld: W. Bertelsmann Verlag (Die spezial), S. 93–105.

Stevenson, David L.; Baker, David P. (1987): The Family-School Relation and the Child's School Performance. In: *Child Development* 58(5), S. 1348–1357.

Stipek, Deborah (2004): Teaching Practices in Kindergarten and First Grade. Different Strokes for different Folks. In: *Early Childhood Research Quarterly* 19 (4), S. 548–568.

Stocké, Volker (2007a): Strength, Sources, and Temporal Development of Primary Effects of Families' Social Status on Secondary School Choice. Mannheim: Universität Mannheim, Sonderforschungsbereich 504: Rationalitätskonzepte, Entscheidungsverhalten und ökonomische Modellierung. Arbeitspapier 07-60. Online verfügbar unter: http://ub-madoc.bib.uni-mannheim.de/2508/, Abruf am 26.01.2012.

Stocké, Volker (2007b): Explaining Educational Decision and Effects of Families' Social Class Position: An Empirical Test of the Breen – Goldthorpe Model of Educational Attainment. In: *European Sociological Review* 23 (4), S. 505–519.

Stocké, Volker (2007c): The Motive of Status Maintenance and Inequality in Educational Decisions. Which of the Parents Defines the Reference Point? Mannheim: Universität Mannheim, Sonderforschungsbereich 504: Rationalitätskonzepte, Entscheidungsverhalten und ökonomische Modellierung. Arbeitspapier 07-20. Online verfügbar unter: https://ub-madoc.bib.uni-mannheim.de/2547/, Abruf am 26.01.2012.

Stocké, Volker (2010a): Der Beitrag der Theorie rationaler Entscheidung zur Erklärung von Bildungsungleichheit. In: Gudrun Quenzel und Klaus Hurrelmann (Hrsg.): Bildungsverlierer. Neue Ungleichheiten. 1. Auflage. Wiesbaden: VS Verlag für Sozialwissenschaften, S. 73–94.

Stocké, Volker (2010b): Schulbezogenes Sozialkapital und Schulerfolg der Kinder: Kompetenzvorsprung oder statistische Diskriminierung durch Lehrkräfte? In: Birgit Becker und David Reimer (Hrsg.): Vom Kindergarten bis zur Hochschule. Die Generierung von ethnischen und sozialen Disparitäten in der Bildungsbiographie. 1. Auflage. Wiesbaden: VS Verlag für Sozialwissenschaften, S. 81–115.

Stubbe, Tobias C. (2009): Bildungsentscheidungen und sekundäre Herkunftseffekte. Soziale Disparitäten bei Hamburger Schülerinnen und Schülern der Sekundarstufe I. Münster, New York, NY, München, Berlin: Waxmann.

Sullivan, Alice (2001): Cultural Capital and Educational Attainment. In: *Sociology* 35 (4), S. 893–912.

Sullivan, Alice (2002): Bourdieu and Education: How Useful is Bourdieu's Theory for Researchers? In: *The Netherlands' Journal of Social Sciences* 38 (2), S. 144–166.

Sullivan, Alice (2007): Cultural Capital, Cultural Knowledge and Ability. Online verfügbar unter: http://www.socresonline.org.uk/12/6/1.html, Abruf am 21.09.2015.

Sullivan, Oriel; Katz-Gerro, Tally (2007): The Omnivore Thesis Revisited: Voracious Cultural Consumers. In: *European Sociological Review* 23 (2), S. 123–137.

Swartz, David (1997): Culture and power. The sociology of Pierre Bourdieu. Chicago: University of Chicago Press.

Sygusch, Ralf (2007): Psychosoziale Ressourcen im Sport. Ein sportartenorientiertes Förderkonzept für Schule und Verein. Schorndorf: Hofmann (Beiträge zur Lehre und Forschung im Sport, Band 160).

Sylva, Kathy; Sammons, Pam; Chan, Lydia L. S.; Melhuish, Edward; Siraj-Blatchford, Iram; Taggart, Brenda (2013): The effects of early experiences at home and pre-school on gains in English and mathematics in primary school: a multilevel study in England. In: *Zeitschrift für Erziehungswissenschaft* 16 (2), S. 277–301.

Symeou, Loizos (2007): Cultural capital and family involvement in children's education: tales from two primary schools in Cyprus. In: *British Journal of Sociology of Education* 28 (4), S. 473–487.

Szczesny, Markus; Watermann, Rainer (2011): Differenzielle Einflüsse von Familie und Schulform auf Leseleistung und soziale Kompetenzen. In: *Journal für Bildungsforschung Online* 3 (1), S. 168–193.

Teachman, Jay D. (1987): Family Background, Educational Resources, and Educational Attainment. In: *American Sociological Review* 52 (4), S. 548–557.

Teachman, Jay D.; Day, Randal D.; Carver, Karen Price (1995): The Impact of Family Environment on Educational Attainment: Do Families Make a Difference? In: Bruce A. Ryan, Gerald R. Adams, Thomas P. Gullotta, Roger P. Weissberg und Robert L. Hampton (Hrsg.): The Family-School Connection. Theory, Research, and Practice. Thousand Oaks u. a.: Sage (Issues in children's and families' lives, 2), S. 155–203.

Teachman, Jay D.; Paasch, Kathleen; Carver, Karen (1997): Social Capital and the Generation of Human Capital. In: *Social Forces* 75 (4), S. 1343–1359.

Teubner, Markus J. (2005): Brüderchen komm tanz mit mir … Geschwister als Entwicklungsressource für Kinder? In: Christian Alt (Hrsg.): Kinderleben – Aufwachsen zwischen Familie, Freunden und Institutionen. Band 1: Aufwachsen in Familien. 1. Auflage. Wiesbaden: VS Verlag für Sozialwissenschaften (Schriften des Deutschen Jugendinstituts: Kinderpanel, Band 1), S. 63–98.

Tetlock, Philip E.; Lerner, Jennifer S.; Boettger, Richard (1996): The dilution effect: judgment bias, conversational convention, or a bit of both? In: European Journal of Social Psychology 26(6), S. 915–934.

The NICHD Early Child Care Network (1994): Child Care and Child Development: The NICHD Study of Early Child Care. In: Sarah L. Friedman und H. Carl Haywood (Hrsg.): Developmental Follow-up. Concepts, Domains, and Methods. San Diego, Ca.: Academic Press, Inc., S. 377–396.

Thiersch, Sven (2014): Bildungshabitus und Schulwahl. Fallrekonstruktionen zur Aneignung und Weitergabe des familialen ‚Erbes'. Wiesbaden: Springer VS (Studien zur Schul- und Bildungsforschung, Band 52, Zentrum für Schul- und Bildungsforschung (ZSB) der Martin-Luther-Universität Halle-Wittenberg, Deutschland (Hrsg.)).

Thies, Barbara (2010): Kognitive Repräsentationen in der Grundschule. Befunde zur Interaktionsregulation im Unterrichtsalltag. Frankfurt am Main, New York: Peter Lang (Psychologie und Gesellschaft, Band 8).

Tieben, Nicole (2011): Parental Resources and Relative Risk Aversion in Intra-secondary Transitions: A Trend Analysis of Non-standard Educational Decision Situations in the Netherlands. In: *European Sociological Review* 52 (1), S. 25–45.

Tietze, Wolfgang; Roßbach, Hans-Günther; Grenner, Katja (2005): Kinder von 4 bis 8 Jahren. Zur Qualität der Erziehung und Bildung in Kindergarten, Grundschule und Familie. 1. Auflage. Weinheim und Basel: Beltz Verlag.

Tillmann, Klaus-Jürgen; Holler-Nowitzki, Birgit; Holtappels, Heinz Günter; Meier, Ulrich; Popp, Ulrike (2007): Schülergewalt als Schulproblem. Verursachende Bedingungen, Erscheinungsformen und pädagogische Handlungsperspektiven. 3. Auflage. Weinheim und München: Juventa Verlag (Jugendforschung).

Tippelt, Rudolf (2013): Bildung und Bindung – eine ambivalente, unsicher-vermeidende oder sichere Beziehung? In: *Zeitschrift für Pädagogik* 59 (6), S. 858–867.

Treiman, Donald J. (1977): Occupational prestige in comparative perspective. New York: Academic Press (Quantitative studies in social relations).

Uhlig, Johannes (2012): Ungenutzte Lernpotenziale: Die Bedeutung von Lehrerempfehlung und Elternentscheidung am ersten Bildungsübergang für Underachievement. In: *Zeitschrift für Soziologie der Erziehung und Sozialisation* 32 (1), S. 29–44.

Uhlig, Johannes; Solga, Heike; Schupp, Jürgen (2009): Bildungsungleichheiten und blockierte Lernpotenziale: Welche Bedeutung hat die Persönlichkeitsstruktur für diesen Zusammenhang? In: *Zeitschrift für Soziologie* 38 (5), S. 418–440.

Urban, Dieter (1993): Logit-Analyse. Statistische Verfahren zur Analyse von Modellen mit qualitativen Response-Variablen. Stuttgart, Jena, New York: Gustav Fischer Verlag.

Van Berkel; De Graaf, Nan Dirk (1995): Husband's and Wife's Culture Participation and their Levels of Education: A Case of Male Dominance? In: *Acta Sociological* 38 (2), S. 131–149.

Van De Werfhorst, Herman G.; Sullivan, Alice; Cheung, Sin Yi (2003): Social Class, Ability and Choice of Subject in Secondary and Tertiary Education in Britain. In: *British Educational Research Journal* 29(1), S. 41–62.

Van de Werfhorst, Herman G.; Hofstede, Saskia (2007): Cultural capital or relative risk aversion? Two mechanisms for educational inequality compared. In: *British Educational Research Journal* 58 (3), S. 391–415.

Van Ophuysen, Stefanie (2006): Vergleich diagnostischer Entscheidungen von Novizen und Experten am Beispiel der Schullaufbahnempfehlung. In: *Zeitschrift für Entwicklungspsychologie und Pädagogische Psychologie* 38 (4), S. 154–161.

Van Santen, Eric (2007): Tagespflege. Wer wünscht sie, wer nutzt sie und wie wird sie genutzt? In: Walter Bien, Thomas Rauschenbach und Birgit Riedel (Hrsg.): Wer betreut Deutschlands Kinder? DJI-Kinderbetreuungsstudie. 2. Auflage. Berlin, Düsseldorf, Mannheim: Cornelsen Verlag Scriptor (Frühe Kindheit, Eltern- & Familienbildung), S. 141–158.

Vereinigung der Bayerischen Wirtschaft e.V. (vbw) (Hrsg.) (2009): Geschlechterdifferenzen im Bildungssystem. Jahresgutachten 2009. Unter Mitarbeit von Hans-Peter Blossfeld, Wilfried Bos, Bettina Hannover, Dieter Lenzen, Detlef Müller-Böling, Manfred Prenzel und Ludger Wößmann (Aktionsrat Bildung). 1. Auflage. Wiesbaden: VS Verlag für Sozialwissenschaften / GWV Fachverlage.

Vereinigung der Bayerischen Wirtschaft e.V. (vbw) (Hrsg.) (2013): Zwischenbilanz Ganztagsgrundschulen: Betreuung oder Rhythmisierung? Gutachten. Unter Mitarbeit von Hans-Peter Blossfeld, Wilfried Bos, Hans-Dieter Daniel, Bettina Hannover, Dieter Lenzen, Manfred Prenzel, Hans-Günther Roßbach, Rudolf Tippelt und Ludger Wößmann (Aktionsrat Bildung). 1. Auflage. Münster: Waxmann Verlag (Aktionsrat Bildung, Gutachten).

Vorheyer, Claudia (2005): Wer gehört zur Familie? Strukturelle Charakteristika der familialen Netzwerke von Kindern. In: Christian Alt (Hrsg.): Kinderleben – Aufwachsen zwischen Familie, Freunden und Institutionen. Band 1: Aufwachsen in Familien. 1. Auflage. Wiesbaden: VS Verlag für Sozialwissenschaften (Schriften des Deutschen Jugendinstituts: Kinderpanel, Band 1), S. 23–44.

Vryonides, Marios (2007): Social and cultural capital in educational research: issues of operationalisation and measurement. In: *British Educational Research Journal* 33 (6), S. 867–885.

Wagener, Anna Lena (2013): Partizipation von Kindern an (Ganztags-)Grundschulen. Ziele, Möglichkeiten und Bedingungen aus Sicht verschiedener Akteure. Weinheim u. a.: Beltz Juventa.

Wagner, Wolfgang; Helmke, Andreas; Schrader, Friedrich-Wilhelm (2009): Die Rekonstruktion der Übergangsempfehlung für die Sekundarstufe I und der Wahl des Bildungsgangs auf der Basis des Migrationsstatus, der sozialen Herkunft, der Schulleistung und schulklassenspezifischer Merkmale. In: Jürgen Baumert, Kai Maaz und Ulrich Trautwein (Hrsg.): Bildungsentscheidungen. Zeitschrift für Erziehungswissenschaft. Sonderheft 12/2009. Wiesbaden: VS Verlag für Sozialwissenschaften, S. 183–204.

Walper, Sabine; Grgic, Mariana (2013): Verhaltens- und Kompetenzentwicklung im Kontext der Familie. Zur relativen Bedeutung von sozialer Herkunft, elterlicher Erziehung und Aktivitäten in der Familie. In: *Zeitschrift für Erziehungswissenschaft* 16 (3), S. 503–531.

Weber, Christoph; Winklhofer, Ursula; Bacher, Johann (2008): Partizipation von Kindern in der Grund- und Sekundarschule. In: Christian Alt (Hrsg.): Kinderleben – Individuelle Entwicklungen in sozialen Kontexten. Band 5: Persönlichkeitsstrukturen und ihre Folgen. 1. Auflage. Wiesbaden: VS Verlag für Sozialwissenschaften (Schriften des Deutschen Jugendinstituts: Kinderpanel, Band 5), S. 317–343.

Weber, Max (1922): Wirtschaft und Gesellschaft. Tübingen: Mohr (Grundriß der Sozialökonomik).

Weber, Max (1972): Wirtschaft und Gesellschaft. Grundriss der verstehenden Soziologie. 5. Auflage. Tübingen: Mohr.

Wehner, Franziska (2013): Entscheidungsprozesse im Zusammenhang mit einer Zurückstellung. In: Gabriele Faust (Hrsg.): Einschulung. Ergebnisse aus der Studie „Bildungsprozesse, Kompetenzentwicklung und Selektionsentscheidungen im Vorschul- und Schulalter (BiKS)“. Münster, New York, München, Berlin: Waxmann, S. 195–206.

Weinert, Franz E. (1996): Lerntheorien und Instruktionsmodelle. 1. Kapitel. In: Franz E. Weinert (Hrsg.): Psychologie des Lernens und der Instruktion. Göttingen u. a.: Hogrefe (Enzyklopädie der Psychologie, Themenbereich D: Praxisgebiete; Serie I: Pädagogische Psychologie; Band 2: Psychologie des Lernens und der Instruktion), S. 1–48.

Weinert, Franz E. (1999): Konzepte der Kompetenz. Paris: OECD.

Weinert, Franz E. (2002): Vergleichende Leistungsmessung in Schulen – eine umstrittene Selbstverständlichkeit. In: Franz E. Weinert (Hrsg.): Leistungsmessungen in Schulen. 2., unveränderte Auflage. Weinheim und Basel: Beltz Verlag (Beltz-Pädagogik), S. 17–31.

Wettstein, Alexander (2008): Aggression im schulischen Kontext. Die Lehrperson als Diagnostiker? In: *Psychologie in Erziehung und Unterricht* 55 (3), S. 175–188.

Wettstein, Alexander; Thommen, Beat; Eggert, Antonya (2010): Die Bedeutung didaktischer Aspekte in der Aggressionsprävention – drei Videostudien. In: *Psychologie in Erziehung und Unterricht* 57 (2), S. 88–106.

Wild, Elke (2004): Häusliches Lernen – Forschungsdesiderate und Forschungsperspektiven. In: Dieter Lenzen, Jürgen Baumert, Rainer Watermann und Ulrich Trautwein (Hrsg.): PISA und die Konsequenzen für die erziehungswissenschaftliche Forschung. Zeitschrift für Erziehungswissenschaft 7. Jahrgang, Beiheft 3/2004. Wiesbaden: VS Verlag für Sozialwissenschaften S. 37–64.

Wild, Elke; Gerber, Elke (2007): Charakteristika und Determinanten der Hausaufgabenpraxis in Deutschland von der vierten zur siebten Klassenstufe. In: *Zeitschrift für Erziehungswissenschaft* 10 (3), S. 356–380.

Wild, Elke; Hofer, Manfred (2002): Familien mit Schulkindern. In: Manfred Hofer, Elke Wild und Peter Noack (Hrsg.): Lehrbuch Familienbeziehungen. Eltern und Kinder in der Entwicklung. 2. vollständig überarbeitete und erweiterte Auflage. Göttingen u. a.: Hogrefe, S. 216–240.

Wild, Elke; Lorenz, Fiona (2010): Elternhaus und Schule. 1. Auflage. Stuttgart: Schöningh UTB (Standard Wissen Lehramt, 3418).

Wild, Klaus-Peter; Wild, Elke (1997): Familiale Sozialisation und schulische Lernmotivation. In: *Zeitschrift für Pädagogik* 43 (1), S. 55–77.

Wilk, Liselotte; Bacher, Johann (1994): Kindliche Lebenswelten. Eine sozialwissenschaftliche Annäherung. Opladen: Leske und Budrich (Reihe Kindheitsforschung, 4).

Willekens, M.; Daenekindt, S.; Lievens, J. (2014): Whose Education Matters More? Mothers' and Fathers' Education and the Cultural Participation of Adolescents. In: *Cultural Sociology* 8 (3), S. 291–309.

Williams, Trevor (1976): Teacher Prophecies and the Inheritance of Inequality. In: *Sociology of Education* 49(3), S. 223–236.

Willms, J. Douglas (1986): Social Class Segregation and Its Relationship to Pupils' Examination Results in Scotland. In: *American Sociological Review* 51 (2), S. 224–241.

Wilson, Kathryn (2001): The Determinants of Educational Attainment: Modeling and Estimating the Human Capital Model and Education Production Functions. In: *Southern Economic Journal* 67 (3), S. 518–551.

Windle, Michael; Lerner, Richard M. (1985): Reassessing the Dimensions of Temperamental Individuality Across the Life Span: The Revised Dimensions of Temperament Survey (DOTS-R). In: *Journal of Adolescent Research* 1 (2), S. 213–229.

Winkel, Rainer (1979): Angst in der Schule. Ursachen, Erscheinungsformen und Bewältigungsmöglichkeiten schulischer und sozialer Ängste. 1. Auflage. Essen: Neue Deutsche Schule (Neue pädagogische Bemühungen, Band 78).

Winner, Ellen; Cooper, Monica (2000): Mute Those Claims: No Evidence (Yet) for a Causal Link between Arts Study and Academic Achievement. In: *Journal of Aesthetic Education* 34 (3/4), S. 11–75.

Wohlkinger, Florian; Ditton, Hartmut (2012): Entscheiden die Schüler mit? Der Einfluss von Eltern, Lehrern und Kindern auf den Übergang nach der Grundschule. In: Rolf Becker und Heike Solga (Hrsg.): Soziologische Bildungsforschung. Kölner Zeitschrift für Soziologie und Sozialpsychologie, Sonderheft 52/2012. Wiesbaden: Springer Fachmedien Springer VS, S. 44–63.

World Vision Deutschland e.V. (2007): Kinder in Deutschland 2007. 1. World Vision Kinderstudie. Unter Mitarbeit von Klaus Hurrelmann, Sabine Andersen und TNS Infratest Sozialforschung. Originalausgabe. Frankfurt am Main: Fischer-Taschenbuch-Verlag (Kinderstudien).

World Vision Deutschland e.V. (2010): Kinder in Deutschland 2010. 2. World Vision Kinderstudie. Unter Mitarbeit von Klaus Hurrelmann, Sabine Andersen und TNS Infratest Sozialforschung. Originalausgabe. Frankfurt am Main: Fischer-Taschenbuch-Verlag (Kinderstudien).

Wustmann, Corina (2011): Resilienz. Widerstandsfähigkeit von Kindern in Tageseinrichtungen fördern. 3. Auflage. Berlin: Cornelsen-Scriptor (Beiträge zur Bildungsqualität).
Wustmann Seiler, Corina; Schüpbach, Marianne; Herzog, Walter (2015): Schulisches Wohlbefinden am Schulanfang im Selbst- und Fremdurteil: Einflüsse familiärer Struktur- und Prozessmerkmale. In: *Psychologie in Erziehung und Unterricht* 62 (3), S. 174–187.
Xyländer, Margret (2006): Ko-Produktion oder Irritation? Familie und Schule in Zeiten des „PISA-Schocks". Hrsg. v. Deutsches Jugendinstitut e.V. und Abteilung Familie. München (Materialien zum Thema Familie und Bildung II). Online verfügbar unter: http://www.dji.de/fileadmin/user_upload/bibs/359_7484_Xylaender_Familie_Pisa.pdf, Abruf am 23.02.2014.
Yaish, Meier; Katz-Gerro, Tally (2012): Disentangling 'Cultural Capital': The Consequences of Cultural and Economic Resources for Taste and Participation. In: *European Sociological Review* 28 (2), S. 169–185.
Zander, Margherita (2010): Armes Kind – starkes Kind? Die Chance der Resilienz. 3. Auflage. Wiesbaden: VS Verlag für Sozialwissenschaften.
Zartler, Ulrike (2010): Keine Zeit für die Familie -. Zeitgestaltung aus Sicht von Kindern und ihren Eltern. In: *SWS-Rundschau* 50 (4), S. 463–473. Online verfügbar unter: http://www.sws-rundschau.at/archiv/SWS_2010_4_Zartler.pdf, Abruf am 20.09.2015.
Zeidner, Moshe (1998): Test anxiety. The state of the art. New York, N.Y.: Plenum Press (Perspectives on individual differences).
Zentralinstitut für Jugendforschung (ZIJ) (1988): Leipziger Längsschnitt, 3. Welle 1988, ISF, Klasse 5. Leipzig.
Ziegenhain, Ute; Gloger-Tippelt, Gabriele (2013): Bindung und Handlungssteuerung als frühe emotionale und kognitive Voraussetzungen von Bildung. In: *Zeitschrift für Pädagogik* 59 (6), S. 793–802.
Ziegenspeck, Jörg W. (1999): Handbuch Zensur und Zeugnis in der Schule. Historischer Rückblick, allgemeine Problematik, empirische Befunde und bildungspolitische Implikationen. Ein Studien- und Arbeitsbuch. Unter Mitarbeit von Jens Lehmann. Bad Heilbrunn, Obb.: Verlag Julius Klinkhardt.
Zimdars, Anna; Sullivan, Alice; Heath, Anthony (2009): Elite Higher Education Admissions in the Arts and Sciences: Is Cultural Capital the Key? In: *Sociology* 43 (4), S. 648–666.
Zinnecker, Jürgen; Georg, Werner (1998): Soziale Interaktion in der Familie und ihre Wirkung auf Schuleinstellung und Schulerfolg des Kindes. In: Jürgen Zinnecker und Rainer K. Silbereisen (Hrsg.): Kindheit in Deutschland. Aktueller Survey über Kinder und ihre Eltern. 2. Auflage. Weinheim und München: Juventa Verlag (Kindheiten, Band 8), S. 303–314.
Zinnecker, Jürgen; Georg, Werner; Strzoda, Christiane (1998): Beziehungen zwischen Eltern und Kindern aus Kindsicht. Eine Typologie. In: Jürgen Zinnecker und Rainer K. Silbereisen (Hrsg.): Kindheit in Deutschland. Aktueller Survey über Kinder und ihre Eltern. 2. Auflage. Weinheim und München: Juventa Verlag (Kindheiten, Band 8), S. 213–227.
Zinnecker, Jürgen; Schwarz, Beate (1998): Hänseln in der Schule. Täter und Opfer von Schülergewalt. In: Jürgen Zinnecker und Rainer K. Silbereisen (Hrsg.): Kindheit in Deutschland. Aktueller Survey über Kinder und ihre Eltern. 2. Auflage. Weinheim und München: Juventa Verlag (Kindheiten, Band 8), S. 315–328.
Züchner, Ivo; Fischer, Natalie (2014): Kompensatorische Wirkungen von Ganztagsschulen – Ist die Ganztagsschule ein Instrument zur Entkopplung des Zusammenhangs von sozialer Herkunft und Bildungserfolg? In: Kai Maaz, Marko Neumann und Jürgen Baumert (Hrsg.): Herkunft und Bildungserfolg von der frühen Kindheit bis ins Erwachsenenalter. Forschungsstand und Interventionsmöglichkeiten aus interdisziplinärer Perspektive. Zeitschrift für Erziehungswissenschaft, Sonderheft 24/2014. Wiesbaden: Springer VS, S. 349–367.

Zweites Deutsches Fernsehen (ZDF) (2009): Kinder ohne Einfluss? Eine Studie des ZDF zur Beteiligung von Kindern in Familie, Schule und Wohnort in Deutschland 2009. Unter Mitarbeit von Helmut Schneider, Waldemar Stange und Roland Roth. Hrsg. von ZDF. Mainz. Online verfügbar unter: http://www.ma-nachsitzen.de/Diagr_files/Partizipationsstudie%20ZDF.pdf, Abruf am 11.03.2014.

Zymek, Bernd (2013): Die Zukunft des zweigliedrigen Schulsystems in Deutschland. Was man von der historischen Schulentwicklung dazu wissen kann. In: *Zeitschrift für Pädagogik* 59 (4), S. 469–481.

# 6. Abbildungs- und Tabellenverzeichnis

# 7. Danksagung

Ich möchte allen Personen herzlich danken, die mir diese Dissertation ermöglicht haben, sei es für ihre ideelle oder fachliche Unterstützung.

Dies gilt in erster Linie meinem Doktorvater, Herrn Prof. i. R. Dr. Helmut Giegler (ehemaliger Ordinarius des Lehrstuhls für Soziologie und empirische Sozialforschung an der Universität Augsburg ✝), für seine fachliche Betreuung, seine zahlreichen inhaltlichen und vor allem methodischen Ratschläge, die für mich stets eine große Hilfestellung bedeutet haben, seine Geduld und Begutachtung meiner Dissertation. In gleicher Weise danke ich meinem zweiten Doktorvater, Herrn Prof. Dr. Jens Luedtke (jetziger Inhaber der Professur für Soziologie und empirische Sozialforschung an der Universität Augsburg), ebenso für seine fachliche Betreuung meiner Forschungsarbeit, seinen unkomplizierten Umgang und inhaltlichen Input und nicht zuletzt für seine Begutachtung meiner Dissertation. Für sein Interesse an meiner Forschungsarbeit und seinen Einsatz als Zweitbetreuer sei ein besonderer Dank ausgesprochen. Großer Dank sei auch an meine Kollegin gerichtet, Frau Dr. Anna Brake, für ihre Offenheit, fachliche und motivationale Unterstützung und konstruktiven Ratschläge und desgleichen an meine Kollegen an der Professur für Soziologie und empirischen Sozialforschung für ihr Engagement, ihre Unterstützung und zahlreichen Gespräche, gerade in der Endphase der Fertigstellung meiner Dissertation.

Außerdem möchte ich Herrn Prof. Dr. Markus Dresel (Inhaber des Lehrstuhls für Psychologie an der Universität Augsburg) für seine Mitwirkung als dritter Prüfer in meiner Disputation und sein Engagement danken.

Besonderer Dank gebührt darüber hinaus dem Deutschen Jugendinstitut e.V. (DJI) in München, das mir im Rahmen eines Forschungsstipendiums einen Aufenthalt als Gastwissenschaftlerin in der Projektgruppe DJI-Kinderpanel ermöglicht hat, allen voran Herrn Dr. Christian Alt von der Abteilung Zentrum für Dauerbeobachtung und Methoden, dem Projektleiter des DJI-Kinderpanels, der mir die Daten dieser Längsschnittstudie für die Analysen in meiner Dissertation freundlicherweise anvertraut hat. Ohne diesen Datensatz hätte diese Forschungsarbeit nicht entstehen können. Ein großes Dankeschön geht des Weiteren an alle ehemaligen Mitarbeiterinnen und Mitarbeiter, Kolleginnen und Kollegen in der Projektgruppe DJI-Kinderpanel, die wichtige Vorarbeiten in einem so komplexen Datensatz, wie dem des DJI-Kinderpanels, geleistet haben. Für ihre Unterstützung und ihre Hilfeleistungen in der Zeit während meines Aufenthalts als Forschungsstipendiatin am DJI sei besonders gedankt, desgleichen auch den Mitarbeiterinnen und Mitarbeitern von *infas* in Bonn, die mit der Durchführung der Datenerhebungen für diese Studie beauftragt worden sind. In diesem Zusammenhang danke ich auch recht herzlich Herrn Prof. Dr. Andreas Lange von der Hochschule Weingarten-Ravensburg, der u. a. als *wissenschaftlicher und geistiger Vater* des DJI-Kinderpanels diese Studie mit auf den Weg gebracht, d. h. ihr *theoretisches* und *empirisches Fundament* geprägt, und mich stets unterstützt hat.

Nicht zu vergessen sind die vielen Familien, Mütter, Väter und Kinder, beheimatet und wohnhaft an unzähligen Wohnorten in allen Ländern der Bundesrepublik Deutschland, die sich über einige Jahre hinweg an den Datenerhebungen des DJI-Kinderpanels beteiligt haben, sich bereitwillig zu Hause interviewen haben lassen oder einen Fragebogen ausgefüllt haben; ihnen allen sei besonders gedankt.

*Last but not least* danke ich allen Personen, insbesondere meinen Eltern, die mir in positiver Art und Weise in den vergangenen Jahren begegnet sind, wobei jede für sich auf ihre eigene Art und Weise zum Gelingen dieser Forschungsarbeit beigetragen haben.

# Hinweise zu den Online-Materialien

Den Anhang zur Studie können Sie über unsere Internetseite (www.beltz.de) herunterladen und ausdrucken. Sie kommen zu den Materialien, indem Sie auf die Seite des Titels gehen, den Link zu den Materialien anklicken und dann folgendes Passwort eingeben: beltz_JUV (Groß- und Kleinschreibung beachten).